RIW-Buch

Einführung in das französische Recht

Herausgegeben von

Dr. Dres. h.c. Hans Jürgen Sonnenberger
em. o. Professor an der Universität München

und

Dr. Claus Dieter Classen
Professor an der Universität Greifswald

Bearbeitet von

Juniorprof. Dr. Frank Bauer · Prof. Dr. Claus Dieter Classen ·
Prof. Frédérique Ferrand, docteur en droit ·
RA Dr. Helge Großerichter ·
Stéphanie Ougier · Jean-Philippe Rageade ·
Prof. Dr. Dres. h.c. Hans Jürgen Sonnenberger

4., komplett neu bearbeitete und erweiterte Auflage 2012

Deutscher Fachverlag GmbH
Fachmedien Recht

Zitiervorschlag: Sonnenberger/Classen/(Autor) Nr. *** Fn. ***

Bibliografische Information der Deutschen Nationalbibliothek

Die Deutsche Nationalbibliothek verzeichnet diese Publikation in der Deutschen Nationalbibliografie; detaillierte bibliografische Daten sind im Internet über http://dnb.d-nb.de abrufbar.

ISBN: 978-3-8005-1506-6

Druckvorstufe: Lichtsatz Michael Glaese GmbH, 69502 Hemsbach

Druck und Verarbeitung: Beltz Druckpartner GmbH & Co. KG, 69502 Hemsbach

Gedruckt auf säurefreiem, alterungsbeständigem Papier, hergestellt aus FSC zertifiziertem Zellstoff.

Printed in Germany

Vorwort

Als 1971 die Erstauflage der Einführung in das französische Recht erschien, beschränkte sich der Adressatenkreis auf eine relativ geringe Zahl von Studenten der Rechtswissenschaften mit besonderen romanistischen Neigungen sowie eine kleine Gruppe von Praktikern und Romanisten, für die ein Einstieg in das Recht Frankreichs aus beruflichen Gründen erforderlich oder Teil des Studiums der Kultur unseres Nachbarlandes war. Das war eigentlich erstaunlich, denn schon damals war Frankreich in der Europäischen Gemeinschaft der engste Partner der Bundesrepublik. Der Grund für die Randstellung des französischen Rechts lag vor allem in den Ausbildungsordnungen. Das hat sich seither grundlegend geändert. Es gibt inzwischen an zahlreichen deutschen Rechtsfakultäten gemeinsame deutsch-französische Studiengänge mit dem Ziel eines Doppeldiploms. Hinzu kommen deutsch-französische Austauschprogramme, gefördert vom Europäischen Erasmus-Programm, die eine große Zahl von Studierenden zum Studium des französischen Rechts anregen. Die Einführung richtet sich deshalb nicht nur allgemein an Juristen, die sich einen ersten Zugang zum französischen Recht verschaffen wollen, sondern hat zugleich Studierende im Auge, die es als Teil ihrer juristischen Ausbildung gewählt haben. Für diesen Leserkreis geht es darum, den Zugang zur andersartigen Systematik, besonderen Gedankenwelt und Terminologie des französischen Rechts zu vermitteln, so dass ein weiteres Studium anhand der französischen Originaltexte erleichtert wird. Das ist aber nur eine Zielrichtung. Rechtsbeziehungen zum französischen Recht haben ein außergewöhnliches Ausmaß erreicht. Man denke nur an die große Zahl Deutscher, die Immobilien in Frankreich erworben haben und deshalb mit öffentlichem und privatem französischen Immobilienrecht konfrontiert werden; oder an die unzähligen deutsch-französischen Paare und Familien, für die französisches Familien- und Erbrecht Bedeutung erlangt; oder die Unternehmen, die in Frankreich Geschäftsverkehr unterhalten und dabei als Recht der Wirtschaft, *droit des affaires*, das öffentliche und private französische Wirtschaftsrecht beachten müssen. Deshalb verfolgt das Buch auch das Ziel, allgemein juristisch Interessierten und Praktikern, vor allem Anwälten und Wirtschaftsjuristen, die in Berührung mit Fragen des französischen Rechts kommen, den Einstieg zu erleichtern.

Eine Einführung kann keine Detailinformationen bieten. Sie kann nur die historischen, philosophischen und ökonomischen Quellen einer ausländischen Rechtsordnung und ihre Voraussetzungen anklingen lassen sowie wesentliche sachliche und systematisch begründete Unterschiede zum deutschen Recht anzeigen. Deshalb beschränkt sich diese Schrift auf eine Auswahl, die auf Strukturen hinweist. Nur in bescheidenem Umfang kann dabei aufleuchten, in welchem Maße das französische Recht wie jede andere Rechtsordnung an der Gestaltung der sozialen Beziehungen in der französischen Gesellschaft teilnimmt und zugleich dazu beiträgt, deren Zukunft durch seine Regelungen zu prägen.[1]

Seit der Erstauflage hat sich die Entwicklung der französischen Gesellschaft und mit ihr des französischen Rechts in einem geradezu atemberaubenden Tempo vollzogen. *La France profonde et immuable*, gerade noch sichtbar als die 1. Auflage erschien, gehört der Vergangenheit an. Frankreich ist heute ein moderner Staat, der mit großen Schritten in eine gemeineuropäische Zukunft geht. Dabei ist man sich seiner eigenen Tradition durchaus und zu Recht bewusst. Die 4. Auflage der Einführung gibt den heutigen Stand wieder, was eine wesentliche Neubearbeitung erforderlich machte. Die meisten Bereiche mussten ausgebaut werden und wurden wegen der heutigen Interessenlage des Adressatenkreises teilweise erheblich ausgeweitet. Das Straf- und Strafprozessrecht fielen dem schon in der 2. Auflage zum Opfer, bedauerlicherweise, denn das Strafrecht erstreckt sich in Frankreich über nahezu alle Rechtsgebiete und ist allgegenwärtig. Hinter den meisten Normen des *ordre public* steht zugleich, wie ein Autor schon 1985 bemerkte: „*sera puni*".[2]

Da die auch in Frankreich beklagte Normenflut den Überblick sehr erschwert, müssen teilweise selbst Spezialgesetze angegeben werden, soweit sie für die Rechtslage charakteristisch sind. Diese Gesetze sind in den verbreiteten roten *Codes Dalloz* oder blauen *Codes Litec* (auf die in Nr. 4 noch hingewiesen wird) sowie unter der zitierten Nummer (Jahrgang-lfd. Nr.: z.B. Gesetz Nr. 10-100) neben einschlägiger Rechtsprechung in den großen juristischen Zeitschriften und Datenbanken zu finden. Gerichtsentscheidungen sind zitiert, soweit sie für die Rechtsentwicklung prägend sind und diese sich aus den Gesetzen allein nicht erschließt. Im öffentlichen Recht, vor allem im allgemeinen Verwaltungsrecht sowie dem allgemeinen Teil des bürgerlichen Rechts und im Schuldrecht sind Zitate deshalb umfänglicher als im übrigen Zivilrecht, im Recht der Wirtschaft und im Verfahrensrecht, wo die Kodifizierungen sehr ausgeprägt sind. Für diese Gebiete muss auf die Rechtsprechungsnachweise in der einschlägigen Literatur und auf die in Nr. 4 angegebenen Entscheidungssammlungen verwiesen werden.

Deutschsprachige Literatur über französisches Recht in Zeitschriften und Monographien hat seit Jahrzehnten wesentlich zugenommen. Insoweit wird auf die von *v. Bar* herausgegebene Fachbibliografie (Nr. 5) verwiesen. Nur zu einigen besonders relevanten und aktuellen Themen erfolgen Hinweise in den Fußnoten. Bezüglich allgemeiner Hilfsmittel ist ebenfalls Nr. 5 zu konsultieren. Die Literaturköpfe im Text beschränken sich auf Standardwerke, die ihrer-

1 Dazu mit einem dezidiert humanistischen Anspruch *J. Mestre*, Le meilleur est avenir, Aix-Marseille, 2006, der diese Funktionen mit interessanten Beispielen belegt. Vergleicht man diese mit dem deutschen Recht, eröffnen sich interessante Parallelen und Divergenzen.

2 *Wenner*, Geschäftserfolg in Frankreich, München 1985, S. 41 f.

seits Hinweise auf Spezialarbeiten enthalten. Dazu kommen einige deutschsprachige Veröffentlichungen zu aktuellen Einzelthemen.

Die Schrift ist nach Nummern durchgegliedert. Auf sie beziehen sich die Verweisungen innerhalb des Textes und das Sachregister.

Dr. *Christian Autexier,* em. Professor für französisches Öffentliches Recht an der Universität des Saarlandes und Mitautor der Vorauflage, der wenige Wochen vor Erscheinen des Bandes nach langer Erkrankung verstorben ist, konnte nicht mehr an dem Werk mitarbeiten. Ihm gilt ein besonderer Dank für seine Mitwirkung an der Vorauflage.

An dieser Auflage haben mitgewirkt: Dr. Dres h.c. *Hans Jürgen Sonnenberger*, em. Professor und ehem. Direktor des Instituts für Internationales Recht – Rechtsvergleichung der Universität München (Einleitung, allgemeiner Teil des bürgerlichen Rechts, Schuldrecht und Sachenrecht); Dr. *Claus Dieter Classen*, Professor an der Universität Greifswald, Inhaber des Lehrstuhls für Öffentliches Recht, Europarecht und Völkerrecht (Verfassungsrecht, Verwaltungsrecht); *Stéphanie Ougier*, DEA Droit comparé, Direktionsassistentin der *Caisse centrale de la mutualité sociale agricole, Sousdirection prestations familiales et à la vieillesse*, Bagnolet (Familienrecht); Dr. *Frank Bauer*, Juniorprofessor an der Universität Gießen (Erbrecht, Bank- und Kreditsicherungsrecht), Dr. *Helge Großerichter*, Rechtsanwalt und Lehrbeauftragter der Juristischen Fakultät der Universität München (Recht der Wirtschaft, Bank- und Kreditsicherungsrecht), *Jean-Philippe Rageade*, stellvertretender Direktor der Europäischen Rechtsakademie Trier (Recht der Wirtschaft); *Frédérique Ferrand,* docteur en droit, Professeure der Université Jean Moulin Lyon 3, Direktorin des Institut de droit comparé Edouard Lambert (Zivilrechtspflege). Die Gesamtredaktion haben *Claus Dieter Classen* und *Hans Jürgen Sonnenberger* besorgt. Für technische Unterstützung gilt ein besonderer Dank Frau *Annelie Schulz,* Greifswald.

Augsburg/Greifswald, im Oktober 2011

Hans Jürgen Sonnenberger
Claus Dieter Classen

Bearbeiterverzeichnis

Einleitung	Hans Jürgen Sonnenberger
1. Kap. Verfassungsrecht	Claus Dieter Classen
2. Kap. Verwaltungsrecht	Claus Dieter Classen
3. Kap. Bürgerliches Recht	
§ 1 Einleitung	Hans Jürgen Sonnenberger
§ 2 Internationales Privatrecht	Hans Jürgen Sonnenberger
§ 3 Subjektive Rechte und Vermögen	Hans Jürgen Sonnenberger
§ 4 Rechtssubjekte	Hans Jürgen Sonnenberger
§ 5 Schuldrecht	Hans Jürgen Sonnenberger
§ 6 Sachenrecht	Hans Jürgen Sonnenberger
§ 7 Familienrecht	Stéphanie Ougier
§ 8 Erbrecht	Frank Bauer
4. Kap. Recht der Wirtschaft	
§ 1 Handelsgeschäfte und Kaufmannseigenschaft	Jean-Philippe Rageade
§ 2 Gesellschafts- und Kapitalmarktrecht	Jean-Philippe Rageade/ Helge Großerichter
§ 3 Wirtschaftseigentum und gewerblichhe Rechte	Jean-Philippe Rageade
§ 4 Handelsverträge und kaufmännische Kredit- und Zahlungsmittel	Jean-Philippe Rageade
§ 5 Wettbewerbsrecht	Helge Großerichter
§ 6 Unternehmenssanierung und handelsrechtliche Schuldenregulierung	Helge Großerichter
§ 7 Arbeits- und Sozialrecht	Helge Großerichter
5. Kap. Bank- und Kreditsicherungsrecht	
§ 1 Begriff und Grundlagen des Bankrechts	Helge Großerichter
§ 2 Bankgeschäfte	Helge Großerichter
§ 3 Kreditsicherheiten	Frank Bauer
§ 4 Verhaltenspflichten der Banken und Bankenhaftung	Helge Großerichter
6. Kap. Zivilrechtspflege	Frédérique Ferrand

Inhaltsübersicht

Inhaltsverzeichnis

Zweites Kapitel: Verwaltungsrecht

Drittes Kapitel: Bürgerliches Recht

Abkürzungsverzeichnis

AAI	Autorités administratives indépendantes
ABGB	Allgemeines Bürgerliches Gesetzbuch für Österreich
ABl.	Amtsblatt
Abs.	Absatz
AcP	Archiv für die civilistische Praxis
ACP	Autorité de contrôle prudentiel
ACPrC	Ancien Code de procédure civile
a. E.	am Ende
AEUV	Vertrag über die Arbeitsweise der Europäischen Union
a. F.	alte Fassung
AG	Aktiengesellschaft
AGB	Allgemeine Geschäftsbedingungen
AGBG	Gesetz zur Regelung der Allgemeinen Geschäftsbedingungen
AGS	Association nationale pour la gestion du régime d'assurance des salariés
AJDA	Actualité juridique, droit administratif
AMF	Autorité des marchés financiers
AN	Assemblée nationale
Anm.	Anmerkung
Art.	Artikel
Aufl.	Auflage
Bd(e).	Band, Bände
BGB	Bürgerliches Gesetzbuch
BIC	Bulletin d'information de la Cour de Cassation
BODACC	Bulletin officiel des annonces civiles et commerciales
BT-Drs.	Bundestagsdrucksache
Bull.	Bulletin des arrêts de la Cour de cassation
Bull. civ.	Bulletin de la Cour de Cassation (chambres civiles)
BVerfG	Bundesverfassungsgericht
bzw.	beziehungsweise
C	Verfassung von 1958 (Constitution du 4 octobre 1958)
CA	Cour d'appel
CAA	Cour administrative d'appel (Verwaltungsgerichtshof)
CADA	Commission d'accès aux documents administratifs
CAF	Coût, Assurance, Frets
Cass.	Cassation, Cour de Cassation
– Civ.	Chambre civile
– Com.	Chambre commerciale

– Soc.	Chambre sociale
– Ass.Plén.	Assemblée plénière
– Ch.mixte	Chambre mixte
– Ch.réunies	Chambres réunies
– Req.	Chambre des requêtes
CAss	Code des assurances
CC	Code civil
CC (-Litec/Dalloz)	Code Civil (Ausgabe Litec bzw. Dalloz)
CCH	Code de la construction et de l'habitation
CCom	Code de commerce
CConsom	Code de la consommation
CConst	Conseil constitutionnel
CDrE	Cahiers du droit de l'entreprise
CE	Conseil d'Etat
CEDH	Convention européenne de sauvegarde des droits de l'homme (→ EMRK)
CEE	Communauté Economique Européenne
CElect	Code électoral
CEnvir	Code de l'environnement
CGCT	Code général des collectivités territoriales
CGI	Code général des impôts
CIF	Cost, Insurance, Freight
Civ.	Civil
CMF	Code monétaire et financier
CNIL	Commission nationale de l'informatique et des libertés
COB	Commission des opérations de bourse
COrgJud	Code de l'organisation judiciaire
CPén	Code Pénal
CPI	Code de la propriéte industrielle
CPrC	Code de procédure civile
CPrPén	Code de procédure pénale
CRoute	Code de la route
CRur	Code rural
CSA	Conseil supérieur de l'audiovisuel
CSM	Conseil supérieur de la magistrature
CSP	Code de la santé publique
CSS	Code de la sécurité sociale
CTransp	Code des transports
CTrav	Code du travail
CUrb	Code de l'urbanisme
D.	Recueil Dalloz
d. h.	das heißt
DH	Dalloz Hebdomadaire

Doc	Document
DP	Dalloz périodique
Dr. et. patr.	Droit et patrimoine
Dr. Fam.	Droit de la Famille
DS	Dalloz Sirey
EGMR	Europäischer Gerichtshof für Menschenrechte
EIRL	Entrepreneur Individuel à Responsabilité Limitée
EMRK	Europäische Konvention zum Schutze der Menschenrechte und Grundfreiheiten
ENA	École nationale d'administration
ENM	École nationale de la magistrature
EG	Europäische Gemeinschaft(en)
EGV	Vertrag über die Europäische Gemeinschaft
EPA	Etablissement public administratif
EPIC	Etablissement public industriel et commercial
EU	Europäische Union
EuGH	Europäischer Gerichtshof
EuGVÜ	Europäisches Gerichtsstands- und Vollstreckungsübereinkommen
EuR	Europarecht (Zeitschrift)
EURL	Entreprise Unipersonnelle à Responsabilité Limitée
EUV	Vertrag über die Europäische Union
EV	Eigentumsvorbehalt
EWG	Europäische Wirtschaftsgemeinschaft
EWIV	Europäische wirtschaftliche Interessenvereinigung
EWR	Europäischer Wirtschaftsraum
F	Franc(s)
f., ff.	folgende(r), fortfolgende(r)
FamRZ	Zeitschrift für das gesamte Familienrecht
FAS	Free alongside ship
FCC	Fonds commun de créances
FGG	Gesetz über die Angelegenheiten der Freiwilligen Gerichtsbarkeit
Fn.	Fußnote
FOB	Free on board
G.	Gesetz (loi)
G.A.Civ.	*Capitant/Terré/Lequette,* Les Grands arrêts de la jurisprudence civile, 12. Aufl., 2 Bde., Paris 2007/08
G.A.D.i.	*Bergel*, Les Grands arrêts du droit immobilier, Paris 2002
G.A.D.i.p.	*Ancel/Lequette,* Les Grands arrêts de la jurisprudence française de droit international privé, 3. Aufl., Paris 1998

GG	Grundgesetz
GIE	Groupement d'intérêt économique
GmbH	Gesellschaft mit beschränkter Haftung
GP	Gazette du Palais
HGB	Handelsgesetzbuch
h. M.	herrschende Meinung
Hrsg.	Herausgeber
HStR	*Isensee/Kirchhof* (Hrsg.), Handbuch des Staatsrechts, 3. Aufl.
i. d. F.	in der Fassung
i. d. R.	in der Regel
i. e. S.	im engen Sinne
INPI	Institut National de la Propriété Industrielle
IPR	Internationales Privatrecht
IPRax	Praxis des Internationalen Privat- und Verfahrensrechts
i. S.	im Sinne
i. V. m.	in Verbindung mit
i. w. S.	im weiten Sinne
JCl.civ	Juris-Classeur civil
Jh.	Jahrhundert
JME	juge de la mise en état
JO	Journal Officiel
JOAN	Journal Officiel de l'Assemblée Nationale
KG	Kommanditgesellschaft
Lamy Civ/Aff.	Revue Lamy (Droit civil, Droit des affaires)
Leb	Recueil Lebon (Entscheidungen des CE)
LME	loi de modernisation de l'économie
m. N. (m. w. N.)	mit (weiteren) Nachweisen
MünchKomm	Münchner Kommentar BGB, 5. Aufl. (-Bearbeiter)
n. F.	neue Fassung
Nr.	Nummer
NRE	nouvelles régulations économiques
NZA	Neue Zeitschrift für Arbeitsrecht
OHG	Offene Handelsgesellschaft
Ord	Ordonnance
PACS	Pacte civil de solidarité
PFRLR	Principe fondamental reconnu par les lois de la République

PGD	Principes généraux du droit
Rapp Cass	Rapport annuel de la Cour de cassation
RDP	Revue du droit public et de la science politique
Rec	Recueil des décisions du CConst
REP	Recours pour excès de pouvoir (Aufhebungsklage)
Rev. crit.d.i.p.	Revue critique de droit international privé
RFDA	Revue française de droit administratif
RG AMF	Règlement général de l'AMF
RIW	Recht der Internationalen Wirtschaft
RJPF	Revue juridique Personnes et Famille
Rev. trim.dr. (civ/com.)	Revue trimestrielle de droit (civil/commercial)
Rev. soc. (sociétés)	Revue des sociétés
Rn.	Randnummer
RTD civ.	Revue trimestrielle de droit civil
RTD com.	Revue trimestrielle de droit commercial
S	Sirey
S.	Seite
s.	siehe
SA	société anonyme
s. a.	siehe auch
SARL	Société à responsabilité limitée
SAS	Société par actions simplifiée
SCA	Société en commandite par actions
SCS	Société en commandite simple
SEM	Société d'économie mixte (gemischtwirtschaftliches Unternehmen)
SGCI	Secrétariat général du comité interministériel pour les questions de la coopération économique européenne
SGG	Secrétariat général du gouvernement
Slg.	Sammlung (Entscheidungssammlung des EuGH)
SMIC	Salaire Minimum Interprofessionnel de Croissance
SNC	Société en nom collectif
S.N.C.F.	Société nationale des chemins de fer Français
sog.	so genannt
SPA	Service public administratif
SPIC	Service public industriel et commercial
TA	Tribunal administratif (Verwaltungsgericht)
TC	Tribunal des conflits
TEG	Taux effectif global

TGI	Tribunal de Grande Instance
TI	Tribunal d'Instance
Trav.	Travail
TRIP	Trade related Aspects of Intellectual Property rights
u.a.	unter anderem; und andere
u.ä.	und ähnliche(s)
UER	Unité d'Enseignement et de Recherche
UNEDIC	Union nationale interprofessionnelle pour l'emploi dans l'industrie et le commerce
usw.	und so weiter
u.U.	unter Umständen
v.a.	vor allem
Verw	Die Verwaltung (Zeitschrift)
vgl.	vergleiche
VO	(EU-)Verordnung
WRV	Weimarer Reichsverfassung
WpHG	Wertpapierhandelsgesetz
WuW	Wirtschaft und Wettbewerb
z.B.	zum Beispiel
ZEuP	Zeitschrift für Europäisches Privatrecht
ZIAS	Zeitschrift für ausländisches und internationales Sozialrecht
Ziff.	Ziffer
ZIP	Zeitschrift für Wirtschaftsrecht
ZPO	Zivilprozessordnung
z.T.	zum Teil
ZZP	Zeitschrift für Zivilprozess International

Einleitung

Literatur zur französischen Rechtsgeschichte (zur Entwicklung des Zivilrechts vgl. zunächst jeweils Bd. I der unten vor Nr. 87 angegebenen Lehrbücher, ferner): *Bart*, Histoire du droit, Paris 2002; *Basdevant-Gaudemet/Gaudemet*, Introduction historique au droit, XIIIe –XXe siècle, 2. Aufl., Paris 2003; *Chevalier/Conac*, Histoire des institutions et des régimes politiques de la France de1789 à nos jours, 8. Aufl., Paris 1991; *Levy/Gastaldo*, Histoire de droit civil, Paris 2002; *Olivier/Martin*, Histoire du droit français des origines à la Révolution, Paris 1948 (Nachdruck Paris 1984); *Ourliac/Gazzaniga*, Histoire du droit privé français de l'an mil au Code Civil, Paris 1985; *Sautel*, Histoire des institutions publiques depuis la révolution française – administration – justice – finances, 7. Aufl., Paris 1990; *Schlosser*, Grundzüge der neueren Privatrechtsgeschichte, 10. Aufl., Heidelberg 2005, S. 125 ff.; *Wieacker*, Privatrechtsgeschichte der Neuzeit, 2. Aufl., Göttingen 1967, S. 339 ff.; *Zweigert/Kötz*, Einführung in die Rechtsvergleichung auf dem Gebiet des Privatrechts, 3. Aufl., Tübingen 1996, S. 87 ff.

Allgemeine Einführungen in das Recht (regelmäßig Band I der Lehrbücher des Zivilrechts, zur Bibliografie vgl. daher Literatur vor Nr. 87, ferner): *Cornu*, Introduction au droit, 13. Aufl., Paris 2007; *David/Grasmann*, Einführung in die großen Rechtssysteme der Gegenwart: Rechtsvergleichung, 2. Aufl., München 1988; *Fabre/Magnin*, Introduction générale au droit, Paris 2009; *Malaurie/Morvan*, Droit civil, Introduction générale, 3. Aufl., Paris 2009, *Malinvaud*, Introduction à l'étude du droit, 9. Aufl., Paris 2007; *Roubier*, Théorie générale du droit, histoire des doctrines juridiques et philosophie des valeurs juridiques, Paris 1946; *Terré*, Introduction générale au droit, 8. Aufl., Paris 2009.

Dokumentation via Internet: *Legifrance*, alle aktuellen französischen und europäischen offiziellen Texte (Gesetze, aber auch wichtige Urteile) gemäß Art. 1 Abs. 3 Dekret vom 7.8.2002 (www.legifrance.gouv.fr). Über weitere Portale verfügen das Journal Officiel, die Cour de Cassation, der Conseil Constitutionnel und der Conseil d'État. Gesamtübersicht der Portale bei *Terré* Nr. 379.

1. Historische Vorbemerkungen

Am Vorabend der Revolution von 1789 besaß Frankreich kein einheitliches Recht. Der Süden war weithin vom römischen Recht in Gestalt des scholastischen mos italicus beherrscht, der Quelle eines die örtlichen Gewohnheiten ergänzenden und bisweilen auch verdrängenden Gelehrtenrechts war, des *droit écrit.* Im Norden hatte sich unter dominierendem Einfluss der *coutume von Paris* ein gemein-französisches, zunächst ungeschriebenes regionales und örtliches *Gewohnheitsrecht* germanisch-fränkisch-normannischen Ursprungs entwickelt. 1454 hatte Karl VII. in der ordonnance von Montils-Les-Tours Auftrag zur Aufzeichnung dieser Rechtsregeln erteilt. Die erst 1510 als wichtigste der regionalen coutumes erfolgte Veröffentlichung der coutume von Paris bewirkte zugleich, dass auch in das droit coutumier römisches, an der Pariser Rechtsfakultät gelehrtes Rechtsdenken stärker eindringen konnte. Entscheidend für die Bedeutung der 1580 reformierten coutume von Paris als Basis für die gesamte nordfranzösische Rechtsentwicklung dürften die politische Bedeutung der Stadt und die Einflüsse erst des Humanismus (mos gallicus), später des Naturrechts und der Aufklärung (usus modernus) gewesen sein. Die schriftliche Aufzeichnung der coutumes war ein bedeutender Fortschritt, verfestigte aber gleichzeitig die Rechtsspaltung. Was diese betrifft, ist außerdem auf die *arrêts de règlements* der Regionalparlamente hinzuweisen, die regionales Juristenrecht kreierten. Von zwei Seiten gingen allerdings Vereinheitlichungstendenzen aus. Neben römisches Recht und coutumes war seit dem frühen Mittelalter das *kanonische Recht* getreten, das in allen der Jurisdiktion der Kirche vorbehaltenen Bereichen seine Bedeutung entfaltete. Es erlangte teilweise sogar für das Vertragsrecht Bedeutung – z. B. Zinsverbot, kirchliche Prägung der *bonnes moeurs*. Ein weiterer auf Rechtsvereinheitlichung zielender Impuls ging von der seit dem 16. Jahrhundert immer stärker werdenden und auf Zentralisierung drängenden Königsmacht aus. *Königliche ordonnances* begründeten u. a. 1667 ein einheitliches Prozessrecht und 1673/1681 ein einheitliches Handels- und Seerecht.

Den großen Durchbruch der Vereinheitlichung des französischen Rechts brachten aber erst die Revolution von 1789 und Napoleon. Zwar war die rechtsvereinheitlichende gesetzgeberische Tätigkeit der Revolutionszeit im Ergebnis eher bescheiden. Bedeutsam ist vor allem das Gesetz über die ordentliche Gerichtsbarkeit von 1790, ergänzt durch ein Gesetz über die Arbeitsgerichtsbarkeit 1806, das Ganze vollendet durch das Gerichtsverfassungsgesetz von 1819. Vor allem aber war die Idee der Einheit der Nation als Erbe der Revolution der geistige Grund, auf dem Napoleon mit seinen fünf Codes, dem *Code Civil des Français* (1804), *Code de Procédure Civile* (1806), *Code de Commerce* (1807), *Code d'Instruction criminelle* (1808) und *Code Pénal* (1810) den Kern eines einheitlichen französischen Rechts geschaffen hat. Die Codes wurden zu fünf dauerhaften Säulen des mit der Revolution begründeten und von Napoleon konsolidierten französischen Nationalstaates.

In der gleichen Zeit erfolgte die Grundlegung der Organisation dieses modernen Nationalstaats. Über die Zeiten und politischen Umbrüche hinweg haben sich auch hier die napoleonischen Einrichtungen bewährt und dem Staat eine erstaunliche Stabilität verliehen: Schaffung der großen zentralstaatlichen Verwaltungsapparate, Gliederung des Staates in Départements (1800), verbunden mit der Einführung des Präfektensystems, Schaffung eines einheitlichen Status der Kommunen mit einem Bürgermeister und einem Gemeinderat an der Spitze, Gründung des *Conseil d'État* und der *Conseils de Préfecture* (1800), die – zunächst nur Konsultativorgane – später zu Eckpfeilern der Verwaltungsgerichtsbarkeit wurden.

2. Ausstrahlungen des französischen Rechts

Die Autorität des nachrevolutionären französischen Rechts und seiner Einrichtungen wurde mit den napoleonischen Eroberungen sehr schnell im deutschen Raum spürbar. Nicht nur in den von Frankreich annektierten linksrheinischen Gebieten, sondern auch in den Vasallenstaaten fand es Eingang. Das Großherzogtum Baden führte 1810 den CC modifiziert in Gestalt des badischen Landrechts ein.[1] In beiden Gebieten blieb der CC direkt oder indirekt bis 1900 in Kraft und war auf diese Weise insbesondere bayerisches und preußisches Partikularrecht. Staatsreformen in Bayern und anderen deutschen Staaten orientierten sich teilweise eng am französischen Vorbild. *Thibauts* Ruf nach einem allgemeinen nationalen bürgerlichen Recht für die Deutschen (1814), auch wenn er sich in der Auseinandersetzung mit *Savigny* zunächst nicht durchsetzen konnte, ist ein weiteres markantes Beispiel für die Faszination, die vom nachrevolutionären französischen Recht als Ausdruck nationaler Einheit für viele Deutsche ausging. *Thibaut* und seinen Anhängern ging es natürlich nicht um eine Nachahmung des CC. Dagegen sprach allein schon die Ablehnung der französischen Fremdherrschaft. Es war vielmehr der Gedanke der nationalen Rechtseinheit, der aus Frankreich herüber strahlte und schließlich in der zweiten Hälfte des 19. Jahrhunderts mit großer Verzögerung obsiegte.

Eine systematische Pflege französischen Rechts gehört zu den festen Traditionen vor allem der deutschen Zivilrechtslehre.[2] Sie hatte zunächst ganz praktische Gründe, denn der CC war, wie erwähnt, in verschiedenen deutschen Staaten Partikularrecht und wurde von den Gerichten als solches angewendet, sogar als partikulares Reichsrecht.[3] Hier ragt vor allem das Handbuch des französischen Zivilrechts von *Zachariae von Lingenthal* (1. Aufl., 1808, letzte 8. Aufl., 1894 von *Crome*) heraus. Nach der Einführung des BGB änderte sich das. Das französische Zivilrecht zog aber immer wieder deutsche Rechtsvergleicher an. Nach dem 2. Weltkrieg steht dafür vor allem das von *Ferid* begründete Werk „Französisches Zivilrecht". Aber nicht nur das deutsche Zivilrecht, alle Rechtszweige haben immer wieder Anregungen von jenseits des Rheins erhalten. Zahlreiche rechtsvergleichende Dissertationen und Beiträge in Fachzeitschriften sind dafür ein Beleg.

Die Beschäftigung mit dem französischen Recht ist von allgemeinerem Interesse, weil es vielfach in anderen Staaten Nachfolger gefunden hat. So wurde

---

1 *Sturm*, Le Code Civil Du Grand Duché de Bade, in: FS Wadle, 2008 S. 1147 ff.

2 *Sonnenberger*, Travaux de l'Association Henri Capitant, Bd. XLIV, 1993, 317, allgemein zum Einfluss des französischen Rechts in Deutschland; *Ranieri*, Droits 32, 2000, 157. Vgl. mit kritischem Blick auf die heutige Situation *Lardeux*, Revue de la recherche juridique, 2006, 603.

3 Vgl. *Schubert*, Der Code civil und das Reichsgericht, in: *Kern/Schmidt-Recla*, 125 Jahre Reichsgericht, 2006, S. 125.

der CC zum Vorbild der späteren Zivilgesetzbücher des romanischen Rechtskreises, zu denen noch Louisiana und Quebec hinzukommen. Auch wirken in den ehemaligen Kolonien die Rechtseinrichtungen Frankreichs teilweise fort. Z.B. findet man in manchen Nachfolgestaaten das Präfektensystem, starke Annäherungen an die Gerichtsorganisation usw. Außerdem haben französische Rechtsvorstellungen maßgeblich das Recht der Europäischen Union beeinflusst.

3. Grundsätzliches zur Methodik der Rechtsfortbildung

Zu den kennzeichnenden Eigenschaften französischen Rechts gehört ein weniger gebrochenes Verhältnis zur geschichtlichen Entwicklung als das in Deutschland der Fall ist. Schon die fünf Codes Napoleons waren keineswegs ein vollständiger Bruch mit der Vergangenheit. So enthielten der CC und der CCom viele Elemente des Rechts des *ancien régime*. Die Dauerhaftigkeit der Codes bis in die letzten Jahrzehnte des 20. Jahrhunderts, des CC bis heute, ist ein Lehrstück, dass man es eher mit der Evolution als mit der Revolution hält. Für die Evolution des Systems spielt die Rechtsprechung eine große Rolle. Weiterreichende rechtspolitische Neuerungen erfordern dagegen ein Eingreifen des Gesetzgebers.

Die Gerichte, die seit der Neugestaltung der Gerichtsbarkeit zu Beginn des 19. Jahrhunderts eine gegenüber der deutschen Justiz ungleich beständigere Entwicklung hatten, haben sich rechtsfortbildend oft gegenüber veralteten Vorschriften und Gesetzeslücken mit einer Freiheit bewegt, die in Deutschland kaum vorstellbar ist. Obgleich die *Gewaltenteilungslehre Montesquieus*, die im nachrevolutionären Frankreich dominierte, die Funktion der Gerichte streng auf Anwendung der Gesetze begrenzt hatte, lehrt ein Blick auf Art. 4 CC, dass es dabei nicht sein Bewenden haben konnte. Bei der Vorstellung des CC hatte *Portalis*, einer der Väter des Gesetzbuches den Gerichten weitsichtig die Aufgabe der Auslegung, Vervollständigung und Anpassung an die Entwicklung zugeschrieben. Das betraf die Zivilgerichte, insbesondere die *Cour de Cassation*, galt aber ungeachtet der verwaltungsrechtlichen Besonderheiten auch für die Verwaltungsgerichte. Hier hat die höchste Instanz, der *Conseil d'État*, sogar eine Doppelfunktion als Gericht und legislatives Beratungsorgan, worauf im Verfassungsrecht eingegangen wird. Konzentriert man sich auf die ordentliche Zivilgerichtsbarkeit, so hat in einer ersten Phase, die bis in die zweite Hälfte des 19. Jahrhunderts andauerte, die streng am Wortlaut des Gesetzes festhaltende Auslegungspraxis der sog. *exegetischen Schule* der richterlichen Anpassung des Rechts, in besonderem Maße des Zivilrechts, an die veränderten Verhältnisse im Wege gestanden. Die exegetische Schule wurde aber in den letzten Jahrzehnten vor der Jahrhundertwende von einer *wissenschaftlich-systematischen Auslegungslehre* verdrängt, an deren Formulierung das berühmte Werk „Méthode d'interprétation et sources en droit privé positif" von *Gény* (1899) wesentlichen Anteil hatte. Nun konnten auch soziologisches Rechtsverständnis (*Durkheim, Duguit*) und Rückbesinnung auf naturrechtliches Gedankengut (*Hauriou*) auf die Entwicklung Einfluss nehmen. Mit der Aufnahme der neuen Lehre durch die Praxis und der damit verbundenen Verbreitung eines modernen Methodenpluralismus (grammatische, historische, soziologische, psychologische und teleologische Methode, Analogie, Umkehrschluss) verfügten die Gerichte über das erforderliche Instrumentarium rechtsfortbildender Tätigkeit. Angesichts der Tendenz der Cour de Cassation, die Rechtsfortbildung stark auszuweiten, wird heute der Hinweis für notwendig gehalten, dass der Richter nicht befugt ist, Gesetze außer Kraft zu setzen, auch nicht unter Berufung auf seine Aufgabe zur sozialen Kontrolle.[4] Seit Beginn des 20. Jahrhunderts ist von der Rechtsprechung häufig der Anstoß für Gesetzesnovellen ausgegangen. Die Cour de Cassation regt in ihren Jahresberichten, den *rapports annuels*, regelmäßig Gesetzesreformen an.

Der Gesetzgeber hat vor allem seit Beginn des 20. Jahrhunderts in zunehmendem Maß das im Wesentlichen in den nachrevolutionären Codes erfasste System den gesellschaftlichen Veränderungen anpassen müssen. Dass er dabei von den Wertungen der Zeit beeinflusst wurde, ist selbstverständlich. Aber es spielten in Frankreich Traditionsbrüche, wie sie das deutsche Recht etwa nach 1870 und 1933 erfahren hat, keine Rolle. Besonders nach dem Ende des Zweiten Weltkriegs kam die Reform der großen napoleonischen Codes in Gang. Auch hierbei ging man eher behutsam und allzu krasse Umbrüche vermeidend vor. Heute sind die Codes mehrheitlich ersetzt.[5] Geblieben ist der CC. Aber auch bei diesem ist weitgehend nur die Fassade erhalten. Sein Inhalt ist in vielen Teilgebieten neu gestaltet worden. Zahllose Spezialgesetze sind hinzugetreten. Ebenso wie im deutschen Recht sind bei den Reformen Einflüsse des europäischen Rechts und gemeinsamer europäischer Grundwerte, z.B. der Gleichberechtigung der Geschlechter spürbar.

4. Rechtsquellen und Rechtserkenntnisquellen

Wie in Deutschland regeln auch in Frankreich nationale, völkerrechtliche und europäische Rechtsnormen die Rechtsangelegenheiten. Völkerrechtliche Konventionen sind berufen, wenn sie durch Ratifizierung Bestandteil der französischen Rechtsordnung geworden sind (Monismus-Lehre).[6] Sie stehen dann unter der Verfassung,[7] jedoch über einfachen Gesetzen, vorausgesetzt sie

4 *Terré* Nr. 363.
5 1957 CPrPén, 1971/75 und 2008 CPrC, 1994 CPén, 2000 CCom.
6 Unten Nr. 43.
7 Cass.Ass.Plén. G.A.Civ. Nr. 1. Zur Überprüfung der Verfassungskonformität Nr. 43.

enthalten unmittelbar anwendbare Normen, *normes d'application directe*,[8] und nicht nur Aufforderungen an den staatlichen Gesetzgeber. Aus der *application directe* folgt: ein älteres mit einer Konvention nicht vereinbares Gesetz wird unmittelbar aufgehoben bzw. unanwendbar; ein späteres Gesetz wird wegen Verstoßes gegen Art. 55 der Verfassung nicht angewendet. Die Kontrolle obliegt nicht dem Conseil Constitutionnel, sondern der Cour de Cassation oder dem Conseil d'État.[9]

Im Ergebnis gilt das Gleiche für die Normen des europäischen Primär- und Sekundärrechts. Zur Begründung wurde früher gleichfalls Art. 55 der Verfassung herangezogen, in den letzten Jahren wird vor allem auf die Europaklausel der Verfassung, Art. 88-1, Bezug genommen und damit die vom EuGH postulierte Eigenständigkeit der Unionsrechtsordnung implizit anerkannt. Soweit die Normen des Unionsrechts nach ihrem eigenen Anspruch unmittelbare Wirkung entfalten, sind sie – gegebenenfalls entsprechend der Auslegung des EuGH – von den französischen Gerichten anzuwenden. Dabei haben sie Vorrang vor nationalen Normen, die insoweit unangewendet bleiben. Da die Grundlage für die Übertragung der Normsetzungskompetenz auf die europäische Union im französischen Verfassungsrecht liegt, ergibt sich auch für europäische Normen die Frage der Kontrollkompetenz französischer Gerichte und des Umfangs der Kontrolle. Die Konzeption gerichtlicher Kontrolle weicht teilweise vom deutschen Recht ab.[10]

Unter den nationalen Rechtsquellen nimmt die Verfassung eine Vorrangstellung ein. Das gilt auch für die Grundrechte, sowie die *égalité* und die *libertés publiques*. Gleichwohl unterscheidet sich die Rechtslage wesentlich von der deutschen. Bis zur Verfassungsreform vom Juli 2008 konnten in Kraft getretene Gesetze weder vom Verfassungsrat noch von den Gerichten für verfassungswidrig und nichtig erklärt werden. Nunmehr kann ein Bürger, der sich durch ein Gesetz in seinen Grundrechten verletzt fühlt, durch Geltendmachen der verfassungsrechtlichen Vorfrage, *question prioritaire de constitutionalité*, eine Entscheidung des Verfassungsrates beantragen. Über die Zulassung entscheiden die Cour de Cassation und der Conseil d'État. Dieses Thema wird im Verfassungsrecht behandelt.[11] Eine direkte Wirkung können insbesondere die Grundrechte für das einfache Recht bei dessen Auslegung erlangen. Das ganze Thema hat lange Zeit wenig Beachtung gefunden, wird aber seit einer Grund-

8 Z.B., anders als in Deutschland, die UN-Kinderrechtskonvention, Cass.Civ. vom 18.5.2005, D 2005.1909, näher dazu Rapp. Cass. 2009. 83 ff.; die EMRK, Cass.Ass.Plén. vom 12.11.1992, G.A.Civ. Nr. 26; nicht die Auslegung durch den EGMR, Cass.Soc. vom 30.11.2005, JCP 2005 II 10180, so dass insoweit der Gesetzgeber aufgerufen ist, z.B. Gesetz Nr. 2001-1135 vom 3.1.2001, das als Antwort auf das Urteil des EGMR vom 1.1.2000, D 2000.332 den Ausschluss der Ehebruchskinder vom Erbrecht beseitigt hat.

9 Unten Nr. 43.

10 Unten Nr. 45.

11 Unten Nr. 34.

satzentscheidung des Verfassungsrats[12] stärker erörtert. Es spielt aber bei weitem nicht die Rolle, die im deutschen Recht der verfassungskonformen Auslegung eingeräumt wird. Wie im deutschen so ist auch im französischen Recht das Gesetz im formellen und materiellen Sinn die erste Rechtsquelle. Die Gewichte sind aber anders als im deutschen Recht verteilt, wozu im Einzelnen auf das Verfassungsrecht verwiesen wird.[13]

Für den Umgang mit französischen Texten sind einige Hinweise erforderlich. Formelle Gesetze sind die Parlamentsgesetze, *lois, lois organiques, lois de programmation*, soweit sie nicht auf Volksabstimmung, *référendum*, beruhen. Häufig wird die Zunahme rein narrativer Gesetze, *lois bavardes*, beklagt.[14] Materielle Gesetze sind die Verordnungen der Exekutive, d.h. die *décrets* und *ordonnances* des Präsidenten[15] und des Premierministers sowie die *arrêtés* der Fachminister, soweit sie generelle Regelungen und nicht Einzelakte enthalten. Die besonders wichtigen Dekrete des Premierministers betreffen alle Materien, die nicht der begrenzten Zuständigkeit des Parlaments zugewiesen sind (Dekrete unter Mitwirkung des *Conseil d'État*) oder die Ausführung von formellen Gesetzen zum Gegenstand haben (einfache Dekrete). Dazu kommen *ordonnances* in Angelegenheiten, die an sich in die Gesetzgebungskompetenz des Parlaments fallen, deren Regelung aber nach Art. 38 der Verfassung befristet der Regierung übertragen ist. Als Konsequenz dieser Kompetenzverteilung greifen Parlaments- und Exekutivgesetze oft ineinander, so dass ein Verfahren zur Zusammenfassung der Texte entwickelt werden musste. Es entstand auf diese Weise neben den klassischen Codes eine neuartige Kodifikation, sog. *codification administrative*, die inzwischen sehr verbreitet ist. Diese Codes bestehen aus mindestens zwei (z.B. der *Code de l'expropriation*), bisweilen aus 3 Teilen (z.B. der CTrav), was sich in der Nummerierung der Artikel ausprägt: Parlamentsgesetze, *partie législative*, Verordnungen unter Mitwirkung des Conseil d'État, *partie reglémentaire: décrets en Conseil d'État*, einfache Verordnungen, *partie décrets simples*, entsprechend lauten die einzelnen Artikel z.B. Art. L./L.O. 11; Art. R. 11; Art. D 11.[16]

Das Verstehen der französischen Gesetzestexte wird weiter dadurch kompliziert, dass vereinzelt aus der Zeit vor der Gründung der V. Republik noch Dekretgesetze, *décrets-loi*, als gesetzesvertretende Verordnungen der Regierung existieren. Sie erschienen erstmals in der III. Republik, waren nach der Verfassung der IV. Republik an sich verboten, behielten aber gleichwohl Bedeutung. Außerdem gab es neben den heutigen, oben genannten *ordonnances* nach der

12 Vom 16.1.1982, G.A.Civ. Nr. 2.

13 Unten Nr. 24.

14 Vgl. auch Nr. 23.

15 Diese sind Ausnahmen, unten Nr. 27.

16 Z.B. ist Art. LO 119 CÉlect eine Vorschrift, die in der *partie législative* des *Code Électoral* steht und in der besonderen Weise einer *loi organique* zustande gekommen ist. Zur 2008 erfolgten Neunummerierung des CTrav unten Nr. 175.

Libération 1944/45 bis zur Gründung der IV. Republik gesetzesvertretende ordonnances der provisorischen Regierung. Diese gelten teilweise ebenfalls weiter, haben aber einen anderen Normenwert als die heutigen ordonnances.

Die Gesetze werden im *Journal Officiel*, JO (www.journal-officiel.gouv.fr), veröffentlicht. Außerdem sind sie häufig mit Kommentaren in den führenden Zeitschriften, im *Juris-Classeur Périodique*, der *Gazette du Palais* und dem *Recueil Dalloz* zu finden. Die wichtigsten Gesetze sind nach Sachgebieten geordnet in den *Codes Dalloz* oder den *Codes Litec* zusammengefasst (z.B. Code Civil, Code des Sociétés).

Keinen Normcharakter, aber große Bedeutung für die Rechtsanwendung haben die *circulaires* und *directives* der Exekutive. Es handelt sich um Verwaltungsvorschriften, die die Funktion von Dienstanweisungen und Interpretationshilfen haben. Es gibt *circulaires*, die für die Praxis fast die Bedeutung eines Gesetzes erlangt haben. Maßen sie sich Normcharakter an, so können sie vom *Conseil d'État* für nichtig erklärt werden.[17] Die *Cour de Cassation* hat diese Befugnis nicht. Es können aber im Zivilverfahren auf eine „Norm" einer *circulaire* keine subjektiven Rechte oder Verpflichtungen gestützt werden.

Als zweite Rechtsquelle nennen zahlreiche Autoren das Gewohnheitsrecht. Die Natur dieses Rechts ist sehr umstritten. Z.T. wirkt noch die Erinnerung an die schriftlich zusammengefassten *coutumes des ancien régime* nach. Besonders die zivilrechtliche Dogmatik hält an der Geltung von Gewohnheitsrecht fest, gelangt jedoch zu keiner klaren Aussage. So werden bisweilen als coutume auch Verkehrssitten und Handelsbräuche verstanden, doch kommt diesen nach den vertragsrechtlichen Vorschriften des CC nur Auslegungsfunktion zu. Verbreitet werden z.B. Handelsbräuche als coutume deklariert, wenn man ihnen eine Funktion beilegen will, die im deutschen Recht zur vertragsergänzenden Auslegung gerechnet wird. Ob die häufig als handelsrechtliche coutume bezeichnete *lex mercatoria* darüber hinausgeht ist zumindest zweifelhaft. Die Gerichte stehen dem Gewohnheitsrecht skeptisch gegenüber, vor allem wenn es von gesetzlichen Vorschriften abweicht oder diesen widerspricht. Dagegen werden vor allem im Zivil- und Handelsrecht häufiger Rechtsgrundsätze, *principes généraux*, die aus dem römischen und altfranzösischen Recht stammen und bei der Formulierung der großen Codes als Bestandteile des geltenden Rechts angesehen wurden, als Rechtsgrundlage herangezogen. Dazu gehören Maximen, die auch im deutschen Recht geläufig sind, z.B. fraus (*fraude)* omnia corrumpit, nemo auditur propriam turpitudinem allegans, dolo petit qui petit quod statim rediturus est.[18] Hierher gehören ferner Rechtsgrundsätze, *principes généraux*, die als Ausdruck der aequitas angesehen werden, z.B. das Verbot, sich auf Kosten eines anderen ohne Rechtsgrund zu berei-

---

17 Unten Nr. 58.

18 Eine Sammlung von Rechtsmaximen des altfranzösischen Rechts enthält *Roland/Boyer*, Adages du Droit Français, 4. Aufl. 1999.

chern. Eine eigenständige Rolle spielen im Verfassungsrecht die in der Präambel der Verfassung der V. Republik genannten *principes fondamentaux reconnus par les lois de la République*. Das Verwaltungsrecht wird ebenfalls vielfach von *principes géneraux du droit (administratif)* geprägt. Beide Arten von *principes* sind inhaltlich nicht mit denen des Zivilrechts gleichzusetzen.

Über die Rolle der Rechtsprechung, *jurisprudence*, gehen die Meinungen ähnlich wie in Deutschland auseinander. Teils wird sie als Rechtsquelle angesehen, weil in einem kodifizierten Rechtssystem erst Gesetz und Rechtsprechung das konkretisierte Recht ergeben und die Gerichte auch bei Schweigen oder Unvollkommenheit des Gesetzes entscheiden müssen, Art. 4 CC. Nach anderen hat sie eine zentrale Funktion für die Rechtserkenntnis und – seit Aufgabe der exegetischen Schule – für die Rechtsfortbildung, vor allem durch *arrêts de principe*, obgleich die Gerichte keine allgemeinen Rechtsnormen erlassen dürfen, Art. 5 CC. Man spricht hier oft von *coutume savante*. Zur Rechtsfortbildung gegen das Gesetz ist die Rechtsprechung nicht befugt. Davon zu unterscheiden ist die Korrektur veralteter Vorschriften wegen Veränderung der Verhältnisse oder weil sie einer höherrangigen Norm widersprechen, z.B. der EMRK. Die Rechtsprechung kann sich selbst korrigieren, *revirement de jurisprudence*. Ob ein revirement auch in der Vergangenheit liegende Vorgänge erfasst, ist lebhaft umstritten.[19]

Die rechtsfortbildenden Elemente sind nicht dem Tenor, *dispositif*, eines Urteils, sondern den Entscheidungsgründen, *motifs*, zu entnehmen, woraus sich für den ungeübten Leser eine gewisse Schwierigkeit ergibt. Französische Urteile, auch der Cour de Cassation,[20] sind häufig nur sehr kurz und fallbezogen begründet, Auseinandersetzungen mit der Lehre finden nicht statt. Selbst grundsätzliche Änderungen bisheriger Rechtsprechung sind oft nur mit einem Satz. begründet und werden leicht übersehen. Diese Gefahr ist umso größer, als das Urteil aus einer Folge von Halbsätzen besteht, die mit „attendu“ und „considerant“ eingeleitet werden und die besondere Bedeutung eines Teilsatzes nicht hervortreten lassen. Hilfestellung leisten, teilweise auch in Zivilsachen, die Konklusionen des *procureur général*, die in wichtigeren Fällen eine detaillierte Darstellung der Problemlage enthalten. Französische Rechtsstudenten lernen in den Übungen, *travaux dirigés*, schon frühzeitig den Umgang mit dem Stil der Urteile durch das Verfassen von *commentaires d'arrêt*.

Das Richterrecht entfaltet sich in den einzelnen Rechtsgebieten mit unterschiedlicher Intensität. Zum Beispiel ist das Internationale Privatrecht weitgehend ungeregelt und folglich Domäne der *jurisprudence*. Sie spielt eine maßgebliche Rolle auch in älteren Teilen des CC und in Teilgebieten des Verwaltungsrechts, etwa dem allgemeinen Teil und der Leistungsverwaltung.[21]

19 Vgl. Cass.Civ. vom 9.10.2001 G.A.Civ. Nr. 11; Cass.Ass.Plén. vom 21.12.2006, D. 2007. 837.

20 Vgl. *Ferrand*, Cassation Française et Revision Allemande, Paris 1993, S. 226 ff.

21 Bzw. *service public*, unten Nr. 62 f.

In neu geregelten Bereichen des CC und in Rechtsgebieten, die vom Legalitätsprinzip beherrscht sind, z.B. im Recht der Ordnungsverwaltung,[22] kann es sich weniger entfalten. Träger der richterlichen Rechtsfortbildung sind vor allem die obersten Gerichte: im Verfassungsrecht der *Conseil Constitutionnel*, in der ordentlichen Gerichtsbarkeit die *Cour de Cassation*,[23] im Verwaltungsrecht der *Conseil d'État*[24] und in Abgrenzungsfragen das *Tribunal des Conflits*.[25] Die Lehrbücher zitieren neuerdings die höchstrichterlichen Urteile unter ihrer Nummer, da sie unter dieser leicht bei der oben vor Nr. 1 zitierten offiziellen Datenbank *Legifrance* abgerufen werden können (z.B. Cass.1re civ., 17.6.2009, Bull. 2009 I n° 132, pourvoi n° 07-21.796). Daneben enthalten die unten zitierten juristischen Zeitschriften eine Auswahl wichtiger Entscheidungen auch der Tribunale und Appelationsgerichte. Für Studienzwecke eignet sich besonders die nach Rechtsgebieten geordnete Reihe *Les Grands Arrêts de la Jurisprudence*,[26] die im Verlag Dalloz erscheint.

In neuerer Zeit treten neben die traditionellen Rechtsquellen immer häufiger *außerstaatliche Regelungen* unterschiedlicher Institutionen, die teilweise vom Staat geschaffen oder zugelassen oder rein privater Natur sind, denen entweder vom Staat Rechtsnormqualität verliehen wird oder faktisch eine ähnliche Durchsetzungskraft eigen ist. Zu Ersteren rechnen die von berufsständischen Organisationen erlassenen *règlements*, z.B. das *règlement général* der Finanzmarktautorität (AMF),[27] ferner u.U. kraft staatlicher Erklärung die *Kollektivverträge*, die weit über das Arbeitsrecht hinaus eine Rolle spielen. Zu Letzteren rechnen die teilweise für ganze Wirtschaftszweige einheitlich aufgestellten Tarife, allgemeinen Geschäftsbedingungen und Typenverträge, die häufig als *droit conventionnel* bezeichnet werden. Rechtsnormähnliche Wirkung äußern diese Regeln insbesondere dann, wenn ihre Verwender eine monopolartige Stellung haben, ferner weil die Gerichte bisweilen recht großzügig einen stillschweigenden Unterwerfungswillen der Partner vermuten. Die sog. *normalisation* ist mit der technischen Normung im deutschen Recht vergleichbar. Sie definiert Produkte und Verfahren und legt Mindeststandards für vertragliche Leistungen fest. Ferner wird sie für die Standardisierung von Vertragsmodellen eingesetzt. Die Übergänge von faktischer Geltung infolge Standardisierung und normativer Geltung sind fließend, wie die Beispiele des medizinischen *code de déontologie* und der Berufsordnung für Anwälte[28] zeigen. Die jüngste Finanzmarktkrise hat zur Einführung eines neuen Instruments, der sog. Regu-

---

22 Bzw. Verwaltungspolizei, unten Nr. 65 ff.

23 Unten Nr. 198. eine gute Übersicht über neuere Entwicklungen gibt der jährliche Rapport der Cour de Cassation, Nr. 198 Fn. 44.

24 Unten Nr. 70 ff.

25 Unten Nr. 70.

26 Vor Nr. 32, 66, 87, 89.

27 Vgl. *Sonnenberger/Dammann*, I 8 Fn. 16.

28 Ursprünglich ohne rechtsnormative Kraft. Nunmehr als Ergebnis der Arbeiten des *Conseil national des barreaux* rechtsverbindlich kraft Dekret vom 12.7.2005, s. unten Nr. 200 Fn. 82.

lierung, *régulation*, geführt. Es ist nicht klar, wie weit damit staatliche Regelungen zur Verhinderung von Entgleisungen auf den Finanzmärkten gemeint sind oder Akte der Selbstheilung der Märkte. Der aus dem angloamerikanischen Vokabular übernommene Begriff ist verschwommen. Er hat im französischen ebenso wie im deutschen Rechtssystem keinen sinnvollen Platz und kaschiert möglicherweise das Betreiben der interessierten Kreise, staatliche Regelung und Kontrolle weiterhin zu vermeiden.

5. Allgemeine Hilfsmittel

Eine Auswahl weiterführender Literatur zu den einzelnen Kapiteln ist jeweils dort zitiert.

Bibliografien, Wörterbücher u. ä.

von Bar, Ausländisches Privat- und Privatverfahrensrecht in deutscher Sprache, 7. Aufl., Köln 2008 (mit CD-Rom); *Doucet/Fleck*, Wörterbuch der Rechts- und Wirtschaftssprache, 2 Bde. 6./7. Aufl., München 2009/2011; *Fleck*, Wörterbuch Recht, München/Wien/Bern/Brüssel/Paris 2004; *Mestre/Oellers/Frahm*, Einführung in die französische Rechtssprache, München 1998; *de Schlichting/Volmerange*, Einführung in die französische Rechtssprache, 3. Aufl., München/Wien/Bern 2011; *Schmidt*, Introduction à la langue juridique française, Baden/Baden 1997; *BIJUS*, Rechtsbibliografische Datenbank: http://www.bijus.org.

Deutschsprachige Gesamtdarstellungen

Constantinesco/Hübner, Einführung in das französische Recht, 4. Aufl., München 2001; *Ferid/Sonnenberger*, Das französische Zivilrecht, 2. Aufl., Heidelberg, seit 1986 (Näheres vor Nr. 87); *Sonnenberger/Dammann*, Französisches Handels- und Wirtschaftsrecht, 3. Aufl., Frankfurt/M. 2008.

Enzyklopädien

Diese Gesamtdarstellungen ersetzen den in Deutschland üblichen Kommentar. Sie sind entweder lexigraphisch nach Stichworten oder der Legalordnung folgend gegliedert: *Encyclopédie Juridique Dalloz*, die aus lexigraphisch in Stichwortartikel gegliederten *Répertoires* besteht, die in Form von Loseblattsammlungen erscheinen (z. B. *Répertoires de Droit Civil, de Droit des Sociétés, de Droit Public et Administratif)*) – die einzelnen Stichwortartikel werden in unregelmäßigen Abständen neu bearbeitet (*refontes*); *Juris-Classeur*, die umfangreichste, 1905 begründete, alle Rechtsgebiete umfassende Enzyklopädie in aktuell 400 Bänden (z. B. *J.-Cl. Civil, Commercial, International*), heute in

Loseblattsammlungen, die teils der Legalordnung folgen, teils systematisch aufgebaut sind und in regelmäßigen Ergänzungslieferungen aktualisiert werden. Systematisch geordnet sind die im Verlag *Lamy* zu verschiedenen Rechtsgebieten erscheinenden Repertorien (z. B. *Lamy Sociétés, Lamy Commercial*) bestehend aus einem meist jährlich neu erscheinenden i. d. R. gebundenen Grundwerk, aktualisiert durch regelmäßige Ergänzungen; ähnlich gestaltet sind die *Mémentos pratiques Francis Lefebvre*.

Zeitschriften (Auswahl)

Recueil Dalloz (zit. D), entstanden 1965 aus einer Fusion mit dem *Recueil Sirey*. Die Vorläufer hatten seit 1801/2 bzw. 1845 verschiedene Bezeichnungen und wurden unterschiedlich abgekürzt (DP, DH, DC, DA, DS); *La Semaine Juridique* seit 1927 (häufig zit. als *Juris Classeur Périodique*, JCP) erscheint in drei Editionen: *Générale, Notariale, Droit de l'entreprise*; *La Gazette du Palais* seit 1881 (zit. GP). Diese Zeitschriften setzen sich aus mehreren i. d. R. getrennt paginierten Abteilungen zusammen: Lehre (*Doctrine, Chronique*), Rechtsprechung (*Jurisprudence*), Gesetze, Verordnungen (*Législation, Textes*), Kurzinformationen (*Panorama, Tableaux, Sommaires de Jurisprudence, Informations Rapides*). Neuerdings sind Texte, die über eine juristische Datenbank abgerufen werden können, vielfach nicht mehr abgedruckt.

Die weiteren wichtigsten Zeitschriften in den einzelnen Rechtsgebieten sind: Zivilrecht: *Revue trimestrielle de droit civil; Droit de la famille; Revue critique de droit international privé;* Wirtschafts- und Arbeitsrecht: *Revue trimestrielle de droit commercial et de droit économique; Revue de la concurrence et de la consommation; Revue des sociétés; Droit du travail et de la protection sociale; Revue Banque*; öffentliches Recht: *Actualité Juridique-édition Droit administratif; Revue administrative*; *Revue de droit public et de la science politique; Revue française de droit administratif; Revue pratique de droit administratif.*

Erstes Kapitel:

Verfassungsrecht der V. Republik

Literatur: *Chantebout*, Droit constitutionnel, 27. Aufl., Paris 2010; *Favoreu/Gaïa/Ghevontian/Mestre/Pfersmann/Roux/Scoffoni*, Droit constitutionnel, 13. Aufl., Paris 2010; *Gicquel/Gicquel*, Droit constitutionnel et institutions politiques, 24. Aufl., Paris 2010; *Grewe/Gusy* (Hrsg.), Französisches Staatsdenken, Baden-Baden 2002; *Grote*, Das Regierungssystem der V. französischen Republik, Baden-Baden 1995; *Hamon/Troper*, Droit constitutionnel, 31. Aufl., Paris 2009; *Jouanjan*, Grundlagen und Grundzüge staatlichen Verfassungsrechts: Frankreich, in: v. Bogdandy/Cruz Villalón/Huber (Hrsg.), Handbuch Ius Publicum Europaeum, Band 1, Heidelberg 2007, § 2; *Pactet/Melin-Soucramanien*, Droit constitutionnel, 29. Aufl., Paris 2010; *Renoux/de Villiers* (Hrsg.), Code constitutionnel, 5. Aufl., Paris 2011.

§ 1 Einführung

6. Grundlagen

Wie in vielen anderen Staaten ist auch in Frankreich die Verfassung das Produkt der Geschichte; in ihr spiegeln sich die Erfahrungen wider, die die französische Nation in den vergangenen Jahrzehnten und Jahrhunderten gemacht hat. Wichtige Grundlagen des heutigen französischen Verfassungsverständnisses gehen auf das Jahr 1789 zurück. Die im Juli diesen Jahres ausgebrochene Revolution hat einen grundlegenden Umbruch in der französischen Verfassungsgeschichte bewirkt. Bis dahin war Frankreich ein absolutistischer Staat gewesen; damals begann der Weg zur Demokratie. Diese war lange Zeit vor allem durch ein souveränes Parlament gekennzeichnet. Die heutige Verfassung der V. französischen Republik trat im Jahre 1958 in Kraft und vollzog insoweit einen deutlichen Wandel: Das Parlament wurde deutlich in seinen Kompetenzen beschnitten; heute ist der Staatspräsident die zentrale politische Institution.

Im Einzelnen gehen manche heute noch relevante verfassungspolitische Leitvorstellungen aber auch auf die Zeit vor 1789 zurück. Dies gilt insbesondere für die traditionsreiche, bis heute weit verbreitete Vorstellung von einem starken, auf Einheit abzielenden Staat (vgl. auch Nr. 11 und 51). Ähnlich findet die starke Rolle des Staates im Bereich der Wirtschaft, die sich heute vor allem in der großen Bedeutung der öffentlichen Daseinsvorsorge niederschlägt (vgl. auch Nr. 63), ihre Ursprünge nicht zuletzt in den merkantilistischen Traditionen des 17. Jahrhunderts. Während allerdings in der vorrevolutionären Zeit zunächst der Staat maßgeblich zur Herausbildung der französischen Nation beigetragen hat, hat sich dieses Verhältnis im Zuge der Revolution umgekehrt: Seither bildet die Nation die Grundlage für den Staat. Dabei hat sich der Prozess, für diesen Staat stabile institutionelle Strukturen zu finden, als ausgesprochen kompliziert erwiesen. Die entsprechenden Probleme dürften ihre Ursache vor allem darin finden, dass es vielfach kaum gelungen ist, den politischen Prozess im notwendigen Ausmaß etwa durch Parteien oder andere Elemente zu strukturieren: Es waren und sind häufig in erster Linie einzelne Personen, die die politische Entwicklung bestimmt haben. Kompromisse werden bis heute in Frankreich weniger akzeptiert als anderswo; man liebt klare Entscheidungen, reibt sich aber auch an ihnen.

Bei der Betrachtung der französischen Verfassung ist außerdem zu bedenken, dass sie in ihrer spezifischen Funktion als juristisches Dokument – im Unterschied zum Zivilrecht – lange Zeit nur eine begrenzte Bedeutung entfalten konnte. Das Zivilrecht wird als Recht für alle Bürger von einer Vielzahl von Akteuren geprägt, von denen zumindest einige gelegentlich die Gerichte befassen. In der Folge werden zahlreiche Streitigkeiten verbindlich entschieden; zugleich werden die gesetzlichen Regeln im notwendigen Ausmaß konkretisiert, und es wird ihre Beachtung gewährleistet. Demgegenüber gab es bis in die jüngste Zeit hinein kein Gericht, das verfassungsrechtliche Streitigkeiten entscheiden konnte. Erst 1958 wurde mit dem Verfassungsrat, *Conseil constitutionnel*, eine entsprechende Institution geschaffen, die zudem zunächst nur mit bescheidenen Kompetenzen ausgestattet wurde (Nr. 32). Auch wenn die Entwicklung der Rechtsprechung und Änderungen im Verfassungstext die Befugnisse des *Conseil constitutionnel* zunehmend ausgeweitet haben, kann er bis heute im Wesentlichen nur Normen auf ihre Verfassungsmäßigkeit kontrollieren; wichtige Fragen gerade des institutionellen Rechts bleiben einer verfassungsgerichtlichen Entscheidung entzogen. Hinzu kommt, dass jedenfalls im Staatsorganisationsrecht nur wenige Personen und Institutionen agieren. So spielt das Verständnis der handelnden Akteure bis heute eine zentrale Rolle bei der Handhabung der Verfassung.

7. Überblick über die Verfassungsgeschichte bis 1958

Insgesamt ist die verfassungsrechtliche Entwicklung Frankreichs auch in der Zeit nach 1789 von häufigen Umbrüchen und unterschiedlichen Regimen geprägt. Dementsprechend weist das Verfassungsrecht zahlreiche Elemente der Diskontinuität auf. Es unterscheidet sich insofern wesentlich vom Verwaltungsrecht, das sich seit den Grundlegungen im Laufe des 19. Jahrhunderts lange Zeit kontinuierlich weiterentwickeln konnte und erst in den letzten Jahrzehnten durch Konstitutionalisierung (Nr. 40, 80) und Europäisierung (etwa Nr. 62, 63, 73) deutlicheren Veränderungen unterworfen ist.

Die französische Revolution des Jahres 1789 brachte den bis dahin bestehenden absolutistischen Staat zum Einsturz. An die Stelle der monarchischen Souveränität trat die des Volkes; noch im gleichen Jahr wurde die bis heute zentrale Erklärung der Menschen- und Bürgerrechte verabschiedet. Zunächst wurde eine konstitutionelle Monarchie errichtet. Nach der Entmachtung und Enthauptung des damaligen Königs, Ludwig XVI., im Jahre 1792 wurde zunächst eine Republik errichtet, deren erste Verfassung aus dem Jahre 1793 allerdings wegen innerer und äußerer Unruhen nie wirklich zur Anwendung kam. Über verschiedene besondere Regierungsformen (Direktorium: 1795–1799, Konsulat 1799–1804) entwickelte sich die Republik fort zum 1804 errichteten napoleonischen Kaiserreich. Mit der Restauration 1814/15 kehrte Frankreich zu einer konstitutionellen Monarchie zurück, die sogar – wenn auch mit Veränderungen – die Revolution von 1830 überlebte. 1848 folgte nach einer weiteren Revolution die Zweite Republik, die sich jedoch nur bis zum Staatsstreich Napoleon III. 1851 halten konnte. Das damals errichtete Zweite Kaiserreich brach mit der Niederlage Frankreichs im deutsch-französischen Krieg 1870 zusammen.

Im Anschluss an die damaligen Kriegswirren wurde die Dritte Republik gegründet; mit ihr wurde erstmalig ein dauerhaftes parlamentarisches System geschaffen, das bis 1940 Bestand hatte. Gerade in ihrer Anfangszeit war diese Republik allerdings von schweren Auseinandersetzungen zwischen Republikanern und den an sich mehrheitlichen, aber in sich gespaltenen Monarchisten geprägt. So beruhte die „Verfassung" auf mehreren, in ihrem Kern 1875 beschlossenen kompromisshaften Verfassungsgesetzen, die sich mit der Schaffung von Organisationsstatuten begnügten; die zunächst nur als Provisorium gedachte Wahl eines (republikanischen) Staatspräsidenten wurde mit nur einer Stimme Mehrheit beschlossen. Die damaligen Gesetze schufen ihrem Anspruch nach eine Struktur, die durchaus vom Bemühen um ein gewisses institutionelles Gleichgewicht geprägt war. Versuche des Präsidenten, sich 1877 im Verhältnis zum Parlament eine stärkere Machtstellung zu verschaffen, scheiterten jedoch; das Parlament setzte sich durch mit der Folge, dass seine Allmacht (Souveränität) für lange Zeit nicht in Frage gestellt wurde. Insbesondere das verfassungsmäßig ausdrücklich vorgesehene Recht des Präsidenten zur Auflösung des Parlaments konnte nie genutzt werden.

Damit wurde erst jetzt der Konflikt zwischen den beiden unterschiedlichen Konzeptionen der politischen Willensbildung entschieden, die in der vorrevolutionären Zeit entwickelt worden waren, nämlich der stark auf die Volkssouveränität abstellenden, die Herausbildung der einheitsstiftenden *volonté générale* betonenden Konzeption von *Rousseau* auf der einen Seite, der stärker die Teilung bzw. wechselseitige Hemmung der Gewalten betonende Konzeption von *Montesquieu* auf der anderen Seite; in der Deklaration von 1789 waren beide noch nebeneinander verankert (Art. 6 Satz 1 einerseits, Art. 16, aber auch 5 und 8 andererseits). Indem sich nun die erstgenannte Konzeption durchsetzte, war auch eine wichtige Weichenstellung für die Konzeption der Rechtsordnung vollzogen: Das vom Parlament beschlossene Gesetz war sakrosankt, die Gesetzmäßigkeit, *légalité*, der zentrale Maßstab für das Handeln der Verwaltung und die darauf bezogene Kontrolle der Verwaltungsgerichte (Nr. 49). In der Praxis war die damalige Gesetzgebung insgesamt von einem ausgesprochen liberalen Geist geprägt; an diese Tradition, der sog. *tradition républicaine*, konnte dann später dank des auch heute noch geltenden Hinweises der Präambel der Verfassung aus dem Jahre 1946 auf die grundlegenden, in den Gesetzen der Republik anerkannten Prinzipien (Nr. 10) die Rechtsprechung des *Conseil Constitutionnel* problemlos anknüpfen (Nr. 38).

Dieses souveräne Parlament wiederum war weniger von Parteien als von Einzelpersonen bestimmt mit der Folge, dass selten klare Mehrheitsverhältnisse bestanden. Dementsprechend war die Zeit bis 1940 – ähnlich wie in Deutschland die Weimarer Republik – von einer starken Instabilität der Regierungen geprägt. Die Notsituation des Ersten Weltkrieges schuf insoweit zwar eine gewisse Ausnahme, doch anschließend wurden die inneren Konflikte im Parlament nur noch stärker; so nahm die Zahl der im Parlament vertretenen Parteien und damit deren Zersplitterung deutlich zu. Den Herausforderungen des Zweiten Weltkrieges konnte das Regime dann nicht standhalten; unter dem militärischen Helden des Ersten Weltkrieges, General *Philippe Pétain*, wurde mit dem *État Français* im Anschluss an eine entsprechende parlamentarische Entscheidung und nach Billigung durch eine Volksabstimmung ein diktaturähnliches, mit der deutschen Besatzungsmacht kollaborierendes und dementsprechend nach dem Zweiten Weltkrieg völlig diskreditiertes Regime errichtet.

Nach dem Zweiten Weltkrieg wurde die institutionelle Frage erneut gestellt. Ein Referendum stellte die Weichen eindeutig in Richtung einer neuen Verfassung. Ein erstes Projekt wurde im Frühjahr 1946 abgelehnt, ein zweites dann beschlossen. Die damals beschlossene Verfassung sah immerhin eine Wahl des Ministerpräsidenten durch die Nationalversammlung vor und wollte so deren Mehrheit ex ante auf dessen Unterstützung verpflichten. Im Übrigen wich sie allerdings in den entscheidenden Punkten nicht substanziell von den Strukturen der Dritten Republik ab, und so blieb es insbesondere bei einer starken Stellung des Parlaments und einer dementsprechend schwachen Position der Regierung. Diese sollte dann ähnlich häufig wie unter der Dritten Republik wechseln. 1954 näherten Verfassungsänderungen die Vierte noch stärker an die Dritte Republik. Als Todesstoß für die Republik erwiesen sich die mit dem Kolonialismus verbundenen Herausforderungen, genauer das Bemühen um die Einleitung eines Prozesses der Verselbstständigung der Kolonien und die damit verbundenen militärischen Auseinandersetzungen. Unmittelbarer Anstoß für das Ende der Vierten Republik war dabei der Algerienkrieg und der drohende Putsch französischer Offiziere gegen ihre Regierung.

8. Entstehung und Grundlinien der Verfassung der Fünften Republik

Eingeleitet wurde der Prozess der Herausbildung der Fünften Republik durch die Wahl von General *Charles de Gaulle* in das Amt des Premierministers gemäß der Verfassung der Vierten Republik am 1.6.1958. *De Gaulle* hatte sich während des Zweiten Weltkrieges in seinem Exil in London zunehmend zum Anführer des französischen Widerstands gegen das Dritte Reich entwickelt und war nach dem Ende des Weltkrieges zunächst provisorischer Regierungschef. Anfang 1946 aber hatte er sich aus dem politischen Leben zurückgezogen, nachdem deutlich geworden war, dass er sich mit seinen verfassungspolitischen Vorstellungen nicht durchsetzen konnte. Nunmehr, 12 Jahre später, war seine Stunde gekommen. Allein ihm wurde zugetraut, innenpolitische Stabilität unter demokratischen Vorzeichen zu garantieren und auch die Algerienkrise zu bewältigen. Das Parlament verabschiedete ein Gesetz, das die Regierung mit der Vollmacht ausstattete, eine neue Verfassung zu erarbeiten und diese per Referendum zur Abstimmung zu bringen. Zur Vermeidung der Wiederholung der Ereignisse des Jahres 1940 aber enthielt dieses Gesetz einige wichtige Maßgaben zur Sicherung von Demokratie und Recht. Die auf dieser Grundlage erarbeitete Verfassung wurde am 28.9.1958 in einer Volksabstimmung mit überwältigender Mehrheit gebilligt und trat am 4.10.1958 in Kraft.

Zwei Grundlinien bestimmen die neue französische Verfassung. Zum einen wird sie geprägt von einer bemerkenswert starken Rolle des Präsidenten, der die Einheit von Staat und Nation repräsentieren soll (Nr. 16 ff.). Er ernennt die Regierung, die dem Parlament zwar verantwortlich ist, aber doch in der Alltagsarbeit unabhängig von diesem agieren können soll (Nr. 21). Zum anderen wurde korrespondierend zur Stärkung der Exekutive das Parlament in seiner traditionellen Allmacht beschnitten. Die Verfassung wollte es auf seine Kernaufgaben reduzieren. Zu diesem Zweck wurde der Bereich der Gesetzgebung auf bestimmte Kernbereiche beschränkt (Nr. 24); zugleich wurde der Regierung ein starker Einfluss auf den Prozess der Gesetzgebung zugestanden mit dem Ziel, auch bei unklaren Mehrheitsverhältnissen, wie sie lange Zeit für Frankreich typisch gewesen waren, klare Entscheidungen herbeiführen zu können (Nr. 25). Damit stellt der Präsident, vor allem, wenn die parlamentarische Mehrheit grundsätzlich im gleichen politische Lager steht wie er (dazu noch Nr. 9, 16 f.), das entscheidende Machtzentrum dar.

Zur Gewährleistung dieser neuen Struktur wurde für das Parlament erstmalig in der französischen Verfassungsgeschichte ein Überwachungsorgan geschaffen, der *Conseil constitutionnel*, Verfassungsrat. Ersichtlich lag das Ziel dieser Maßnahme in der Absicherung der reduzierten Rolle des Parlaments. Dies belegt der zunächst vergleichsweise enge Katalog an Zuständigkeiten, die sich im Wesentlichen auf die – zum Teil sogar obligatorische – Kontrolle parlamentarischer Akte (Gesetze, Geschäftsordnungen) beschränkte; antragsbefugt waren gemäß der ursprünglichen Verfassung nur Staatspräsident, Regierungschef sowie die Präsidenten der beiden Parlamentskammern (Nr. 32). Das Gesetz, vor 1958 angesehen als Ausdruck der *volonté générale*, ist dies damit nur noch *dans le respect de la Constitution.*[1]

9. Die Entwicklung der Verfassung seit 1958

Wie jede Verfassung hat sich auch die Frankreichs durch formelle Verfassungsänderungen und Änderungen in der Praxis weiterentwickelt. Als besonders wichtige Etappen sind hervorzuheben:

- In „Vollendung" der verfassungspolitischen Ideen von *de Gaulle* wurde 1962 die ursprünglich indirekt ausgestaltete Wahl des Staatspräsidenten ersetzt durch die seither bestehende unmittelbare Wahl durch das Volk (Nr. 16), die 1958 politisch noch nicht durchsetzbar war. Diese Veränderung war allerdings auch 1962 in den politischen Organen nicht mehrheitsfähig und wurde daher in einem verfassungsrechtlich überaus umstrittenen Verfahren nach Art. 11 C. per Volksabstimmung gebilligt, ohne dass zuvor das Parlament befasst wurde, wie dies Art. 89 C., die für Verfassungsänderungen einschlägige Norm, an sich vorsieht. Der daraufhin angerufene Verfassungsrat erklärte sich allerdings für unzuständig, Entscheidungen des Volkes zu überprüfen.[2]
- Während der ursprüngliche Verfassungstext in französischer Tradition keine Grundrechte enthielt, sondern sich mit einer Referenz an einschlägige frühere Verfassungsdokumente in der Präambel begnügte, entschied der Verfassungsrat im Jahre 1971, dass auch diese Hinweise in der Präambel rechtsverbindlichen Charakter hätten (Nr. 33). Er öffnete so den Weg zu einer auch inhaltlichen gerichtlichen Kontrolle von Gesetzen, für die der eigentliche Verfassungstext kaum Maßstäbe bereithält. 1974 wurde dann im Bereich des Verfassungsprozessrechts eine Änderung vorgenommen, die eine Anrufung des Verfassungsrats auch für die Opposition möglich machte (Nr. 33) und damit erst die politischen Voraussetzungen für eine regelmäßige Befassung des Verfassungsrates mit Normenkontrollanträgen schuf.
- Nachdem das politische Leben Frankreichs lange Zeit von *de Gaulle* und seinen Erben dominiert wurde, kam 1981 erstmals die Linke an die Macht durch die Wahl von Präsident *Mitterrand*. Die vorherige Mehrheit, nunmehr Opposition, sah sich in der Folge veranlasst, zahlreiche Gesetze der Mehrheit verfassungsgerichtlicher Kontrolle vorzulegen, und führte so einen weiteren Aufschwung der Verfassungsgerichtsbarkeit herbei.

1 CConst 185-97 DC vom 23.8.1985.
2 CConst 62-20 DC vom 6.11.1962.

- Nachdem bis Mitte der 80er Jahre der Präsident faktisch immer eine ihm mehr oder weniger treue Mehrheit im Parlament vorgefunden hatte, kam es – bedingt durch die unterschiedlichen Amtszeiten, sieben Jahre für den Präsidenten, fünf Jahre für die Nationalversammlung – 1986 bis 1988 erstmals zur Situation, dass der Präsident nicht mehr über eine Mehrheit im Parlament verfügte; 1993 bis 1995 sowie 1997 bis 2002 sollte sich dies wiederholen. In diesen Zeiten musste sich der Präsident mit einer ihm gegenüber ablehnend eingestellten Parlamentsmehrheit arrangieren, sog. *cohabitation*. Damit gelang es dem Parlament, im politischen System eine wesentlich wichtigere Rolle zu erlangen, insbesondere auch maßgeblich die Besetzung der Regierung zu bestimmen. Im Jahre 2000 wurde dann die Amtszeit des Präsidenten von 7 auf 5 Jahre herabgesetzt. Diese von manchen als Beschränkung der präsidialen Vormachtstellung angesehene Maßnahme hat jedoch im praktischen Ergebnis das Staatsoberhaupt gestärkt, da wegen des daraus resultierenden Gleichlaufs der Amtszeiten von Staatsoberhaupt und Nationalversammlung nunmehr ein Auseinanderfallen der politischen Ausrichtung des Präsidenten und der Mehrheit der Nationalversammlung sehr unwahrscheinlich geworden ist.
- Das 21. Jahrhundert ist durch weitere große Verfassungsreformen geprägt. Insbesondere wurde durch Gesetz vom Juli 2008 eine ganze Reihe von Änderungen mit dem Ziel der „Modernisierung" des politischen Systems Frankreichs beschlossen; fast die Hälfte der Bestimmungen der Verfassung wurde geändert. Zu den wichtigsten Maßnahmen gehören die Einführung der konkreten Normenkontrolle, also der bis dahin nicht bestehenden Möglichkeit einer verfassungsrechtlichen Überprüfung eines bereits verkündeten Parlamentsgesetzes (Nr. 34), sowie eine gewisse Stärkung des Parlaments, vor allem auch der Opposition (näher dazu in Nr. 20f.).
- Schließlich ist, wenn auch zeitlich gestreckt, der Prozess der Europäisierung und Internationalisierung zu erwähnen, der teils zu Änderungen der Verfassung, vor allem aber auch zu Änderungen der Verfassungspraxis geführt hat (Nr. 43ff.).

10. Quellen des französischen Verfassungsrechts, *bloc de constitutionnalité*

Rechtsquelle des französischen Verfassungsrechts ist zunächst einmal der Text der Verfassung aus dem Jahre 1958. Dessen Präambel nimmt allerdings Bezug auf die Erklärung der Menschen- und Bürgerrechte aus dem Jahre 1789 sowie die Präambel der Verfassung von 1946; in einer Aufsehen erregenden Entscheidung aus dem Jahre 1971 hat der *Conseil constitutionnel* auch dieser Präambel und damit den dort erwähnten Dokumenten verfassungsrechtliche

Qualität zuerkannt.[3] Die Präambel der Verfassung von 1946 enthält dabei neben einigen spezifischen Garantien auch einen Hinweis auf die von den Gesetzen der Republik anerkannten grundlegenden Prinzipien, *principes fondamentaux reconnus par les lois de la République*. Mit dieser Formulierung sollte damals wohl nicht zuletzt der Streit um die Aufnahme einer spezifischen Garantie zu Gunsten der Privatschulfreiheit, die vor allem der katholischen Kirche zu Gute gekommen wäre, geschlichtet werden.

Voraussetzung für die Annahme eines solchen grundlegenden Prinzips ist eine einschlägige einfachgesetzliche Regelung, die in der Zeit der Republik, und zwar vor 1946, erlassen wurde, konkret also zwischen 1792 und 1804, zwischen 1870 und 1940 sowie zwischen 1944 und 1946. Verfassungsrechtlichen Rang weist dabei allerdings nicht das gesamte Gesetz, sondern nur der in ihm enthaltene Grundsatz auf. In der Praxis spielt diese Rechtsquelle vor allem im Kontext des Grundrechtsschutzes (Nr. 38) eine Rolle, aber auch mit Blick auf die Struktur der Verwaltungsgerichtsbarkeit (Nr. 29, 71). Im Jahre 2004 wurde die Präambel der Verfassung von 1958 schließlich noch um den Hinweis auf eine damals verabschiedete „Umweltcharta“ ergänzt, die seither gleichfalls Verfassungsrang genießt.[4]

Eine besondere Rolle nehmen schließlich die „verfassungsausführenden Gesetze“, *lois organiques* (Nr. 25), ein. Eigentlich stehen diese im Rang unterhalb der Verfassung. Der Verfassungsrat überprüft allerdings bei der Kontrolle von normalen Gesetzen auch, ob diese in den von der Verfassung bestimmten Regelungsbereich der *lois organiques* eindringen. Bestimmte *lois organiques*, nämlich die über die Haushaltsgesetzgebung (LO vom 1.8.2005) sowie die über die Gesetzgebung zur Sozialversicherung (LO vom 2.8.2005) werden vom Verfassungsrat sogar faktisch umfassend als Prüfungsmaßstab herangezogen.[5] Dies lässt sich nur so erklären, dass die verfassungsrechtliche Pflicht zum Erlass dieser Gesetze anderenfalls sanktionslos bliebe.

Begrifflich werden diese verschiedenen Quellen – also Verfassung von 1958, Deklaration von 1789, Präambel der Verfassung von 1946 einschließlich der grundlegenden Prinzipien, der Umweltcharta 2004 sowie in Grenzen der *lois organiques* – unter der Bezeichnung „*bloc de constitutionnalité*“ zusammengefasst.

11. Grundprinzipien des französischen Verfassungsrechts

Titel 1 der französischen Verfassung ist umschrieben mit dem Wort „Souveränität“. Diese wird in Art. 3 C. der Verfassung, mit dem Attribut national versehen, dem Volk zugewiesen (vgl. auch Nr. 13 f.) und von dessen Repräsentan-

3 CConst 71-44 DC vom 16.7.1971.
4 Zum dort enthaltenen Vorsorgeprinzip siehe nunmehr CConst 2008-564 DC vom 19.8.2008.
5 Beispielhaft zum Haushaltsrecht CConst 2005-530 DC vom 29.12.2004.

ten, also den vom Volk unmittelbar gewählten Abgeordneten (Nr. 19) sowie dem Staatspräsidenten (Nr. 16), und außerdem unmittelbar durch Volksabstimmungen ausgeübt. In der Verfassungsrechtsprechung spielt das Souveränitätsprinzip vor allem im Zusammenhang mit der internationalen Zusammenarbeit und den Grenzen der europäischen Integration eine zentrale Rolle (Nr. 43). Weitere Grundprinzipien werden in Art. 1 aufgeführt. Der traditionelle französische Zentralismus wird in der Form zum Ausdruck gebracht, dass die Republik „unteilbar", *indivisible*, ist: Frankreich kennt nur eine souveräne Staatsgewalt. Im Jahre 2003 wurde diese Aussage allerdings um den Hinweis auf die dezentrale (Verwaltungs-)Organisation ergänzt (dazu noch Nr. 51).

Ein weiteres Grundprinzip stellt der Laizismus, *laïcité*, dar, die Vorgabe einer Trennung von Staat und Kirche bzw. Religion; speziell im Kontext des Bildungssystems wird er dann noch einmal in der Präambel der Verfassung von 1946 hervorgehoben. Dieser geht insbesondere auf die durch Gesetz vom 9.12.1905 vollzogene Trennung von Staat und Kirche zurück. Das Verständnis dieses Prinzips dabei ist durchaus umstritten. Einige, nicht zuletzt der *Conseil d'État*, das oberste Verwaltungsgericht (Nr. 71), verstehen dieses Prinzip eher liberal, im Sinne einer Gewährleistung vor allem auch individueller Religionsfreiheit. Andere, nicht zuletzt der *Conseil constitutionnel*, interpretieren diesen Grundsatz eher in dem Sinne, dass er darüber hinaus oder auch im Gegensatz dazu eine gewisse Begrenzung der Rolle von Religion im öffentlichen Raum legitimiert. Die Unterschiede wurden etwa deutlich im Zusammenhang mit den Diskussionen um das Verbot der Verschleierung von Schülerinnen. Der *Conseil d'État* sah hierin tendenziell einen Verstoß gegen die Religionsfreiheit.[6] 2004 hat der Gesetzgeber dann ein generelles Verbot von ostentativen Zeichen der Zugehörigkeit zu einer Religionsgemeinschaft im Schulunterricht ausgesprochen, Art. L 141-5-1 *Code de l'éducation*. Für den *Conseil constitutionnel* wären wohl sogar umgekehrt menschenrechtlich begründete Grenzen eines solchen Verbots ein Problem gewesen. Außerdem betont er, dass religiös begründete gesetzliche Sonderregeln grundsätzlich unzulässig seien, und begrenzt damit die Möglichkeit des Gesetzgebers, zum Schutz des Lebens nach religiösen Vorschriften solche Sonderregeln vorzusehen.[7]

Weiterhin ist Frankreich nach Art. 1 C. eine demokratische und eine soziale Republik. Beide Prinzipien spielen allerdings in der Rechtsprechung des Verfassungsrates praktisch keine Rolle; viele Fragen, die in Deutschland mit Blick auf die allgemeinen Prinzipien des Art. 20 Grundgesetz diskutiert werden, werden in Frankreich auf der Grundlage konkreter Bestimmungen des franzö-

6 CE 130394 vom 2.11.1992, Kherouaa, Leb 389.

7 Vgl. zu beiden Punkten die Hinweise in CConst 2007-560 DC vom 20.12.2007 zum Vertrag von Lissabon.

sischen Verfassungsrechts bewältigt. Dies gilt mit Blick auf das Demokratieprinzip etwa für den Gesetzesvorbehalt (Art. 34 C. und dazu Nr. 24) oder für unabhängige Verwaltungsbehörden (Art. 21 C. und dazu Nr. 52), mit Blick auf das Sozialstaatsprinzip für die in Frankreich allerdings deutlich stärker als in Deutschland ausgeprägten sozialen Grundrechte (Nr. 39). Man tut sich aber auch schwerer mit der richterlichen Operationalisierung vergleichsweise vager Begriffe als in Deutschland.

12. Die Änderung der Verfassung

Art. 89 C. enthält die Regeln für eine Verfassungsänderung. Die Initiative steht dem Präsidenten der Republik (Nr. 16) auf Vorschlag des Premierministers (Nr. 18) sowie den Mitgliedern des Parlaments zu. Letztlich ist eine übereinstimmende Beschlussfassung der beiden Parlamentskammern (Nationalversammlung und Senat, Nr. 19) erforderlich. Anschließend ist eine Bestätigung durch einen Volksentscheid oder, nur auf Initiative des Präsidenten, durch den Kongress (Nationalversammlung und Senat zusammen) erforderlich; im Kongress ist dann eine Mehrheit von drei Fünfteln notwendig. In der Staatspraxis wurden allerdings fast alle Verfassungsänderungen durch den Kongress beschlossen. Im Übrigen wurde in einem sehr umstrittenen Verfahren unter Staatspräsident *de Gaulle* im Jahre 1962 auch Art. 11 C. für eine Änderung der Verfassung genutzt, also eine Volksabstimmung ohne vorherige parlamentarische Beratung durchgeführt (Nr. 9); 1969 wurde dies erneut versucht für eine – letztlich nicht mehrheitsfähige – Reform des Senats. Unzulässig ist schließlich eine Verfassungsänderung, die „die republikanische Staatsform" zum Gegenstand einer Verfassungsänderung macht (Art. 89 Abs. 5 C.), doch sieht sich der Verfassungsrat insoweit nicht zu einer Kontrolle befugt.[8]

§ 2 Das Staatsvolk

13. Die Einheit des souveränen Staatsvolkes sowie die Sprachenfrage

Frankreich kennt nur ein einheitliches Staatsvolk. Diesem steht nach Art. 3 C. die Souveränität (Nr. 11) zu. Daher wurde es etwa als unzulässig angesehen, die korsische Bevölkerung als eigenes „Volk", wenn auch Bestandteil des fran-

8 CConst 2003-469 DC vom 26.3.2003.

zösischen Volkes zu qualifizieren, *peuple corse, composante du peuple français*.[9] Demgegenüber ist – mit changierender Begrifflichkeit, die Präambel der Verfassung spricht von *peuples*, Art. 72-3 und 77 C. wohl präziser von *populations* – die Eigenständigkeit überseeischer Bevölkerungsteile durchaus anerkannt.

Seit 1992 ist das Französische als Staatsprache verankert (Art. 2 C.), doch darf dessen Gebrauch nur den öffentlichen Stellen und Einzelnen im Verkehr mit diesen zur Benutzung vorgeschrieben werden.[10] Daran und an der Einheit des französischen Volkes ist die Ratifizierung der Charta zu den Regional- und Minderheitssprachen gescheitert;[11] wegen der zweitgenannten Begründung dürfte sich hieran auch mit der Verankerung der Regionalsprachen in Art. 71-1 C. im Jahre 2008 nichts geändert haben.

14. Staatsangehörigkeit und politische Mitwirkung

Das französische Staatsangehörigkeitsrecht ist heute in Art. 17 ff. des *code civil* verankert. Es verknüpft Elemente des Abstammungs- (ius sanguinis) mit denen des Bodenrechts (ius soli). Durch Geburt wird die Staatsangehörigkeit erworben, sofern ein Elternteil Franzose ist. Weiterhin vermittelt eine Geburt in Frankreich die französische Staatsangehörigkeit, wenn bereits ein Elternteil in Frankreich geboren ist. Ferner wird man, wenn auch erst mit der Volljährigkeit, Franzose, wenn man zu diesem Zeitpunkt mindestens fünf Jahre in der Zeit seit dem 11. Geburtstag in Frankreich gelebt hat. Schließlich ist die Möglichkeit einer Einbürgerung vorgesehen, die an verschiedene gesetzlich näher ausgestaltete Tatbestände der Integration geknüpft ist. Bei Streitigkeiten sind die ordentlichen Gerichte zuständig; nur in Fragen der Einbürgerung ist der Verwaltungsrechtsweg (Nr. 72) eröffnet.

Die Staatsangehörigkeit ist nicht zuletzt zentrale Voraussetzung für das Recht auf politische Mitwirkung. Dies ergibt sich insbesondere aus Art. 3 Abs. 1 C., wonach die nationale Souveränität beim Volk liegt, sowie Abs. 4, der das Wahlrecht (für alle Wahlen zu Gremien, die durch französisches Recht konstituiert werden) allein den französischen Staatsangehörigen zuerkennt. Für die Kommunalwahlen sieht im Anschluss an den Vertrag von Maastricht Art. 88-3 C. allerdings eine Sonderregelung zu Gunsten von Unionsbürgern vor. Im Übrigen muss das Wahlrecht dem Gleichheitsgrundsatz genügen (vgl. auch Nr. 19); im Anschluss an eine entsprechende Entscheidung des *Conseil constitutionnel*, der eine gesetzliche Vorgabe von geschlechtsparitätisch aufzu-

9 CConst 91-290 DC vom 9.5.1991.
10 CConst 94-345 DC vom 29.7.1994.
11 CConst 99-412 DC vom 15.6.1999.

stellenden Listen für unzulässig hielt,[12] enthält Art. 1 C. nunmehr eine (allerdings faktisch nur bei Listenwahlen bedeutsame) entsprechende Regelungsaufgabe für den Gesetzgeber.

15. Parteien

Die Parteien sind nach der Verfassung frei; sie haben allerdings die Grundsätze der Volkssouveränität und der Demokratie zu achten. Ihre Funktion ist auf die Mitwirkung an Wahlen fokussiert (Art. 4 C.). Insgesamt aber spielen die Parteien im politischen Leben Frankreichs eine deutlich geringere Rolle als anderswo. Selten haben sie sich in der französischen Verfassungsgeschichte als besonders stabiler Faktor erwiesen. Viele Parteien haben sich im Laufe der Zeit gespalten oder neu zusammengeschlossen. In der heutigen Situation führt sicherlich auch das stark wahlkreis- und damit persönlichkeitsorientierte Wahlsystem (Nr. 19) zu einer nur begrenzten Rolle der Parteien.

Die Parteienlandschaft ist in ihrer Struktur stark von den Wahlsystemen beeinflusst. Die Präsidentenwahl (Nr. 16) führt zu einer starken Aufspaltung des Landes in zwei Lager. Auch das System der Wahlen zur Nationalversammlung (Nr. 19) führt dazu, dass sich Parteienbündnisse, die für eine Regierungsbildung notwendig sind und die sich anderswo regelmäßig erst nach der Wahl herausstellen, in Frankreich bereits vor der Wahl bilden müssen, damit sie sich mit Hilfe von gemeinsamen Kandidaten im Rahmen eines zweiten Wahlganges besser durchsetzen können. Zugleich ist auch auf dieser Ebene das Wahlsystem stark persönlichkeitsgeprägt. Insgesamt zeigt sich: Zwar wird die politische Landschaft von zwei politischen Lagern geprägt. Anders als etwa in England, wo eine vergleichbare Situation dazu geführt hat, dass sich das politische Leben im Wesentlichen auch auf zwei Parteien fixiert, hat sich in Frankreich an der zuvor bestehenden Parteienzersplitterung (Nr. 7) auch mit der V. Republik nichts Entscheidendes geändert. Innerhalb der beiden Lager hat es immer eine große Zahl von Parteien gegeben.

Während allerdings die Zersplitterung der Parteienlandschaft eine klare Willensbildung im Parlament lange Zeit verhindert hat und deswegen im Jahre 1958 Anlass dafür war, die Parlamentskompetenzen zu beschränken, ist heute die Folge vor allem, dass das Parlament Einfluss nur gewinnen kann, wenn sich in ihm eine klare Mehrheit herausbildet. Anders formuliert: Minderheitsregierungen können leichter als in anderen Verfassungssystemen agieren (vgl. auch Nr. 21 und 25). Die Wahlkampffinanzierung ist im Wahlgesetz strikt geregelt (Art. L 52ff. *Code éléctoral*), das allerdings in der Praxis immer wieder missachtet wird. Daneben bestehen weitere Regelungen über die Sicherung der Transparenz des politischen Lebens (*loi organique* 88-226 sowie Gesetz 88-227, beide vom 11.3.1988).

---

12 CConst 82-146 DC vom 18.11.1982.

§ 3 Der Staatspräsident

16. Funktion und Stellung des Staatspräsidenten

Der Präsident der Republik ist bis heute die zentrale politische Figur Frankreichs. Nach Art. 5 C. wacht er „über die Einhaltung der Verfassung. Er sichert durch seine Schiedsgewalt die ordnungsgemäße Tätigkeit der öffentlichen Gewalt wie die Kontinuität des Staates. Er ist Garant der nationalen Unabhängigkeit, der Unversehrtheit des Staatsgebiets und der Einhaltung der Verträge." Seit 1962 ist die Wahl des Präsidenten unmittelbar durch das Volk vorgesehen (Art. 7 C.; Nr. 9). Voraussetzung für die Wahl ist die absolute Mehrheit der abgegebenen gültigen Stimmen. Wird diese im ersten Wahlgang nicht erreicht, so findet ein zweiter Wahlgang statt, zu dem die beiden Kandidaten mit den jeweils meisten Stimmen antreten. Die Wahlperiode betrug ursprünglich sieben Jahre und wurde im Jahre 2000 auf fünf Jahre verkürzt (Art. 6 C.).

Im Einzelnen steht dem Staatspräsidenten eine Reihe von wichtigen Befugnissen zu. So kommt ihm insbesondere eine maßgebliche Rolle bei der Regierungsbildung zu; außerdem verfügt er über das Recht zur Auflösung der Nationalversammlung (zu beidem Nr. 17). Besondere Befugnisse sind ihm im Bereich der Außenpolitik (Kommunikation mit dem Ausland nach Art. 14 C.) und als Oberbefehlshaber der Streitkräfte (Art. 15 C.) im Bereich der Verteidigung zugewiesen, *domaine réservé*. Gesetze muss er innerhalb von 14 Tagen unterzeichnen (Art. 10 C.); hat er Zweifel an der Verfassungsmäßigkeit, steht ihm das Recht zur Anrufung des Verfassungsrates zu. Die wichtigsten und damit vom Ministerrat zu beschließenden Verordnungen (Nr. 27) bedürfen zu ihrer Wirksamkeit seiner Unterschrift (Art. 13 C.); insbesondere die hier – anders als bei der Verkündung von Gesetzen – fehlende Fristbestimmung hat die Staatspraxis veranlasst, insoweit von einem Entscheidungsspielraum des Staatspräsidenten auszugehen und diesem damit ein Vetorecht zuzugestehen. Wird eine Unterschrift verweigert, wie in Zeiten der *cohabitation* (Nr. 9) vorgekommen, besteht allerdings die Möglichkeit, die vorgesehenen Regelungen vom Parlament per Gesetz zu verabschieden.

Auf Vorschlag der Regierung oder auf gemeinsamen Vorschlag beider Parlamentskammern kann der Präsident einen Volksentscheid über einen Gesetzentwurf anberaumen, „der die Organisation der Staatsorgane sowie Reformen der Wirtschafts- oder Sozialpolitik der Nation und der mit deren Ausführung beauftragten Behörden betrifft oder auf die Ermächtigung zur Ratifikation eines Vertrages abzielt, der, ohne verfassungswidrig zu sein, Auswirkungen auf die Tätigkeiten der Institutionen hätte" (Art. 11 C.). Bemerkenswert weit, inhaltlich an Art. 48 Abs. 2 der Weimarer Reichsverfassung angelehnt ist das Notstandsrecht des Präsidenten (Art. 16 C.). Die Entscheidung über dessen Verkündung als solche ist zudem zunächst einmal von jeder gerichtlichen

Kontrolle freigestellt; seit der Verfassungsreform des Jahres 2008 kann immerhin nach 30 Tagen der *Conseil constitutionnel* angerufen werden, um zu überprüfen, ob die Voraussetzungen der Norm (noch) gegeben sind. Die einzelnen Maßnahmen sind ohnehin nach den Vorgaben zu kontrollieren, die im Fall einer regulären Entscheidung gelten würden: Maßnahmen im Bereich der Gesetzgebung (Art. 34 C., Nr. 24) wie Gesetze durch den Verfassungsrat, genuine Verwaltungsentscheidungen wie diese (Nr. 72) durch die Verwaltungsgerichtsbarkeit.[13] Praktisch wurde allerdings nur einmal, im Jahre 1961 im Zusammenhang mit einer Krise in Algerien, auf Art. 16 C. zurückgegriffen.

Zu den weiteren Aufgaben gehören das Recht zur Ernennung wichtiger Beamter (Art. 13 Abs. 2 C., zum Teil nach Anhörung des zuständigen Parlamentsausschusses gemäß Abs. 5) sowie das Begnadigungsrecht (Art. 17 C.). Eine ganze Reihe von Kompetenzen steht neben ähnlichen Befugnissen der Regierung, ohne dass immer eine trennscharfe Abgrenzung möglich ist. So stehen nebeneinander Art. 15 C. (Staatspräsident als Oberbefehlshaber der Streitkräfte) und Art. 21 C. (Verantwortung des Premierministers für die Landesverteidigung, Nr. 18). In der Verfassungspraxis kann er, solange er sich auf eine parlamentarische Mehrheit stützen kann, alle zentralen politischen Entscheidungen beeinflussen, trägt aber zugleich auch eine entsprechende politische (Mit-)Verantwortung. Ob und inwieweit er sich in diesem Rahmen in die Alltagsarbeit der Regierung – zum Teil jenseits der ihm von der Verfassung ausdrücklich zugewiesenen Kompetenzen – einmischt, ist Sache des jeweiligen Temperaments und Naturells des Amtsinhabers.

Rechenschaftspflichtig im rechtlichen Sinne ist der Staatspräsident niemandem gegenüber; daher kommt seiner Wahl eine entsprechend große Bedeutung zu. Allerdings bedürfen seine Akte grundsätzlich der Gegenzeichnung durch den Regierungschef und den verantwortlichen Minister (Art. 19 C.). Ausgenommen von dieser Pflicht sind die Akte, die er ohnehin nur auf Vorschlag anderer ergreifen kann (Ernennung der Regierungsmitglieder, Anberaumung eines Volksentscheides), die allein eine Beratung mit dem Regierungschef erfordernden Entscheidungen (Auflösung der Nationalversammlung, Art. 12 C.; Notstandsrechte, Art. 16 C.) sowie die in Art. 18 C. im Einzelnen näher geregelte Kommunikation mit den Parlamentskammern (Nr. 17). Das Instrument der Gegenzeichnung nützt allerdings nichts, wenn der Staatspräsident die Vornahme bestimmter Akte (wie etwa die Verkündung einer Verordnung) verweigert.

Als Person genießt der Staatspräsident eine weitreichende Immunität. Nach Art. 68 C. ist er nur für die in Ausübung seines Amtes vorgenommenen Pflichtverletzungen verantwortlich, die offensichtlich mit der Ausübung seines Amtes unvereinbar sind. Eine entsprechende Anklage erfolgt auf Beschluss

13 CE 55049 und 55055 vom 2.3.1962, Rubin de Servens et autres, Leb 143.

einer Parlamentskammer; entscheidungsbefugt ist das Parlament insgesamt, dessen beide Kammern zu diesem Zweck als Hoher Gerichtshof, *Haute Cour*, zusammentreten. Darüber hinaus darf der Staatspräsident aus Gründen der Gewaltenteilung auch für außerhalb des Amtes begangene Taten nicht während seiner Amtszeit strafrechtlich verfolgt werden;[14] allerdings ruht die Verjährung während seiner Amtszeit, so dass nach deren Ende eine Verfolgung ohne Weiteres möglich ist (Art. 67 C.).

17. Das Verhältnis zu den anderen Staatsorganen

Der Staatspräsident ernennt den Premierminister (Art. 8 C.). Eine rechtliche Bindung für die Auswahl besteht nicht; insbesondere gibt es keine formelle Rückkopplung zum Parlament. Faktisch allerdings ist der Staatspräsident in seiner Personalentscheidung nur dann frei, wenn er sich im Grundsatz auf eine Mehrheit im Parlament stützen kann. Besteht im Parlament eine Mehrheit gegen ihn, *cohabitation* (Nr. 9), ist er gezwungen, deren Kandidaten zu akzeptieren, da anderenfalls die Regierung sofort gestürzt würde. Damit wird deutlich: Er kann ggf. eine Regierung ohne, aber nicht gegen das Parlament bilden.

Die Minister werden auf Vorschlag des Premierministers ernannt und entlassen. Ein formelles Entlassungsrecht für den Premierminister enthält die Verfassung dagegen nicht. In der Staatspraxis allerdings hat sich der Grundsatz herausgebildet, dass ein Premier, der nicht mehr das Vertrauen des Präsidenten genießt, diesem seinen Rücktritt auch dann anbietet, wenn er weiterhin über parlamentarischen Rückhalt verfügt; anderes gilt nur, wenn der Präsident selbst politisch anders ausgerichtet ist als die Parlamentsmehrheit, *cohabitation* (Nr. 9). Traditionsgemäß führt der Präsident den Vorsitz im Ministerrat (Art. 9 C.). Damit verbindet sich auch das Recht, auf Vorschlag des Premierministers die Tagesordnung festzulegen (vgl. auch Art. 21 Abs. 4 C.).

Im Verhältnis zum Parlament steht dem Präsidenten zunächst das Recht zur Übermittlung von Botschaften oder auch zur direkten Ansprache – dann vor beiden, als Kongress zusammentretenden Kammern – zu (Art. 18 C.); eine anschließende Abstimmung ist in diesen Fällen ausgeschlossen. Wie in allen anderen europäischen Staaten auch wird die parlamentarische Kontrolle des Präsidenten nur indirekt, über eine Pflicht zur Gegenzeichnung durch den parlamentarisch verantwortlichen Premierminister für die wichtigsten Akte, gewährleistet. Außerdem kann der Präsident die Nationalversammlung auflösen, wenn auch nur nach Beratung mit dem Premierminister und den Präsidenten der Kammern (Art. 12 C.). Wird die Nationalversammlung aufgelöst, kann die daraufhin neu gewählte Versammlung frühestens nach 12 Monaten erneut aufgelöst werden.

14 CConst 98-408 DC vom 22.1.1999.

§ 4 Die Regierung

18. Die Regierung

Die Regierung besteht nach der Verfassung aus dem Premierminister und den Ministern. In der Praxis gibt es dabei neben den „normalen“ Ministern zum einen „delegierte“ Minister, *ministres délégués*, die einem anderen Minister zugeordnet sind und in dessen Verantwortungsbereich bestimmte Aufgaben wahrnehmen; zum anderen werden als Mitglieder der Regierung auch die Staatssekretäre, *secrétaires d'État*, angesehen, die allerdings nur eine politische Funktion haben, nicht mit den deutschen beamteten Staatssekretären zu vergleichen sind, und die im Unterschied zu den Ministern an den Kabinettssitzungen nur teilnehmen, wenn Fragen zu beraten sind, die in ihre Zuständigkeit fallen. Die Modalitäten der Bestellung der Regierung wurden bereits im Zusammenhang mit dem Staatspräsidenten angesprochen (Nr. 17). Entscheidend ist dabei, dass das Parlament als solches nicht unmittelbar an diesem Vorgang beteiligt ist; nur seine Befugnis, (mit absoluter Mehrheit) ein Misstrauensvotum zu beschließen (vgl. Nr. 21), setzt faktisch der Entscheidungsfreiheit der Beteiligten Grenzen. Im Gegensatz zur Rechtslage in vielen anderen Staaten (und zur Tradition der III. und IV. Republik) ist die Mitgliedschaft eines Regierungsmitgliedes in einer Parlamentskammer unzulässig (Art. 23 C.). Wer Minister wird, muss sein parlamentarisches Mandat aufgeben. Mit dieser Regelung sollten Regierungsstürze vermieden werden, die nur der Befriedigung der Ministerambitionen eines Parlamentariers dienten. Bis zum Jahre 2008 konnte ein Minister dann sein Mandat nur im Rahmen einer Neuwahl wiedererlangen. Nunmehr kehrt ein zurückgetretener Minister automatisch auf seinen Abgeordnetensitz zurück (Art. 25 Abs. 2 C.). Politisch ist die Regierung dem Parlament gegenüber verantwortlich (Nr. 21); für die strafrechtliche Verantwortlichkeit der Minister für Tätigkeiten, die in Ausübung ihres Amtes begangen wurden, wurde 1993 eine Neuregelung vorgesehen, die insoweit ein besonderes Gericht für die Entscheidung beruft (Art. 68-1 ff. C.).

Die Regierung funktioniert als Kollegialorgan in Form des Ministerrates, *conseil des ministres*. Die etwa in Deutschland vorgesehene Eigenverantwortlichkeit der Minister für ihr Ressort ist in Frankreich unbekannt. Praktische Konsequenz ist insbesondere, dass öffentliche Diskussionen zwischen Regierungsmitgliedern, wie sie in Deutschland weit verbreitet sind, sehr selten vorkommen. Streitigkeiten werden letztlich vom Premierminister kraft seiner Leitungsbefugnis entschieden, soweit der Staatspräsident nicht faktisch die Angelegenheit an sich zieht; formelle Abstimmungen im Sinne von Mehrheitsentscheidungen im Ministerrat gibt es nicht.

Die Aufgabe der Regierung besteht in der Leitung der Politik der Nation (Art. 20 C.). Damit wird vor allem die Führungsrolle der Regierung auch im

Verhältnis zum Parlament herausgestellt; im Verhältnis zum Staatspräsidenten spielt diese Norm hingegen kaum eine Rolle (Nr. 17). Dementsprechend verfügt die Regierung grundsätzlich über die Administration; unabhängige Verwaltungsbehörden sind also nur in Grenzen zulässig und bedürfen einer besonderen Rechtfertigung (Nr. 52). Wichtige Verordnungen werden von ihr beschlossen (Art. 13, 38 C.), wichtige Ernennungen (Art. 13 C), Gesetzesvorschläge des Premierministers (Art. 39) sowie die Stellung einer Vertrauensfrage (Art. 49 Abs. 1 C.) werden von ihr beraten.

Eine herausgehobene Position innerhalb der Regierung besitzt wie schon zum Teil erwähnt der Premierminister (Art. 21 C.). Ihm steht die Befugnis zur Leitung der Tätigkeit der Regierung zu; zu diesem Zweck wird er vom Generalsekretariat der Regierung, *secrétariat général du gouvernement*, unterstützt. Weiterhin ist ihm das für die Formulierung und Koordination der französischen Europapolitik sowie die Durchführung des europäischen Unionsrechts wichtige *secrétariat général aux affaires européennes* zugeordnet. Zudem gewährleistet er die Ausführung der Gesetze und verfügt insoweit über ein Verordnungsrecht; er ist für die Landesverteidigung verantwortlich. Das Recht zur Gesetzesinitiative steht auf Regierungsebene allein ihm zu (Nr. 25). Soweit Verfügungen des Premierministers einer Ausführung durch einen Minister bedürfen, muss dieser sie gegenzeichnen.

§ 5 Das Parlament

19. Zusammensetzung und Struktur des Parlaments

Das französische Parlament besteht aus zwei Kammern, der Nationalversammlung und dem Senat (Art. 24 C.). Diese Struktur weist in der französischen Verfassungsgeschichte eine lange Tradition auf. Schon in der ersten Republik wurde 1795 zur Abmilderung von Exzessen des zuvor aus einer Kammer bestehenden Parlaments eine zweite Kammer geschaffen; auch in der Folgezeit gab es fast immer zwei Kammern. Versuche, den Senat ganz abzuschaffen (im Jahre 1946) bzw. ihn in seinen Befugnissen deutlich zu reduzieren (im Jahre 1969), scheiterten jeweils im Rahmen von Volksabstimmungen. Im Verhältnis zum Senat kommt der allein unmittelbar demokratisch legitimierten Nationalversammlung sowohl bei der politischen Kontrolle der Regierung (Nr. 21) als auch bei der Gesetzgebung (Nr. 25) letztlich das entscheidende Gewicht zu.

Die Nationalversammlung besteht aus 577 Abgeordneten. Diese werden für die Dauer von fünf Jahren unmittelbar nach den Grundsätzen der allgemeinen, gleichen, freien und geheimen Wahl gewählt. Gewählt wird sie entsprechend französischer Tradition nach einem Mehrheitswahlsystem; die für die Wahlen

1986 eingeführte Verhältniswahl wurde mangels hinreichender Akzeptanz bald darauf wieder abgeschafft. Dabei spielten der Wunsch nach Sicherung klarer Mehrheitsverhältnisse, die Gewährleistung des Personenbezugs bei den Wahlen (bzw. das verbreitete Misstrauen gegen Parteiapparate, vgl. auch Nr. 15) sowie der Schutz vor dem Erstarken extremer Parteien eine Rolle. Damit kommt der Wahlkreisbindung der Abgeordneten im französischen System eine große Bedeutung zu.

Zur Sicherung der Wahlrechtsgleichheit müssen die Wahlkreise „im Wesentlichen auf demographischer Basis“ gebildet werden.[15] Allerdings ist das System auf zwei Wahlgänge angelegt. Um im ersten Wahlgang gewählt zu werden, muss ein Kandidat die absolute Mehrheit erlangen und zudem mindestens ein Viertel der Stimmen der Wahlberechtigten. Gelingt dies keinem Kandidaten, findet ein zweiter Wahlgang statt. An diesem nehmen alle Kandidaten teil, auf die mehr Stimmen entfallen sind, als 12,5% der Wahlberechtigten (nicht der Wähler!) entsprechen. Im Ergebnis kann dies dazu führen, dass im dritten Wahlgang nur einer oder auch drei Kandidaten vertreten sind. In diesem Wahlgang entscheidet dann die relative Mehrheit. Dieses Wahlsystem hat auch eine nicht unerhebliche Auswirkung auf das Parteiensystem (Nr. 15).

Der Senat besteht derzeit aus insgesamt 326 in den *départements* (Nr. 53), 10 in den verschiedenen überseeischen Gebieten sowie 12 für die Auslandsfranzosen gewählten Mitgliedern. Er soll „die Vertretung der Gebietskörperschaften der Republik“ gewährleisten (Art. 24 Abs. 3 C.). Er wird indirekt gewählt; Wähler sind Vertreter der lokalen und regionalen Vertretungskörperschaften (Nr. 53). Die Struktur der entsprechenden Wahlversammlungen begünstigt traditionell ländliche Gemeinden. Praktische Konsequenz ist insbesondere, dass im Senat traditionell konservative Kräfte dominieren. Die Wahl erfolgt in den kleineren *départements* im Wege der Mehrheits-, in den größeren im Wege der Verhältniswahl. Die Amtszeit der Senatoren beträgt seit einer jüngst durchgeführten Reform sechs Jahre; jeweils alle drei Jahre wird die Hälfte der Senatoren neu gewählt. Für beide Kammern wie für das Wahlrecht insgesamt (Nr. 14) fördert das Gesetz den gleichen Zugang von Männern und Frauen zu Mandaten (Art. 1 Abs. 5 C.).

Die Abgeordneten beider Kammern verfügen über ein freies Mandat (Art. 27 C.). Sie dürfen ihr Stimmrecht im Grundsatz nur persönlich ausüben, doch kann in Grenzen die Übertragung einer weiteren Stimme gestattet werden. Die Abgeordneten erhalten Diäten. Sie genießen Indemnität für die in Wahrnehmung ihres Mandates getätigten Äußerungen. Außerdem genießen sie Immunität; dieser Schutz bezieht sich allerdings nur auf Festnahmen oder andere freiheitsbeschränkende Maßnahmen und gilt nicht im Falle des Ergreifens auf frischer Tat. Auf Antrag der betreffenden Kammer sind freiheitsentziehende

15 CConst 86-218 DC vom 18.11.1986.

Maßnahmen auszusetzen (Art. 26 C.). Traditionell verfügten viele Abgeordnete neben ihrem nationalen auch über ein lokales Wahlmandat, nicht zuletzt als Bürgermeister, *député-maire*. In den letzten Jahren sind diese Anhäufungen von Mandaten, *cumul des mandats*, deutlich eingeschränkt worden; man darf nur noch maximal zwei Mandate gleichzeitig innehaben (Art. L 46-1 *code électoral*), und bestimmte Kombinationen sind völlig untersagt.

20. Stellung, Aufgaben und Arbeit des Parlaments

Die Aufgaben des Parlaments werden seit 2008 ausdrücklich in der Verfassung aufgeführt (Art. 24 Abs. 1 C.): Beschluss der Gesetze, Kontrolle der Regierung und Evaluation der öffentlichen Politik. Im Vergleich mit anderen Parlamenten fällt vor allem die Begrenztheit des Kataloges auf: die anderswo übliche Wahlfunktion fehlt als solche völlig. Auch tatsächlich übt das Parlament diese Funktion allenfalls in indirekter Form und auch insoweit nur in sehr begrenztem Umfang aus, indem die Präsidenten der beiden Parlamentskammern jeweils ein Drittel der Mitglieder des Verfassungsrates bestimmen (Nr. 32). Weiterhin ist insoweit wie mit Blick auf etliche Beamtenpositionen der jeweils zuständige Parlamentsausschuss anzuhören; dieser kann ggf. ein Veto aussprechen (Art. 13 Abs. 5 C.). Die Repräsentationsfunktion kann, wie sogleich zu erläutern ist, nur in einem eng definierten Rahmen ausgeübt werden.

Dies zeigt, was sich auch weiteren Regelungen entnehmen lässt: Das Parlament ist im Verfassungssystem der Fünften Republik ein vergleichsweise schwacher Akteur. Dies beruht auf einer bewussten Entscheidung des Verfassungsgebers (Nr. 8). Hintergrund sind die Erfahrungen aus der Dritten und Vierten Republik, als ein souveränes Parlament selten zu einer klaren Mehrheitsbildung in der Lage war. Darunter hatten vor allem die Stabilität der Regierung und die effektive Wahrnehmung der spezifischen Parlamentsaufgaben, insbesondere die der Gesetzgebung, stark zu leiden. Dementsprechend wurde durch eine Reihe von Regelungen dafür gesorgt, dass die Fähigkeit des Parlaments zu einer klaren, kohärenten Willensbildung Voraussetzung ist für dessen substanziellen Einfluss auf die politische Willensbildung. Dies gilt wie schon erwähnt für die parlamentarische Kontrolle der Regierung, dies gilt aber in gleicher Weise auch für die Gesetzgebung (dazu Nr. 25). Seit 2008 enthält die Verfassung zwar in stärkerem Maße als zuvor Minderheitenrechte sowie eine gewisse Anerkennung der Opposition, auch wurden die Rechte des Parlaments etwas ausgebaut; an der grundsätzlichen Situation aber hat sich nichts geändert.

Die Arbeit des Parlaments wird stark durch Vorgaben der Verfassung determiniert. Die Parlamentskammern beschließen ihre Geschäftsordnungen, doch ist eine verfassungsgerichtliche Kontrolle obligatorisch (Art. 61 C.). Die Beratungen finden öffentlich statt (Art. 33 C.). Die Mitglieder der Regierung haben jederzeitiges Rederecht (Art. 31 C.). Beide Kammern werden von einem Präsidenten geleitet, der im Fall der Nationalversammlung für die Dauer der Legislaturperiode, im Fall des Senats für jeweils drei Jahre gewählt wird (Art. 32 C.). Die Zahl der dauerhaften Ausschüsse ist auf acht begrenzt (Art. 43 C.). Regelmäßig gibt es eine Sitzungsperiode, die jeweils im Oktober beginnt und im Juni endet und insgesamt maximal 120 Sitzungstage kennt (Art. 28 C.). Der Premierminister oder auch die Mehrheit der Mitglieder einer Kammer können zusätzliche Sitzungstage beschließen. Außerdem tritt das Parlament auf Verlangen des Premierministers oder seiner Mehrheit zu einer außerordentlichen Sitzungsperiode mit allerdings vorher festgelegter Tagesordnung und auf einer maximal auf 12 Tage befristeten Dauer zusammen (Art. 29 C.). Außerordentliche Sitzungen verlangen zudem im Regelfall ein Eröffnungs- und ein Schließungsdekret des Präsidenten (Art. 30 C.). In der Staatspraxis haben mehrere Präsidenten hier einen Entscheidungsspielraum für sich gesehen und eine geforderte Einberufung nicht vorgenommen.

Die Tagesordnung wird zwar theoretisch vom Parlament festgelegt. Allerdings sind dabei zwei von vier Sitzungswochen vorrangig der Prüfung der Vorlagen und den Debatten vorbehalten, deren Aufnahme in die Tagesordnung von der Regierung unter verbindlicher Festlegung der Reihenfolge ihrer Behandlung verlangt wird. Eine von vier Sitzungswochen ist vorrangig der Kontrolle der Arbeit der Regierung zu widmen; insoweit kann die Mehrheit der Kammer die Reihenfolge der Themen bestimmen. Für einen Sitzungstag pro Monat schließlich wird die Tagesordnung von jeder Kammer auf Initiative der Oppositionsfraktionen der betreffenden Kammer sowie auf Initiative der Minderheitsfraktionen festgelegt. Außerdem ist eine Sitzung pro Woche für Fragen der Mitglieder des Parlaments und den entsprechenden Antworten der Regierung reserviert (Art. 48 C.). Damit verbleibt wenig zeitlicher Spielraum für die Beratung von parlamentarischen Gesetzesinitiativen.

Die Grenzen der Befugnisse des Parlaments zeigen sich auch beim Umgang mit unverbindlichen Parlamentsbeschlüssen. Diese wurden in Frankreich lange Zeit als unzulässig angesehen, weil man in ihnen ein verdecktes Instrument einer in dieser Form nicht vorgesehenen parlamentarischen Kontrolle der Regierung (dazu Art. 49 C.) gesehen hat.[16] Im Jahre 1993 wurden diese dann durch Verfassungsänderung zunächst für einen bestimmten Bereich, nämlich mit Blick auf die Mitwirkung der Regierung an der europäischen Rechtsetzung ausdrücklich geregelt und damit für zulässig erklärt (heute Art. 88-7 C.). Durch eine weitere Verfassungsänderung des Jahres 2008 wurde nunmehr diese Möglichkeit für alle Bereiche des Regierungshandelns geschaffen (Art. 34-1 C.). Sie steht aber explizit unter dem Vorbehalt, dass solche Resolutionen weder eine verdeckte Misstrauenserklärung der Regierung gegenüber darstellen noch diese zu einem bestimmten Handeln auffordern dürfen. Sieht

16 CConst 59-2 DC vom 17., 18. und 24.6.1959.

die Regierung diese Umstände als gegeben an, kann sie die Behandlung der Resolution im Parlament verhindern. Einzelheiten dieses Resolutionsrechts finden sich in einer speziellen *loi organique*.

21. Parlament und Regierung

Im Verhältnis zum Parlament ist die Regierung verantwortlich (Art. 20 C.). Auf Fragen aus dem Parlament muss das betreffende Regierungsmitglied grundsätzlich antworten. Für die Artikulation des Misstrauens gibt es ein ausdrücklich in der Verfassung vorgesehenes Verfahren: Nach Art. 49 Abs. 2 C. kann dies nur durch die Annahme eines Misstrauensantrags durch die Nationalversammlung geschehen; implizite Missbilligungen sind also unzulässig (vgl. auch Nr. 20). Der entsprechende Antrag muss von einem Zehntel der Mitglieder der Nationalversammlung unterzeichnet sein; die Abstimmung darf erst 48 Stunden nach Einbringung des Antrags stattfinden. Stimmt die Mehrheit der Mitglieder dem Antrag der Nationalversammlung zu, ist er angenommen; im Übrigen werden die Stimmen nicht gezählt, so dass, wenn der Antrag keine absolute Mehrheit erhält, keine Feststellung ergehen kann, ob der Antrag gegebenenfalls noch eine relative Mehrheit bekommen hätte. In all diesen restriktiven Regelungen schlägt sich die Sorge um die Stabilität der Regierung nieder. Neu ist die ausdrückliche Regelung von Untersuchungsausschüssen (Art. 51-2 C.); auch weiterhin sind allerdings insoweit spezifische Minderheitenrechte nicht verfassungsrechtlich vorgesehen. Auch auf das Gesetzgebungsverfahren hat die Regierung einen nachhaltigen Einfluss (Nr. 25). Insgesamt kann man festhalten: Die Regierung kann gegebenenfalls zumindest in gewissem, nunmehr allerdings eingeschränktem Umfang ohne, aber eben nicht gegen das Parlament regieren.

Zur Umsetzung des 2008 in der Verfassung neu verankerten Auftrages zur Evaluation der Politik (Nr. 9) hat die Nationalversammlung im Jahre 2009 einen besonderen Ausschuss eingesetzt, der insbesondere zur Aufgabe hat, entsprechende Berichte zu verfassen. Der Versuch, auf diesem Wege dem Parlament einen unmittelbaren Kontrollzugriff auf die Verwaltung zu verschaffen, wurde vom Verfassungsrat allerdings eingegrenzt.[17]

22. Wirtschafts-, Sozial- und Umweltrat

Das französische Verfassungssystem kennt weiterhin den Wirtschafts-, Sozial- und Umweltrat, *Conseil économique, social et environnemental*. Ihm gehören insgesamt 233 Mitglieder an, von denen 140 aus den Bereichen der Wirtschaft und des Sozialen stammen (Gewerkschaften, Berufsverbände etc.), 60 aus

17 CConst 2009-581 DC vom 25.6.2009.

dem Bereich des sozialen Zusammenhalts und der Vereine sowie 33 aus dem Bereich des Umweltschutzes (Art. 69 ff. C.). Die Mitglieder werden zumeist von repräsentativen Verbänden und Organisationen auf 5 Jahre bestimmt; Einzelheiten sind in einer speziellen *loi organique* geregelt. Die Institution ist als solche im Jahre 1958 geschaffen worden; die Einbeziehung des Umweltschutzes ist hingegen erst in den letzten Jahren erfolgt. Seine Aufgabe besteht im Wesentlichen darin, auf Bitten der Regierung zu einzelnen Gesetzesinitiativen oder auch – insoweit auch auf Bitten des Parlaments – zu allgemeinen Fragen der Wirtschaft, des Soziallebens und der Umwelt Stellung zu nehmen.

§ 6 Gesetzgebung und sonstige Normsetzung

23. Grundlagen

Vorab ist auf die unterschiedlichen Kategorien von Gesetzen hinzuweisen, die bereits in der Einleitung erwähnt wurden (Nr. 9). Im Einzelnen kann also zwischen der Verfassung als solcher, den die Verfassung ausführenden Gesetzen, den schon erwähnten *lois organiques*, die in einem leicht modifizierten Verfahren beschlossen werden, und den normalen Gesetzen unterschieden werden. Im Bereich der formellen Gesetzgebung ist außerdem auf bestimmte Sonderregeln für die Gesetze über den Haushalt und die zur Finanzierung der Sozialversicherung hinzuweisen (Nr. 10). Aus rechtsstaatlicher Perspektive bemerkenswert ist die auf verschiedene Bestimmungen der Erklärung von 1789 (Art. 6, aber auch 4, 5 und 16) gestützte Verpflichtung einerseits zu klarer und verständlicher Gesetzgebung, *clarté* sowie *intelligibilité et accessibilité de la loi*, andererseits zur Beschränkung auf Regelungen mit wirklich normativem Gehalt, *portée normative*; beiden Anforderungen wird nicht immer Rechnung getragen.[18] Im Rang unter den Gesetzen stehen die von verschiedenen Stellen der Exekutive zu verabschiedenden Verordnungen (Nr. 27).

24. Reichweite der Gesetzgebung, *domaine de la loi*

Die französische Verfassung der Fünften Republik weist im Bereich der Gesetzgebung eine Besonderheit auf: Sie ist von Verfassung wegen nicht umfassend vorgesehen, sondern nur in bestimmten, in Art. 34 C. im Einzelnen aufgezählten Materien, *domaine de la loi*; die Rechtsetzung im Übrigen erfolgt durch Verordnung (Art. 37 C.: *domaine du règlement*, dazu in Nr. 27). Diese

18 Beispielhaft zum ersten Punkt: CConst 2003-475 DC vom 24.7.2003, zum zweiten: CConst 2005-512 DC vom 21.4.2005.

Regelung ist Bestandteil des sog. rationalisierten Parlamentarismus, mit dem die Väter der Fünften Republik das Parlament dazu bringen wollten, sich auf seine Kernaufgaben zu beschränken, diese aber zugleich auch wirklich wirksam wahrzunehmen; zentral ist insoweit naturgemäß die Gesetzgebung.

Im Einzelnen gehören zu den danach der Gesetzgebung unterliegenden Materien zunächst einmal die Gesetze, die die Bedingungen der Wahrnehmung der Grund- und Freiheitsrechte mit ihrer klassischen französischen Bezeichnung *libertés publiques* betreffen. Ausdrücklich hervorgehoben werden dabei die Freiheit, der Pluralismus und die Unabhängigkeit der Medien. Der Gesetzgebungsauftrag bezieht sich dabei insbesondere auch auf die ggf. notwendigen gesetzlichen Schutzmechanismen (vgl. noch Nr. 36).[19] Weiterhin gehören zur Zuständigkeit des Gesetzgebers die Regelung der im Zusammenhang mit der nationalen Verteidigung aufzuerlegenden Verpflichtungen, Fragen des Personenrechts, namentlich Staatsangehörigkeit, Personenstand, Rechtsfähigkeit, eheliches Güterrecht sowie Erb- und Schenkungsrecht, das Strafrecht einschließlich des Strafprozessrechts sowie des Gerichtsverfassungsrechts, wobei Verwaltungssanktionen nur erfasst werden, soweit sie freiheitsentziehende Wirkung haben,[20] ferner das Steuerrecht, das Wahlrecht auf nationaler und lokaler Ebene sowie der Status der beratenden Versammlungen der Gebietskörperschaften sowie einige weitere Fragen im Bereich der Verwaltungsorganisation (vgl. auch Nr. 52 ff.). Schließlich ist eine Grundsatzgesetzgebung vorgesehen für die allgemeine Organisation der nationalen Verteidigung, die Selbstverwaltung der Gebietskörperschaften, das Unterrichtswesen, den Umweltschutz, das Eigentumsrecht, das Sachenrecht und das zivil- und handelsrechtliche Schuldrecht, ferner das Arbeits-, das Gewerkschafts- und das Sozialrecht. Auch für den Staatshaushalt und die Finanzierung der Sozialversicherung muss es besondere Gesetze geben. Daneben können sich Gesetzesvorbehalte auch aus anderen Verfassungsbestimmungen wie etwa der im Jahre 2004 beschlossenen Umweltcharta (Nr. 10) ergeben.[21] Mit den vorgenannten Bereichen werden immerhin insgesamt die zentralen, unter demokratischen und rechtsstaatlichen Gesichtspunkten sensiblen Politikfelder erfasst. Dabei hängt naturgemäß vieles davon ab, wie die Reichweite des zuerst genannten Komplexes der Grundrechte zu verstehen ist – ein verfassungsrechtlich garantiertes allgemeines Freiheitsrecht wird in Frankreich so nicht anerkannt (Nr. 37).

Die vorstehend dargestellte Regelung legt auf den ersten Blick nahe, dass Gesetze jenseits dieses Kataloges verfassungswidrig sind. Tatsächlich aber hat es

19 Siehe etwa zur Vergabe der Internetdomaines CConst 2010-45 QPC vom 6.10.2010.
20 CConst 73-80 L vom 28.11.1973.
21 CConst 2008-564 DC vom 19.6.2008 zu Art. 7 (Zugang zu Umweltinformationen).

der Verfassungsrat abgelehnt, diese Konsequenz zu ziehen.[22] Zur Begründung hat er darauf hingewiesen, dass es die Verfassung ausdrücklich in das Ermessen der Regierung stelle, ob sie der Annahme eines Gesetzes, das nicht unter Art. 34 C. fällt, widerspricht oder nicht (Art. 41 C.). Außerdem sei in jedem Fall nach Inkrafttreten eines Gesetzes eine entsprechende Deklassifikation durch den Verfassungsrat möglich (Art. 37 Abs. 2 C.; Nr. 27); auch dies spricht gegen die Nichtigkeit der entsprechenden Normen. In der Praxis haben sich von daher die Grenzen des Art. 34 C. nicht wirklich als relevant herausgestellt. Hintergrund: Die Regierung hat vielfach durchaus ein Interesse daran, dass bestimmte Rechtsakte vom Parlament in Gesetzesform und nicht durch Verordnung beschlossen werden. Zum einen vermeidet man in diesen Fällen Konflikte mit dem Parlament, zum andern ist eine verwaltungsgerichtliche Kontrolle ausgeschlossen. Auch kann so ein ggf. denkbarer Widerstand des Staatspräsidenten gegen eine vorgesehene Verordnung umgangen werden, da dieser Gesetze ausfertigen muss, bei Verordnungen hingegen eine Ausfertigung verweigern kann (Nr. 16). Inhaltlichen Einfluss behält die Regierung auch im Fall parlamentarischer Gesetzgebung, und erweist sich eine Änderung als sinnvoll, ist immer noch eine Deklassifikation möglich (Art. 37 Abs. 2 C., Nr. 27). In jüngerer Zeit allerdings hebt der Verfassungsrat gelegentlich schon bei einer ex-ante Prüfung von Gesetzen (Nr. 33) den Verordnungscharakter einer Bestimmung hervor.[23]

Darüber hinaus hat Art. 34 C. in gewissem Sinne sogar eine parlamentsstärkende Wirkung entfaltet. Der Verfassungsrat hat nämlich diese Norm zugleich im Sinne eines Gesetzesvorbehaltes dahingehend ausgelegt, dass in diesen Bereichen eine Verpflichtung zur – hinreichend konkreten – Gesetzgebung durch das Parlament besteht, also nur in begrenztem Umfang Spielräume zugunsten der anderen Gewalten bleiben dürfen; anderenfalls liege eine negative Unzuständigkeit vor, *incompétence négative*.[24] Dies betrifft sowohl die Verwaltung als auch die Rechtsbeziehungen zwischen Privaten;[25] Ermessensspielräume, die der Verwaltung oder auch der Justiz eingeräumt werden sollen, müssen also gewisse Grenzen kennen. Insbesondere ist eine explizite Ermächtigung der Regierung zum Erlass von Verordnungen im Gesetzgebungsbereich nach Art. 34 C. nur unter den besonderen Voraussetzungen des Art. 38 C. (Nr. 27) möglich, zu denen vor allem gehört, dass die entsprechende Ermächtigung nur für einen begrenzten Zeitraum erteilt wird. Trotz des damit auch in Frankreich bestehenden Gesetzesvorbehalts sind die der Verwaltung eingeräumten Ermessensspielräume auch weiterhin in Frankreich wesentlich umfangreicher als in Deutschland.

22 CConst, 82-143 DC vom 30.7.1982.
23 CConst 76-72 DC vom 12.1.1977 sowie 86-207 DC vom 25./26.6.1986.
24 Beispielhaft CConst 2005-512 DC vom 21.4.2005.
25 Speziell dazu CConst 99-419 DC vom 9.11.1999.

25. Gesetzgebungsverfahren

Das Recht zur Einleitung eines Gesetzgebungsverfahrens steht dem Premierminister und den Mitgliedern des Parlaments zu (Art. 39 C.). Gesetzentwürfe des Premierministers, *projets de loi*, können erst nach Stellungnahme des Staatsrats (Nr. 71) im Parlament eingebracht werden und werden zuvor in der Regierung beraten. Dabei ist der Premierminister grundsätzlich frei, in welche Parlamentskammer er einen Entwurf zuerst einbringt; nur die Gesetze über den Haushalt und über die Finanzierung der Sozialversicherung sind zunächst in der Nationalversammlung einzubringen (Art. 39 Abs. 2 C.). Jeder Gesetzentwurf muss dabei bestimmten, in einer *loi organique* definierten formalen Anforderungen genügen, zu denen insbesondere eine Darstellung der Auswirkungen eines Gesetzes gehören; anderenfalls ist er unzulässig (dazu Art. 39 Abs. 3 und 4 C. sowie *loi organique* 2009-403 vom 15.4.2009). Im Bereich des Parlaments selber steht die Initiative jedem Abgeordneten zu. Parlamentarische Gesetzesvorschläge, *propositions de loi*, sind allerdings unzulässig, wenn sie eine Verringerung der öffentlichen Einnahmen oder die Schaffung oder Erhöhung öffentlicher Ausgaben zur Folge hätten (Art. 40 C.). Die Regierung kann der Beratung eines Gesetzesvorschlags entgegentreten, wenn dieser im Widerspruch zu einer Ermächtigung zum Erlass von gesetzesvertretenen Verordnungen nach Art. 38 C., *ordonnances*, steht oder in den Bereich der Verordnung, *domaine du règlement* (Art. 37 C.), fällt (zu beiden Nr. 27).

Nach Einbringung in einer Kammer werden die Gesetze in einem der von der Verfassung auf acht begrenzten ständigen Ausschüsse oder einem Ad-hoc-Ausschuss beraten (Nr. 21, Art. 43 C.). Im Rahmen der Beratungen sind naturgemäß Änderungen möglich. Die Verfassungsrechtsprechung hat dem Änderungsrecht allerdings strikte Grenzen gesetzt. So sollten die in der Praxis üblichen *cavalliers législatifs*, also mit dem eigentlichen Gesetzesinhalt nicht oder nur wenig zusammenhängende Zusatzbestimmungen, die meist auf Initiative einzelner Abgeordneter eingebracht wurden und eher häufig auch wahlkreisbezogenen Einzelinteressen dienten, unterbunden werden.[26] Durch die Verfassungsänderung des Jahres 2008 wurden nunmehr großzügigere Grenzen gezogen. Danach ist eine Änderung bereits dann zulässig, wenn sie nur einen indirekten Bezug zum vorgelegten Gesetzentwurf aufweist (Art. 45 Abs. 1 C.). Die Praxis aber tut sich auch mit dieser Vorgabe schwer.[27]

Sodann folgt die Beratung im Plenum der als erstes befassten Kammer, die seit neuestem, von bestimmten Ausnahmen abgesehen, nicht wie zuvor auf der Basis des Entwurfes, sondern auf der Grundlage der vom Ausschuss beschlossenen Fassung stattfindet (Art. 42 Abs. 1 C.). Im Zusammenhang mit

26 CConst 90-277 DC vom 25.7.1990.

27 CConst 2010-617 DC vom 9.11.2010 zu Änderungen bei der Rentenverwaltung durch ein Gesetz zur Anhebung des Rentenalters.

der anschließenden Beschlussfassung ist noch auf zwei Besonderheiten hinzuweisen. Zum einen muss die jeweils befasste Kammer auf Antrag der Regierung über einen Gesetzentwurf im Ganzen entscheiden, wobei nur die von der Regierung vorgeschlagenen oder von ihr akzeptierten Änderungsanträge berücksichtigt werden, *vote bloqué* (Art. 44 Abs. 3 C.); Ziel ist die Abkürzung einer Diskussion, in der zahlreiche Änderungsanträge vorgebracht werden, insbesondere, wenn deren Ziel letztlich nicht die Verbesserung, sondern die Verhinderung des Gesetzentwurfes ist. Darüber hinaus kann die Regierung in der Nationalversammlung eine Gesetzesvorlage mit einem Misstrauensvotum verbinden. In diesem Fall gilt das Gesetz als angenommen, wenn nicht innerhalb der darauf folgenden 24 Stunden ein Misstrauensantrag eingebracht und entsprechend den für diesen geltenden Bedingungen, nämlich mit absoluter Mehrheit, angenommen wird (Art. 49 Abs. 3 C.). Im Senat ist dieses Verfahren nicht anwendbar, doch muss dieser Gesetzen ohnehin nicht durchweg zustimmen. Auf diesem Wege kommt es also gegebenenfalls ohne formelle Zustimmung im Parlament zur Verabschiedung eines Gesetzes. Nach der jüngsten Verfassungsreform 2008 kann dieses Verfahren allerdings nur noch eingeschränkt zum Zuge kommen, nämlich bei Gesetzen über den Haushalt oder die Finanzierung der Sozialversicherung und im Übrigen nur einmal pro Sitzungsperiode.

Nach Abschluss der Beratungen in der einen Kammer wird der Entwurf in der anderen Kammer beraten. Ziel ist die Annahme einer übereinstimmenden Fassung; daher bildet nunmehr auch für die Beratungen im Plenum nach den Ausschussberatungen die von der anderen Kammer beschlossenen Fassung die Grundlage (Art. 42 Abs. 2 C.). Nach zwei Lesungen in jeder Kammer, *navette*, gegebenenfalls im von der Regierung angeordneten Eilverfahren auch nach einer Lesung, können der Premierminister, bei parlamentarischen Vorschlägen neuerdings auch die Präsidenten der beiden Parlamentskammern gemeinsam einen paritätisch besetzten Vermittlungsausschuss einberufen (Art. 45 C.). Kommt dieser zu einem Vorschlag, wird er beiden Kammern von der Regierung zur Annahme vorgelegt; Änderungsanträge sind dann nur im Einverständnis der Regierung möglich. Kommt der Ausschuss nicht zu einem Vorschlag oder wird dieser nicht im vorstehend beschriebenen Verfahren angenommen, kann die Regierung nach einer letzten Lesung in der Nationalversammlung und im Senat von der Nationalversammlung eine endgültige Beschlussfassung verlangen. Die Nationalversammlung hat dann die Wahl, die vom Vermittlungsausschuss erarbeitete Fassung oder die von ihr zuletzt verabschiedete Fassung zu beschließen, gegebenenfalls unter Einschluss von Änderungsanträgen des Senats; sie kann sich also letztlich komplett über die Vorstellungen des Senats hinwegsetzen.

Gewisse Besonderheiten bestehen bei der Verabschiedung der sog. *lois organiques*, verfassungsausführenden Gesetzen. Hier sind besondere Beratungsfristen zu beachten; außerdem kann sich die Nationalversammlung über ein Votum des Senats nach einem gescheiterten Vermittlungsverfahren nur mit absoluter Mehrheit hinwegsetzen. Soweit die Stellung des Senats betroffen ist, muss dieser sogar zustimmen (siehe zu Einzelheiten Art. 46 C.).

26. Volksabstimmung über Gesetze

Schließlich sieht die französische Verfassung auch eine Volksgesetzgebung vor (Art. 11 C.). Eine entsprechende Initiative kann von der Regierung oder von beiden Parlamentskammern dem Präsidenten vorgelegt werden, der dann gegebenenfalls einen Volksentscheid anordnet (Nr. 16). Neuerdings wurde darüber hinaus die Möglichkeit einer Volksinitiative eingeführt. Diese muss von einem Fünftel des Parlaments, die von einem Zehntel der eingetragenen Wähler unterstützt wird, ergriffen werden. Wird der Vorschlag von den beiden Parlamentskammern nicht innerhalb einer festgelegten Frist geprüft, kommt es dann zum Volksentscheid. Letztlich bedeutet dies allerdings, dass die parlamentarische Mehrheit durch dezidierte Ablehnung diese Volksinitiative immer verhindern kann.

27. Verordnungen

Das Recht der Exekutive zur untergesetzlichen Normsetzung durch Verordnung, *règlement* oder auch *décret*, ist seit Napoleon in allen Verfassungen Frankreichs anerkannt. Die Verfassung von 1958 hat diese Befugnis deutlich ausgeweitet. Überhaupt ohne jede gesetzliche Ermächtigung ist der Erlass einer Verordnung in allen Rechtsgebieten möglich, die nicht zu Art. 34 C. gehören (Art. 37 C.; vgl. schon Nr. 24). Weiterhin kann, auch ohne dass insoweit eine spezifische gesetzliche Ermächtigung vorliegen muss, der Premierminister nach Art. 21 C. Verordnungen zur Ausführung von Gesetzen erlassen. Schließlich können auf der Grundlage einer besonderen gesetzlichen Ermächtigung auch gesetzesvertretende Verordnungen, *ordonnances*, im Anwendungsbereich von Art. 34 C. (nur) von der Regierung erlassen werden, und zwar nach Maßgabe von Art. 38 C. Voraussetzung ist eine auf Antrag der Regierung beschlossene Ermächtigung des Parlaments, die sich nur auf einen begrenzten Zeitraum erstrecken darf und sich zudem auf ein bestimmtes Programm beziehen muss; der Verfassungsrat hat daraus Bestimmtheitserfordernisse abgeleitet.[28] Außerdem muss innerhalb einer in der Ermächtigung festgelegten Frist im Parlament ein Gesetzentwurf zur Bestätigung der Verordnung eingebracht, aber nicht unbedingt verabschiedet werden. Geschieht dies nicht, tritt die Verordnung außer Kraft, ebenso, wenn die Ratifikation ausdrücklich abgelehnt wird. In der Zwischenzeit, also bis zur Entscheidung des Gesetzgebers, haben solche Verordnungen einen ambivalenten Charakter. Sie

28 CConst 76-72 DC vom 12.1.1977 sowie 86-207 DC 25./26.6.1986.

unterliegen verwaltungsgerichtlicher Kontrolle; nach Ablauf der Ermächtigungsfrist können sie allerdings in den Bereichen, die nach Art. 34 C. Gegenstand der Gesetzgebung sind, nur durch Gesetz geändert werden. Werden sie dann schließlich – ausdrücklich – vom Parlament ratifiziert, kommt ihnen – rückwirkend – auch formal Gesetzesrang zu.[29]

Zuständig für den Erlass von Verordnungen mit nationalem Geltungsanspruch sind der Ministerrat (Art. 13 C.) sowie der Premierminister und nach dessen Ermächtigung auch einzelne Minister (Art. 21 C.). Ferner ist jeder Minister zur Regelung der ihm unterstellten Verwaltung zuständig. Daneben tritt ein Verordnungsrecht der regionalen und lokalen Stellen für ihren jeweiligen Zuständigkeitsbereich (Art. 72 Abs. 3 C.). Der Gesetzgeber hat allerdings auch das Recht, den vorgenannten sowie anderen Stellen wie etwa den unabhängigen Verwaltungsbehörden (Nr. 52) (konkurrierende) Verordnungsbefugnisse zuzuweisen, sofern diese sowohl vom Anwendungsbereich als auch von der konkreten Reichweite her begrenzten Charakter aufweisen;[30] unzulässig ist es demgegenüber, die Ausübung des Verordnungsrecht des Premierministers an eine Zustimmung einer unabhängigen Verwaltungsbehörde zu binden.[31] Zur Frage, welche Stelle konkret zuständig ist zum Erlass einer Verordnung, ist – soweit vorhanden – auf die im jeweiligen Gesetz enthaltenen Vorgaben abzustellen. Ansonsten steht die Entscheidung in der Verantwortung der jeweiligen Stelle, bei Regierungsverordnungen damit nicht zuletzt in der des Präsidenten, der diese am Ende unterzeichnen muss (Nr. 16). Für die Änderung einer Verordnung ist die Stelle zuständig, die auch die ursprüngliche Verordnung beschlossen hat.[32] Vor dem Erlass der *ordonnances* nach Art. 38 C. ist zudem der *Conseil d'État* anzuhören. Aus dem hierarchischen Verhältnis der erlassenden Stellen zueinander ergibt sich im Kollisionsfalle auch die Rangordnung. Vom Präsidenten zu unterzeichnende Regierungsverordnungen bedürfen der Gegenzeichnung durch Premierminister sowie ggf. den zuständigen Minister (Art. 19 C.), vom Premierminister erlassene Verordnungen der durch den mit der Ausführung betrauten Minister (Art. 22 C.).

Soll eine Bestimmung geändert werden, die zwar vom Parlament in Gesetzesform beschlossen wurde, die aber nach Art. 37 C. materiell zum Bereich der Verordnung gehört, setzt dies eine bei nach 1958 beschlossenen Gesetzen vom *Conseil constitutionnel*, bei zuvor beschlossenen Gesetzen vom *Conseil d'État* vorzunehmende Deklassifikation voraus.

29 CE 76173 vom 19.12.1969, Dame Piard.
30 CCons 89-260 DC vom 28.7.1989.
31 CCons 2006-544 DC vom 14.12.2006.
32 CE 112565 vom 23.3.1994, Comité d'entreprise de la Régie nationale des usines Renault.

§ 7 Verfassungsrechtliche Grundlagen von Verwaltung und Justiz

28. Verfassungsrechtliche Grundlagen der Verwaltung

Die Vorgaben, die die französische Verfassung klassisch für die Verwaltungsorganisation enthielt, garantiert zunächst den traditionellen französischen Zentralismus: Die Republik ist einheitlich und unteilbar (Art. 1 C.). Nichtsdestoweniger wurde die Verwaltung seit den 80er Jahren zunehmend dezentralisiert. Neben den schon immer in Art. 72 C. verankerten Gemeinden wurden im Jahre 2003 auch die *départements* und die Regionen als Gebietskörperschaften verankert (näher zu diesen Nr. 53 f.); zugleich wurde Art. 1 C. um den Hinweis auf den dezentralisierten Charakter der Republik ergänzt. Im Einzelnen garantiert Art. 72 C. seither den Gebietskörperschaften das Recht zur Selbstverwaltung durch gewählte Räte sowie das Recht zur administrativen Rechtsetzung. Zu den Aufgaben der Gebietskörperschaften wird vorgegeben, dass sie die Entscheidung im Rahmen ihrer Kompetenzen zu treffen haben, die am besten auf ihrer Ebene verwirklicht werden können. In begrenztem Umfang kann ihnen, soweit nicht Grundrechte im Spiel sind, die Befugnis zu einer von den jeweils einschlägigen Gesetzen und Verordnungen abweichenden Normsetzung eingeräumt werden (Art. 72 Abs. 5 C.). Weiterhin ist eine Bürgerbeteiligung vorgeschrieben (Art. 72-1 C.). Art. 72-2 C. enthält gewisse Finanzgarantien zu Gunsten der Gebietskörperschaften. Schließlich stehen die Gebietskörperschaften von Verfassung wegen unter einer Rechtsaufsicht (Art. 72 Abs. 6 C.).

Für die überseeischen *départements* und sonstigen Körperschaften schließlich enthält die Verfassung eine Reihe von Sonderregeln (Art. 72-3 ff.). Hervorzuheben ist insbesondere das – begrenzte – Recht auf Selbstverwaltung (Art. 72-4 C.; vgl. auch Abs. 2 der Präambel der Verfassung); zu Einzelheiten siehe Nr. 53. Für das in Teilen nach Unabhängigkeit strebende Neukaledonien gibt es weitergehende Sonderregeln (Art. 76 f. C. sowie Art. 217 des Gesetzes 99-209 vom 19.3.1999); nach 2014 soll es insbesondere eine Volksabstimmung über die völlige Unabhängigkeit geben. Neben dieser territorialen Gliederung der Verwaltung ist auf deren horizontale Gliederung hinzuweisen; so gibt es seit dem Ende der 70er Jahre zunehmend unabhängige Verwaltungsbehörden (Nr. 52).

29. Verfassungsrechtliche Grundlagen der Justiz

Literatur: *Hourquebie*, Le pouvoir juridictionnel en France, 2010.

Die Justiz ist in der Verfassung ausdrücklich nur partiell geregelt. Neben verschiedenen besonderen, politiknahen Gerichten wie dem Verfassungsgericht

(§ 8) sowie den Sondergerichten für Anklagen gegen den Staatspräsidenten (Art. 68 C., Nr. 16) und die Mitglieder der Regierung (Art. 68-1 ff. C., Nr. 17), enthält Titel VIII unter der Überschrift „Die rechtsprechende Autorität“, *L'autorité judiciaire*, nur Regelungen über die ordentliche Gerichtsbarkeit (Nr. 197 ff.). Dieser Titel wurde in bewusster Unterscheidung von der Tradition des auch in anderen Verfassungen verwendeten Begriffs der rechtsprechenden Gewalt verwandt. Die Verwaltungsgerichtsbarkeit (Nr. 71 ff.) hingegen war im Verfassungstext von 1958 allein über die Funktion ihres Spitzenorgans, des Staatsrates, als Beratungsorgan der Regierung verankert (Art. 39 C., Nr. 71). Hintergrund dieser Zweiteilung der rechtsprechenden Gewalt ist die – in Verfassungsrang stehende – „französische Konzeption der Gewaltenteilung“. Danach werden im Grundsatz Streitigkeiten zwischen Privatpersonen sowie die Strafjustiz durch die ordentliche Gerichtsbarkeit ausgeübt, während die Kontrolle der Verwaltung, genauer, die Aufhebung oder Änderung von Entscheidungen, die sie auf der Grundlage ihrer hoheitlichen Stellung trifft, der Verwaltungsgerichtsbarkeit obliegt.[33] Eine Ausnahme gilt von vorneherein für solche Fragen, die ihrer Natur nach der ordentlichen Gerichtsbarkeit zuzuordnen sind; auch kann der Gesetzgeber von dieser Aufteilung im Interesse sachgerechter Justizgewährleistung begrenzte Abweichungen vorsehen, wie dies etwa durch die Zuweisung des Wettbewerbsrechts an die ordentliche Gerichtsbarkeit in dem den Gegenstand der zitierten Entscheidung bildenden Gesetz der Fall war.

Zu erklären ist diese verfassungsmäßige Aufteilung der Gerichtsbarkeiten mit der Annahme, dass die Verwaltungsgerichtsbarkeit institutionell einen Teil der Verwaltung bildet. Grundlage für dieses Verständnis von gerichtlicher Verwaltungskontrolle bildet ursprünglich ein Gesetz aus dem Jahre 1790 (dazu näher Nr. 46). Heute wird diese Form der Gewaltenteilung als grundlegendes Prinzip, das durch die Gesetze der Republik anerkannt ist, angesehen (Nr. 10); seit 2008 sind die beiden Gerichtsbarkeiten zudem im Zusammenhang mit der nachträglichen Normenkontrolle (Art. 61-1 C.) auch ausdrücklich verfassungsmäßig anerkannt.

Im Einzelnen enthält die Verfassung zunächst die Garantie der richterlichen Unabhängigkeit und Unversetzbarkeit und macht den Präsidenten insoweit zum Obersten Wächter (Art. 64 C.); das Statut der Richter ist durch eine *loi organique* zu regeln. Aus diesen sowie den nachfolgenden Bestimmungen zur Justiz hat der Verfassungsrat insbesondere abgeleitet, dass die Funktionen eines Richters der ordentlichen Gerichtsbarkeit im Grundsatz durch Berufsrichter ausgeübt werden müssen; anderen Personen können im begrenztem Umfang richterliche Aufgaben übertragen werden, vorausgesetzt, dass sie gleichfalls hinreichende Garantien für ihre Unabhängigkeit vorweisen können und auch über die für ihre Tätigkeit erforderlichen Fähigkeiten verfügen.[34]

33 CConst 86-224 DC vom 23.1.1987.

34 CConst 2003-466 DC vom 20.2.2003.

Nach dem Wortlaut der Verfassung unterstützt den Präsidenten bei seiner vorgenannten Wächteraufgabe der Oberste Rat des Richterstandes, *Conseil supérieur de la magistrature* (Art. 65 C.), der maßgeblich Elemente richterlicher Selbstverwaltung enthält. Dieser besteht aus zwei Abteilungen, eine für die Richterschaft, eine für die Staatsanwaltschaft, die traditionell gleichfalls als Teil des Justizcorps angesehen werden. Beide Abteilungen setzen sich vereinfacht zur guten Hälfte aus Vertretern der Gerichtsbarkeit bzw. der Staatsanwaltschaft zusammen, im Übrigen zur Hälfte aus Personen, die von politischen Stellen ernannt werden. Der *Conseil* hat für die Richter des Kassationshofes sowie die Präsidenten der Appellationsgerichte und der höheren Instanzgerichte (Nr. 198) das Vorschlagsrecht; im Übrigen bedürfen alle Richterernennungen seiner Zustimmung. Außerdem hat der Rat disziplinarische Funktionen zu erfüllen. Eine etwas schwächere, im Wesentlichen beratende Funktion hat der Rat mit Blick auf die Staatsanwälte. Diese unterstehen nämlich in ihrer Tätigkeit dem Weisungsrecht des Justizministers, was in Frankreich regelmäßig intensive Diskussionen auslöst; die jüngst ergangene Entscheidung des Europäischen Gerichtshofes für Menschenrechte, Staatsanwälte (im Kontext des Schutzes vor Verhaftungen; vgl. dazu auch Nr. 40) – im Gegensatz zur klassischen französischen Auffassung[35] – nicht als Richter oder vergleichbare Person im Sinne von Art. 5 EMRK anzuerkennen,[36] könnte entsprechende Reformbemühungen beschleunigen.

Bezogen auf die Verwaltungsgerichtsbarkeit ist auf der Grundlage eines entsprechenden, durch Gesetz der Republik anerkannten verfassungsmäßigen Prinzips in gleicher Weise die sachliche Unabhängigkeit anerkannt;[37] eine Garantie der persönlichen Unabhängigkeit gibt es demgegenüber in diesem Bereich nicht. Zu den Justizgrundrechten siehe Nr. 40.

30. Der Rechnungshof, *Cour des Comptes*

Die Verwaltung wird zunächst einmal durch die Verwaltungsgerichtsbarkeit mit Blick auf die Rechtmäßigkeit ihres Handelns kontrolliert. In finanzieller Hinsicht besteht seit langem ein Rechnungshof, *Cour des Comptes*, dessen Funktion seit 2008 auch ausdrücklich in der Verfassung verankert ist (Art. 47-2 C.). Seine Mitglieder genießen richterliche Unabhängigkeit.

31. Der „Verteidiger der Rechte", *défenseur des droits*, Ombudsman

Bereits im Jahre 1973 wurde nach schwedischem Vorbild ein Ombudsman geschaffen, dessen Aufgabe in der Kontrolle der Verwaltung liegt. Er kann von

35 CConst 97-389 DC vom 22.4.1997 zu Art. 66 C.
36 EGMR, Urteil 37104/06 – Moulin/Frankreich vom 23.11.2010.
37 CConst, 80-119 DC vom 22.7.1980.

Bürgern angerufen oder von Amts wegen tätig werden. Wenn notwendig, kann er Empfehlungen abgeben oder Vorschläge zur Änderung von Verwaltungsentscheidungen unterbreiten. Seine Bezeichnung lautete ursprünglich *médiateur*. Mit der Verfassungsreform 2008 wurde er unter der heutigen Bezeichung *défenseur des droits* in der Verfassung verankert (Art. 71-1 C.). Er wird vom Präsidenten der Republik auf 6 Jahre ernannt. Einzelheiten seiner Aufgaben und seiner Stellung werden durch eine *loi organique* geregelt.

§ 8 Der Verfassungsrat, *Conseil constitutionnel*

Literatur: *Franzke*, Die französische Verfassungsreform 2008, insbesondere die 2010 eingeführte gerichtliche Normenkontrolle, EuGRZ 2010, 414; *Jouanjan/Masing* (Hrsg.), Verfassungsgerichtsbarkeit, 2011; *Mels*, Bundesverfassungsgericht und Conseil constitutionnel, 2003; *Philip/Gaïa/Ghevontian/Melin-Soucramanien/Roux/Favoreu*, Les grandes décisions du Conseil constitutionnel, 15. Aufl., 2009; *Rousseau*, Droit du contentieux constitutionnel, 9. Aufl., 2010. Eine Rechtsprechungsübersicht bietet Conseil constitutionnel (Hrsg.), Jurisprudence du Conseil constitutionnel – Tables d'analyses au 17 Décembre 2010, abrufbar unter http://www.conseil-constitutionnel.fr/conseil-constitution nel/root/bank_mm/Tables/tab les_analytiques.pdf

32. Stellung des Verfassungsrates im Institutionengefüge der V. Republik

Der *Conseil constitutionnel* in Frankreich wurde im Jahre 1958 völlig neu geschaffen (Nr. 8). Seine Funktion bestand zunächst darin, sicherzustellen, dass sich das Parlament in den ihm zugewiesenen Kompetenzgrenzen hält. Seine ursprünglichen Kompetenzen, seine Zusammensetzung und sein Verfahren belegen dies deutlich. Lange Zeit war auch unklar, ob und inwieweit er als Rechtsprechungsorgan angesehen werden kann. In einer frühen Entscheidung – zur Möglichkeit der Kontrolle von Gesetzen, die durch Referendum angenommen wurden (Nr. 9) – hat er selbst seine Funktion mit den Worten umschrieben, dass er das Verhältnis zwischen den Staatsorganen zu regulieren habe. Auch dies trifft allerdings nur teilweise zu, da ihm die Befugnis zur Entscheidung von Organstreitigkeiten im eigentlichen Sinne gerade nicht zusteht. Heute hingegen dürfte seine Rolle als Verfassungsgericht allgemein anerkannt sein. Seine Entscheidungen binden alle staatlichen Organe (Art. 62 C.); ihnen kommt also Rechtskraft zu.[38]

Im Einzelnen hat er neben Funktionen im Bereich der Wahlprüfung im Wesentlichen Aufgaben im Zusammenhang mit der Normenkontrolle (Nr. 33 und 34),

38 CConst 88-244 DC vom 20.7.1988.

ferner der Normqualifikation: auf Antrag der Regierung muss er Meinungsverschiedenheiten über die Reichweite des Gesetzesvorbehaltes nach Art. 34 C. entscheiden – im Vorfeld eines Gesetzesbeschlusses einer Parlamentskammer, wenn die Regierung dessen Verabschiedung verhindern möchte (Art. 37 Abs. 2 C.), oder später, wenn die Regierung, zumeist im Vorfeld einer beabsichtigten Änderung, den Verordnungscharakter einer nach Inkrafttreten der Verfassung beschlossenen gesetzlichen Bestimmung feststellen lassen möchte (Art. 41 Abs. 2 C.). Neuerdings muss er außerdem im Streitfall entscheiden, ob ein Gesetzentwurf des Premierministers die in Art. 39 C. und der entsprechenden *loi organique* vorgesehenen Formerfordernisse erfüllt. Die zunehmende Bedeutung des Verfassungsrates zeigt sich auch in den Zahlen: Zur Beurteilung der Verfassungsmäßigkeit von Normen vor ihrem Erlass ergingen in der Zeit von 1959 bis 1970 knapp 40 Entscheidungen, von 1971 bis 1980 gut 80, in den beiden darauffolgenden Jahrzehnten jeweils rund 160 und im letzten Jahrzehnt rund 180. Die nachträgliche Kontrolle von Normen wurde gleich im ersten Jahr nach Inkrafttreten der Neuregelung allein über 100 mal praktiziert.

Zusammengesetzt ist der Verfassungsrat zunächst aus neun Personen (Art. 56 C.). Diese werden jeweils auf neun Jahre ernannt, und zwar drei vom Staatspräsidenten, drei vom Senatspräsidenten der Nationalversammlung und drei vom Präsidenten des Senates. Seit der Verfassungsänderung des Jahres 2008 findet vor der eigentlichen Ernennung ein parlamentarisches Anhörungs- und Beteiligungsverfahren statt (Art. 56 i.V.m. 13 Abs. 5 C). Zu deren Qualifikation gibt es keine spezifischen Vorgaben; insbesondere muss es sich nicht notwendigerweise um Juristen handeln; in der Praxis verfüg(t)en zwar die meisten, aber nicht alle seine Mitglieder über diese Qualifikation. Außerdem gehören dem Verfassungsrat von Amts wegen die früheren Staatspräsidenten der Republik auf Lebenszeit an. Unterstützt wird der *Conseil constitutionnel* durch ein Generalsekretariat. Das Verfahrensrecht und sonstige Einzelheiten der Tätigkeit des Verfassungsrates sind in einer besonderen *loi organique* geregelt (Art. 63).[39]

33. Verfassungsrechtliche Kontrolle von Normen vor deren Verkündung

Obligatorischer vorheriger Kontrolle durch den Verfassungsrat unterliegen die verfassungsausführenden Gesetze und die Geschäftsordnungen der Parlamentskammern (Art. 61 C., Nr. 20). Sonstige Gesetze werden nur auf Antrag und traditionell gleichfalls nur vor deren Verkündung überprüft. Darüber hinaus können dem Verfassungsrat auch völkerrechtliche Verträge vor der Ratifikation mit der Bitte um verfassungsgerichtliche Kontrolle vorgelegt werden (Art. 54 C., Nr. 43). Eine spätere Überprüfung des Ratifikationsgesetzes wird dadurch nicht ausgeschlossen; allerdings wird deren Reichweite im Fall einer

39 *Ordonnance 58-1067 portant loi organique sur le Conseil constitutionnel* vom 7.11.1958.

bereits erfolgten Kontrolle des Vertrages durch die Rechtskraftregeln begrenzt.[40] Maßstab der Überprüfung ist der *bloc de constitutionnalité* (Nr. 10). Dabei betont der Verfassungsrat regelmäßig den Gestaltungsspielraum des Gesetzgebers; ihm komme nicht der gleiche Beurteilungsspielraum zu wie dem Gesetzgeber.[41]

Mit Blick auf die Überprüfung von Gesetzen und völkerrechtlichen Verträgen konnte der Verfassungsrat ursprünglich nur von wenigen Stellen angerufen werden, nämlich dem Staatspräsidenten, dem Premierminister und den Präsidenten der beiden Parlamentskammern. Nachdem der Verfassungsrat zur großen Überraschung vieler 1971 entschieden hatte, dass zu seinen Prüfungsmaßstäben auch die allein in der Präambel der Verfassung in Bezug genommenen Grundrechte gehören (Nr. 35), wurde das Antragsrecht im Jahre 1974 auf jeweils 60 Parlamentsabgeordnete und 60 Senatoren erweitert; damit erhielt zum ersten Mal auch die Opposition die realistische Möglichkeit, den Verfassungsrat anzurufen. Nach anfänglichem Zögern haben, insbesondere nach dem Präsidenten- und Regierungswechsel des Jahres 1981, die politischen Kräfte Frankreichs den *Conseil constitutionnel* ausgesprochen regelmäßig angerufen.

Wird der Verfassungsrat angerufen, darf das entsprechende Gesetz nicht verkündet werden; allerdings muss dieser innerhalb von vier Wochen, in Eilfällen sogar innerhalb von einer Woche entscheiden. Dabei erhält (allein) die Regierung die Möglichkeit zur Stellungnahme; hier zeigen sich bis heute Reste der ursprünglichen, allein auf die Beschränkung des Parlaments auf seine in der Verfassung vorgesehene Rolle des *Conseil constitutionnel*. Seine Entscheidungen sind endgültig und binden alle öffentlichen Stellen Frankreichs (Art. 62 Abs. 3 C.). Dementsprechend sind auch die immer wieder vorkommenden, dann regelmäßig auch im Tenor der Entscheidung explizit angesprochenen Vorgaben für eine verfassungskonforme Interpretation von Normen, *réserves d'interprétation*,[42] von der Verwaltung und der Justiz gleichermaßen zu beachten. Hält der Verfassungsrat das Gesetz für verfassungswidrig, kann es nicht in der vorliegenden Form verkündet werden; sind nur Teile verfassungsmäßig, kann der Präsident entscheiden, ob er das Gesetz insgesamt zur Beratung an das Parlament zurückgibt oder ob er es ohne die verfassungswidrigen Teile verkündet.

34. Verfassungsrechtliche Kontrolle von Normen nach deren Verkündung

Die verfassungsrechtliche Kontrolle einer Norm, die bereits verkündet war, war nach der ursprünglichen Fassung der Verfassung von 1958 nicht vorge-

40 CConst 92-312 DC vom 2.9.1992.

41 CConst 74-54 DC vom 15.1.1975.

42 Beispielhaft: CConst 84-181 DC vom 10. und 11.10.1984.

schen; faktisch war sie allenfalls in besonderen Konstellationen, nämlich im Zusammenhang mit der Kontrolle neuer Gesetze möglich, die bestehende Gesetze ändern.[43] Hier zeigte sich die alte Vorstellung vom souveränen Gesetz (Nr. 2) besonders deutlich. Dies ist mit der Verfassungsreform des Jahres 2008 anders geworden; die einschlägige Bestimmung (Art. 61-1 C.) ist allerdings erst zeitgleich mit den entsprechenden verfassungsausführenden Begleitregelungen[44] am 1. März 2010 in Kraft getreten. Seither besteht auch die Möglichkeit einer konkreten Normenkontrolle, *question prioritaire constitutionnelle*, auf Vorlage eines Gerichts. Allerdings steht in diesem Fall nur ein eingegrenzter Prüfungsmaßstab zur Verfügung: Gerügt werden kann nur die Verletzung von in der Verfassung verankerten „Rechten und Freiheiten", der *droits et libertés que la Constitition garantit*. Nach der Rechtsprechung gehören hierher auch Fälle, in denen der Gesetzgeber den Gesetzesvorbehalt im Anwendungsbereich dieser Rechte missachtet.[45] Eingeschlossen ist auch das Selbstverwaltungsrecht der Gebietskörperschaften nach Art. 72 C.[46]

Voraussetzung für ein entsprechendes Verfahren ist zunächst, dass eine Partei in einem konkreten Rechtsstreit geltend macht, dass ein entscheidungserhebliches Gesetz verfassungswidrig ist; von Amts wegen darf das Gericht eine solche Frage nicht aufwerfen. Zulässig ist eine Vorlage aber nur, wenn die gestellte Frage auch ernsthaften Charakter hat und nicht bereits vom Verfassungsrat entschieden wurde, es sei denn, dass sich die entsprechenden Umstände geändert haben. Innerhalb von acht Tagen wird dann die Frage zunächst an die oberste Instanz des jeweiligen Gerichtszweiges, also den Kassationshof oder den Staatsrat weitergeleitet. Diese prüfen dann innerhalb von drei Monaten am vergleichbaren Maßstab und leiten die Vorlage, wenn sie sie als zulässig ansehen, an den Verfassungsrat weiter. Dieser gibt zunächst einmal den verschiedenen Staatsorganen (Staatspräsident, Regierung und Parlamentskammern) die Möglichkeit zur Stellungnahme und entscheidet innerhalb von drei Monaten; innerhalb eines guten halben Jahres ist das Verfahren damit abgeschlossen. Grundlage der Prüfung ist das Gesetz in der Auslegung, die es durch die am Verfahren beteiligten obersten Gerichte bekommen hat.[47] Erweist sich das Gesetz als verfassungswidrig, tritt es mit Verkündung der Entscheidung außer Kraft; der Verfassungsrat kann insoweit aber auch einen abweichenden Zeitpunkt festlegen.

Vor dem Hintergrund, dass völkervertragsrechtliche Normen in Frankreich Vorrang vor dem einfachen Gesetz haben (dazu näher Nr. 43) – ein Phänomen, das erst in den letzten Jahren seine volle Bedeutung entfaltet und damit aber

43 Dazu CConst 85-187 DC vom 25.1.1985.
44 Art. 23-1 ff. der entsprechenden *ordonnance* (Fn. 39).
45 CConst 2010-73 QPC vom 3.12.2010.
46 CConst 2010-2 QPC vom 2.7.2010.
47 CConst 2010-390 QPC vom 6.10.2010.

auch dazu beigetragen hat, die Vorstellung vom souveränen Gesetz zu erschüttern –, sieht das Verfahrensrecht des *Conseil constitutionnel* für den Fall, dass die Vereinbarkeit eines Gesetzes mit der Verfassung und völkerrechtlichem Vertragsrecht gleichermaßen in Frage gestellt wird, vor, dass „vorrangig“, *par priorité*, die Frage der Verfassungsmäßigkeit eines Gesetzes zu prüfen und gegebenenfalls im vorgenannten Wege zu klären ist.[48] Offenbar sollte die bis dahin bestehende Situation beseitigt werden, dass bei einem Konflikt eines Gesetzes mit einem Grundrecht ein Rückgriff auf die nationalen Grundrechte mangels eines entsprechenden verfassungsgerichtlichen Verfahrens ausgeschlossen war, allerdings jedes Gericht ein Gesetz wegen Unvereinbarkeit mit völkerrechtlichen Menschenrechtsgarantien, insbesondere der EMRK, für unanwendbar erklären konnte. Diese für ein so souveränitäts- und traditionsbewusstes Land wie Frankreich ausgesprochen bemerkenswerte Situation hat sich nunmehr geändert: jetzt sollen die nationalen, verfassungsrechtlich verankerten Grundrechte im Vordergrund stehen und daher auch den vorrangigen Prüfungsmaßstab bei grundrechtlichen Fragen abgeben.

Probleme gibt es allerdings bei der Frage, wie sich diese Vorgabe zum Vorlagerecht bzw. zur Vorlagepflicht der nationalen Gerichte nach Art. 267 AEUV verhält. Dazu hat der Verfassungsrat noch vor einem kurze Zeit später ergangenen gleichsinnigen Urteil des EuGH klargestellt, dass die verfassungsrechtliche Vorlage die nationalen Gerichte nicht hindere, parallel zum Verfahren vor dem *Conseil constitutionnel* eine Vorlage nach Art. 267 EUV an den EuGH zu richten.[49]

§ 9 Grundrechte

Literatur: *Bauer*, Verfassungsgerichtlicher Grundrechtsschutz in Frankreich, 1998; *Libreton*, Libertés publiques et droits de l'homme, 8. Aufl., 2009; *Mahnke*, Grundrechte und libertés publiques, 2009; *Masclet*, Libertés publiques et droits fondamentaux, 6. Aufl., 2009; *Rivero/Moutouh*, Libertés publiques, 2 Bände, 9. Aufl., 2003; *Wachsmann*, Libertés publiques, 6. Aufl., 2010.

35. Grundlagen

Die französische Erklärung der Menschen- und Bürgerrechte vom August 1789 hat die Entwicklung des Menschenrechtsgedankens international nachhaltig beeinflusst. Nichtsdestoweniger hat sie für lange Zeit zunächst einmal als solche keine positiv-rechtliche Bedeutung gehabt; auch sonst gab es, sieht

48 Art. 23-2 Abs. 2 der entsprechenden *ordonnance* (Fn. 39).

49 Siehe CConst 2010-605 DC vom 12.5.2010 sowie EuGH, verb. Rs. C-188 und 189/10 (Melki), Urteil vom 22.6.2010.

man einmal von den zum Teil peripher geltenden Verfassungen der Revolutionszeit ab, in Frankreich lange Zeit keinen geschriebenen Grundrechtskatalog. Im Verhältnis zum Gesetzgeber sah man dies nicht als notwendig an, da man ähnlich wie in Deutschland zur Weimarer Zeit das vom Volk gewählte Parlament als hinreichenden Garanten einer freiheitlichen Ordnung ansah; mit Blick auf die Verwaltung hat der *Conseil d'État* in ständiger Rechtsprechung unter der heute auch in Art. 34 C. verwendeten Bezeichnung *libertés publiques* Grundrechte in der Form allgemeiner Rechtsgrundsätze begründet, die im Rang allerdings nur über Akten der Verwaltung standen und stehen (Nr. 50). Auch wenn der Begriff bis heute weit verbreitet ist, wird im verfassungsrechtlichen Kontext nunmehr auch von *droits et libertés* (vgl. auch Nr. 34) oder auch von *droits fondamentaux* gesprochen.

In dieser Tradition steht die Verfassung der Fünften Republik, da auch sie im eigentlichen Sinne keinen Grundrechtskatalog enthält. Allgemeine freiheitsrechtliche Garantien sind in den einleitenden Artikeln der Verfassung enthalten (Nr. 11); darüber hinaus gibt es noch Justizgarantien (Nr. 40). Dementsprechend war auch die Kontrolle durch den *Conseil constitutionnel* nicht auf die Überprüfung anhand von Grundrechten ausgerichtet (Nr. 32). Zur Überraschung aller, wenn auch nicht völlig unvorbereitet, hat dann der Verfassungsrat in einer Entscheidung vom Juli 1971[50] angefangen, einen verfassungsrechtlichen Grundrechtsschutz in Frankreich zu entwickeln. Normative Grundlage bildete der in der Präambel der Verfassung enthaltene Hinweis auf die Verbundenheit mit den Menschenrechten und mit den Grundsätzen der nationalen Souveränität, wie sie in der Erklärung von 1789 niedergelegt sind. Deren stark „individualistische" Prägung wird durch den Hinweis auf die Präambel der Verfassung von 1946 ausgeglichen, die nicht nur die Erklärung von 1789 bestätigt, sondern auch um weitere „für unsere Zeit besonders nötige" politische, wirtschaftliche und soziale Grundsätze ergänzt. Neben einigen ausdrücklichen Garantien werden auch „die von den Gesetzen der Republik anerkannten grundlegenden Prinzipien" hervorgehoben (Nr. 10). Diese zuletzt genannten grundlegenden Prinzipien bildeten dann den Ausgangspunkt für die weitere Grundrechtsrechtsprechung, ging es damals doch um die in der Erklärung von 1789 nicht erwähnte Vereinsfreiheit. Konkret stützte sich der Verfassungsrat auf das liberale Vereinsgesetz aus dem Jahre 1901 (zu den abstrakten Kriterien für die Annahme eines solchen Prinzips siehe Nr. 10).

36. Allgemeine Grundrechtsdogmatik

Die allgemeine Grundrechtsdogmatik ist in Frankreich bislang nicht mit gleicher Intensität ausgeformt wie in Deutschland. Vor allem spielt deren Funktion als reine Abwehrrechte wohl keine so zentrale Rolle wie in Deutsch-

50 CConst 71-44 DC vom 16.7.1971.

land. Vielmehr wird in entsprechender französischer Tradition die Legitimität, vor allem aber auch die Notwendigkeit grundrechtsausgestaltender Gesetzgebung durchgängig anerkannt, auch im Interesse eines Ausgleichs mit anderen Rechtsgütern. Im Grundsatz wird allerdings wie in Deutschland bei der Prüfung eines Grundrechts jeweils zwischen dessen Anwendbarkeit und dessen Beschränkung unterschieden; Letztere bedarf dabei besonderer Rechtfertigung. Dabei weisen vor allem die Garantien der Erklärung von 1789, aber auch die sonstigen Texte nicht unerhebliche Überschneidungen auf. Die Rechtsprechung kombiniert daher nicht selten mehrere Garantien miteinander, verfährt dabei aber nicht immer ganz einheitlich.

Im Einzelnen ist aus deutscher Perspektive vor allem der weite persönliche Anwendungsbereich hervorzuheben. Danach genießen regelmäßig auch Ausländer Grundrechtsschutz,[51] ebenso die juristischen Personen des privaten wie auch (umfassend) des öffentlichen Rechts.[52] Einschränkungen, *limitations*, sind nur auf der Grundlage eines Parlamentsgesetzes möglich; normative Grundlage hierfür ist Art. 34 C. (Nr. 24). Dabei dürfen die maßgeblichen Bedingungen der Ausübung grundrechtlicher Freiheit auch nicht der Entscheidung von Gebietskörperschaften überlassen werden mit der Folge, dass sie nicht mehr im gesamten Gebiet der Republik die gleichen sind.[53]

Materiell sind Beschränkungen unter unterschiedlichen Voraussetzungen möglich. Bei besonders wichtigen Freiheitsrechten ist eine Intervention des Gesetzgebers nur zulässig, soweit es entweder darum geht, die Möglichkeit der Ausübung der jeweiligen Freiheit zu effektivieren oder sie in Ausgleich zu bringen, *concilier*, mit anderen Regeln oder Prinzipien von Verfassungsrang.[54] Zu diesen gehört allerdings insbesondere auch die Gewährleistung des ordre public[55] (dazu noch Nr. 63). Diese Rechte dürfen auch nicht unter den Vorbehalt einer vorherigen Genehmigung gestellt werden.[56] Hierzu zählen insbesondere die Meinungs- und Pressefreiheit, aber auch die Vereinigungsfreiheit, die Freizügigkeit und das Asylrecht.[57] Bei anderen Grundrechten, insbesondere denen wirtschaftlicher Natur, betont der *Conseil constitutionnel* hingegen, dass sie weder allgemeinen noch absoluten Charakter hätten und nur im Rahmen einer gesetzlichen Regelung ausgeübt werden könnten; insoweit können

---

51 Zu deren Stellung etwa CConst 93-325 DC vom 12. und 13.8.1993; 97-389 DC vom 22.4.1997.

52 Siehe zum Schutz des Eigentums CConst 86-207 DC vom 25. und 26.6.1986; zur Vertragsfreiheit CConst 2006-543 DC vom 30.11.2006.

53 CConst 93-329 DC vom 13.1.1994 zur finanziellen Unterstützung von Privatschulen.

54 Zur Pressefreiheit CConst 84-181 DC vom 10. und 11.10.1986.

55 CConst 94-325 DC vom 18.1.1995 zur Videoüberwachung.

56 Zur Vereinigungsfreiheit CConst 71-44 DC vom 16.7.1971; zur Pressefreiheit 84-151 DC vom 10. und 11.10.1984. Aus technischen Gründen wird insoweit eine Ausnahme für die an sich auch Art. 11 der Deklaration von 1789 unterfallenden Rundfunkfreiheit gemacht; siehe CConst 82-141 DC vom 27.7.1982.

57 Siehe darüber hinaus zur Asylrecht CConst 325-93 DC vom 13.8.1993.

dann auch andere Gesichtspunkte des Schutzes des allgemeinen Interesses, *fins d'intérêt général*, Einschränkungen rechtfertigen; als Grenze solcher Einschränkungen wird dabei regelmäßig nur das Verbot postuliert, Grundrechte ihres Sinns zu berauben, *dénaturer*, also sie in ihrem Wesensgehalt einzuschränken.[58] Eine darüber hinausgehende Prüfung der Verhältnismäßigkeit, gar mit den drei aus Deutschland bekannten Einzelschritten Eignung, Erforderlichkeit und Angemessenheit findet in dieser Form regelmäßig nicht statt (vgl. aber noch Nr. 40 zum Strafrecht). Insgesamt wird der Rolle des Gesetzgebers wohl eine deutlich größere Bedeutung zugemessen als in Deutschland.

Weiterhin spielen wie schon angedeutet auch Gesetzgebungsverpflichtungen eine nicht unerhebliche Rolle. Zwar gestattet es das französische Verfassungsprozessrecht (Nr. 33 f.) nicht, ein Unterlassen als solches zum Gegenstand eines Verfahrens vor dem *Conseil constitutionnel* zu machen. Bestehende gesetzliche Garantien zugunsten eines Grundrechts dürfen allerdings nicht ohne Weiteres ersatzlos wegfallen, sondern nur, wenn auch die nachfolgende Regelung einen angemessenen Schutz gewährleistet oder Einschränkungen zur Sicherung verfassungsrechtlicher Rechtspositionen notwendig sind.[59] Ebenso müssen Regelungen zu neuen Grundrechtsgefährdungen angemessene Schutzmaßnahmen vorsehen.[60] Besondere Anforderungen sind beim Eingriff in bestehende Rechtspositionen zu beachten.[61] Schließlich wird den Grundrechten Drittwirkung zuerkannt.[62] Hier wie bei der erwähnten Zuerkennung von Grundrechtsschutz auch an juristische Personen des öffentlichen Rechts zeigt sich, dass Staat und Gesellschaft in Frankreich nicht in gleicher Weise getrennt werden wie in Deutschland.[63]

37. Freiheitsrechte der Menschenrechtserklärung aus dem Jahre 1789

Eine zentrale Rolle in der Erklärung des Jahres 1789 nimmt die individuelle Freiheit, *liberté individuelle*, ein. Sie wird dort in Art. 1, 2 und 4 garantiert, ferner in Art. 66 der Verfassung angesprochen. Zunächst einmal ist dort damit der klassische Schutz der persönlichen Freiheit vor Verhaftung gemeint (Nr. 40). Darüber hinaus aber wird auch die persönliche Freiheit im Übrigen

58 CConst 84-172 DC vom 26.7.1984; 98-401 DC vom 10.6.1998.
59 CConst 86-217 DC vom 18.9.1986; 2001-446 DC vom 27.6.2001.
60 CConst 94-325 DC vom 18.1.1995 zur Videoüberwachung.
61 CConst 84-151 DC vom 10. und 11.10.1984.
62 CConst 77-87 DC vom 23.11.1977; 2001-446 DC vom 27.6.2001; 2010-2 QPC vom 11.6.2010 (zur Ableitung von Schadensersatzpflichten aus Art. 4 der Erklärung von 1789).
63 Dazu *Fromont*, Die französische Tradition und das Grundgesetz, in: Stern (Hrsg.), 40 Jahre Grundgesetz, 1990, S. 33 (35); zum entwicklungsgeschichtlichen Hintergrund *Classen*, in: HStR Band IX, 9. Aufl. 2011, § 187 Rn. 6 ff.

geschützt, also insbesondere etwa die Freizügigkeit[64] einschließlich der Bewegungsfreiheit, *liberté d'aller et venir*,[65] die Freiheit der Wohnung,[66] das Postgeheimnis[67] sowie die Freiheit des Privatlebens.[68] Für das moderne Wirtschaftsleben von zentraler Bedeutung sind vor allem die Unternehmensfreiheit, *liberté d'entreprendre*,[69] sowie die Vertragsfreiheit, *liberté contractuelle*.[70] Dabei betont der Verfassungsrat, dass diese Freiheitsrechte weder allgemein noch absolut sind und deswegen nur (!) im Rahmen einer gesetzlichen Regelung bestehen können.[71] Einschränkungen sind zur Wahrung legitimer Allgemeinwohlbelange zulässig, solange das Recht nicht in seinem Wesensgehalt angetastet wird.[72]

Demgegenüber wird die allgemeine Handlungsfreiheit nicht erfasst; sie genießt als solche bis heute keinen verfassungsrechtlichen Schutz, steht nicht einmal unter Gesetzesvorbehalt.[73]

Art. 10 der Erklärung von 1789 garantiert das Recht, bestimmte Meinungen, „selbst religiöser Art", zu haben, und schützt damit insbesondere auch die Gewissensfreiheit.[74] Abs. 5 der Präambel der Verfassung des Jahres 1946 weitet dies auch auf das Arbeitsrecht aus, doch darf und muss der Gesetzgeber gewährleisten, dass etwa der besondere Charakter religiöser Bildungseinrichtungen gewahrt bleibt.[75] Damit wird auch die Religionsfreiheit im engeren Sinne der Kultusfreiheit geschützt.[76] Allerdings betont der Verfassungsrat auch, dass die Religion im Grundsatz kein Argument darstellt, um Ausnahmen vom allgemeinen Gesetz zuzulassen (Nr. 10) und macht damit deutlich, dass eine besondere Freiheit zum Leben nach religiösen Vorschriften verfassungsrechtlich nicht gewährleistet ist. So war es vielleicht auch nicht so überraschend, dass das im Herbst 2010 beschlossene allgemeine Verbot der Burkas im öffentlichen Raum, mit wenn auch bemerkenswert knapper Begründung, vom Verfassungsrat akzeptiert wurde.[77]

---

64 CConst 97-389 DC vom 22.4.1997.

65 CConst 79-107 DC vom 12.7.1997.

66 CConst 83-164 DC vom 29.12.1984.

67 CConst 2004-492 DC vom 2.3.2004.

68 CConst 2003-467 DC vom 13.3.2003.

69 CConst 98-401 DC vom 10.6.1998; 98-403 DC vom 29.7.1998.

70 CConst 99-419 DC vom 9.11.1999; 2006-543 DC vom 30.11.2006. Zu ihr gehört auch das Recht, Verträge, die auf unbestimmte Zeit abgeschlossen wurden, ohne besonderen Grund zu kündigen.

71 CConst 90-283 DC vom 10.1.1981.

72 Siehe oben Fn. 58.

73 Vgl. zur Straßenverkehrsordnung CE 20758 vom 22.1.1982, Association Auto-Défense; dazu auch Nr. 49 und 64.

74 CConst 2001-446 DC vom 27.6.2001.

75 CConst 77-87 DC vom 23.11.1977.

76 CConst 2010-613 DC vom 7.10.2010.

77 CConst 2010-613 DC vom 7.10.2010.

Weiterhin wird in Art. 11 der Erklärung von 1789 die Freiheit zur Verbreitung von Gedanken und Meinungen garantiert. In der Verfassungsrechtsprechung stehen die Presse- und die Rundfunkfreiheit im Vordergrund.[78] Dabei betont der Verfassungsrat, dass es das Recht, aber zugleich auch die Pflicht des Gesetzgebers sei, Maßnahmen zur Sicherung von Meinungspluralismus und Transparenz zu ergreifen.[79]

Mit besonderem Pathos betont schließlich Art. 17 die Bedeutung des bereits in Art. 2 kurz angesprochenen Eigentums als ein „unverletzliches und geheiligtes Recht". Der Text schützt das Eigentum umfassend, also etwa auch Unternehmensanteile[80] und das geistige Eigentum.[81] Inhaltlich wird allerdings zunächst einmal nur vor einer „Wegnahme" geschützt, die unter den Vorbehalt einer gesetzlich festgestellten öffentlichen Notwendigkeit und einer gerechten und vorherigen Entschädigung gestellt wird. Dementsprechend betont die Verfassungsrechtsprechung im Grundsatz, dass Art. 17 zunächst einmal nur vor dem Entzug des Eigentums schütze; anderenfalls falle eine Maßnahme nicht in den Anwendungsbereich der Norm.[82] Mittlerweile ist zwar anerkannt, dass Art. 17 darüber hinaus auch vor sonstigen Eingriffen schützt, allerdings nur, wenn das Eigentum damit in seinem Wesensgehalt beeinträchtigt wird.[83] Maßnahmen, die sich auf die Umgestaltung von Eigentumsbefugnissen beschränken, wie die Beseitigung des mit einer Aktie verbundenen Stimmrechts,[84] oder bestimmte Lasten mit einem Eigentum verbinden,[85] werden nicht erfasst.

38. Neuere Freiheitsrechte

Insbesondere auf der Grundlage der Präambel der Verfassung von 1946 mit den dort in Bezug genommenen grundlegenden, durch die Gesetze der Republik anerkannten Prinzipien, hat die Verfassungsrechtsprechung mittlerweile auch eine Reihe weiterer Grundrechte entwickelt. Zuvörderst ist hier naturgemäß die bereits angesprochene Vereinigungsfreiheit zu nennen, die insbesondere einer präventiven Kontrolle bei der Gründung entgegensteht.[86] Auch die Unterrichtsfreiheit ist als Freiheit zu unterrichten, ebenso wie Bildungseinrichtungen nach eigener Wahl zu besuchen, mittlerweile anerkannt.[87] Dabei muss

78 CConst, 86-217 DC vom 18.9.1986.
79 CConst, 84-181 DC vom 10. und 11.10.1984.
80 CConst 81-132 DC vom 16.1.1982.
81 CConst 2006-540 DC vom 27.7.2006.
82 CConst 85-189 DC vom 17.7.1985.
83 CConst 84-172 DC vom 26.7.1984.
84 CConst 83-162 DC vom 20.7.1983.
85 CConst 85-189 DC vom 17.7.1985.
86 CConst 71- DC vom 16.7.1971.
87 Zu beidem CConst 77-87 DC vom 23.11.1977. Zur Freiheit von Universitätsprofessoren siehe noch CConst 84-165 DC vom 20.1.1984.

der Staat insbesondere auf den besonderen Charakter privater Bildungseinrichtungen achten; ein gewisser Ausgleich mit der Freiheit des Lehrpersonals ist allerdings erforderlich.[88]

Aus dem in der Präambel der Verfassung von 1946 enthaltenen Hinweis, dass „die freien Völker einen Sieg über die Regime davongetragen haben, die es versucht hatten, die menschliche Person zu unterjochen und zu entwürdigen" leitet der Verfassungsrat insbesondere eine Pflicht zum Schutz der Menschenwürde ab, die insbesondere im Zusammenhang mit bioethischen Fragen Bedeutung erlangt hat;[89] der Conseil d'État leitet aus diesem Prinzip auch ein Verbot des sog. „Zwergenwerfens" ab.[90] Im Kontext des Abtreibungsrechts wird der Respekt des Lebens von seinem Beginn an betont, aber zugleich auch das Persönlichkeitsrecht der Frau; die konkret zu prüfenden Fristenregelungen wurden jeweils als verfassungsmäßig angesehen.[91] Der im 10. Abschnitt angesprochene Schutz der Familie vermittelt auch das Recht, ein „normales Familienleben" zu führen.[92] Weiterhin ist das Asylrecht hervorzuheben, das im 3. Absatz der Präambel des Jahres 1946 verankert ist und insbesondere in einer Entscheidung des *Conseil constitutionnel* aus dem Jahre 1993 zur europäischen Asylrechtsintegration verankert wurde;[93] der verfassungsändernde Gesetzgeber hat allerdings die in der Entscheidung zunächst untersagten Restriktionen nunmehr ausdrücklich in die Verfassung (Art. 53-1 C.) aufgenommen.

39. Arbeits- und soziale Rechte

Vor allem die Präambel der Verfassung von 1946 enthält etliche Garantien, die das Arbeitsleben betreffen. Zu nennen ist insbesondere das Recht zu gewerkschaftlicher Organisation sowie auf Streik, auch im öffentlichen Dienst (vgl. noch Nr. 68 sowie allgemein Nr. 179). Letzteres darf zwar zur Sicherung eines Mindestmaßes an Versorgung, *service minimum*, beschränkt werden, doch muss sich dieser Minimaldienst dann deutlich vom normalen Dienst unterscheiden.[94] Die Aussperrung wird dagegen verfassungsrechtlich nicht garantiert.

Als soziale Grundrechte enthält der genannte Text zunächst in allgemeiner Form die Garantie der zur „Entwicklung notwendigen Voraussetzungen" des

88 CConst 77-87 DC vom 23.11.1977.

89 CConst 94-343/344 DC vom 27.7.1994.

90 Entscheidungen vom 13.10.1995, Commune de Morsang-sur-Orge, Ville d'Aix-en-Provence, RFDA 1995, 1204.

91 CConst 74-54 DC vom 15.1.1975 sowie 2001-446 DC vom 27.6.2001. Den vorgeburtlichen Lebensschutz aber relativierend 94-343-344 DC vom 27.7.1994.

92 CConst 93-325 DC vom 13.8.1993.

93 CConst 93-325 DC vom 12. und 13.8.1993; siehe ferner zu Verfahren an Flughäfen CConst 92-307 DC vom 25.2.1992.

94 CConst 79-105 DC vom 25.7.1979.

Einzelnen und der Familie; der *Conseil constitutionnel* hat daraus insbesondere ein Recht auf Führung eines normalen Familienlebens auch für Ausländer abgeleitet.[95] Diese allgemeine Aussage wird von der Verfassung konkretisiert mit Hinweis insbesondere auf den Schutz der Gesundheit und auf die Sicherung des Unterhalts derjenigen, die zur Eigenbeschaffung aus im Einzelnen genannten Gründen nicht in der Lage sind; Mütter und Ältere werden dabei besonders hervorgehoben. Der Verfassungsrat betont insoweit vor allem die Verpflichtung des Gesetzgebers nach Art. 34 C. und unterstreicht das Verbot, den verfassungsrechtlichen Garantien ihren vom Gesetzgeber geschaffenen Schutz zu nehmen.[96] Die besondere Bedeutung des Gesetzgebers zeigt sich auch in der Weigerung der Verwaltungsgerichtsbarkeit, diese Normen unmittelbar anzuwenden.[97]

Mit Blick auf die Bildung wird Kindern wie Erwachsenen gleicher Zugang zu allen Bildungseinrichtungen garantiert; der Staat wird verpflichtet, auf allen Ebenen ein unentgeltliches und laizistisches Angebot (zur Laizität bereits Nr. 10) bereitzuhalten.

40. Justizgrundrechte und rechtsstaatliche Bindungen

Justizgrundrechte enthält die Verfassung in Form eines Schutzes vor willkürlicher Verhaftung (Art. 66 C.; vgl. auch die Garantie der Sicherheit, *sûreté*, in Art. 2 der Erklärung von 1789). Dieser ist mit einem grundsätzlichen Vorbehalt zugunsten der *autorité judiciaire*, der ordentlichen Gerichtsbarkeit verbunden, die aber nach klassischem französischem Verständnis die Staatsanwaltschaft einschließt (Nr. 29). Auch jegliche sonstige Unterbringung in geschlossenen Einrichtungen wird hiervon erfasst.[98] Allerdings sind kurzzeitige Verhaftungen auch durch Polizeibehörden zulässig. Jüngst wurde der Schutz vor der Todesstrafe angefügt (Art. 66-1 C.).

Aus Art. 16 der Menschenrechtserklärung des Jahres 1789, wonach die Gewährleistung der Rechte sowie die Gewaltenteilung gesichert sein muss, wird ein Recht auf effektiven einschließlich einstweiligen Rechtsschutz abgeleitet.[99] Damit sind insbesondere der in Frankreich früher nicht selten praktizierten nachträglichen Legalisierung untergesetzlicher Akte durch den Gesetzgeber zum Schutz vor gerichtlicher Überprüfung Grenzen gesetzt.[100] Darüber hinaus werden im Anschluss an eine entsprechende verwaltungsrechtliche Rechtsprechung (Nr. 50) auch auf verfassungsrechtlicher Ebene die Verteidigungsrechte,

95 Fn. 92.
96 CConst 2009-599 DC vom 29.12.2009; allgemein dazu auch in Nr. 19.
97 CE 68938 vom 29.11.1968, Tallagrand, Leb 607.
98 CConst. 2010-71 QPC vom 26.11.2010 zur Unterbringung psychisch Kranker.
99 CConst 86-224 DC vom 23.1.1987; 93-325 DC vom 12. und 13.8.1993.
100 Zu Verwaltungsakten Nr. 72; zu einem Vertrag CConst 2010-100 QPC vom 11.2.2011.

droits de la défense, als Recht von jedermann gewährleistet. Darunter ist das Recht zu verstehen, sich im Rahmen eines jeden Verfahrens zu verteidigen, wenn dieses gegen einen selbst geführt wird oder gar auf eine Sanktion abzielt.[101] Dies betrifft sowohl das gerichtliche als auch das Verwaltungsverfahren. Der Gleichheitssatz (Nr. 41) schützt davor, dass nach Belieben des Gerichtspräsidenten ein Einzelrichter statt eines Kollegialgerichts tätig wird.[102] Der Grundsatz des Vertrauensschutzes hingegen ist als solcher nicht anerkannt.[103]

Im Bereich des Strafrechts schließlich wird unter Hinweis vor allem auf Art. 8 der Erklärung von 1789 ein sehr strikter Gesetzesvorbehalt postuliert.[104] Das Rückwirkungsverbot wird gleichfalls streng gehandhabt, unter Einschluss des Gebotes, das jeweils mildeste Gesetz anzuwenden.[105] Außerdem wird mit Blick auf die Verhängung von Sanktionen die Schuldangemessenheit der Strafe, *individualisation des peines*, verlangt[106] sowie die Notwendigkeit und Verhältnismäßigkeit einer Strafe bzw. sonstigen Maßnahme einschließlich einer Güterabwägung geprüft.[107] Aus verschiedenen Gesetzen der III. Republik hat der Verfassungsrat allgemeine Prinzipien zum Jugendstrafrecht abgeleitet.[108] Im Strafprozessrecht ist das Recht auf die Unschuldsvermutung anerkannt.[109]

41. Gleichheitsrechte

Das Recht auf Gleichheit, *egalité*, ist gleich mehrfach verankert, in den Art. 1, 6 und 13 der Erklärung von 1789, in zahlreichen Absätzen der Präambel von 1946 sowie in Art. 1, 2 u. 3 der Verfassung von 1958. Besondere Bedeutung hat insofern Art. 6 der Erklärung von 1789 erlangt, der neben dem allgemeinen Gleichheitssatz insbesondere den gleichen Zugang zu öffentlichen Ämtern nach Maßgabe des Leistungsprinzips garantiert, sowie Art. 13, der vor allem die Gleichheit gegenüber öffentlichen Lasten gewährleistet. Der allgemeine Gleichheitssatz hindert nach Auffassung des Verfassungsrats den Gesetzgeber weder daran, unterschiedliche Situationen auch in unterschiedlicher Weise zu regeln, noch daran, eine Ausnahme vom Gleichheitssatz vorzusehen, sofern jeweils die Unterschiede in der Behandlung, die aus der gesetzlichen Regelung folgen, im unmittelbaren Zusammenhang mit dem Gegenstand des betreffen-

---

101 CConst 76-70 DC vom 2.12.1976.
102 CConst 75-66 DC vom 23.7.1975.
103 CConst 96-385 DC vom 30.12.1996 ; 97-391 DC vom 7.11.1997.
104 CConst 80-127 DC vom 20.1.1981.
105 CConst 90-285 DC vom 28.12.1990.
106 CConst 2010-72/75/82 QPC vom 10.12.2010.
107 Siehe zur Sicherungsverwahrung, *retention de sûreté*, die sehr ausführliche Entscheidung des CConst 2008-562 DC vom 21.2.2008.
108 CConst 2002-461 DC vom 29.8.2002.
109 CConst 2009-580 DC vom 10.6.2009.

den Gesetzes stehen.[110] Nutznießer des Gleichheitssatzes sind insbesondere auch rechtmäßig in Frankreich lebende Ausländer, und dies selbst dann, wenn es um Sozialleistungen geht.[111] Bei Garantien im Bereich des Grundrechtsschutzes kommt dem Gleichheitssatz eine besondere Bedeutung zu.[112] Maßnahmen der positiven Diskriminierung wurden, etwa mit Blick auf Behinderte, als zulässig angesehen.[113]

Besondere Gleichheitssätze enthalten zudem Art. 1 C., der insbesondere Differenzierungen aus Gründen der Herkunft, der Rasse sowie der Religion verbietet, sowie Art. 3 C. zum allgemeinen Wahlrecht (dazu Nr. 13), ferner die Präambel der Verfassung von 1946, die ausdrücklich die Gleichberechtigung der Geschlechter garantiert, sich dabei aber dem Ausgleich faktischer Ungleichheiten nicht völlig verschließt.[114]

§ 10 Frankreich in den internationalen Beziehungen

Literatur: *Classen*, Der Conseil d'État auf Europakurs, EuR 2010, 557; *Hagenau-Moizard*, Offene Staatlichkeit: Frankreich, in: v. Bogdandy/Cruz Villalón/Huber (Hrsg.), Handbuch Ius Publicum Europaeum, Band 2, 2007, § 15; *Mayer/Lenski/Wendel*, Der Vorrang des Europarechts in Frankreich, EuR 2008, 63.

42. Zuständigkeiten im Bereich der Außenpolitik

Die Zuständigkeit für die Außenpolitik liegt im Wesentlichen bei der Regierung; allerdings kommt dem Staatspräsidenten in diesem Politikfeld ein besonderes Gewicht zu (Nr. 16). Die Rolle des Parlaments beschränkt sich wie in vielen anderen Staaten darauf, bei besonders bedeutsamen Verträgen (Art. 53 C.), insbesondere solchen, deren Umsetzung innerstaatlich ein Gesetz erfordert, vor der Ratifikation durch den Staatspräsidenten eine entsprechende gesetzliche Ermächtigung erteilen zu müssen.

43. Völkerrecht in der innerstaatlichen Rechtsordnung

Ein allgemeines Bekenntnis zu den völkerrechtlichen Bindungen Frankreichs enthält die Präambel des Jahres 1946. Spezifisch mit dem Blick auf völkerrechtliche Verträge gesteht Art. 55 C. in monistischer Tradition diesen, nicht

110 CConst 96-375 DC vom 9.4.1996.
111 CConst 89-269 DC vom 22.1.1990.
112 CConst 2010-81 QPC vom 17.12.2010.
113 CConst 94-357 DC vom 25.1.1995.
114 Dazu CConst 2003-483 DC vom 14.8.2003.

dem Völkergewohnheitsrecht,[115] einen höheren Rang zu als normalen Gesetzen; Voraussetzung ist, dass sie ordnungsgemäß ratifiziert und veröffentlicht wurden und dass sie auch vom Vertragspartner angewandt werden.[116] Dieser höhere Rang spielte allerdings aus zwei Gründen in der Rechtspraxis lange Zeit keine Rolle. Zum einen haben sich die Gerichte nicht als befugt angesehen, diesen Vorrang auch im Verhältnis zum früher als souverän angesehenen Gesetzgeber (Nr. 7) durchzusetzen; zum anderen wurde bei der Interpretation der Verträge bis vor wenigen Jahren die Zuständigkeit beim Außenministerium angesiedelt.

Allerdings hat der *Conseil constitutionnel* in einer Entscheidung aus dem Jahre 1975 deutlich gemacht, dass es nicht seine Aufgabe ist, den in Art. 55 C. verankerten Vorrang der Verträge vor einfachen Gesetzen durchzusetzen.[117] Außerdem hat der Gedanke der Normenhierarchie in der Verfassung der V. Republik stärker als in früheren Verfassungen seinen Niederschlag gefunden. Dementsprechend hat sich das oberste ordentliche Gericht, die *Cour de cassation* (Nr. 198), bereits 1975 entschlossen, den Vorrang von Verträgen gegenüber Gesetzen anzuerkennen.[118] Dem ist der Staatsrat – erst 1989 – gefolgt.[119] Im Jahre 2010 betonte dann der Verfassungsrat sogar eine entsprechende Prüfungspflicht der Fachgerichtsbarkeit.[120] Im Lichte dieser Entwicklung war es dann nur konsequent, dass sich der *Conseil d'État* auch – erstmalig im Jahre 1990 – entschlossen hat, die Verträge selbst zu interpretieren.[121] In der Folge wurden zumindest bis zur Verfassungsreform 2008/2010 Gesetze häufig am Maßstab internationaler Menschenrechte gemessen; seither stehen die nationalen Grundrechte im Vordergrund (vgl. auch Nr. 34).

Eine Grenze kennt der Vorrang völkerrechtlicher Verträge gegenüber nationalem Recht, soweit es um die Verfassung geht.[122] Um entsprechende Konflikte zu vermeiden, sieht Art. 54 C. vor, dass der Präsident, der Premierminister, die Präsidenten der beiden Kammern und jeweils 60 Abgeordnete oder 60 Senatoren eine internationale Verpflichtung vor deren Ratifikation dem Verfassungsrat mit der Bitte um Prüfung vorlegen können (vgl. auch Nr. 33); als Rechtsfolge einer negativen Entscheidung ordnet Art. 54 C. ausdrücklich an, dass

---

115 Dazu CE 148683 vom 6.6.1997, Aquarone, Leb 206.

116 Zur gerichtlichen Kontrolle dieser Voraussetzungen etwa CE 317747 vom 9.7.2010, Mme Souad Chériet-Benseghir, RFDA 2010, 1144.

117 CConst 74-54 DC vom 15.1.1975.

118 CC vom 24.5.1975 Société Jacques Vabre, D 1975. 487.

119 CE 198243 vom 20.10.1989, Nicolo, Leb 190.

120 CConst 2010-605 DC vom 12.5.2010.

121 CE 78519 vom 29.6.1990 GISTI, Leb 171; vgl. auch später das Urteil des EGMR 49636/99 vom 13.2.2003 Chevrol.

122 CE 200286 und 200287 vom 30.10.1998, Sarran, Levacher et autres, RFDA 1998, 1081.

eine Ratifikation oder Zustimmung erst, aber immerhin, nach einer entsprechenden Verfassungsänderung erfolgen können. Als relevanter Maßstab hat sich neben dem Verfassungstext als solchem insbesondere die Souveränität als praktisch bedeutsam herauskristallisiert; so dürfen insbesondere die grundlegenden Bedingungen der Ausübung der Souveränität, *conditions essentielles de l'exercice de la souveraineté*, nicht beeinträchtigt werden.[123] In der Praxis wurde in einschlägigen Fällen – genannt seien neben den europäischen Integrationsverträgen (Nr. 45) etwa die Ratifikation der Konvention über den Internationalen Strafgerichtshof – allerdings mehrfach auf das Instrument der Verfassungsänderung zurückgegriffen; auf diesem Wege wurde immerhin solchen Verträgen eine höhere Legitimationsbasis verschafft.

44. Grundlagen der Mitwirkung Frankreichs an der Europäischen Union

Seit 1992 enthält die Verfassung einen spezifischen der Europäischen Union gewidmeten Titel XV. Nach dessen Art. 88-1 – in einer Vorgängerfassung erstmalig im Zusammenhang mit der Ratifikation des Vertrages von Maastricht 1992 in die Verfassung aufgenommen – wirkt Frankreich an der Europäischen Union mit, die dort als Organisation von Staaten beschrieben wird, „die sich in freier Entscheidung dazu entschlossen haben, einige ihrer Kompetenzen … gemeinsam wahrzunehmen."

Mit Blick auf die Aushandlung des Europarechts und die Beteiligung der innerstaatlichen Verfassungsorgane wurde lange Zeit angenommen, dass die entsprechende Zuständigkeit wie bei der Außenpolitik bei der Regierung liegt. Ähnlich wie in Deutschland wurden allerdings im Zusammenhang mit dem Vertrag von Maastricht entsprechende Änderungen herbeigeführt. Nach der im Kern damals geschaffenen Norm (Art. 88-4 C.) muss die Regierung europäische Gesetzentwürfe sowie Entwürfe und Vorschläge für sonstige Rechtsakte, die vom Rat zu beschließen sind, Nationalversammlung und Senat vorlegen. Diese können dann zu diesen Vorschlägen, aber auch zu allen anderen Dokumenten einer Institution der EU eine Entschließung verabschieden. Weitere Mitwirkungsrechte der beiden Parlamentskammern enthalten die Art. 88-5 bis 88-7 C. Besondere, aus dem nationalen Verfassungsrecht abgeleitete Anforderungen an die Organisationsstruktur der EU hat der Verfassungsrat bislang nicht entwickelt; er betont nur gelegentlich, dass diese und deren Institutionen nicht teilhätten an der Ausübung der nationalen Souveränität, wie sie in Art. 3 C. verankert ist (vgl. auch Nr. 13).[124]

---

123 CConst 2007-560 DC vom 20.12.2007.

124 CConst 2007-560 DC vom 20.12.2007.

45. Nationales und europäisches Recht

Für das Verhältnis von nationalem und europäischem Recht ist anders als in Deutschland zwischen der Situation vor und nach der Ratifikation von Integrationsverträgen zu unterscheiden. Nach einigen anfänglichen Unsicherheiten darf nach nunmehr seit 1992 fest etablierter Rechtsprechung ein Integrationsvertrag keine unmittelbar der Verfassung widersprechende Bestimmung enthalten; außerdem muss er angemessenen Grundrechtsschutz gewährleisten und darf nicht die „wesentlichen Bedingungen für die Ausübung der Souveränität" beeinträchtigen (Nr. 43). Mit dem zuletzt genannten Ansatz hat sich der Verfassungsrat einen ausgesprochen flexiblen Kontrollmaßstab geschaffen. Hat der Verfassungsrat einen Widerspruch angenommen, wurde diese regelmäßig durch eine entsprechende Änderung der Verfassung nach Art. 89 C. überwunden; Schranken dieser Option bestehen in Frankreich nicht (Nr. 14).

Mit Blick auf bereits wirksam gewordenes Unionsrecht stellen sich die gleichen Fragen wie in Deutschland: Gibt es für den Vorrang Grenzen, und kann ggf. die Achtung der Kompetenzordnung auf nationaler Ebene kontrolliert werden. Dabei wirft der erste Punkt, die Achtung des Vorrangs, wegen der bereits erwähnten monistischen Tradition Frankreichs im Grundsatz keine Probleme auf. Diese können sich insoweit nur mit Blick auf die Verfassung ergeben. Der enge Katalog von Zuständigkeiten des Verfassungsrats hat diesen allerdings vor geraumer Zeit zur Annahme veranlasst, dass europäisches Unionsrecht als solches keinen tauglichen Prüfungsgegenstand für ihn bilden kann, da es nicht Bestandteil der französischen Rechtsordnung ist.[125] Diskussionen um einen nationalen Rechtsanwendungsbefehl, der insoweit eine entsprechende Grundlage abgeben könnte, gibt es in Frankreich nicht. Überprüft werden können allerdings nationale Umsetzungsakte, insbesondere Gesetze, die der Umsetzung von Richtlinien dienen. Insoweit postuliert der Verfassungsrat seit 2006, dass diese nur, aber immerhin die Regeln und Prinzipien beachten müssen, die zur verfassungsrechtlichen Identität gehören, es sei denn, dass der Verfassungsgeber dem ausdrücklich zugestimmt habe; im Übrigen finde eine Kontrolle nur durch die europäische Gerichtsbarkeit statt.[126] Der Prüfungsmaßstab für in Kraft getretenes Unionsrecht ist also erkennbar enger als derjenige für Vertragsrecht vor dessen Inkrafttreten. Nähere Konkretisierungen hierzu gibt es allerdings nicht.

Zugleich betont der *Conseil constitutionnel*, dass die genannte Pflicht zur Mitwirkung an der EU (Art. 88-1 C.) der unionsrechtlichen Verpflichtung zur Umsetzung von Richtlinien auch verfassungsrechtlichen Charakter zuweist. Allerdings sieht er sich an einer Vorlage an den EuGH gehindert und praktiziert deswegen nur eine sehr grobe Kontrolle; zugleich aber unterstreicht er

125 CConst 76-71 DC vom 29. und 30.12.1976.

126 CConst 2006-540 DC vom 27.6.2006; im Rahmen der QPC 2010-79 QPC vom 17.12.2010.

die Notwendigkeit einer Vorlage an den EuGH durch die Fachgerichte.[127] Die verwaltungsrechtliche Rechtsprechung geht demgegenüber von einem umfassenden Vorrang der Verfassung aus, interpretiert diese aber unionsrechtskonform.[128] Im Übrigen kann die Verpflichtung zur Anpassung des nationalen Rechts an das Unionsrecht im Bereich von Art. 37 C., also der alleinigen Zuständigkeit des Verordnungsgebers (Nr. 22), vor den Verwaltungsgerichten im Rahmen eines *recours pour excès de pouvoir*, insbesondere durch jede einschlägig tätige Interessengruppe, eingefordert werden (Nr. 74).

Hinsichtlich der Kompetenzordnung gibt es bislang von Seiten des Verfassungsrates nur die Aussage, dass deren Wahrung Sache des Europäischen Gerichtshofes sei. Die verwaltungsrechtliche Rechtsprechung hat sich allerdings schon früh des Themas „ausbrechender Rechtsakt" bzw. „ultra vires-Akt" bemächtigt. In einer prominenten Entscheidung vom Dezember 1978 hat der Staatsrat der Judikatur des EuGH zur unmittelbaren Wirkung von Richtlinien die Gefolgschaft verweigert;[129] auch in der Folgezeit hat er einzelnen EuGH-Urteilen die Gefolgschaft verweigert. Mittlerweile besteht aber seit langem kein Konflikt mehr zwischen französischer und europäischer Rechtsprechung; selbst mit Blick auf die unmittelbare Wirkung von Richtlinien hat der Staatsrat jüngst seine Position korrigiert und folgt inzwischen der Linie des EuGH.[130]

127 CConst 2006-543 DC vom 30.11.2006.

128 CE 287110 vom 3.6.2009, Société Arcelor Atlantique et Lorraine, RFDA 2009, 802.

129 CE 11604 vom 22.12.1978, Cohn-Bendit, Leb 524.

130 CE 298348 vom 30.10.2009, Mme Perreux, RFDA 2009, 1145 = EuR 2010, 557 mit Anm. *Classen*.

Zweites Kapitel:

Verwaltungsrecht

Literatur: *Braibant/Stirn*, Le droit administratif français, 7. Aufl., Paris 2005; *Debbasch/Collin*, Droit administratif, 9. Aufl., Paris 2010; *Dupuis/Guédon/Chrétien*, Droit administratif, 12. Aufl., Paris 2011; *Gaudemet*, Droit administratif, 19. Aufl., Paris 2010; *Lebreton*, Droit administratif, 5. Aufl., Paris 2009; *Truchet*, Droit administratif, 3. Aufl., Paris 2010; *Waline*, Droit administratif, 23. Aufl., Paris 2010; zur historischen Entwicklung *Mestre*, Staat, Verwaltung und Verwaltungsrecht: Frankreich, in: v. Bogdandy/Cruz Villalón/Huber (Hrsg.), Handbuch Ius Publicum Europaeum, Band III, Heidelberg 2010, § 43.

§ 1 Grundlagen

46. Die Entstehung der Verwaltungsgerichtsbarkeit als Voraussetzung für die Entwicklung eines eigenständigen Verwaltungsrechts

Während die Entwicklung des Verfassungsrechts in Frankreich von mehreren großen Umbrüchen gekennzeichnet ist (Nr. 7), ist das französische Verwaltungsrecht seit der Revolution 1789, vor allem aber seit Beginn der III. Republik von großer *Kontinuität* geprägt. Erst in den letzten Jahren haben Konstitutionalisierung und Europäisierung substantielle Veränderungen bewirkt. Den Ausgangspunkt für die Herausbildung besonderer Rechtsregeln für das Verwaltungshandeln bildete eine *institutionelle Grundentscheidung* der *Revolutionszeit*. Das noch heute geltende Gesetz vom 16.–24.8.1790 betont die Unterscheidung der richterlichen Aufgaben von denen der Verwaltung und untersagt der Justiz jede Einmischung in die Tätigkeit der Verwaltungsbehörden; ein Dekret vom 16. Fructidor des Jahres III (1795) bekräftigte dies noch einmal. Damit wurde die Entscheidung über Streitigkeiten der Bürger mit der Verwaltung der ordentlichen Gerichtsbarkeit entzogen; die Folge war die Schaffung eigener Strukturen zur gerichtlichen Kontrolle der Verwaltung. Erst auf dieser Grundlage konnte sich dann später materiell ein eigenständiges Verwaltungsrecht entwickeln (Nr. 47). Heute ist dieses Prinzip besonderer Strukturen bei der gerichtlichen Kontrolle der Verwaltung im Ansatz sogar auf Verfassungsebene anerkannt (Nr. 29).

Hintergrund für dieses strikte Verbot der gerichtlichen Kontrolle der Verwaltung aus der Revolutionszeit waren die vorrevolutionären Erfahrungen mit den damaligen in den einzelnen Regionen Frankreichs bestehenden Gerichten,

Parlements. Diese verweigerten nämlich unter dem *Ancien Régime* häufig die für deren Inkrafttreten notwendige Registrierung von Edikten der Pariser Zentralgewalt. Sie behinderten damit insbesondere auch die Reformbemühungen, die von den Ministern Ludwig XVI. angestoßen wurden, und trugen so zur Auslösung der Revolution im Jahre 1789 bei. Diese historischen Erfahrungen wirken bis heute nach und bilden einen der Gründe für die erst späte Herausbildung einer Verfassungsgerichtsbarkeit (Nr. 7f.) und die bis heute eher großzügig praktizierte gerichtliche Kontrolle der Verwaltung (Nr. 76). In beiden Fällen spielt die Sorge vor übermäßiger Richtermacht, einem *gouvernement de juges*, eine zentrale Rolle.

Mit seiner Entscheidung gegen die Kontrolle der Verwaltung durch die ordentlichen Gerichte wies das Gesetz aus dem Jahre 1790 als solches zunächst einmal nur negativen Charakter auf. Recht bald wurde jedoch deutlich, dass für diese Aufgabe eine andere Stelle gefunden werden muss. Dabei schien es zunächst akzeptabel zu sein, die Kontrolle der Verwaltung dem König als traditioneller Quelle der Gerechtigkeit anzuvertrauen (so etwa ein Gesetz vom 6.–7. und 11.9.1790). Auch nach dessen Sturz im Jahre 1792 blieb es zunächst beim Status quo in dem Sinne, dass Streitigkeiten mit der Verwaltung von dieser selbst, wenn auch regelmäßig von einer hierarchisch höher stehenden Stelle, entschieden wurden. Art. 52 der Verfassung vom 22. Frimaire des Jahres VIII (1799) schuf dann ein eigenständiges Beratungsorgan der Regierung, *Conseil d'État* (Nr. 71), dem insbesondere auch die Aufgabe übertragen wurde, die Entscheidungen über die von Bürgern eingelegten Rechtsbehelfe gegen Verwaltungsakte vorzubereiten; formal lag die Entscheidung aber weiterhin in der Hand des zuständigen Ministers bzw. des Staatschefs. Auf dieser Grundlage wurde bis zur Dritten Republik die Verwaltung kontrolliert und über Rechtsbehelfe von Bürgern entschieden. Faktisch enthielt sich allerdings die politische Führung unabhängig vom jeweiligen Regime praktisch durchweg der unmittelbaren Einmischung in diese Angelegenheiten und überließ so dem *Conseil d'État* die Entscheidung über Rechtsbehelfe gegen Verwaltungsentscheidungen. Auf lokaler Ebene wurden gleichfalls im Jahre VIII (1799) bei den Präfekturen (Nr. 52) beratende Organe eingerichtet, *conseils de préfecture*, die auf dieser Ebene eine vergleichbare Funktion ausübten.

Abgesehen von einem kurzen Intermezzo während der Zweiten Republik (1849–1851) wurde dann erst zu Beginn der Dritten Republik durch ein Gesetz vom 24. Mai 1972 dem *Conseil d'Etat* das Recht zugewiesen, unabhängig und eigenverantwortlich im Namen des französischen Volkes Entscheidungen zu treffen. An die Stelle der zuvor praktizierten, soeben geschilderten „vorbehaltenen Rechtsprechung", *justice retenue*, trat nunmehr die „übertragene Rechtsprechung", *justice déléguée*. Mit dem gleichen Gesetz wurde darüber hinaus das bis heute bestehende *Tribunal des conflits* zur Entscheidung von Kompetenzkonflikten zwischen den beiden Gerichtsbarkeiten (Nr. 71) geschaffen. Die Umwandlung der *Conseils de préfecture*, die nur in bestimmten Konstellationen anzurufen waren, in echte Verwaltungsgerichte mit grundsätzlich umfassender erstinstanzlicher Zuständigkeit (vgl. auch Nr. 71 f.) dauerte dann aber noch bis zum Jahre 1953.

47. Die Entscheidung „Blanco" als Geburtsstunde des materiellen Verwaltungsrechts

Mit der zuvor angesprochenen Schaffung der Verwaltungsgerichtsbarkeit war allerdings noch nicht geklärt, welches die rechtlichen Grundlagen für die rechtliche Kontrolle des Verwaltungshandelns sein sollten, in welchem Umfang und nach welchen Regeln die Verwaltungsgerichte ihre Kontrolltätigkeit ausüben sollten. Die für das Verständnis des französischen Verwaltungsrechts bis heute *zentrale Entscheidung* wurde am 8.2.1873 vom *Tribunal des conflits* (Nr. 71) im Fall *Blanco* gefällt.[1] Es ging um einen Haftungsfall und damit einen Bereich, der einerseits nicht ausdrücklich rechtlich geregelt war und bei dem man sich andererseits durchaus hätte vorstellen können, dass er nach den allgemeinen, im *Code civil* (Nr. 105) verankerten Grundsätzen entschieden wird. Im Streit ging es um die Haftung für den Fehler eines Bediensteten einer staatlichen Tabakfabrik, durch den ein Kind verletzt wurde. Mit deutlichen Worten wurde entschieden, dass die Verantwortlichkeit, die dem Staat für den Einzelnen zugefügten Schäden obliegt, die durch den Betrieb einer staatlichen Einrichtung, genauer eines *service public* (Nr. 48, 66 ff.) verursacht wurden, nicht von den Grundsätzen bestimmt werden kann, die im *Code civil* verankert sind, der die Beziehung zwischen Einzelnen regelt. Vielmehr wird auf die Besonderheiten hingewiesen, die für das Haftungsregime des Staates im weitesten Sinne bestehen müssen. Damit wurde deutlich betont, dass das Verwaltungshandeln generell spezifischen Regeln unterliegt, die sich bereits im Ansatz prinzipiell von denen im bürgerlichen Recht unterscheiden. In der Sache war diese Lösung nicht neu; sie entsprach dem bereits früher vom *Conseil d'État* entwickelten Lösungsansatz.[2] Erstmalig wurde sie aber von einem in völliger Unabhängigkeit judizierenden Gericht entfaltet.

Allerdings gab es lange Zeit nur in begrenztem Umfang einschlägige Normen. Insbesondere das allgemeine Verwaltungsrecht war zunächst in Frankreich nicht kodifiziert; auch heute noch gibt es zwar für bestimmte Teilbereiche Kodifikationen, aber zum allgemeinen Verwaltungsrecht allenfalls Einzelgesetze. Dementsprechend oblag es maßgeblich dem *Richter*, die Grundsätze für die Kontrolle der Verwaltung und damit Maßstäbe für deren Tätigkeit zu entwickeln. Und auch wenn es in den letzten Jahren zunehmend mehr Gesetze gibt, die das Verwaltungshandeln bestimmen, so kommt doch bis heute den richterrechtlich entwickelten Grundsätzen eine zentrale Rolle zu.

1 Leb suppl. 61.
2 CE vom 6.12.1855, Rothschild, Leb 707.

48. Öffentliches Recht und Privatrecht

Ähnlich wie in Deutschland ist die Unterscheidung von ordentlicher Gerichtsbarkeit und Verwaltungsgerichtsbarkeit nur zu verstehen im Zusammenhang mit der Unterscheidung von Öffentlichem Recht und Privatrecht: Verwaltungsstreitigkeiten werden vorbehaltlich gesetzlicher Sonderregeln von den Verwaltungsgerichten (Nr. 72), bürgerlich-rechtliche Streitigkeiten von der ordentlichen Gerichtsbarkeit entschieden (Nr. 198). Entstehungsgeschichtlich besteht jedoch eine Divergenz: die Ausdifferenzierung zwischen beiden Rechtsgebieten war in Frankreich Folge, in Deutschland Ursache für die Aufteilung der Gerichtsbarkeit. Außerdem kommt der Unterscheidung in Frankreich verfassungsrechtlicher Charakter zu (Nr. 29). Für die damit zu beantwortende Frage der Abgrenzung spielen in Frankreich vor allem zwei Kriterien eine wichtige Rolle. Zum einen ist anerkannt, dass alles Handeln, das sich als spezifischer Ausdruck der hoheitlichen Gewalt, *prérogatives de puissance publique*, darstellt, als öffentlich-rechtlich anzusehen ist und damit vorbehaltlich (nur in Grenzen zulässiger, Nr. 29) abweichender gesetzlicher Regelung der Kontrolle der Verwaltungsgerichte unterliegt. Auf diesem Gesichtspunkt hat insbesondere auch der Verfassungsrat in seiner einschlägigen Rechtsprechung abgestellt.

Daneben, wenn auch in einem immer wieder umstrittenen Verhältnis dazu, wird aber zugleich die Rechtsprechung *Blanco* (Nr. 47) fortgeführt. Danach sind im Normalfall dem Verwaltungsrecht unterworfen alle mit der Förderung des Allgemeinwohls verbundenen Leistungen, die gemeinhin mit dem – sehr umstrittenen – Begriff der *services publics* erfasst werden (Nr. 66 ff.).[3] Dabei geht es nicht nur um die klassische Daseinsvorsorge; auch genuin hoheitlich wahrzunehmende Aufgaben wie etwa die Sicherung der öffentlichen Ordnung durch die Polizei (Nr. 63 ff.) werden zum Teil als *service public* verstanden. Leistungen, die der Staat wie Private erbringt, unterfallen allerdings zumeist dem Privatrecht; dabei sind die Voraussetzungen, unter denen dies angenommen wird, aus deutscher Perspektive vergleichsweise eng, weswegen z. B. auch öffentliche Aufträge unter das öffentliche Recht fallen (Nr. 62). Schließlich spielen bei dieser Zuordnung neben diesem rein materiellen Kriterium auch institutionelle Gesichtspunkte eine Rolle. So wird in die Bewertung die Frage mit einbezogen, wer die Dienstleistung erbringt, eine juristische Person des Privatrechts oder des öffentlichen Rechts (dazu Nr. 55 f.). Allerdings kommt diesem Kriterium nur Vermutungswirkung zu, da im Einzelfall auch das Handeln rein privatrechtlich verfasster Organisationen dem Verwaltungsrecht unterfällt, wenn dieses die Voraussetzungen eines *service public* erfüllt (Nr. 66 ff.). Zum Teil erfolgt die Zuordnung bestimmter Aktivitäten der öffentlichen Hand auch explizit durch den Gesetzes- oder Verordnungsgeber.

---

3 Siehe etwa CE 336710 vom 17.3.2010.

Vor diesem Hintergrund wird deutlich, dass die Definition des öffentlichen Rechts in Frankreich deutlich weiter geht als in Deutschland. Erfasst ist insbesondere im Regelfall auch das sog. Verwaltungsprivatrecht und damit praktisch das gesamte Verwaltungshandeln mit Ausnahme derjenigen Bereiche, bei denen der Staat wie ein Privater tätig wird wie beim Betrieb von Unternehmen, die rein wirtschaftlich tätig werden (Nr. 67). Ein konkretes Beispiel, zu dem sogar spezifische gesetzliche Regelungen zur Zuordnung zum öffentlichen Recht bestehen, bildet das Recht der öffentlichen Aufträge (Nr. 62).

Sucht man nach einer Erklärung für dieses weite Verständnis, so spielen wohl zwei Gesichtspunkte eine Rolle. Zunächst ist die besondere Rolle des Staates zu erwähnen, die sich einerseits in besonderen Verantwortlichkeiten niederschlägt, andererseits aber auch in besonderen Freiräumen, und die im Ausgangsfall *Blanco* zur Entwicklung eines besonderen Haftungsregimes führte. Darüber hinaus dürfte aber auch die spezifische Funktion der Verwaltungsgerichtsbarkeit legitimierend gewirkt haben. Diese besteht im Kern in der Kontrolle der Verwaltung; die Effizienz des Rechtsschutzes des Einzelnen wurde jedenfalls klassisch als sekundär angesehen. Von diesem Gedanken ausgehend aber liegt ein weites Verständnis nahe, denn die Notwendigkeit einer Kontrolle besteht flächendeckend, auch im Bereich jenseits des zwingend einseitig-hoheitlichen Handelns der Verwaltung.

§ 2 Rechtsquellen

49. Die Legalitätskontrolle als traditionelles Leitbild der Verwaltungskontrolle

Vor dem Hintergrund der traditionell zentralen Stellung des Gesetzes in der französischen Rechtsordnung (Nr. 7) bildete konsequenterweise im Bereich des positiven Rechts, soweit dieses einschlägige Vorgaben enthielt, das parlamentarisch beschlossene *Gesetz* den zentralen Maßstab für die Beurteilung der Rechtmäßigkeit und damit für die Rechtskontrolle der Verwaltung; die Anforderungen an die Rechtmäßigkeit des Verwaltungshandelns ergaben sich aus dem Grundsatz der Gesetzmäßigkeit, *légalité*. Nach traditionellem Verständnis war damit vielfach ein Rückgriff auf höherrangige Rechtsquellen, Verfassung und internationales Recht (Nr. 43), ausgeschlossen, da die Gesetze gegenüber dem Rückgriff auf die Verfassung als Prüfungsmaßstab für Verwaltungsakte eine „abschirmende" Wirkung entfalteten, *loi écran*;[4] die – vom „souveränen" Parlament beschlossenen – Gesetze wurden nämlich ihrerseits traditionell vom französischen Richter nicht am Maßstab der Verfassung oder völkerrechtlicher

4 CE 269077 vom 8.10.2004, Union française pour la cohésion nationale, Leb 367.

Verträge überprüft, auch wenn diese Überprüfung nur inzidenten Charakter besessen hätte. Die Verfassung wurde allerdings seit den 50er Jahren insoweit als Prüfungsmaßstab für Verwaltungsakte herangezogen, als die Gesetze entsprechenden Raum ließen. Eingeschlossen in den Prüfungsmaßstab wurde insoweit auch die Präambel der damaligen Verfassung (von 1946), konkret das dort verankerte Streikrecht (Nr. 39).[5] Die Zurückdrängung des Parlamentsgesetzes durch die Verfassung der V. Republik, insbesondere das eigenständige Verordnungsrecht nach Art. 37 C. (Nr. 27), eröffnete dieser Judikatur zusätzlichen Raum.[6] Im Jahre 1996 hat der *Conseil d'État* sogar auf die verfassungsrechtliche Kategorie der *principes fondamentaux reconnus par les lois de la République* (Nr. 10) zurückgegriffen und insoweit – im Bereich des Auslieferungsschutzes – ein eigenes Prinzip entwickelt.[7] Im Rahmen der Gesetze wurden auch die von Frankreich ratifizierten völkerrechtlichen Verträge berücksichtigt, doch litt deren praktische Bedeutung unter der Praxis, Interpretationsfragen dem Außenministerium zur Entscheidung vorzulegen (Nr. 43). So wird bis heute die Kontrolle der Gesetzmäßigkeit, *légalité*, des Verwaltungshandelns als Aufgabe der Verwaltungsgerichtsbarkeit angesehen, obwohl es doch umfassender um dessen Rechtmäßigkeit, *juridicité*, geht.

Diese über viele Jahrzehnte entwickelte und fortgeführte Rechtsprechungstradition wurde allerdings durch mehrere Ereignisse überholt. Ursache hierfür ist, dass die dieser Rechtsprechung zugrunde liegende Annahme der Souveränität des Gesetzgebers seit den 70er Jahren zunehmend in Frage gestellt wurde (Nr. 9). Seit zwei grundlegenden Entscheidungen aus dem Jahre 1989 und 1990 überprüft die Verwaltungsgerichtsbarkeit das Verwaltungshandeln in jedem Fall an völkerrechtlichen Verträgen, selbst dann, wenn damit faktisch die Bindung an parlamentarische Gesetze in Frage gestellt wird (näher dazu Nr. 43). Seit März 2010 kann zudem ein Gesetz uneingeschränkt auch nach seinem Inkrafttreten verfassungsgerichtlich kontrolliert werden (Nr. 34), und zwar auf Vorlage von jedem normalen Gericht und damit auch von einem Verwaltungsgericht. Allerdings bestehen zwischen beiden im Rang über dem Gesetz stehenden Normen, der Verfassung und den Verträgen, zwei Unterschiede: die verfassungsrechtliche Prüfung findet immer nur auf Antrag einer Partei statt und führt ggf. zu einer entsprechenden Vorlage an den *Conseil constitutionnel*. Demgegenüber gelten für die Prüfung der Vereinbarkeit eines Gesetzes mit völkerrechtlichen Verträgen die allgemeinen prozessrechtlichen Grundsätze, doch führen auch diese im Regelfall dazu, dass die genannte Frage nur auf Antrag einer Partei überprüft wird (Nr. 75); die Entscheidungszuständigkeit liegt insoweit immer beim jeweiligen erkennenden Gericht (Nr. 43).

5 CE 01645 vom 7.7.1950, Dehaene, Leb 426.
6 CE vom 12.2.1960, Société Eky, Leb 201.
7 CE 169219 vom 3.7.1996, Koné, Leb 255.

Abschließend ist gerade für den deutschen Leser hervorzuheben, dass zwar auch im französischen Verwaltungsrecht die Verwaltung eine Maßnahme nur auf einer entsprechenden rechtlichen Grundlage ergreifen darf. So wurde insbesondere im Lichte von Art. 34 C. nunmehr auch in Frankreich der Gedanke eines Gesetzesvorbehalts, *réserve de la loi*, im Sinne der Anerkennung entwickelt, dass bestimmte, grundlegende Entscheidungen vom Gesetzgeber selbst getroffen und nicht auf andere, etwa die Verwaltung übertragen werden dürfen. Doch bezieht sich dieser Vorbehalt nur auf bestimmte Bereiche wie etwa besondere Freiheitsrechte, nicht aber die allgemeine Handlungsfreiheit oder auch das Verwaltungsverfahren. Zudem verlangt dieser Vorbehalt zwar vom entsprechenden Gesetz eine angemessene inhaltliche Präzision; eine besondere Unterscheidung zwischen Aufgaben- und Befugnisnormen, wie sie in Deutschland üblich ist, ist jedoch unbekannt. Grund hierfür könnte sein, dass die Verwaltung in Frankreich am Ende des 19. Jahrhunderts, als sich dort wie in Deutschland das Bewusstsein für die Notwendigkeit einer wirksamen rechtlichen Kontrolle der Verwaltung herausbildete, anders als in Deutschland auch demokratisch einwandfrei legitimiert war. Dementsprechend wird etwa die Befugnis zu polizeilichen Maßnahmen als Bestandteil der traditionell den verschiedenen Instanzen zuerkannten allgemeinen Polizeigewalt jedenfalls auch dort anerkannt, wo es keine besondere gesetzliche Grundlage gibt, soweit nicht besondere Freiheitsrechte im Spiel sind (Nr. 64).[8] Zugleich ist hervorzuheben, dass in Frankreich dem Ermessen, verstanden auch als Gebot, den Umständen des Einzelfalls Rechnung zu tragen, besondere Bedeutung zukommt. Daher kann die Ermessensbetätigung durch Verwaltungsvorschriften nur begrenzt gesteuert werden, da immer die Verpflichtung zur Prüfung der Besonderheiten des Einzelfalls besteht.[9]

50. Heutige Rechtsquellen des Verwaltungshandelns

Unbeschadet der abweichenden Rechtsprechung des Gerichtshofs der Europäischen Union[10] zum Verhältnis des Unionsrechts zum nationalen Recht stellt für die französische Verwaltungsgerichtsbarkeit die *Verfassung* den Prüfungsmaßstab mit dem höchsten Rang dar. Dabei zählt zur Verfassung in diesem Sinne der gesamte *bloc de constitutionnalité* (Nr. 10), also insbesondere unter Einschluss der Präambel und damit der Deklaration von 1789, der Präambel der Verfassung von 1946, der dort genannten allgemeinen, in den Gesetzen der Republik anerkannten Grundsätze sowie der Umweltcharta. Daraus möglicherweise resultierende Konflikte mit dem europäischen Unionsrecht werden je-

8 CE 56377 vom 8.8.1919, Labonne, Leb 737; bestätigt etwa in CConst. 87-149 L vom 20.2.1987, allerdings mit dem ergänzenden Hinweis, dass das dort relevante Jagdrecht das Eigentumsrecht beeinträchtige und deswegen eine gesetzliche Regelung notwendig sei.

9 CE 78880 vom 11.12.1970, Crédit foncier de France, Leb 750.

10 EuGH, Rs. 6/64 vom 15.7.1964, Costa/ENEL, Slg. 1964, 1141.

doch dadurch vermieden, dass auch verfassungsrechtliche Vorgaben im Lichte des europäischen Unionsrechts ausgelegt werden.[11] Ohnehin ist der Bereich, der insoweit am ehesten Anlass zu Konflikten liefern könnte, nämlich der der Grundrechte, deswegen in französischer Perspektive nicht so problematisch wie in Deutschland, weil auch im nationalen Bereich dem Normgeber ein sehr weiter Entscheidungsspielraum mit Blick auf die Grundrechte zugestanden wird, diese damit nur selten einen wirklich scharfen Prüfungsmaßstab abgeben (Nr. 36).

Als im Rang nächste Rechtsquelle ist das *internationale Recht*, also insbesondere die völkerrechtlichen Verträge sowie das europäische Unionsrecht zu benennen. Mit Blick auf internationale Verträge hat in der Zeit zwischen 1990 und 2010 (vgl. Nr. 43) vor allem die Europäische Menschenrechtskonvention eine ganz zentrale Bedeutung erlangt, da wegen der damals noch nicht möglichen Kontrolle von Gesetzen am Maßstab der Verfassung (Nr. 34) der internationale Menschenrechtsschutz ein gewisses funktionales Äquivalent dargestellt hat. Mittlerweile gibt das Verfassungsprozessrecht jedoch vor, dass grundrechtliche Fragen vorrangig am Maßstab der Verfassung zu klären sind; eine Ausnahme gilt insoweit nur für das Unionsrecht. Dementsprechend wird insbesondere auch der Vorrang des europäischen Unionsrechts vor dem nationalen Gesetzesrecht im Grundsatz problemlos anerkannt; da das Völkerrecht ohnehin Vorrang vor nationalem Gesetzesrecht aufweist, ergab sich insoweit für Frankreich kein besonderes Problem. Nach manchen anfänglichen Schwierigkeiten folgt der *Conseil d'État* mittlerweile auch im Einzelnen der jeweils einschlägigen Rechtsprechung des EuGH (Nr. 45).

Trotz aller in jüngerer Zeit erfolgten Einschränkungen ist aber bis heute zentral die Bindung an die vom Parlament beschlossenen *Gesetze*. Die Ableitung eines Gesetzesvorbehaltes aus Art. 34 C. (Nr. 24) hat im Übrigen in den letzten Jahren zu einer Zunahme an Gesetzen geführt. Eine Missachtung des Gesetzesvorbehaltes kann, soweit es um Grundrechte geht, verfassungsgerichtlich überprüft werden (Nr. 34). Zu betonen ist allerdings, dass der Verwaltung bei der Konkretisierung der Gesetze ein weitgehender Beurteilungs- und Ermessensspielraum zuerkannt wird (Nr. 76).

Eine weitere wichtige Rechtsquelle stellen die – in der Rechtsprechung des Conseil d'État als solche erst seit 1945 so bezeichneten,[12] aber bereits faktisch von Anfang an entwickelten – *allgemeinen Rechtsgrundsätze*, *principes généraux de droit*, dar. Ihr Ursprung ist richterrechtlicher Natur. Dabei handelt es sich um Grundsätze, die im Rang unter dem Gesetz stehen. Sie bilden aber einen Maßstab für das Handeln der Verwaltung und stehen damit im Rang über dieser. Ihre Entstehung verdanken sie der Tatsache, dass das Verwaltungsrecht lange Zeit und im Wesentlichen bis heute in seinen allgemeinen Fragen

11 Siehe beispielhaft zum Gleichheitssatz Nr. 45 Fn. 128.

12 CE vom 26.10.1945, Aramou, Leb 213.

nicht kodifiziert ist. Dementsprechend wurden sie vom Staatsrat vor allem entwickelt, um allgemeine Grundsätze des Verwaltungsrechts unter Einschluss auch der Grundrechte zur Verfügung zu haben. Sie sind teilweise auch vor dem Hintergrund zu sehen, dass ein Rückgriff auf die Verfassung lange Zeit auch insoweit nicht praktiziert wurde. Dies hat sich allerdings in den letzten Jahren mit Blick auf die Grundrechte wie die Wirtschaftsfreiheit, *liberté du commerce et de l'industrie* (Nr. 37), das Recht auf effektiven Rechtsschutz oder die Verteidigungsrechte, *droits de la défense* (Nr. 40), geändert. Andere Grundsätze wie etwa das Prinzip der Rechtssicherheit, *sécurite juridique* (Nr. 59) wurden erst in den letzten Jahren neu entwickelt. Dagegen ist etwa der Vertrauensschutz als solcher bisher in Frankreich nicht anerkannt, sondern wird nur als Grundsatz des europäischen Unionsrechts im Rahmen von dessen Anwendungsbereich herangezogen.[13] Daneben hat die Rechtsprechung zum Teil auch allgemeine Regeln des Verwaltungsrechts, *règles générales*, entwickelt, denen nur ergänzende, lückenfüllende Bedeutung zukommt.[14]

Für das Verhältnis der verschiedenen *Akte der Verwaltung* untereinander hat der Staatsrat schließlich hierarchische Grundsätze entwickelt, die eine daran ausgerichtete Kontrolle ermöglichen. Danach haben zum einen normative Akte Vorrang vor Einzelfallregelungen, zum anderen Akte einer höheren Stelle Vorrang vor denen einer niedrigeren Stelle.

Abschließend ist zu erwähnen, dass die Rechtsprechung der Verwaltung unter strikter Kontrolle gestattet, in außergewöhnlichen Fällen, in denen die „normalen" Befugnisse der Verwaltung nicht zu einer angemessenen Bewältigung eines Problems ausreichen, die Bindung an rechtliche Vorgaben zu lockern, soweit dies aufgrund der jeweiligen besonderen Umstände zwingend erforderlich ist.[15]

§ 3 Verwaltungsorganisation

Literatur: *Aubin/Roche*, Droit de la nouvelle décentralisation, Paris, 2005; *Guettier*, Institutions administratives, 4. Aufl., 2008; *Gohin*, Institutions administratives, 5. Aufl., 2006; *Oberdorff*, Les institutions administratives, 5. Aufl., 2006; *Schöndorf-Haubold*, Dezentralisierung und die verfassungsrechtliche Garantie territorialer Selbstverwaltung in Frankreich, Verw 40 (2007), 513.

13 Etwa CE 322980 vom 11.10.2010, Syndicat CFDT du Ministère des affaires étrangères.

14 Etwa CE vom 8.1.1959, Commissaire du gouvernement près le Conseil supérieur de l'ordre des experts comptables, D 1960 42.

15 Beispiel aus jüngerer Zeit etwa CE 25308 vom 18.5.1983, Rodes, Leb 1999 zu Evakuierungsmaßnahmen nach einem Vulkanausbruch, aber auch CE 66118 vom 3.11.1989 Gaillot, Leb 223 zur Auflösung eines Gemeinderates nach heftigen Auseinandersetzungen in der Gemeinde.

51. Grundlagen

Der Begriff der Verwaltung wird in Frankreich im Grundsatz *materiell* verstanden (vgl. auch Nr. 48). Dementsprechend gehören zu ihr alle öffentliche Stellen, wenn und soweit sie weder legislative noch judikative Funktionen erfüllen, also insbesondere im Einzelfall auch Verfassungsorgane. Daher qualifiziert die Rechtsprechung eine Reihe von eminent politischen Entscheidungen des Staatspräsidenten oder der Regierung als Regierungsakte, *actes de gouvernement*, mit der Folge, dass sie damit keiner gerichtlichen Kontrolle unterliegen (Nr. 74). Positiv formuliert geht es bei der Verwaltung insbesondere um die Stellen, die die öffentliche Ordnung sichern, sog. Verwaltungspolizei als *police administrative* (Nr. 65), sowie um solche, die sonstige Aufgaben im allgemeinen Interesse, *service public* (Nr. 66ff.), erfüllen. Im Einzelnen ist außerdem grundsätzlich zu unterscheiden zwischen den eigentlichen dem Staat zuzurechnenden Verwaltungsstellen und den den verschiedenen Gebietskörperschaften, insbesondere den Gemeinden, den *départements* und den Regionen zuzurechnenden Verwaltungen: „Die territoriale Verwaltung wird durch die Gebietskörperschaften und dekonzentrierten Dienststellen des Staates wahrgenommen.“ (Art. 1 des Gesetzes 92-125 vom 6.2.1992).

In vielen Punkten geht die französische Verwaltungsorganisation auf die Revolutionszeit zurück. Lange Zeit wurde sie stark von zentralistischen Traditionen beherrscht; bis 1982 standen die Gemeinden unter strikter Kontrolle (Nr. 53), und die übrigen Gebietskörperschaften verfügten überhaupt nicht über das Recht der Selbstverwaltung; erst mit der im Jahre 1982 einsetzenden Dezentralisierung hat sich dies grundlegend geändert.

52. Staatsverwaltung

Im Bereich der genuin staatlichen Verwaltung nehmen nach dem Präsidialamt der *Premierminister* einschließlich der ihm zugeordneten Stellen sowie die Ministerien die politisch wichtigste Rolle ein. Ihnen sind zum Teil besondere Stellen zugeordnet wie etwa die *Délegation interministerielle à l'aménagement du territoire et à l'attractivité regionale (DATAR)*.[16] Daneben bestehen als Außenstellen der Zentralverwaltung vor allem die – auf die napoleonische Zeit zurückgehenden – Präfekten auf der Ebene der *départements* und Regionen (Nr. 53): Sie sind die direkten Repräsentanten des Premierministers und der Minister; im Rahmen ihrer Zuständigkeiten sind die Regionalpräfekten – personalidentisch mit dem Präfekt des *départements* als Sitz der Regionalverwaltung – dabei den Präfekten der *départements* gegenüber weisungsbefugt. Mit der seit dem Jahre 1982 erfolgten Dezentralisierung haben *départements*

16 Geschaffen durch das Dekret 63-112 vom 14.12.1963 ist die Rechtsgrundlage heute das Dekret 2009-1549 vom 14.12.2009.

und Regionen das Recht zur Selbstverwaltung erlangt mit der Folge, dass sie eigene, also vom Staat unabhängige Organe erhielten (Nr. 54); deren Zuständigkeiten decken sich also territorial mit denen des jeweiligen Präfekten, aber der eine ist Repräsentant des Staates, die anderen sind Repräsentanten der lokalen Gebietskörperschaft. In jedem *département* gibt es zudem mehrere Unterpräfekten, *souspréfets*, die jeweils für ein *arrondissement* zuständig sind.

Die Aufgabe der *Präfekten* liegt in der Wahrnehmung zahlreicher staatlicher Aufgaben vor Ort, insbesondere auch der Wahrung der nationalen Belange sowie der Ausübung der Aufsicht über die jeweiligen Gebietskörperschaften, soweit nicht eine Erledigung unmittelbar durch ein Ministerium geboten ist.[17] Konkret ist insbesondere die Polizeigewalt zu nennen (Nr. 65); eine wichtige Zuständigkeit der Präfekten bildet dabei etwa das Ausländerrecht. Für einige Zweige der Verwaltung, insbesondere in den Bereichen Bildung, Finanzen und Justiz, bestehen besondere Behörden.

Weiterhin wurden seit Ende der 70er Jahre auf zentralstaatlicher Ebene eine Reihe von *unabhängigen Verwaltungsbehörden*, *autorités administratives indépendantes* (AAI), geschaffen. Ihre Zahl wurde in den letzten Jahren zunehmend erhöht, nicht zuletzt aufgrund europarechtlicher Vorgaben, und liegt heute bei rund 50. Sie haben spezifische Überwachungs- bzw. Kontrollaufgaben in vom Gesetzgeber definierten, etwa grundrechtssensiblen oder spezifischen technischen Bereichen zu erfüllen und unterstehen einer allenfalls begrenzten Kontrolle durch ein Ministerium. Daher dürfen ihnen auch nur begrenzte Befugnisse zugewiesen werden;[18] wesentliche politische Entscheidungen wie etwa die Geldpolitik müssen – vorbehaltlich besonderer verfassungsrechtlicher Regelung – in der Hand der Regierung verbleiben.[19] Zudem bleibt das Verordnungsrecht des Premierministers unberührt, darf insbesondere nicht von einer Zustimmung einer solchen AAI abhängig gemacht werden.[20] Beispielhaft für solche unabhängigen Verwaltungsbehörden seien genannt die Kommission für Börsengeschäfte, *Commission des opérations de la bourse*,[21] die Wettbewerbsbehörde, *Autorité de la concurrence*,[22] die Kommission für Informationstechnologie und Freiheitsrechte, *Conseil national de l'informatique et des libertés*, der oberste Rat für das Funk- und Fernsehwesen, *Conseil supérieur de l'audiovisuel*,[23] sowie die Kommission zur Gewährleistung des Zugangs zu Dokumenten der Verwaltung, *Commission d'accès aux documents*

17 Siehe zu Einzelheiten das Gesetz 92-125 vom 6.2.1992 sowie ergänzend die Dekrete 92-604 vom 1.7.1992 sowie 97-34 vom 15.1.1997.

18 CCons 88-248 DC vom 17.1.1989.

19 CCons 93-324 DC vom 3.8.1993.

20 CCons 2006-544 vom 14.12.2006.

21 Dazu CCons 89-DC vom 28.7.1989 sowie unten Nr. 159.

22 Dazu unten Nr. 167. Zur Vorgängerin, dem *Conseil de la concurrence* siehe CCons 224 DC vom 23.1.1987.

23 Dazu CCons 88-248 DC vom 17.1.1989; vgl. auch CCons 86-217 DC vom 18.8.1986.

administratifs, mit Überwachungsaufgaben in diesem Bereich. Die *autorités administratives indépendantes* verfügen zumeist über ein kollegiales Leitungsorgan, dessen Mitglieder regelmäßig durch eine politische Stelle benannt werden, allerdings zumeist in einem besonderen Verfahren mit geregelten Vorschlagsrechten und aus dem Kreis besonders qualifizierter Personen, etwa Mitglieder der *Cour de cassation* (Nr. 198) oder des *Conseil d'État* (Nr. 71). Zudem unterliegen sie der Kontrolle des Parlaments; nicht zuletzt vor dem Hintergrund dieser Institutionen wurde bei der Verfassungsreform 2008 die Aufgabe des Parlaments nach Art. 24 C. nicht nur auf die Kontrolle der Regierung, sondern auf die Bewertung der öffentlichen Aktivitäten, *politiques publiques*, im Allgemeinen erstreckt. Auf diese Weise wird die in Deutschland so umstrittene demokratische Legitimation solcher Stellen gewährleistet.

53. Entwicklung und Grundformen der Gebietskörperschaften

Heute bestehen in Frankreich neben dem Staat als solchem drei Arten von – rechtsfähigen *Gebietskörperschaften*, den *collectivités territoriales*, die Gemeinden, die *Départements* und die Regionen. Die zentralen rechtlichen Regeln finden sich heute im *Code général des collectivités territoriales*. Die Gemeinden sind überaus zahlreich in Frankreich; ihre Zahl liegt bei etwa 36 700, von denen etwa 32 000 weniger als 2 000 und 20 000 sogar weniger als 500 Einwohner haben. Eine größere kommunale Gebietsreform, wie sie anderenorts praktiziert wurde, hat es in Frankreich nie gegeben; dementsprechend weisen viele Gemeinden nur eine begrenzte Leistungsfähigkeit auf. Zum Ausgleich bestehen allerdings vielfältige Formen interkommunaler Zusammenarbeit, die häufig in Form verschiedener eigenständiger juristischer Personen, *établissements publics de coopération intercommunale* (vgl. auch Nr. 55) institutionalisiert werden. Diese werden entweder in Form sog. *syndicats intercommunaux* zur Erfüllung einer bestimmten Aufgabe geschaffen und sind damit den deutschen Zweckverbänden vergleichbar oder sie sind umfassender angelegt. Der CGCT stellt hier – jeweils mit unterschiedlichen Kompetenzen – mehrere Organisationsformen zur Auswahl, die eher für ländliche Gemeinden gedachte *communauté de communes* sowie die eher auf urbane Räume ausgerichteten *communauté d'agglomération*, *communauté urbaine* und die Ende 2010 neu geschaffene *métropole*. Nach einer im Dezember 2010 beschlossenen Reform verfügen alle diese Organisationen ab den nächsten, für 2014 vorgesehenen Kommunalwahlen jeweils über eigene, unmittelbar von der jeweiligen Bevölkerung gewählte Vertretungsorgane; bisher wurden diese von den Gemeinderäten der beteiligten Kommunen gewählt.

Die *départements*, von ihrer Größe vielleicht in etwa mit Landkreisen in Deutschland vergleichbar, wurden im Grundsatz 1789/1790 durch zwei Gesetze geschaffen und bildeten zunächst die Untereinheiten der staatlichen Verwaltung mit dem Präfekten an der Spitze und einem beratenden Organ an dessen

Seite, dem seit der Juli-Monarchie (1831) von der Bevölkerung gewählten *conseil général*. Wenig später wurde dem *département* zwar eine eigene Rechtsfähigkeit zuerkannt, doch blieb es wegen der zentralen Rolle des Präfekten zunächst unter starkem staatlichen Einfluss. Erst im Zuge der Dezentralisierung seit dem Jahre 1982 wurde das *département* auch faktisch als Selbstverwaltungseinheit aus der staatlichen Verwaltung herausgelöst; an die Stelle des bis dahin als Exekutivorgan auch des *départements* fungierenden Präfekten trat der Präsident des *conseil général*. Im territorialen Zuschnitt hat es in den 60er Jahren insbesondere im Großraum Paris sowie in Korsika kleinere Veränderungen gegeben mit dem Ergebnis, dass es heute 96 *départements* im europäischen Teil Frankreichs gibt. Hinzu kommen – seit 2011 – fünf überseeische *départements*.

Die 22 Regionen, *régions*, ohne die überseeischen *départements*, die zugleich den Status einer Region haben, wurden in ihrem heutigen territorialen Zuschnitt im Wesentlichen im Jahre 1960 geschaffen; im Jahre 1972 wurde ihnen einfachgesetzlich eine eigene Rechtsfähigkeit zuerkannt. Auch sie waren zunächst staatliche Untergliederungen und haben erst nach 1982 den Status einer Selbstverwaltungseinheit erhalten. Ihre verfassungsrechtliche Verankerung geht auf das Jahr 2003 zurück.

Seit der großen *Dezentralisierungsbewegung* im Jahre 1982 stellen *départements* und Regionen eigenständige Gebietskörperschaften dar, die nunmehr ebenso wie die Gemeinden, bei denen das schon immer der Fall war, über das Recht zur Selbstverwaltung verfügen (Art. 72 C.; Nr. 28). Dabei hat der Gesetzgeber ihnen jeweils bestimmte Aufgaben zugewiesen, den Regionen insbesondere im Bereich der wirtschaftlichen Entwicklung, der Planung und der Raumordnung, den *départements* im sozialen Bereich sowie – in den letzten Jahren verstärkt – im Bereich der Straßeninfrastruktur. Die Gemeinden sind insbesondere für bestimmte örtliche Dienstleistungen, aber etwa auch für Bebauungspläne zuständig, *plans d'occupation du sol*. Die durch bescheidene Finanzkraft bestimmten faktischen Leistungsgrenzen sind allerdings, vor allem bei den Gemeinden, nicht zu übersehen. Indirekt lassen sich die jeweiligen Aufgabenkataloge zum Teil den Regelungen über die Pflichtausgaben entnehmen.[24] Alle Gebietskörperschaften haben das Recht, mit ausländischen Körperschaften zu kooperieren (Art. L 1115-1 CGCT).

Bis zum Jahre 1982 unterstanden die Gemeinden einer umfassenden Aufsicht, *tutelle*, der Präfekten. Diese ist mit der Dezentralisierung 1982 entfallen. Geblieben ist die in der Verfassung verankerte und damit unverzichtbare *Rechts-*

24 Art. L 4321-1 CGCT für die Regionen, Art. L 3321-1 CGCT für die *départements* und Art. L 2321-1 und 2321-2 CGCT für die Gemeinden.

aufsicht nach Art. 72 Abs. 6 C.[25] Sie wird durch den jeweiligen Präfekten ausgeübt (siehe dazu Art. L 2131-1 ff., L 3131-1 ff. und 4141-1 ff. CGCT). Zu diesem Zweck müssen ihm alle Entscheidungen von Stellen einer Gebietskörperschaft übermittelt werden; zuvor entfalten sie keine rechtliche Wirkung. Hält der Präfekt einen Akt für rechtswidrig, muss er die Verwaltungsgerichte durch *déféré préctoral*, dem *recours pour excès de pouvoir* (Nr. 74 ff.) nachgebildet, in Finanzfragen die regionalen Rechnungskammern, *chambres régionales des comptes*, anrufen. Die Ausgestaltung der Aufsicht muss allerdings das Recht auf Selbstverwaltung achten; daher wäre ein automatischer Suspensiveffekt für Klagen des Präfekten unzulässig.[26] Eine solche Intervention des Präfekten können auch private Drittbetroffene beantragen, allerdings nicht gerichtlich durchsetzen, da regelmäßig eine Klage direkt gegen das fragliche Handeln der untergeordneten Körperschaft in Betracht kommt. Immerhin wird bis zur Entscheidung des Präfekten die zweimonatige Klagefrist (Nr. 74) gehemmt.

54. Organisationsstrukturen der Gebietskörperschaften

Hinsichtlich der *Organisationsstrukturen* sind alle drei Kategorien von Gebietskörperschaften im Kern gleich aufgebaut. Es gibt einen von der jeweiligen Bevölkerung auf sechs Jahre gewählten Rat, der jeweils für die grundsätzlichen Entscheidungen der jeweiligen Körperschaft zuständig ist, vor allem auch den Haushalt beschließt (vgl. auch Art. L-1111-1 ff. CGCT): *conseil municipal* auf Gemeinde-, *conseil général* auf *Départements-* und *conseil régional* auf Regionalebene. Die Größe des Vertretungsorgans hängt von der Größe der jeweiligen Körperschaft ab. Das Wahlrecht ist in Abhängigkeit von der Art und Größe der Körperschaft unterschiedlich ausgestaltet. In kleinen Gemeinden (mit unter 3500 Einwohnern) gibt es eine reine Mehrheitswahl. In größeren Gemeinden gibt es eine Kombination: Hat eine Liste im ersten Wahlgang mehr als 50 % bekommen, werden die Sitze proportional verteilt. Hat keine Liste diese Stärke erreicht, findet ein zweiter Wahlgang statt. Die Listen des ersten Wahlgangs können fusionieren. Die nunmehr stärkste Liste erhält die Mehrheit der Sitze, der Rest wird proportional unter den anderen Listen verteilt. Auf der Ebene des *départements* werden bisher die Vertreter jeweils in einem Wahlkreis, *canton*, nach der Mehrheitswahl gewählt, und zwar alle drei Jahre jeweils zur Hälfte. Zur Sicherung der Wahlrechtsgleichheit müssen die Grenzen dieser *cantons* regelmäßig, soweit möglich, der Bevölkerungsentwicklung angepasst werden.[27] Auf der Ebene der Regionen werden bisher ähnlich wie in den Gemeinden alle Mitglieder in ggf. zwei Wahlgängen gleichzeitig gewählt, und die letztlich stärkste Liste erhält einen Zuschlag von einem

25 CConst 82-137 DC vom 25.2.1982.
26 CConst 92-316 DC vom 20.1.1993.
27 Siehe etwa CE 245645 vom 21.1.2004, Mme Boulanger.

Viertel der Sitze. Insgesamt werden so auf allen Ebenen klare Mehrheitsverhältnisse garantiert.

Im Dezember 2010 wurde durch das Gesetz 2010-1563 eine Änderung bei der Wahl der Vertretungsorgane dahingehend beschlossen, dass sich der *conseil général* ab den im Jahre 2014 stattfindenden Wahlen ähnlich wie bisher aus in Mehrheitswahl gewählten *conseillers territoriaux* zusammensetzt, die allerdings nunmehr alle am gleichen Tag jeweils für sechs Jahre gewählt werden (Art. 3121-1 CGCT n.F.). Der *conseil régional* hingegen, traditionell durch Verhältniswahl gewählt, besteht nunmehr aus den *conseillers territoriaux* der Region (Art. 4131-1 CGCT). Abschließend ist zu erwähnen, dass alle Listen (außer in kleinen Gemeinden) abwechselnd Männer und Frauen aufführen müssen. Niemand darf gleichzeitig mehr als ein kommunales Mandat innehaben (vgl. auch Nr. 19).

Der Vorsitzende des Gremiums, auf lokaler Ebene Bürgermeister, *maire*, genannt, im Übrigen als Präsident des jeweiligen Rates, *président du conseil général* bzw. *régional*, bezeichnet, ist zugleich das jeweilige *Exekutivorgan*. Ihm können auch bestimmte Aufgaben zur eigenverantwortlichen Erledigung übertragen werden (etwa Art. L-2122-22 CGCT). Der Bürgermeister ist darüber hinaus Vertreter des Staates in der Gemeinde und hat daher in etlichen Bereichen, etwa im Bereich der Polizei (Nr. 65), staatliche Aufgaben zu erfüllen. Dies geschieht unter der Kontrolle des Präfekten, der auch über ein entsprechendes Selbsteintrittsrecht verfügt. Unterstützt wird der Bürgermeister durch vom Gemeinderat aus seinen Mitgliedern gewählte Beigeordnete, *adjoints*; ähnlich werden die Vorsitzenden der anderen Vertretungsgremien durch Vizepräsidenten unterstützt.

Weiterhin gibt bereits die Verfassung ein gewisses Maß an *Bürgerbeteiligung* vor (Art. 72-1 C.; siehe ferner Gesetz 2003-705 vom 1.8.2003). Danach können Bürger von der jeweiligen gewählten Versammlung die Beratung bestimmter, in die Zuständigkeit der jeweiligen Gebietskörperschaft fallender Gegenstände verlangen; umgekehrt kann (nur) die jeweilige Versammlung auch Bürgerentscheide durchführen.

Für bestimmte Sonderfälle sind *abweichende Organisationsstrukturen* vorgesehen. Die großen Städte (Paris, zugleich eigenes *département*, sowie Marseille und Lyon; Art. L-2511 ff. CGCT) sind in *arrondissements* aufgeteilt, die organisatorisch ähnlich wie eine eigene Gemeinde mit Vertretung und Bürgermeister verfasst sind und wesentliche Aufgaben wahrnehmen; auch gibt es für die Organisation großstädtischer Ballungsräume wie erwähnt spezifische Organisationsformen. Auf regionaler Ebene bestehen Sonderregeln vor allem für die die Insel Korsika, die insbesondere über etwas erweiterte Kompetenzen verfügt (Art. L 4421 ff. CGCT). Schließlich bestehen besondere Organisationsstrukturen im Bereich der überseeischen Gebiete Frankreich. Zu unterscheiden sind hier zwei Kategorien von Gebieten. Die einen bilden einen regulären Teil französischen Staatsgebietes und gehören damit auch zum Gebiet der Europäischen Union, nämlich die in Art. 72-3 Abs. 2 C. im Einzelnen aufgezählten fünf – territorial jeweils identischen – *départements d'outre-mer* (DOM) und *régions d'outre-mer* (ROM), die im Übrigen jeweils zu einer Körperschaft zusammengefasst werden können. In ihnen finden die französischen Gesetze und Verordnungen mit der Maßgabe Anwendung, dass sie den Besonderheiten der jeweiligen Gebiete angepasst werden können (Art. 73 C.). Dem stehen gegenüber die früheren *territoires*, jetzigen *collectivités d'outre-mer* (COM), die jeweils einem besonderen, durch eine *loi organique* zu schaffenden Statut unterliegen (Art. 74 C.). Ihnen können in definierten Grenzen weitergehende Rechte übertragen werden; Neukaledonien, dessen Bevölkerung zum Teil nach Unabhängigkeit strebt, unterliegt in noch stärkerem Maße Sonderregeln (Art. 76f. C. sowie Gesetz 99-209 vom 19.3.1999).

55. Sonstige juristische Personen des Öffentlichen Rechts

In Frankreich gibt es keine verschiedenen Kategorien von weiteren juristischen Personen des Öffentlichen Rechts, sondern nur eine Kategorie, die *établissements de droit public*. Dabei wird (nur) funktional unterschieden zwischen solchen, die genuine Verwaltungsaufgaben erfüllen, *établissements publics administratifs*, sowie öffentlich-rechtlich verfassten wirtschaftlich tätigen Einrichtungen, *établissements publics industriels et commerciaux*. Letztere gleichen in ihrer Funktionsweise im Wesentlichen privaten Unternehmen, weswegen die einschlägigen rechtlichen Maßstäbe auch weitgehend dem Privatrecht zu entnehmen sind (Nr. 67). Nichtsdestoweniger verfügen auch sie in einigen Bereichen über – dementsprechend unter der Kontrolle der Verwaltungsgerichte auszuübende – hoheitliche Befugnisse und Sonderrechte.

Errichtet werden diese juristischen Personen des öffentlichen Rechts vom Staat oder von den sonstigen Gebietskörperschaften, *personnes morales fondamentales*, und werden daher auch als abgeleitete juristische Personen qualifiziert, *personnes morales dérivées*. Während erstere im Rahmen ihres territorialen Zuschnitts umfassende Zuständigkeiten aufweisen, verfügen die hier relevanten Einheiten nur über von vorneherein auf bestimmte Aufgaben im Bereich des Gemeinwohls beschränkte Befugnisse, *principe de spécialité*. Mit ihrer Rechtsfähigkeit verbindet sich allerdings regelmäßig eine gewisse Autonomie; zugleich unterliegen sie aber einer gewissen, im jeweiligen Errichtungsakt im Einzelnen zu definierenden Kontrolle durch die Gebietskörperschaft, die sie jeweils errichtet hat. Hinsichtlich ihrer Organisationsstruktur gibt es kein einheitliches Modell; allerdings ist es nach Art. 34 C. Sache des Gesetzgebers, die Kategorien juristischer Personen des öffentlichen Rechts zu bestimmen. Typischerweise verfügen sie über einen Verwaltungsrat sowie eine Führungspersönlichkeit, Präsident, Direktor o.ä. Konkret sind als nationale Einheiten etwa die Universitäten zu benennen; auf kommunaler Ebene wurden bereits die verschiedenen Formen interkommunaler Kooperation erwähnt (Nr. 53).

56. Verwaltungsrecht und privatrechtliche Organisationen

Das stark materielle Verständnis des Verwaltungsrechts führt in Frankreich dazu, dass auch rein private Organisationen, die also nicht nur privatrechtlich verfasst sind, sondern darüber hinaus auch institutionell in keinerlei unmittelbarer Verbindung mit der öffentlichen Verwaltung stehen, unter bestimmten Voraussetzungen als Teil, als Hilfsorgan der Verwaltung angesehen werden. Dies ist der Fall, wenn und soweit sie an der Erfüllung typischer Verwaltungsaufgaben beteiligt sind, *établissements d'utilité publique*, und insoweit einer gewissen Kontrolle der Verwaltung unterliegen, man also davon ausgehen muss, dass die öffentliche Verwaltung der Einrichtung eine Aufgabe im Rahmen des Gemeinwohls anvertrauen wollte.[28] Konkret geht es vor allem um Einrichtungen, die Aufgaben im Rahmen der Daseinsvorsorge zu erbringen oder für einen bestimmten Lebensbereich die maßgeblichen Ordnungsregeln aufzustellen haben. Beispiele bilden berufsständische Organisationen,[29] Sportverbände[30] oder Organisationen im Bereich der Daseinsvorsorge.[31] Hoheitliche Rechte können solche Institutionen allerdings nur aufgrund einer Beleihung wahrnehmen. Verbreitet sind auch gemischtwirtschaftliche staatlich-private Unternehmen, *sociétés d'économie mixtes*.

§ 4 Verwaltungspersonal

57. Grundlagen

Ähnlich wie in vielen anderen Staaten unterliegen die Angehörigen des öffentlichen Dienstes auf nationaler wie lokaler Ebene besonderen Regeln. So besteht auch in Frankreich die Unterscheidung zwischen Beamten, *fonctionnaires*, und weiteren Personen, deren Stellung vom Staat einseitig durch hoheitliche Akte festgelegt wird sowie von *Angestellten*, die auf Basis eines Vertrages in der Verwaltung tätig sind.

28 CE 264541 vom 22.2.2007, APREI.

29 Dazu etwa CE 288460 vom 24.3.2006, KPMG, RFDA 2006, 634.

30 Dazu etwa CE 95262 vom 26.11.1976, Fédération française de cyclisme, Leb 513 sowie heute den *Code du sport*.

31 Dazu etwa TC 03002 vom 13.1.1997, Consorts X c. Caisse d'allocations familiales de Béziers.

Die elementaren Grundlagen des Beamtenrechts werden durch Gesetz geregelt (Art. 34 C.; vgl. auch Nr. 24). Dabei gibt es durchaus unterschiedliche Statute, deren Angehörige jeweils als *corps* bezeichnet werden. Grundsätzlich ist zu unterscheiden zwischen den Beamten des Staates und denen der Gebietskörperschaften, auch wenn sich deren Status ähnelt. Beamte werden durch Verwaltungsakt ernannt, *nomination*, und haben dann diesen Status im Grundsatz auf Lebenszeit inne. Grundlage für die Einstellungsentscheidung ist das Leistungsprinzip als Ausfluss des Gleichheitssatzes.[32] Zur Sicherung dieses Grundsatzes ist vorbehaltlich besonderer gesetzlicher Regelung regelmäßig ein prüfungsähnlicher Wettbewerb, *concours*, durchzuführen, zu dem sich jeder bewerben kann, der die Einstellungsvoraussetzungen erfüllt und auch im Übrigen geeignet ist, die angestrebte Position auszufüllen; Diskriminierungen wie etwa die Berücksichtigung politischer Überzeugungen sind dabei unzulässig.[33] Zu den Einstellungsvoraussetzungen gehört insbesondere auch die französische Staatsangehörigkeit; in Bereichen, die der Freizügigkeit der Arbeitnehmer unterfallen (Art. 45 AEUV), genügt die Staatsangehörigkeit eines Mitgliedstaates der EU. Beim *concours* werden die Kandidaten von einer Kommission, *jury*, bewertet. Von der dadurch ermittelten Reihenfolge darf in der Folge nicht abgewichen werden. Für die höchsten Positionen im Staate wird der Wettbewerb durch die Abschlussprüfung der staatlichen Verwaltungshochschule, *E.N.A. (École nationale d'administration)*, gebildet. Gelegentlich sieht ein Gesetz Ausnahmen von Prinzip der Einstellung nach *concours* vor, doch muss auch dann die Beachtung des Leistungsprinzips gewährleistet sein. Nach der Einstellung wird der Beamte auf der Grundlage von Beurteilungen, *notations*, befördert.

Weitere grundlegende Rechte des Beamten bilden die – durch die Verpflichtung zur Zurückhaltung, *obligation de réserve*, begrenzte – Meinungsfreiheit, die Gleichheit der Geschlechter, das Recht auf Gehalt, eine Beförderung und später auf eine Pension, ferner das Recht, Gewerkschaften beizutreten und – als Folge der verfassungsrechtlichen Anerkennung des Streikrechts durch die Verfassung von 1946 (Nr. 39) – ggf. auch (mit Einschränkungen für bestimmte Bereiche wie etwa die Polizei) zu streiken[34] sowie das Recht auf Personalvertretung. Diesen Rechten stehen etliche Pflichten gegenüber: die Beamten müssen sich voll ihrer Tätigkeit widmen, Verschwiegenheitspflichten beachten und unterliegen der Gehorsamspflicht.

Arbeitsverträge von *Angestellten* können dem öffentlichen Recht oder dem Privatrecht unterworfen sein; die Vermutung spricht für ersteres, sofern der Betreffende im Bereich eines *service public administratif*, nicht eines *service*

32 CConst. 84-179 DC vom 12.9.1984.
33 CE 28238, 28493, 28524, 30237 und 30256 vom 28.5.1954, Barel, Leb 308.
34 CE 01645 vom 7.7.1950, Dehaene, Leb 426.

public industriel et commercial (Nr. 67) tätig ist.[35] Das Leitungspersonal unterliegt im zuletzt genannten Fall allerdings gleichfalls grundsätzlich dem öffentlichen Recht.

§ 5 Verwaltungshandeln

58. Einführung

Die Verwaltung verfügt, ähnlich wie in Deutschland, auch in Frankreich über die Möglichkeit, mit Hilfe spezifischer, auf die Tätigkeit der Verwaltung zugeschnittener einseitiger Rechtsakte zu handeln sowie durch das aus dem bürgerlichen Recht bekannte zweiseitige Instrument, nämlich Verträge. Dabei ist der Begriff Verwaltung hier materiell zu verstehen (Nr. 51); bei einem *service public industriel et commercial* stellen immerhin die Maßnahmen, die die Organisation i. w. S. des *service* betreffen, Verwaltungsakte dar. Im Bereich der einseitigen Rechtsakte wird traditionell nur unterschieden zwischen generell abstrakten Verordnungen, *actes réglementaires*, und individuell konkreten Maßnahmen, *actes individuels*. Beide unterscheiden sich durch den Adressatenkreis; dabei können sich individuelle Akte auch an mehrere Personen richten, sofern die Adressaten bestimmt sind. Anders als in Deutschland werden allerdings beide als Verwaltungsakte bezeichnet. In vielerlei Hinsicht, insbesondere auch mit Blick auf die gerichtliche Anfechtbarkeit, gleichen sich die Rechtsregime beider Akte. In jüngster Zeit ist daneben die Kategorie der generell-konkreten Maßnahme entstanden. Sie werden als *décisions d'espèce*, *actes particuliers* oder auch *actes non-règlementaires* bezeichnet und sind in ihrer Einordnung umstritten. Beschlüsse, die von einem Beratungsorgan gefasst werden, werden als *délibération* bezeichnet.

Eine große Rolle spielen in Frankreich *fiktive Verwaltungsakte*: Reagiert eine Behörde auf einen Antrag auf Aufhebung, Änderung oder auch Erlass eines Verwaltungsaktes nicht, so gilt dieser nach 2 Monaten implizit als abgelehnt (Art. 21 des Gesetzes 2000-321 vom 12.4.2000).[36] Dies gilt nicht nur, wenn etwa ein Einzelner in eigenen Angelegenheiten tätig wird, sondern auch bei generellen Verwaltungsakten, etwa wenn ein Verein die Aufhebung einer wegen einer Rechtsänderung rechtswidrig gewordenen Verordnung beantragt; auch in diesen Fällen kann dann vor der Verwaltungsgerichtsbarkeit geklagt werden (Nr. 74ff.). Zur Vermeidung von Beweisstreitigkeiten muss heute auf jeden Antrag eine Eingangsbestätigung ergehen (Art. 19 des genannten Gesetzes).

35 TC 03000 vom 25.3.1996, Berkani, Leb 535.
36 Vgl. auch CConst 94-352 DC vom 18.1.1995.

Die rechtlichen Grundlagen für das Verwaltungshandeln sind nicht umfassend kodifiziert; wichtige Regelungen für individuelle Verwaltungsakte enthält das Gesetz 2000-321 vom 12.4.2000. Im Übrigen beruht das allgemeine Verwaltungsrecht auf von der Rechtsprechung entwickelten Grundsätzen. Für die Wirksamkeit einer einseitig erlassene Maßnahme der Verwaltung ist in Frankreich, ähnlich wie in Deutschland, grundsätzlich nur der Erlass und die korrekte Bekanntgabe (Nr. 59 und 60), nicht die Rechtmäßigkeit Voraussetzung. Ein mit schweren Fehlern behafteter Akt ist allerdings nichtig.[37]

Zuständigkeiten sind regelmäßig personenbezogen und können dann entweder an eine bestimmte Person gebunden, *délégation de signature*, oder institutionell auf eine andere Stelle übertragen werden, *délégation de pouvoir*. Voraussetzung für die Zulässigkeit einer solchen Übertragung ist, dass sie in einer Vorschrift vorgesehen, in einer angemessenen Weise bekannt gemacht und in ihrem Umfang begrenzt ist. Gelegentlich ist für den Erlass eines Verwaltungsaktes in unterschiedlichen Formen die *Mitwirkung einer anderen Behörde* vorgeschrieben; im Einzelnen: *avis conforme:* die andere Behörde muss zustimmen; *avis obligatoire*: die andere Behörde muss beteiligt werden; *avis facultatif*: die andere Behörde kann beteiligt werden. Ist die Beteiligung einer anderen Behörde nicht vorgeschrieben, macht sie, wird sie trotzdem durchgeführt, einen Verwaltungsakt als solchen aber auch nicht rechtswidrig.

Ein einmal erlassener Verwaltungsakt bleibt solange bestehen, bis er aufgehoben wird oder sich erledigt hat. Eine *Aufhebung* kann durch gerichtliche Entscheidung (Nr. 77) oder durch Erlass eines neuen Verwaltungsaktes durch die Verwaltung selbst erfolgen. Im zweitgenannten Fall wird begrifflich unterschieden zwischen einer Aufhebung nur für die Zukunft, *abrogation*, und einer rückwirkenden Aufhebung, *retrait*. Die *abrogation* lässt Ansprüche und Rechtspositionen unberührt, die zum Zeitpunkt der Aufhebung bereits entstanden waren, während diese beim *retrait* erlöschen. Zur Frage, unter welchen Voraussetzungen *abrogation* und *retrait* zulässig sind, hat die Rechtsprechung verschiedene Kriterien entwickelt, die insbesondere auch zwischen einer generellen und einer individuellen Maßnahme unterscheiden (Nr. 59 und 60).

Ist für eine bestimmte Handlung gegenüber der Verwaltung eine *Frist* vorgeschrieben, kann diese regelmäßig voll ausgeschöpft werden, *délais francs*. Ihr Lauf beginnt demnach am Tag nach dem relevanten Ereignis und endet an sich zu Mitternacht des letzten Tages. Die Konsequenz, die daraus gezogen wird, dass zu diesem Zeitpunkt Behörden regelmäßig nicht erreichbar sind, ist aber nicht wie in Deutschland die Pflicht zur Vorhaltung eines Nachtbriefkastens. Vielmehr kann die fristgebundene Handlung fristwahrend auch noch am Tage nach Ablauf vorgenommen werden, allerdings nur noch während der Öffnungszeiten der entsprechenden Behörde; ein Nachtbriefkasten ist in Frank-

37 CE 26188 und 26325 vom 31.1.1957, Rosan-Girard, Leb 355.

reich nicht vorgesehen. Auch die rechtzeitige Absendung wirkt fristwahrend (Art. 16 des Gesetzes 2000-321 vom 12.4.2000).

Der Zugang zu Verwaltungsentscheidungen im Sinne einer *Aktenöffentlichkeit* ist umfassend durch das Gesetz 78-753 vom 17.7.1978 geregelt; danach sind vorbehaltlich der im Gesetz enthaltenen Beschränkungen alle Dokumente der Verwaltung jedermann auf Anforderung herauszugeben. Zur Überwachung der Einhaltung dieses Gesetzes wurde eine besondere unabhängige Verwaltungsbehörde eingesetzt (Nr. 52).

59. Generelle Verwaltungsakte (Verordnungen)

Die verfassungsrechtlichen Grundlagen der administrativen Normsetzung, also des Verordnungsrechts, durch Regierungsstellen wurden bereits oben dargestellt (Nr. 27). Auf örtlicher Ebene verfügen, ihre sachliche *Zuständigkeit* vorausgesetzt, sowohl die Außenstellen der staatlichen Verwaltung (Nr. 52) als auch die jeweiligen Behörden der Gebietskörperschaften (Nr. 53 f.) innerhalb ihrer territorialen Zuständigkeit über ein Verordnungsrecht. Im Einzelnen werden für normative Akte in Anhängigkeit von der erlassenden Stelle unterschiedliche Begriffe verwendet, *décrets, arrêtés*. Ein bereichsspezifisches Verordnungsrecht steht den Leitern von Dienststellen zu mit Blick auf die Organisation dieser Dienststelle, ferner den zuständigen Organen der unabhängigen Verwaltungsbehörden (Nr. 52), soweit diese bestimmte Kompetenzen auszuüben haben.[38]

Darüber hinaus verfügen in Frankreich die Leiter einer Dienststelle über die Möglichkeit, innerdienstliche Anweisungen, *circulaires*, sowie Richtlinien, *directives*, zu erlassen. Durch solche Akte darf jedoch nur die Ermessensausübung des zugeordneten Verwaltungspersonals einschließlich der nachgeordneten Behörden gelenkt werden; eine rechtsverbindliche Einschränkung der Entscheidungsfreiheit der Behörden ist nicht zulässig. Geschieht dies trotzdem, so deutet die Rechtsprechung solche Akte als Akte nicht nur mit Interpretationscharakter, sondern mit Regelungscharakter und weist ihnen damit Außenwirkung zu mit der Folge, dass sie dann insbesondere gerichtlich anfechtbar sind.[39] In jedem Fall sind solche Akte zu veröffentlichen (Art. 7 des Gesetzes 78-753 vom 17.7.1978).

Ein genereller Verwaltungsakt, also eine Verordnung, tritt vorbehaltlich besonderer Vorgaben in Kraft, wenn er in ordnungsgemäßer Form – schriftlich bzw. elektronisch – *veröffentlicht* wurde. Er darf, ja muss sogar regelmäßig problemlos, auch rückwirkend, mit Wirkung für die Vergangenheit *aufgehoben* werden, wenn er rechtswidrig ist oder auch geworden ist (Art. 16-1 des Geset-

38 CE 43321 vom 7.2.1946, Jamart, Leb 172; CC 86-217 DC vom 18.9.1986.
39 CE 07134 vom 29.1.1954, Institut Notre-Dame de Kreisker, Leb 54.

zes 2000-321 vom 12.4.2000). Im Übrigen ist eine rückwirkende Änderung regelmäßig ausgeschlossen. Gebieten neue Tatsachen eine Änderung oder Aufhebung einer Verordnung, ist die zuständige Behörde hierzu innerhalb einer angemessenen Frist verpflichtet; die Weigerung kann unbefristet gerichtlich überprüft werden. Im Fall einer Rechtsänderung gilt Gleiches mit der Maßgabe, dass eine Klagefrist von zwei Monaten einzuhalten ist. Wird durch Verordnung ein bestimmter Bereich neu geregelt, ist zudem zur Sicherung der Rechtssicherheit, *sécurité juridique*, nach jüngerer Rechtsprechung gegebenenfalls der Erlass sachgerechter Übergangsvorschriften geboten.[40] Eine Verpflichtung zur Aufhebung besteht in den oben genannten Grenzen, soweit eine Verordnung rechtswidrig ist oder durch veränderte rechtliche oder tatsächliche Umstände rechtswidrig geworden ist.[41] In jedem Fall lässt die Aufhebung einer Verordnung die auf deren Grundlage bereits entstandenen Rechte und Pflichten regelmäßig unberührt.

60. Individuelle Verwaltungsakte

Bei individuellen Verwaltungsakten ist die Rechtmäßigkeit zunächst gleichfalls von der zeitlichen, örtlichen und sachlichen *Zuständigkeit* abhängig. *Verfahrensvoraussetzungen* bestehen nicht in allgemeiner Form. Als allgemeinen Rechtsgrundsatz hat die Rechtsprechung allerdings für bestimmte Fälle aus dessen Verteidigungsrechten, *droits de la défense* (Nr. 40, 50) eine Verpflichtung zur Anhörung des Betroffenen abgeleitet. Danach ist diese notwendig, wenn die Maßnahme personenbezogenen Charakter aufweist. Mittlerweile ist in Art. 24 des Gesetzes 2000-321 vom 12.4.2000 eine Anhörungspflicht für alle begründungspflichtigen Verwaltungsakte verankert, soweit mit ihnen nicht nur einem Antrag entsprochen wird. Ein individueller Verwaltungsakt kann gegenüber einer Person erst Rechtswirkungen entfalten, wenn er bekannt gegeben wird (Art. 8 des Gesetzes 78-753 vom 17.7.1978).

Eine Begründungspflicht besteht nicht in allgemeiner Form. Das Gesetz Nr. 79-587 sieht allerdings eine Begründungspflicht für alle belastenden individuellen Verwaltungsakte unter Einschluss der Ablehnung von Vergünstigungen vor, ferner für alle individuellen Entscheidungen, mit denen eine Ausnahme von einer allgemeinen Regel gebilligt wird. Dabei muss die Begründung so ausführlich ausfallen, dass sie eine gerichtliche Kontrolle ermöglicht.[42] Mit Blick auf die Form ist noch zu beachten, dass nach allgemeinen Grundsätzen ein Antrag, der innerhalb von zwei Monaten nicht beschieden wird, als abgelehnt gilt, es sei denn, dass eine Rechtsvorschrift eine andere Rechtsfolge vor-

40 CE 288460 vom 24.3.2006, Société KPMG, RFDA 2006, 634.
41 Etwa CE 243634 vom 7.2.2003, GISTI.
42 CE 69765 vom 26.1.1969, Société Maison Génestal, Leb 62.

sieht (Nr. 58). Konsequenz ist insbesondere, dass auf diesem Wege auch die Untätigkeit der Verwaltung gerichtlich kontrolliert werden kann, obwohl es keine spezifische Untätigkeitsklage gibt (Nr. 74).

Komplex ist die Rechtslage bei der verwaltungsmäßigen *Aufhebung* von individuellen Verwaltungsakten (siehe bereits Nr. 59). Vorbehaltlich spezifischer gesetzlicher Bestimmungen gelten die von der Rechtsprechung entwickelten Regeln. Grundlegend ist danach die Unterscheidung zwischen solchen Rechtsakten, die Rechte geschaffen haben, *actes créateurs de droits*, und Akten, bei denen dieses nicht der Fall ist, *actes non créateurs de droits*. Dabei wird hier ein eher enger Begriff von Rechten zugrunde gelegt. Keine Rechte entstehen etwa durch Ablehnungen, durch Verwaltungsakte, die auf einem Betrug beruhen,[43] aber auch durch polizeiliche Genehmigungen. Die zweitgenannten Akte sind immer aufhebbar, auch für die Vergangenheit. Ändern sich die für den Erlass eines solchen individuellen Verwaltungsaktes maßgeblichen rechtlichen oder tatsächlichen Umstände, besteht sogar eine Pflicht zur Aufhebung bzw. Änderung des Aktes, die auch gerichtlich eingefordert werden kann.[44] Bei einem rechtsbegründenden Akt ist dagegen vorbehaltlich gesetzlicher Sonderregeln eine rückwirkende Aufhebung bei rechtmäßigen Akten immer, bei rechtswidrigen Akten nach Ablauf einer Frist von vier Monaten[45] ausgeschlossen. Für die Zukunft ist ein rechtsbegründender Akt vorbehaltlich – zahlreicher – gesetzlicher Bestimmungen gleichfalls nur innerhalb von vier Monaten aufhebbar; dies gilt auch für den Fall der Rücknahme eines rechtswidrigen Verwaltungsaktes.[46]

61. Vollstreckung von Verwaltungsakten

Französische Verwaltungsakte sind regelmäßig sofort vollziehbar, also ohne dass ein Richter dies zuvor feststellen muss, *privilège du préalable*; die Vollziehbarkeit endet nur, wenn dies durch die Verwaltung oder das Gericht ausdrücklich angeordnet wird (zum einstweiligen Rechtsschutz Nr. 80). Rechtsbehelfe haben also im Grundsatz keinen Suspensiveffekt; dies stellt eine grundlegende Regel des Öffentlichen Rechts dar[47] (siehe heute Art. L 4 CJA). Gewisse gesetzlich angeordnete Ausnahmen gibt es jedoch etwa im Steuer- und im Ausländerrecht.

Eine Vollstreckung von Verwaltungsakten unmittelbar durch Verwaltungsbehörden unter *Anwendung von Zwangsgewalt* ist allerdings regelmäßig nicht

---

43 CE 223027 vom 29.11.2002, A.P. Hôpitaux de Marseille, Leb 414.
44 CE 103889 vom 30.11.1990, Association „Les Verts", Leb 382.
45 CE 197018 vom 26.10.2001, Ternon, Leb 497.
46 CE 306084 vom 6.3.2009, Coulibaly, RFDA 2009, 616.
47 CE 25288 und 25323 vom 2.7.1982, Huglo, Leb 257.

zulässig; die Behörden müssen sich vielmehr an den Richter wenden.[48] Auf der Grundlage einschlägiger Tatbestände des Strafgesetzbuches, insbesondere mit Blick auf polizeiliche Anordnungen (Art. R 610-5 CPén), überprüft dieser die Weigerung des Adressaten, einer Anordnung nachzukommen und sanktioniert das Verhalten entsprechend. Eine unmittelbare Vollstreckung durch die Behörde ist nur in besonderen Fällen gesetzlich vorgesehen und dann regelmäßig an besondere Voraussetzungen, insbesondere Eilbedürftigkeit, Widerstand des Adressaten, geknüpft; zudem darf eine Verwaltungsbehörde auch zur Abwehr unmittelbar bevorstehender erheblicher Gefahren einen erlassenen Verwaltungsakt selbst vollstrecken. Schließlich dürfen Verwaltungsbehörden nach Maßgabe gesetzlicher Regeln in begrenztem Umfang auch Sanktionen verhängen, wenn sie erforderlich sind, keine rückwirkende Kraft entfalten und die Verteidigungsrechte des Betroffenen wahren.[49]

62. Verwaltungsrechtliche Verträge

Verträge, die von der Verwaltung geschlossen werden, unterliegen je nach Vertragsgegenstand und -inhalt dem öffentlichen oder dem Privatrecht. Dabei sind *verwaltungsrechtliche Verträge* in Frankreich wegen des weiten Verständnisses von „öffentlichem Recht" (Nr. 48) ein durchaus verbreitetes Phänomen; die Zuordnung zum Verwaltungsrecht beschränkt sich ja nicht auf Verträge, die die Ausübung spezifischer Hoheitsgewalt beinhalten, sondern kann auch sonstige Verträge erfassen, die mit einer öffentlichen Dienstleistung zusammenhängen, *service public*. Allerdings stehen sie vom Anwendungsbereich her nur in bestimmten Bereichen offen; insbesondere scheiden sie etwa im Bereich der Verwaltungspolizei aus.

Gelegentlich ergibt sich die Zuordnung ausdrücklich aus dem Gesetz, so etwa für die Vergabe öffentlicher Aufträge. Zudem muss regelmäßig zumindest eine Vertragspartei juristische Person des öffentlichen Rechts sein. Weiterhin hat die Rechtsprechung für verschiedene Lebensbereiche spezifische Zuordnungskriterien entwickelt, etwa zum Arbeitsrecht (Nr. 57). Im Übrigen kommt es maßgeblich auf den *Inhalt des Vertrages* an. Ein Vertrag ist vor allem dann öffentlich-rechtlich, wenn der Vertragsgegenstand seiner Natur nach dem Öffentlichen Recht zuzurechnen ist. Dies ist insbesondere auch der Fall, wenn er unmittelbar die Ausführung eines *service public* betrifft oder sonst dem ganzen Regime nach oder zumindest in einzelnen Bestimmungen in einer Weise ausgestaltet ist, die dem Privatrecht grundsätzlich fremd ist, *régime* bzw. *clauses exorbitantes du droit commun* (dazu noch später im Text). Einen letzten Anwendungsbereich des öffentlich-rechtlichen Vertrages bildet der außergerichtliche Vergleich (unten Nr. 73) bei öffentlich-rechtlichen Streitigkeiten,

---

48 Schlussanträge des *Commissaire de Gouvernement Romieu* zu TC 2.12.1902.
49 CConst 88-248 DC v. 17.1.1989.

der von der Verwaltungsgerichtsbarkeit in entsprechender Anwendung von Art. 2044 CC als Rechtstitel anerkennt wird.[50]

Form- und Verfahrensvorschriften bestehen regelmäßig nicht. Ein Ausnahmefall betrifft die Verträge zur Vergabe öffentlicher Aufträge (siehe dazu den *code des marchés publics*). Schon von Verfassungs wegen sind die Freiheit im Zugang zur Auftragserteilung, die Gleichbehandlung der Bewerber sowie die Transparenz der Verfahren zu sichern.[51] Zu diesem Zweck stehen, auch in Umsetzung von entsprechenden Richtlinien des europäischen Unionsrechts, mehrere Vergabeverfahren zur Verfügung: öffentliche Ausschreibung, *appel d'offres*, sowie andere, Konkurrenz sichernde Verfahren. Nur bei kleineren Aufträgen unter 4000 Euro Vergabewert ohne Steuern ist eine freihändige Vergabe möglich, *marché négocié*. Eine öffentliche Ausschreibung ist weiterhin notwendig, wenn eine staatliche Stelle eine öffentliche Dienstleistung, *services publics*, durch Dritte erbringen lassen will (Nr. 69; Art. L 1411-1 CGCT). Bei allen diesen Ausschreibungen müssen die wesentlichen von der Verwaltung vorgesehenen Vertragsbedingungen inhaltlicher und technischer Art, *cahier des charges*, vor der Vergabeentscheidung fixiert worden sein und dann anschließend Vertragsbestandteil werden.

Inhaltlich ist zunächst bemerkenswert, dass auch der Verwaltung die verfassungsrechtliche Vertragsfreiheit zugestanden wird (vgl. Nr. 37). Dabei steht das Regime verwaltungsrechtlicher Verträge unter der Besonderheit, dass der Verwaltung bestimmte Befugnisse, die nicht dem allgemeinen bürgerlichen Recht entsprechen, auch unabhängig davon zustehen, ob sie im Vertrag ausdrücklich vorgesehen sind oder nicht, *clauses exorbitantes du droit commun*. Hierzu gehören eine besondere Leitungs- und Kontrollbefugnis, Sanktionsrechte bei Vertragsverletzungen sowie die Befugnis zur einseitigen Abänderung[52] oder auch Kündigung[53] des Vertrages. All diesen Maßnahmen muss allerdings eine entsprechende Mahnung vorhergehen. Die Befugnis zur einseitigen Änderung des Vertrages stützt sich auf die Notwendigkeit der Wahrung der Interessen der Allgemeinheit. Ein Verzicht auf dieses Recht durch die Behörden ist daher unzulässig. Ihren Ausgleich finden diese Sonderrechte der Verwaltung in der Verpflichtung der öffentlichen Hand, das finanzielle Gleichgewicht des Vertrages zu wahren. In der Sache läuft dies regelmäßig auf eine Entschädigung hinaus, die den entgangenen Gewinn einschließt.[54]

---

50 CE 287354 vom 11.7.2008, Société Krupp Hazemag, RFDA 2008, 960. Vorbehaltlich (verschiedentlich bestehender) besonderer gesetzlicher Regelungen kann sich die öffentliche Verwaltung dagegen nicht einer Schiedsgerichtsbarkeit unterwerfen; siehe Art. 2060 Nr. 1 CC sowie zu Ausnahmen etwa Art. L 311-6 CJA.

51 CConst 2003-473 DC vom 26.6.2003.

52 CE vom 11.3.1910, Compagnie générale française des tramways, Leb 216.

53 CE vom 2.5.1958, Distillerie de Magnac-Laval, Leb 246.

54 CE 05722 vom 27.10.1978, Ville de Saint-Malo, Leb 401.

Im Einzelnen wird zwischen verschiedenen Situationen unterschieden. Bei Baumaßnahmen ist etwa auf die Theorie der unvorhergesehenen Schwierigkeiten, *théorie de l'imprévision*, hinzuweisen.[55] Weiterhin hindert ein Vertrag die staatliche Vertragspartei nicht, eine vom Vertrag unabhängige hoheitliche, insbesondere polizeiliche Maßnahme zu ergreifen, auch wenn dies zu Störungen in der Vertragsabwicklung führt, *fait du prince*.[56] In diesen beiden Fällen umfasst der Anspruch eine vollständige Entschädigung. Eine letzte Konstellation besteht darin, dass ein jenseits der Gestaltungsmöglichkeiten der Vertragsparteien liegendes Ereignis die Durchführung des Vertrages zumindest vorübergehend wesentlich erschwert. In diesem Fall wird allerdings nicht der volle Schaden ersetzt. Die Beendigung des Vertrages erfolgt mit Ablauf der Zeit oder durch eine einvernehmliche Aufhebung und schließlich durch eindeutige Entscheidung. Rechtsverstöße führen schließlich nicht zwingend zur Nichtigkeit des Vertrages, sondern – nach jüngerer Rechtsprechung – nur dann, wenn ihre Bedeutung unter Berücksichtigung des öffentlichen Interesses an der Fortführung des Vertrages diese Konsequenz tatsächlich gebietet; die Erklärung der Nichtigkeit durch den Richter (Nr. 77) weist konstitutiven, nicht – wie früher angenommen – deklaratorischen Charakter auf.[57]

§ 6 Verwaltungsaufgaben I: Polizeirecht

Literatur: *Minet*, Droit de la police administrative, 2007; *Vlamynck*, Droit de la police, 2010.

63. Aufgaben

Die Aufgabe der Polizeibehörden (Nr. 65) besteht in der Wahrung der *öffentlichen Ordnung*, *ordre public*. Dabei ist zunächst hervorzuheben, dass die Tätigkeit der „Verwaltungspolizei", *police administrative*, zukunftsgerichteten Charakter aufweist: Gefahren für die öffentliche Ordnung sollen verhindert bzw. Beeinträchtigungen beseitigt werden. Die Verfolgung bereits begangener Verstöße gegen Normen, das repressive Handeln, gehört dagegen in den Verantwortungsbereich der Justiz, konkret zur *police judiciaire* (Art. 14 CPrPén). Erstere unterliegt der Kontrolle der Verwaltungsgerichte, Letztere gehört zur ordentlichen Gerichtsbarkeit. Der Begriff der öffentlichen Ordnung im hier relevanten Sinne ist grundlegend zu unterscheiden von der Verwendung dieses Begriffs im Bereich des Internationalen Privatrechts (Nr. 89). Die Aufgabe der

55 CE 301116 vom 10.2.2010, Commune de Dieppe.
56 CE 293260 vom 21.12.2007, Région du Limousin, AJDA 2008, 481.
57 CE 304802 vom 28.12.2009, Commune de Béziers, AJDA 2010, 142.

Polizei im Allgemeinen wird im *code général des collectivités territoriales* für die Bürgermeister, die praktisch wichtigste Polizeibehörde (Nr. 65), ausdrücklich definiert durch Hinweis zunächst insbesondere auf die gute Ordnung, die Sicherheit und öffentliche Sauberkeit, *le bon ordre, la sûreté, la sécurité et la salubrité publiques*, und dann noch beispielhaft näher konkretisiert (Art. L 2212-2). Konkret geht es dementsprechend um die Wahrung der Ruhe, also den Schutz vor Lärm und Ähnlichem, um die Wahrung der Sicherheit, also das Eingreifen bei Unfällen im Fall von Naturkatastrophen und dergleichen, und schließlich um die Wahrung der öffentlichen Gesundheit. Eine darüber hinausgehende Regelung polizeilicher Standardmaßnahmen besteht nicht. Für die anderen allgemeinen Polizeibehörden (Nr. 65) gelten die gleichen Grundsätze. Daneben werden in Spezialgesetzen für bestimmte Bereiche besondere Anforderungen formuliert. Für die *gendarmerie nationale* gibt es ohnehin nur eine sehr allgemeine Aufgabenzuweisung (Art. L 3211-3 *code de la défense*).

Insgesamt geht es immer um objektive Störungen, die nach außen *erkennbar* sind. Die innere Haltung eines Menschen oder Fragen der Moral können nie Gegenstand einer polizeilichen Maßnahme darstellen. Eine gewisse Bereitschaft zu einem weiten Verständnis der öffentlichen Ordnung ist allerdings etwa erkennbar bei Maßnahmen der Filmkontrolle, vorausgesetzt, diese weisen nur einen eher begrenzten Charakter auf. So können sittlich zweifelhafte Filme durch den Bürgermeister verboten werden, aber nur, wenn wegen besonderer Umstände vor Ort eine Störung der öffentlichen Ordnung zu befürchten ist.[58] Auch der Schutz von Rechten Dritter kann Gegenstand einer polizeilichen Maßnahme sein. So wurde es als zulässig angesehen, das sog. „Zwergenwerfen“ mit Hinweis auf die Menschenwürde selbst dort zu verbieten, wo keine konkreten Unruhen oder Ähnliches zu erwarten waren.[59]

64. Maßnahmen

Die erwähnten gesetzlichen Regelungen über die Polizei im CGCT beschränken sich im Grundsatz darauf, den zuständigen Stellen die Aufgabe der Wahrung der öffentlichen Ordnung zuzuweisen; Gleiches gilt wie erwähnt für die *gendarmerie nationale* (Art. L 3211-3 *code de la défense*). Spezifische Ermächtigungsnormen zugunsten der allgemeinen Polizeibehörden (Nr. 65) gibt es praktisch nicht. Vielmehr geht die Rechtsprechung sogar davon aus, dass dem Präsidenten bzw. dem Premierminister ohne ausdrückliche gesetzliche Normen, allein kraft ihres Amtes, polizeiliche Befugnisse zustehen, wie im Zusammenhang mit dem Straßenverkehr bereits im Jahre 1919 zur Einführung

58 Dazu, im konkreten Fall ablehnend, CE 43468 vom 26.7.1985, Ville d'Aix-en-Provence/Société Gaumont-Distribution et autres, Leb 236.

59 Nr. 38 Fn. 90.

des Führerscheins durch den CRoute, dem französischen Äquivalent der Straßenverkehrsordnung, entschieden und auch unter der Verfassung von 1958 für den Fall bestätigt wurde, dass keine besonderen Freiheitsrechte im Spiel sind.[60] Gebilligt wurde aber etwa auch die auf die erwähnte polizeiliche Generalklausel gestützte Verpflichtung eines Arztes zur Sicherung eines Nachtdienstes durch den Präfekten.[61] Allerdings sind zumindest intensivere Maßnahmen mittlerweile vielfach spezialgesetzlich geregelt.

Ob eine Polizeibehörde letztlich tätig wird oder nicht, ist grundsätzlich in ihr *Ermessen* gestellt. Allerdings ist die verwaltungsgerichtliche Kontrolle in diesen Bereichen intensiver als in anderen Bereichen des Verwaltungsrechts. So findet hier regelmäßig eine Kontrolle am Maßstab der *Verhältnismäßigkeit*, *proportionnalité*, im Sinne einer Überprüfung statt, ob sich die Polizei auf das jeweils unbedingt Notwendige beschränkt hat. Allgemeine Maßnahmen sind nämlich nicht zulässig, wenn nur in einem eng begrenzten, etwa lokal definierten Bereich Störungen drohen. Auch sind jeweils gesetzliche Wertungen zu beachten. So dürfen etwa, soweit es um kodifizierte Freiheitsrechte geht, keine vorherigen Genehmigungserfordernisse aufgestellt werden. Die Frage nach milderen Alternativmaßnahmen spielt im verwaltungsgerichtlichen Prüfprogramm dagegen keine Rolle; diese unterliegen unstreitig der Beurteilung am Maßstab der Zweckmäßigkeit. Auch eine Güterabwägung erfolgt allenfalls kursorisch; hier mag die weniger auf Individualschutz als auf objektive Verwaltungskontrolle ausgerichtete Funktion der Verwaltungsgerichte den Grund für Zurückhaltung abgeben. Konsequenz: Regelmäßig erreicht die verwaltungsgerichtliche Kontrolle nicht die aus Deutschland bekannte Dichte (vgl. auch allgemein Nr. 76). Insbesondere, aber nicht nur im Zusammenhang mit dem Staatshaftungsrecht wird gelegentlich auch über eine Verpflichtung zum Einschreiten von Polizeibehörden diskutiert.[62] In zeitlicher Hinsicht kommt es für die Beurteilung der Rechtmäßigkeit einer Maßnahme im Grundsatz auf die Erkenntnismöglichkeiten zum Zeitpunkt des Erlasses der Maßnahme an; spätere tatsächliche Änderungen sind nur ggf. Anlass für eine Änderung oder Aufhebung der Maßnahme.[63]

65. Behörden und Zuständigkeiten

Die allgemeine Polizeigewalt steht zunächst einmal auf nationaler Ebene dem Präsidenten sowie *Premierminister* zu, im Rahmen gesetzlich definierter Ermächtigungen auch dem Innenminister. Auf örtlicher Ebene liegt sie grund-

60 Siehe die Nachweise in Fn. 8 sowie CE 20758 u. a. vom 22.1.1982, Association Auto-Défense.

61 TC C 3524 vom 26.6.2006, Préfet de l'Yonne.

62 Bejahend etwa eine Handlungspflicht als solche CE 80775 vom 8.7.1992, Ville de Chevreuse, Leb 281; zur Haftung CE 80086 vom 20.10.1972, Ville de Paris/Marabout, Leb 664.

63 CE 296458 vom 31.8.2009, Commune de Cregols.

sätzlich in der Hand des *Bürgermeisters* (Art. L 2211-1, 2212-1 CGCT). In größeren Gemeinden verfügt daneben die staatliche Polizei über wichtige Befugnisse (Art. L 2214-4 CGCT); in Paris liegen maßgebliche Zuständigkeiten bei dem (nur in dieser Stadt bestehenden) staatlichen Polizeipräfekten. Der Präfekt eines *départements* kann Maßnahmen ergreifen, die dieses insgesamt betreffen; mit Blick auf einzelne Gemeinden darf er nur tätig werden, wenn der Bürgermeister trotz entsprechender Aufforderung nicht tätig geworden ist (vgl. Art. L 2215-1 CGCT). Schließlich ist die institutionell der Armee zugeordnete, bewaffnete *gendarmerie nationale* zu erwähnen. Deren Aufgabe besteht in der Wahrnehmung von Polizeiaufgaben insbesondere auf dem Lande und den Straßen (Art. L 3211-3 *code de la défense*). Daneben gibt es eine Reihe von spezialgesetzlich geregelten Polizeibefugnissen, die vielfach Maßnahmen vorsehen, die über das nach allgemeinem Polizeirecht zulässige Maß hinausgehen; sie sind zumeist dem Präfekten zugewiesen. Im hierarchischen Verhältnis dürfen örtliche Stellen strengere Maßnahmen ergreifen als übergeordnete Stellen, nicht jedoch Milderungen vorsehen.

§ 7 Verwaltungsaufgaben II: *service public*

Literatur: *Braconnier*, Droit des services publics, 2. Aufl., 2007; *Bullinger*, Französischer service public und deutsche Daseinsvorsorge, JZ 2003, 597; *Chevallier*, Le service public, 8. Aufl., 2010; *Guglielmi/Koubi*, Droit du service public, 2. Aufl., 2007; *Romi*, Droit du service public, 2007.

66. Grundlagen

Der *service public* stellt einen zentralen, zugleich aber auch sehr umstrittenen Begriff des französischen Öffentlichen Rechts dar; es geht um die zur Sicherung des Allgemeinwohls zu erbringenden Leistungen (vgl. auch Nr. 48). In diesem Sinne stellt schon die Sicherung der öffentlichen Ordnung (Nr. 63 ff.) im weitesten Sinne einen *service public* dar. Daneben geht es insbesondere um die soziale Sicherheit und die Gesundheit, um Erziehung und Kultur sowie um wirtschaftliche Dienstleistungen. Begrifflich wird sowohl die *Aufgabe* als auch die entsprechende *Stelle* erfasst.

Die Einrichtung eines solchen *service public* ist auf der Ebene des Gesamtstaates im Rahmen von Art. 34 C Sache des Gesetzgebers; dies gilt etwa für die nationale Verteidigung, die soziale Sicherung sowie das Bildungswesen. Im Übrigen werden sie durch Verordnung geschaffen. Auf lokaler Ebene entscheidet die entsprechende Vertretungskörperschaft durch *délibération* (Art. L 1111-2 CGCT).[64] Auf allen Ebenen gibt es Dienste, deren Einrichtung rechtlich verpflichtend ist. So hat der Verfassungsrat darauf hingewiesen, dass bestimmte öffentliche Dienste nationaler Art aus Prinzipien oder Regeln im Verfassungsrang abzuleiten seien,[65] ohne diese allerdings exakt zu definieren. Im Grundsatz sind zunächst die Verteidigung, die Polizei, die Justiz und die Finanzverwaltung hierher zu rechnen. Weiterhin muss der Staat nach ausdrücklicher verfassungsrechtlicher Bestimmung (Absatz 13 der Präambel der Verfassung des Jahres 1946, Nr. 39) ein „unentgeltliches und laizistisches Bildungswesen auf allen Stufen" errichten. Absatz 9 des gleichen Verfassungstextes bestimmt darüber hinaus, dass jedes Vermögen und jedes Unternehmen, dessen Betrieb den Charakter eines nationalen öffentlichen Dienstes, *service public national*, oder eines faktischen Monopols hat oder erlangt, Eigentum der Gesamtheit werden muss. Allerdings hat dazu der Verfassungsrat mit Blick auf die im Jahre 1981 verstaatlichten und im Jahre 1986 dann wieder privatisierten Banken entschieden, dass es im Grundsatz eine Entscheidung des Gesetzgebers sei, ob ein bestimmter Bereich als *service public* organisiert wird oder nicht;[66] verfassungsrechtlich verpflichtend ist ein *service public* daher nur bei Monopolen.[67]

Auf *lokaler oder regionaler Ebene* gibt es bestimmte Dienste, deren Schaffung vom Gesetzgeber vorgegeben ist wie die Versorgung mit Wasser und die Entsorgung des Abfalls; andere Dienste können gemäß dem Ermessen der jeweiligen Behörde geschaffen werden. Dabei war die Rechtsprechung des *Conseil d'État*, soweit es um wirtschaftliche Aktivitäten geht (dazu noch Nr. 67), ursprünglich ausgesprochen restriktiv und ging von einem Vorrang privater Initiative aus; kommunale Aktivitäten sollten nur unter besonderen Voraussetzungen zulässig sein.[68] Mittlerweile ist die Judikatur deutlich großzügiger. Das zur Rechtfertigung einer solchen Tätigkeit erforderliche öffentliche Interesse könne sich nämlich bereits aus dem Fehlen entsprechender privater Initiative ergeben. Außerdem müssten wirtschaftliche Tätigkeiten der öffentlichen Hand die Wirtschaftsfreiheit beachten (Nr. 37); zudem dürfe der freie Wettbewerb nicht verfälscht werden.[69] Letztlich aber ergeben sich daraus nur bescheidene Grenzen.

Die daraus resultierende große Bedeutung wirtschaftlicher Tätigkeiten der öffentlichen Hand hat erhebliche Konflikte mit dem europäischen Unionsrecht provoziert. Soweit ein *service public* wirtschaftliche Dienstleistungen erbringt, ist er unionsrechtlich als Unternehmen zu qualifizieren und unterliegt damit insbesondere auch den Wettbewerbsvorschriften. Grenzen bestehen insoweit

64 Zur fehlenden Zuständigkeit des Bürgermeisters CE 93428 vom 6.1.1995, Ville de Paris.
65 CConst 86-207 DC vom 25. und 26.6.1986.
66 CConst 86-207 DC vom 25. und 26.6.1986.
67 CConst 2006-543 DC vom 30.11.2006.
68 CE 06781 vom 30.5.1930, Chambre syndicale du commerce en détail de Nevers, Leb 583.
69 CE vom 19.5.2006, Ordre des avocats au Barreau des Paris; CE 306911 vom 3.3.2010, Département de la Corrèze.

nur, wenn das Unternehmen mit der Erbringung einer Dienstleistung im allgemeinen Interesse betraut ist, soweit diese durch die Anwendung des Wettbewerbsrechts verhindert wird (vgl. Art. 106 Abs. 2 AEUV). Für Frankreich war dies Anlass, sich immer wieder für eine Stärkung der *services publics* und der damit verbundenen nationalen Entscheidungsbefugnisse einzusetzen, wie sie heute in Art. 14 AEUV, dem einschlägigen Zusatzprotokoll zum AEUV sowie in Art. 36 der Europäischen Grundrechtecharta zu finden sind.

67. Unterscheidungen bei den *services publics*

Schwer abzugrenzen ist die Frage, inwieweit Maßnahmen im Bereich eines *service public öffentlich-rechtlichen* oder *privatrechtlichen Charakter* haben. Die Gründung sowie grundlegende Entscheidungen zur Organisation eines *service public* sind eher dem öffentlichen Recht zuzuordnen. Gleiches gilt, wenn es um deren Eigentum sowie um zu vergebende Aufträge geht. Im Übrigen sind beide Lösungen denkbar. Wird der *service* zwar von einer Einrichtung der öffentlichen Hand erbracht, aber inhaltlich nach den gleichen Grundsätzen, nach denen ihn auch ein Privater erbringen könnte, richten sich sowohl die Beziehungen zu den Nutzern wie das Arbeitsrecht im Grundsatz nach Privatrecht.[70] In diesem Fall spricht man von einem *service public industriel et commercial.* Den Gegensatz dazu bildet ein *service public administratif.* Bei diesem wird der Staat in für ihn spezifischer Form tätig; dementsprechend sind grundsätzlich alle Maßnahmen dem öffentlichen Recht zuzuordnen. Insoweit werden die Beziehungen zu den Nutzern also einseitig durch Verwaltungsakte ausgestaltet.[71]

Die Abgrenzung dieser beiden Typen eines *service public* ist nicht immer ganz einfach. Ausdrückliche Aussagen in den einschlägigen rechtlichen Grundlagen finden sich nicht immer, und außerdem werden zum Teil auch bewusst Einrichtungen mit Verwaltungsaufgaben als *service public industriel et commercial* qualifiziert, damit sie dem Privatrecht zugeordnet sind. Eine Vermutung spricht für den verwaltungsrechtlichen Charakter; das Gegenteil wird zumeist nur angenommen, wenn drei Umstände zusammenkommen: der Gegenstand des Dienstes weist wirtschaftlichen Charakter auf, die Finanzierung erfolgt im Wesentlichen durch die Nutzer, also nicht aus Steuermitteln, und der *service* ist auch ähnlich wie ein Unternehmen organisiert.[72]

Verschiedentlich unterfällt ein *service* zwar grundsätzlich der einen Kategorie, aber einige Leistungen sind der anderen Kategorie zuzuordnen. Auch weisen einseitige arbeitsrechtliche Anordnungen gegenüber dem Personal, die zur Si-

70 Zu dieser Unterscheidung TC 00706 vom 22.1.1921, Société commerciale de l'Ouest africain, Leb 91.

71 CE 87408 vom 21.9.1990, Fabre, Leb T.

72 CE vom 16.11.1956, Union syndicale des industries aéronautiques, D 1956, 759.

cherung des Funktionierens des *service* getroffen werden, auch im Rahmen eines *service public industriel et commercial* verwaltungsrechtlichen Charakter auf.[73] Ähnlich sind Verträge, die im Rahmen eines solchen *service public industriel et commercial* abgeschlossen werden, dann dem öffentlichen Recht zuzuordnen, wenn sie Bestimmungen enthalten, die den Rahmen des allgemeinen Privatrechts überschreiten, *clauses exorbitantes* (vgl. auch Nr. 62). Das staatliche Bildungswesen stellt allerdings trotz der privaten Konkurrenz einen *service public* dar (vgl. Nr. 39); ersichtlich wird davon ausgegangen, dass staatlich vermittelte Bildung wegen ihrer Kostenfreiheit und ihres Inhalts etwas prinzipiell anderes ist als die im Rahmen grundrechtlicher Freiheit (Nr. 38) vermittelte Bildung.

68. Betrieb eines *service public*

Rechtlich ist der Betrieb eines *service public* an verschiedene Prinzipien gebunden. Das erste bildet den Grundsatz der *Kontinuität*[74]: Der *service* hat regelmäßig zu funktionieren. Solange eine entsprechende Betriebspflicht besteht, muss die entsprechende Aufsichtsbehörde diese auch kontrollieren. Früher wurde hieraus abgeleitet, dass sich damit auch Grenzen für das Streikrecht verbinden. Seit der verfassungsrechtlichen Anerkennung des Streikrechts durch die Präambel der Verfassung von 1946 (vgl. Nr. 39) ist allerdings anerkannt, dass zwar gewisse elementare Betriebspflichten bestehen. Ein prinzipielles Streikverbot besteht in diesem Bereich aber nicht; es können nur bestimmte Sonderregeln vorgesehen werden wie die Pflicht zur vorherigen Ankündigung eines Streiks.[75]

Ein weiteres Grundprinzip eines *service public* stellt die *Gleichheit* dar.[76] Alle Nutzer sind im Grundsatz gleich zu behandeln. Entsprechend der Offenheit des Gleichheitssatzes (Nr. 41) schließt dies allerdings nicht aus, dass unterschiedliche Nutzer bzw. unterschiedliche Nutzungen auch unterschiedlich behandelt werden. Die früher angenommene Kostenfreiheit besteht heute nur noch für das staatliche Bildungswesen (Nr. 39). Die gegebenenfalls von den Nutzern zu erhebenden Gebühren[77] dürfen allerdings das Ziel des Allgemeinwohls nicht in Frage stellen, müssen also in der Höhe begrenzt sein. Einkommensbedingte Gebührenunterschiede sind zulässig, wenn der Dienst in beson-

---

73 TC 01908 vom 15.1.1968, Compagnie d'Air France c. Epoux Barbier, Leb 789.

74 Dazu etwa CConst 96-378 und 96-380 DC, beide vom 23.7.1996; CE vom 13.6.1980, Dame Bonjean, Leb 274.

75 CE 01645 vom 7.7.1950, Dehaene, Leb 426; CConst 79-105 DC vom 25.7.1979.

76 CE vom 9.3.1951, Société du Concerts du Conservatoire; vgl. auch CConst 98-380 DC vom 23.7.1996.

77 Siehe etwa zum Straßenverkehr CConst 79-107 DC vom 12.7.1979.

derer Weise eine soziale Funktion zu erfüllen hat.[78] Ferner unterliegt ein *service public* dem Neutralitätsgrundsatz; im Bildungsbereich findet dies insbesondere seinen besonderen Ausdruck in der Forderung nach Achtung der *laïcité*, ggf. auch durch die Schüler (Nr. 11).

Schließlich gehört es zum Wesensmerkmal des *service public*, dass er seiner Aufgabe der Sicherung des Gemeinwohls entsprechend anpassungsfähig ist. Dies bedeutet insbesondere, dass er bei veränderten Umständen auch umgestaltet werden darf; niemand hat ein Recht darauf, dass ein einmal eingerichteter *service public* in unveränderter Form oder auch überhaupt auf Dauer weiterbetrieben wird.

69. Organisation eines *service public*

Die Organisation eines *service public* kann in unterschiedlichen Formen erfolgen. Die erste Möglichkeit ist der unmittelbare Betrieb durch die betreffende Körperschaft (*Regie-* oder auch *Eigenbetrieb*; Art. L 1412-1 ff. CGCT); dies gilt insbesondere für die Bereiche, in denen unmittelbar Hoheitsgewalt auszuüben ist wie Polizei, Standesamt etc. Zum Teil werden für den Betrieb des *service* auch besondere Organe geschaffen; damit wird diesen zumindest faktisch eine gewisse Selbständigkeit verschafft. Daneben kann auch eine eigenständige juristische Person geschaffen werden. Ist diese von ihren Rechtsgrundlagen her nur für den Zweck eines solchen *service* geschaffen und unterliegt sie daher einer entsprechenden Kontrolle durch die sie schaffende Körperschaft, ist kein zusätzlicher Vertrag zwischen dieser Einheit und der sie tragenden Körperschaft notwendig.[79]

Möglich ist es aber auch, den *service* durch Vertrag einem echten *Dritten anzuvertrauen* (Art. L 1411-1 ff. CGCT), etwa einem Unternehmen des Privatrechts oder einem gemischtwirtschaftlichen Unternehmen, *société d'économie mixte*, dazu etwa Art. L 1521-1 ff. CGCT, aber auch einer anderen juristischen Person des öffentlichen Rechts (vgl. Nr. 55). Zur Sicherung der Gleichheit ist in diesem Fall eine öffentliche Ausschreibung erforderlich[80] (vgl. auch schon Nr. 62). In diesem Fall enthält der Vertrag die zu erbringenden Leistungen, *cahier des charges*, insbesondere etwa die Verpflichtung eines Konzessionärs, die Grundsätze der Erbringung des *service* (Nr. 68) zu beachten, oder auch die Unterwerfung unter bestimmte Kontrollen seitens der Verwaltung. Ein vollständiger Verzicht des Hoheitsträgers auf seine Befugnisse zugunsten des Pri-

---

78 CE vom 29.12.1997, Commune de Gennevilliers und Commune de Nanterre, AJDA 1998, 168, in Abweichung von früherer Rechtsprechung (CE vom 26.4.1985 Ville de Tarbes, AJDA 1985, 409).

79 CE 284736 vom 6.4.2007, Commune d'Aix-en-Provence, RFDA 2007, 650.

80 CE 251610 vom 14.3.2003, Société Air Lib, Leb T 861 = AJDA 2003, 1052.

vaten ist dabei aber unzulässig.[81] Ist eine Ausübung hoheitlicher Befugnisse erforderlich, kann die notwendige Beleihung gleichfalls durch einen Vertrag oder auch durch einen einseitigen Akt erfolgen.

§ 8 Grundlagen des verwaltungsrechtlichen Rechtsschutzes

Literatur: *Bonichot/Cassia/Poujade*, Les grands arrêts du contentieux administratif, 2. Aufl., 2009; *Chapus*, Droit du contentieux administratif, 13. Aufl., 2008; *Daël*, Contentieux administratif, 2. Aufl., 2008; *Gohin*, contentieux administratif, 6. Aufl., 2009; *Guyomar/Seiller*, contentieux administratif, 2010; *Koch*, Verwaltungsrechtsschutz in Frankreich, 1998; *Liebler*, Der Conseil d'État in Frankreich – zu Vergangenheit und Gegenwart des französischen Staatsrates, VerwArch 2010, 1; *Marsch*, Subjektivierung der gerichtlichen Verwaltungskontrolle in Frankreich, 2011; *Pacteau*, Bernard: Traité de contentieux administratif, 2008.

70. Verwaltungsinterne Rechtsbehelfe

Ohne jede Einschränkung sind Rechtsbehelfe möglich, mit denen sich ein Beschwerdeführer an Stellen der Verwaltung wendet. Begrifflich wird unterschieden der Rechtsbehelf gegenüber der Behörde, die die Entscheidung erlassen hat, *recours gracieux*, vom Rechtsbehelf gegenüber der übergeordneten Behörde, *recours hiérarchique*. Rechtlich vorgeschrieben ist ein verwaltungsinterner Rechtsbehelf allerdings nur in wenigen Bereichen wie dem Beamtenrecht (vgl. Nr. 57). Wird ein solcher Rechtsbehelf eingelegt, hat dies allerdings auch dann, wenn er nicht vorgeschrieben ist, zur Folge, dass die zweimonatige Klagefrist (Nr. 74) gegen den Verwaltungsakt, gegen den sich der verwaltungsinterne Rechtsbehelf richtet, unterbrochen wird, also nach dessen Ablehnung erneut zu laufen beginnt.

71. Verfassung der Verwaltungsgerichtsbarkeit

Historisch ist die französische Verwaltungsgerichtsbarkeit von der Spitze her entstanden. Zunächst gab es als einzige Institution, die als Verwaltungsgericht im eigentlichen Sinne angesehen werden konnte, den *Conseil d'État*, den Staatsrat (vgl. auch schon Nr. 29). An dessen Spitze steht (nur) ein Vizepräsident (Art. L 121-1 CJA). In dieser Bezeichnung spiegelt sich die Zugehörigkeit des *Conseil d'État* zur Verwaltung wider (Nr. 29); formell steht der Pre-

81 CE 108696 vom 27.3.1995, Chambre d'agriculture des Alpes-Maritimes.

mierminister an der Spitze, der im Übrigen auch – ggf. vertreten durch den Justizminister – die Sitzungen leiten kann. Der *Conseil d'État* hat etwa 300 Mitglieder, von denen aber regelmäßig nur etwa 200 aktiv sind; der Rest ist in anderen Verwaltungen wie Ministerien oder auch in öffentlichen Unternehmen tätig. Rekrutiert werden die *Conseillers d'État* zum überwiegenden Teil aus den Absolventen der französischen Verwaltungshochschule *E.N.A., École nationale d'Administration*, im Übrigen aus der sonstigen Beamtenschaft.

Der *Conseil d'État* weist zwei Funktionen auf; neben der Gerichtsbarkeit ist er zugleich auch zuständig für die Beratung der Regierung. Intern werden die sechs Abteilungen, *sections*, die für Beratungsaufgaben zuständig sind, geschieden von der für die gerichtliche Streitentscheidung zuständigen Abteilung, *section du contentieux*. Diese ist ihrerseits unterteilt in mehrere Unterabteilungen, *sous-sections*, die in einer Besetzung von drei *Conseillers* die „normalen" Fälle entscheiden. Wichtigere Fälle werden von mehreren Unterabteilungen gemeinsam, der *section du contentieux* (mit 15) oder gar der „*assemblée du contentieux*" (mit 17 Mitgliedern, darunter auch Vertretern der Verwaltungsabteilungen, die allerdings in dieser Eigenschaft nicht bereits zuvor mit der betreffenden Problematik befasst sein dürfen), entschieden. Die sachliche Unabhängigkeit der Mitglieder des Staatsrates ist regelmäßig gewährleistet (Nr. 29); eine persönliche Unabhängigkeit steht ihren Mitgliedern nicht zu.

Aus den in der Revolutionszeit geschaffenen Präfekturräten (Nr. 46) gingen im Jahre 1953 die heutigen erstinstanzlichen, insgesamt 42 Verwaltungsgerichte, *tribunaux administratifs*, hervor. Im Jahre 1987 wurden zudem als mittlere Instanz acht Verwaltungsgerichtshöfe, *cours d'appel administratives*, geschaffenen. Daneben gibt es eine ganze Reihe von besonderen Verwaltungsgerichten, deren Entscheidung mit der *cassation* unmittelbar zum *Conseil d'État* angreifbar sind (Nr. 72). Alle Verwaltungsgerichte entscheiden im Normalfall als Kollegialgericht, doch nimmt der Einzelrichter zu. Die maßgeblichen rechtlichen Grundlagen für die Tätigkeit der Verwaltungsgerichte finden sich heute im *Code de justice administrative.*

Im Jahre 1872 wurde schließlich das aus jeweils vier Mitgliedern der beiden obersten Gerichtshöfe, der *Cour de cassation* (Nr. 198), und dem *Conseil d'État*, bestehende und unter dem (zumeist theoretischen) Vorsitz des Justizministers arbeitende Konfliktentscheidungsgericht, *Tribunal des conflits* (vgl. schon Nr. 47) geschaffen. Dieses entscheidet über positive und negative Zuständigkeitsstreitigkeiten zwischen der ordentlichen und der Verwaltungsgerichtsbarkeit. Zumeist überweist es dann den Fall der zuständigen Gerichtsbarkeit, in Ausnahmefällen[82] entscheidet es auch selbst.

82 TC C 3692 vom 6.7.2009 Mario Bonato c. Association pour l'expansion industrielle de la Lorraine.

72. Zuständigkeiten der Verwaltungsgerichte

Schon aus der Entstehungsgeschichte der Verwaltungsgerichtsbarkeit ergibt sich, dass vorbehaltlich besonderer gesetzlicher Regelungen, wie sie in Grenzen verfassungsrechtlich zulässig sind (Nr. 29), die Verwaltungsgerichte für die *Entscheidung öffentlich-rechtlicher Streitigkeiten* zuständig sind. Ausnahmen bestehen etwa im Wettbewerbsrecht oder beim Personenstand (Art. 54 CC). Dabei sind regelmäßig die *tribunaux administratifs* in *erster Instanz* zuständig (Art. L 211-1, 311-1 CJA), in Ausnahmefällen auch die *cours d'appel administratives* oder der *Conseil d'État.* Letzterer ist erstinstanzlich vor allem für Klagen gegen Verordnungen zuständig, die von einer Stelle mit nationaler Zuständigkeit erlassen wurden (Art. R 311-1 CJA). Die Entscheidungen der Verwaltungsgerichte können mit der Berufung, *appel*, an die Verwaltungsgerichtshöfe angegriffen werden. Gegen deren Entscheidungen ist normalerweise die Revision, *cassation*, zum Staatsrat eröffnet. Die Würdigung von Tatsachen wird dann nicht mehr überprüft. Hebt er eine Entscheidung auf, kann er den Fall an die *cour d'appel* zurückverweisen oder den Fall selbst entscheiden. In Ausnahmefällen wird der *Conseil d'État* auch als Berufungsinstanz tätig. Schließlich kann der Staatsrat auf Vorlage von ihm nachgeordneten Gerichten zu neuen, noch nicht entschiedenen Rechtsfragen eine (formal) unverbindliche Stellungnahme abgeben (Art. L 113-1 CJA).

73. Verfahren vor den Verwaltungsgerichten

Das Verfahren wird vom Grundsatz der *Schriftlichkeit* geprägt und beginnt mit der Einreichung der Klage; dabei sind die Angriffs- und Verteidigungsmittel frist- und damit zeitgerecht vorzubringen, also insbesondere die rechtlichen Argumente, mit denen die Rechtswidrigkeit der angegriffenen Verwaltungsentscheidung begründet wird (vgl. dazu Nr. 75). Dementsprechend ist eine Klage regelmäßig nur zulässig, wenn zuvor eine solche Verwaltungsentscheidung ergangen ist. Die entscheidungserheblichen Tatsachen werden vom Richter von Amts wegen ermittelt;[83] ggf. fordert der Richter die Beteiligten auf, sich zu bestimmten Punkten zu erklären. Am Ende steht eine öffentliche (Art. 6 CJA) mündliche Verhandlung; an deren Ende verkündet eines der Mitglieder des erkennenden Gerichts, das nicht im konkreten Fall zur Richterbank gehört, bei unteren Gerichten ggf. auch ein *Conseiller d'État*, sog. Schlussanträge. Früher wurde der Betreffende missverständlich *commissaire de gouvernement* genannt, heute wird er als *rapporteur public* bezeichnet. In diesen Schlussanträgen werden relativ ausführlich und in aller Unabhängigkeit der Streitstoff näher erläutert, die rechtlichen Probleme in die bisherige Rechtsprechung eingeordnet und am Ende ein Entscheidungsvorschlag unterbreitet.

83 CE 298348 vom 30.10.2009, Mme Perreux, RFDA 2009, 1145.

Menschenrechtliche Erwägungen (Art. 6 EMRK[84]) haben dazu geführt, dass seit 2009 die Parteivertreter kurz mündlich erwidern dürfen. Der Entscheidungsvorschlag des *rapporteur public* ist für den Staatsrat nicht verbindlich. Seinen Ausführungen kommt aber doch in vielen Fällen eine für das Verständnis des Falles entscheidende Bedeutung zu. Die Entscheidung des *Conseil d'État* selbst wird nämlich wie in Frankreich allgemein bei Gerichtsentscheidungen üblich nur mit wenigen, sehr knappen Aussagen begründet (vgl. auch Nr. 4). Die Entscheidung ergeht, wenn sie durch den Staatsrat erlassen wurde, immer, im Übrigen dann, wenn innerhalb der Frist kein Rechtsmittel eingelegt wurde, in Rechtskraft. Zulässig ist auch die Einigung vor Gericht, *conciliation*; die Gerichte können auf eine Einigung hinwirken (Art. L 211-4 CJA).

§ 9 Der *recours pour excès de pouvoir*

74. Zulässigkeit

Der *recours pour excès de pouvoir* ist der wichtigste Rechtsbehelf des französischen Verwaltungsprozessrechts. Mit ihm werden Verwaltungsakte angefochten; er ist also auf Überprüfung von deren Rechtmäßigkeit ausgerichtet. Im Vordergrund steht dabei eher die objektive Funktion der Kontrolle der Verwaltung. Zwar wird damit zugleich auch individueller Rechtsschutz gewährleistet, doch stand dies lange Zeit eher im Hintergrund; allenfalls in Abhängigkeit von der Kontrollfunktion konnten Individuen ihre Rechte durchsetzen. Herausgebildet hat sich der *recours pour excès de pouvoir* im Wesentlichen in der zweiten Hälfte des 19. und dem beginnenden 20. Jahrhunderts. Die Konstitutionalisierung des französischen Verwaltungsrechts, insbesondere die Entwicklung einer verfassungsrechtlichen Garantie des effektiven Rechtsschutzes, haben insoweit allerdings in den letzten Jahren etliche Änderungen, vor allem im Bereich des effektiven Rechtsschutzes sowie der Vollstreckung, bewirkt.

Damit ein solcher *recours* zulässig ist, müssen mehrere Voraussetzungen erfüllt sein. Zunächst einmal muss der Kläger prozessfähig sein. Darüber hinaus muss er ein hinreichend *qualifiziertes Interesse*, *intérêt à agir*, an der Aufhebung des Verwaltungsaktes geltend machen. Die Rechtsprechung hat im Laufe der Zeit insoweit überaus großzügige Kriterien entwickelt. Es reicht jedes tatsächliche oder auch rechtliche Interesse, kraft dessen der Kläger über ein über seine Eigenschaft als Mitglied der Allgemeinheit hinausgehendes persönliches und direktes Interesse an der Aufhebung des Verwaltungsaktes verfügt. Im Bereich des Kommunalrechts reicht sogar die Eigenschaft als kommunaler Steu-

84 Siehe insbesondere die Urteile des EGMR vom 7.6.2001 (Kress) und 12.4.2006 (Martinie).

erzahler, um finanzrelevante Entscheidungen des Gemeinderates anfechten zu können;[85] auf der nationalen Ebene gilt dies allerdings nicht.[86]

Vor diesem Hintergrund hat sich insbesondere auch eine bemerkenswert großzügige Rechtsprechung zur *Verbandsklage* entwickelt. Verbände können dann Klage erheben, wenn der angegriffene Verwaltungsakt die Verbandsziele in Frage stellt; Umweltverbände können also die Genehmigung umweltrelevanter Vorhaben anfechten[87] oder auch den Erlass etwa durch das Unionsrecht gebotener einschlägiger Regelungen erzwingen,[88] ein Verein, der sich um die Belange der Ausländer kümmert, kann ausländerrechtliche Regelungen anfechten.[89] Unzulässig ist eine Klage allerdings dann, wenn es um Interessen allein eines oder mehrerer Mitglieder des Verbandes geht; Gewerkschaften oder Unternehmerverbände können daher nur klagen, wenn es um übergeordnete Fragen geht.[90]

Schließlich muss eine *Klagefrist* von zwei Monaten gewahrt werden (Art. R 421-1 CJA). Diese beginnt mit der Bekanntgabe des fraglichen Aktes, im Fall allgemeiner Verwaltungsakte mit dessen Veröffentlichung zu laufen. Legt der Kläger zunächst einen verwaltungsinternen Rechtsbehelf ein, beginnt die Frist nach dessen Ablehnung erneut zu laufen. Die Frist gilt auch im Fall von fiktiven Entscheidungen (Nr. 58, 60). Sie läuft allerdings nicht, wenn es an der vorgeschriebenen Rechtsbehelfsbelehrung fehlt (Art. R 421-5 CJA).

Als *Klagegegenstand* kommt nur ein Verwaltungsakt in Betracht, genauer: die Aufhebung eines bereits erlassenen Verwaltungsaktes. Gleichgültig ist dabei, ob es sich um einen generellen oder um einen individuellen Akt handelt (vgl. Nr. 58 ff.); Rechtsverordnungen werden insoweit prozessual nicht anders behandelt als individuelle Akte. Bestimmte, besonders politische Akte werden allerdings vielfach von der gerichtlichen Kontrolle ausgenommen; in der Literatur werden sie unter der Bezeichnung *actes de gouvernement* zusammengefasst (vgl. auch schon Nr. 51). In der Sache geht es insoweit vor allem um Entscheidungen, die im Kern verfassungsrechtlichen Charakter aufweisen wie etwa solche, die im Verhältnis zwischen Verfassungsorganen ergehen: Auflösung der Nationalversammlung,[91] Anordnung eines Referendums[92] etc. Eine zweite Kategorie von *actes de gouvernement* bilden Entscheidungen im Kontext der internationalen Beziehungen Frankreichs.[93] Vor der Verwaltungsgerichtsbarkeit angreifbar bleiben allerdings solche Entscheidungen, die nicht

85 CE vom 29.3.1901, Casanova, Leb 333.
86 CE 94282 vom 23.11.1988, Dumont, Leb 417.
87 CE 231953 vom 22.10.2003, Association SOS Rivière et environnement, Leb 417.
88 CE 199622 und 200124 vom 3.12.1999, Association ornithologique et mammalogique de Saône et Loire, Leb 379.
89 Siehe z. B. CE 78519 vom 29.6.1990, GISTI, Leb 171.
90 CE 25521 vom 28.12.1906, Syndicat des Patrons-Coiffeurs, Leb 977.
91 CE 98538 vom 20.2.1989, Allain, Leb 60.
92 CE 58502 vom 19.10.1962, Brocas, Leb 353.
93 Beispiel: CE 171277 vom 29.9.1995, Association Greenpeace, AJ 1995, 684.

unmittelbar mit der jeweiligen politischen Grundentscheidung zusammenhängen, sondern von ihr abtrennbar sind, *actes détachables*.

Darüber hinaus muss es sich bei dem Klagegegenstand um eine einseitig ergangene Verwaltungsentscheidung handeln. In diesem Sinne können allerdings auch Maßnahmen angesehen werden, die im Zusammenhang mit einem Vertragsschluss ergangen sind, etwa solche, die zu Lasten Dritter ergehen und damit als vom eigentlichen Vertrag abtrennbar angesehen werden können. Die angegriffene Verwaltungsentscheidung muss zudem Rechtsfolgen zeitigen, *décision exécutoire*, und einen belastenden Charakter aufweisen, *acte faisant grief*. Damit werden z.B. Maßnahmen ausgeschlossen, die nur einen Hinweis oder eine Information beinhalten, vorbereitender Natur sind oder wiederholenden Charakter aufweisen. Rundschreiben, *circulaires*, die faktisch im Außenverhältnis verbindliche Wirkung entfalten, sind jedoch anfechtbar.[94] Verwaltungsinterne Maßnahmen sind grundsätzlich nicht gerichtlich anfechtbar. Gegen Entscheidungen in Sonderstatusverhältnissen kann daher nur, aber immerhin geklagt werden, wenn sie den rechtlichen Status, *situation juridique*, des Betreffenden als solchen berühren. Bei der Beantwortung der Frage, wann dies anzunehmen ist, wird die Judikatur zunehmend großzügiger.[95] Schließlich gilt für alle Fälle, dass es gegen die angegriffene Entscheidung kein anderes Rechtsmittel geben darf, d.h. keinen *recours parallèle*.

Schließlich kann mit dieser Klage nur die Aufhebung eines Verwaltungsaktes erreicht werden; eine Verpflichtung der Verwaltung zum Erlass eines Verwaltungsaktes oder zu anderweitigem Tätigwerden durch eine Gerichtsentscheidung ist im Grundsatz nicht möglich. Traditionell wurde dieses Verbot an die Gerichte, der Verwaltung Anweisungen, *injonctions*, zu erteilen, sehr streng gehandhabt mit der praktischen Folge, dass auch eine Vollstreckung von gerichtlichen Entscheidungen kaum möglich war. Dieses ist allerdings seit 1995 möglich (Nr. 78); im Übrigen aber gilt der genannte herkömmliche Grundsatz auch weiterhin. Dementsprechend kennt das französische Verwaltungsprozessrecht keine Verpflichtungs- und auch keine Untätigkeitsklage; der *recours pour excès de pouvoir* ist die einzige Möglichkeit, um im Zusammenhang mit Verwaltungsentscheidungen eine gerichtliche Kontrolle herbeizuführen. Will ein Kläger klagen, weil ein von ihm gestellter Antrag abgelehnt wurde, muss er daher gegen die entsprechende Ablehnungsentscheidung klagen. Will er klagen, weil überhaupt keine Entscheidung ergangen ist, obwohl er einen entsprechenden Antrag gestellt hat, gilt die beantragte Entscheidung nach zwei Monaten als abgelehnt (Nr. 58, 60). Gegen diese fiktive Entscheidung kann er dann innerhalb der Klagefrist von weiteren 2 Monaten klagen.

94 CE 233618 vom 18.12.2002, Duvignières, Leb 463.

95 Siehe etwa CE 130394 vom 2.11.2002, Kherroua, Leb 389 (zum Schulausschluss einer Schülerin wegen Tragens eines islamischen Schleiers; vom 17.2.1995, Marie, RFDA 1995, 563 (zu einer Disziplinarmaßnahme, die gegen einen Gefängnisinsassen verhängt wurde); oben Nr. 59.

75. Begründetheit

Die Klage ist begründet, wenn der angegriffene, ggf. fiktive Verwaltungsakt rechtswidrig ist, und zwar aus einem von vier traditionell anerkannten Klagegründen. Dieses Enumerativsystem der Klagegründe ermöglicht allerdings wegen der weiten Fassung der Klagegründe letztlich trotzdem eine umfassende gerichtliche Kontrolle von Verwaltungsakten. Im Einzelnen wird zwischen den Gründen der äußeren Rechtswidrigkeit, *legalité externe*, nämlich Zuständigkeit sowie Verfahren und Form, und der inneren Rechtmäßigkeit, *legalité interne*, nämlich der Verletzung des Gesetzes, *violation de la loi*, sowie dem Ermessensmissbrauch, *détournement de pouvoir*, unterschieden. Dagegen ist es dem Richter regelmäßig verwehrt, über die Frage der Zweckmäßigkeit eines Verwaltungsaktes, *opportunité*, zu befinden.

Im Einzelnen sind bei der *Zuständigkeit* die örtliche, die zeitliche und die sachliche Zuständigkeit zu unterscheiden. Dabei wird traditionell auch die Ermessensunterschreitung als Fall negativer Zuständigkeitsverfehlung angesehen. Mit Blick auf die *Verfahrens-* und *Formvorschriften* ist darauf hinzuweisen, dass nicht jeder Mangel eine Anfechtung begründet. Diese scheidet nämlich aus, wenn es sich um eine unwesentliche Vorschrift handelt. Dies ist dann der Fall, wenn ausgeschlossen werden kann, dass sich die Verletzung auf das Ergebnis ausgewirkt hat.[96] Davon kann allerdings regelmäßig nicht ausgegangen werden, wenn die missachtete Vorschrift dem Schutz des Bürgers dient.[97] In den seltenen Fällen einer gebundenen Entscheidung spielen formelle Fehler keine Rolle.[98]

Die beiden auf den *Inhalt* der *Verwaltungsentscheidung* abstellenden Klagegründe unterscheiden sich dadurch, dass der Ermessensmissbrauch voraussetzt, dass die Behörde von einer Befugnis aus anderen Gründen Gebrauch gemacht hat, als sie dem Zweck des Gesetzes entsprechen, sei es, weil die Gründe überhaupt nicht öffentlichen Interessen entsprechen, sei es, weil die Behörde nicht durch das in Anspruch genommene Gesetz zur vorgesehenen Maßnahme ermächtigt worden war. Ein Beispiel bildet die Abschiebung eines Ausländers, gegen den zwar zu Recht eine Ausweisungsverfügung ergangen war und der deswegen auch grundsätzlich abgeschoben werden konnte, dessen Abschiebung konkret aber nur deswegen angeordnet wurde, weil dieser die Absicht hatte zu heiraten.[99] Dieser Gedanke findet auch auf die Nutzung von Verfahrensvorschriften Anwendung, *détournement de procédure*. Es handelt sich also um eine mit der subjektiven Absicht einer Behörde begründete Rechtswidrigkeit. Der entsprechende Nachweis ist allerdings nur ausgespro-

---

96 Etwa CE 150708 und 150819 vom 25.2.1998, Commune d'Évreux, Leb T.

97 Etwa CE 127515 vom 16.2.1994, Ministre des Postes et Télécommunications, Leb T 934.

98 CE 76124 vom 2.10.1970, Gailliard, Leb 565.

99 CE 237832 vom 29.7.2002, Préfet de l'Hérault, Leb T.

chen selten möglich, weswegen dieser Klagegrund (heute) auch kaum noch eine Rolle spielt.

Objektive Rechtsverstöße hingegen fallen unter die Kategorie der Gesetzesverletzung, *violation de la loi*; die Begrifflichkeit, die theoretisch alle Klagegründe erfassen könnte, ist nur historisch zu erklären. Im Einzelnen wird hier zunächst entsprechend der Funktion der Verwaltungsgerichte als Instrumente rechtlicher Kontrolle die Interpretation des Rechts geprüft. Seit Anfang des 20. Jahrhunderts ist darüber hinaus anerkannt, dass die Verwaltungsgerichte auch im Rahmen ihrer Aufgabe einer rein rechtlichen Kontrolle nicht nur die Interpretation des Rechts, sondern auch die Feststellung der Richtigkeit der Tatsachen[100] sowie deren Qualifikation, *qualification juridique des faits*, kontrollieren können,[101] also das, was in Deutschland unter Subsumtion verstanden wird. Regelmäßig verfügt die Verwaltung dabei jedoch über einen Beurteilungsspielraum; dessen Nutzung wird nur in engen Grenzen kontrolliert (zu Einzelheiten siehe Nr. 76). Stellt der Richter dabei fest, dass für den erlassenen Verwaltungsakt eine unzutreffende gesetzliche Grundlage gewählt wurde, kann er diese bei deren Gleichwertigkeit ersetzen, *subsitution de base légale*, vorausgesetzt, dass für den Betroffenen vergleichbare Verfahrensgarantien bestehen.[102] Ebenso wird in jüngerer Zeit auch das früher nur selten akzeptierte Nachschieben von Gründen gestattet.[103]

Aus deutscher Perspektive ist noch zu ergänzen, dass die vorgenannten Gesichtspunkte nicht alle von Amts wegen überprüft werden. Im Grundsatz ist es Sache des Klägers, die für die Rechtswidrigkeit eines Verwaltungsaktes sprechenden Argumente vorzubringen; eine systematische und umfassende Untersuchung der Rechtswidrigkeit eines Verwaltungsaktes durch den Richter, wie sie in Deutschland selbstverständlich ist, würde man in Frankreich als Verstoß gegen den Grundsatz ne ultra petita ansehen. Nur bestimmte, als besonders wichtig eingestufte Angriffs- bzw. Verteidigungsmittel werden von Amts wegen überprüft, *moyens d'ordre public*. Hierzu zählt insbesondere die Frage der Zuständigkeit sowie der grundsätzlichen Anwendbarkeit eines Gesetzes. Unabhängig davon darf der Kläger neue Argumente nach Klageerhebung regelmäßig noch vorbringen, soweit die dem gleichen Klagegrund zuzuordnen sind wie der/die, auf die er seine Klage gestützt hat.

76. Zur Dichte der gerichtlichen Kontrolle im Besonderen

Die Diskussion um die Dichte der von den Verwaltungsgerichten ausgeübten Kontrolle wird von der aus der Revolutionszeit stammenden Sorge vor einer

100 CE vom 14.1.1916, Camino, Leb 15.
101 CE vom 4.1.1914, Gomel, Leb 488.
102 CE 311477 vom 7.7.2010, L'Éarl des Noels.
103 CE 320871 vom 26.10.2010, Leb T.

Übermacht der Gerichte (Nr. 46) mitbestimmt; bis heute ist die Vorstellung verbreitet, dass die Kontrolle der Verwaltung eine Übernahme von Verwaltungsaufgaben impliziere, *contrôler l'administration c'est administrer.* Die Entwicklung einer Dichte der Kontrolle, wie sie in Deutschland üblich ist, war vor diesem Hintergrund unmöglich. Dabei ist der Ausgangspunkt klar: zu kontrollieren ist die Rechtmäßigkeit, in der in Frankreich üblichen Terminologie (Nr. 49): die Gesetzmäßigkeit, *légalité*, nicht die Zweckmäßigkeit, *opportunité*, der angegriffenen Verwaltungsentscheidung. Unproblematisch ist dabei die Kontrolle der Interpretation des Rechts, *erreur de droit*, sowie der Feststellung der Tatsachen, *erreur de fait.* Grenzen der Kontrolle bestehen vor allem mit Blick auf die Subsumtion, *qualification juridique des faits*.

Eine volle gerichtliche Kontrolle, *contrôle normal*, findet eher selten statt. Aus funktionalen Gründen gesteht die Gerichtsbarkeit der Verwaltung überwiegend einen erheblichen Beurteilungsspielraum zu mit der Folge, dass nur eine Minimalkontrolle", *contrôle minimum*, ausgeübt wird. Bei dieser beschränkt sich der Richter auf die Frage, ob völlig unangemessene Einschätzungen vorgenommen oder Maßnahmen getroffen wurden, *erreur manifeste d'appréciation.* Diese Beschränkung bezieht sich anders als in Deutschland auch nicht nur auf die in einer Norm angeordnete Rechtsfolge, sondern ebenso auf deren Tatbestandsmerkmale. Dementsprechend wird auch begrifflich nicht zwischen Beurteilungsspielraum und Ermessen unterschieden.

Besondere Probleme der Abgrenzung von Recht- und Zweckmäßigkeit bestehen bei der Kontrolle der Verhältnismäßigkeit. Eine auch diesen Grundsatz einschließende „Maximalkontrolle", *contrôle maximum*, wie sie in Deutschland selbstverständlich ist, findet in Frankreich nur im Ausnahmefall statt. Besonders hervorzuheben ist eine gewisse Kontrolle am Maßstab der Verhältnismäßigkeit im Bereich polizeilicher Maßnahmen (Nr. 64). Seit den 70er Jahren wird darüber hinaus im Bereich des Enteignungs- und des Planungsrechts gerichtlich überprüft, ob bestimmte Vorhaben sich auch in der Berücksichtigung aller Nachteile insgesamt als vorteilhaft erweisen, *théorie du bilan coûts – avantages*;[104] insoweit wird also – auf diesen Bereich begrenzt – offen eine Güterabwägung ausgewiesen. Eine Prüfung etwa von Alternativmaßnahmen, die sich nicht einfach nur als Minus im Vergleich zur ergriffenen Maßnahme darstellen, im Rahmen der Erörterung der Erforderlichkeit findet in keinem Fall statt. In der Literatur wird in allen vorstehend dargestellten Fällen intensiverer Kontrolle dann immer wieder auch darüber diskutiert, ob hier nicht in Wirklichkeit eine Kontrolle der Zweckmäßigkeit, *opportunité*, stattfinde. Im Übrigen ist insgesamt eine Zunahme der verwaltungsgerichtlichen Kontrolldichte zu verzeichnen.

104 CE 78825 vom 28.5.1971, Ville Nouvelle Est, Leb 409.

77. Wirkungen einer gerichtlichen Entscheidung

Hat ein *recours pour excès de pouvoir* keinen Erfolg, wird er abgewiesen. Hat er Erfolg, wird der angegriffene Verwaltungsakt aufgehoben. Im zweitgenannten Fall entfaltet die Entscheidung Wirkung erga omnes; die mit der Entscheidung verbundene Rechtskraft bleibt allerdings auf die Parteien beschränkt. Eine *Aufhebung* der angegriffenen Entscheidung *wirkt* traditionell auf den Zeitpunkt ihres Erlasses *zurück*. In der Konsequenz erweisen sich dann auch Folgeentscheidungen, die rechtlich oder faktisch auf einem bestimmten Verwaltungsakt beruhen, Jahre nach ihrem Erlass als rechtswidrig. Besonders deutlich wird die Problematik bei erfolgreichen Klagen gegen Beamtenernennungen oder -beförderungen.[105] Die damit verbundenen Probleme wurden in der Vergangenheit häufig durch eine Intervention des Gesetzgebers gelöst, der etwa auf die gerichtliche Aufhebung von Verwaltungsakten, die ihrerseits die Grundlage für weitere Verwaltungsentscheidungen bildeten, mit dem rückwirkenden Erlass einer entsprechenden gesetzlichen Regelung reagierte und so die Folgen der gerichtlichen Entscheidung begrenzte, *validation legislative*. Die Rechtsprechung von *Conseil constitutionnel*,[106] *Conseil d'État*[107] und Europäischem Menschenrechtsgerichtshof[108] haben dieser Praxis allerdings enge Grenzen gezogen: die Vollstreckung der ergangenen Gerichtsentscheidung darf nicht behindert werden und es müssen wirklich zwingende Sachgründe für ein solches Vorgehen bestehen.

Im Gegenzug hat die Rechtsprechung des *Conseil d'État* in den letzten Jahren den Grundsatz der automatischen Rückwirkung einer Entscheidung aufgeweicht. Seit einer Entscheidung vom 11.4.2004[109] gesteht sich die Verwaltungsgerichtsbarkeit nämlich auch das Recht zu, insoweit zu differenzieren und ggf. Entscheidungswirkungen erst später, ggf. auch nach Erlass der gerichtlichen Entscheidung, eintreten zu lassen. Wichtig ist dabei, dass die Belange des effektiven Rechtsschutzes gewahrt werden. Folge ist, dass ein gerichtliches Urteil zumeist zumindest für den Kläger und alle anderen, die bereits zum Entscheidungszeitpunkt Klage erhoben hatten, Rückwirkung entfaltet.

Dritte sind am Verfahren nicht unmittelbar beteiligt; sie können allerdings durch die gerichtliche Entscheidung betroffen sein. Um die Folgen dieser Situation abzumildern, kennt das französische Prozessrecht das gerichtliche Verfahren der sog. *tierce opposition*, mit deren Hilfe nachteilig von einer verwal-

105 Dazu CE 88369 vom 26.12.1925, Rodière, Leb 1065.
106 CConst 99-412 DC vom 21.12.1999; vgl. auch Nr. 40.
107 CE 188530 vom 5.12.1997, Ministre de l'éducation nationale c. OGEC de Saint-Saveur-le Vicomte, Leb 464.
108 EGMR, 24846/94 sowie 34165 bis 34173/94 vom 28.10.1999, Zielinski u. a.
109 CE 255886 vom 11.4.2004, Association AC! et autres, Leb 197.

tungsgerichtlichen Entscheidung betroffene Dritte ihre Rechte geltend machen können.

Wird ein – wirklicher oder fiktiver – Verwaltungsakt aufgehoben, der die Ablehnung eines Antrages zum Inhalt hatte, ist damit allerdings noch nicht der Erlass der beantragten Entscheidung verbunden. Vielmehr ist es Sache der Verwaltung, das Verfahren nunmehr erneut aufzugreifen und den Fall – im Lichte der Rechtskraft der ergangenen Entscheidung und damit unter Beachtung auch von deren Gründen – erneut zu entscheiden (vgl. noch Nr. 78). Im seltenen Fall gebundener Entscheidungen kommt damit praktisch nur der Erlass der beantragten Entscheidung in Betracht. Hatte die Klage allerdings (nur) aus formellen Gründen Erfolg, etwa weil das entsprechende Verwaltungsverfahren fehlerhaft betrieben oder der entsprechende Verwaltungsakt – im Fall einer Begründungspflicht (Nr. 60) – unzureichend begründet war, ist die Verwaltung konsequenterweise nicht gehindert, einen Verwaltungsakt materiell gleichen Inhalts zu erlassen.

78. Vollstreckung verwaltungsgerichtlicher Entscheidungen

Lange Zeit waren verwaltungsgerichtliche Entscheidungen in Frankreich praktisch nicht vollstreckbar. Die Kontrolle der Verwaltung war mit der Entscheidung der Rechtmäßigkeit des Verwaltungsaktes erledigt, weswegen insoweit auch kaum ein Bedürfnis gesehen wurde. In Fällen, in denen es mit der Aufhebung eines Verwaltungsaktes nicht getan ist, etwa weil dieser in der Ablehnung eines beantragten begünstigenden Verwaltungsaktes besteht, bestand allerdings durchaus Vollstreckungsbedarf. Entsprechende Regeln wurden im Wesentlichen erst mit dem Gesetz vom 8.2.1995 geschaffen, heute Art. L 911-1 ff. CJA (vgl. auch Nr. 74). Auf Antrag des Klägers kann das Gericht, dessen Entscheidung nicht vollstreckt wird, ein Zwangsgeld verhängen. Dabei wird unterschieden, ob sich aus den Gründen einer verwaltungsgerichtlichen Entscheidung zwingend ergibt, dass rechtmäßige Verhältnisse nur durch den Erlass eines bestimmten Verwaltungsaktes hergestellt werden können; in diesem Fall kann ein entsprechendes Zwangsgeld angeordnet werden, das fällig wird, wenn die Entscheidung nicht innerhalb der vom Verwaltungsgericht festzusetzenden Frist ergeht. Steht dagegen der Verwaltungsbehörde, die den aufgehobenen Verwaltungsakt erlassen hat, wie fast immer ein Ermessen dabei zu, wie sie reagiert, muss nur überhaupt eine entsprechende Entscheidung ergehen. In jedem Fall sind allerdings jeweils der ursprünglichen Entscheidung nachfolgende tatsächliche oder rechtliche Änderungen zu berücksichtigen.[110]

110 CE 161105 vom 4.7.1997, Bourezak, RFDA 1997, 815.

§ 10 Weitere Verfahren der gerichtlichen Kontrolle der Verwaltung

79. Weitere Hauptsacheverfahren vor der Verwaltungsgerichtsbarkeit

Das französische Verwaltungsprozessrecht kennt neben dem soeben dargestellten *recours pour excès de pouvoir* weitere Klagearten. Die wichtigste ist der sog. *recours de pleine juridiction*. In diesem Verfahren ist der Richter nicht wie beim *recours pour excès de pouvoir* auf eine kassatorische Entscheidung im Verhältnis zur Verwaltung beschränkt, sondern verfügt über die Befugnis, den Fall selbst inhaltlich zu entscheiden, kann also insbesondere auch Verwaltungsentscheidungen ändern. Allerdings kommt dieses Verfahren nur bei bestimmten Klagegegenständen in Betracht. Praktische Beispiele bilden das Steuerrecht, bei denen Steuerbescheide korrigiert werden können, sowie das Wahlrecht, soweit es um verwaltungsrechtliche Vertretungskörperschaften geht und der Richter nicht nur die Verkündung eines (falschen) Wahlergebnisses aufheben, sondern zugleich auch die tatsächlich richtigen Ergebnisse verkünden kann. Über den Umfang von Rechten des Klägers zu befinden hat der Richter bei Streitigkeiten über die Staatshaftung (Nr. 82 ff.), bei denen der Richter Schadensersatzansprüche zuerkennen kann, sowie über verwaltungsrechtliche Verträge (Nr. 62),[111] auch auf Klage von Konkurrenten hin,[112] bei denen der Richter über vertragsrechtliche Pflichten entscheidet. Gemeinsam ist allen Verfahren, dass es hier um subjektive Rechte des Klägers geht. Dementsprechend ist vorbehaltlich besonderer gesetzlicher Regelungen eine Klage nur zulässig, wenn die Verletzung subjektiver Rechte geltend gemacht wird.

In einigen Bereichen ist der Richter auch zur Verhängung finanzieller Sanktionen befugt, *contentieux de la répression*. In diesem Fall besteht keine Unterscheidung zwischen Rechts- und Zweckmäßigkeitskontrolle mit der Konsequenz, dass die zuvor dargestellten Grenzen bei der Kontrolle von Ermessensentscheidungen nicht zu beachten sind; der Richter kann also auch eine von einer Behörde getroffene Sanktionsentscheidungen durch eine nach eigenem Ermessen getroffene Entscheidung ersetzen.[113] Darüber hinaus sind die Verwaltungsgerichte zuständig, wenn im Rahmen eines zivilrechtlichen Gerichtsverfahrens vor den ordentlichen Gerichten eine verwaltungsrechtliche Vorfrage zu entscheiden ist und in diesem Zusammenhang ein individueller Verwaltungsakt auszulegen ist; bei Verordnungen ist eine Vorlage notwendig, wenn die ordentliche Gerichtsbarkeit sie für rechtswidrig hält. In diesem Fall

111 Dazu jüngst CE 304802 vom 28.12.2009, Commune de Bézier, AJDA 2010, 142.

112 CE 291545 vom 16.7.2007, Société tropic travaux signalisation, RFDA 2007, 1134.

113 Dazu aus jüngerer Zeit CE 274000 vom 16.2.2009, Société Atom.

muss das ordentliche Gericht einen *recours en déclaration* vor dem zuständigen Verwaltungsgericht einleiten. Im Gegensatz dazu kann der Strafrichter über die Gültigkeit und Interpretation von Verwaltungsakten selbstständig entscheiden, Art. 111-5 CPén.

80. Verwaltungsgerichtlicher Eilrechtsschutz

Traditionell war der einstweilige Rechtsschutz im französischen verwaltungsgerichtlichen Verfahren von untergeordneter Bedeutung. Er kam nur unter engen Voraussetzungen in Betracht und seine Zuerkennung stand zudem im Ermessen des Richters. Hintergrund für diese Restriktion war die objektive Kontrollfunktion des gerichtlichen Verfahrens (Nr. 74), bei der dem Schutz von Rechten Einzelner nur eine eher geringe Bedeutung zukam. Vielmehr wurde die sofortige Vollziehbarkeit von Verwaltungsentscheidungen als elementarer Grundsatz des französischen öffentlichen Rechts angesehen (Nr. 61). Die herkömmliche Annahme mangelnder Grundrechtsrelevanz des einstweiligen Rechtsschutzes zeigte sich auch daran, dass dieser lange Zeit allein durch Verordnung geregelt wurde (vgl. allgemein zu dieser Frage Nr. 24). Demgegenüber betonte der Verfassungsrat in einer Entscheidung vom 23.1.1987 unter Hinweis auf die verfassungsrechtlichen *droits de la défense* (Nr. 40), dass das Recht auf Erlangung einstweiligen Rechtsschutzes eine elementare Garantie dieser Rechte darstelle.[114]

Dieser Einschätzung konnte sich auch der Gesetzgeber auf Dauer nicht entziehen. Dementsprechend wurde die Gewährung einstweiligen Rechtschutzes durch das Gesetz vom 30. Juni 2000 grundlegend neu und für den Antragsteller deutlich günstiger geregelt, heute Titel V CJA. Durch dieses Gesetz wurde ein Eilrichter, *juge des référés*, geschaffen, der in relativ kurzer Frist vorläufige Entscheidungen trifft. Zuständig sind jeweils die Präsidenten der Verwaltungsgerichte und der Oberverwaltungsgerichte sowie der Präsident der Streitentscheidungsabteilung beim *Conseil d'État* sowie die jeweils zu diesem Zweck von den genannten Präsidenten besonders berufenen Richter, die jeweils als Einzelrichter entscheiden. Gegen Entscheidungen des erstinstanzlich zuständigen Gerichts ist nur eine Kassationsbeschwerde beim *Conseil d'État* möglich.

Im Einzelnen werden mehrere Kategorien von Eilrechtsentscheidungen unterschieden. Beim *référé suspension* (Art. L 521-1 CJA) werden die regelmäßig sofort eintretenden Wirkungen einer Verwaltungsentscheidung (Nr. 61) aufgeschoben; dies kann sich auch auf eine ablehnende Entscheidung beziehen. Voraussetzung ist eine hinreichende Dringlichkeit und ein ernsthafter Zweifel an der Rechtmäßigkeit der Grundentscheidung. Auch bei Vorliegen dieser Vo-

---

114 CC 86-224 DC vom 23.1.1987.

raussetzungen aber kann der Richter einen Antrag ablehnen, wenn besondere Umstände dies rechtfertigen, etwa der angegriffene Verwaltungsakt nur formelle Mängel aufweist.[115] Im Gegensatz zu früher wird nicht mehr ein irreparabler Schaden verlangt.

Die zweite Form des Eilrechtsschutzes bezieht sich auf den Schutz von Freiheitsrechten, *référé liberté* (Art. L 521-2 CJA). Wenn eine Verwaltungsbehörde einen schwerwiegenden und offenkundig rechtswidrigen Eingriff in ein grundlegendes Freiheitsrecht vornimmt, kann der Richter in dringenden Fällen alle notwendigen Maßnahmen zur Bewahrung dieser Freiheit anordnen; er entscheidet innerhalb von 48 Stunden, ebenso im Fall der Kassationsbeschwerde der dann zuständige Staatsrat. Unter einem Freiheitsrecht in diesem Sinne sind insbesondere die Grundrechte zu verstehen; insoweit kann auf die einschlägigen verfassungsrechtlichen Darlegungen verwiesen werden (Nr. 37 ff.). Auch das Recht auf Vollstreckung eines zivilgerichtlichen Räumungsurteils gehört hierher.[116] Daneben gibt es den *référé conservatoire*, der auch dann möglich ist, wenn zuvor keine Verwaltungsentscheidung ergangen ist (Art. L 521-3 CJA). Mit diesem Instrument können alle sachdienlichen Maßnahmen angeordnet werden mit Ausnahme einer (auch nur vorläufigen) Außerkraftsetzung einer Verwaltungsentscheidung. Ferner gibt es besondere Verfahren im Kontext des Vertragsrechts, vor (Art. L 551-1 ff. CJA) und nach (Art. L 551-13 ff. CJA) Vertragsschluss. Schließlich sind Maßnahmen zur Beweissicherung (Art. R 532-1 ff. CJA) vorgesehen. Für spezifische Bereiche des Verwaltungsrechts bestehen darüber hinaus Sonderregeln, so etwa bei der durch den Präfekten ausgeübten Kommunalaufsicht (Art. 554-1 CJA; vgl. auch Nr. 53). Jede einmal getroffene Entscheidung kann vom zuständigen Richter auf Antrag auch wieder geändert werden (Art. L 521-4 CJA). Als Rechtsmittel gibt es nur die *cassation* zum *Conseil d'État*.

81. Rechtsschutz durch die ordentlichen Gerichte im Bereich des Verwaltungsrechts

In Ausnahmefällen liegt die Zuständigkeit auch für verwaltungsrechtliche Streitigkeiten bei den ordentlichen Gerichten. Dies kann zunächst einmal auf der Entscheidung des Gesetzgebers beruhen wie etwa im Fall des Wettbewerbsrechts. Darüber hinaus ist schon von Verfassungs wegen die ordentliche Gerichtsbarkeit zum Schutz der persönlichen Freiheit berufen (Art. 66 C., Nr. 40; siehe ferner Art. 136 CPrPén). Allerdings darf auch in diesem Rahmen die ordentliche Gerichtsbarkeit keine Verwaltungsakte auf ihre Rechtmäßigkeit hin untersuchen oder sie auch nur verbindlich interpretieren, sondern nur

115 CE 230606 vom 15.6.2001, Société Robert Nioche et ses fils, Leb T.
116 CE 259361 vom 29.10.2003, Société Resimmo.

zum Ersatz des Schadens verurteilen.[117] Die gleichen Regeln gelten für eine unzulässige Beanspruchung von Grundeigentum durch eine Stelle der öffentlichen Hand. Schließlich ist seit langem anerkannt, dass die ordentlichen Gerichte zuständig sind zur Entscheidung über die sog. *voie de fait*. Dabei geht es um Entscheidungen, mit denen in rechtswidriger Weise Verwaltungsakte durchgesetzt werden, auch rechtmäßige, und die zugleich einen schwerwiegenden Eingriff in das Eigentum oder eine Grundfreiheit darstellen oder um sonstige Verwaltungsakte, die vergleichbar einzuordnen sind. Voraussetzung ist, dass die Verwaltungsentscheidung offenkundig nicht den Befugnissen einer Verwaltungsbehörde zugeordnet werden kann[118] und daher als nichtig anzusehen ist;[119] diese Bedingungen sind damit enger gefasst als die des *référé* liberté (Nr. 80). In diesem Rahmen verfügt der Richter über umfassende Befugnisse gegenüber der Verwaltung.

§ 11 Staatshaftung

82. Grundlagen

Die Herausbildung eines eigenständigen Haftungsrechts steht wie dargestellt (Nr. 47) am Anfang der Entwicklung des französischen Verwaltungsrechts. Ausgangspunkt war zu diesem Zeitpunkt noch die Vorstellung, dass die Haftung des Staates im Lichte von dessen Souveränität besonderen Restrektionen unterliegen müsse. Dementsprechend wurden in der erwähnten Entscheidung *Blanco* vor allem die im Vergleich zum Zivilrecht bestehenden Grenzen der Staatshaftung betont. Zu Beginn des 20. Jahrhunderts allerdings hat die Rechtsprechung den Grundsatz besonderer Zurückhaltung aufgegeben und die *Haftung* für schuldhaft verursachte Schäden zur *Regel* erklärt. Mittlerweile wird die Staatshaftung sogar als im Grundsatz verfassungsrechtlich gefordert angesehen; die Grundlage bildet insoweit insbesondere das Prinzip der Gleichheit gegenüber den öffentlichen Lasten (Nr. 41).

Für Teilbereiche hat der *Gesetzgeber* die Haftung des Staates durch besondere Regeln ausgestaltet, insoweit zum Teil auch den Rechtsweg vor die ordentlichen Gerichte vorgesehen. Genannt werden können etwa der Straßenverkehr (Gesetz 57-1424 vom 31.12.1957), die Haftung von Krankenhäusern (Gesetz 2002-303 vom 4.3.2002), aber auch die Haftung im Fall von AIDS-Erkrankungen, die durch verseuchte Blutkonserven zustande gekommen sind, oder für Asbestschäden. Die Haftung der Justiz ist gleichfalls durch ein besonderes Ge-

117 TC vom 16.1.1964, Clément, Leb 796.
118 TC 3227 vom 23.10.2000, Boussadar, Leb 7875 = D 2001, 2332.
119 Speziell dazu TC 01889 vom 27.6.1966, Sieur Guigon c. Ministre des Armées, Leb 830.

setz vom 5. Juli 1972 ausführlich näher geregelt. Im Übrigen kommt eine Haftung nach den Grundsätzen des Verwaltungsrechts naturgemäß nur insoweit in Betracht, wie ein Sachverhalt dem Verwaltungsrecht unterliegt. Dementsprechend sind heute insbesondere Schäden, die im Zusammenhang mit einem *service public* im Bereich des Wirtschaftslebens, *service public industriel et commercial* (Nr. 67) entstehen, vor den ordentlichen Gerichten geltend zu machen;[120] erst recht gilt dies, soweit Private im Rahmen eines *service public* tätig werden. Eine flächendeckende Gesetzgebung im Bereich der spezifischen verwaltungsrechtlichen Haftung des Staates gibt es bislang nicht.

83. Der Schaden und seine Verursachung

Elementare Voraussetzung für jeden Schadensersatz ist ein ersatzfähiger Schaden. Dieser muss sicheren Charakter haben sowie direkt[121] durch das schädigende Ereignis – adäquat kausal – verursacht worden sein, so dass insbesondere der Ersatz von indirekten Schäden ausscheidet. Mit- und Drittverschulden schließen gleichfalls einen Ersatz aus.

Die dogmatische Verankerung der Schadenshaftung im Gleichheitssatz führt ferner dazu, dass nur Schäden, die bestimmte Individuen besonders treffen, ersatzfähig sind; nachteilige Folgen, die die Gesamtheit der Bürger betreffen, sind hingegen nicht ersatzfähig. Schließlich muss der Schaden in einem rechtlich dem Geschädigten zugewiesenem Bereich entstanden sein; es reicht aber die Verletzung eines rechtlich geschützten Interesses, nicht zwingend eines Rechts. Später als von der ordentlichen Gerichtsbarkeit, aber nunmehr gleichfalls anerkannt ist die Ersatzfähigkeit von immateriellen Schäden.[122]

Die Staatshaftung muss zunächst gegenüber der Verwaltung geltend gemacht werden; erst dann kann geklagt werden. Dabei gilt die normale verwaltungsrechtliche Klagefrist von 2 Monaten (Nr. 74). Die Verjährung beträgt vier Jahre.

84. Die Haftung für rechtswidriges Verwaltungshandeln

Voraussetzung für die Haftung für Verwaltungshandeln ist im Regelfall eine schuldhafte Pflichtverletzung, die der Verwaltung zuzurechnen ist. Diese kann entweder durch einen Bediensteten im Rahmen seiner Diensttätigkeit, *faute de service*, oder ohne personale Zuordnung durch Fehlfunktionen in der Verwaltung insgesamt, *faute du service*, verursacht worden sein. Eine Haftung auszulösen vermag dabei nicht nur ein Rechtsakt, sondern auch faktisches Handeln

120 TC 00706 vom 22.1.1921, Société commerciale de l'ouest africain, Leb 91.
121 CE 60783 vom 14.10.1966, Marais, Leb 548.
122 CE 48841 vom 24.11.1961, Letisserand, Leb 661.

ebenso wie ein Unterlassen, wenn eine entsprechende Handlungspflicht bestand[123] (vgl. auch Nr. 64); dazu gehört auch die unangemessene Verzögerung einer Verwaltungsangelegenheit.[124] Der Pflichtverstoß kann sich dabei auch auf unmittelbar anwendbares europäisches Unionsrecht beziehen; ggf. sind dann die z. T. weitergehenden unionsrechtlichen Regeln zu beachten.[125] Dabei begründet im Grundsatz jeder vorwerfbare Pflichtverstoß, *faute*, eine Haftung. Eine Ausnahme wird jedoch gemacht bei Verstößen von nur geringer Bedeutung, etwa wenn es nur um einen formellen Fehler geht, die fragliche Handlung aber materiell durchaus rechtmäßig gewesen wäre.

Für bestimmte Bereiche wird sogar ein schwerwiegender Fehler, *faute lourde*, als Voraussetzung für die Haftung verlangt. Nachdem die Rechtsprechung in der Mitte des 20. Jahrhunderts diese schwere Pflichtverletzung in relativ weitem Umfang gefordert hatte, kommt der *Conseil d'État* in den letzten Jahren zunehmend zu differenzierenden Maßstäben. So wird anders als früher nicht mehr pauschal in Abhängigkeit von der handelnden Stelle entschieden, etwa bei Tätigkeiten wie der Polizei oder dem Rettungsdienst pauschal eine *faute lourde* verlangt. Heute löst auch in solchen Bereichen eine einfache Fahrlässigkeit die Haftung aus, wenn der entscheidende Fehler nicht bei Handlungen vorkam, an die besondere Anforderungen zu stellen waren;[126] nur beim Handeln unter Zeitdruck[127] oder bei besonders komplizierten Angelegenheiten[128] wird weiterhin eine *faute lourde* verlangt. Gleiches gilt in den Fällen, in denen der Staat in die Verantwortung genommen wird, weil er seine Kontrollpflichten gegenüber nachgeordneten Stellen etwa kommunale Körperschaften, private Rechtssubjekte vernachlässigt hat.[129] Schließlich ist bei der Bemessung des Umfangs des Schadensersatzes ein eventuelles Mitverschulden zu beachten.[130]

Haftendes Subjekt ist derjenige Rechtsträger, dem der rechtswidrige Akt zuzurechnen ist. Handelt eine Person in unterschiedlichen Funktionen für verschiedene juristische Personen, etwa der Bürgermeister als Organ der Gemeinde oder auch (etwa im Polizeirecht) für den Staat, kommt es nicht auf die Anstellung an, sondern darauf, für wen die konkrete Handlung vorgenommen wurde.

---

123 CE 21793 und 21794 vom 9.2.1983, SA Affichage Niçoise et SA Affichage Giraudy, Leb 51.

124 CE 325824 vom 30.12.2009, Département de la Seine-Saint-Denis, Leb T.

125 CE 295831 vom 18.6.2008, Gestas, RFDA 2008, 854.

126 Siehe etwa zur Funktionsfähigkeit von Gerätschaften der Feuerwehr CE 164012 vom 29.4.1998, Commune de Hannapes, Leb 285 = RDP 1998, 1000; zur Überwachung eines Badesees CE 30538 vom 13.5.1983, Dame Lefebvre, Leb 194 = AJDA 1983, 477; zum Baurecht CE 284022 vom 27.9.2006, Commune de Baalon, Leb T; zum Krankentransport CE 139495 vom 23.6.1997 Theux, Leb 254 = RFDA 1998, 82; zur Rettung auf hoher See CE 89370 vom 13.3.1998, Améon u. a., Leb 82 = AJDA 1998, 461; zur Steuerverwaltung CE 151472 vom 29.12.1997, Commune d'Arcueil, Leb 512.

127 CE 02496 vom 27.4.1979, Société Le Profil/Ministre de l'intérieur, Leb 649.

128 CE 308517 vom 24.7.2009, Commune de Coupvray, Leb T.

129 CE 205959 vom 6.10.2000, Min. de l'intérieur/Commune de Saint-Florent, Leb 395.

130 CE 284022 vom 27.9.2006, Commune de Baalon, Leb T.

Schließlich muss der Schaden innerhalb von vier Jahren nach Entstehung bzw. nach Bekanntwerden geltend gemacht werden.

85. Haftung für rechtmäßiges Verwaltungshandeln

In Teilbereichen gibt es auch eine Haftung ohne rechtswidriges Handeln. Hintergrund ist der Gedanke der auch in Deutschland bekannten Aufopferung, also den Ausgleich für eine außergewöhnliche Sonderbelastung. Teilweise wird eine entsprechende Haftung vom Gesetzgeber angeordnet, etwa für den Bereich der Impfschäden. Im Fall von Schäden, die aus gewalttätigen Menschenansammlungen, *atroupements*, heraus entstanden sind, sieht Art. L 2216-3 CGCT eine staatliche Haftung vor. Darüber hinaus hat auch die Rechtsprechung eine entsprechende Haftung anerkannt. Grund sind zunächst besondere Risiken oder Nachteile, wie sie mit besonders gefährlichen Gegenständen oder Aktivitäten verbunden sind oder aus nachbarschaftlichen Verhältnissen resultieren.[131] Eine staatliche Haftung wird auch dann ausgelöst, wenn eine gerichtliche Entscheidung nicht vollstreckt wird, weil dadurch möglicherweise öffentliche Unruhen ausgelöst werden könnten.[132]

In Ausnahmefällen wird darüber hinaus eine Haftung des Staats in Folge von Entscheidungen des Gesetzgebers angenommen, *responsabilité du fait des lois*. Voraussetzung ist, dass gesetzgeberische Entscheidungen bestimmte Sonderopfer auslösen (zur Gleichheit gegenüber öffentlichen Lasten siehe Nr. 41), von denen nicht erkennbar ist, dass sie vom Gesetzgeber tatsächlich intendiert waren.[133] Entsprechendes gilt für völkerrechtliche Verträge.[134] Eine Haftung besteht auch, wenn der Staat seine völkerrechtlichen Verpflichtungen verletzt;[135] mit diesem Ansatz wird auch die Haftung in Fällen des Unionrechts realisiert. Gedankliche Grundlage ist auch hier der Gleichheitssatz.

86. Persönliche Haftung der Staatsbediensteten

Neben der Haftung des Staates besteht im Grundsatz auch eine persönliche Haftung der Bediensteten. Voraussetzung ist hier, dass sich das Handeln auf ein persönliches schuldhaftes Verhalten der entsprechenden Person zurückfüh-

---

131 CE vom 28.3.1919, Regnault-Desroziers, Leb 329 zur Explosion in einem benachbarten Munitionslager; zum Waffengebrauch CE 87335 vom 24.6.1949, Consorts Lecomte, Leb 307; zu Schäden in Folge von Ausbrüchen nach Liberalisierung des Strafvollzuges CE vom 3.2.1956, Ministre de la Justice c. Thouzelier, Leb 49.

132 CE 38284 und 48688 vom 30.11.1923, Couitéas, Leb 789.

133 CE 266564 vom 2.11.2005, Société coopérative agricole Ax'ion, RFDA 2006, 214.

134 CE 325253 vom 11.2.2011, Susilawita, RFDA 2011, 579 zu Haftung des Staates, weil sich ein gegen einen ausländischen, durch ein Immunitätsabkommen geschützten Diplomaten ergangenes arbeitsrechtliches Urteil nicht vollstrecken ließ.

135 CE 279522 vom 8.2.2007, Gardedieu, RFDA 2007, 435.

86

ren lässt. Dies ist zum einen der Fall bei außerdienstlichem Handeln, bei dem sich die Haftung nach den normalen Regeln des Zivilrechts richtet (Nr. 105). Zum anderen kann persönliches Fehlverhalten auch bei dienstlichem Handeln vorliegen; in diesem Fall besteht eine Haftung allerdings nur, wenn es sich um einen schwerwiegenden Pflichtverstoß handelt, insbesondere, wenn der Betreffende vorsätzlich gehandelt hat.[136] Hintergrund ist die Vorstellung, dass es sich insoweit um Akte handelt, die von der eigentlichen Amtstätigkeit zu trennen sind.

Im Grundsatz stehen die Ansprüche gegen den Staat und gegen den Bediensteten nebeneinander. In der Praxis wendet sich naturgemäß der Geschädigte in der Regel an die Verwaltung; ein doppelter Ersatz ist aber in jedem Fall ausgeschlossen. Ggf. bestehen entsprechende Ausgleichpflichten bzw. Rückgriffsmöglichkeiten. Die Möglichkeit eines Rückgriffs auf den entsprechenden Beschäftigten ist seit den 50er Jahren durch die Rechtsprechung anerkannt; umgekehrt muss der Staat einen Teil des Schadens übernehmen, wenn der Fehler nicht allein beim Bediensteten liegt.[137]

136 Dazu der auch historisch bemerkenswerte Fall Papon (CE 238689 vom 12.4.2002, Leb 139) zur Haftung des Staates für Unrecht der Vichy-Zeit.

137 Siehe dazu etwa den Fall Papon (Fn. 136).

Drittes Kapitel:

Bürgerliches Recht

Literatur: *Ferid*, Das Französische Zivilrecht, 2 Bde., Frankfurt a. M./Berlin, 1971, seit 1996 *Ferid/Sonnenberger*, 2. Aufl., (4 Bde., bisher erschienen Bd. 1.1 (Einführung, Allgemeiner Teil), 2 (Besonderes Schuldrecht, Sachenrecht), 3 (Familien-, Erbrecht), 4.1 (Ergänzungen), Heidelberg 1986–94); *Aubry/Rau*, Droit civil français, 12 Bde. und Ergänzungsbd., 6.–7. Aufl., Paris 1952–79; *Carbonnier*, Droit civil, 2 Bde., 19.–22. Aufl., Paris 2004 (anlässlich seines Todes die fünf Bde. der letzten Auflage zusammenfassend, zit. *Carbonnier (Quadrige)*; *Flour/Aubert/Savaux*, Droit civil, 4 Bde., 6.–13. Aufl., Paris 2008/9; *Ghestin* (Dir., verschiedene Verf.), Traité de droit civil, derzeit 16 Bde., 1.–4. Aufl., Paris 1989–2008; *Larroumet* (und Mitverf.), Droit civil, 9 Bde., 1.–6. Aufl., Paris 2001/07; *Malaurie/Aynès* (und Mitverf.), Droit civil, 9 Bände, diff. Zählung der Aufl., seit 2002, Paris 2004–2009; *Marty/Raynaud* (und Mitverf.), Traité de droit civil, 4 Bde., 2.–3. Aufl., Paris 1972–95; *Mazeaud* (und Mitverf.), Leçons de droit civil, 4 Bände in 10 Teilen, 5.–12. Aufl., Paris 1994–2000; *Précis Dalloz* (verschiedene Autoren), Droit civil (einzelne Titel nach Rechtsgebieten bzw. Spezialmaterien geordnet), 5.–10. Aufl., Paris, 2005–2009; *Voirin/Goubeaux*, Manuels, Droit civil, 23.–30. Aufl., Paris 2004/5. – Umfassende Übersicht der französischen zivilrechtlichen Literatur bei *Ferid/Sonnenberger*, Bd. 1.1 A 385 ff. – Kommentierte Rechtsprechungssammlung: *Capitant/Terré/Lequette*, Les grands arrêts de la jurisprudence civile, 12. Aufl., Paris 2008. – Zahlreiche deutsch-französische rechtsvergleichende Hinweise bei *Ferrand*, Droit privé allemand, Paris 1997; *Lardeux* ZEuP 2007, S. 448 ff.; *Pedamon*, in: Le code civil, un passé, un présent, un futur, unten Fn. 4, S. 803 ff.; *Witz*, Droit privé allemand, Paris 1992.

§ 1 Einleitung

Literatur (vgl. von den oben vor § 1 genannten Traités jeweils die Introduction). Ferner: *Aubert/Savaux*, Introduction au droit et thèmes fondamentaux du droit civil, 12. Aufl., Paris 2008; *Bürge*, Das französische Privatrecht im 19. Jahrhundert, Frankfurt a. M. 1991; *Carbonnier (Quadrige)*, Bd. 1, Introduction; *Terré*, Introduction générale au droit, 8. Aufl., Paris 2009; *Theewen*, Napoleons Anteil am Code civil, Paris 1991. – Weitere Nachweise deutschen Spezialschrifttums bei *Ferid/Sonnenberger* Bd. 1.1 vor 1 A 301.

87. Entwicklung des bürgerlichen Rechts seit 1804[1]

Der Code Civil von 1804 ist neben dem österreichischen ABGB die bedeutendste Kodifikation des bürgerlichen Rechts, *droit civil*, im Geiste der Auf-

1 *Halperin*, Histoire du droit privé français dépuis 1804, Paris 1996; *Schlosser* (vor Nr. 1), S. 130 ff.

87 klärung, die den Wandel von der frühkapitalistischen Gesellschaft zum modernen Sozialstaat überdauert und weit über Frankreich hinaus Einfluss erlangt hat. Man hat den CC oft als Wendepunkt des französischen Zivilrechts bezeichnet. Trotzdem bewirkte er keinen Bruch mit der Tradition. Viele seiner Rechtsinstitute fanden sich schon in den *coutumes* des *ancien régime*, namentlich der coutume von Paris, im kanonischen Recht oder waren von Juristen des 17. und 18. Jahrhunderts, besonders *Pothier* und *Domat*, vorbereitet, so dass auch römisches Recht in den CC einfloss. Napoleon und den Verfassern des CC ging es vor allem darum, das überkommene Recht zu vereinheitlichen, den rechtspolitischen Forderungen der Revolution von 1789 bzw. des aus dieser als stärkste gesellschaftliche Kraft hervorgegangenen Bürgertums anzupassen und den soeben geschaffenen Nationalstaat zu konsolidieren. Zugleich ging es Napoleon um die innere Stabilisierung Frankreichs durch Gewinnung des Bürgertums als Voraussetzung für die Verwirklichung seiner europäischen Ambitionen. Die Aufhebung des Standesrechts und der Standesprivilegien z.B. im Boden- und Erbrecht sicherte die Rechtsgleichheit aller. Die Trennung von Kirche und Staat wurde durch Verweltlichung des Ehe- und Familienrechts bestätigt. Auf der Grundlage der Gleichheit steht im Mittelpunkt des Gesetzes der freie Bürger[2]: die Freiheit des Bürgers drückt sich in der Beseitigung feudaler Eigentumsbindungen sowie familien- und korporationsrechtlicher Abhängigkeitsverhältnisse aus, im Familien- und Erbrecht freilich, ohne die überkommenen patriarchalischen Strukturen und die Vorstellungen der Legitimität der Familie aufzugeben.

Letzteres ändert nichts daran, dass als *Kernbegriff* des ganzen Systems das *subjektive Recht* zum Maßstab der individuellen Rechtsmacht wird. In den Schranken des *ordre public* und der *lois de police* (Art. 3, 6 CC) und begrenzt durch vorrangige Staatsinteressen wird im Schuldrecht Privatautonomie zur Maxime juristischer Gestaltungskraft und pflichtwidriges Verhalten, *faute*, zur Voraussetzung rechtlicher Verantwortlichkeit. Prototyp des subjektiven Vermögensrechts ist das Eigentum (Art. 544), der Privatautonomie der Vertrag (Art. 1134 Abs. 1) und der Verantwortlichkeit die deliktsrechtliche Haftung (Art. 1382). Der freie Bürger steht aber nicht im gesellschaftsfreien Raum. Beim subjektiven Recht zeigt sich, dass der betonte Individualismus nur so lange garantiert wird, wie der Bürger innerhalb der Rechtsgemeinschaft steht. Die Ausübung subjektiver Rechte ist grundsätzlich unbeschränkt, wird aber durch die Gesetze reglementiert (Art. 544). Stellt sich der Bürger durch strafbares Verhalten außerhalb der Gemeinschaftsordnung, so wird er rechtsunfähig, *mort civile*, und seine Rechte gehen verloren (Art. 22–25, im Jahre 1854 aufgehoben). *Rousseaus* Vorstellung, dass jedes Recht nur im Rahmen der *volonté générale* Bestand hat, wird hier sichtbar. Dass aber bei Rousseau gerade

2 Zur Entwicklung der Sklavenfrage *Sturm*, Code Noir und römisches Sklavenrecht, Studi in onore di A. Metro, 2010, Bd. VI, S. 223 ff.

die *volonté générale* Ansätze auch für innere Schranken der individuellen Rechtsmacht enthielt, blieb den Verfassern des CC und den Juristen der nächsten Jahrzehnte verborgen.

Erst in der zweiten Hälfte des 19. Jahrhunderts begann die *Kritik an der einseitig individualistischen Linie* des CC: die Überbewertung der Privatautonomie liefere den Schwächeren an die Wirtschaftsmächte aus, die Verdrängung sozialer Eigentumsbindung beruhe auf einer Überbewertung individueller Freiheit, das Korporationsverbot, das den Bürger vor Mediatisierung und Gängelung durch gesellschaftliche Institutionen bewahren sollte, verhindere vernünftige Wirtschaftseinheiten, die Familie werde als natürliche Einheit nicht hinreichend herausgestellt, die Gleichheit der Familienmitglieder sei zugunsten einer patriarchalischen Vorrangstellung des Mannes vernachlässigt. Besonders stieß das *subjektive Recht* auf Widerspruch. Unter dem Einfluss *Comtes* lehnte einer der führenden Juristen der Zeit, *Duguit*, subjektive Rechte überhaupt ab: es gebe nur tatsächliche gesellschaftliche Zustände mit schutzwürdigen sozialen Funktionen. Berühmt wurde *Duguits* Eigentumsbegriff: Eigentum ist kein Recht, sondern tatsächlicher Reichtum, der die Pflicht begründe „*à maintenir et à accroître l'interdépendence sociale*".

Diese Erkenntnisse haben in der weiteren Entwicklung die Konstruktionsform der subjektiven Rechte nicht ausgelöscht, aber doch verändert. Die Gerichte entwickelten die Lehre vom Rechtsmissbrauch, *abus de droit*. Sie führte im Vertragsrecht zur Einschränkung der Privatautonomie, wenn auch eine allgemeine Ahndung der *clauses abusives* erst in den letzten Jahrzehnten erfolgte. Im Eigentumsrecht förderte sie die Entwicklung des Nachbarrechtsverhältnisses und das Verbot der *troubles de voisinage*. Zahlreiche Rechte wurden entsprechend ihrer sozialen Funktion eingeschränkt und die Rechtsgrenzen durch Zunahme der öffentlichen Ordnung, *ordre public interne*, mit der Folge weiterer Zurückdrängung der schuldvertraglichen Privatautonomie und der Zunahme von Beschränkungen der subjektiven Sachenrechte ausgedehnt. Die Ausgleichsfunktion des Rechts wurde der wirtschaftlichen und gesellschaftlichen Entwicklung angeglichen, was sich besonders augenfällig in der Ausdehnung der außervertraglichen Verantwortlichkeit durch Einführung des Risikoprinzips neben dem *faute*-Prinzip zeigte. Im Familienrecht wurde – wenn auch zögernd und in zahlreichen z. T. kleineren Schritten – der Wandel von der patriarchalischen zu einer durch Gleichheit und gegenseitige Förderung und Fürsorge der Mitglieder charakterisierten Ordnung vollzogen. Die Vorrangstellung des Mannes entfiel, die verheiratete Frau erlangte nach und nach Gleichstellung und volle Geschäftsfähigkeit, die väterliche Gewalt wurde zu einem elterlichen Sorgerecht umgestaltet. Zögernd machte das traditionelle bürgerliche Familienbild neuen Gestaltungen des Zusammenlebens von Mann und Frau sowie Eltern und Kindern Platz. Infolge des laizistischen Staatsverständnisses sah sich der Gesetzgeber dabei weniger als in Deutschland mit religiösen Vorverständnissen konfrontiert.

87 Man spricht angesichts der Veränderungen heute in Frankreich von einer Verstaatlichung und Sozialisierung des bürgerlichen Rechts. Daran ist so viel richtig, dass sich der Staat oft entscheidend in das Privatrecht einschaltet. Erstens nehmen die zwingenden, private Rechte beschränkenden Vorschriften zu und sind zum Teil wieder zu besonderen Codes zusammengefasst: etwa das ursprünglich zum CC gehörende Landwirtschaftsrecht (*Code Rural*), Arbeitsrecht (*Code du Travail*) und Versicherungsrecht (*Code des Assurances*). Der Verbraucherschutz hat zu weiteren zwingenden Regelungen geführt (*Code de la Consommation*). Zweitens greift die staatliche Exekutive in den Privatrechtsverkehr z.B. mit der Aufstellung von Vertragsmustern oder durch gezielte Subventionen ein. Drittens tritt die öffentliche Hand selbst in privatrechtlicher Form auf und verändert dadurch den ursprünglichen Charakter privatrechtlicher Mechanismen. Hier sind zum Beispiel die Staatsgesellschaften zu nennen, die nach den Verstaatlichungswellen von 1945 und 1982 im Bank- und Versicherungswesen die entscheidende sowie in den zentralen Produktionszweigen eine wichtige Rolle spielten. Ähnlich wie in Deutschland gibt es in den letzten Jahrzehnten auch eine gegenläufige Entwicklung der Deregulierung und Reprivatisierung. So ist z.B. das Bankenwesen weitgehend reprivatisiert worden. In einem Bereich ist ein Rückzug des Staates aus der Regelung gesetzlicher Vorgaben unverkennbar: im Familienrecht handelt es sich heute nicht mehr um Durchsetzung bestimmter Modelle, sondern um Normierung organisations- und vermögensrechtlicher Fragen und Gewährleistung von Grundfreiheiten des Einzelnen. Auf einem anderen Blatt steht, dass außerhalb des Zivilrechts der französische Staat in ungleich größerem Maße als der deutsche durch Gestaltung des Erziehungswesens und der Familienfürsorge auf die sozialen Strukturen der Familienbeziehungen einwirkt. Das wird auch öffentlich zum Ausdruck gebracht: es gibt einen umfänglichen *Code de l'action sociale et de la famille.*

Die Veränderungen des französischen Zivilrechts hatten 1945 zur Einsetzung einer Reformkommission geführt, die einen neuen CC verfassen sollte. Die Arbeiten kamen jedoch nur so zäh voran, dass die Gesamtreform bald wieder aufgegeben wurde. Stattdessen erfolgten seither auf Teilgebieten einschneidende Veränderungen: z.B. 1955 Reform des Grundregisters, 1958 des Personenstands- und Enteignungsrechts, 1964 des Vormundschaftsrechts, 1965 des Ehegüterrechts und des Wohnungseigentums, 1966 des Adoptionsrechts, 1968 der Vorschriften über geschäftsunfähige Personen, 1970 der elterlichen Gewalt und des Schutzes der Privatsphäre, 1972 des Kindschaftsrechts (Gleichstellung ehelicher und nichtehelicher Kinder, Neuregelung der Vaterschaftsfeststellung), 1974 des Eintritts der Volljährigkeit, 1975 des Scheidungsrechts, 1976 der Rechtsgemeinschaft, 1977 der Verschollenheit, 1978 des Rechts der bürgerlichen-rechtlichen Gesellschaft, des Konsumentenschutzes und der Bauvertragshaftung, 1980 der Regeln über die Beweisform der Verträge, 1982 der Wohnraummiete, 1985 erneut des ehelichen Güterrechts, der elterlichen Gewalt und der Kfz-Haftung, 1986 der Teilzeitnutzung von Immobilien und erneut der Wohnraummiete, 1987 des Stiftungsrechts, 1988 und folgende Jahre des Versicherungsvertragsrechts, 1989 der privaten Überschuldung und erneut der Wohnraummiete, 1990 des Bauvertragsrechts, 1993 Zusammenfassung verstreuter Regelungen des Konsumentenschutzes und in den Folgejahren Ergänzungen insbesondere des Rechts der *clauses abusives*, erneut des Kindschaftsrechts u.a. mit Regelungen zur heterologen Befruchtung, Legitimation, Gleichstellung der Kinder, 1994 Reform des Wohnungseigentums, Reform des Urheberrechts mit Blick auf Computerprogramme, Schutz des menschlichen Körpers, 1996 der Adoption, 1999 Einführung der partnerschaftlichen Lebensgemeinschaften (reformiert 2006), 2001 Stärkung der erbrechtlichen Stellung des überlebenden Ehegatten sowie Modernisierung zahlreicher weiterer erbrechtlicher Regelungen und Fortsetzung der Gleichstellung der Kinder bezüglich der *enfants adultérins*, 2002 Reform der elterlichen Sorge, *autorité parentale*, 2004 neuerliche Reform des Scheidungsrechts sowie sondergesetzliche Regelung des elektronischen Geschäftsverkehrs, 2005 umfangreiche Reform des Kindschaftsrechts[3] von 1972 und 1993, 2006 Neuregelung der Sicherungsrechte und Einführung der wiederaufladbaren Hypothek, Fortsetzung der Erbrechtsreform, 2007 Einführung der treuhänderischen Rechtsübertragung, *fiducie* (ergänzt 2008 und 2009), Reform des Schutzes Volljähriger, 2008 Reform des Verjährungsrechts, 2009 Einführung des Sicherungseigentums, 2010 erneute Reform des Kindschaftsrechts, insbesondere der elterlichen Sorge, des Verbraucherkreditrechts sowie der Überschuldung Privater.

Für die Diskussion über die weitere Entwicklung des CC wurde 2004 ein besonderes Jahr, in dem der 200. Jahrestag seines Inkrafttretens begangen wurde. Dieses Ereignis war nicht nur Anlass historischen Rückblicks und aktueller Standortbestimmung.[4] Es wurde zugleich Auftakt bedeutender Reformdiskussionen und motivierte, nach der Zukunft des CC im Prozess der europäischen Angleichung und Vereinheitlichung des Bürgerlichen Rechts zu fragen. Die ins Auge gefassten Reformen betrafen vor allem den allgemeinen Teil des Schuldvertragsrechts und das Recht der außervertraglichen Schuldverhältnisse, die nach französischer Systematik das *droit des obligations* bilden,[5] sowie das Sachenrecht, *droit des biens*.[6] Bei der Europäisierungsdiskussion geht es

3 Dazu auch die von Frankreich 2008 in Kraft gesetzte europäische Kinderrechtekonvention von 1996, deren Hauptakzent im Kindschaftsverfahrensrecht liegt. Zur UN-Kinderrechtekonvention oben Nr. 4.

4 Vgl. vor allem die Jubiläumsschriften: Le Code Civil 1804–2004, Livre du Bicentenaire, Paris 2004; *Université Panthéon-Assas (Paris II)*, 1804–2004 Le Code Civil, Un passé, un présent, un avenir, Paris 2004. Weiteres zitiert *Terré*, S. 78 Fn. 4.

5 *Català*, Avant-projét de réforme du droit des obligations et de la prescription, Paris 2006; *Terré* (Hrsg.), Pour une réforme du droit des contrats, Paris 2009; deutsche Übersetzung des Vorentwurfs ZEuP 2007, 633 ff. (*Sonnenberger*) und Einführungen von *Fauvarque-Cosson, Sonnenberger*, S. 421 ff., 428 ff.

6 *Périnet/Marquet* (Hrsg.), Proposition de l'association Henri Capitant pour une réforme du droit des biens, Paris 2009.

vor allem um die Bestrebungen, den CC durch einen europäischen Code zumindest für Teilgebiete, etwa das Schuldrecht, zu ersetzen, die von vielen als Angriffe auf die Rechtskultur der kontinentaleuropäischen Tradition des *droit civil* gesehen und teilweise auch als Versuch gedeutet werden, angloamerikanisches common law für den internationalen Geschäftsverkehr europaweit durchzusetzen.[7]

88. System des Bürgerlichen Rechts

Der CC bestand ursprünglich aus drei Büchern: Personen (einschließlich Familienrecht), Sachen und Abwandlungen des Eigentums, Arten des Eigentumserwerbs. 2002 bzw. 2006 wurden zwei Bücher hinzugefügt. Das vierte Buch enthält die Rechte, die Forderungen absichern, im fünften Buch folgen einige Sonderregelungen für das Überseegebiet *Mayotte.* Es wäre verfehlt, an diese Gliederung die gleichen Maßstäbe anzulegen, die nach dem Entwicklungsstand der Rechtswissenschaft für das BGB maßgeblich waren. So sucht man vergeblich einen allgemeinen Teil, die im ersten Buch des BGB zusammengefassten Materien sind über den CC verstreut oder erst später in Spezialgesetzen geregelt. Die juristischen Personen fehlten ursprünglich, erst 1978 erscheint der Begriff *personnalité morale* in Art. 1842. Der Persönlichkeitsschutz und die Geschäftsfähigkeit natürlicher Personen sind im Personenrecht behandelt, das zugleich die familienrechtlichen Beziehungen regelt. Die Sachen finden sich im zweiten Buch, *droit des biens*, das sich anders als das deutsche Sachenrecht weder mit dem Eigentumserwerb noch den Sicherungsrechten befasst. Die Vollmacht wird im Vertragsrecht beim Auftrag erörtert. Der Begriff des Rechtsgeschäfts erscheint überhaupt nicht. Was dazu im ersten Buch des BGB steht, findet man im Wesentlichen im Vertragsrecht im dritten Buch des CC. Dieses ist überschrieben mit *Arten des Eigentumserwerbs* und besonders bunt gemischt. Es beginnt mit dem Erbrecht, in dessen Zusammenhang auch die Schenkungen gestellt sind. Sodann folgt das allgemeine Schuldrecht, in dem die Verträge dominieren. An diese schließen sich die außervertraglichen Schuldverhältnisse an, bei denen teilweise durch den Begriff *quasi-contrat* ein Scheinbezug zum Vertragsrecht erzeugt wird. Die folgendem Titel sind den besonderen Verträgen gewidmet, beginnen jedoch ganz unerwartet mit dem in Ehegüterrecht und enden mit Verjährung, Ersitzung und mit Titeln, die man nach deutschem Verständnis nicht im Vertragsrecht suchen würde: Vollstreckung in Immobilien und Erlösverteilung, gutgläubiger Fahrniserwerb und Besitzschutz. Auch das 2006 neu geschaffene vierte Buch weicht von deutschen Systemvorstellungen ab, denn es fasst schuldrechtliche und dingliche Sicherheiten zusammen. Hinzukommt, dass der CC Vorschriften enthält, die nach

7 Krit. *Terré*, Nr. 88 m. N. der Diskussion S. 79 Fn. 2, 3 und Hinweis auf die inzwischen aktive *Fondation pour le droit continental* (2-2 bis Villa Thoréton, 75015 Paris, Web: http://www.fonda tion-droit continental.org/1.aspx).

deutschen Systemvorstellungen nicht in ein Bürgerliches Gesetzbuch, sondern ins öffentliche Recht oder ins Verfahrensrecht gehören, z.B. über die Staatsangehörigkeit (Art. 17ff.), Personenstandsregister (Art. 34ff.), Beweisarten (Art. 1315ff.) und die Rechtskraft gerichtlicher Entscheidungen (Art. 1351). Insgesamt ist der CC weniger nach systematischen als praktischen Kriterien aufgebaut, so wie sie den Bedürfnissen und Vorstellungen der Entstehungszeit entsprochen haben mögen.

Heutige Darstellungen des französischen Zivilrechts greifen in Aufbau und Inhalt über die Legalordnung des CC hinaus, allerdings mit im Einzelnen erheblichen Unterschieden. Wer vom deutschen Recht kommend mit französischen Texten arbeiten will, hat daher u.U. Schwierigkeiten, sich zurechtzufinden. Gemeinsam ist beiden Rechtsordnungen, dass das *subjektive Recht* der Schlüssel zum Gesamtsystem ist. Statt mit den Gegenständen des allgemeinen Teils des deutschen bürgerlichen Rechts zu beginnen, werden deshalb im Folgenden zunächst das subjektive Recht, d.h. die rechtlich abgesicherten Befugnisse von Personen an Vermögenswerten oder gegenüber anderen Personen, und die *Person als Rechtssubjekt* und damit als Träger der subjektiven Rechte behandelt. Auf die *Rechtsgeschäftslehre*, die einschließlich der rechtsgeschäftlichen Stellvertretung im allgemeinen Teil des BGB einen zentralen Platz einnimmt, wird nur im Zusammenhang mit Erwerb und Verlust der subjektiven Rechte kurz eingegangen, desgleichen auf die Verjährung. Alles Wesentliche hierzu folgt im *Vertragsrecht*, da im französischen Recht die einseitigen Rechtsgeschäfte nur von untergeordneter Bedeutung sind. Im Übrigen folgt die Gliederung dem zweiten bis vierten Buch des BGB. Vorangestellt sind einige Bemerkungen zum *Internationalen Privatrecht*.

§ 2 Internationales Privatrecht

Literatur: *Ancel/Lequette*, Grands arrêts de la jurisprudence française de droit international privé, 5. Aufl., Paris 2006; *Audit/d'Avout*, Droit international privé, 6. Aufl., Paris 2010; *Batiffol/Lagarde*, Droit international privé (2 Bde), Bd. 1 8. Aufl., Paris 1993, Bd. 2, 7. Aufl., Paris 1983; *Loussouarn/Bourel/de Vareilles-Sommières*, Droit international privé, 9. Aufl., Paris 2007; *Mayer/Heuzé*, Droit international privé, 10. Aufl., Paris 2010.

89. Begriff, allgemeine Regeln

Als *droit international privé* bezeichnet man in Frankreich die Gesamtheit der Regeln, die auf Personen anwendbar sind, die in einer Beziehung zueinander mit internationalem Bezug stehen. Entsprechend wird auch das *droit international des affaires* gesehen. Die Folge ist, dass das ganze Rechtsgebiet anders als in Deutschland umschrieben wird. Da der internationale Bezug sich vielfach aus der Staatsangehörigkeit ergibt, wird diese i.d.R. hier abgehandelt, obgleich es sich um ein öffentliches Statusrecht handelt.[8] Ferner werden neben den Kollisionsnormen, *règles de conflit*, regelmäßig auch die speziell für Ausländer oder allgemein für Sachverhalte mit Auslandsbezug geltenden französischen Sachnormen behandelt, also das materielle Einheitsrecht, *droit uniforme*, das *Fremdenrecht* sowie die französischen *règles de police* bzw. *normes d'application immédiate*, die auch dann anzuwenden sind, wenn der Sachverhalt nach den Kollisionsnormen im Übrigen ausländischem Recht unterliegt.[9] Das IPR i.S. des deutschen Rechts, also das Kollisionsrecht, bildet folglich nur einen Zweig des *droit international privé*.

In den Darstellungen nehmen ferner Fragen der *internationalen Zuständigkeit* und der *Anerkennung ausländischer Entscheidungen* einen großen Raum ein. Insoweit ist nur darauf hinzuweisen, dass in Frankreich die europäischen Verordnungen 44/2001, 2201/2003 und 4/2009 gelten, so dass sich die Rechtslage mit der deutschen deckt. Die internen Normen behalten nur noch Bedeutung für die vom EU-Recht nicht erfassten Bereiche. Hinsichtlich der internationalen Zuständigkeit französischer Gerichte orientiert sich die Rechtsprechung grundsätzlich an den Regeln über die örtliche Zuständigkeit. Hervorzuheben ist daneben insoweit das in Art. 14, 15 CC normierte Jurisdiktionsprivileg zu Gunsten französischer Staatsangehöriger. Was die *Anerkennung ausländischer Urteile* anbetrifft, so ist zwischen den ohne Weiteres eintretenden Wirkungen, die vor allem bei Statusurteilen gegeben sind, und der Vollstreckung zu unterscheiden. Letztere erfordert ein förmliches Exequatur. Voraussetzungen sowohl der ohne Weiteres erfolgenden Anerkennung der Wirkungen eines ausländischen Urteils als auch des Exequaturs sind, dass das ausländische Gericht nach französischer Auffassung international zuständig war, *compétence internationale indirecte*, kein Verstoß gegen den *ordre public international* vorliegt, das aus französischer Sicht berufene Recht angewendet wurde und das Urteil nicht durch *fraude* erlangt ist. Eine darüber hinausgehende Prüfung des ausländischen Urteils, sog. *révision au fond*, findet nicht statt.[10] In der Vergangenheit wurde der *compétence internationale indirecte* des ausländischen Gerichts oft die *compétence internationale directe* eines französischen Gerichts aufgrund der Art. 14, 15 CC entgegengehalten. Dieses Hindernis wurde 2006 beseitigt, da den beiden Vorschriften nur noch fakultative Funktion zuerkannt wird.[11]

---

8 Dazu oben Nr. 14.

9 Vgl. dazu den Konflikt EuGH, Rs. C-381/98 (Ingmar GB) vom 9.11.2000, Slg. 2000, I-9305 = RIW 2001, 133 gegen Cass.Com. vom 28.11.2000, Bull.Civ. 2000 IV 183 zum Ausgleichsanspruch des Handelsvertreters.

10 Cass.Civ. vom 7.1.1964, G.A.D.i.p. Nr. 41.

11 Cass.Civ. vom 23.5.2006, G.A.D.i.p. Nr. 87; vom 22.5.2007, D 2007 AJ 1596.

Das Kollisionsrecht beruht wie in Deutschland auf drei Säulen: europäischen Verordnungen, internationalen Übereinkommen und autonomen Regeln. Zu den europäischen Verordnungen, derzeit insbesondere den Rom I/II/III-Verordnungen betreffend vertragliche und außervertragliche Schuldverhältnisse sowie die Ehescheidung, ist hier nichts Weiteres zu sagen. Internationale Übereinkommen betreffen zahlreiche wichtige Materien, die hier ebenfalls nicht aufgelistet werden. Es ist lediglich hervorzuheben, dass Frankreich von den multilateralen Verträgen einige Übereinkommen ratifiziert hat, die in Deutschland nicht in Kraft getreten sind, z.B. das Übereinkommen über das auf Straßenverkehrsunfälle anwendbare Recht vom 4.5.1971 oder das Übereinkommen über das auf den Ehegüterstand anwendbare Recht vom 14.5.1978. Soweit sich diese auf Angelegenheiten beziehen, die von europäischen Verordnungen geregelt sind, ist diesen zu entnehmen, wie weit sie noch anzuwenden sind. Den autonomen Regelungen gehen die europäischen Verordnungen und die Übereinkommen vor.

Das autonome Kollisionsrecht ist von ganz wenigen Ausnahmen abgesehen ein *Werk der Rechtsprechung*. Diese geht grundsätzlich davon aus, dass *allseitige Kollisionsnormen* einen Sachverhalt dem Recht des Staates zuweisen, in dem er seinen Schwerpunkt hat. Es geht also nicht darum, durch einseitige Kollisionsnormen den Anwendungsbereich des französischen Rechts festzulegen. Allerdings hat sich der Gesetzgeber mit dem 1975 in den CC eingefügten Art. 309 gerade für Letzteres entschieden. Die Vorschrift hat jedoch nicht zu einer allgemeinen Umstellung des Kollisionsrechts i.S. des *Unilateralismus* geführt. Sie ist im Wesentlichen ein häufig kritisiertes Unikat geblieben, schwierig zu handhaben und lässt obendrein viele Fragen offen. Von einem gelungenen Übergang zum Unilateralismus kann nicht die Rede sein. Eine starke Tendenz in diesem Sinn ist dagegen bezüglich der *lois de police* i.S. des Art. 3 Abs. 1 CC zu beobachten. Die Behandlung ausländischer lois de police ist nicht abschließend geklärt. Sie betrifft heute vor allem das europäische IPR. Für das verbleibende autonome IPR genügt der Hinweis, dass von einer Tendenz zur Bilateralisierung der Regeln für ihre Anwendung nicht gesprochen werden kann. Es gibt allerdings auch Stimmen, die ein Entgegenkommen gegenüber ausländischen *lois de police* dann befürworten, wenn der französische Staat an Gegenseitigkeit interessiert ist. Ein von einer allseitigen französischen Kollisionsnorm berufenes ausländisches Recht ist nicht anzuwenden, wenn es gegen den französischen *ordre public international*[12] verstößt oder *fraude* vorliegt. Der französischen Rechtsprechung ist die Lehre vom *renvoi* zu verdanken: seit dem *Fall Forgo*[13] werden die Verweisungen grundsätzlich so verstan-

12 Zum möglichen Vorrang völkervertraglichen Sachrechts vor nationalem ordre public vgl. Rapp. Cass. 2009, Seite 95: UN-Kinderrechtskonvention (Kindesinteresse) vor Grundsätzen französischen Personenstandsrechts?

13 Cass.Civ. vom 24.6.1878, DP 1879 I 56.

den, dass auch ausländisches Kollisionsrecht berufen wird. Das gilt jedenfalls, wenn es sich, wie im Fall Forgo, um eine Rückverweisung auf das französische Recht handelt. Die Weiterverweisung war bisher selten relevant. Eine allgemeine Theorie der *Vorfragen* wurde nicht entwickelt, praktisch dominiert aber ihre selbstständige Anknüpfung, obgleich die Rechtsprechung auch gegenteilig entschieden hat.

Beim *Qualifikationsproblem* wird überwiegend der lex fori-Theorie gefolgt. Die Kollisionsnormen werden als zwingendes Recht angesehen, so dass der Richter sie auch anwenden muss, wenn sich keine Partei auf sie beruft. Das gilt nicht, soweit die Parteien freie Verfügung über das fragliche Recht haben.[14] Führt die Kollisionsnorm zur Anwendung ausländischen Rechts, so wendet es der Richter von Amts wegen an. Erforderlichenfalls muss er es von Amts wegen auch ermitteln.[15] Er kann dabei auf die Unterstützung der Parteien zurückgreifen, wobei als traditionelles Beweismittel das sog. *certificat de coutume* weiterhin eine wichtige Rolle spielt. Scheitert die Ermittlung des fremden Rechts, so wendet der Richter das französische Recht als lex fori an.[16] Wieweit Schiedsgerichte bei *arbitrage internationale* an das französische IPR gebunden sind, ergibt sich teilweise ebenso wie in Deutschland aus völkerrechtlichen Konventionen, teilweise aus französischem Recht, sofern es für das Verfahren maßgeblich ist. Einschlägig ist der durch Reform der internationalen Schiedsgerichtsbarkeit vom 11.1.2011 neugefasste Art. 1511 CPrC.

90. Einzelne Anknüpfungen

Die wichtigste Anknüpfung des französischen Kollisionsrechts in Angelegenheiten des *Personalstatuts*, d.h. der eine Person unmittelbar betreffenden Fragen, z.B. die *Geschäftsfähigkeit*, ist die Staatsangehörigkeit. Diese spielt auch im Familienrecht eine wichtige Rolle, ist aber hier zum Teil durch andere Anknüpfungen verdrängt. Zu nennen sind: für die *Eheschließungsform* die Regel locus regit actum; für die *Wirkungen der Ehe* bei verschiedener Staatsangehörigkeit der Eheleute der gemeinsame Wohnsitz; für das *Ehegüterrecht* das 1992 in Kraft getretene Haager Übereinkommen von 1978, ergänzt durch Art. 1397-2ff. CC, die begrenzter Rechtswahl der Eheleute bei Eheschließung Vorrang vor der objektiven Anknüpfung an den ersten gemeinsamen gewöhnlichen Aufenthalt einräumen und unter gewissen Voraussetzungen einen Statutenwechsel vorsehen; für *Scheidung* und *Trennung von Tisch und Bett* der verbreitet wegen seiner einseitigen Anknüpfung französischen Rechts als ver-

14 Cass.Civ. vom 11.10.1988, ergänzt durch Urteil vom 4.11.1990 und vom 26.5.1999, G.A.D.i.p. Nr. 74–78.

15 Cass.Civ. vom 28.6.2005, G.A.D.i.p. Nr. 83.

16 Cass.Civ. vom 31.11.2006, D 2007 panor. 1751.

unglückt empfundene Art. 309 CC;[17] für die organisierten Partnerschaften außerhalb der Ehe Art. 515-7-1 CC, der auf das Recht des Registrierungsstaates verweist, für die *Abstammung* Art. 311-14ff. CC;[18] für die *Eltern-Kind-Beziehung* bei ehelichen Kindern das Ehewirkungsstatut, bei natürlichen Kindern bleibt es bei ihrem Heimatrecht. Außerdem gelten mehrere Haager Übereinkommen, insbesondere das MSA, soweit dessen Vorschriften nicht durch die kindschaftsverfahrensrechtlichen Vorschriften der EU-Verordnung 2201/2003 verdrängt werden, und das Erwachsenenschutz-Übereinkommen (seit 2009). Bei *Adoptionen* wird im Prinzip auf das Heimatrecht des Adoptierenden bzw. bei der Adoption durch Eheleute auf das Ehestatut abgestellt. Daneben ist auch das Heimatrecht des Adoptierten zu beachten, Art. 370-3. Anerkennung und Wirkungen im Ausland erfolgter Adoptionen regelt Art. 370-5 CC. Art. 23ff. des Haager Adoptionsübereinkommens, dem Frankreich ebenso wie Deutschland beigetreten ist, haben Vorrang.

Im *Schuldvertragsrecht* dominiert die Rom I-Verordnung, neben der insbesondere das Haager Übereinkommen vom 15.6.1955 für Kaufverträge über bewegliche Sachen Bedeutung hat. Vielfach ist Einheitsrecht anzuwenden, z.B. das Wiener Kaufrechtsübereinkommen. Außerdem sind einige Sonderregeln aufgrund Umsetzung europäischer Richtlinien, z.B. Art. L 211-18 CConsom und etwaige französische *lois d'application immédiate* zu beachten. Im *Deliktsrecht* hat die Rom II-Verordnung das autonome IPR weitgehend verdrängt. Auch hier sind Übereinkommen für Verkehrsunfälle und die Produkthaftpflicht vorrangig.[19] Im *Sachenrecht* dominiert die lex rei sitae, gleichgültig, ob es sich um Fahrnis oder Immobilien handelt. Ein in Deutschland begründetes Sicherungseigentum überlebte in der Vergangenheit den Wechsel des Sachstatuts bei Verbringung der Sache nach Frankreich wegen Unvereinbarkeit mit dem französischen ordre public nicht. Nach Einführung des fiduziarischen Sicherungseigentums[20] dürfte das gegenstandslos geworden seien. Der Eigentumsvorbehalt beurteilt sich nach der jeweiligen lex rei sitae, die Geltendmachung im Insolvenzverfahren ergibt sich aus der lex concursus. Im *Erbrecht* ist von der Nachlassspaltung auszugehen: bei Fahrnis wird an den letzten Wohnsitz des Erblassers angeknüpft, bei Immobilien greift die lex rei sitae ein; privatautonome Rechtswahl wird hier grundsätzlich nicht zugelassen.

---

17 Zur Anwendung auf die Scheidung einer deutsch-franz. Ehe Cass.Civ. vom 4.6.2009 Rev.crit. d.i.p. 2010.353. Ab Anwendbarkeit der erwähnten Rom III-Verordnung wird Art. 309 CC seine Bedeutung verlieren.

18 Zur Beweiskraft im Ausland errichteter Personenstandsurkunden Art. 47 CC, dazu Cass.Civ. vom 12.12.2008, Rev.crit.d.i.p. 2009.740.

19 Vgl. den Hinweis auf Frankreich bei MünchKomm-*Junker*, Bd. 10, Art. 28 Rom II-VO Rn. 18, 21.

20 Unten Nr. 114, 192.

§ 3 Subjektive Rechte und Vermögen

Literatur (vgl. auch oben vor § 1): *Ferid/Sonnenberger* Bd. 1.1, 1 C 1 ff.; *Carbonnier (Quadrige)* Bd. 1 Nr. 161 ff.; *Ghestin/Goubeaux*, Traité de droit civil, Introduction générale, 4. Aufl., Paris 1994, Nr. 172 ff.; *Larroumet*, Droit civil, Bd. 1, Introduction à l'étude du droit privé, 5. Aufl., Paris 2006, Nr. 398 ff.; *Terré* (vor Nr. 1), Nr. 201 ff.

91. Das subjektive Recht

Das französische Recht gehört zu den Rechtsordnungen, die subjektive Berechtigungen, *prérogatives*, als wichtigstes Konstruktionselement für die Beziehungen der Individuen und der als Rechtsträger gleichgestellten Organisationen zu anderen, zur sozialen Gemeinschaft oder zum Staat verwenden. Diese Berechtigungen sind als subjektive Rechte, *droits subjectifs*, des Privatrechts und des öffentlichen Rechts positiviert. Man kann sie in einer freiheitlichen Rechtsordnung als die individuellen Vorrechte bezeichnen, durch die ein Rechtsträger die Freiräume ausfüllen kann (nicht muss!), die der Staat ihm in Gestalt der *libertés publiques* gewährt. Es besteht demnach eine enge Beziehung zwischen *libertés publiques* und subjektiven Rechten, ohne dass diese identisch sind. In dem Maße, in dem der einzelne Rechtsträger sich vor den Organen des Staates auf seine *libertés publiques* als Grundrechte berufen und daraus subjektive Rechte unmittelbar ableiten kann, wird die begriffliche Unterscheidung allerdings schwieriger. Sie verliert dadurch jedoch ihre Berechtigung nicht: Die *liberté publique*, eine Ehe zu schließen, begründet kein subjektives Recht, vom Partner die Eheschließung zu verlangen. Erst die erfolgte Eheschließung begründet subjektive Rechte gegenüber dem Partner. Die *liberté publique*, ein Kunstwerk zu schaffen, begründet kein Urheberrecht, *droit d'auteur*. Ein solches subjektives Recht entsteht erst, wenn die Voraussetzungen des Code über die *propriété intellectuelle et artistique* erfüllt sind.

Die *privatrechtlichen Individualrechte* entstehen nach objektivem Recht als Folge von rechtsrelevanten Geschäften, Handlungen, Unterlassungen, Vorgängen oder Sachumständen. Zwar überwiegen, was ganz natürlich ist, die subjektiven Rechte, die erlaubte oder unerlaubte willentliche oder sogar auf rechtliche Bindung gerichtete Akte voraussetzen. Subjektive Rechte können aber auch als Ergebnis willensunabhängiger Ereignisse entstehen. In Ausnahmefällen wird der Erwerb von Rechten zugelassen, sofern ein äußerer Sachumstand einen Rechtsschein, *apparence*, begründet und eine *erreur commune et légitime* rechtfertigt, diesen zu respektieren. Wichtige Beispiele sind der Schutz Dritter, die infolge einer *erreur commune et légitime* vom Bestand eines Rechts oder einer Berechtigung ausgegangen sind, etwa eines Scheineigentümers, Scheinerben oder eines Scheinbevollmächtigten.[21] Hierher rechnet auch der Status von Ehegatten, die eine fehlerhaft begründete Ehe tatsächlich gelebt haben, oder eines Kindes, weil seine Eltern es wie ein eigenes versorgt haben, *possession d'état*.[22]

Der Vergleich mit dem deutschen Recht, das Verständnis und Dogmatik der subjektiven Rechte (*Windscheid*, *Jhering*) beeinflusst hat, zeigt nicht nur Parallelen, sondern auch beträchtliche Unterschiede. Die privatrechtlichen subjektiven Rechte sind entweder *Vermögensrechte* oder Rechte ohne Vermögenswert. Zu Letzteren zählen *Persönlichkeitsrechte* und *ideelle Familienrechte*. Das Hauptinteresse galt traditionell den Vermögensrechten, *droits patrimoniaux*, erst in den letzten Jahrzehnten wendet es sich verstärkt auch den Rechten ohne Vermögenswert zu.

Die Vermögensrechte sind *dingliche Rechte*, *droits réels*, an Sachen oder immateriellen Vermögensgütern und *obligatorische Rechte*, die Leistungsansprüche gegen bestimmte Schuldner begründen. Auch dingliche Rechte begründen Ansprüche, allerdings nicht gegen bestimmte Schuldner, sondern infolge ihrer Drittwirkung, *opposabilité*, gegen jedermann. Sie haben zum Inhalt, dass jeder Dritte das Recht zu respektieren und Beeinträchtigungen zu unterlassen hat. Es gibt auch dingliche Rechte, die individuelle obligatorische Beziehungen begründen, z.B. der Nießbrauch an einer Sache zwischen dem Eigentümer und dem Nießbraucher. Umgekehrt begründen obligatorische Rechte unter Umständen Ansprüche nicht nur gegen den Schuldner, sondern zugleich gegen Dritte, z.B. weil ihre Mitwirkung an einer Pflichtverletzung des Schuldners eine unerlaubte Handlung sein kann.

Wie das deutsche, so geht auch das französische Recht bei den dinglichen Rechten von einem numerus clausus aus, während obligatorische Rechte von den Parteien autonom vereinbart werden können. *Anwartschaftsrechte* als Stufe vom obligatorischen zum dinglichen Recht fehlen, weil nach dem CC die Schuldverträge zugleich rechtsübertragend wirken. Daran hat auch die Abspaltung der Eigentumsübertragung vom Kaufvertrag durch die *réserve de propriété* und ihre Anerkennung zunächst durch die Rechtsprechung und seit 2006 durch Art. 2367 ff. CC nichts geändert. Da die Klausel den *effet translatif* des Kaufvertrages hinausschiebt, bleibt der Käufer auf seine schuldrechtlichen Ansprüche gegen den Verkäufer beschränkt. Seine Position ist ohne Rückgriff auf eine Art *ius ad rem* dadurch gefestigt, dass das vorbehaltene Eigentum wie alle Sicherungsrechte akzessorischen Charakter hat, Art. 2367 Abs. 2 CC.[23]

Dingliche und obligatorische Rechte sind nicht in der dem BGB eigenen Strenge abgegrenzt. Teils hängt das mit der Relativierung des vertraglichen Übergangs

---

21 Unten Nr. 99.
22 Unten Nr. 117, 124.
23 Unten Nr. 192.

eines dinglichen Rechts zusammen, wovon im Sachenrecht die Rede sein wird,[24] teils mit der Verdinglichung gewisser obligatorischer Rechte. Zum Beispiel setzt sich eine Immobilienmiete bei Veräußerung des Grundstücks nach Art. 1743 CC mit dem Erwerber fort. Längerfristige Immobilienverträge erlangen mit Publizierung nach Art. 28 des Immobiliarregisterdekrets[25] Drittwirkung. Verschiedentlich hat ein Gläubiger eine *action directe* gegen den Schuldner seines Schuldners oder kann mittels *action oblique* nach Art. 1166 CC gegen diesen vorgehen.[26] Die Relativität obligatorischer Rechte erhält im Vertragsrecht außerdem einen anderen Sinn, wenn man mehrere in einer Kette stehende Verträge miteinander verbindet und Ansprüche des Kettenletzten gegen den Kettenersten gewährt, wie es bei der Sachmängelgewähr infolge der sog. *théorie de l'accessoire* geschieht.[27] Allgemein fand aber der Gedanke, dass eine *Vertragskette* eine rechtliche Gesamtheit bildet und die Relativität obligatorischer Rechte verändert, nicht die Zustimmung der Rechtsprechung.[28] Eine besondere Kategorie von *Gestaltungsrechten*, *droits potestatifs*, hat man in Frankreich nicht entwickelt, obgleich der CC verschiedentlich einseitige Gestaltungsbefugnisse normiert. Ihre dogmatische Vernachlässigung ist auf eine überlieferte Skepsis gegen einseitige private Rechtsgestaltung zurückzuführen.

Die dinglichen Rechte an Sachen sind *Vollrechte, Teilrechte* oder *akzessorische Sicherungsrechte*. Das Eigentum verleiht als Vollrecht dem Inhaber in den vom Gesetz gezogenen Grenzen eine umfassende, direkte und unmittelbare Herrschaft über die Sache, Art. 544 CC. Alle anderen dinglichen Rechte enthalten Abspaltungen des Vollrechts. Eingeschränkte Befugnisse hat der Eigentümer, wenn ihm das Eigentum treuhänderisch übertragen wurde, *fiducie*, Art. 2011 CC, seit 2009 auch als Sicherungseigentum, Art. 2372-1, 2372-3 CC.[29] Zum Wesen jedes dinglichen Rechts gehört das *droit de suite*, d.h. der Rechtsträger kann sein Recht gegen jeden verfolgen, der die Sache in Händen hält. Die akzessorischen Rechte kennzeichnet außerdem ein *droit de préférence*, das sich auf bevorzugte Befriedigung aus der Sache richtet. Die Inhaber akzessorischer dinglicher Rechte unterscheiden sich durch das Folge- und Vorzugsrecht maßgeblich vom Inhaber eines Forderungsrechts, der sich nur an seinen Schuldner und dessen Vermögen halten kann.

Das Eigentum als Vollrecht umfasst Nutzung, d.h. Benutzung und Fruchtziehung, *usus, fructus*, und Verfügung, *abusus*, nicht zu verwechseln mit dem Rechtsmissbrauch, *abus de droit*, die grundsätzlich dem Eigentümer selbst zustehen. Das Verbot des Missbrauchs, *abus*, dessen Reichweite zunehmend ausgedehnt wurde, setzt dem Eigentümer inhaltlich Nutzungsschranken. Während

24 Unten Nr. 109.
25 Unten Nr. 112.
26 Unten Nr. 100.
27 Unten Nr. 100, 103.
28 Cass.Ass.Plén. vom 12.7.1991, G.A.Civ. Nr. 176.
29 Unten Nr. 114, 192.

es ursprünglich nur darum ging, durch das aus dem deliktsrechtlichen Art. 1382 CC abgeleitete Verbot des *abus de droit* willentliche Schädigungen Dritter zu unterbinden, geht die Rechtsprechung heute weiter. Missbrauch wird je nach den Umständen auch bejaht, wenn von einem Recht ohne Schädigungsabsicht in einer Weise Gebrauch gemacht wird, die nicht seiner Funktion entspricht. Häufig wird der Begriff *finalité sociale* verwendet. Vor allem im Wirtschaftsrecht hat sich aus dem Verbot des *abus de droit* eine verzweigte Theorie unlauteren Wettbewerbs[30] entwickelt. Im bürgerlichen Recht spielt der Gedanke des *abus de droit* beim Nachbarschutz[31] eine wichtige Rolle und hat auch Ausstrahlungen im Verfahrensrecht.

Die subjektiven Vermögensrechte sind grundsätzlich *übertragbar.* Ausgeschlossen ist die Übertragung der nichtvermögenswerten Rechte, die an die Person des Berechtigten gebunden sind. Auch Vermögensrechte können ausnahmsweise unübertragbar sein, so etwa im Familienrecht das elterliche Nutzungsrecht am Vermögen der Kinder nach Art. 382 CC. Bei den aus dem Eigentum abgeleiteten beschränkt dinglichen Rechten muss die Übertragbarkeit jeweils geprüft werden, z. B. kann die Übertragung auf Erben wegen des höchstpersönlichen Charakters des Rechts ausgeschlossen sein. Sogar rechtsgeschäftlich kann im gesetzlichen Rahmen Unübertragbarkeit vorgesehen werden, Art. 900-1 ff. CC. Häufig ergeben sich Beschränkungen der Übertragbarkeit, z. B. aus dem Ehegüterrecht Art. 1424 CC oder aus dem akzessorischen Charakter eines Sicherungsrechts.[32] Mit der Einführung fiduziarischen Eigentums kann sogar die Übertragbarkeit des dinglichen Vollrechts eingeschränkt sein.[33]

Neben dem Grundsatz der Übertragbarkeit steht die Regel, dass *niemand mehr Rechte übertragen kann, als man selbst hat*, Art. 1599 CC. Diese Regel ist aber mehrfach durchbrochen, wenn auch mithilfe anderer Konstruktionen als im deutschen Recht. Wer *gutgläubig vom Nichteigentümer* eine bewegliche Sache erwirbt, ist gegen die Revindikation des Eigentümers durch Art. 2276 CC geschützt.[34] Bei Immobilien kann der Berechtigte einem Dritten den rechtsbegründenden Akt (Vertrag, Urteil) nur entgegenhalten, wenn er publiziert ist.[35] Außerdem wird die Maxime „*error communis facit ius*" als Begründung für gutgläubigen Rechtserwerb herangezogen.

Für den Rechtsschutz gilt die Maxime „*nul ne peut se faire justice à soi-même*". Der Schutz subjektiver Rechte hängt demnach vom Klagerecht ab, das als Attribut des Rechts selbst erscheint. Vorläufiger Rechtsschutz kann oft im sog. *référé-Verfahren* erreicht werden, das häufig sogar streitbeilegende Funk-

30 Unten Nr. 168.
31 Oben Nr. 82, unten Nr. 110.
32 S. aber zur Übertragbarkeit einer Hypothek Art. 2424 Abs. 1 CC.
33 Einerseits Art. 2023, andererseits Art. 2372; 3 CC. Dazu unten Nr. 192.
34 Unten Nr. 118.
35 Unten Nr. 112.

tion hat, Art. 145, 808, 809 CPrC. Der Selbstschutz ist deshalb anders als im BGB im CC nicht normiert. Das bedeutet aber nicht, dass das französische Recht überhaupt keine private Verteidigung subjektiver Rechte kennt. Zunächst stellt freilich jede Verletzung eines anderen Rechtsgenossen auch dann eine unerlaubte Handlung dar, wenn sie in Verteidigungsabsicht erfolgte. Aber das Deliktsrecht kennt eine Reihe von Rechtfertigungsgründen, insbesondere Notwehr, Nothilfe und Notstand. Der CC enthält ferner einige Vorschriften, die einem Privaten ermöglichen, sich selbst Rechtsschutz zu verschaffen, z. B. durch das Zurückbehaltungsrecht des Art. 2286 oder das Selbsthilferecht nach Art. 673 CC.

Der *vorbeugende Rechtsschutz* ist in Frankreich nur wenig entwickelt. Ein Klagerecht hat nur, wer ein entstandenes und aktuelles legitimes Interesse an einer Geltendmachung hat. Darauf wird im sechsten Kapitel bei den Klagevoraussetzungen noch eingegangen. Normalerweise setzt das Klagerecht eine bereits eingetretene Beeinträchtigung voraus. Vorbeugende Unterlassungsklagen bei drohender Rechtsverletzung sind nicht generell bekannt. Zu den wichtigeren Spezialklagen dieser Art gehören die Präventivklagen bei drohender Verletzung eines Persönlichkeitsrechts und die den *actions possessoires*[36] zuzurechnende *dénonciation de nouvel oeuvre*, durch die der Besitzer eines Grundstücks die Errichtung bedrohlicher Anlagen auf einem Nachbargrundstück verhindern kann.

Obgleich das Klagerecht als Bestandteil subjektiver Rechte gilt, ist es erstaunlicherweise gerade bezüglich des *Eigentums*, des stärksten dinglichen Rechts, mehrfach eingeschränkt. Aus sachenrechtlichen Gründen scheiden bei Fahrnis petitorische Revindikationsklagen wegen Art. 2276 Abs. 1 CC praktisch aus. Das Eigentum an Immobilien ist dagegen zwar durch eine Revindikationsklage geschützt. Aber aus Beweisgründen verlagert sich der Eigentumsschutz weitgehend in den Besitzschutz.[37] Für eine *actio negatoria* entsprechend § 906 BGB gibt es wegen der deliktsrechtlichen Klagemöglichkeiten kein Bedürfnis.

Die Zusammengehörigkeit von subjektivem Recht und Klagerecht entfällt bei den *Naturalobligationen*. Werden jedoch Leistungen aufgrund eines z. B. infolge Verjährung nicht mehr durchsetzbaren Rechts, Art. 2249, oder einer sittlichen Pflicht freiwillig erbracht, so schließt Art. 1235 CC die Rückforderung des Geleisteten aus. Es handelt sich im Sinn des BGB um eine Vorschrift des Kondiktionenrechts. Die Gerichte haben weitere Regeln entwickelt. Danach sind Naturalobligationen keine unentgeltlichen Zuwendungen, so dass die Form des Art. 931 CC nicht gewahrt sein muss. Durch einseitige Verpflichtungserklärung des Schuldners können sie in einklagbare Ansprüche umgewandelt werden.[38]

---

36 Unten Nr. 113.

37 Unten Nr. 108, 113.

38 Cass.Civ. vom 10.10.1995, D1997.155.

92. Das Vermögen

Der CC verwendet den Begriff *patrimoine* zwar nicht direkt, setzt ihn aber verschiedentlich voraus, etwa in Art. 2284, 2285. Die klassische Theorie betrachtet das *patrimoine* als aktive und passive Gesamtheit aller gegenwärtigen und künftigen dinglichen und obligatorischen in Geld messbaren Werte einer Person. Es wird deshalb als Attribut der Person als Rechtssubjekt verstanden. Es ist vom Wechsel der einzelnen Rechte und Pflichten unabhängig und untrennbar an den Vermögensträger gebunden. Die traditionelle Regel lautet deshalb: *jede Person hat ein Vermögen, sie hat aber nur eines*. Das Vermögen ist folglich selbst kein subjektives Recht, sondern eine Hülle, die alles aufnimmt, was eine Person vermag. Als wichtigste Konsequenz folgt daraus: das aktuelle Aktivvermögen einer Person haftet für alle Verbindlichkeiten, die das aktuelle passive Vermögen bilden. Das wird jedoch nicht streng durchgehalten. Der CC sieht selbst abgespaltene Sondervermögen vor, z. B. im Ehegüterrecht und im Erbrecht. Was das Erbrecht betrifft, hat bis zur Reform von 2006 der Inventarsvorbehalt es ermöglicht, geerbtes und eigenes Vermögen des Erben zu trennen. Das wurde durch die Möglichkeit ersetzt, lediglich das Erbe in das Aktivvermögen anzunehmen, Art. 787, womit der Erbe unter anderem verhindern kann, dass er mit seinem gesamten Vermögen für die Nachlassverbindlichkeiten haftet. Der Nachlass wird also gegenüber dem sonstigen Vermögen des Erben ein eigenständiges Vermögen.[39] Die Ausnahmen haben dazu geführt, dass die traditionelle Regel der Einheit des Vermögens infrage gestellt und gefordert wurde, auch über die gesetzlichen Fälle hinaus weitere Sondervermögen zuzulassen. Als Kristallisationspunkt sollte die einheitliche Zweckwidmung, *affectation*, von Gütern dienen. Die Entwicklung abgespaltener Vermögen konnte sich bis in die jüngste Zeit nicht durchsetzen. Stattdessen wurde zunächst 1985 ein Einzelunternehmen mit eigener *personnalité morale* geschaffen, das selbstständiger Vermögensträger ist, nunmehr aber Konkurrenz durch Einführung des Einzelkaufmanns mit beschränkter Haftung erhalten hat.[40] Der Gedanke eines abgespaltenen Zweckvermögens hat damit Auftrieb erhalten und 1987 die bis dahin nur vom Conseil d'État eröffnete Möglichkeit der Errichtung von Stiftungen in eine gesetzlich gesicherte Gestalt gegossen.[41]

Eine neue Entwicklung der Aufspaltung der Vermögenseinheit ergibt sich aus der Einführung der *fiducie*, durch die Vermögenswerte des Treugebers auf einen Treuhänder zu Gunsten eines Begünstigten übertragen werden können, Art. 2011 CC. Die übertragenen Vermögenswerte bilden ein abgesondertes Zweckvermögen, *patrimoine fiduciaire*. Die dazu gehörenden Vermögenswerte scheiden für die Dauer der fiducie aus dem Vermögen des Treugebers aus,

39 Näheres unten Nr. 140.
40 Unten Nr. 105, 153, 156.
41 Unten Nr. 97.

stehen folglich nicht mehr als Teile seines aktuellen *patrimoine* als Haftungsobjekt seinen Gläubigern zur Verfügung. Sie gehen aber nicht in das Eigenvermögen des Treuhänders über, können folglich von dessen persönlichen Gläubigern nicht als Haftungsobjekt in Anspruch genommen werden. Beides ist nur möglich, weil die *patrimoine fiduciaire* ein eigenständiges Zweckvermögen in den Händen des *fiduciaire* mit eigenen Aktiva und Passiva als Ergebnis seiner umfassenden Herrschaftsbefugnis bildet, Art. 2023, 2025 CC. Die Absonderung ist jedoch nicht vollständig, wie die Möglichkeit des Rückgriffs auf Vermögenswerte des Treugebers oder des Treuhänders zeigt, wenn die Werte des *patrimoine fiduciaire* nicht ausreichen um die Forderungen der Gläubiger, für die es haftet, zu befriedigen, Art. 2025 Abs. 2 CC. Mit der Schaffung der *patrimoine fiduciaire* als besonderem Zweckvermögen ist das französische Recht deutlich über das deutsche Recht hinausgegangen, obgleich in der Lehre noch heute die deutsche Rechtswissenschaft als Erfinderin besonderer Zweckvermögen angeführt wird. Derzeit ist eine *fiducie* nur möglich, wenn Kredit-, Finanz- oder Versicherungsinstitute oder Rechtsanwälte als Treuhänder fungieren. Gleichwohl ist das Entwicklungspotenzial erheblich, denn der Zweck der treuhänderischen Übertragung von Vermögenswerten und die Schaffung eines *patrimoine fiduciaire* sowie der Kreis der möglichen Begünstigten ist nicht festgelegt, Art. 2011 CC. Besondere Beachtung hat die *fiducie* zu Sicherungszwecken, *fiducie-sûreté*, gefunden. Hier zeigt sich, dass dieses Institut nicht nur eine wesentliche Veränderung des Begriffes und der Funktion des *patrimoine* bewirkt, sondern seit 2009 auch die Einführung des in der Vergangenheit unbekannten Sicherungseigentums erleichtert hat, das durch *fiducie* begründet wird, Art. 2372-1 CC.[42]

93. Erwerb und Verlust subjektiver Rechte

Über den ursprünglichen Ansatz des CC hinaus, der nur im Dritten Buch Verträge und Quasi-Verträge, Delikte und Quasi-Delikte als Erwerbsgründe subjektiver Rechte, Forderungen, Eigentum bei den rechtsübertragenden Verträgen,[43] differenzierte, unterscheidet die französische Lehre neben den Gerichtsurteilen, die eine gesetzliche Vermutung zu Gunsten des zugesprochenen Rechts begründen, generell zwischen Rechtsakten und Rechtstatsachen, *actes juridiques* und *faits juridiques*. Letztere bedürfen hier keiner näheren Darstellung, denn sie sind so vielfältig wie das Leben. Rechtsakt ist ein sehr weiter Begriff, der sich nicht auf das bürgerliche Recht beschränkt. Hier ist gemeint, was man im deutschen Recht als Rechtsgeschäfte bezeichnet. Bei diesen stößt vor allem die durch *Saleilles* von der deutschen Dogmatik beeinflusste Rechtsgeschäftslehre insoweit auf Schwierigkeiten, als mangels eines allgemeinen

42 Unten Nr. 107, 98 sowie 192.
43 Unten Nr. 103 zum Kaufvertrag.

Teils im CC Begriff und Voraussetzungen des acte juridique vernachlässigt werden. Nach der herrschenden subjektiven Theorie[44] sind Rechtsgeschäfte Willensakte, die sich auf einen privatrechtlichen Erfolg, nämlich ein subjektives Recht, richten. Im Vordergrund stehen allerdings Verträge, *conventions*, in einer noch weiteren Verkürzung des Themas schuldrechtliche Verträge, *contrats*. Soweit nicht besondere Normen eingreifen, hat man die für sie geltenden Grundsätze, soweit sinnvoll, auf das gesamte Vertragsrecht ausgedehnt, so dass an dieser Stelle auf das Schuldvertragsrecht zu verweisen ist.[45] Sondervorschriften beherrschen allerdings viele nichtobligatorischen Geschäfte, so dass nach wie vor die Skepsis gegenüber einer gemeinsamen Grundregelung verbreitet ist.

In welchem Umfang das Recht der *contrats* auf die übrigen, insbesondere einseitigen Rechtsgeschäfte anzuwenden ist, soll nicht weiter verfolgt werden. Zwar werden einseitige Rechtsgeschäfte heute nicht mehr infrage gestellt. Das Testament als klassisches einseitiges Rechtsgeschäft gab es schon bei Inkrafttreten des CC im Jahre 1804. Im Schuld- und Sachenrecht war der *acte juridique unilatéral* außerordentlich selten. Die Zulassung der Einmann-S.A.R.L. belegt, dass sich das inzwischen geändert hat.[46] Gleichwohl spielen einseitige Rechtsgeschäfte auch heute noch eine geringere Rolle als im deutschen Recht. Erstens tritt in Frankreich die Rechtswirkung oft kraft Gesetzes oder richterlicher Gestaltung ein, wo das BGB ein einseitiges Rechtsgeschäft voraussetzt, z.B. Anfechtung, Rücktritt wegen Leistungsstörung,[47] Aufrechnung. Zweitens haben die Gerichte vielfach noch keine einheitlichen Ergebnisse erzielt, weil es dazu an Gelegenheiten fehlte. Drittens ist umstritten, ob außerhalb gesetzlicher Anordnung einseitige Rechtsakte überhaupt Rechtswirkungen äußern oder nur als *faits juridiques* relevant sind: z.B. ob eine an sich nicht bindende Offerte[48] mit Bindungswirkung ausgestaltet werden kann oder kraft deliktsrechtlicher Schadensersatzpflicht nur dann verpflichtet, wenn ein Widerruf missbräuchlich war, weil er berechtigtes Vertrauen des Adressaten missachtet hat.[49] Die *Grenze einseitiger Rechtsgeschäfte* wird außerdem durch eine weitere Unklarheit verwischt. Nach dem gegenwärtigen Stand der Lehre werden *actes* und *faits juridiques* nicht einheitlich differenziert. Der *fait juridique* kann sowohl ein natürlicher Vorgang oder Zustand sein, z.B. Geburt eines Kindes oder Zustand einer Sache. Er kann aber auch in einer erlaubten oder verbotenen Handlung bestehen. Erlaubte Handlungen sind etwa Wohnsitzbegründung, Geschäftsführung ohne Auftrag, Leistung ohne Rechtsgrund, Besitzergreifung

44 Unten Nr. 99.
45 Unten Nr. 98 ff.
46 Unten Nr. 156.
47 Die geplante Reform des Schuldrechts soll das ändern, oben Nr. 87.
48 Unten Nr. 99.
49 S. auch Nr. 104 zu einseitigen Gewinnmitteilungen.

und -innehabung;[50] verbotene Handlungen sind insbesondere die Delikte. Misst man die erlaubten Handlungen am obigen Begriff des Rechtsgeschäfts, so kann man sie bald den Rechtstatsachen, bald den Rechtsgeschäften zurechnen. Für Fragen der Beweisführung, der Stellvertretung usw. ergeben sich daraus gewisse Schwierigkeiten.

Der *Verlust eines subjektiven Rechts* kann zunächst dadurch eintreten, dass *ein anderer es erwirbt*, das Recht als solches also weiterhin besteht. Diese Art des Rechtsverlustes ist das genaue Gegenstück des Erwerbs und geschieht folglich wie dieser durch *acte* oder *fait juridique*. Der Verlust kann aber auch dadurch eintreten, dass *das Recht untergeht*. Rechtsgeschäftlich geschieht das durch *abandon* und ist nur möglich, soweit nicht zwingendes Recht entgegensteht. So kann ein Grundstück nicht durch *abandon* eigentums- und damit herrenlos werden, Art. 710 CC. Dagegen ist dies bei Fahrnis möglich, da Art. 713 CC trotz seines Wortes nicht anwendbar ist. Die eintretende Herrenlosigkeit hat zur Folge, dass im Prinzip ein anderer sich die Sache aneignen kann, *occupation*. Diese rein bürgerlichrechtliche Betrachtung des Eigentumsuntergangs und seiner Wirkungen wird heute teilweise von umweltrechtlichen Vorschriften überholt. So kann der Eigentümer behördlich gezwungen werden, Kraftfahrzeuge und Abfälle zu entsorgen, so dass ein *abandon* ausscheidet, Art. 325-1 CRoute, Art. L 541-1 CEnvir. Sind sie gleichwohl aufgegeben worden, so bleibt es natürlich bei der Möglichkeit bürgerlichrechtlicher Aneignung. Ebenso wie das Eigentum an einer beweglichen Sache kann eine Forderung untergehen, zum Beispiel durch Verzicht, *remise de dette*, oder durch *Novation*. Der Untergang ist aber auch durch bestimmte *faits juridiques* möglich. Hierzu rechnen die sachenrechtlichen Konsolidationsfälle infolge Zusammentreffens von Eigentum und beschränkt dinglichem Recht, Art. 617 CC. Ferner rechnet der CC hierher die Forderungsverjährung,[51] doch ist dies nicht ganz zutreffend. Wie sich bereits ergab, erlischt nur das Klagerecht, während die Forderung als Naturalobligation fortbesteht.[52]

§ 4 Rechtssubjekte

Literatur (vgl. auch oben vor § 1): *Carbonnier*, Droit civil, Les personnes, Quadriges Bd. 1 Nr. 193 ff.; *Ferid/Sonnenberger* Bd. 1.1, D 101 ff., 1 F 301 ff.; *Larroumet*, Droit civil, Introduction à l'étude du droit privé, 5. Aufl., Paris 2006, Nr. 319 ff.; *Teyssié*, Droit civil, Les personnes, 11. Aufl., Paris 2010; *Terré/Fenouillet*, Droit civil, Les personnes, la famille, les incapacités, 7. Aufl., Paris 2005, Nr. 7, 9, 190 ff.

50 Zur Bedeutung für die Ersitzung von Eigentum unten Nr. 108, 110.
51 Unten Nr. 100.
52 Oben Nr. 91.

94. Einleitung

Wer die Fähigkeit besitzt, Träger von Rechten und Pflichten und damit Rechtssubjekt zu sein, ist zunächst eine vorrechtliche Frage, die sich an Religion und Philosophie richtet. Die Antwort wird je nach dem weltanschaulichen Standort unterschiedlich ausfallen. Im christlichen-theologischen und von der Philosophie insbesondere seit *Descartes, Kant* und *Hegel* beeinflussten europäischen Denken hängt sie unmittelbar mit dem Verständnis des Menschen als einem mit einer Vernunftseele begabten, im Sozialverbund lebenden Lebewesen zusammen, was bis heute, auch in Frankreich, verhindert hat, den anderen Lebewesen, insbesondere den Tieren, Rechtssubjektivität zuzusprechen. Aber die religiöse und philosophische Antwort reicht nicht aus, denn im modernen säkularen Recht geht es um die in einer positiven Ordnung verankerten Rechte und Pflichten. Deshalb kann nur die jeweilige positive Ordnung eine Aussage über die Rechtssubjekte treffen. Die religiösen und philosophischen Antworten spielen aber als rechtspolitische Argumente eine Rolle. Das war in Frankreich schon bei Inkrafttreten des CC so und wird besonders deutlich, wenn man bedenkt, dass trotz aller Beteuerungen der Gleichheit der Menschen erst ein Dekret vom 27.4.1848 der Sklaverei ein Ende setzte und damit die Sklaven Rechtssubjekte wurden – obgleich schon vor diesem Zeitpunkt christliche Theologie und weltliche Philosophie nicht infrage stellten, dass auch sie mit Vernunft begabte Lebewesen sind. Es geht im Folgenden ausschließlich um die Haltung des positiven französischen Rechts zu den Rechtssubjekten, den Menschen als *personnes physiques* und den von ihnen geschaffenen Organisationen als *personnes morales*.

95. Natürliche Personen

Träger subjektiver Rechte und Pflichten sind in erster Linie natürliche Personen. Die Rechtsfähigkeit, *personnalité* bzw. *capacité de jouissance*, beginnt grundsätzlich mit der Geburt und setzt voraus, dass das Kind lebensfähig ist, z.B. Art. 311-4, 725, 906 CC. In gewissem Umfang kann auch schon das erst gezeugte Kind Rechte erwerben, vorausgesetzt, es wird lebensfähig geboren. So ist der nasciturus erbfähig und hat Anspruch auf Schadensersatz im Fall der Tötung seines Erzeugers vor der Geburt, desgleichen bei vorgeburtlicher Schädigung. Die Entwicklung der Medizin hat eine breite Diskussion ausgelöst, ob bereits dem Embryo, spätestens dem Fötus, Rechtsfähigkeit zukommt. Der EGMR hat das in einem Urteil vom 8.7.2004[53] dem Ermessen der Konventionsstaaten überlassen, der französische Gesetzgeber hat sich nicht dafür entschieden. Die Achtung des Menschen als Person und Rechtssubjekt beginnt *avec le commencement de sa vie*, erstreckt sich folglich nicht auf einen *foetus*

53 D 2004.2456 Anm. *Pradel* = EuGRZ 2005, 568, betreffend ein Urteil der franz. Cass.Civ.

à naître, Art. 16 CC.[54] Diese 1994 getroffene und in späteren Ergänzungen der Bioethik-Gesetzgebung, insbesondere 2004, beibehaltene Entscheidung ist im Licht einer ausführlichen Schutzregelung[55] zu bewerten, die ihren Platz im CSP gefunden hat.

Der ursprünglich im CC vorgesehene *bürgerliche Tod* durch Eintritt in einen religiösen Orden oder Verurteilung wegen schwerer Verbrechen ist schon Mitte des 19. Jahrhunderts beseitigt worden. Reste einer Beschränkung der Rechtsfähigkeit als Folge strafrechtlicher Verurteilung sind seit der 1994 erfolgten Ersetzung des CPén von 1810 entfallen. Art. 909 CC normiert lediglich einige Fälle der Unfähigkeit, unentgeltlich zu erwerben. Der CC knüpft in mehreren Artikeln an den Tod Rechtsfolgen, weil mit ihm die Rechtsfähigkeit endet. Eine *Definition des Todes* enthält er aber nicht, zu Recht, denn die Wissenschaft hat seit 1804 mehrfach andere Kriterien für richtig erachtet. Aus den Vorschriften des Gesundheitsrechts ist zu entnehmen, dass heute der Tod in der vollständigen Beendigung der Gehirnströme gesehen wird. Außerdem hat die gerichtliche Verschollenheitserklärung die Wirkung des Todeseintritts, denn sie bewirkt die Vermutung des Todes. Nach Art. 128 Abs. 3 CC wird die Ehe des Verschollenen aufgelöst. Die Verschollenheitserklärung kann annulliert werden, wenn der Betroffene wieder auftaucht. Häufig, aber nicht zwingend, ist die Verschollenheitserklärung der zweite Schritt. Ist eine Person unauffindbar, so kann zunächst eine gerichtliche Verschollenheitsvermutung erfolgen, die Fürsorgemaßnahmen bezüglich ihres Vermögens ermöglicht, Art. 112ff. Neben den allgemeinen Regeln gibt es für besondere Fälle die gerichtliche Todeserklärung. Sie knüpft nicht an die Verschollenheit an, sondern an Ereignisse, bei denen mit Sicherheit der physische Tod eingetreten ist, die Leiche jedoch unauffindbar bleibt. Das gilt z.B. für in einer Mine verunglückte Bergleute, Insassen eines ins Meer gestürzten Flugzeugs usw. Auch hier ist eine Annullierung möglich, wenn die für tot erklärte Person wieder auftaucht.

Zur Teilnahme am Rechtsverkehr ist Geschäftsfähigkeit, *capacité d'exercice*, erforderlich. Eine dem deutschen Recht vergleichbare Abstufung der *capacité* gibt es nicht. Stattdessen unterscheidet man allgemeine und besondere *incapacité*. Der Normalfall ist *allgemeine incapacité*. Sie dauert seit der Herabsetzung des Volljährigkeitsalters 1974 bis zum 18. Lebensjahr, sofern der Minderjährige nicht vorher durch Heirat oder richterliche Entscheidung emanzipiert und damit voll geschäftsfähig wird, Art. 388, 413-1ff. CC.[56] Die *incapacité générale* des Minderjährigen bedeutet unter anderem, dass er selbst keine Verträge abschließen kann, Art. 1124 CC. Sie ist jedoch durch eine Reihe gesetzlicher und gerichtlicher Ausnahmen modifiziert, die im Ergebnis eine beschränkte Ge-

54 Zu den strafrechtlichen Konsequenzen CC Litec, Art. 16 Nr. 1.

55 Unten Nr. 96.

56 Seit 2010 kann er mit richterlicher Genehmigung sogar Kaufmann werden, Art. 413-8 CC. Näher unten Nr. 149.

schäftsfähigkeit begründen, obgleich dieser Begriff unbekannt ist. Diese Ausnahmen fügen sich in eine Politik, die in den letzten Jahrzehnten von der Gewährung einer größeren Autonomie und Achtung des Willens der Jugendlichen geprägt ist: Anhörungsrecht des Minderjährigen vor Gericht in Angelegenheiten, die ihn betreffen, z.B. eigenständige Entscheidung minderjähriger Mädchen über einen Schwangerschaftsabbruch, Erleichterung des Abschlusses eines Lehrvertrages und einzelner Geschäfte des Alltagslebens.

Mit Erreichen des Volljährigkeitsalters ist, abgesehen von einer konkreten z.B. krankheitsbedingten Geistesstörung bei Vornahme eines Geschäfts, Art. 490 CC, Geschäftsfähigkeit die Regel. Die allgemeine Geschäftsunfähigkeit verheirateter Frauen ist seit 1938 und infolge langer Haftstrafe seit 1993 beseitigt. Seit den jüngeren Reformen des Erwachsenenschutzes, zuletzt 2007, in Kraft getreten am 1. Januar 2009, die sich sowohl auf die Person als auch das Vermögen beziehen, Art. 415 Abs. 1 CC, ergibt sich eine sehr komplexe Regelung der *incapacité* des Volljährigen, so dass hier nur eine Basisorientierung der Auswirkungen der abgestuften Maßnahmen auf die *capacité* vermittelt werden kann. Die Verweisung des Art. 1124 CC auf den alten, inzwischen aufgehobenen Art. 488, wonach der Erwachsenenschutz nach Maßgabe des Gesetzes zur *incapacité* führt, ist infolge der Reformen nur noch wenig erhellend.

Neben dem Erwachsenenschutz steht die Möglichkeit des *gerichtlichen Beistandes, accompagnement judiciaire*, der an sich nichts mit der *capacité* zu tun hat, sondern im Zusammenhang mit sozialen Maßnahmen nach dem *Code de l'action sociale et de la famille* zu sehen ist, Art. 495 ff. CC. Die Geschäftsfähigkeit des Betroffenen bleibt unangetastet, Art. 495-3 CC, nur seine Fähigkeit zum Empfang von Sozialleistungen, die das Gericht in das *accompagnement judiciaire* einbezogen hat, ist ausgeschlossen, Art. 495-7 CC. Solange keine *gerichtliche Schutzmaßnahme* angeordnet ist, entfällt die Geschäftsfähigkeit des Volljährigen nur im Einzelfall bei geistiger Störung im Zeitpunkt der Vornahme des Geschäfts, Art. 414-1 CC. Die gerichtlichen Schutzmaßnahmen erfolgen abgestuft unter Achtung der individuellen Freiheiten, der Grundrechte und der Würde des Betroffenen und verfolgen deshalb den doppelten Zweck einerseits seines Schutzes, andererseits möglichster Wahrung seiner Autonomie, Art. 415 Abs. 2, 3 CC. Daher beeinflussen sie die *capacité* unterschiedlich, und eigene Vorsorge des Betroffenen durch einen Vorsorgeauftrag nach Art. 477 ff. CC, *mandat de protection future*, hat Vorrang. Der im Familienrecht beim Erwachsenenschutz zu behandelnde Vorsorgeauftrag kann von einem Volljährigen erteilt werden, eingeschränkt auch noch nach Anordnung einer Pflegschaft, ist aber nicht möglich, wenn ein Fall des Art. 414-1 CC vorliegt.

Die am wenigsten in die *capacité* eingreifende gerichtliche Schutzmaßnahme ist die *sauvegarde de justice*. Sie lässt die Geschäftsfähigkeit mit Ausnahme besonders schwerwiegender Geschäfte und vorbehaltlich der Akte, für die das Gericht einen Sonderbeauftragten bestellt hat, Art. 435, 437 CC, unberührt.

Art. 414-1 CC bleibt anwendbar. Die Anordnung des Gerichtsschutzes kann aber Einfluss auf den Nachweis geistiger Störung i.S. des Art. 414-1 CC haben. Ist eine Pflegschaft, *curatelle*, angeordnet, so bleibt zwar die *capacité* ebenfalls erhalten, aber für zahlreiche Geschäfte insbesondere familienrechtlicher Natur ist Beistand, *assistence*, des Klägers erforderlich. Für vermögensrechtliche Geschäfte ergeben Art. 467 ff. CC, dass der Umfang der fortbestehenden *capacité* letztlich davon abhängt, welche Befugnisse dem Pfleger übertragen sind. Aus Art. 467 Abs. 1 CC kann man entnehmen, dass der Geschützte i.d.R. Geschäfte der gewöhnlichen Verwaltung, *actes d'administration*, allein vornehmen kann, insofern also seine *capacité* nicht eingeschränkt ist. Für andere Geschäfte, *namentlich actes de disposition*, ist die Zustimmung des Pflegers erforderlich. Zu beachten ist, dass es sich auch dabei um *assistence* handelt. Der Pfleger kann deshalb nicht anstelle des Geschützten handeln. Dies ist nur möglich, wenn er hierzu ad hoc gerichtlich ermächtigt ist, Art. 469 Abs. 2 CC. Man kann insoweit von *incapacité* des Geschützten sprechen, obgleich der Gesetzgeber den Begriff vermieden hat. Es gibt außerdem die Möglichkeit, gerichtlich eine verstärkte Pflegschaft anzuordnen, *tutelle renforcée* nach Art. 472 CC, und so die Autonomie des Geschützten weiter einzuschränken. Soweit der Geschützte wegen fortbestehender *capacité* allein oder mit Zustimmung des Pflegers weiterhin Geschäfte vornehmen kann, bleibt Art. 414-1 CC anwendbar.

Weitergehend als die *curatelle* greift die Vormundschaft, *tutelle*, in die *capacité* des Geschützten ein. Auch bei der *tutelle* kann man jedoch nicht von allgemeiner Geschäftsunfähigkeit sprechen. Abgesehen von höchstpersönlichen Geschäften, insbesondere familienrechtlicher Natur, die in der Entscheidung des Geschützten bleiben und nur zusätzlich die Zustimmung des Vormundes erfordern, der dazu teilweise vom Richter oder vom Familienrat ermächtigt werden muss, gilt für die vermögensrechtlichen Angelegenheiten, dass dieser anstelle des Geschützten handelt, Art. 475 CC. Insofern kann man von dessen *incapacité* sprechen, obgleich das Gesetz auch hier den Begriff vermeidet. Die *capacité* bleibt erhalten, soweit es der Richter anordnet oder es der Verkehrssitte entspricht, Art. 473 CC. Das insgesamt sehr fein gesponnene Netz des Erwachsenenschutzes zwingt zu einer jeweils genauen Prüfung des Einzelfalles.

Auch bei den Folgen der *incapacité* weicht der CC vom deutschen Recht ab. Kann der *incapable* überhaupt keinen Willen bilden, z.B. ein sechsjähriges Kind, dem die Urteilskraft fehlt, so mangelt dem Geschäft eine wesentliche Voraussetzung. Es ist nicht wegen *incapacité* nichtig oder auflösbar, sondern weil überhaupt kein *consentement* vorliegt. Die Geschäfte aller anderen *incapables* sind je nach Sachlage entweder durch gerichtliche Entscheidung *rückwirkend vernichtbar* oder es kommt eine Aufhebung wegen *Übervorteilung* in Betracht. Z.B. hat eine geistige Störung bei Vertragsschluss Vernichtbarkeit des Vertrages zur Folge. Die Klage ist nach dem Tode des *incapable* eingeschränkt, Art. 414-2 Abs. 3 CC. Im Fall der *incapacité* wegen Minderjährigkeit betrifft die Vernichtbarkeit nur bedeutendere Geschäfte. Das sind im Wesentlichen Geschäfte, denen der Familienrat zustimmen muss. Die Vernichtbarkeit ist relativ, sie kann nur vom *incapable* bzw. seinem gesetzlichen Vertreter während einer Fünfjahresfrist geltend gemacht werden. Das Urteil begründet eine Pflicht zur Rückgabe erhaltener Leistungen, der *incapable* wird jedoch durch Art. 1312 CC geschützt. Bei den meisten Geschäften Minderjähriger ist nur eine Auflösung wegen Übervorteilung nach Art. 1305 CC möglich, *action en rescision pour lésion*. In beiden Fällen können der *incapable* selbst nach Eintritt der *capacité* oder sein gesetzlicher Vertreter das Geschäft genehmigen und damit heilen.

Soweit eine Person, für die eine Maßnahme des Erwachsenenschutzes getroffen wurde, ihre *capacité* behält, sind die von ihr getätigten Geschäfte zwar nicht vernichtbar. Der Gesetzgeber hat sie aber in gleicher Weise wie Minderjährige vor Übervorteilung schützen wollen. Ein Vertrag kann deshalb durch *rescision* aufgehoben oder es können die Leistungspflichten des Geschützten gerichtlich herabgesetzt werden, z.B. Art. 435 CC. Das gilt sogar im Falle eines Vorsorgeauftrags, sobald der Vorsorgefall eingetreten ist, Art. 488. Für Geschäfte in den letzten zwei Jahren vor der gerichtlichen Schutzmaßnahme greift Art. 464 CC ein. Der CC ermöglicht außerdem Vernichtbarkeit des Vertrages, wenn die Maßnahme angeordnet worden war, weil die geschützte Person im Sinn des Art. 414-1 an einer Geistesstörung litt. Die Entscheidung für die zu wählende Klageart erfordert stets eine Prüfung des Einzelfalles.

96. Das Recht der natürlichen Personen

Der CC erfasst das objektive Namensrecht nur teilweise. Grundsätzlich ist im Rechtsverkehr der *Familienname* zu verwenden. Er wird durch Kindschaftsverhältnis, Volladoption, Verwaltungsakt und ausnahmsweise durch staatlich genehmigte Änderung erworben. Der *Familienname der Kinder* ist vorrangig der Entscheidung der Eltern überlassen. Es spielt keine Rolle mehr, ob es sich um Kinder handelt, die während bestehender Elternehe oder außerhalb einer solchen geboren wurden. Entscheidend ist, dass die Wahl gemeinsam erfolgt. In diesem Fall eröffnet Art. 321-21 CC die Wahl des Vater- oder Mutternamens und auch eine Kombination beider. Die Nichtausübung des Wahlrechts dürfte selten sein. Der Gesetzgeber hat aber vorgesorgt: der Standesbeamte trägt dann den Namen dessen ein, der als erster das Kind anerkannt hat, bei gleichzeitiger Anerkennung den Namen des Vaters. Vor allem für außerhalb einer festen Elternbeziehung geborene Kinder geht Art. 311-23 CC praktisch vor: Das Kind erhält den Namen des Elternteils, demgegenüber die Abstammung festgestellt ist. Die Eltern können ihr gemeinsames Wahlrecht nachholen, sobald auch gegenüber dem zweiten Elternteil die Abstammung festgestellt ist. Praktisch ist die zusätzliche Regel, dass sich die Wahl für das erste Kind auf die späteren auswirkt. Der Familienname soll möglichst einheitlich bleiben, was natürlich nur für die gemeinsamen Kinder gilt. Der Name des Elternteils, der nicht Kindesname wurde, kann seit loi Nr. 85-1372 als Gebrauchsname angefügt werden.

Dem Erwerb des Kindesnamens nach den vorstehenden Regeln weitgehend nachgebildet ist der Namenserwerb bei einer Volladoption, *adoption plénière*, Art. 357 CC. Dagegen wird bei der einfachen Adoption, *adoption simple*, bei der die bisherigen Familienbande bestehen bleiben, dem bisherigen Familiennamen der Name des Adoptierenden nur beigefügt, Art. 363 CC. 1993 wurden dem Kind erhebliche Einflussmöglichkeiten bezüglich seines Namens eingeräumt, z.B. Art. 311-23 CC, bezüglich des Vornamens Art. 60 Abs. 2 CC. Die Ehe hat an sich keine Auswirkungen auf den *Namen der Ehegatten, es gibt keinen Ehenamen*. Jeder hat aber das Recht, den Namen des anderen zu führen, so dass auch Kombinationen zulässig sind. In der Praxis betrifft das auch heute noch vor allem die Frau, die aber frei ist, ihren Mädchennamen beizubehalten, denn die Führung des Mannesnamens ist keine Pflicht. Traditionell wird oft der Mädchenname mit dem Zusatz *épouse X* verwendet. Die Frau kann ihr Recht zur Benutzung des Mannesnamens gegen unbefugte Dritte verteidigen. Da der Name durch die Ehe nicht geändert wird, hat auch die Scheidung keine Auswirkungen. Lediglich das Recht zur Führung des Partnernamens entfällt, sofern nicht wegen besonderen Interesses anderes vereinbart oder vom Gericht zugesprochen wird. *Namensänderungen* nach Art. 61 CC sind selten, aber bei Einbürgerungen erleichtert, sog. *françisation du nom* nach loi Nr. 72-964. Im gesellschaftlichen Leben spielen Adelstitel eine Rolle. Sie werden vom Staat als Ehrenbezeichnung geduldet und können gegen den Gebrauch durch Dritte verteidigt werden. Die Verwendung des Partikels „*de*" ohne Titelzusatz ist Bestandteil des Familiennamens.

Wichtige Funktionen hat der in Art. 102 ff. CC geregelte Wohnsitz, *domicile*. Er ist grundsätzlich Erfüllungsort nach Art. 1247 Abs. 4 CC und begründet im Regelfall die örtliche Zuständigkeit der Gerichte, Art. 42, 43 CPrC, Art. 2, 59 EuGVO. Daneben spielt immer häufiger der gewöhnliche Aufenthalt, *résidence (habituelle)*, eine Rolle, zum Beispiel Art. 43 CPrC, Art. 3, 8 EuEheVO, Art. 1247 Abs. 3 CC, teils ohne Rücksicht auf das *domicile*, teils ersatzweise. Jede Person muss deshalb einen Wohnsitz haben, der als Ort ihrer Hauptniederlassung definiert wird, und ist grundsätzlich auf einen Wohnsitz beschränkt. Der *Wohnsitz Minderjähriger* ist durch das Kindschaftsverhältnis bestimmt. Im Übrigen ist der Wohnsitz frei wählbar, soweit nicht ein besonderer gesetzlicher Wohnsitz für Entmündigte und Beamte besteht. Die Abhängigkeit des *Wohnsitzes der Ehefrau* von dem des Ehemannes wurde im Zuge der Scheidungsreform 1975 beseitigt. Seither wählt jeder Ehegatte seinen Wohnsitz selbst. Je nach Beweislage muss auf den ersten mit der Geburt erworbenen Wohnsitz zurückgegriffen werden, solange nicht erwiesen ist, dass ein anderer Wohnsitz begründet wurde. Der geläufige Begriff SDF, *personnes sans domicile fixe*, führte deshalb in die Irre. Er bedeutet nicht, dass diese Personen keinen Wohnsitz haben. Sind sie illegale Einwanderer, so haben sie nur in Frank-

 96

reich kein *domicile* und sind folglich nicht in die französische Gesellschaft integriert. Eine andere relativ zahlreiche Gruppe sind die *gens de voyage* (häufig Sinti, Roma), die eine Gemeinde als *commune de rattachement* wählen müssen, die als ihr Domizil gilt. Ohne Rücksicht auf den tatsächlichen Wohnsitz ist für rechtsgeschäftliche und prozessuale Zwecke ein Wahlwohnsitz möglich. Außerdem kann zu Gunsten gutgläubiger Dritter ein Scheinwohnsitz eingreifen. Der bloße Aufenthalt hat nur subsidiäre Bedeutung.

Die *subjektiven Persönlichkeitsrechte* haben sich seit Beginn der 70er Jahre geradezu stürmisch entwickelt. Sie fanden ihren ersten gesetzlichen Niederschlag in der loi Nr. 70–643, die Art. 9 über den Schutz der Privatsphäre in den CC einfügte. 1993 kam der zivilrechtliche Schutz der Unschuldsvermutung hinzu, Art. 9-1, und 1994 Art. 16 ff. über die Achtung des menschlichen Körpers. Letzteres wurde in den Folgejahren mehrfach ergänzt, unter anderem um mit der Entwicklung der Genetik Schritt zu halten. Die Vorschriften enthalten keine systematische und vollständige Regelung der Persönlichkeitsrechte. Sie ist auch nicht immer geglückt. Man kann z. B. die Frage stellen, weshalb das Gebot der Achtung der Würde der Person nicht in einer allgemeinen Eingangsnorm über die Achtung des Menschen,[57] sondern nur im Kapitel über die körperliche Integrität steht, Art. 16 CC, gleichsam als ein subjektives Persönlichkeitsrecht. Vielfach gerätselt wurde auch über Art. 16-4 Abs. 1 über die Unantastbarkeit der „*espèce humaine*", der im Kontext der Vorschriften über den zivilrechtlichen Schutz des menschlichen Körpers nicht recht verständlich ist. Die Achtung der Ehre ist nicht geregelt. Angesichts der Lückenhaftigkeit und Schwächen der gesetzlichen Normen über den Schutz der Person durch subjektive Persönlichkeitsrechte hat die Rechtsprechung ein weites Tableau des Persönlichkeitsschutzes entwickelt und die Lehre hat das Ganze systematisch erfasst. Die wichtigsten Persönlichkeitsrechte sind die Rechte auf Achtung der Identität sowie der ideellen und körperlichen Integrität, *intégrité morale et physique*. Das Recht auf Achtung der Identität wird meist bei den Attributen der Person (Geschlecht, Wohnsitz, Name) behandelt.

Die Persönlichkeitsrechte haben keinen vermögenswerten Charakter, obgleich sie u. U. vermögensmäßig genutzt werden können und ihre Verletzung Ersatzansprüche in Geld zur Folge haben kann. Sie sind unveräußerlich, obgleich u. U. die Nutzung, soweit ihr vermögenswerter Aspekt anerkannt ist, Dritten überlassen werden kann, auch gegen Entgelt.[58] Sie sind unübertragbar, können folglich nicht vererbt werden, wirken aber insoweit über den Tod des Berechtigten hinaus, als ihre Beeinträchtigung zugleich Verletzung der ideellen Interessen der Rechtsnachfolger bzw. Angehörigen und damit deren eigenen Rechts auf Ach-

---

57 So seither die Entwicklung, vgl. zusammenfassend *Terré/Fenouillet* Nr. 94 f. Interessante Neukonzeption: *Bruguière* D 2011.28 ff.

58 Z. B. bezüglich des Rechts am eigenen Bild CA Paris vom 7.6.1983, D 1983 IR 165 Anm. *Lindon.*

tung ist.[59] Zur Achtung des Körpers nach dem Tod enthält Art. 16-1 CC die entsprechende Regelung. Die Persönlichkeitsrechte sind unverjährbar, so dass sie auch durch langjährige Duldung von Eingriffen nicht untergehen, doch kann die Dauer der Duldung das Ersatzinteresse beeinflussen.

Der *Schutz des Namens* als Identitätszeichen hat eine lange Tradition. Aber als subjektives Persönlichkeitsrecht wurde er erst in jüngerer Zeit Gegenstand der Diskussion, nicht zuletzt unter dem Eindruck völkerrechtlicher Konventionen und eines Urteils des EGMR vom 22.2.1994,[60] der das Namensrecht mit dem Recht auf Achtung der *vie privée* verbindet. Diese Auffassung hat jedoch keine allgemeine Zustimmung gefunden, denn der Name hat weniger eine Funktion des Schutzes der Privatsphäre als der Identifizierung der Person und häufig auch vermögenswerten Charakter. Durch Verwendung im Handelsverkehr, z. B. in der Firma von Gesellschaftern, kann er sogar von der Person getrennt werden. Man wird das Recht am Namen am ehesten als grundsätzlich an die Person des berechtigten Namensträgers gebundenes besonderes Persönlichkeitsrecht mit vermögensrechtlichem Einschlag bezeichnen können, es sei denn er hat sich in rechtlich anerkannter Weise im Handelsnamen verselbstständigt, dessen vermögensrechtlicher Charakter im Vordergrund steht. Als Persönlichkeitsrecht ist der Name unveräußerlich und kann gerichtlich gegen Dritte verteidigt werden, sofern diese ihn nicht aufgrund eines eigenen entgegenstehenden Rechts oder einer rechtlich garantierten Freiheit verwendet haben, z. B. der Kunst- oder Gewerbefreiheit. Die Abwägung kann im Einzelfall schwierig sein.

Platziert man das Gebot der Achtung der Würde des Menschen über Art. 16 CC hinaus als Prinzip an der Spitze des zivilrechtlichen Persönlichkeitsschutzes, so liegt es nahe, die Behandlung der einzelnen Persönlichkeitsrechte mit dem Schutz der *intégrité morale* zu beginnen. Hier steht an erster Stelle das gesetzlich nicht geregelte Recht auf Achtung der Ehre, das vor allem durch Beleidigungen und Verleumdungen, aber auch durch besonders verzerrende Karikaturen oder provozierende Äußerungen über die Person verletzt werden kann. Wichtigster Anwendungsbereich sind heute Presse- und Medienangriffe. Damit ist zugleich gesagt, dass ein Schwerpunkt der Problematik die Definition der Grenzen des Rechts auf Achtung der Ehre durch die Informationsfunktion der freien Berichterstattung im Rahmen der journalistischen Berufsregeln ist. Zwei Aspekte waren Anlass zu besonderen Stellungnahmen der Rechtsprechung und des Gesetzgebers, das Wiederausgraben abgeschlossener Straffälle – Stichwort *droit à l'oubli* – und die vorverurteilende Sensationspresse über noch nicht entschiedene Straftaten, Art. 9-1 CC – Stichwort *droit au respect de la présomption d'innocence*. Nicht in allen Fällen ist effektiver Ersatz in Geld die einzige bzw. richtige Sanktion. Verurteilung zu 1 Euro (frü-

59 Z. B. Cass.Crim. vom 30.10.1998, D 1999.106 Anm. *Beignier.*

60 Französische Version D 1995.15 Anm. *Marguenaud* zugleich zu den Auswirkungen in Frankreich.

her *franc symbolique*), Veröffentlichung des Urteils, Widerruf seitens des Verletzers, öffentliche Antwort seitens des Rechtsinhabers in Ausübung eines *droit de réponse* sind häufig geeigneter, z. B. Art. 9-1 Abs. 2 CC.

Einen besonders breiten Raum des ursprünglich deliktsrechtlich durch die Generalklausel des Art. 1382 CC gesicherten Schutzes der ideellen Integrität nimmt heute das *droit au respect de la vie privée* ein, Art. 9 CC. Hauptprobleme der Definition dieses Rechts sind die Entfaltung der verschiedenen Aspekte der *vie privée* und ihrer Abgrenzung von der nicht geschützten *vie publique*. Die Anwendung des Art. 9 CC wird zusätzlich erschwert, weil der Schutz der vie privée nicht absolut ist, sondern, wie sich bereits beim Ehrenschutz gezeigt hat, mit dem Recht auf Kunst-, Meinungsäußerungs- und Informationsfreiheit konkurriert und in Einklang gebracht werden muss.[61] Mit der Verbreitung des Internet und der Einführung zentraler elektronischer Dateien hat sich das Problem verschärft. Soweit Verbote über die Sammlung und den Zugang persönlicher Daten normiert sind, kann sich das zugleich auf die Lösung der Konkurrenzfrage bei Art. 9 CC auswirken. Man kann aber nicht sagen, dass die Gesetze über die moderne Datenelektronik den Schutz der *vie privée* direkt zum Ziele haben. Die wichtigsten Aspekte der *vie privée*, die grundsätzlich in den Schutzbereich des Art. 9 fallen, sind die Eigenschaften einer Person, insbesondere rassische Herkunft und religiöse Überzeugung,[62] die Gesundheit, Charaktereigenschaften, Intimleben, familiäre Beziehungen und Vorgänge sowie häusliche Verhältnisse und die private Wohnung. Vermögensverhältnisse gehören dagegen nicht ohne Weiteres zur *vie privée*,[63] jedenfalls nicht, solange sie nicht zugleich auf persönliche Daten abzielen. Ähnlich verhält es sich mit dem Berufsleben. Zwar wird dieses nicht generell der *vie publique* zugerechnet. Da es sich aber um Teilnahme einer Person am Sozialleben handelt, wird die *vie privée* nur selten berührt, z. B. bei Abhören privater Gespräche des Arbeitnehmers. Ebenso vielfältig wie die Aspekte der *vie privée* sind die Modalitäten des Eingriffs durch Handlungen oder Worte sowie Aufnahme, Wiedergabe und Verbreitung von Bildern. Vor der Schaffung des Art. 9 CC konnte der Verletzte nur deliktsrechtliche Ansprüche geltend machen, vorausgesetzt er konnte einen Schaden nachweisen. Das hat sich wesentlich geändert. Die Verletzung des Privatlebens allein genügt, einen Schadensersatzanspruch zu begründen, der folglich Genugtuungsfunktion hat. Wichtig ist aber auch, dass Art. 9 CC Maßnahmen ermöglicht, die – auch vorbeugend und bei Gefahr im Verzuge durch einstweilige Anordnung, *ordonnance de référé*[64] – den Eingriff in die *vie privée* verhindern oder unterbinden können.

---

61 Dazu Cass.Civ. vom 23.4.2003, G.A.Civ. Nr. 20. 8 f. Auch EGMR 58148/00 vom 18.5.2004 (Éditions Plon) betreffend ein Buch über den Staatspräsidenten Mitterand und seine zum Tod führende Erkrankung, französische Version D 2004, 1838 Anm. *Gurdi*.

62 Nicht dagegen die Teilnahme an öffentlichen religiösen Veranstaltungen, Cass.Civ. vom 6.3.2001, D 2002, 248.

63 Cass.Civ. vom 28.5.1991, G.A.Civ. Nr. 21.

64 Unten Nr. 205.

Schon vor Schaffung des Art. 9 CC war anerkannt, dass die Person ein *Recht am eigenen Bild*[65] hat, das in gleicher Weise wie die *vie privée* verletzt werden kann. Dieses Recht ist nicht in Art. 9 CC aufgegangen, sondern besteht weiterhin, so dass es u.U. zu einer eigenständigen Verletzung kommen kann, auch wenn die *vie privée* nicht berührt wurde. Die Rechtsnatur des *droit à l'image* ist bis heute nicht völlig geklärt. Ähnlich wie der Name ist es ein Persönlichkeitsrecht mit starkem vermögensrechtlichem Einschlag. Die enge Verbindung mit dem Recht auf Achtung des Privatlebens tritt vor allem bei der Aufnahme des Bildes in den Vordergrund, wobei das Eindringen in den Privatbereich, z.B. mithilfe eines Teleobjektivs, ohne Zustimmung des Betroffenen eine Verletzung darstellt, während Aufnahmen im öffentlichen Bereich wegen öffentlicher Informationsinteressen zulässig sein können.[66] Die meisten Entscheidungen betreffen die Wiedergabe und Verbreitung des Bildes. Der vermögenswerte Charakter des Rechts wird hier besonders deutlich. Da die abgebildete Person grundsätzlich selbst und allein verwertungsbefugt ist, geht es in vielen Fällen um ihre Zustimmung,[67] auch wenn es sich um Personen des öffentlichen Lebens handelt. Nur selten haben bei Aufnahmen anlässlich ihrer öffentlichen Tätigkeiten öffentliche Informationsinteressen Vorrang.[68] Die Verwendung des Bildes zu Werbezwecken ist ausnahmslos nur mit Zustimmung möglich. Die Nähe des Rechts am eigenen Bild zum Recht auf Achtung des Privatlebens wird besonders deutlich bei den Rechtsfolgen einer Verletzung, die weitgehend identisch sind. Liegt gleichzeitig ein Eingriff in das Privatleben vor, so kann es zu unterschiedlichen Entschädigungen kommen.[69] Die in Art. 9 Abs. 2 vorgesehenen Maßnahmen kommen auch im Fall drohender oder erfolgter Verletzungen in Betracht.

Das Recht auf Achtung der körperlichen Integrität, Art. 16-1 Abs. 1 CC, ist eine Ausprägung der staatlich garantierten Achtung des Menschen und beginnt mit seiner Geburt, also dem Anfang seiner Rechtssubjektivität,[70] Art. 16 CC. Den Embryo schützt Art. 16-1 Abs. 1 CC nicht; die Regeln über die Behandlung der Embryonen sind im CSP enthalten. Art. 16-1 Abs. 1 CC bezieht sich auch nicht auf Produkte des menschlichen Körpers, die von diesem getrennt sind. Auch insoweit sind die maßgeblichen Vorschriften im CSP enthalten.

Die Pflicht zur Achtung des menschlichen Körpers und die Ahndung einer Verletzung sind nicht erst ein Ergebnis des Art. 16-1 CC, sondern erfolgten schon bisher aufgrund der deliktsrechtlichen Generalklausel, Art. 1382 CC

65 Zur Abbildung von Sachen im Eigentum einer Person unten Nr. 107.
66 Z.B. Cass.Civ. vom 30.6.2004, JCP 2004 II 10160.
67 Diese kann stillschweigend erfolgt sein bzw. vermutet werden, s. Art. 226-1 Abs. 2 CPén.
68 Übersicht der Rspr. bei *Teyssié* Nr. 79: *homme public et activité publique.*
69 Cass.Civ. vom 12.12.2000, D 2001, 2434 Anm. *Saint-Pau.*
70 Zum Fortbestand nach dem Tod s. schon oben (Recht der Angehörigen).

bzw. der Vertragshaftung, vor allem wegen Verletzung des ärztlichen Behandlungsvertrages. Diese Rechtsgrundlagen bleiben weiterhin maßgeblich. Art. 16-1 Abs. 1 CC hat deshalb eher proklamatorischen Charakter. Gleiches gilt auch für Art. 16-3 CC, der sich mit medizinischen Eingriffen in den menschlichen Körper im Interesse des Kranken oder anderer Personen befasst. Auch hier sind die Einzelheiten dem CSP zu entnehmen. Zivilrechtlich ist wichtig, dass von einem Recht auf Achtung der körperlichen Integrität auszugehen ist und deshalb medizinische Notwendigkeit allein nicht genügt. Von Notfällen abgesehen, Art. 16-3 Abs. 2 CC, muss die Zustimmung des Kranken bzw. eines befugten Angehörigen vorliegen. Eine ähnliche Vorschrift für die Untersuchung genetischer Eigenschaften enthält Art. 16-10 CC. Zulässig sind diese Untersuchungen zu medizinischen Zwecken und im wissenschaftlichen Forschungsinteresse. Geregelt sind ferner Eingriffe zur Ermittlung der Identität einer Person durch genetische Fingerabdrücke, für die ebenfalls als Grundregel das Recht auf körperliche Integrität gilt. Sie sind deshalb nur beschränkt zulässig, z.B. in Kindschaftssachen auf richterliche Anordnung, und können nicht gegen den Willen der Person erfolgen, Art. 16-11 CC. Organentnahme zu Lebzeiten und nach dem Tod, Entnahme von Produkten des menschlichen Körpers, z.B. Blut, Sperma, Muttermilch und Ähnliches sowie Maßnahmen medizinisch assistierter Zeugung, einschließlich Klonen, und Austragung sind zwar ebenfalls angesprochen. Diese Themen gehören aber weniger in den zivilrechtlichen Zusammenhang subjektiver Persönlichkeitsrechte und sind schwerpunktmäßig nicht in Art. 16ff. CC, sondern im CSP geregelt. Das Zivilrecht wird davon vor allem berührt, soweit es um die Beurteilung von Verträgen und Entgeltvereinbarungen geht. Zwar geht es dabei um Vertragsrecht. Die Aufzählung der Verbote in Art. 16-4 bis 16-7 CC erklärt sich aber aus dem Bezug zum Grundsatz des *respect de la dignité de la personne*. Sie verdeutlichen, dass die *intégrité physique* nicht kommerzialisierbar ist. Auf der gleichen Linie liegt der Ausschluss von Patenten über wissenschaftliche Erfindungen, die den menschlichen Körper betreffen. Die Verbote sind nicht in Art. 16ff. CC, sondern richtig in Art. 611-17f. CPI platziert.

Seit wenigen Jahren ist unter dem Einfluss der Europäischen Menschenrechtekonvention von 1950 und der medizinischen Entwicklung ein *droit à la vie* in das Zivilrecht eingezogen, dem eine Diskussion über ein *droit à la mort* gefolgt ist. In die Kategorie privatrechtlicher subjektiver Persönlichkeitsrechte lassen sich beide Begriffe kaum einordnen. Das „Recht auf Leben" ist wesentlich eine rechtsphilosophische und politische Leitlinie für die Behandlung vorgeburtlichen menschlichen Lebens, eine Maxime des Medizinrechts für die Behandlung Kranker und des Haftungsrechts bei Konkretisierung der Generalklausel des Art. 1382 CC. In diesem Zusammenhang steht auch das Urteil *Perruche* des Kassationshofs über ein Recht auf gesunde Geburt vom 17.11.2000, dessen Leitlinie jedoch 2002 durch den allerdings nicht ganz glücklich formulierten Art. L 114-5 Abs. 1 Code de l'action sociale et de la famille korrigiert wurde.[71] Abs. 2 stellt ergänzend fest, dass die Haftung des Arztes für *faute* bei vorgeburtlichen Behandlungen, die eine Verletzung direkt verursacht haben, unberührt bleibt. Hier geht es jedoch nicht um ein Recht auf gesunde Geburt, sondern um Vertrags- oder Deliktshaftung. Ein zivilrechtlich durchsetzbares Recht auf Tod (aktive Sterbehilfe) gibt es nicht.[72]

97. Juristische Personen

Der CC hat ursprünglich juristische Personen, *personnes morales*, als eigenständige Rechtsträger nicht erwähnt und wegen seiner individualistischen Grundhaltung private Vereinigungen abgelehnt. Das hinderte die Praxis aber nicht, direkt oder auf dem Umweg über das Ausland zweckmäßige Gründungen vorzunehmen. Die Anpassung des Rechts an diese Entwicklung vollzog sich in der 2. Hälfte des 19. Jahrhunderts vor allem bei den auf wirtschaftliche Ergebnisse gerichteten Gesellschaften. Seither hat sich in der Lehre von den juristischen Personen die *Realitätstheorie* durchgesetzt, die den wirklichen Gegebenheiten Rechnung trägt. Nach Cass.Civ. vom 28.1.1954[73] ist eine Vereinigung dann juristische Person und folglich rechtsfähig, wenn sie schutzwürdige Kollektivinteressen verfolgt und sich durch kollektive Organe ausdrücken kann. Die Entscheidung trifft grundsätzlich der Gesetzgeber. Er entscheidet auch über den Umfang der Rechtsfähigkeit und kann diese folglich beschränken (Spezialitätsprinzip), z. B. entsprechend der Anerkennung der Gemeinnützigkeit des verfolgten Zweckes. Bei den wichtigsten juristischen Personen ist die Schutzwürdigkeit durch Gründungs- und Publizitätserfordernisse, vereinzelt auch durch behördliche Genehmigungs- bzw. Anerkennungsvorbehalte präzisiert. Die Realitätstheorie erlangt praktische Bedeutung, wenn gesetzlich nichts geregelt ist, denn die Entscheidung obliegt dann den Gerichten. Bisher hat sich die Realitätstheorie ausschließlich bei Personenvereinigungen ausgewirkt. Die *Verleihung der Rechtsfähigkeit an Zweckvermögen* ergibt sich grundsätzlich aus dem Gesetz. Um jeden Zweifel auszuschließen, stellen Art. L 214-20 und 214-43 CMF ausdrücklich fest, dass Investment- und Forderungsfonds keine Rechtsfähigkeit besitzen.

---

71 Cass.Ass.Plén., D 2001.332, Anm. *Mazeaud, Jourdain*: wegen Fehldiagnose eines angeborenen Defekts (Röteln) unterlassener Schwangerschaftsabbruch. Umfangreiche Diskussion, s. CC Litec Art. 16 Nr. 2. Die gesetzliche Korrektur hat keine Rückwirkung, Cass.Civ. vom 8.7.2008, D 2008, 2765, Anm. *Porchy-Simon*, im Anschluss an EGMR 1513/03 vom 6.10.2005 (Draon), franz. Version D 2005.2546 Anm. *Montecler.* Zum deliktsrechtlichen Aspekt der Kausalität unten Nr. 105.

72 S. aber Art. L 1110-5 Abs. 2, 1111-10 Abs. 1 CSP. Zur Patientenverfügung *‚directive anticipée'* Art. L 1111-11 CSP.

73 G.A.Civ. Nr. 16 betreffend die in Unternehmen mit mehreren Betriebsstätten eingerichteten *comités d'établissement*; Cass.Soc. vom 23.1.1990, Rev.sociétés 1990.444, betreffend *comités de groupe* in Konzernen.

Neben den *juristischen Personen des öffentlichen Rechts*,[74] der *bürgerlich-rechtlichen Gesellschaft*, den *Handelsgesellschaften*,[75] den durch staatliche Intervention entstehenden Mischformen, *sociétés d'économie mixte*,[76] die alle eigene wirtschaftliche Zwecke verfolgen und auf Gewinnverteilung gerichtet sind, sowie den wirtschaftlichen Interessengemeinschaften als Kooperationsinstrumenten dieser Gesellschaften[77] haben im Privatrecht Vereinigungen ohne wirtschaftliche Zielrichtung erhebliche Bedeutung. Diese im Gesetz vom 1.7.1901 geregelten Vereinigungen, *associations*, werden durch Anmeldung, *déclaration*, bei der Präfektur und Veröffentlichung im JO rechtsfähig. Damit ist zugleich gesagt, dass unangemeldete *associations* nicht rechtsfähig sind. *Associations*, die als gemeinnützig anerkannt sind, *d'utilité public*, haben eine privilegierte Stellung. Spezialvorschriften gelten für Ordensgemeinschaften, *congrégations*, und religiöse Vereinigungen, die Träger des Kultuseigentums (Kirchen, Gemeindehäuser usw.) sind, ferner für Konsumentenschutzverbände, Art. L 411-1 ff. CConsom. Eine Sondergruppe der *associations* sind auch die Gewerkschaften, Berufs- und Unternehmensverbände, *syndicats professionnels*.[78]

Die rechtliche Verselbstständigung von Vermögenswerten, die einem bestimmten Zweck gewidmet sind, war in der Vergangenheit relativ selten. Seit einigen Jahren ändert sich das. Wesentlich ist, dass ein Gemeinschaftsinteresse verfolgt wird. In diesem Fall kommt eine private Stiftung, *fondation*, in Betracht, die durch staatliche Anerkennung der *utilité publique* Rechtsfähigkeit erlangt. Will eine einzelne Person eine Verselbstständigung von Vermögenswerten zwecks Verfolgung eines lukrativen Zweckes herbeiführen, so kann sie das nicht durch Gründung einer *fondation*, sondern nur durch Schaffung einer *entreprise unipersonnelle à responsabilité limitée*.[79] Seit 1987 ist die Gründung von *Unternehmensstiftungen* erleichtert, die heute in der loi Nr. 90-559 geregelt sind. Sie erlangen Rechtsfähigkeit mit Veröffentlichung der behördlichen Genehmigung im JO. Seit 2007 können auch wissenschaftliche und kulturelle öffentlich-rechtliche Einrichtungen[80] nach diesem Vorbild *Partnerschaftsstiftungen* errichten, gegebenenfalls gemeinsam mit Unternehmen, die als Mäzene agieren. Im Übrigen sind „Stiftungen" von Vermögenswerten ohne Errichtung einer *fondation* als Schenkung oder letztwillige Zuwendung an eine natürliche oder bereits existierende juristische Person möglich, z.B. auch an die *Fondation de France* oder eine *fondation partenariale* z.B. einer Uni-

74 Oben Nr. 55.
75 Unten Nr. 152 ff.
76 Oben Nr. 69. Zur neueren Entwicklung der SEM vgl. auch *Sonnenberger/Dammann* (oben Nr. 5) III 282 ff.
77 Unten Nr. 161.
78 Unten Nr. 177.
79 Unten Nr. 150.
80 Oben Nr. 55.

versität. Keine Rechtsfähigkeit besitzen familienrechtliche und erbrechtliche Vermögensgemeinschaften sowie die Eigentümergemeinschaft, *indivision* oder *copropriété*.[81]

Als selbstständiger Rechtsträger besitzt die juristische Person einen eigenen *Namen* und *Sitz*. Den Namen kann sie gegen Verwechslungsgefahr verteidigen. Schutz genießt die juristische Person auch gegen Angriffe auf ihre Reputation.[82] *Persönlichkeitsrechte* hat sie aber nicht. Ihre Fähigkeit, *Träger eines eigenen Vermögens* zu sein, ist unterschiedlich geregelt. Umfassende Vermögensfähigkeit haben Gesellschaften und Gewerkschaften, z.B. Art. L 2132-1 CTrav. Einschränkungen bestehen für Vereinigungen und Stiftungen. Z.B. können Vereinigungen unentgeltliche Zuwendungen nur entgegennehmen, soweit das Gesetz es gestattet. Art. 6 und 11 des Vereinsgesetzes von 1901 privilegieren gemeinnützige Vereine insoweit erheblich gegenüber anderen angemeldeten Vereinen. Ähnlich verhält es sich bei Partnerschaftsstiftungen gegenüber Unternehmensstiftungen. Vereinigungen, die Gemeinschaftsinteressen verfolgen, wird teilweise die Befugnis zuerkannt, mittels *Verbandsklagen* kollektive Schäden geltend zu machen, z.B. Gewerkschaften, Art. L 2132-2 CTrav, Konsumentenverbänden, Art. L 421-1 CConsom. Unabhängig davon, ob eine juristische Person umfassend oder nur eingeschränkt Vermögensträger ist, gilt als Regel, dass sie keine *Handlungen* vornehmen kann, die außerhalb ihres Satzungszweckes liegen, sog. *Spezialitätsprinzip*. Die *Vertretungsbefugnis ihrer Organe* ist folglich *beschränkt*. Für die Gesellschaften ist diese Grundregel aber im Rahmen der Rechtsangleichung in der EU modifiziert worden und der im deutschen Recht geltenden Regelung angenähert. Nach dem CPén sind juristische Personen für gesetzlich festgelegte Straftaten ihrer Organe oder Vertreter verantwortlich, ohne dass dadurch die persönliche Verantwortung derselben ausgeschlossen wird. Für die zivilrechtliche Deliktshaftung gilt wie im deutschen Recht der Grundsatz, dass Handlungen der Organe der *personne morale* zugerechnet werden. Das betrifft nicht Handlungen sonstiger Personen, die im Auftrag der juristischen Person handeln. Hier kommt nur die Geschäftsherrenhaftung[83] in Betracht, sofern nicht ein Organisationsfehler des Organs vorliegt.

§ 5 Schuldrecht

Literatur (vgl. auch oben vor § 1. Die dort zitierten mehrbändigen Lehrbücher des droit civil enthalten auch, teilweise mehrbändig, das droit des obligations): *v. Bar*, Deliktsrecht in Europa, Frankreich (Bearb. *Gotthard*), Köln 1993; *ders.*, Gemeineuropäisches Deliktsrecht, 2 Bde., München 1998–2000; *Benabent*, Droit civil, Les

81 Eine Ausnahme bildet die Wohnungseigentümergemeinschaft, unten Nr. 111.
82 Cass.Civ. vom 2.4.1997, D 1997.411 Anm. *Edelman*.
83 Unten Nr. 105.

obligations, 11. Aufl., Paris 2007; *Calais/Auloy/Steinmetz*, Droit de la consommation, 7. Aufl., Paris 2006; *Chabas*, Les obligations (s. *Mazeaud*, Leçons (vor § 1)); *Delebeque/Pansier*, Droit des obligations, 2 Bde., 4./5. Aufl., Paris 2008/9; *Fabre-Magnan*, Droit des obligations, 2 Bde., Paris 2007/8; *Fages*, Droit des obligations, 2. Aufl., Paris 2009; *Flour/Aubert/Flour (nur Bd. 3)/Savaux*, Droit Civil, Les obligations, 3 Bde., 5. (Bd. 1)/12. (Bd. 2)/13. (Bd. 3) Aufl., Paris 2007/8; *Kadner*, Le contrat en droit privé européen, 2. Aufl., Basel 2010; *Kötz/Flessner*, Europäisches Vertragsrecht, Bd. 1, Tübingen 1996; *Larroumet*, Droit civil, Les obligations, Bd. III, 1/2, Le contrat, 6. Aufl., Paris 2007; *Ranieri*, Europäisches Obligationenrecht, 3. Aufl., Wien 2003; *Terré/Simler/Lequette*, Droit civil, Les obligations, 10. Aufl., Paris 2009; *Le Tourneau* (und Mitverf.), Droit de la responsabilité et des contrats, 8. Aufl., Paris 2010; *Witz/Bopp*, Französisches Vertragsrecht für deutsche Exporteure, Heidelberg 1989.

98. Einleitung

Der CC enthält keine gemeinsamen Vorschriften für alle Schuldverhältnisse. Das allgemeine Schuldvertragsrecht regeln Art. 1101-1369-11. In Art. 1370-1386-18 folgen die außervertraglichen Verbindlichkeiten und Art. 1582–2061 normieren einzelne Vertragstypen. Das Vertragsrecht steht also weitaus im Vordergrund. Der CC spiegelt damit die rechtstheoretische Situation des frühen 19. Jahrhunderts. Die Gestaltung schuldrechtlicher Beziehungen Privater ist in erster Linie Angelegenheit der Partner. Folgerichtig hat man die gesetzliche Regelung grundsätzlich dispositiv gestaltet: es ist *droit interprétatif de volonté.* Privatrechtliche Einschränkungen waren selten und wurden erst durch richterliche Rechtsfortbildung und spätere Gesetze begründet. Die gesetzlichen Schuldverhältnisse führen in der legalen Ordnung ein auf wenige Generalklauseln beschränktes Schattendasein. Insbesondere das Deliktsrecht hat erst die Rechtsprechung zum zweiten Hauptteil des Schuldrechts entwickelt. Trotzdem gibt es bis heute in der legalen Ordnung des Schuldrechts keinen Abschnitt, den man als Ergebnis einer allgemeinen Theorie der Schuldverhältnisse bezeichnen könnte. Nach den Anspruchsgrundlagen trennt man vielmehr vertragliches und außervertragliches Schuldrecht. Außerhalb des Vertragsrechts nimmt das Deliktsrecht den breitesten Raum ein, vertragliche und deliktsrechtliche Anspruchsgrundlagen können anders als im deutschen Recht nicht kumuliert werden, sog. *non-cumul*. Das Bereicherungsrecht tritt zurück, weil der CC keine abstrakten Verfügungsgeschäfte kennt und deshalb insoweit seine Ausgleichsfunktion entfällt.

Das Vertragsrecht steht auch heute im Vordergrund, Verträge sind nach wie vor die wichtigsten Instrumente der Partner zur autonomen Gestaltung ihrer Angelegenheiten, vorausgesetzt sie halten sich im Rahmen des zwingenden Rechts, *ordre public interne*, und der guten Sitten, *bonnes moeurs*, Art. 6 CC. Die zwingenden Vorschriften haben allerdings erheblich zugenommen. Bei vielen Verträgen ist die Privatautonomie der Partner auf die Abschlussfreiheit beschränkt, während der Inhalt gesetzlich vorgegeben ist. Wieweit daneben Grundrechte der Autonomie der Vertragspartner Grenzen ziehen, ist fraglich. Der Begriff einer horizontalen Wirkung der Vorschriften der Verfassung bzw. der EMRK wird meist vermieden, aber immer häufiger bejaht.[84]

In der Vertragslehre gliedert man nach *formation* und *effets*. Die Lehre von der Vertragsbegründung hatte zugleich Bedeutung für andere Rechtsgeschäfte.[85] Die Lehre der Vertragswirkungen behandelt Inhalt und Verletzung der Leistungspflichten, Leistungshindernisse, Erfüllung, Rechtsnachfolge, Mehrheit von Schuldnern und Gläubigern. Die einschlägigen Normen beherrschen teilweise auch die außervertraglichen Schuldverhältnisse. Häufig findet man deshalb in den Lehrbüchern heute eine Dreiteilung der Materie, der dritte Teil ist den Normen gewidmet, die für beide Bereiche gelten. Es wird dann vom *régime des créances et des dettes* bzw. *des obligations* oder auch vom *rapport d'obligations* gesprochen. Da es sich um Systematisierungen der Lehre behandelt, sind die Zuordnungen nicht ganz einheitlich.

99. Vertragsbegründung

Vier Voraussetzungen nennt Art. 1108 CC für das Zustandekommen eines Vertrages: *capacité*,[86] *consentement*, *objet certain* und *cause licite*. Bei Realverträgen (unter anderem Leihe und Darlehen[87]) kommt als weiteres Element die Leistung hinzu.

Erklärungen eines Partners sind allein nicht verbindlich. Das gilt sowohl für die Aufforderung, in Vertragsverhandlungen einzutreten, als auch für das Angebot, einen bestimmten Vertrag zu schließen. Wie im deutschen Recht liegt ein Angebot vor, wenn es so bestimmt ist, dass es ohne Weiteres angenommen werden kann. Besondere Angaben muss es grundsätzlich nicht enthalten. Ausnahmen sind z.B. Art. 1369-4 CC für elektronische Angebote und Art. L 121-18 CConsom für Angebote im Fernabsatz.

Die Offerte ist grundsätzlich bis zur Annahme widerruflich. Es werden aber Bindungsvereinbarungen zugelassen, bei denen man genau prüfen muss, welche Bindungen gewollt sind. Nicht im CC geregelt ist der *pacte de préférence:* wenn ein Vertrag geschlossen wird, dann wird er zunächst dem Partner des *pacte* angeboten. Weiter gehen *promesses de contrat*, die in Art. 1589 ff. CC als Kaufvorverträge geregelt sind. Im zweiseitig verpflichtenden Vorvertrag, *promesse synallagmatique*, verpflichten sich beide Partner zum Abschluss des

84 Cass.Civ. vom 6.3.1996, RTD civ. 1996.580, krit. Anm. *Hauser*; Cass.Com. vom 12.1.1999, D 1999, 645 Anm. *Marguenaud/Mouly*. Zur unmittelbaren Geltung der EMRK oben Nr. 4 Fn. 8.

85 Oben Nr. 93.

86 Oben Nr. 95.

87 Anders neuerdings zu Darlehen eines Kreditinstituts Cass.Civ. vom 28.3.2000, G.A.Civ. Nr. 284, s. auch unten Nr. 186; für Immobiliendarlehen Cass.Civ. vom 22.5.1998, Bull.Civ. 1998 I 267.

Hauptvertrages, soweit nicht in Wahrheit schon dieser selbst gemeint ist. Im Optionsvertrag, *promesse unilatérale*, bindet sich ein Partner bis zur Wahl des anderen an seine Offerte. Ohne Bindungsvereinbarung ist der Anbieter an seine Offerte gebunden, wenn er eine Annahmefrist gesetzt hat oder eine solche vernünftigerweise als Bestandteil der Offerte angesehen wird.[88] Befristete Bindung sieht verschiedentlich das neue Verbraucherschutzrecht vor, so dass der Kunde den Vertrag selbst bei Widerruf zustande bringen kann.

Die Partner sind im Allgemeinen frei, ob und mit wem sie einen Vertrag abschließen wollen. Verschiedentlich ist die Abschlussfreiheit aber durchbrochen, so etwa bei Monopolstellungen und aus Gründen des Verbraucherschutzes, Art. L 122-1 CConsom. Die Weigerung eines Vertragsabschlusses unter Mitbewerbern löst seit der Wettbewerbsnovelle von 1996 nur noch ausnahmsweise wettbewerbsrechtliche Rechtsfolgen aus, wenn es sich um Missbrauch handelt.[89] Mehrere europäische Richtlinien haben dazu geführt, dass Diskriminierungsverbote, die strafrechtlich abgesichert sind, Art. 225-1 CPén, der Verweigerung eines Vertragsabschlusses entgegenstehen. Zivilrechtliche Sanktionen sind vereinzelt Zwangsverträge und unter Umständen deliktischer Schadensersatz, sofern *faute* und Schaden nachgewiesen sind.

Bis zum Zustandekommen des Vertrages besteht zwischen den Partnern kein vorvertragliches Schuldverhältnis vertragsähnlicher Art. Wer Verhandlungen beginnt, ist jedoch verpflichtet, sich gegenüber dem Partner nach Treu und Glauben zu verhalten. Art. 1134 Abs. 3 CC wird heute so gedeutet, dass er nicht nur die Vertragsdurchführung, sondern schon die Vertragsverhandlungen betrifft. Ein Verstoß gegen die Verhaltenspflicht der *bonne foi* wird als *faute* gewertet,[90] was es erlaubt, deutschrechtliche Fälle der *culpa in contrahendo* deliktsrechtlich zu lösen. Die Generalklausel des Art. 1382 und die Geschäftsherrenhaftung ohne Entlastungsbeweis nach Art. 1384 bieten eine ausreichende Haftungsgrundlage, die zum Schadensersatz führt. Ersetzt wird nur das negative Interesse. Hauptfälle der *faute* in der Verhandlungsphase sind Verstöße gegen Informationspflichten,[91] die Art und Weise des Abbruchs der Verhandlungen sowie eine unzeitgemäße Rücknahme der Offerte. Eine Sonderregelung für den abrupten Abbruch einer etablierten Handelsbeziehung ohne fristgerechte Vorankündigung hat nach Art. L 442-6-I Nr. 5 CCom als unlauteres

---

88 Zur Begründung oben Nr. 93.

89 Unten Nr. 167.

90 Cass.Civ. vom 28.6.2006, Rev.trim.dr.civ. 2006.754 Anm. *Mestre/Fage*, allerdings einen auf das Erfüllungsinteresse gerichteten Schadensersatz (*perte d'une chance*, unten Nr. 101, 105) ausschließend.

91 Vgl. *Chaussade-Klein*, Vorvertragliche obligation de renseignement im französischen Recht, Frankfurt/M. usw. 1992. Wie weit die Informationspflichten gehen, ist Rechtsfrage, ob sie erfüllt wurden, Tatfrage. Behauptet der Verpflichtete, sie erfüllt zu haben, so trifft ihn die Beweislast: Cass.Civ., vom 25.2.1997, G.A.Civ. Nr. 16 (Arzt), heute allgemeine Regel.

Verhalten im Wettbewerb ebenfalls Schadensersatz zur Folge.[92] Im Verbraucherschutzrecht ist immer häufiger die Vorlage von *offres préalables* vorgesehen. Außerdem sind die vorvertraglichen Informations- und Aufklärungspflichten teilweise detailliert festgelegt, z.B. bei Verbraucherkrediten in den 2010 neugefassten Art. L 311-6ff., 311-8ff. CConsom. Sie sind aber nicht auf Verbrauchergeschäfte beschränkt, wie z.B. Art. L 330-3 CCom zeigt.

Die vorvertragliche Phase ist beendet, sobald die Offerte vom Adressaten angenommen ist. Der Zeitpunkt kann beim Abschluss unter Abwesenden zweifelhaft sein. Anders als im deutschen Recht gibt es keine klare Stellungnahme, ob der Zeitpunkt der Erklärung oder des Zugangs der Annahme maßgeblich ist. Die Rechtsprechung entscheidet fallbezogen. Eine besondere Regel enthält für elektronische Abschlüsse Art. 1369-5 Abs. 1 CC, der dem Besteller die Möglichkeit der Prüfung und Bestätigung des Inhalts seiner Erklärung gibt, bevor die Bindung eintritt, sog. System des Doppel-Klick.

Übereinstimmung, *consentement*, setzt nach der ursprünglichen Konzeption des CC voraus, dass der Vertragsinhalt frei ausgehandelt wurde. Dieser rechtsphilosophisch begründete Grundsatz war aber nie vollkommen verwirklicht. Schon immer hat sich der Staat in die Vertragsgestaltung eingemischt. Seit der zweiten Hälfte des 19. Jahrhunderts hat das wesentlich zugenommen, da sich der Staat häufig gezwungen sah, in das Wirtschafts- und Sozialleben einzugreifen. Man spricht deshalb heute von einem staatlichen *dirigisme contractuel* aus Gründen des *ordre public de direction et de protection*.[93] Dieser hat zur Folge, dass es heute eine ganze Reihe von Verträgen gibt, deren Klauseln insgesamt oder teilweise nicht freier Vereinbarung unterliegen. Teils ist der Vertragsinhalt durch zwingendes Gesetz vorgegeben, z.B. im Versicherungswesen, teils sind die Partner an Klauseln gebunden, die behördlich durch *règlement* festgelegt oder Gegenstand von Kollektivverträgen u.Ä. sind, z.B. im Landpacht-, Arbeits- und sogar im Mietvertragsrecht.[94] Von erheblicher Bedeutung für den Ausschluss bestimmter Vertragspraktiken sind ferner die in Durchführung der europäischen Klausel-Richtlinie in Art. L 132-1 und R 132-10f. CConsom enthaltenen Vorschriften über *clauses abusives*. Sie betreffen Verträge zwischen *professionnels*, in der Regel gewerblich Tätigen, und Verbrauchern, *consommateurs*. Missbräuchlich sind nach der gesetzlichen Definition Klauseln, die zum Nachteil des Verbrauchers ein erhebliches Ungleichgewicht der Rechte und Pflichten der Vertragspartner bewirken. Obwohl clauses abusives sowohl in individuell vereinbarten Verträgen als auch in Verträgen mit AGB, *conditions générales*, vorkommen, sind Letztere ihr Hauptanwendungsgebiet. Wie im deutschen Recht werden seit der Neufassung der Art. L

92 Allgemein unten Nr. 168; *Beltz*, RIW 2010.209.

93 Lesenswert zur Entwicklung *Larroumet* Bd. III.1 Nr. 920ff.

94 Art. 42 loi Nr. 86-1290.

132-1, R 132-1 ff. CConsom im Jahr 2008/9 unwiderlegbar und vermutet missbräuchliche Klauseln unterschieden.

Bei Verwendung von AGB oder vorgefertigten *contrats-types* entfällt freies Aushandeln. Der Vertrag wird zum *contrat d'adhésion.* Hier kann der Partner, wenn er Verbraucher ist, schon vor Beginn der Vertragsgespräche die Vertragsdokumente verlangen, um sich zu informieren, Art. L 134-1 CConsom. Die Einbeziehung von AGB in einen Vertrag wird grundsätzlich nach den allgemeinen vertragsrechtlichen Regeln behandelt. Die Gerichte sind aber bisweilen strenger in den Anforderungen an die Zustimmung des Partners. Das wirkt sich z. B. bei der Beurteilung aus, ob er die AGB hätte erkennen können und deshalb der Vertragsabschluss seine Zustimmung konkludent beinhaltet. Bei einigen Verträgen hat der Partner nach Vertragsschluss eine Überlegungsfrist, bevor der Vertrag endgültig verbindlich wird, zum Beispiel nach Art. L 121-20, 121-25, 311-12 f. CConsom für Fernabsatz-, Haustür- und Verbraucherkreditverträge. Handelt es sich um erneuerbare Dauerverträge, so gilt dies für den Erstvertrag und können weitere Schutzmechanismen für die Vertragsverlängerung hinzukommen, z. B. für Kreditkartenverträge nach Art. L 311-16 CConsom i. d. F. von 2010. Infolge Anwendung der Vorschriften über missbräuchliche Klauseln ist die Inhaltskontrolle der AGB dem deutschen Recht wesentlich angenähert und die Lücke geschlossen worden, die sich für Verbraucherverträge aus der Ablehnung der Rechtsprechung ergeben hatte, dem deutschen Beispiel folgend eine Kontrolle gemäß Treu und Glauben, *bonne foi*, Art. 1134 Abs. 3 CC, durchzuführen. Rechtsgrundlage der Inhaltskontrolle sind die vorstehend zitierten Art. L 132-1, R 133-1 ff. CConsom. Der missbräuchliche Charakter einer Klausel wird vom Gericht von Amts wegen festgestellt. Nach Art. L 132-1 Abs. 6 CConsom gelten diese Klauseln als nicht geschrieben, der Vertrag wird nach den Regeln des objektiven Rechts beurteilt. Klagebefugt sind nach Art. L 421-1 CConsom nicht nur der einzelne Verbraucher, sondern auch Verbraucherverbände. Art. L 421-6 CConsom eröffnet die Möglichkeit, dass sie präventiv auf Unterlassung klagen können.[95]

Vertragsbegründender *consentement* verlangt übereinstimmende Willenserklärungen der Partner. Die Benutzung der französischen Sprache ist entgegen Art. 2 Abs. 1 loi Nr. 94-665 und der Intention des Gesetzgebers für Verträge zwischen Privaten nicht vorgeschrieben.[96] Eine nicht nur in Nebenpunkten von der Offerte abweichende oder Änderungen enthaltende Annahme verhindert das Vertragsband. Inhaltlich muss sich der *consentement* nur auf die wesentlichen Punkte beziehen, vgl. Art. 1135 CC. Einen Anhalt gibt Art. 1583 CC, der beim Kaufvertrag Einigung über Ware und Preis verlangt. Daraus wird abgeleitet, dass ein hinreichend bestimmter Vertragsgegenstand und eine er-

95 Als Ergebnis der europäischen Richtlinie 98/27 vom 19.5.1998 sind seit 2001 auch Schutzverbände aus anderen EU-Staaten klagebefugt.

96 CConst 94-345 DC vom 29.7.1994.

laubte Geschäftsgrundlage erforderlich sind, *objet* und *cause*. Sie sind nach Art. 1126 CC bei allen Verträgen nötig.[97]

Was das *objet* betrifft, ist die Terminologie des CC nicht sehr präzise. Einerseits ist vom *objet du contrat*, andererseits vom *objet de l'obligation/des obligations* die Rede, Art. 1128, 1129. Letzteres ist wohl die treffende Umschreibung der Rolle des *objet*. Aus dem Erfordernis eines bestimmten und das heißt auch realisierbaren Gegenstandes, der außerdem erlaubt sein muss, Art. 1128, *être dans le commerce*, folgt, dass ein Vertrag, der eine ursprünglich und objektiv unmögliche oder unzulässige[98] Leistung verlangt, nichtig ist, Art. 1601 CC. Die etwas altertümliche Formulierung des Art. 1128 CC legt nahe, das vor allem auf alle nicht vermögenswerten Gegenstände zu beziehen. Wie insbesondere die Gesetzgebung der Bioethik lehrt, können aber Produkte oder Organe des menschlichen Körpers durchaus Gegenstand eines Vertrages sein. Lediglich entgeltliche Verträge sind verboten, Art. 16-5 ff. CC.[99] Was im einzelnen Gegenstand der Leistungspflicht ist, hängt weitgehend vom Parteiwillen ab. Art. 1126 CC gibt lediglich Anhaltspunkte, wenn er von Verschaffungs-, Handlungs- und Unterlassungspflichten spricht.

Die causa-Theorie bereitet erhebliche Schwierigkeiten, was die Neigung von Praktikern erklärt, dieses Element herunterzuspielen. Die Rechtsprechung zeigt aber, dass es nach wie vor für unverzichtbar gehalten wird. Ob die *cause* die diskutierte Reform des Schuldrechts überleben wird, ist angesichts des heftigen Streits der Kausalisten und Antikausalisten zweifelhaft. Ihre Gegner machen geltend, dass eine allgemein akzeptierte Definition in zweihundert Jahren nicht gelungen ist und andere Rechtsordnungen ohne sie auskommen. De lege lata gilt: fehlt eine gültige *cause*, so ist der *consentement* nichtig. Definitionsprobleme ergeben sich infolge der subjektiv-objektiven Doppeldeutigkeit der *cause*. Gemeint ist erstens das konkrete Geschäftsinteresse bei Vertragsabschluss,[100] das sich bei unentgeltlichen Verträgen aus dem leitenden Motiv der sich verpflichtenden Partei, bei gegenseitigen Verträgen aus der Beziehung von Leistung und Gegenleistung ergibt. Hier fehlt der obligation einer Partei die *cause*, wenn die *obligation* der anderen Partei kein *objet* hat. Beliebtes Beispiel: der Verpflichtung des Franchisenehmers fehlt die *cause*, wenn der Franchisegeber gar kein verwertbares *savoir faire* zur Verfügung stellen muss. Es ist auch möglich, dass die Verpflichtungen der Parteien eines Vertrages *cause*

97 Zu den Einschränkungen des Erfordernisses der *cause* bei gewissen handelsrechtlichen Papieren vgl. unten Nr. 165.

98 Klassisches Beispiel: Veräußerung der Praxis eines Freiberuflers, vgl. Nachweise CC-Litec Art. 1128 Nr. 2, aber nunmehr Cass.Civ. vom 7.11.2000, Bull.Civ. 2000.I.283.

99 Oben Nr. 95.

100 Die causa-Lehre eröffnet daher keine Möglichkeit, wegen späteren Fortfalls der Geschäftsgrundlage den Vertrag zu ändern oder aufzulösen, unten Nr. 100. Vgl. auch *Angermeier*, Geschäftsgrundlagenstörungen im deutschen und französischen Recht, Heidelberg 2004.

für die Übernahme der Verpflichtungen eines anderen Vertrages sind.[101] Die *cause* fungiert in allen diesen Fällen als Seriositätskriterium des Vertrages. Die *cause* fehlt dagegen nicht schon deshalb, weil die Gegenleistung nicht gleichwertig ist: die *cause* ist kein Kriterium, das die Leistungsäquivalenz sicherstellen soll. Seit einiger Zeit ist aber eine Tendenz der Rechtsprechung erkennbar, das Erfordernis der *cause* auch dann heranzuziehen, wenn es nicht um den Vertrag als solchen, sondern um die Beurteilung einzelner Klauseln geht, die den wirtschaftlichen Sinn, die *économie* des Vertrages, stören und damit das Interesse einer Partei am Vertrag beeinträchtigen.[102] Auf die Rechtsfolgen, die sich insoweit aus dem „Fehlen der *cause*" ergeben, ist noch einzugehen. Sie zeigen, dass der neue Wirkungsbereich der *cause* völlig neue Wege eröffnet.

Die *cause* hat nicht nur Seriositätsfunktion. Erforderlich ist zweitens, dass die *obligation* nicht auf einer *cause illicite* beruhen darf. Insoweit ist zunächst Art. 6 CC maßgeblich, wonach Verträge nicht gegen zwingendes Recht und die guten Sitten verstoßen dürfen. Versteht man das Verbot der *cause illicite* objektiv, so wäre Art. 1131 CC praktisch überflüssig. Deshalb wird heute das Verbot dahin verstanden, dass es um die Unerlaubtheit des Leitmotivs einer Partei für die Begründung ihrer Verpflichtung geht. Während ursprünglich verlangt wurde, dass die andere Partei davon Kenntnis hat, wird das heute nicht mehr gefordert.[103]

Mit dem zum Konsens *erforderlichen Parteiwillen* befasst sich das Gesetz nur unvollkommen. Fehlender Handlungs- oder Erklärungswille verhindern nach Art. 1108 CC den Vertragsabschluss. Es genügt daher nicht, dass ein Verhalten sich als auf einen Vertragsabschluss gerichtete Erklärung darstellt.[104] Der Begriff des Geschäftswillens fehlt. Die Rechtsprechung löst die Fälle des *geheimen Vorbehalts* und nicht ernstlicher Geschäfte mithilfe der Deliktshaftung. Auch das *Scheingeschäft* ist nur beiläufig erwähnt. Soll es einen anderen Vertrag verdecken, die *contre-lettre*, so gilt zwischen den Parteien, was wirklich vereinbart war, Art. 1321 CC. Voraussetzung ist, dass das verdeckte Geschäft selbst gültig ist. Einzelne Ausnahmen greifen bei Gesetzesumgehung ein, z.B. Art. 1321-1 CC. Gutgläubigen Dritten gegenüber müssen sich die Vertragsparteien am Scheingeschäft festhalten lassen. Die Dritten können zwischen Scheingeschäft und verdecktem Geschäft wählen. Lückenhaft sind schließlich auch die *Willensmängel* in Art. 1109ff. CC geregelt. Vor allem sagt das Gesetz nichts über die nicht ganz zweifelsfreie Gliederung in *erreur-obstacle* und *erreur-nullité*. *Erreur-obstacle* soll ein besonders schwerer Irrtum über Vertrags-

---

101 Cass.Civ. vom 28.10.2010, D 2011.566 Anm. *Mazeaud*.

102 Erstmals: Urteil Chronopost Cass.Com. vom 22.10.1996, G.A.Civ. Nr. 157. Aus deutscher Sicht dazu *Sonnenberger*, FS Werner Lorenz II, München 2001, S. 595ff.; zur weiteren Entwicklung *Niggemann/Jonglez de Ligne* (unten Fn. 152) S. 353f.

103 Cass.Civ. vom 7.10.1998, G.A.Civ. Nr. 158.

104 Im Unterschied zu BGH vom 7.6.1984, BGHZ 190, 324; vom 2.11.1989, BGHZ 109, 171.

natur, *objet* und *cause* sein, der den *consentement* ausschließt. Nach deutscher Systematik handelt es sich zum Teil um *Dissenslagen*. Im Zentrum der Irrtumslehre steht die *erreur-nullité*. Sie steht dem Vertrag nicht entgegen, eröffnet aber eine Nichtigkeitsklage nach Art. 1117 CC, die später noch erörtert wird. Als *erreur-nullité* ist *in erweiternder Auslegung* der *erreur sur la substance* des Art. 1110 CC jeder *Irrtum über ein wesentliches Element der Leistungsbeziehung*, insbesondere über den Geschäftsinhalt und vertragserhebliche Eigenschaften des Geschäftsgegenstandes und der Person des Partners beachtlich. In beiden Fällen ist der Irrtum nur relevant, wenn er für den Irrenden bestimmend war. Selbst dann ist er unbeachtlich, wenn er unentschuldbar war, sei es, dass der Irrende selbst ihn veranlasst oder vorwerfbar nichts zu seiner Aufklärung unternommen hat. Wie im deutschen Recht sind der *Motiv- und Bewertungsirrtum* unerheblich, vorausgesetzt, dass das Motiv nicht durch Vereinbarung zu den essentialia negotii gehört. Beim Kaufvertrag ergibt sich wie im deutschen Recht das Problem des Verhältnisses des Art. 1110 zur Haftung des Verkäufers für verborgene Sachmängel. Neben dem Irrtum nennt Art. 1109 CC noch *Täuschung durch den Vertragspartner* und *Drohung*, deren Voraussetzungen nur teilweise vom BGB abweichen, so dass sich weiteres erübrigt. Erwähnenswert ist nur noch, dass *Täuschung durch Verschweigen* in Konkurrenz steht zur Verletzung von Informationspflichten beim Vertragsschluss, die nach Obigem nur zum Schadensersatz führen. Das Unterlassen wird zur Täuschung, wenn es absichtlich auf Erregung eines Irrtums des Partners gerichtet ist.[105] Wird der Vertrag durch Vertreter geschlossen, so ist dessen Irrtum entscheidend. Täuschungshandlungen des Vertreters muss der Vertretene sich zurechnen lassen.

Der Wille muss durch übereinstimmende *manifestations de volonté* erklärt worden sein. Deshalb gilt auch bei formlosen Verträgen als Grundsatz, dass Schweigen auf eine Offerte keine Annahme ist. Der häufig als Willenserklärung interpretierte sog. *silence circonstanciée*, also Schweigen unter besonderen Umständen, ist gegenüber konkludenten Erklärungen nicht klar abgegrenzt.[106] Nicht erforderlich ist, dass sich der Annehmende zu allen Punkten der Offerte äußert. Einfache Zustimmung genügt, sofern sie den Vertragswillen deutlich macht. Der Zeitpunkt des Vertragsschlusses unter Abwesenden ist bestritten: die Instanzgerichte erklären bald die Äußerung, bald den Zugang der Annahme für entscheidend. Besondere leider mehrfach unklare Regeln gelten seit 2004 für den *elektronischen Vertragsabschluss* nach Art. 1639-4 ff. CC,[107] denen 2005 ergänzende Regeln über damit zusammenhängenden elektronischen Informationsaustausch, Art. 1369-1 ff., und elektronische Dokumentenübermittlung hinzugefügt wurden.

---

105 Cass.Com. vom 28.6.2005, D 2005 pan. 2838 Anm. *Mekki/Fauvarque-Cosson.*

106 Zum Schweigen auf Bestätigungsschreiben *Sonnenberger/Dammann*, II 24.

107 Umsetzung der europäischen Richtlinie 2000/31/EG vom 8.6.2000.

Der Vertrag kann durch einen gesetzlichen oder rechtsgeschäftlich bestellten Stellvertreter geschlossen werden. Der Vertretene wird unmittelbar nur gebunden, wenn das Handeln des Vertreters offengelegt wird, *représentation parfaite*. Handelt der Vertreter verdeckt, so wird er selbst vertraglich gebunden. Nur im Verhältnis zum Vertretenen wirkt sich aus, dass für dessen Rechnung gehandelt wurde. Hinsichtlich der gesetzlichen Vertreter wird vor allem auf das Vormundschafts-, Kindschafts- und Gesellschaftsrecht verwiesen. Die zivilrechtlichen Fälle der rechtsgeschäftlichen bzw. geschäftsähnlichen Stellvertretung sind Auftrag, *mandat*, und nützliche Geschäftsführung ohne Auftrag, *gestion d'affaires*. Geschäftsführung begründet also nicht nur wie nach BGB einen Freistellungsanspruch, sondern bindet nach Art. 1375 CC den Geschäftsherrn unmittelbar. Bei der rechtsgeschäftlichen Vertretungsmacht erfolgt die Erteilung anders als im deutschen Recht unmittelbar durch den Auftrag, Art. 1984 CC. Innen- und Außenverhältnis sind nicht getrennt. Besondere Ausprägungen des Auftrags sind der 2006 eingeführte postmortale Auftrag nach Art. 812 ff. CC, der dem Erblasser die Möglichkeit gibt, auf Dispositionen über Nachlassgegenstände einzuwirken,[108] und der 2007 eingeführte Vorsorgeauftrag, *mandat de protection future*, Art. 477 ff. CC, der vormundschaftsgerichtliche Maßnahmen erübrigen kann.[109] Bei Überschreiten des Auftrags und der aus ihm sich ergebenden Vertretungsbefugnis kommt u. U. Vertretung nach Art. 1375 CC oder Anscheinsvollmacht in Betracht. Diese ist in einigen Artikeln des Auftragsrechts des CC angesprochen, soweit es um Nachwirkungen einer ordnungsgemäß erteilten Vollmacht geht. Darüber hinaus spielt die Theorie des Rechtsscheins[110] im Interesse des Schutzes der *erreur commune et légitime* der Kontrahenten eine wichtige Rolle. Scheidet das aus, so wird der Vertretene grundsätzlich durch das Handeln des Vertreters nicht gebunden und kann der Kontrahent unter Umständen deliktsrechtliche Schadensersatzansprüche gegen den falsus procurator und den Vertretenen haben. Besondere Regeln gelten vor allem im Gesellschaftsrecht, wo als Ergebnis europäischer Rechtsangleichung die an sich aus dem Gesellschaftszweck sich ergebende Einschränkung der Vertretungsbefugnis der Organe[111] Dritten nicht entgegengehalten werden kann. Selbstkontrahieren des Vertreters ist nach verbreiteter Auffassung nur bei rechtsgeschäftlicher Vertretung zulässig.

Als Folge des *Konsensprinzips* sind Schuldverträge allgemein *formfrei*. Für einzelne wichtige Verträge ist jedoch *private* oder *notarielle Form* als Gültigkeitserfordernis oder als Voraussetzung einer Registrierung vorgesehen. So ist für die Publizierung der Veräußerung von Immobilien notarielle Beurkundung erforderlich. Seit 2004 kann die Form nach Art. 1108-1 f. CC auch *elektronisch* gewahrt werden. Notarielle, mit der Vollstreckbarkeitsklausel, *formule exécu-*

108 Unten Nr. 139.
109 Oben Nr. 95.
110 Oben Nr. 91.
111 Unten Nr. 153.

toire, versehene Verträge haben den Vorteil, dass sie vollstreckbar sind, Art. 3 Nr. 4 loi Nr. 91-650. Von den formbedürftigen Verträgen ist die Beweisform des Art. 1341 CC zu unterscheiden, die höherwertige Verträge Privater betrifft. Das Fehlen der Beweisform berührt die Gültigkeit des Geschäfts nicht, wirkt sich aber im Prozess aus, falls nicht die beweisbelastete Partei andere auf den Streitgegenstand bezogene schriftliche Äußerungen des Gegners vorlegen kann, sog. *commencement de preuve* nach Art. 1347 CC, oder aus tatsächlichen oder rechtlichen Gründen nicht in der Lage ist, schriftlichen Beweis zu erbringen, Art. 1348 CC. Auch die Beweisform wird nicht nur durch traditionelle Schriftstücke, sondern ebenfalls elektronisch mit elektronischer, verlässlich identifizierbarer Unterschrift gewahrt.[112] Art. 1341 CC ist nicht zwingend, Beweisvereinbarungen der Parteien sind möglich.[113] Eine gesteigerte Beweisform sieht Art. 1326 CC für einseitige Verpflichtungen vor. Auch hier genügt elektronische Signatur.

Der *Auslegung unklarer Verträge* ist in Art. 1156-1164 CC ein ganzer Abschnitt gewidmet, der noch durch Art. 1135 CC und verstreute Spezialvorschriften ergänzt wird. Allerdings hat man diese Vorschriften lange Zeit als bloße Empfehlungen betrachtet, was gewisse methodische Schwächen der Vertragsinterpretation erklärt. Die Praxis ist auf den *Vorrang individueller Auslegung* gerichtet. Wegen Art. 1159 und 1160 CC in Verbindung mit Art. 1135 war es jedoch niemals zweifelhaft, dass man bei Versagen individueller Auslegung zur *typisierenden und sogar ergänzenden Auslegung*[114] *nach Verkehrssitten und équité* übergehen kann. Der bekannte deutsche Theorienstreit zwischen Willens-, Erklärungs- und Vertrauenstheorie hat dabei keine Rolle gespielt. Das erklärt auch, dass die Gerichte, von Ausnahmen abgesehen, nicht versucht haben, durch Auslegung einen fehlenden Bindungswillen zu ersetzen. Das Kassationsgericht sieht die Auslegung grundsätzlich als Tatfrage an und greift nur ein, wenn es eine *dénaturation* des Vertrages feststellt. Für die Interpretation allgemeiner Geschäftsbedingungen haben sich in gewissem Umfang Sonderregeln entwickelt, insbesondere gehen handschriftliche Zusätze den gedruckten Klauseln vor. Unklarheiten gehen zu Lasten des Verwenders, Art. L 133-2 CConsom. Die Vertragspartner können durch Vereinbarung die Auslegung beeinflussen.

Betrachtet man abgesehen von den Mängeln der Geschäftsfähigkeit[115] zusammenhängend die Folgen der verschiedenen Vertragsmängel, so ist zentraler Begriff die *nullité*, die zwar im allgemeinen Wortsinn Nichtigkeit oder Un-

---

112 Art. 1316-1, 1316-4 CC i. d. F. der loi Nr. 2000-230. Dazu décret Nr. 2001-272. Vgl. *Blaurock/Adams*, ZEuP 2001.93; *Rosch/Klingenfuß*, RIW 2001, 493, auch zur Bedeutung eines Telefax; *Großerichter/Rageade*, RIW 2001, 773.

113 Cass.Civ. vom 5.11.1989, D 1990, 369 Anm. *Gavalda* sowie nunmehr Art. 1316-2 CC.

114 Statt von ergänzender Auslegung wird häufig von richterlicher Ergänzung gesprochen, *complément par le juge*.

115 Oben Nr. 95.

wirksamkeit bedeutet, die man aber besser als Vernichtbarkeit verstehen muss, denn sie erfolgt fast ausschließlich durch gerichtliche Entscheidung. Selten wird diskutiert, ob das Urteil sie ausspricht oder feststellt. In der Regel heißt es: *le juge prononce la nullité*. Im Mittelpunkt stehen andere Fragen, allen voran die Unterscheidung der *nullité absolue* und *relative*, von der abhängt, wer sie geltend machen kann. Grundsätzlich wird *nullité absolue* angenommen, wenn Gemeininteressen bzw. öffentliche Interessen berührt sind. Betrifft der Grund der Nichtigkeit nur private Interessen eines Vertragspartners, so handelt es sich um *nullité relative*. Im ersten Fall kann jeder sie geltend machen, der ein legitimes Interesse[116] am Fortfall des Vertrages hat, im zweiten Fall nur der Vertragspartner, der durch die *nullité* geschützt werden soll, z.B. weil ein beachtlicher Willensmangel vorliegt. Die Geltendmachung erfolgt oft durch *action en nullité* oder einredeweise gegenüber der Klage aus einem Anspruch durch *exception de nullité* des anderen Teils. *Nullité relative* kann nicht mehr geltend gemacht werden, wenn der Berechtigte den Vertrag nach Art. 1338ff. CC bestätigt hat, *confirmation*. Die klageweise Geltendmachung sowohl der absoluten als auch der relativen *nullité* ist nach Ablauf einer Frist von 5 Jahren ausgeschlossen, Art. 1304,2 1224 CC. Einredeweise kann sie dagegen auch nach Ablauf dieser Frist weiterhin geltend gemacht werden. Das Urteil hat rückwirkende Kraft. Von Ausnahmen abgesehen, entfällt der gesamte Vertrag und die Partner haben sich grundsätzlich bereits empfangene Leistungen in Natur bzw. durch Wertausgleich nach Art. 1376f. CC zurückzuerstatten, sog. *répétition de l'indu*. Schadensersatzansprüche können sich nur nach Deliktsrecht ergeben.

Mängel der *cause* führen nach der ursprünglichen Konzeption des CC zur *nullité* des Vertrages. Im Anschluss an die neuere Funktion der *cause* als Instrument richterlicher Kontrolle einzelner Vertragsklauseln im Lichte der Vertragsökonomie handelt es sich dagegen nicht um Nichtigkeit, sondern um Korrektur des Vertrages, die nicht nur zum Ausschluss der beanstandeten Klausel und Anwendung des Gesetzes, sondern unter Umständen auch zu ihrer Ersetzung durch eine dieser Ökonomie entsprechende Klausel führen kann.[117] Die Lehre steht dieser Entwicklung überwiegend sehr kritisch gegenüber, weil sie die Gefahr richterlicher Umgestaltung des Vertrages berge.

100. Vertragswirkungen

Art. 1134 CC erklärt eindrucksvoll: *Les conventions légalement formées tiennent lieu de loi à ceux qui les ont faites*. Da die Verbindlichkeit auf dem Willen der Partner beruht, kann sie von diesen durch Aufhebungsvertrag, aber auch

116 Ohne *intérêt* keine Klagebefugnis, unten Nr. 202.

117 Z.B. Cass.Com. vom 21.2.2006, D 2006 AJ 717. Zu diesem sehr umstrittenen Thema G.A.Civ. Nr. 157.22 (oben Fn. 102) sowie rechtsvergleichend *Sonnenberger* (ebd.).

durch einseitige Erklärung rückgängig gemacht werden, vorausgesetzt der Vertrag enthält eine *clause de dédit*. Diese Klausel ist häufig mit der Verpflichtung zur Zahlung eines Abstandsgelds verbunden.[118] Als vereinbartes Gesetz der Partner begründet der Vertrag Haupt- und Nebenpflichten. Zu den *Nebenpflichten*, die sich nach Art. 1134 Abs. 3 CC aus Treu und Glauben, *bonne foi*, ergeben, gehören die Pflichten loyaler Erfüllung und der Zusammenarbeit mit dem Partner, soweit das zur Durchführung des Vertrages erforderlich ist. Aus Letzterem haben die Gerichte in neuerer Zeit je nach Vertragsart Sicherungs- und Informationspflichten, *obligations de sécurité et d'information*, und die Pflicht, dem Partner die Erfüllung seiner Verpflichtungen zu erleichtern,[119] hergeleitet. Die § 242 BGB zukommende Bedeutung hat Art. 1134 Abs. 3 CC jedoch nicht erlangt.

Die Vertragsmodalitäten sind in Titel III Kapitel IV des CC geregelt. Dort finden sich z.B. Vorschriften über bedingte und befristete Verbindlichkeiten, Strafklauseln sowie Schuldner- und Gläubigermehrheit. Erwähnt sei lediglich, dass das Gesetz nur bei unteilbarer Leistung von *Gesamtschuld, solidarité*,[120] und *-forderung* ausgeht, Art. 1222 CC. Bei teilbarer Leistung muss nach Art. 1202 CC Gesamtschuld ausdrücklich vereinbart werden, es sei denn, das ist gesetzlich angeordnet, z.B. Art. 220 Abs. 1, 515-4 CC. Wie nach dem BGB kann der Gläubiger unmittelbar die ganze Leistung von jedem Gesamtschuldner verlangen. Im Innenverhältnis besteht nach Art. 1214 ein Rückgriffsanspruch und geht die Forderung des Gläubigers nach dem noch zu erläuternden Art. 1251 CC auf den Leistenden über. Hinsichtlich der *Bedingungen* ist der CC im Schuldvertragsrecht großzügig, bedingungsfeindlich sind nur wenige Geschäfte. *Strafklauseln* werden grundsätzlich als pauschalierte Schadensersatzklauseln verstanden, die sich nur dann auswirken können, wenn der Schuldner schadensersatzpflichtig ist. Sie unterliegen richterlicher Korrektur, Art. 1152, 1231 CC.

Schuldrechtliche Verträge verpflichten und berechtigen nur die Vertragspartner, Art. 1165 CC. Nicht ganz zutreffend wird das als *relativité des contrats* bezeichnet, denn damit ist nur die *relativité des obligations contractuelles* gemeint: nur die Vertragspartner sind Schuldner und Gläubiger. Dagegen ist heute unstrittig, dass der Vertrag bzw. die von ihm geschaffenen Wirkungen als *fait social* auch für und gegen Dritte wirken,[121] er *opposable* ist. Selbstverständlich ist das bei Verträgen, die rechtsübertragende Wirkung haben, z.B. bei der Eigentumsübertragung durch den Kaufvertrag.[122] Es gilt aber auch für

---

118 *Indemnité de dédit*, nicht zu verwechseln mit den nachfolgend angesprochenen Strafklauseln wegen nicht ordnungsgemäßer Erfüllung. Art. 1152 CC ist daher nicht anwendbar.

119 Ausdrücklich CA Paris vom 19.6.1990, Rev.trim.dr.civ. 1992.92 Anm. *Mestre*.

120 Zur Haftung in solidum im Deliktsrecht unten Nr. 105.

121 Oben Nr. 91.

122 Zur Wirksamkeit des Erwerbs vom Nichtberechtigten und deren Verhältnis zur *opposabilité* unten Nr. 109.

andere Verträge, die als soziales Faktum von Dritten zu achten sind und auf die sie sich berufen können. Die Auswirkungen dieser *opposabilité* weichen häufig infolge des Zusammenspiels von Vertrags- und Deliktsrecht u. U. erheblich vom deutschen Recht ab. So sind Mitwirkung an oder Ausnutzung von Verletzungen von Vertragspflichten des Schuldners durch einen Dritten häufig als außervertragliche *faute* bewertet worden.[123] Umgekehrt kann ein Dritter, der durch eine Vertragsverletzung des Schuldners einen Schaden erleidet, diesen geltend machen,[124] weil die *faute contractuelle et délictuelle* des Schuldners gleich sei, sog. *unicité de la faute civile*. Diese Entwicklung der *opposabilité* hat eine heftige Diskussion ausgelöst.

Dass Verträge nur die Vertragspartner binden, ist auch aus anderen Gründen mehrfach durchbrochen. Zu erinnern ist, dass die Gläubiger durch *action oblique* nach Art. 1166 CC Ansprüche ihres Schuldners gegen dessen Schuldner geltend machen können. Häufig gewährt das französische Recht einem Gläubiger unmittelbare Ansprüche gegen Dritte, die seinem Schuldner verpflichtet sind, *action directe*: z. B. dem Geschädigten gegen den Versicherer des Schädigers, Art. L 124-3 CAss, dem Käufer Sachmängelansprüche gegen den Erstverkäufer,[125] dem Erwerber eines Hauses gegen den Hersteller und gegen den Fabrikanten von Materialien, Art. 1792, 1792-4 CC. Von großer Bedeutung sind auch Art. 11 ff. des Gesetzes Nr. 75-1334 vom 31.12.1975, die dem Subunternehmer einen Direktanspruch gegen den Auftraggeber des Hauptunternehmers geben und ihn damit gegen Verfügungen desselben über die Forderung sowie gegen bei diesem auftretende Zahlungsschwierigkeiten schützen. Verallgemeinerungsfähig ist die *action directe* aber nach der schon erwähnten Verwerfung einer rechtlichen Einheit wirtschaftlich verketteter Verträge[126] durch die Rechtsprechung nicht. Dagegen sehen die Verbraucherschutzgesetze bisweilen trotz Aufrechterhaltung der Trennung der einzelnen Verträge vor, dass sie einander bedingen und Einwände aus einem Vertrag auf den anderen durchschlagen, z. B. Art. L 311-30 ff. CConsom i. d. F. ab 1.5.2011 über Verbraucherkredite. Zu erwähnen ist ferner Art. 1167 CC, der den Gläubigern die Möglichkeit gibt, durch *actio pauliana* Verträge des Schuldners mit Dritten anzugreifen, falls diese böswillig, *par fraude*, ihre Rechte beeinträchtigen. Im Vertragsrecht selbst sind in Art. 1120 ff. CC *Garantieverträge* angesprochen, z. B. *porte-fort*, durch die jemand für eine Handlung eines anderen, z. B. den Vertragsabschluss durch einen anderen einsteht, und *Verträge zugunsten Dritter*. Letztere sind heute über die ursprünglich nur als Ausnahme vom Verbot der *stipulation pour autrui* nach Art. 1119 CC gedachten Vorschriften hinaus allgemein zugelassen und z. B. bei Versicherungen häufig. Durch den Vertrag

123 Cass.Civ. vom 30.1.1974, G.A.Civ. Nr. 178.

124 Cass.Ass.Plén. vom 6.10.2006, G.A.Civ. Nr. 177. Vgl. allgemein *Dammann*, Die Einbeziehung Dritter in die Schutzwirkung eines Vertrages, München 1990.

125 Cass.Ass.Plén. vom 7.2.1986, G.A.Civ. Nr. 266, unten Nr. 103.

126 Oben Nr. 91.

zugunsten Dritter erlangt der Begünstigte einen unmittelbaren Anspruch. Die *Drittschadensliquidation* des deutschen Rechts spielt im französischen Recht keine Rolle. Diese Fälle werden entweder deliktsrechtlich, durch vertragsergänzende Annahme einer Drittbegünstigungsklausel oder durch Gewährung der *action directe* gelöst.

Sehr streng führt das französische Recht die *Endgültigkeit vertraglicher Verpflichtungen* durch: in der Regel können die Partner sie nur einverständlich ändern oder aufheben. Ausnahmen bilden Dauerverträge auf unbestimmte Zeit und Vertrauensverhältnisse, vgl. Art. 1780, 1869 CC. Auch eine Änderung der Umstände rechtfertigt selbst bei jahrhundertealten Verträgen nach ständiger Rechtsprechung keine Revision oder Auflösung: weder ein *Fortfall der Geschäftsgrundlage* noch eine stillschweigende *clausula rebus sic stantibus* sind anerkannt.[127] Angesichts der Bedeutung der *cause*, der sonst nicht gerade kleinlichen Handhabe stillschweigender Vertragsklauseln und der Rechtsprechung zum Verwaltungsvertrag[128] ist das schwer verständlich. Die *cause* muss freilich nur bei Vertragsschluss vorhanden sein. Die Partner haben jedoch die Möglichkeit, sich in gewissen Grenzen durch ausdrückliche Wertsicherungs- oder Auflösungsklauseln gegen Veränderungen der Verhältnisse zu schützen. Daneben sehen Spezialvorschriften entweder Anpassung, *révision*, eines Vertrages an die veränderten Verhältnisse vor oder entziehen die Festsetzung des Leistungsumfangs der Privatautonomie. Allerdings ist verschiedentlich eine auf Treu und Glauben, Art. 1135 Abs. 3 CC, gestützte Verpflichtung der Parteien bejaht worden, bei Veränderung der Verhältnisse die Vertragsbedingungen neu zu verhandeln. Da die Tragweite dieser Verpflichtung nicht mit Sicherheit abzuschätzen ist, muss man bei Verträgen, die dem französischen Recht unterliegen, den Partnern empfehlen, eine clausula rebus sic stantibus oder eine Neuverhandlungsklausel ausdrücklich in den Vertrag aufzunehmen.

Die Gründe für das *Erlöschen schuldrechtlicher Verpflichtungen* sind in Art. 1234 CC aufgezählt. Die Vorschrift befasst sich allerdings nicht mit der Vertragsaufhebung durch die Vertragspartner und der Beendigung von Dauerverträgen. Es genügt insoweit der Hinweis, dass es keine Ewigkeitsverträge gibt und Dauerverträge im Regelfall durch Zeitablauf oder durch Kündigung aufgelöst werden. Darauf wird im Folgenden nicht weiter eingegangen. Auf den in Art. 1234 genannten Fall des Untergangs der Sache ist bei den Leistungsstörungen einzugehen.[129] Die Erfüllung, *paiement*, wurde in der Vergangenheit überwiegend als Vertrag qualifiziert, so dass die Vorschriften über Verträge, auch Art. 1341 CC, angewendet wurden. Heute ist das überholt.[130]

---

127 Cass.Civ. vom 6.3.1876, G.A.Civ. Nr. 165. Die berühmte Entscheidung *Canal de Craponne* wurde seither beibehalten, ist aber heute sehr umstritten.

128 Oben Nr. 62.

129 Unten Nr. 101.

130 Cass.Civ. vom 16.9.2010, D 2011.630, wichtig wegen der zulässigen Beweismittel.

Ob der Schuldner selbst leisten muss oder auch ein Dritter die Leistung erbringen kann, ergibt sich aus Art. 1236f. CC. Bei Leistung durch Dritte erlischt die Forderung allerdings nur, sofern nicht ein gesetzlicher oder vertraglicher Forderungsübergang eintritt, *subrogation*, Art. 1250, 1251 CC. Berechtigter Leistungsempfänger ist der Gläubiger, ein Bevollmächtigter oder ein Zessionar, unter Umständen auch der Anwalt des Gläubigers, Art. 417 CPrC. Die traditionelle Regel, dass mit Konkurseröffnung der Gläubiger seine Empfangsberechtigung verlor, ist durch die Insolvenzrechtsreform 2005 auf den Fall der Unternehmensliquidation beschränkt worden, Art. 641-9 CCom. Im Normalfall kann der Gläubiger auf der geschuldeten Gesamtleistung bestehen. Teilleistungen bzw. Ratenzahlungen, die der Gläubiger an sich nicht annehmen muss, und Fälligkeitsaufschub lassen Art. 1244, 1244-1 CC, Art. L 331-6 Abs. 2 und 331-7 CConsom sowie Art. 510 CPrC durch gerichtliche Erfüllungs- und Vollstreckungshilfe zu. Leistungen an Erfüllungs Statt, die zum Erlöschen der Schuld führen, kommen nur aufgrund Vereinbarung in Betracht. Im Übrigen sind viele Einzelheiten der freien Absprache der Parteien überlassen: z. B. über Leistungsort und -zeit, Anzahlungen, *accompte*, und ihr Schicksal bei vorzeitigem Vertragsende, falls sie zugleich als Abstands- oder Reugeld, *arrhes und dédit*, fungieren, Ratenleistungen im Schuldner-, aber auch im Gläubigerinteresse.[131] All dies ist hier nicht zu verfolgen, muss aber im Einzelfall sorgfältig abgewogen werden. Gleiches gilt für die Frage, auf welche Verpflichtungen eine Leistung anzurechnen ist, wenn der Schuldner mehrere zu erbringen hat.

Die *novation* lässt Art. 1271 CC als objektive und subjektive Schuldersetzung zu: bei der objektiven Novation wird die bisherige Forderung ersetzt, d. h. Schuldner und Gläubiger kommen überein, dass Letzterer anstelle der bisher geschuldeten Leistung eine andere erhält; bei der subjektiven wird der Gläubiger bzw. Schuldner gewechselt. Bedeutung haben beide nur noch eingeschränkt, denn das Ziel einer objektiven Novation kann einfach durch Vertragsänderung erreicht werden, die zweckmäßig so gestaltet wird, dass im Unterschied zur Novation bestellte Sicherheiten möglichst erhalten bleiben. Die subjektive Novation durch Gläubigerwechsel ist heute in der Regel wegen der Möglichkeiten der Zession oder Subrogation abgelöst. Die subjektive Novation durch Schuldnerwechsel, praktisch eine *délégation parfaite*, ist für den Gläubiger wegen des Verlustes der Forderung gegen den bisherigen Schuldner samt der für sie bestellten Sicherheiten eher nachteilig und deshalb selten. Von den weiteren in Art. 1234 genannten Gründen für ein Erlöschen der Schuld bedarf der *Erlassvertrag* keiner weiteren Erläuterung.

Die *Aufrechnung*, *compensation*, weicht vom deutschen Recht ab. Stehen sich gleichartige, gegenseitige, fällige und entscheidungsreife Forderungen gegen-

131 Meist vereinbart für die Rückzahlung von Bankkrediten, vgl. für Verbraucherkredite Art. L 311-29, 312-21 CConsom.

über, so erlöschen sie vorbehaltlich anderer Vereinbarung nach Art. 1290 CC unmittelbar kraft Gesetzes samt bestehender Sicherheiten, so Art. 1294 betreffend Bürgschaften. Ist die Gegenforderung entscheidungsreif, so kann der beklagte Schuldner durch Widerklage *gerichtliche Aufrechnung* erreichen. Schließlich ermöglicht der Grundsatz der Privatautonomie auch eine vertragliche Aufrechnung, von der aber offenbar wenig Gebrauch gemacht wird.

Die als letzter Erlöschensgrund genannte Verjährung, *prescription extinctive*, nach Art. 2219 ff. CC wurde 2008 grundlegend reformiert.[132] Die normale Verjährungsfrist beträgt 5 Jahre und beginnt vorbehaltlich eines ausnahmsweise späteren Zeitpunkt, Art. 2233, mit dem Tag, an dem der Gläubiger Kenntnis von den Umständen erlangt hat oder hätte erlangen können, die ihm die Geltendmachung der Forderung ermöglichen, Art. 2224. Zahlreiche besondere Verjährungsfristen blieben jedoch unangetastet. Art. 2226 CC legt z.B. die Verjährung für Ansprüche wegen Körperverletzungen auf 10 Jahre fest. Der Lauf der Verjährung kann aus gesetzlich normierten Gründen gehemmt, Art. 2230, oder unterbrochen sein mit der Wirkung, dass die Frist neu beginnt, Art. 2231. Da Art. 2224 zu einem sehr späten Fristbeginn führen kann, sieht Art. 2232 für viele Fälle eine Höchstdauer der Verjährungsfrist von 20 Jahren ab Entstehung der Forderung vor. Seit der Reform können die Parteien im Rahmen des Art. 2264 Vereinbarungen treffen. Das gilt allerdings nicht für Verbraucherverträge, Art. L 137-1 CConsom. Verjährung wird nicht von Amts wegen, sondern nur auf Einrede hin beachtet, die vom Schuldner selbst, aber auch von seinen Gläubigern erhoben werden kann, Art. 2247, 2253 CC. Umgekehrt kann der Schuldner auch auf die eingetretene Verjährung verzichten, Art. 2250.

Der *Gläubigerwechsel* ist außer durch *subrogation* und subjektive *novation*, auf die bereits hingewiesen wurde, vor allem durch die als Unterform des Kaufvertrages in Art. 1689 ff. CC normierte *cession* möglich. Da sich die Regelung im Kaufrecht aus dem Fehlen abstrakter Verfügungen und der damit zusammenhängenden Doppelfunktion des Kaufvertrages als Schuld- und Rechtsübertragungsgeschäft[133] ergibt, enthalten diese Vorschriften zugleich die Zession und die Einstandspflichten des Zedenten. Der Zedent hat für die Existenz, nicht dagegen für die Bonität der zedierten Forderung einzustehen, Art. 1693 CC. Inter partes wirkt die Abtretung mit Vertragsschluss, nach außen ab förmlicher Zustellung der Mitteilung an den Schuldner, bzw. ab dessen notarieller Anerkennung, Art. 1690 CC. Diese Konstruktion hat *Voraus- und Globalabtretungen* praktisch verhindert. 1981 wurde eine erleichterte Form der Abtretungen von Forderungen eines Unternehmens an Finanzinstitute in Gestalt einer Forderungsliste, des *bordereau Dailly* eingeführt, Art. L 313-1 ff. CMF.[134] Mittels des datierten *bordereau* kann das Unternehmen gegenwärtige und bestimmbare

132 Dazu *Kleinschmidt*, RIW 2008, 590 ff.; rechtsvergleichend *Limbach*, Lamy Aff. 2009, 105 ff.
133 Oben Nr. 91, unten Nr. 103.
134 Unten Nr. 186.

künftige Forderungen global an ein Institut veräußern. Bei dieser Art der Zession muss der Zedent auch für die Bonität der zedierten Forderung einstehen, Art. L 313-24 Abs. 2 CMF. Die Übergabe des *bordereau* bewirkt drittwirksamen Übergang der Forderungen. Seit der Einführung der *fiducie*[135] kann das auch in der Weise geschehen, dass das Institut die Forderungen nur treuhänderisch erwirbt und für Rechnung des Treugebers geltend macht. Diese Art der Zession kann nach Art. 2018-2 CC gegenüber Dritten und ab Mitteilung gegenüber dem Schuldner mit dem Datum des *Fiducie-Vertrages* geltend gemacht werden. Haupteinsatzgebiet der beiden genannten Zessionsarten ist die *Sicherungsabtretung.*[136] Die Finanzkrise 2008/9 hat öffentlich bewusst gemacht, dass Finanzinstituten noch weitere Instrumente der Zession durch sog. *titrisation de créances* in Gestalt von Inhabertiteln zur Verfügung stehen, die als Wertrechte übertragen werden, Art. L 213-1 ff. CMF. Dagegen hat es nichts mehr mit Forderungszession zu tun, wenn sog. *fonds de créances* Forderungen erwerben, für deren (Re-)Finanzierung Fondstitel bei Investoren untergebracht werden; ferner wenn ein Finanzinstitut nur das Risiko der Beitreibung seiner Forderungen bei einem „Versicherer" absichert und dieser sich die dafür erforderlichen Mittel durch Verkauf von Derivattiteln bei Investoren verschafft, sog. *titrisation artificielle ou synthetique*. Die *titrisation*, die insgesamt ins Bankrecht führt, ist hier nicht weiter zu verfolgen. Sie macht aber sichtbar, dass es unzureichend ist, sich auf die Regelung der *cession de créance* im CC zu beschränken, wenn man die Vorgänge des *marché de créances* erfassen will.

Zum *Schuldbeitritt* und zur *Schuldübernahme* äußert sich der CC in Art. 1275 nur beiläufig. Der Schuldbeitritt ist unter der eigenartigen Bezeichnung *délegation imparfaite* bekannt, i. d. R. einem Dreiecksgeschäft, bestehend aus einer Anweisungsvereinbarung des Beitretenden mit dem Schuldner und einer Leistungsvereinbarung mit dem Gläubiger. Kraft Privatautonomie lassen die Gerichte jedoch auch Schuldübernahmeverträge zu, die weitgehend der subjektiven *novation* auf der Schuldnerseite entsprechen, von der bereits die Rede war. Gesetzlicher Schuldübergang ist praktisch nicht vorgesehen. Eine § 25 HGB entsprechende Vorschrift fehlt.[137] Wenn nach Art. L.1224-1 CTrav der Erwerber eines Unternehmens in die arbeitsvertraglichen Pflichten des bisherigen Unternehmers eintritt oder der Erwerber einer Immobilie in die Pflichten aus bestehenden Mietverträgen, so handelt es sich in Wahrheit darum, dass sie kraft Gesetzes in die Verträge eintreten. Umstritten ist, in welchem Umfang man außer in den wenigen gesetzlich geregelten Fällen in einen Vertrag als solchen eintreten kann. Zulässig ist der Eintritt jedenfalls dann, wenn die bisherigen und der neue Vertragspartner einverstanden sind. Das gilt sogar für Verträge intuitu personae.[138]

135 Unten Nr. 102, 103.
136 Unten Nr. 192.
137 Cass.Com. vom 1.4.1997 Rev.trim.dr.civ. 1998.375 Anm. *Mestre*.
138 Cass.Com. vom 7.1.1992, D 1992.278 Anm. *Aynès*.

101. Leistungsstörungen

Sachliche und systematische Abweichungen vom deutschen Recht treten hier besonders hervor. Die Vorschriften des CC sind außerdem so unvollständig, dass Rechtsprechung und Lehre eingreifen mussten. Auf diese Weise ist ein Regelungsgefüge entstanden, das teilweise die deutsche Schuldrechtsreform und das Wiener Kaufrechtsübereinkommen beeinflusst hat. Da ein auf eine bei Vertragsschluss objektiv unmögliche Leistung gerichteter Vertrag nichtig ist,[139] geht es im *Leistungsstörungsrecht nur* um *bei Vertragsabschluss objektiv mögliche Leistungen.*

Der Gläubiger kann zunächst den *Schuldner zur Erfüllung zwingen*, Art. 1184 Abs. 2 CC. Diese Möglichkeit scheidet allerdings bei höchstpersönlichen Verpflichtungen und unmöglich gewordenen Leistungen aus. Bei weitem nicht alle Handlungs- oder Unterlassungspflichten sind höchstpersönlicher Art. Ausgeschlossen ist in der Regel direkter Zwang. Der Gläubiger kann nur eine *Beugestrafe*, *astreinte*, Art. 33 ff. Gesetz vom 9.7.1991, oder eine Ermächtigung zur Selbstvornahme beantragen, Art. 1144 CC. Beides scheidet aus, wenn besondere Gründe für die Nichtleistung vorliegen, z. B. ein Zahlungsaufschub im Rahmen eines Überschuldungsverfahrens, Art. L. 330-5 CConsom, oder eines Insolvenzverfahrens, Art. 622-7 ff. CCom.

Liegt eine Leistungsstörung, *inexécution*, der Haupt- oder einer Nebenpflicht vor, weil der Schuldner nicht zur gebotenen Zeit, nur teilweise, mangelhaft oder überhaupt nicht leistet, so kommen als Möglichkeiten des Gläubigers ein Recht zur Verweigerung seiner eigenen Leistung, Vertragsauflösung und Schadensersatz in Betracht. Die beiden letztgenannten sind die Schlüssel zum französischen Leistungsstörungsrecht.

Handelt es sich um einen gegenseitig verpflichtenden Vertrag, so kann der *Gläubiger* bis zur Leistung des Schuldners *seine eigenen Leistung verweigern, exception d'inexécution*, sofern er nicht zur Vorleistung verpflichtet ist.[140] Bei bestimmten Verträgen hat er nach Art. 2286 CC ein *Zurückbehaltungsrecht, droit de rétention, an Vermögensobjekten des Schuldners*, die sich in seinem Gewahrsam befinden.

Die *Vertragsauflösung*, *résolution*, ist in Art. 1184 CC als stillschweigende Bedingung geregelt. Ihre Hauptanwendungsfälle sind die gegenseitig verpflichtenden Verträge. Erfüllt eine Partei ihre Verpflichtung nicht, so soll die andere die Möglichkeit haben, sich vom Vertrag und ihrer Verpflichtung zu lösen. Es ist nicht erforderlich, dass die Nichterfüllung auf Verschulden des Schuldners beruht. Dieses spielt nur für etwaigen Schadensersatz eine Rolle, der neben der Vertragsauflösung verlangt werden kann. Bei einseitig verpflichtenden

139 Oben Nr. 99.

140 Cass.Soc. vom 31.5.1956, Bull.Civ. 1956.IV Nr. 503, näher *Malaurie/Aynès* Nr. 859.

Verträgen genügt es meist, den Gläubiger auf den Schadensersatzanspruch zu verweisen. Die Auflösung ist nicht auf den Fall vollständiger Nichterfüllung beschränkt, sie kommt auch bei teilweiser Nichterfüllung oder bei Verzögerungen der Leistung in Betracht.

Die Auflösung tritt nicht automatisch ein, *de plein droit*, Art. 1184 Abs. 2 CC, sondern wird durch Klage geltend gemacht und *vom Gericht ausgesprochen*. Das Gericht verfügt dabei über einen Beurteilungsspielraum. Hat der Vertrag trotz teilweiser Nichterfüllung oder Verzögerung der Leistung oder weil nur eine Nebenpflicht verletzt wurde, noch einen wirtschaftlichen Sinn, so kann die Auflösung abgelehnt und das Urteil auf Schadensersatz beschränkt werden. Auch ein seriöses Leistungsangebot des Schuldners während des Verfahrens kann zur Ablehnung der Auflösung führen, sofern das Gericht es nicht als verspätet ansieht. Die Auflösung kommt nicht in Betracht, wenn das Gericht dem Schuldner Stundung oder Ratenzahlung gewährt.[141]

Die geschilderte Regelung ist vorbehaltlich von Sondervorschriften und in den Grenzen der *bonne foi* dispositiv, die Parteien können die Auflösung in einer ausdrücklich formulierten Klausel festlegen und auch eine *résolution de plein droit* vereinbaren. Das Gericht ist in diesem Fall auf die Prüfung der Gültigkeit der Klausel und Feststellung der Auflösung beschränkt, hat also keinen Beurteilungsspielraum. Ausnahmsweise wird auch ohne Vereinbarung der Parteien eine einseitige Auflösung des Vertrages durch den Gläubiger ohne Gerichtsurteil vorbehaltlich nachträglicher richterlicher Prüfung der Rechtmäßigkeit, *à ses risques et périls*, für zulässig gehalten, wenn eine besonders schwere Pflichtverletzung des Schuldners vorliegt.[142]

Die erfolgte Auflösung beendet den Vertrag rückwirkend, bereits erbrachte Leistungen sind nach Bereicherungsgrundsätzen zu erstatten. Einzelne gerade auf die Auflösung bezogene Klauseln können aber überleben, z.B. eine Strafklausel. Die Auflösung von Bauverträgen wirkt nur für die Zukunft. Sie wird nicht als *résolution*, sondern als *résiliation* bezeichnet.

Eine wichtige Ausnahme von den allgemeinen Regeln der Vertragsauflösung normiert Art. 1130 CC für den Kaufvertrag: soweit der Erwerber mit dem Vertragsabschluss Eigentümer wird, bleibt er zur Zahlung des Kaufpreises verpflichtet, auch wenn die Sache vor Lieferung untergeht: als Eigentümer trägt er das Risiko des Untergangs der Sache. Die Ausnahme gilt infolgedessen nicht beim Gattungskauf bis zur Konkretisierung und beim Kauf unter Eigentumsvorbehalt.

Hinsichtlich etwaigen Schadensersatzes ist vor allem Weiteren zu gegenwärtigen, dass hier nur vom *Schadensersatz wegen einer vertraglichen Leistungsstörung* die Rede ist. Hat ein anderer Vorgang einen Schaden verursacht, so

---

141 Oben Nr. 100. Die Frage ist str., vgl. *Terré/Simler/Lequette* Nr. 639.

142 Cass.Civ. vom 13.10.1998, G.A.Civ. Nr. 180; vom 20.2.2001, D 2001, 1568, 1508 Anm. *Jamin*.

kommt nur ein außervertraglicher Ersatzanspruch[143] in Betracht. Die Abgrenzung ist der Rechtsprechung nicht immer leicht gefallen. Besonders die Entwicklung vertraglicher Nebenpflichten[144] und die Ausweitung der Hauptpflichten als *obligations de résultat*[145] haben dazu geführt, dass heute oft eine vertragliche Leistungsstörung und ein vertraglicher Schadensersatzanspruch geprüft wird, wo man früher einen Anspruch wegen unerlaubter Handlung in Erwägung gezogen hat.

Beim vertraglichen Schadensersatzanspruch unterscheidet Art. 1147 CC *Verspätung- und Nichterfüllungsschäden*. Der *Ersatzanspruch wegen Nichterfüllung* setzt voraus, dass dem Gläubiger dadurch ein Schaden entstanden ist. Nach Art. 1149 erstreckt sich Letzterer nicht nur auf den Leistungsmangel selbst, sondern auch auf entgangenen Gewinn und sonstige Folgeschäden, und erfasst sowohl materielle wie ideelle Nachteile, also auch den *dommage moral*. Letzterer spielt aber im Vertragsrecht eher eine untergeordnete Rolle und hat seine eigentliche Bedeutung im Deliktsrecht. Ein besonderes Problem ergibt sich bei *Folgeschäden*, die erst in Zukunft zu erwarten sind und sich gegenwärtig noch nicht mit Sicherheit nachweisen lassen. Bei strikter Anwendung des Erfordernisses der Nachweisbarkeit des Schadens müsste hier ein Ersatzanspruch abgelehnt werden. Die Rechtsprechung vermeidet das, indem sie den *Verlust einer Chance*, *perte de chance*, als eigenständigen Schaden anerkennt. Die *perte de chance* spielt vor allem im Deliktsrecht eine große Rolle,[146] hat aber auch für die Definition des Nichterfüllungsschadens Bedeutung.[147] Als *Verspätungsschäden* lässt das Gesetz bei Geldschulden nach Art. 1153 ohne besonderen Schadensnachweis den Verlust des Kapitalzinses gelten. Voraussetzung ist Inverzugsetzung durch förmliche Aufforderung zur Leistung, *sommation*, oder einen gleichwertigen, auch formlosen Akt, Abs. 3. Der Zinssatz liegt seit loi Nr. 75-619 nicht mehr kraft Gesetzes fest, sondern wird jährlich aufgrund der Veräußerungsrendite kurzfristiger Staatsschuldverschreibungen berechnet. Zinseszinsen sind nur nach Art. 1154 CC zulässig, jedoch wird das beim Kontokorrent, das im Bankrecht behandelt wird, infolge Saldierung verdrängt.

Offen war lange Zeit, ob diese Schäden ohne Weiteres bei *inexécution*, vgl. Art. 1147 CC, zu ersetzen sind oder *faute* voraussetzen, vgl. Art. 1137 CC. Da eine Haftung ohne *faute* unvorstellbar erschien, hatte der Erklärungsversuch großen Erfolg, die Verbindlichkeiten in zwei Gruppen danach einzuteilen, ob sie auf *Erfolgs- oder Verhaltenspflichten* gerichtet sind. Bei Ersteren, *obligations de résultat*, werde *faute* vermutet, so dass die Beweislastverteilung nach § 280 Abs. 1 Satz 2 BGB anklingt, und sei Art. 1147 CC anzuwenden, bei

143 Unten Nr. 105.

144 Oben Nr. 100.

145 Dazu nachfolgend.

146 Unten Nr. 105.

147 Beispiele bei *Fages* Nr. 386 Fn. 127.

Letzteren, *obligations de moyens*, müsste der Gläubiger die *faute* nachweisen und sei Art. 1137 CC einschlägig. Der Vergleich mit dem BGB ist jedoch zweifelhaft. Bei den *obligations de résultat* kann sich der Schuldner nicht mit dem Nachweis fehlender *faute* entlasten. Er wird vielmehr nur durch den Nachweis einer *cause étrangère*, insbesondere Verhalten Dritter oder höherer Gewalt nach Art. 1147, 1148 CC entlastet, z.B. Naturereignisse, staatliche Maßnahmen, wilde überraschende Streiks. Es wird daher vertreten, dass es sich bei den *obligations de résultat* um *Haftung ohne faute* handelt. Bei den *obligations de moyens* muss der Gläubiger grundsätzlich nachweisen, dass der Schuldner eine *vertragliche Verhaltenspflicht verletzt* hat. Dies allein begründet *faute*, die somit rein objektiv verstanden wird und richtig wohl als Pflichtwidrigkeit, nicht als Verschulden zu übersetzen ist. Zu welcher Kategorie eine Verpflichtung gehört, hängt von zeit- und sachgebundenen Wertungen ab, wie die Rechtsprechung zu zahlreichen Verträgen z.B. zum Beförderungsvertrag oder zur *obligation de sécurité* lehrt.

Anders als im BGB ist eine Gleichstellung von Schuldner und Erfüllungsgehilfe nicht generell normiert. Im Ergebnis muss aber auch in Frankreich der Schuldner sich *faute* des Gehilfen zurechnen lassen. Die Gerichte wenden nämlich den deliktsrechtlichen Art. 1384 CC an, der keinen Entlastungsbeweis des Schuldners zulässt.

Die Leistungsstörung muss für den Schaden *ursächlich* sein. Geht man von Art. 1151 CC aus, so scheint das Gesetz im Sinne deutscher Terminologie der Bedingungstheorie zu folgen, aber zugleich zu verlangen, dass die *inexécution* unmittelbar und direkt den Schaden verursacht hat. Indessen schließt Art. 1150 CC einen unvorhersehbaren Schaden aus, eine Vorschrift, die zusammen mit Art. 1147 (*cause étrangère*) und Art. 1048 (*force majeure*) im Sinne einer subjektiv gefärbten *Adäquanztheorie* gedeutet wird. Wie dem auch sei, die Ursächlichkeit der Leistungsstörung für den Schaden entfällt, wenn er auf einer Drittursache oder auf höherer Gewalt beruht. Letzteres wird nur bejaht, wenn es sich um ein Ereignis handelt, das bei Vertragsschluss unvorhersehbar war und zum Zeitpunkt der Leistungspflicht ein nicht überwindbares Hindernis darstellt.[148] Die Rechtsprechung zeigt weiter, dass auch die Beschränkung auf *dommage direct* einen Ersatz hinreichend naher *Folgeschäden* nicht ausschließt.

Scheidet ein Schadensersatzanspruch aus den vorgenannten Gründen aus, besteht aber trotz Möglichkeit der Auflösung der Vertrag noch, so stellt sich für den Gläubiger die Frage, wer das Risiko der Gegenleistung trägt. Nach ständiger Rechtsprechung ist das der Schuldner, soweit nicht gesetzlich Besonderes normiert ist.[149]

---

148 Cass.Ass.Plén. vom 14.4.2006, D 2006, 1557 Anm. *Jourdain.*

149 Zum Kaufvertrag unten Nr. 103: das Gegenleistungsrisiko bleibt beim Käufer, soweit er das Risiko des Untergangs der Sache trägt, Art. 1138 CC.

Der Ersatzanspruch ist prinzipiell auf *Geldersatz* gerichtet. Handelt es sich um Verspätungsschaden, so muss der Gläubiger den Schuldner, von Ausnahmen abgesehen, zunächst in Verzug setzen, Art. 1146, 1139 CC. Beim Schadensersatz wegen Nichterfüllung ist zwar umstritten, ob Inverzugsetzung erforderlich ist, doch kann sie zweckmäßig sein: die bloße Tatsache des Verzugs genügt, um Pflichtwidrigkeit zu begründen bzw. den Einwand höherer Gewalt auszuschließen.

Als Vermögenswert steht der *Ersatzanspruch zur Disposition der Partner*. Sie können ihn bereits bei Vertragsabschluss pauschalieren.[150] Sie können ihn nachträglich durch Vergleich, *transaction*, festlegen. Sie können ihn grundsätzlich auch einschränken oder ausschließen. Mit den auch in Frankreich häufigen Freizeichnungsklauseln mussten sich die Gerichte schon sehr früh befassen. In einer ersten Phase stand im Vordergrund, wie schwer der Vorwurf der Pflichtverletzung des Schuldners war. Seit 1874/1876[151] kann der Schuldner seine Haftung für leichte Pflichtwidrigkeit ausschließen. Ursprünglich sah man darin nur eine Beweislastumkehr zulasten des Gläubigers, die sich praktisch nur bei *obligations de résultat* auswirken konnte und im Ergebnis zur deliktsrechtlichen Beweislastverteilung führte. Heute wird echter Haftungsausschluss angenommen.[152] Unzulässig ist die Freizeichnung von Arglist und grober Pflichtwidrigkeit. Dabei wirken sich unter Umständen Kenntnisvermutungen zulasten gewerblicher Schuldner aus. Seit den 90er Jahren spielt als weiterer Aspekt eine zunehmende Rolle, auf welche Verpflichtungen des Schuldners sich die Freizeichnung bezieht. Dabei wurde zunächst auf die *cause*-Lehre zurückgegriffen und der *cause* die neue Funktion zuerkannt, einzelne Vertragsklauseln zu korrigieren.[153] Inzwischen wird argumentiert, dass eine Freizeichnungsklausel nicht im Widerspruch zu einer wesentlichen Verpflichtung, *obligation essentielle*, stehen darf.[154] Unzulässig sind Freizeichnungsklauseln in Verbraucherverträgen nach Art. R 132-1 Nr. 6 CConsom sowie einigen Spezialvorschriften.

102. Die einzelnen Schuldverträge

Der CC regelt nur die wichtigsten Vertragstypen, die oft noch den Vorstellungen von 1804 entsprechen und teilweise überholt sind. Deshalb werden immer wieder einzelne Korrekturen vorgenommen und hat sich die Praxis häufig sogar von den im CC verwendeten Begriffen getrennt. Wer sich heute mit dem

150 Zu den *clauses pénales* oben Nr. 100.

151 Cass.Civ. vom 4.2.1874, S 1874.I.273; vom 15.3.1876, S 1876.I.337.

152 Zur gesamten Entwicklung G.A.Civ.Nr. 166/7. Näher *Niggemann/Jonglez de Ligne*, RIW 2011, 351 ff., allgemein zu Haftungsbeschränkungen im franz. Recht.

153 Oben Nr. 99 Fn. 102.

154 Cass.Com. vom 18.12.2007, JCP 2008.I.125 Anm. *Stoffel/Munck*; vom 29.6.2010, D 2010.1832 Anm. *Mazeaud*.

besonderen Vertragsrecht des CC befassen will, konsultiert am besten ein modernes Lehrbuch, das nicht nur das aktuelle Verständnis des CC vermittelt, sondern zugleich dessen Regelungen in eine Gesamtsicht mit den zahlreichen ergänzenden oder verdrängenden Spezialgesetzen stellt. Im Übrigen gilt *Typenfreiheit*, soweit nicht Letztere zwingend sind. Es gibt keinen numerus clausus der Schuldverträge. Die *Qualifikation eines Vertrages* erfolgt nach seinem wirklichen Gehalt durch den Richter, Art. 12 CPrC, die Bezeichnung durch die Partner ist nicht entscheidend. Die Partner sind, von Ausnahmen abgesehen, auch hinsichtlich des Inhalts eines Vertrages frei. Sie können von einzelnen Vorschriften abweichen, auch Verträge mit Mischcharakter abschließen. Es gibt aber immer häufiger Vertragsarten, die von den Parteien nicht verändert werden können. Eine grobe Orientierung kann nach drei *Hauptkategorien* erfolgen: Veräußerungs-, Gebrauchs- und Nutzungs- sowie Tätigkeitsverträge. Dazu kommen einige Nebenkategorien, auf die abrundend noch hingewiesen wird.

Bereits bei den *Veräußerungsgeschäften* hat der deutsche Jurist Orientierungsprobleme. Außer dem in Art. 1582–1701 normierten Kaufvertrag[155] findet er bei den besonderen Schuldverträgen nur noch den Tausch in Art. 1702–1707. Die *Schenkungen* stellt der CC in einen engen Zusammenhang mit testamentarischen Zuwendungen, Art. 893–966. Sie unterliegen teilweise den gleichen Regeln, z.B. hinsichtlich der Verfügungs- und Erwerbsbefugnis und des verfügbaren Freiteils.[156] Der Zusammenhang wird besonders deutlich bei der Regelung der Erstattung und Herabsetzung einer Schenkung nach dem Tod des Schenkers und bei der 2006 eingeführten, an die (befreite) Vorerbschaft des deutschen Rechts erinnernde *liberalité graduelle et résiduelle*, Art. 1048 ff., 1057 CC.[157] Besondere Schenkungsarten werden gezielt zur lebzeitigen Regelung todesbedingter Vermögensnachfolge eingesetzt: die als lebzeitige *libéralité partage* geregelte *donation partage*, Art. 1075 ff. CC und die sog. *institution contractuelle* in Gestalt einer Schenkung durch Ehevertrag oder durch Schenkung während der Ehe, Art. 1081 CC.

Als *Gebrauchs- und Nutzungsverträge* normiert der CC Leihe und Darlehen, Miete und Pacht. *Leihe und Darlehen* sind in Art. 1874–1914 als *prêt* zusammengefasst. Die wichtigsten Sonderregeln enthalten die 2010 grundlegend reformierten Art. L 311-1 ff., 312-1 ff. CConsom über Darlehen und Immobiliendarlehen an Verbraucher. Der Schwerpunkt der Darlehen liegt heute bei den Bankkrediten, die im 5. Kapitel § 2 behandelt werden. Bei *Miete und Pacht* geht der CC von teilweise überholten Vorstellungen aus. Art. 1708–1762 enthalten die Sachmiete, Art. 1763–1778 Sondervorschriften für die Pacht. Neben der Grundform der Pacht regeln Art. 1800–1830 die den ökonomischen Ver-

155 Unten Nr. 103.
156 Unten Nr. 138.
157 Unten Nr. 136.

hältnissen des 19. Jahrhunderts entsprechenden landwirtschaftlichen Pachtverträge. Heute gilt für Wohnraummiete und landwirtschaftliche Pacht weitgehend Sonderrecht. Das Recht der *Wohnraummiete* unterlag seit 1945 zahlreichen Änderungen, um dem Raummangel und dem wirtschaftlichen Übergewicht der Vermieter zu begegnen. Das Mieterschutzgesetz Nr. 48-1360 hat nur noch stark eingeschränkte Bedeutung. Sonderrecht gilt für Mietverträge im sozialen Wohnungsbau. Allgemeine Grundlage für die Wohnraummiete ist heute die loi Nr. 89-462. Daneben sind vor allem zu erwähnen die Miete mit Erwerbsoption, loi Nr. 84-595, die gesellschaftsrechtlich konstruierte Teilzeitnutzung von Wohnraum, loi Nr. 86-18, die als langfristige halbdingliche Nutzungsbefugnis ausgestaltete *concession immobilière*, loi Nr. 67-1235 und der dem Erbbaurecht vergleichbare *bail à construction*, Art. L 251-1 CConstr-Hab. Die gesamte Materie der Immobiliennutzung präsentiert sich sehr zersplittert und reicht weit über das Schuldvertragsrecht des CC hinaus. Es kommt noch hinzu, dass für Immobilien wie Mobilien der *Leasingvertrag, crédit-bail*, große Bedeutung erlangt hat. Der *crédit-bail* ist nur teilweise in Art. L 313-7 ff. CMF normiert und im Übrigen ein Produkt der Finanzpraxis und der Rechtsprechung. Als ein auf den Sacherwerb gerichteter Miet-Typus ist die *location-vente* zu erwähnen, die heute unter Umständen dem Recht des Verbraucherkredits unterliegt, Art. L 311-2 Abs. 2 CConsom. Der Vertrag wurde vor allem zur Sicherung des „Verkäufers“ entwickelt, inzwischen ist bei einem Mietkauf höherwertiger Güter der Schutz des Erwerbers in den Vordergrund getreten. Hinsichtlich *Geschäftsraummiete* und *Unternehmenspacht* ist auf das Wirtschaftsrecht zu verweisen.[158] Die landwirtschaftlichen Pachtverträge wurden in ihren verschiedenen Ausprägungen in Art. L 411-1 ff. CRur geregelt.

Die *Tätigkeitsverträge* bezeichnet der CC ganz altmodisch als *Werk- und Dienstemiete, louage d'ouvrage et d'industrie*, Art. 1779–1791-1 CC. Abhängige Dienste sind seit langem Gegenstand des Arbeitsrechts und im CTrav geregelt, so dass für den CC praktisch kaum noch ein Anwendungsfeld bleibt. Deshalb ist dem Thema im Recht der Wirtschaft ein besonderer Paragraf gewidmet. Zu den vom CC geregelten Tätigkeitsverträgen gehört auch der in Art. 1984–2010 normierte *Auftrag, mandat*. Der *contrat de mandat* unterscheidet sich von den *contrat d'entreprise* nicht wie im deutschen Recht durch Unentgeltlichkeit, sondern durch die Art der Tätigkeit, die auf rechtsgeschäftliches Handeln für den Auftraggeber gerichtet ist und meist eine Vollmacht im Sinne der deutschen Terminologie einschließt.[159] Alle anderen Tätigkeiten sind Gegenstand eines *contrat d'entreprise*. Die Tätigkeit kann auf Herstellung eines bestimmten Werkes oder auf eine geistige Leistung und auf ein sorgsames Tätigwerden als solches gerichtet sein und hat je nachdem

158 Unten Nr. 162.
159 Oben Nr. 99.

eine *obligation de résultat* oder *de moyens*[160] zum Gegenstand. Die Abgrenzung ist in der Praxis oft schwierig, aber wegen der unterschiedlichen Behandlung von großer Bedeutung. Oft sind *contrat d'entreprise* und *mandat* kombiniert, z.B. beim *avocat*, der einen Mandanten geschäftlich berät und bei einem Vertragsabschluss oder vor Gericht vertritt.[161] Zahlreiche Verträge, die als *contrats d'entreprise* oder *contrats de services* definiert werden können, unterliegen handelsrechtlichen Vorschriften oder wurden insgesamt oder teilweise spezialgesetzlich normiert. So findet man den Pauschalreisevertrag im Code du tourisme, die vertragliche Stellung von Subunternehmern in der loi Nr. 75-1334 und Vorschriften über den Immobilienagenturvertrag in der loi Nr. 70-9. Die Tragweite des CC ist insoweit reduziert. Was den CC betrifft, ist die einschneidende Reform der Werkverträge im Bausektor zu erwähnen, die 1978 eine außerordentliche Haftungsverschärfung der Architekten, Bauunternehmer, Bauträger usw. einführte, Art. 1792ff. CC, und eine deutliche Ausweitung der Pflichtversicherungen verursachte. Schließlich ist von den Tätigkeitsverträgen noch die Verwahrung nach Art. 1915–1963 CC zu erwähnen, die besonders für die Einbringung von Sachen bei Gastwirten Bedeutung erlangt hat.

Neben den drei Hauptkategorien der Verträge sind nur noch zu nennen: allgemeine Vorschriften über Gesellschaften und die *société civile*, Art. 1832ff. CC, auf die bei den Handelsgesellschaften eingegangen wird; die Risikoverträge, Art. 1964, insbesondere der Leibrentenvertrag, *rente viagère*, und der außerhalb des CC im CAss normierte Versicherungsvertrag; Verträge über streitige Rechtsbeziehungen, Art. 2044–2070, die Grundnormen für *transaction, règlement amiable* und *compromis*, Vergleich, anwaltlich begleitete vereinbarte Streitbeilegung und Schiedsvereinbarung enthalten. Letztere werden im Verfahrensrecht bei den Funktionen des *avocat* und bei der Schiedsgerichtsbarkeit behandelt. Aus deutscher Sicht muss man hier auch die *Bürgschaft*, *cautionnement*, nennen die ebenso wie der Garantievertrag, *garantie autonome, und Patronatserklärungen*, *lettres d'intention*, im CC als *sûretés personnelles* im Vierten Buch über die Sicherungsrechte platziert wurden, Art. 2287-1. Die Bürgschaft ist streng akzessorisch. Das unterscheidet sie vom autonomen Garantievertrag nach dem 2006 neu geschaffenen Art. 2321 CC, durch den der Garant im Unterschied zum *porte fort* als Handlungs- und Abschlussgarant sich verpflichtet, ohne die Möglichkeit von Einreden aus der garantierten Verbindlichkeit *für* deren *Erfüllung einzustehen*.[162] Die Qualifikation bereitet im Einzelfall oft Schwierigkeiten. Da Kreditgewährung heute i.d.R. gewerblich durch Kreditinstitute erfolgt, haben auch die Bürgschaft und der Garantiever-

---

160 Oben Nr. 101.

161 Entsprechend z.B. beim Bauträgervertrag, *promotion immobilière*, Art. 1831-1 CC, und bei der Vermögensverwaltung, *gestion de portefeuile*, Art. L 532-9ff. CMF. Instruktiv *Le Tourneau* Nr. 4780.

162 Unten Nr. 191.

trag in diesem Bereich ihre wichtigste Bedeutung. Die Darstellung erfolgt deshalb im fünften Kapitel, was umso mehr gerechtfertigt ist, als der CC anders als das BGB die Bürgschaft nicht bei den besonderen Schuldverträgen, sondern als *sûreté personnelle* im vierten Buch normiert, das generell den Sicherheiten gewidmet ist.

Zu den jüngsten Errungenschaften des französischen Vertragsrechts gehört die 2007 eingeführte *fiducie*, Art. 2011 ff. CC, die infolge des im französischen Recht maßgeblichen Konsensprinzips sowohl schuldrechtlich eine *Treuhandvereinbarung* als auch sachenrechtlich eine treuhandbezogene Sach- oder Rechtsübertragung beinhaltet. Die *fiducie* kann eigen- oder fremdnützig sein, Art. 2016, und eignet sich daher auch als Instrument der Sicherung eines Gläubigers des Bestellers. Insoweit ist sie die französische Variante der deutschen *Sicherungsübereignung*.[163] Sie kann allerdings auch eine Rechtsübertragung zwecks Vermögensverwaltung im Interesse des Bestellers zum Gegenstand haben. Als Treuhänder kommen derzeit nur Finanz-, Kredit- und Investmentunternehmen sowie Anwälte in Betracht, Art. 2015 CC.

Außerhalb des allgemeinen Vertragsbegriffes stehen *Spiel und Wette*, die zwar Art. 1964 CC zu den Risikoverträgen rechnet, die aber nach Art. 1965 CC nicht durchsetzbar sind.[164] Erbrachte Leistungen können jedoch nicht zurückgefordert werden. Diese Grundsätze sind heute vielfach durch behördlich genehmigte Wettgeschäfte durchbrochen. Auch ist die Grenze zu den Veräußerungsgeschäften durch Zulassung von *Termindifferenzgeschäften*, Art. L 432-20 CMF, fließend geworden, die normale Verbindlichkeiten begründen. Ihre Zulässigkeit wird mit *utilité sociale* begründet,[165] was jedenfalls dann fragwürdig ist, wenn sie von Hedge-Fonds als reine Spekulationsinstrumente zur kurzfristigen Gewinnmaximierung benutzt werden.

103. Der Kaufvertrag

Weil der CC das Abstraktionsprinzip nicht kennt, sondern dem Konsensprinzip folgt, hat der Kaufvertrag schuld- und sachenrechtliche Wirkungen.[166] Nur von ersteren ist hier die Rede. Auf die sachenrechtliche Wirkung des Eigentumsübergangs und seiner Modalitäten wird deutschem Verständnis folgend im Sachenrecht eingegangen. Art. 1582-1685 CC sind auf den Sachkauf[167] zugeschnitten. Die gesetzlich geregelten Unterarten decken sich teilweise mit dem deutschen Recht: z. B. Kauf auf Probe, Kauf nach Muster und Viehkauf. *Kaufvorverträge* sind Gegenstand einer breiten Diskussion,

163 Unten Nr. 192. Zur treuhänderischen Forderungsabtretung oben Nr. 100.
164 Nach der Konzeption des CC sind sie Naturalobligationen, oben Nr. 91.
165 *Malaurie/Aynès*, Les contrats speciaux (vor § 1) Nr. 984.
166 Unten Nr. 109.
167 Zur Veräußerung von Forderungen oben Nr. 100.

denn Art. 1589 erklärt: *la promesse de vente vaut vente*. Den *Wiederkauf* regelt Art. 1659 CC. Die Zulässigkeit von *Vorkaufsrechten* leitet die Praxis aus Art. 1584 CC ab: bedingter Kauf als *pacte de préférence*. Ein besonderer Kauftypus ist die 1967 in den CC eingefügte *vente d'immeuble à construire*. Außerhalb des CC stehen teilweise der *Handelskauf* mit seinen Unterarten und der *Unternehmenskauf*.[168]

Einen stärkeren Eindruck als die gesetzlichen Unterarten vermittelt ein Blick auf die rechtstatsächliche Verwendung des Kaufes im modernen Wirtschaftsleben. Neben den einfachen Handkauf treten die unterschiedlichsten Kombinationen, in denen der Kaufvertrag nur noch die Funktion eines Teilgliedes umfassender Operationen hat, die sich auf seine Ausgestaltung auswirken: als Teil eines Kreditgeschäftes, als Teilvorgang einer Strategie der Produktvermarktung, oft im Rahmen einer dauerhaften Geschäftsverbindung, als Teilvorgang innerhalb eines Produktionsprozesses usw. Diese Betrachtung wird zusätzlich belebt durch die unterschiedliche Rolle der beteiligten Personen und die Funktion des Kaufes im Rahmen ihrer Aktivitäten als Unternehmer, Handwerker, Landwirte und Verbraucher. Die rechtstatsächlichen Entwicklungen haben häufig den Gesetzgeber zu Spezialvorschriften veranlasst, die hier nicht dargestellt werden können. Man muss das aber im Auge behalten, wenn es um die Anwendung der im Folgenden dargestellten allgemeinen kaufrechtlichen Vorschriften des CC im konkreten Sachzusammenhang geht.

Zuvor soll noch ein kurzer Blick auf die *vente à crédit* erfolgen. Der Kreditkauf ist auch in Frankreich verbreitet. Aus Art. 1651 CC ergibt sich indirekt, dass sich der Verkäufer zur Vorleistung verpflichten kann. Handelt es sich um einen Verbraucherkreditkauf, so sind Art. L 311-1 ff. CConsom i. d. F. ab 1.5.2011 anzuwenden. Das gilt sowohl für den vom Verkäufer als auch von Dritten finanzierten Vertrag. Abzuwarten bleibt, wie sich bei drittfinanzierten Verträgen die *fiducie*[169] als Sicherungsinstrument entwickelt. An die Verknüpfung der Verträge bei Kreditfinanzierung ist zu erinnern.[170] Die Sicherung des Verkäufers geschieht bisweilen durch *Eigentumsvorbehalt*, der in seiner einfachen Form seit loi Nr. 80-335 bedingt insolvenzsicher ist.[171] Eine andere Möglichkeit besteht darin, dass der Käufer zunächst nur Mieter wird. Wegen der dinglichen Sicherungen des Verkäufers ist auf das Sachen- sowie Bank- und Kreditsicherungsrecht zu verweisen. Schuldrechtliche Sicherungsmöglichkeiten wurden oben bereits erwähnt, auch insoweit erfolgt die Darstellung im fünften Kapitel.

Der Kaufvertrag verpflichtet den *Verkäufer* nach Art. 1582, 1603, 1615 CC und auf Grund einer *obligation de sécurité* als Nebenpflicht, eine vertragskonforme

168 Unten Nr. 162. Zur Veräußerung der Praxis eines Freiberuflers oben Nr. 99 Fn. 94.

169 Oben Nr. 102.

170 Oben Nr. 100.

171 Zum Eigentumsvorbehalt allgemein unten Nr. 192. Insolvenzfestigkeit des Eigentumsvorbehalts ist nur relevant, wenn der Käufer insolvenzfähig ist, also nicht beim Privatkauf.

und für die vorgesehene Nutzung sichere Sache samt Zubehör zu liefern. Was Lieferung, *livraison*, bedeutet, ist Art. 1606, 1607 CC zu entnehmen. Eine *Übereignungspflicht* macht im Unterschied zum BGB das Konsensprinzip *überflüssig*. Kann die Übereignung kraft Konsenses nicht eintreten, weil beim Gattungskauf die Sache noch nicht konkretisiert ist oder der Verkäufer nicht Eigentümer ist, so muss dieser lediglich die Konkretisierung vornehmen oder sich das Eigentum verschaffen, was zweckmäßigerweise vereinbart werden sollte. Eine Übereignungspflicht ergibt sich aber auch hier nicht. Kann sich der Verkäufer das Eigentum nicht verschaffen, so ist der Vertrag nach Art. 1599 CC relativ nichtig. Das gilt aber nicht, wenn nach Art. 2276 CC wegen guten Glaubens des Käufers die Vindikation des Eigentümers ausgeschlossen ist.[172] Die *Lieferpflicht* entfällt bei Fortbestand der Zahlungspflicht des Käufers, wenn die Sache nach Vertragsschluss zufällig untergeht. Mangels besonderer Gefahrtragungsnormen folgt das aus Art. 1138 CC, wonach der Eigentümer, also kraft des Konsensprinzips der Käufer, die *Gefahr des zufälligen Untergangs* trägt. Das gilt auch beim Versendungskauf, Art. 132-7 CCom. Diese Regel wird modifiziert, wenn der Eigentumsübergang noch nicht bei Vertragsabschluss eingetreten oder eine abweichende Vereinbarung getroffen worden war.

Liefert der Verkäufer trotz bestehender Lieferpflicht nicht oder nicht vertragskonform, so sind Art. 1610 ff. und subsidiär nach Art. 1639 CC die Vorschriften über Leistungsstörungen anzuwenden.[173] Der Käufer kann zwischen Auflösung und Erfüllung, gegebenenfalls ergänzt durch einen Schadensersatzanspruch, wählen. Das schließt bei Lieferung einer nicht vertragskonformen Sache die Möglichkeit ein, diese zu behalten und lediglich den Minderwert als Schaden geltend zu machen. Beim Handelskauf kann sich das Recht des Käufers auf Minderung des Kaufpreises beschränken, *réfaction*.[174] Neben der Lieferpflicht treffen den Verkäufer *zwei Einstandspflichten*. Er haftet für rechtlich ungestörten Besitz und verborgene Sachmängel, verstanden als Untauglichkeit der Sache zum Gebrauch, *vice rédhibitoire*. Konnte der Käufer das Eigentum nicht gutgläubig erwerben oder der Verkäufer sich das zum Eigentumserwerb des Käufers erforderliche Eigentum nicht verschaffen, so hat dieser die Wahl, den Vertrag gestützt auf *nullité relative* für nichtig erklären zu lassen und Schadensersatz zu verlangen, Art. 1599 CC. Er kann aber auch, wie bei sonstigen Rechtsbeeinträchtigungen, den Verkäufer aufgrund von *Eviktionshaftung* nach Art. 1626 ff. in Anspruch nehmen.

Ist ein *Mangel der Sache* bei Lieferung erkennbar, kann der Käufer sie als Nichterfüllung ablehnen. Nimmt er sie vorbehaltlos an, so liegt darin seine Billigung. Das erklärt die *Beschränkung* der Sachmängelgarantie *auf verborgene*

172 Näher dazu unten Nr. 109.

173 Zur Nichterfüllung von Nebenpflichten oben Nr. 100. Vgl. Cass.Com. vom 11.1.1991, Bull.Civ. 1991.I.201.

174 Unten Nr. 164.

Mängel. Wird ein solcher geltend gemacht, so kann der Verkäufer einwenden, es liege zwar eine *nonconformité* der Sache vor, aber kein *vice caché*. Die Abgrenzung bereitet der Praxis häufig Schwierigkeiten, sie ist wegen der unterschiedlichen Rechtsfolgen aber wichtig. Nur wenn die Sache untauglich zum Gebrauch ist, kommen die Mängelansprüche in Betracht: Wandelung, Minderung und Schadensersatz, Letzterer auch für Mangelfolgen. Nach dem berüchtigten Art. 1648 CC mussten bis zur 2005 erfolgten Reform der Vorschrift die Ansprüche innerhalb eines *bref delai* ab Entdeckung des Mangels geltend gemacht werden. Nunmehr gilt eine zweijährige Frist ab Entdeckung des Mangels. Die Ansprüche stehen auch dem Letztkäufer in einer Vertragskette zu.[175] Besteht der Mangelfolgeschaden in einem Personenschaden oder einem Schaden an einer anderen Sache des Käufers, so greift auch die Produkthaftung nach Art. 1386-1 CC ein, die ohne Rücksicht auf ein Vertragsband zur Anwendung gelangt.[176] Die Sachmängelgarantie des Verkäufers kann vertraglich modifiziert werden. Einschränkungen ergeben sich für den beruflichen Verkäufer und den Hersteller der Sache aus der Rechtsprechung des Kassationshofes über die Bösgläubigkeit. Streitig ist, ob der Käufer statt eines Sachmangels geltend machen kann, er habe sich über eine wesentliche Eigenschaft der Kaufsache geirrt.[177]

2005 wurden für den Verbraucherkauf die Sachmängelgarantie und die Einstandspflicht des Verkäufers für die Vertragskonformität der Sache durch Umsetzung der EG-Richtlinie vom 25. Mai 1999 gleichgestellt und in Art. L 211-1 ff. CConsom geregelt. Insoweit sind heute die erwähnten Schwierigkeiten der Abgrenzung entfallen. Weitere wichtige Elemente der Neuregelung sind: Vermutung der Ursprünglichkeit des Mangels, wenn er innerhalb von 6 Monaten nach der Lieferung auftritt; zweijährige Verjährung der Geltendmachung des Mangels ab Lieferung; Neukonzeption der Ausgestaltung der Ansprüche; Möglichkeit der Wahl der sich aus dem CC ergebenden Käuferrechte; Bestimmung des Verhältnisses zwischen freiwilliger und gesetzlicher Garantie.

Die Pflichten des *Käufers* entsprechen dem deutschen Recht, doch löst eine Verletzung andere Wirkungen aus: Hat der Verkäufer noch nicht geleistet, so kann er die Sache zurückbehalten, Art. 1612 CC.[178] Hat er geleistet, so hat er an der Sache ein gesetzliches Privileg[179] und ein zeitlich beschränktes Vindikationsrecht, Art. 2332 Nr. 4 CC. Außerdem kann er entsprechend der allgemeinen Regelung der Leistungsstörungen Auflösung des Vertrages verlangen, Art. 1184, 1654 ff. CC. Letzteres kommt auch in Betracht, wenn der Käufer die Annahme verweigert.

---

175 Oben Nr. 100.

176 Unten Nr. 105.

177 Ablehnend Cass.Civ. vom 7.6.2000, G.A.Civ. Nr. 267/8; a.A. Cass.Com. vom 18.6.1996, D 1996.305. Näher *Großerichter/Rageade*, RIW 2001, 775.

178 Zum Leistungsverweigerungsrecht oben Nr. 101.

179 Unten Nr. 192.

104. Geschäftsführung ohne Auftrag und ungerechtfertigte Bereicherung

Der CC befasst sich mit ungerechtfertigter Bereicherung nur in wenigen speziellen Ausgleichsfällen besonders des Sachenrechts. Im einzigen umfassend geregelten, nach dem BGB zum Bereicherungsrecht gehörenden Fall, der Leistungskondiktion, ist primäres Kriterium nicht die Bereicherung, sondern der Leistungsvorgang. In Art. 1371 ff. CC steht er neben der Geschäftsführung ohne Auftrag. Beide begründen nach dem Verständnis der Entstehungszeit des CC Schuldverhältnisse aus nicht rechtsgeschäftlichen Handlungen, die der CC *quasi-contrats* nennt. Die moderne Lehre stellt das gelegentlich um und den Begriff des Vermögenszuwachses ohne Rechtsgrund durch *gestion d'affaires, paiement de l'indû* und sonstige Bereicherungsfälle als Unterkategorien ins Zentrum. Es gibt aber auch Tendenzen, den Oberbegriff des *quasi-contrat* neu zu beleben.

Als *Geschäftsführung ohne Auftrag* gilt jedes spontane, tatsächliche oder geschäftliche Handeln im Interesse eines anderen, vorausgesetzt, es ist nützlich und notwendig. Anwendungsfeld sind insbesondere Hilfeleistungen aller Art. Das Verhältnis zwischen dem zu ordentlicher Sorgfalt verpflichteten Geschäftsführer und dem Geschäftsherrn richtet sich teils nach Auftragsrecht, teils nach den Sonderregeln der *gestion d'affaires*.[180]

Die Leistungskondiktion, *répétition de l'indû* ist nach Art. 1235, 1377 CC bei irrtümlicher Leistung trotz Nichtschuld möglich, und zwar gleichgültig, ob die Schuld überhaupt nicht bestand, der Empfänger nicht Gläubiger oder der Leistende nicht Schuldner war. Den wichtigsten Fall bildet die oben erwähnte Leistung aus einem nichtigen Vertrag, doch sind sittenwidrige Leistungen von der Rückforderung ausgeschlossen. Kein Ausschlussgrund ist, dass ein leistender Nichtschuldner seinen Irrtum selbst verschuldet hat.[181] Zu erstatten ist in erster Linie die geleistete Sache, Wertersatz dagegen nur hilfsweise. Letzterer hängt außerdem vom guten Glauben des Empfängers ab.

Bis Ende des 19. Jahrhunderts hielt sich die Rechtsprechung an die gesetzliche Regelung. Unter dem Einfluss deutschen Rechts kam es dann zum berühmten Urteil des Kassationshofes vom 15.6.1892,[182] das dem Billigkeitsprinzip ein allgemeines Verbot *de s'enrichir au détriment d'autrui* entnahm. Grenzen und Umfang des Bereicherungsanspruchs sind allerdings bis heute nicht fest umrissen. Erforderlich ist eine direkte oder indirekte, auf dem Umweg durch das Vermögen eines Dritten erfolgende rechtsgrundlose Vermögensverschiebung, die das Vermögen des Entreicherten vermindert und zugleich das Vermögen des Bereicherten vermehrt oder ihn von einer Verbindlichkeit befreit. Die Ver-

180 Zur Vertretungsbefugnis oben Nr. 99.

181 Cass.Civ. vom 17.2.2010, D 2010, 864 Anm. *Dissaux*. Zum Rückgriff gegen den Schuldner Cass.Civ. vom 4.4.2001, D 2001, 1824 Anm. *Billiau*.

182 G.A.Civ. Nr. 239.

mögensverschiebung muss ohne Grund erfolgen. Eine Leistungsbeziehung mit einem Dritten[183] und ein moralisches Interesse genügen, um den Bereicherungsanspruch auszuschließen. Im Übrigen ist der Anspruch streng subsidiär.

Die jüngste Entwicklung der Rechtsprechung knüpft an den ursprünglichen *quasi-contrat* an, wenn Erklärungen, die eine unmittelbare Bindung gegenüber einem bestimmten Adressaten zum Ausdruck bringen als verpflichtend angesehen werden *par ce fait purement volontaire*, obwohl sie nicht als solche gemeint sind: *quasi-engagement*, weil beim Adressaten willentlich der Eindruck rechtlicher Verbindlichkeit geweckt wurde. Wie im deutschen Recht § 661a BGB ermöglicht diese Entwicklung, Gewinnzusagen/-mitteilungen bindende Wirkung beizulegen.[184] Offen ist derzeit, ob es sich um einen Sonderfall handelt oder um einen ersten Anwendungsfall einer neuen Kategorie von *quasi-contrats*, die letztlich in der Lehre von der *apparence* und der *erreur légitime* ihre Wurzel haben.[185]

105. Unerlaubte Handlungen

Das französische Deliktsrecht ist ein Muster für den Einfluss, den Rechtsmoral und tatsächliche Verhältnisse auf das Recht ausüben, denn Art. 1382, 1383 CC enthalten eine sehr anpassungsfähige Generalklausel der Haftung für *faute*. Nur für die Haftung der Tierhalter und Hauseigentümer gehen Art. 1385, 1386 von Sachhaftung *sans faute* aus. Aus Art. 1384 Abs. 1 hat der Kassationshof darüber hinaus in einer Reihe von Entscheidungen, die im *Jeand'heur*-Urteil vom 13.2.1930[186] kulminieren, eine zweite Generalklausel für Sachhaftung entwickelt. Heute herrscht ein zweispuriges Haftungssystem, gestützt auf *faute* und Sachgefahr. Die allgemeine Sachhaftung, die lange Zeit auch die Kfz-Haftung umfasste, ist insoweit durch die loi Nr. 85-677 abgelöst worden. Ferner ist nach zähem Ringen durch die loi Nr. 98-389 die Haftung für fehlerhafte Produkte als weitere Sonderregelung der Sachhaftung in Art. 1386-1 ff. CC normiert, die die Umsetzung der europäischen Richtlinie 85/374/EWG enthalten.[187] Dazu kommen zahlreiche Sonderregelungen der Haftung für Schäden durch verschiedene Aktivitäten, z. B. der elektronischen Kommunikation, der medizinischen Versorgung, des Betriebs von Kernkraftwerken.[188] Nachfolgend

---

183 Unstrittig bezüglich Leistungsbeziehung zwischen Bereichertem und einem Dritten; fraglich bezüglich Leistungsbeziehung zwischen Entreichertem und Drittem wie im Fn. 182 zitierten Fall, der heute teilweise für überholt angesehen wird, näher *Malaurie/Aynès*, Les obligations (vor § 1) Nr. 1070.

184 Cass.ch. mixte vom 6.9.2002, G.A.Civ. Nr. 242.

185 Allgemein zur *apparence* oben Nr. 91.

186 S 1930 I 121.

187 Vgl. *Endrös*, Produkthaftung in Frankreich, 2009.

188 Ausführlich zu diesen hier nicht darzustellenden Spezialbereichen *Le Tourneau* (vor Nr. 98), Nr. 6716 ff., 8051 ff.

wird nur auf das allgemeine Haftungssystem ergänzt durch die Regelung der Verkehrsunfälle und der Schädigung durch Produkte eingegangen.

Die *Generalklausel der Haftung für faute* lautet: es ist jeder Schaden zu ersetzen, den man pflichtwidrig einem anderen zufügt. Es kommt also nicht, wie das § 823 Abs. 1 BGB vorsieht, auf die Verletzung bestimmter Rechtsgüter an. Entscheidend ist der *Verstoß gegen eine Verhaltenspflicht*. Hier zeigt sich der zweite Unterschied zum deutschen Recht: vorsätzliche Schädigung ist grundsätzlich pflichtwidrig. Im Übrigen begründet jeder Pflichtenverstoß bereits *faute*, die somit auffallend verallgemeinert ist. Schon in den vorangehenden Abschnitten, insbesondere zum Vertragsrecht, wurde darauf hingewiesen, dass die in Deutschland verbreitete Übersetzung der *faute* als Verschulden mit Vorsicht zu betrachten ist. Es geht bei *faute* nicht um subjektive Vorwerfbarkeit. Da außerdem das in der Einleitung[189] angesprochene Legalitätsprinzip im Zivilrecht nicht einschränkend wirkt, gilt als Regel: haftbar ist, wer durch sein gegen Gesetz, Gewohnheiten, gute Sitten oder Standesethik verstoßendes Verhalten einen Schaden herbeiführt. Eine besondere Deliktsfähigkeit ist nicht erforderlich, selbst Geisteskranke unter Vormundschaft sind deliktsrechtlich verantwortlich, Art. 414-3 CC. Das Erfordernis der Einsichtsfähigkeit von Kindern wurde 1984 fallen gelassen.[190] So kann sich das Alter nur auf die Definition der Verhaltenspflicht auswirken. *Faute* wird durch *Rechtfertigungsgründe* ausgeschlossen, insbesondere durch höhere Gewalt, u. U. Einwilligung und Risikoübernahme des Verletzten, Notwehr, Notstand, nicht dagegen durch eine behördliche Genehmigung. Behördliche Genehmigungen ergehen aufgrund öffentlichen Rechts, lassen aber privatrechtliche Pflichten unberührt; auch eigene Rechtsausübung verhindert die *faute*, es sei denn, dass *abus de droit* vorliegt.[191] Dagegen wirkt das Verhalten des Verletzten je nach den Umständen nur *faute*-mindernd. Grundsätzlich haften mehrere Täter gegebenenfalls *in solidum* und für den gesamten von ihnen verursachten Schaden. Es liegt also eine Gesamtschuld vor, die dogmatisch im Einzelnen umstritten ist und teilweise von der vertraglichen *solidarité*[192] abweicht.

Bei der Weite der Generalklausel sind die Grenzbereiche bisweilen unscharf. Dieser Eindruck wird noch verstärkt durch den Schadens- und Kausalitätsbegriff. Schaden bedeutet *lésion d'un intérêt légitime juridiquement protégé*. Das können materielle und ideelle Interessen natürlicher und juristischer Personen sein. Vor allem bei Verletzung ideeller Interessen sind die Gerichte oft großzügig. So wurden Urteile bekannt, die – aus deutscher Sicht überzogen – Schmerzensgeld wegen Verlustes von Rennpferden oder wegen verletzten Na-

---

189 Oben Nr. 4.

190 Cass.Ass.Plén. vom 9.5.1984, G.A.Civ. Nr. 193 betreffend die Eigenverantwortung des Verletzten. Dazu *Hennings*, Persönliche Haftung und Mitverschulden von Kindern im französischen Deliktsrecht, 1992.

191 Oben Nr. 91.

192 Oben Nr. 100.

tionalgefühls als *préjudice moral* zubilligten. Neben den *préjudice moral* tritt in jüngster Zeit als neue Kategorie der *préjudice d'agrément*, bei dem es um Verlust der Lebensqualität geht.[193] Die Definition dieses Begriffes wirft noch Fragen auf. Desgleichen erscheint die in der Lehre verschiedentlich vertretene Gleichsetzung von *faute contractuelle* und *délictuelle* nicht hinreichend reflektiert. Auch das Erfordernis, dass der Schaden *certain et directe* sein müsse, lässt Fragen offen. So bereitet die Behandlung des Verlustes einer sicheren Chance als Schaden bisweilen erhebliche Schwierigkeiten. *Perte d'une chance*[194] ist gleichwohl unverzichtbar, will man nicht eine Entschädigung ablehnen, weil ein künftiger Schaden noch nicht mit Sicherheit bemessen werden kann. Ersatzansprüche mittelbar Verletzter, *victime par ricochet*, werden trotz des Erfordernisses direkter Schädigung wesentlich großzügiger als im deutschen Recht zuerkannt, z.B. Schmerzensgeld für Angehörige und Lebensgefährten des Verletzten und sogar für sonstige Personen, die eine persönliche Beziehung zu ihm hatten.[195] Bei Kollektivschäden werden die zur Wahrnehmung des betroffenen Interesses anerkannten Verbände und Vereinigungen als anspruchsberechtigt anerkannt.[196]

Hinsichtlich der Kausalität kann auf die vertraglichen Leistungsstörungen verwiesen werden.[197] Die dort vermerkten Unklarheiten treten hier aber noch deutlicher hervor, so dass *Carbonnier* feststellt, „*la jurisprudence s'attache à une causalité morale plutôt que matérielle*".[198] Besonders weit (zu weit) geht das vielfach besprochene Urteil *Perruche* des Kassationshofes,[199] wonach der Arzt, der vorgeburtlich eine Fehldiagnose (Röteln) stellt, die zum Verzicht der Mutter auf Schwangerschaftsabbruch führt, dem Kind wegen seiner körperlichen Beeinträchtigung haftet. Eine 2003 erfolgte gesetzliche Korrektur, Art. 114-1 Code de l'action sociale et des familles, ist nur eingeschränkt gelungen und hat die Diskussion nicht abschließend geklärt. Erheblichen Diskussionsstoff liefert eine bereits vorhandene Schadensdisposition des Geschädigten. Sie schließt die Kausalität wohl nicht aus, kann aber den Umfang des Ersatzes beeinflussen.

193 Cass.Civ. vom 28.5.2009, D 2009, 1606 Anm. *Gallmeister.*

194 Dazu *Großerichter*, Hypothetischer Schadensverlauf und Schadensfeststellung, München 2001. Zur Anwendung im Vertragsrecht oben Nr. 101.

195 Interessante Übersicht bei *Le Tourneau* Nr. 1461.

196 Oben Nr. 97. Zu unterscheiden von der Prozessstandschaft zur Geltendmachung von individuellen Ansprüchen, z.B. Art. L 1235-8, 1247-1, 8255-1 CTrav: aus wirtschaftlichen Gründen gekündigte Arbeitnehmer, Zeitarbeitnehmer, ausländische Arbeitnehmer ohne Arbeitserlaubnis.

197 Oben Nr. 101. Die Schwierigkeiten des Begriffes der Kausalität werden deutlich in den Beiträgen eines interessanten Kolloquiums in Rennes vom 15./16.12.2006, Lamy Civil 2007 Nr. 40 Suppl.

198 Droit civil (Quadrige) Bd. 2 Nr. 1129.1.a.

199 Cass.Ass.Plén. vom 17.11.2000, G.A.Civ. Nr. 187; in deutscher Übers. FamRZ 2001, 1414 Anm. *Sonnenberger*; anders BGH vom 18.1.1983, BGHZ 86, 240.

Neben Art. 1382 normiert Art. 1384 CC die Haftung für *schadensstiftende Handlungen Dritter*. Wichtig sind: Haftung der *Eltern* für von ihren Kindern verursachte Schäden und Haftung des *Geschäftsherrn* für *faute* seines Gehilfen bei Ausübung seiner Funktionen. Der Geschäftsherr kann sich nicht durch den Nachweis ordentlicher Auswahl und Überwachung entlasten, da es sich nicht wie im deutschen Recht um Haftung für Auswahl- und Überwachungsfehler, sondern um eine reine Leutehaftung handelt, die nach der ursprünglichen Konzeption dem Geschädigten neben dem nach Art. 1382 CC haftenden Gehilfen einen zusätzlichen Schuldner verschaffen sollte. Seit dem Urteil der Cour de Cassation vom 25.2.2000[200] ist dieses Konzept wesentlich verändert worden. Der Gehilfe ist seither von eigener Haftung freigestellt, wenn er sich in den Grenzen seines Auftrags gehalten hat. Die Freistellung gilt auch für einen etwaigen Rückgriff des Geschäftsherrn.[201] Die weiter in Art. 1384 CC erwähnte *Lehrerhaftung* hängt mit der Staatshaftung zusammen, die nach französischer Systematik zum Verwaltungsrecht gehört.[202]

Die *allgemeine Sachhaftung* setzt einen Schaden durch Einwirkung, *rôle actif*, einer Sache voraus. Haftbar ist der Halter, *gardien*, der die Sachen nutzt und Herrschaftsgewalt ausübt. Die Präzisierung des Halterbegriffs ist Gegenstand einer umfangreichen Rechtsprechung. Auf *faute* des Halters kommt es nicht an. Die Sachhaftung ist bei höherer Gewalt oder mangels ausreichenden Kausalbandes, *rôle passif de la chose*, ausgeschlossen, nicht dagegen wegen Risikoübernahme des Geschädigten.[203] Die Tragweite der Einschränkung ist nicht eindeutig. Unter diesem Aspekt wird auch eigene *faute* des Verletzten berücksichtigt. Nach neuerer Rechtsprechung spielt diese jedoch nur dann eine Rolle, wenn sie für den Halter höhere Gewalt darstellt.[204]

Mit der allgemeinen Sachhalterhaftung hatte die Rechtsprechung auf die zunehmenden Gefahren der Technik, insbesondere des Kfz-Verkehrs, reagiert. Heute gelten diese Regeln für die *Haftung bei Verkehrsunfällen* unter Beteiligung eines Kfz nicht mehr. Nach loi Nr. 80-677, ergänzt durch décret Nr. 86-15, haften Halter und Fahrer für Personenschäden ohne Weiteres, es sei denn, dass das Opfer selbst das andere am Unfall beteiligte Fahrzeug geführt und dabei *fautif* gehandelt hat. In allen anderen Fällen entfällt die Haftung nur, wenn alleinige Unfallursache unentschuldbare *faute* des Opfers war. Bei Jugendlichen, Alten und Gebrechlichen wirkt noch nicht einmal dies haftungsausschließend. Die gleichen Maßstäbe müssen sich auch mittelbar Geschädigte entgegenhalten lassen. Bei Sachschäden kann *faute* des Geschädigten zur Minderung oder zum Fortfall der Haftung führen.

---

200 G.A.Civ. Nr. 225, deutsche Anm. *Großerichter/Rageade* RIW 2001, 778; *dies.* ZEuP 2002, 611 ff. Auf Weisungsbindung kommt es nicht an, z. B. Arzt in einer Klinik.

201 Cass.Civ. vom 9.11.2004, D 2005, 253 Anm. *Chabas*.

202 Oben Nr. 82 ff. Zur persönlichen Haftung Nr. 86.

203 Cass.Civ. vom 4.11.2010 D 2010, 690 Anm. *Mouly*.

204 Cass.Civ. vom 21.7.1982, D 1982, 449.

Die 1998 eingeführte Haftung für Schäden durch Produktfehler greift nach Art. 1386-4 CC ein, wenn diese auf Sicherheitsdefizite des Produkts zurückzuführen sind. Es genügt nicht, dass die Sache im kaufrechtlichen Sinn einen *vice caché* hat. Haftungsvoraussetzungen und Entlastungsgründe entsprechen infolge der europäischen Vorgaben weitgehend dem deutschen Recht. Nach längerer Diskussion wurde auch bezüglich Entwicklungsfehlern eine dem deutschen Recht vergleichbare Konzeption verwirklicht. Es gibt aber auch Unterschiede. Z.B. sind summenmäßige Beschränkungen und Selbstbehalt nicht vorgesehen. Die Produkthaftung kommt unabhängig davon zum Zuge, ob der Geschädigte Vertragspartner des Haftenden oder außenstehender Dritter ist. Anderweitige Vertrags- oder Deliktsansprüche bleiben unberührt, Art. 1386-18 CC, so dass es einerseits zu einer Abweichung vom Prinzip des *non-cumul* vertraglicher und außervertraglicher Ansprüche kommen kann und andererseits sich der Geschädigte auf die Art. 1382 ff. CC oder besondere Haftungsvorschriften berufen kann, die auf einem anderen Haftungsgrund beruhen.

Hinsichtlich der Schadensregulierung sei nur vermerkt, dass bei Bestehen einer Haftpflichtversicherung sich der Geschädigte unmittelbar an den Versicherer halten kann. Häufig wird es zur vergleichsweisen Regulierung kommen. Gelingt das nicht, so kann der Geschädigte den Versicherer verklagen. Es handelt sich hierbei um die berühmte *action directe*, die in Deutschland für die Haftung aus Kfz-Unfällen übernommen wurde. Verschiedentlich besteht *Versicherungspflicht*, so insbesondere für die Kfz-Haftung, Art. L 211-1 CAss. Hier hat der Gesetzgeber sein Augenmerk zugleich auf die zügige Abwicklung gerichtet, Art. L 211-9 CAss. Verschiedentlich erfolgte in den letzten Jahrzehnten eine Sozialisierung der Schadensregulierung durch Fondslösungen, z.B. durch die Schaffung eines *Garantiefonds* für die Haftung aus Kfz- und Jagdunfällen, Art. L 420-1 ff. CAss, Art. 366 ter CRur. Der Fonds greift nur subsidiär bei Körperschäden und in bestimmten Fällen auch bei Sachschäden ein, Art. R 421-18 CAss.

Hinsichtlich der gerichtlichen Geltendmachung ist neben der *action directe* hervorzuheben, dass in Frankreich die Durchsetzung deliktsrechtlicher Ansprüche im Strafverfahren eine bedeutende Rolle spielt. Art. 2 ff. CPrPén ermöglichen es dem Geschädigten, durch sog. Zivilklage im Strafverfahren, d.h. im *Adhäsionsverfahren*, einen Ersatzanspruch, der sich auf eine strafbare Handlung stützt, im Anschluss sowohl an eine öffentliche als auch eine private Strafklage geltend zu machen. Über die Klage wird sodann im Strafverfahren entsprechend den Vorschriften des CPrPén verfahren und entschieden, was für den Geschädigten sehr vorteilhaft sein kann. Scheidet das z.B. wegen Verjährung der Straftat aus oder weil der Geschädigte die Zivilklage für unzweckmäßig hält, so bleibt die Möglichkeit eines Zivilverfahrens. Sachlich unterliegt der Anspruch in allen Fällen bürgerlichem Recht.

§ 6 Sachenrecht

Literatur (vgl. auch oben vor § 1); *Atias*, droit civil, Les biens, 9. Aufl., Paris 2007; *Bergel*, Les grands arrêts du droit immobilier, Paris 2002 (enthält Leitentscheidungen aus verschiedenen Bereichen des Immobilienrechts); *Bergel/Bruschi/Cimamonti*, Les Biens, Paris 2010; *Larroumet*, Droit civil, Bd. II, Les biens, Droits réels principaux, 5. Aufl., Paris 2006; *Malaurie/Aynès*, Droit civil, Les Biens, 3. Aufl., Paris 2007; *Malaurie/Aynès/Crocq*, Droit Civil, Les sûretés, La publicité foncière, 4. Aufl., Paris 2009; *Terré/Simler*, Droit civil, Les biens, 7. Aufl., Paris 2006; *Simler/Delebeque*, Droit civil, Les sûretés, La publicité foncière, 5. Aufl., Paris 2009.

106. Einleitung

Der Titel des Zweiten Buches klingt wie ein Programm, dessen Inhalt heute tiefgreifend verändert ist, ohne dass seine Ankündigung ebenfalls geändert wurde. Das Programm lautet: Regelung der *biens* und der *propriété* samt ihrer *modifications.*

Als biens bezeichnet die moderne Rechtssprache *Rechtsobjekte mit Vermögenswert*, an denen *subjektive Vermögensrechte* begründet werden bzw. bestehen, die zusammen das aktive Vermögen, *patrimoine*,[205] einer Person bilden. Es ist offensichtlich, dass das weit über den Regelungsbereich des Zweiten Buches des CC und auch des heutigen *droit des biens* hinausgeht, denn Vermögenswerte sind auch wirtschaftliche Immaterialgüter, an denen subjektive Vermögensrechte bestehen, die dem Eigentum und seinen *modifications* vergleichbar sind, die aber in Spezialgesetzen geregelt wurden: die als *propriété industrielle, commerciale, littéraire* und *artistique* bezeichneten Patent-, Marken- und Urheberrechte sowie Rechte am Handelsunternehmen.[206] Rechtsobjekte mit Vermögenswert sind auch Forderungen, so dass sie ebenfalls zu den *biens* gehören. Gleichwohl sind sie nicht vom *droit des biens* erfasst. Ihr Platz ist im Schuldrecht, selbst wenn sie bestimmte Eigenschaften von Sachenrechten erlangen können, insbesondere die *opposabilité* gegenüber Dritten: z. B. im Fall der langfristigen Immobilienmiete durch Publizierung im *fichier immobilier*, Art. 28 décret vom 4.1.1955,[207] eine Forderungsabtretung durch Erfüllung der Formalitäten des Art. 1690 CC.[208]

Das Anwendungsgebiet des *droit des biens* sind folglich nur *körperliche Gegenstände*, an denen ohne Vermittlung durch schuldrechtliche Beziehungen unmittelbar privatrechtliche subjektive Rechte einer Person bestehen, die ihr Macht über diese verleihen. Diese Beschränkung entspricht dem CC, der zwar

205 Oben Nr. 92.

206 Unten Nr. 162, 163.

207 Nr. 55-22.

208 Oben Nr. 100.

nicht direkt, jedoch im Ergebnis in Art. 516 das droit des biens auf körperliche Gegenstände beschränkt, die er als *meubles* und *immeubles*, bewegliche Sachen und Immobilien bezeichnet.[209]

Die körperlichen Gegenstände werden allerdings nur insoweit als Gegenstände des Zweiten Buches behandelt, als die an ihnen möglichen Rechte vermögenswerten Charakter haben. Das schließt einerseits als Gegenstände des Sachenrechts subjektive Persönlichkeitsrechte auch insoweit aus, als es um den Körper, Körperteile und -erzeugnisse einschließlich Embryonen geht.[210] Andererseits sind die Sachen im Gemeingebrauch, z. B. Luft, Fluss- und Meerwasser, und Sachen des *domaine public*[211] sowie eingeschränkt des *domaine privé* des Staates und anderer öffentlich-rechtlicher Körperschaften dem *droit des biens* des CC ganz oder teilweise entzogen.

Es geht im Zweiten Buch des CC folglich um *droits réels* als *subjektive privatrechtliche Herrschaftsrechte an körperlichen Gegenständen*, was beim deutschen Leser die Erwartung weckt, im Wesentlichen das zu finden, was im Dritten Buch des BGB geregelt ist. Diese Erwartung wird enttäuscht. Erst die modernen Darstellungen führen oft weiter. Allerdings ist auch von ihnen kein Gleichklang mit deutschen Vorstellungen zu erwarten. Mehrere Besonderheiten sind hervorzuheben, deren Nichtbeachtung den deutschen Juristen in die Irre führen kann. Erstens ist infolge des Konsensprinzips der rechtsgeschäftliche *Eigentumserwerb* Angelegenheit des Schuld- und nicht des Sachenrechts.[212] Zweitens sucht man trotz ihres dinglichen Charakters[213] die *Pfand- und Grundpfandrechte* vergeblich im Zweiten Buch des CC. Sie sind seit der Reform von 2006[214] zusammen mit allen Sicherungsrechten, also auch obligatorischen, im Vierten Buch geregelt. Das Zweite Buch des CC hat deshalb nur das Eigentum als solches und aus diesem abgeleitete Rechte zum Gegenstand. Es fehlt ferner eine Regelung des *Besitzes*. Zwar handelt es sich dabei nicht um rechtliche, sondern um tatsächliche Sachherrschaft. Das BGB und die moderne französische Lehre rechnen jedoch auch diese zum Sachenrecht. Der CC behandelt den Besitz dagegen vor allem als Instrument des Rechtserwerbs durch Zeitablauf und hat ihn deshalb wie schon bisher nach der Reform von 2008 weiterhin im Dritten Buch des CC in Art. 2255 belassen.

Das im Zweiten Buch im Mittelpunkt stehende Eigentum wurde im Anschluss an die Menschenrechtserklärung von 1789 sehr individualistisch definiert: Es ist das subjektive Recht einer Person, eine ihr gehörende Sache nach Belieben

---

209 Anders das Vierte Buch über die *sûretés*, unten Nr. 114, 190.

210 Oben Nr. 96.

211 *Terré/Simler* Nr. 533 ff. *Biens du domaine privé* unterliegen im Prinzip dem Zivilrecht, jedoch gelten einige öffentlich-rechtliche Besonderheiten. Die Abgrenzung *domaine public/privé* kann Schwierigkeiten bereiten.

212 Unten Nr. 109.

213 Z. B. für die Hypothek Art. 2393 CC.

214 Unten Nr. 114, 192.

zu nutzen und darüber zu verfügen, Art. 544 CC. Die verschiedenen Arten der *Vergemeinschaftung des Eigentums* kamen 1804 nur rudimentär in den Blick, z.B. beim Gemeinschaftseigentum an Trennmauern, *mittoyenneté*, Art. 653 ff. CC. Die ungeteilte *Rechtsgemeinschaft* kam im *droit des biens* nicht zur Sprache, die *indivision* war als Erbengemeinschaft ein ausschließlich erbrechtliches Institut.[215] Heute haben unterschiedliche Gestaltungen gemeinschaftlichen Eigentums, insbesondere *Wohnungseigentum*, *copropriété*,[216] und *indivision organisée*[217] zur Folge, dass die „*ensembles collectifs des droits réels individuels*" in den Darstellungen des Sachenrechts eine große Rolle spielen, wobei schuld- und sachenrechtliche Fragen ineinandergreifen.

Die zivilrechtlichen Rechte an Sachen, insbesondere an Immobilien, wurden schon 1804 im CC in einen Zusammenhang mit Gemeininteressen gebracht. Art. 544, der das Eigentum definiert, begrenzt seine Nutzung und Verfügbarkeit, soweit Verbotsgesetze bestehen. Art. 649 f. CC sehen Beschränkungen des Immobilieneigentums durch *Dienstbarkeiten im öffentlichen Interesse* vor, *servitudes d'utilité publique*.[218] Diese Texte enthalten nur rudimentäre Hinweise. Arten und Tragweite der Einschränkungen von *droits réels*, vor allem des Eigentums, ergeben sich erst aus Spezialgesetzen des *droit administratif*, das über vielfältige Instrumente verfügt. Obgleich es sich nicht um Zivilrecht handelt, gehen die meisten modernen Darstellungen des *droit des biens* darauf ein, häufig unter dem Stichwort „Gemeinschaftsbindung des Eigentums."[219]

Biens i.S. des Sachenrechts des CC sind *bewegliche und unbewegliche Sachen*, Art. 516. Ob eine Sache beweglich oder unbeweglich ist, hängt nicht nur von ihren natürlichen Eigenschaften ab, sondern auch vom Zweck dieser Einteilung, sie der einen oder anderen Regelung zu unterwerfen. Außer den natürlichen unbeweglichen Sachen rechnet deshalb der CC zu den Immobilien auch Sachen, die nach dem Willen des Eigentümers, *par destination*, einer unbeweglichen Sache dienen, *affectation*, oder dauerhaft so fest mit ihr verbunden sind, dass sie ohne Verschlechterung nicht wieder entfernt werden können, *intégration*. Die Unterscheidung ist gelegentlich von großer Bedeutung. Eine bewegliche Sache, die *immeuble par affectation* ist, bleibt gleichwohl ein von der Immobilie getrenntes Rechtsobjekt. Wird die *affectation* aufgehoben, kann sie als *meuble* veräußert werden. Ihre *intégration* in ein *immeuble* bewirkt dagegen, dass die bewegliche Sache ihre rechtliche Eigenständigkeit verliert, solange die Verbindung andauert. Sie wird praktisch Teil der natürlichen unbeweglichen Sache. *Désaffectation* genügt nicht, erst Abtrennung macht sie wieder zu einem selbstständigen *meuble*. Außerdem gelten Nießbrauchsrechte an Grund-

---

215 Unten Nr. 142.

216 Loi Nr. 65-557 vom 10.7.1965.

217 Art. 1873-1 ff. CC, unten Nr. 111.

218 Unten Nr. 110.

219 Besonders instruktiv *Terré/Simler* Nr. 332-386.

stücken, Grunddienstbarkeiten und auf das Eigentum an einer Immobilie gegründete Ansprüche (Klagen) als Immobilien, *immeubles par l'objet auquel ils s'appliquent*, Art. 526. Umgekehrt stehen nach Art. 529 CC einige unkörperliche Rechtsgüter (z.B. Gesellschaftsanteile) beweglichen Sachen gleich und können nach ständiger Rechtsprechung mit Immobilien verbundene Sachen durch Antizipation des Eigentümers schon vor der Trennung als bewegliche Sachen behandelt werden (wichtig z.B. bei Verträgen über eine künftige Ernte). Mithilfe dieser Kategorisierung erreicht das französische Sachenrecht gleichzeitig auch eine Regelung von Fragen, die im deutschen Recht Gegenstand der *Bestandteilslehre* sind.

107. Eigentum im Allgemeinen

Befragt man den CC nach der Natur des Eigentums, so findet man nur einzelne Hinweise, die von der Lehre in einen größeren Zusammenhang gestellt werden. Selbst dann bleibt seine Natur mehrfach fragwürdig. Im Wesentlichen ist heute unstreitig, dass es sich um ein subjektives Recht handelt. Geht man von der oben[220] erläuterten Definition des *droit subjectif* aus, so besagt das zunächst nur, dass es sich um ein individuelles Vorrecht handelt, das dem Eigentümer einen *individuellen Freiraum* schafft, den der Staat erforderlichenfalls schützt. Worin der Freiraum besteht, ist damit noch nicht beantwortet. Er wird durch vier Attribute gekennzeichnet. Es handelt sich um ein *droit réel*, d.h. um die unmittelbare Berechtigung einer Person an einer Sache, die als solche zu achten ist. Diese ist *absolue*, d.h. der Eigentümer hat ein umfassendes Nutzungs- und Verfügungsrecht an der Sache, *droit de jouir et de disposer*, allerdings nur, soweit keine Verbote entgegenstehen, Art. 544 CC. Damit ist zugleich die Befugnis des Eigentümers verbunden, alle zulässigen tatsächlichen und rechtlichen Maßnahmen zu ergreifen, die andere hindern, in seine Befugnisse einzugreifen, was mit der Qualifizierung des Eigentums als *droit exclusif* umschrieben wird. Schließlich wird das Eigentum als *droit perpétuel* bezeichnet, womit gemeint ist, dass es zeitlich unbegrenzt ist und folglich nicht verjährt, Art. 2275 S. 1 CC.

Die vier Attribute sind für sich betrachtet relativ blass, so dass eine weitere Präzisierung erforderlich ist. Das *Nutzungsrecht* umfasst die Benutzung, die durch den Eigentümer selbst oder durch vom Eigentümer befugte Dritte erfolgen kann; ferner das Nutzziehungsrecht hinsichtlich der regelmäßig wiederkehrenden natürlichen und rechtlichen Früchte, die die Substanz unverändert lassen, und der Erzeugnisse, die diese verändern. Die Abgrenzung ist unscharf, was für den Eigentümer selbst bedeutungslos ist, für Dritte aber wichtig sein kann, da nur die Fruchtziehung in Gestalt des Nießbrauchs abspaltbar ist.[221] In neuerer Zeit war strittig geworden, ob zu den Nutzungsbefugnissen auch ein

220 Nr. 91.
221 Unten Nr. 115.

ausschließliches *Abbildungs- und Veröffentlichungsrecht* gehört, das *image du bien*. Heute wird das verneint, dem Eigentümer aber ein Recht eingeräumt, einer Veröffentlichung zu widersprechen und gegebenenfalls Schadensersatz zu verlangen, wenn seine private Sphäre beeinträchtigt wird. Es handelt sich folglich um Verletzung des Persönlichkeitsrechts, nicht um Nichtachtung des ausschließlichen Nutzungsrechts des Eigentümers.[222] Die Nutzungsbefugnis des Eigentümers findet eine Grenze am Missbrauchsverbot,[223] das jedem Vorrecht innewohnt. Es spielt im Immobiliarsachenrecht eine besondere Rolle.[224] Das *Verfügungsrecht* beinhaltet positiv, dass der Eigentümer die Sache verbrauchen, aufgeben und übertragen kann. Negativ bedeutet es, dass er nicht zu Verfügungen über die Sache gezwungen und erst recht nicht enteignet werden kann. Privatrechtliche Beschränkungen der Verfügbarkeit sind nur in engem Rahmen zulässig kraft Gesetzes, kraft Vereinbarung, soweit das gestattet ist, z.B. in einer Schenkung nach Art. 900-1 CC, oder kraft gerichtlicher Anordnung, z.B. im Insolvenzverfahren zwecks Sanierung eines Unternehmens, Art. L 626-14, 642-10 CCom. Infolge der schon erläuterten Bindung des Eigentums an Gemeininteressen[225] unterliegen sowohl die Nutzungs- als auch die Verfügungsbefugnis zahlreichen öffentlich-rechtlichen Schranken, die zwar vorrangig Immobilien, aber auch Fahrniseigentum betreffen, z.B. Kulturgut, und bis zur Enteignung reichen können. Insoweit ist es irreführend, vom absoluten Charakter des Eigentums zu sprechen.

Da Eigentum das Recht umfassender Nutzungs- und Verfügungsbefugnis ist, galt lange Zeit *zweckgebundenes Eigentum* mit beschränkten Befugnissen des Berechtigten, *propriété affectée*, als unzulässig. Das betraf jedenfalls das Zivilrecht, während nach öffentlichem Recht das Eigentum an Sachen des *domaine public* schon seit dem 19. Jahrhundert nur nach der jeweiligen Zweckwidmung ausgeübt werden konnte. Unter dem Eindruck rechtsvergleichender Erkenntnisse hat die *propriété affectée* inzwischen auch im Zivilrecht Einzug gehalten, zunächst als Sicherungsrecht in Gestalt vorbehaltenen Eigentums, *propriété rétenue en garantie*, Art. 2367 CC, dann durch Zulassung der Möglichkeit, durch Treuhandvertrag Sachen, Sachgesamtheiten oder Rechte zweckgebunden zu übertragen, *fiducie*, Art. 2011 CC, schließlich durch Ermöglichung fiduziarischer Eigentumsübertragung zur Forderungssicherung, *propriété cedée à titre de garanti*, Art. 2372-1 CC.[226] Für die *propriéte affectée* gilt die umfassende Nutzungs- und Verfügungsbefugnis des Art. 544 CC nicht.

Die Befugnis des Eigentümers, über die Sache zu verfügen, weckt aus deutscher Sicht die Erwartung, dass die rechtsgeschäftliche Übertragung ein zent-

---

222 Cass.Ass.Plén. vom 7.5.2004, G.A.Civ. Nr. 69.
223 Oben Nr. 91.
224 Unten Nr. 110.
225 Oben Nr. 106.
226 Unten Nr. 192.

rales Thema des Sachenrechts ist. Wegen des fehlenden Abstraktionsprinzips ist das jedoch nicht der Fall, maßgeblich ist das Schuldvertrags-, insbesondere das Kaufrecht. Nur zum leichteren Verständnis des deutschen Juristen werden die schuld- und sachenrechtlichen Aspekte getrennt erläutert.[227]

Die oben gegebene allgemeine Umschreibung des Eigentums als *droit exclusif* ergibt für sich betrachtet wenig. Die zulässigen *tatsächlichen Maßnahmen des Eigentümers zur Sicherung* der Exklusivität sind auf sein Eigentum selbst beschränkt: Sicherung seiner beweglichen Sachen durch geeignete Vorkehrungen, Einzäunung seines Grundstückes, Beseitigung überhängender Zweige usw. Gegenüber Dritten gilt zunächst die Maxime, dass man seine Rechte nicht eigenhändig durchsetzen kann.[228] Gegen Eigentumsverletzungen und dadurch verursachte Schäden kommen vor allem deliktsrechtliche Ansprüche in Betracht. Der sachenrechtliche Rechtsschutz durch *actions réelles* ist hinsichtlich Fahrnis weitgehend durch den Besitzschutz verdrängt, so dass man insoweit sogar sagen kann, dass Mobiliareigentum eine untergeordnete Rolle spielt. Bezüglich des Eigentums an Immobilien schützen verschiedene *actions réelles immobilières* seine *exclusivité*.[229]

Die Eigenschaft des Eigentums als *droit perpétuel* soll nicht besagen, dass es dauerhaft in der Hand des gleichen Eigentümers bleibt bzw. bleiben muss. Der *caractère perpétuel* steht deshalb aufschiebend oder auflösend bedingtem Eigentum nicht entgegen. Das gilt insbesondere für die Sicherungsrechte des Eigentumsvorbehaltes und der Sicherungsübereignung[230] sowohl von Fahrnis als auch von Immobilien, Letzteres abweichend vom deutschen Recht, Art. 2329, 2373 CC.[231] Im Übrigen meint *perpétuité* des Eigentums, dass es an einer Sache auch ohne tatsächliche Ausübung fortbesteht und ohne an seinen aktuellen Eigentümer gebunden zu sein. Dem widerspricht nur scheinbar, dass die Sache durch Eigentumsaufgabe, *abandon*, herrenlos wird, denn virtuell besteht hier Eigentum fort und ist Aneignung, *appropriation*, möglich. Schwieriger ist die Situation bei Nichtausübung zu verstehen. Einerseits besagt Art. 2227 CC, dass das Eigentum *imprescriptible* ist, andererseits verjährt die Vindikationsklage nach Ablauf von 30 Jahren. Der Eigentümer bleibt zwar berechtigt, kann sein Recht gegen Dritte aber nicht mehr durchsetzen.

108. Der Besitz und seine Funktion

Der Besitz, *possession*, ist im CC weder an zentraler Stelle noch überhaupt systematisch als Institution, sondern im Zusammenhang seiner einzelnen

227 Oben Nr. 103, unten Nr. 109.
228 Oben Nr. 91.
229 Unten Nr. 113.
230 Unten Nr. 192.
231 Zum Vorbehalt der Sondervorschriften des Insolvenzrechts Art. 2287 CC.

Funktionen geregelt. Der Begriff wurde vor allem von der Lehre systematisiert und ist enger als im BGB. Die folgenden Hinweise beleuchten nur die allgemeinen Voraussetzungen.[232] Besitz besteht in einem tatsächlichen Element, zu dem ein subjektives hinzutritt. In diesem Sinn wird von einem *subjektiven Besitzbegriff* gesprochen. Tatsächliches Element ist nach Art. 2255 CC der Gewahrsam oder die Nutzung einer Sache oder eines Rechts. Traditionell bezieht sich das auf körperliche Gegenstände und dingliche Rechte an diesen. Neuerdings gibt es eine Tendenz, auch Herrschaft über immaterielle Güter, z.B. elektronische Programme, Senderechte usw. über den Bereich des Zweiten Buches des CC hinaus als Besitz zu bezeichnen, doch hat sich diese Entwicklung noch nicht völlig verfestigt. Das *tatsächliche Element* allein macht noch keinen Besitz aus. Art. 2255 CC bezeichnet als Besitzer nur, wer Gewahrsam oder Benutzung der Sache oder des Rechts für sich als Berechtigter ausübt oder ausüben lässt, gleichgültig ob er es ist. Dies ist das *subjektive Element*. Beide Elemente müssen bestimmten Anforderungen genügen, um zivilrechtlich relevanten Besitz zu ergeben. Diese sind teilweise speziell bei der Ersitzung geregelt.[233] Gewahrsam und Nutzung dürfen nicht gewaltsam erlangt sein, Art. 2263 CC, und müssen effektiv vorhanden sein. Es wird allerdings vermutet, dass sie, einmal begründet, weiterhin fortbestehen. Ferner wird verlangt, dass die Kontinuität der Nutzung nicht unterbrochen ist, Art. 2271 CC. Art. 2262 CC verlangt außerdem, dass die Nutzungsakte eindeutig, *non équivoque*, Rechtsausübungsakte darstellen.[234] Da als allgemeiner Rechtsgrundsatz gilt, dass sich niemand auf seine *mauvaise foi* berufen kann, muss der Besitzwille gutgläubig sein, *de bonne foi*, d.h. der Besitzer muss an den Bestand seines Rechts glauben, jedenfalls bei Besitzantritt, Art. 2275 CC. Art. 2274, der wohl nicht richtig bei der Immobilienersitzung platziert ist, enthält allerdings die Regel, dass Gutgläubigkeit vermutet wird.

Mittelbarer Besitz, Fremdbesitz und Besitzdienerschaft sind dem französischen Recht unbekannte Begriffe. Wer kraft eines obligatorischen Rechts eine Sache in Gewahrsam hat, ist nur *détenteur précaire*, zu dessen Gunsten sich die Rechtsfolgen des Besitzes nicht auswirken. Allerdings besteht die Vermutung, dass der Gewahrsamsinhaber Besitzer ist, Art. 2256 CC. Im Übrigen ist der *détenteur précaire* Stellvertreter des Besitzers.

Seine wichtigste Funktion entfaltet der Fahrnisbesitz im Rahmen von Art. 2276 Abs. 1 CC, der 2008 an die Stelle des berühmten Art. 2279 CC getreten ist. Über die berühmte Regel „*en fait de meubles la possession vaut titre*" reicht sein Einfluss weit in den Bereich des Fahrniseigentums hinein. Nach

232 Zu den nicht erläuterten Arten des Besitzerwerbs *Terré/Simler* Nr. 159 ff.

233 Der oben Nr. 87 erwähnte Reformentwurf formuliert diese Anforderungen in Art. 543 ff. als allgemeine Erfordernisse.

234 Problematisch häufig bei beweglichen Sachen im Familienhaushalt, z. B. von Lebenspartnern, vgl. Rspr. CC-Litec Art. 2276 Nr. 6.

heutigem Verständnis begründet der Besitz unter einem ersten Aspekt des Art. 2276 zu Gunsten des Besitzers gegenüber dem Vormann, von dem er erworben hat, eine *widerlegbare Eigentumsvermutung, fonction probatoire*. Er ergänzt insoweit die allgemeine, an den Besitz geknüpfte Eigentumsvermutung.[235] Damit hat der Besitz als tatsächliche Sachherrschaft ähnliche Beweisfunktion wie nach § 1006 BGB. Unter einem zweiten Aspekt beherrscht Art. 2276 den *gutgläubigen Erwerb*. Der Schutz des Erwerbers von Fahrnis ist vom Eigentum auf den Besitzschutz verlagert. Der Konflikt des Erwerbers vom Nichtberechtigten mit dem eigentlichen Berechtigten wird unwiderlegbar zu Gunsten des gutgläubigen Erwerbers entschieden, dessen Besitzerlangung *fonction acquisitive* hat. Deshalb steht Art. 2276 nunmehr zu Recht im Kapitel Ersitzung, *prescription acquisitive*. War die Sache dem Berechtigten gestohlen oder hatte er sie verloren, erfolgt der Eigentumserwerb allerdings erst nach Ablauf von 3 Jahren. Während dieser Frist kann sie vindiziert werden, allerdings im Fall des Art. 2277 nur gegen Zahlung eines Lösegeldes. Durch Art. 2276 sind zusätzliche Vorschriften über die Ersitzung beweglicher Sachen überflüssig geworden.[236] Sonderregeln waren nur noch für den Erwerb herrenloser und aufgegebener Sachen, Schätze unbekannter Herkunft und angeschwemmtes Strandgut erforderlich. Soweit es um Eigentum des Finders geht, steht auch hier die Besitznahme im Mittelpunkt, die als *occupation* bezeichnet wird und unmittelbar zum Titelerwerb führt.

109. Rechtsgeschäftlicher Eigentumserwerb

Zur Beurteilung des rechtsgeschäftlichen Eigentumserwerbs im französischen Recht muss man sich zunächst vom deutschen Abstraktionsprinzip und der Trennung des schuldrechtlichen und dinglichen Geschäfts freimachen. Anstelle einer Übereignung durch gesonderten dinglichen Vertrag erklärt Art. 711 CC: *la propriété s'acquiert par l'effet des obligations*, Einheitsprinzip.[237] Art. 1583 CC wiederholt das für den Kaufvertrag.[238] Eines weiteren Elementes wie der Übergabe einer beweglichen Sache oder einer Eintragung bei Grundstücken bedarf es nicht. Zwar unterliegt das damit statuierte reine Konsensprinzip gewissen Grenzen. Gattungssachen und künftige Sachen müssen beispielsweise erst noch individualisiert werden; auch steht es den Parteien frei, den Rechtsübergang durch Vereinbarung einer aufschiebenden Bedingung oder einer Befristung hinauszuschieben. Auf der Möglichkeit einer aufschie-

235 Zur Funktion des Besitzes als Eigentumsvermutung s. auch unten Nr. 113.

236 *Bergel/Bruschi/Cimamonti* Nr. 218.

237 Rechtsvergleichend *Larenz* SchR II.1 § 31.II; *Ferid/Sonnenberger* 2G, 201 ff.; *Witz* Nr. 132; *Ferrand* Nr. 642 ff.; *Bucher*, Die Eigentums-Translativwirkung von Schuldverträgen: Das „Woher" und „Wohin" dieses Modells des Code Civil, ZEuP 1998, 615 ff.

238 Oben Nr. 103.

benden Bedingung beruht der Eigentumsvorbehalt[239] und auch die Konstruktion, dass zwei Personen gemeinsam erwerben, insbesondere ein Grundstück, wobei vereinbart wird, dass nur eine sofort erwirbt, während der Eigentumserwerb der anderen aufschiebend bedingt mit dem Tod des ersten Erwerbers eintreten soll, *clause tontine* bzw. *clause d'accroissement*.[240] All dies ändert aber nichts daran, dass ein gesonderter dinglicher Vertrag nicht vorgesehen ist. Das gilt auch für die treuhänderische Übertragung des Eigentums. Sie erfolgt durch den 2007 neu geschaffenen *contrat de fiducie*,[241] der ebenso wie der Kaufvertrag schuld- und sachenrechtliche Wirkung hat, Art. 2011 CC. Das gilt auch, wenn der Treuhandvertrag eine Sachgesamtheit oder künftige Sachen zum Gegenstand hat. In diesem Fall bewirkt der Vertrag den Eigentumsübergang automatisch mit der Entstehung der Sache.

Ist der Verkäufer Eigentümer oder gilt er kraft Rechtsscheins als Eigentümer,[242] so scheidet infolge des Konsensprinzips die gekaufte Sache aus seinem Vermögen aus und geht in das Vermögen des Käufers über. Trotz der nur relativen Wirkung schuldrechtlicher Verträge kann sich darauf jedermann berufen, denn die *relativité* betrifft nur die schuldrechtlichen Beziehungen.[243] Sie betrifft nicht die *opposabilité* des Eigentumsübergangs. Folglich können sich die Gläubiger des Käufers darauf berufen, dass dieser eingetreten ist, und die Sache dem Zugriff der Gläubiger des Verkäufers nicht mehr zur Verfügung steht.

War der Verkäufer nicht Eigentümer, so hilft die *opposabilité* des Eigentumsübergangs nicht weiter. Sie betrifft das Problem des Erwerbs vom Nichtberechtigten nicht, denn nach Art. 1599 CC ist der Vertrag nichtig nach der Maxime, dass niemand mehr Rechte verschaffen kann, als er selbst hat. Folglich muss Art. 1599 CC ausgeschaltet werden. Für den Fahrniskauf bewirken das Art. 1141 und 2276 CC. Art. 1141 CC regelt den Doppelverkauf. Zwar ist der Erstkäufer Eigentümer geworden. Hat er aber keinen Besitz erlangt, so ist sein Eigentumserwerb dem Zweitkäufer, vorausgesetzt, dieser ist Besitzer geworden, nicht *opposable*. War ein Dritter Eigentümer, liegt also der typische Fall des Kaufs vom Nichtberechtigten vor, so erfolgt die Ausschaltung des Art. 1599 CC durch Art. 2276 CC, also durch gutgläubigen Besitzerwerb, der zugleich Eigentumserwerb bewirkt.[244] Für den Immobilienkauf ist Art. 30 des Dekrets Nr. 55-22[245] dem Art. 1141 CC vergleichbar, der den Fall regelt, dass zwei Erwerber konkurrierende Rechte vom gleichen Veräußerer herleiten. Dagegen gibt es keine dem Art. 2276 CC entsprechende Regelung. Die register-

---

239 Unten Nr. 192.

240 Wegen der Bedeutung der Klausel für die Gestaltung der Rechtsnachfolge beim Tod s. unten Nr. 137.

241 Oben Nr. 102.

242 Oben Nr. 91.

243 Oben Nr. 100.

244 Oben Nr. 106.

245 Unten Nr. 112.

rechtlichen Eintragungen haben keine dem § 892 BGB vergleichbare Funktion,[246] so dass ein unmittelbarer gutgläubiger Erwerb vom Nichtberechtigten praktisch ausscheidet.[247]

Was für den Eigentumserwerb des Käufers gesagt wurde, gilt grundsätzlich auch für den *fiduciaire*. Wird durch *fiducie* Sicherungseigentum an Fahrnis übertragen, ist die Sachlage aber etwas anders, denn der Sicherungsgeber soll den Gewahrsam an der Sache behalten. Verkauft er sie abredewidrig an einen Dritten weiter und erwirbt dieser gutgläubig Besitz, so kann er sich gegenüber dem *fiduciaire* auf Art. 2276 CC berufen. Die Sicherungsfunktion der fiduziarischen Eigentumsübertragung ist folglich bei Fahrnis derzeit eingeschränkt.

110. Besonderheiten des Grundeigentums

Zum Grundeigentum gehört nach Art. 522 CC *la propriété du dessus et du dessous*, so dass der Eigentümer damit nach Belieben verfahren kann. Schon 1804 war das mehrfach eingeschränkt. Seit langem gelten für archäologische Ausgrabungen und die Ausbeutung von Bodenschätzen Sondervorschriften. Gleiches gilt für die Nutzung des Wassers. Soweit es nicht ohnehin zum *domaine public* des Staates gehört, waren die Nutzungsverhältnisse zwar ursprünglich privatrechtlich geregelt, teilweise als Teil des Nachbarrechts. Davon zeugen bis heute Art. 640-645 CC. Diese Artikel sind zwar weiterhin in Kraft. Sie werden aber in einem Ausmaß von den Vorschriften des CEnvir[248] und des CRur überlagert, dass sie nur noch einen geringfügigen Sonderaspekt der Wassernutzung betreffen.

Das Grundeigentum erstreckt sich auf den Zuwachs, *accession*, bei dem der CC zwischen natürlichem und künstlichem Zuwachs und dem Erwerb von Früchten und Erzeugnissen unterscheidet. Während bei Vermischung und Verarbeitung im Fahrnisrecht Art. 565 Eigentumszuweisung nach Billigkeit vorsieht, die lediglich durch einige Beispiele erläutert wird, verhält es sich bei Immobilien komplizierter. Einbauten, Anpflanzungen und Anlagen, *accession artificielle*, wachsen dem Eigentümer zu. Dabei greift eine Eigentumsvermutung zu Gunsten des Grundstückseigentümers ein. Wächst aufgrund der Vermutung dem Grundstückseigner fremdes Eigentum zu, können sich Ersatzansprüche aus Art. 554 CC oder aus einer vertraglichen Anspruchsgrundlage ergeben. Greift die Vermutung nicht, so ergibt sich aus Art. 555 CC eine differenzierte Regelung, die einerseits einen Beseitigungsanspruch des Eigentümers, andererseits Duldung durch den Eigentümer, gegebenenfalls auch *ac-*

---

246 Unten Nr. 112.

247 Es kommt daher nur Ersitzung in Betracht, *Malaurie/Aynès/Crocq* Nr. 784. Dazu unten Nr. 110. Im Einzelfall kann auch die *théorie de l'apparence helfen*, oben Nr. 91.

248 Vgl. näher Art. L 210 CEnvir.

cession und Zahlung eines Ausgleichs vorsieht. Die verschiedenen Möglichkeiten, die Art. 555 eröffnet, hängen von weiteren Umständen ab, so dass sich eine komplexe Kasuistik ergibt. Außerdem gehen auch hier vertragliche Regelungen vor. Bei Anschwemmungen, Anlandungen und anderen Fällen von *accession naturelle* kommen für Ersatzansprüche allenfalls bereicherungsrechtliche Grundlagen in Betracht. Den Erwerb von Früchten regeln Art. 547 ff. CC grundsätzlich zu Gunsten des Eigentümers, doch wird ihm ein gutgläubiger Grundstücksbesitzer vorgezogen. Je nach den Umständen hat der erwerbende Eigentümer die Kosten der Erzeugung zu erstatten.

In Ausfüllung der Lücke, die sich aus dem fehlenden Gutglaubensschutz im französischen Liegenschaftsrecht bei Erwerb vom Nichteigentümer ergibt,[249] spielt die Ersitzung in der Theorie des französischen Immobilienrechts eine gewisse Rolle. Voraussetzung der Ersitzung sind nach Art. 2258 f. CC dauernder und offenbarer Besitz als Eigentümer an einem gewaltfrei erlangten Grundstück. Bei gutem Glauben des Besitzers, der vermutet wird, genügen 10 Jahre zur Ersitzung, Art. 2272 Abs. 2 CC. Fehlt es am guten Glauben, sind 30 Jahre erforderlich, Art. 2272 Abs. 1 CC. Mit erlangter Ersitzung tritt der Eigentumserwerb rückwirkend auf den Zeitpunkt des Besitzerwerbs ein.

Beschränkungen des Immobilieneigentums sah der CC von Anfang an in Art. 640 ff. vor, in denen das *Nachbarrecht* in Form von *gesetzlichen Dienstbarkeiten im privaten Interesse* ausführlich geregelt ist. Daneben finden sich in Art. 649 schon 1804 Eigentumsbeschränkungen im öffentlichen Interesse in Gestalt *verwaltungsrechtlicher Dienstbarkeiten*. Im Zuge der bereits erwähnten,[250] vor allem seit dem Zweiten Weltkrieg entwickelten Gemeinschaftsbindung des Eigentums haben sich insbesondere die Letzteren außerhalb des CC erheblich vermehrt. Die ausschließliche Betrachtung der zivilrechtlichen Verhältnisse würde daher ein unzutreffendes Bild vom gegenwärtigen Stand des Grundeigentums in Frankreich ergeben. *Öffentlich-rechtliche Dienstbarkeiten* bestehen beispielsweise zu Gunsten des Baus von Straßen und Wegen, Kanälen und Eisenbahnen sowie Energie- und Versorgungsleitungen. Sie gewährleisten ferner als *servitudes d'urbanisme* bau- und städteplanungsrechtliche Belange nach der näheren Maßgabe des Bauplanungsrechts, sichern mithilfe des planungsrechtlichen Instrumentariums des CRur die Struktur und Entwicklung der Landwirtschaft und tragen zur Erhaltung von Geschichts-, Kunst- und Naturdenkmälern bei. Mit privatrechtlichen Dienstbarkeiten haben diese *servitudes* nur den Namen gemein. Da es kein begünstigtes Grundstück gibt,[251] kann man eher von Sozialpflichtigkeit des Grundstücks sprechen, obgleich die Verfassung von 1958 anders als Art. 14 GG keine entsprechende

249 Oben Nr. 109.
250 Oben Nr. 106.
251 Unten Nr. 115.

Formulierung enthält.[252] Dieses Verständnis erklärt, dass sie vom Eigentümer meist entschädigungslos hinzunehmen sind[253] und bei Nichtbeachtung durch den Eigentümer ein beeinträchtigter Nachbar keine Zivilklage erheben kann, es sei denn, es ist ihm ein Schaden entstanden und die Nichtbeachtung ist als *faute délictuelle* zu qualifizieren.[254] Grundeigentum ist heute in Frankreich nicht nur mit öffentlich-rechtlichen Dienstbarkeiten erheblich belastet, es kann noch weitergehend gegen vorherige Entschädigung im öffentlichen Interesse auch *enteignet* werden.[255] Voraussetzungen, Verfahren und Entschädigung sind im Code de l'expropriation pour cause d'utilité publique geregelt.

Der klassische Bereich des Nachbarrechts hat durch die Veränderung der Lebensverhältnisse inzwischen eine Akzentverschiebung gegenüber Art. 640 ff. CC erfahren. Von Bedeutung sind nach wie vor die Regelungen über das Miteigentum an Grenzeinrichtungen z. B. an Mauern und Hecken, *mitoyenneté*, und über Wegerechte sowie einzelne Bestimmungen des nachbarlichen Wasserrechts. Daneben hat sich unter der Bezeichnung *troubles de voisinage* eine allgemeine Regelung nachbarlicher Unterlassungs- oder Ausgleichspflichten für Immissionen aller Art herausgebildet. Da im CC eine entsprechende Regelung fehlt, stützte man sich zunächst auf allgemeine Erwägungen des Haftungsrechts und des *abus de droit*.[256] Obwohl Einzelheiten der Rechtsgrundlage nach wie vor ungeklärt sind, sind Ausgleichsansprüche inzwischen unbestritten, wenn ein Nachbar bei Ausübung seiner Eigentumsrechte ein erträgliches Maß überschreitet. Neuere Entscheidungen verlassen den Bereich der *faute*-Haftung und tendieren zu einer objektiven Haftung nicht nur gegenüber einem benachbarten Eigentümer, sondern auch gegenüber Mietern benachbarter Immobilien. Die Haftung kann ausgeschlossen sein, wenn die Emissionen auf einer Aktivität beruhen, die bereits vor der Nutzung des beeinträchtigten Grundstücks erlaubt ausgeübt wurde, Art. L 112-16 CCH.

111. Miteigentum und Wohnungseigentum

Im Zweiten Buch des CC war nur das Miteigentum an Grenzmauern u. Ä. geregelt, auf das beim Nachbarrecht hingewiesen wurde,[257] ferner das Stockwerkseigentum im aufgehobenen Art. 664. Im Übrigen normierten Art. 815 ff. CC nur die *Erbengemeinschaft*, *indivision*, aus denen die Rechtsprechung allmählich allgemeine Grundsätze für gemeinsames Eigentum ableitete. Begrifflich fällt eine gewisse Unschärfe auf, denn es werden sowohl gemeinsames Ei-

---

252 Es wird deshalb eher von einem *caractère absolu … relatif* als von einer *fonction sociale* des Eigentums gesprochen, vgl. *Bergel/Bruschi/Cimamonti* Nr. 94.

253 *Bergel/Bruschi/Cimamonti* Nr. 397 m. w. N.

254 Näher *Bergel/Bruschi/Cimamonti* Nr. 396 m. w. N.

255 Zur verfassungsrechtlichen Grundlage oben Nr. 37.

256 Oben Nr. 91.

257 Oben Nr. 110.

gentum an Sachen, *copropriété* im engeren Sinn, als auch gemeinsame Berechtigungen an Vermögen oder einzelnen immateriellen Vermögensobjekten unter dem Dach der *indivision* behandelt, wobei schuld- und sachenrechtliche Fragen zusammengefasst werden. Die deutsche Unterscheidung von Gesamthands- und Bruchteilseigentum spielt keine Rolle.

Zentralbegriff ist allein *die indivision*, die sich nach der Reform von 1976 als vertragsloses und vertragliches gemeinsames Eigentum präsentiert. Die *gesetzliche indivision* behielt auch nach einer neuerlichen Reform von 2006 ihren angestammten Platz im Erbrecht. Die *vertragliche indivision* wurde in Anschluss an die bürgerliche Gesellschaft in Art. 1873-1 ff. CC geregelt. Die Platzierung sagt jedoch über das Anwendungsfeld der Vorschriften wenig. Art. 815 ff. CC sind nicht nur auf die Erbengemeinschaft anzuwenden, sondern haben, soweit sie nicht speziell auf diese zugeschnitten sind, heute allgemeine Bedeutung z.B. für gemeinsames Vermögen von Partnern einer Lebensgemeinschaft oder von Eheleuten, die Gütertrennung[258] vereinbart haben, oder für die Beteiligung mehrerer Personen an einem gemeinsam hergestellten geistigen Werk, Art. L 113-3 CPI.

Man muss deshalb stets, wenn mehreren Personen Eigentum oder eigentumsgleiche Rechte gehören, prüfen, ob es sich um eine *indivision légale* handelt. Für Personengesellschaften ist sie bedeutungslos, weil diese im Normalfall Rechtspersönlichkeit und folglich eigenes Vermögen besitzen. Es gibt ferner Formen gemeinschaftlichen Eigentums, bei denen man zwar an eine *indivision* denken kann, die der Gesetzgeber aber ganz oder teilweise gesondert geregelt hat, z.B. Investmentfonds, *fonds commun de placement*, Art. L 214-20 CMF.[259] Ebenso wie die Regelung der indivision légale nicht auf Erbengemeinschaften beschränkt ist, ist umgekehrt die *indivision contractuelle* nicht auf Eigentumsgemeinschaften außerhalb des Erbrechts beschränkt. Soweit die erbrechtliche Regelung nicht zwingend ist, kann die *indivision contractuelle* für Erbengemeinschaften sogar interessant werden, denn die in Art. 1873-1 ff. CC verankerte Möglichkeit vertraglicher Gestaltung und Perpetuierung der Gemeinschaft über längere Zeit zeigt vor allem, dass die ursprünglich ausschließliche Ausrichtung der *indivision* auf eine baldige Auseinandersetzung heute aufgegeben ist. Zwar kann nach wie vor niemand auf Dauer zum Verbleib in einer *indivision* gezwungen werden. Vorkaufsrechte und die Möglichkeit einer Abfindung in Geld ermöglichen aber Vereinbarungen über die Fortsetzung unter den verbleibenden Gemeinschaftern.

Da während bestehender *indivision* die Miteigentümer einen *ideellen Anteil an der Gemeinschaft und an jedem einzelnen Gegenstand*[260] haben, ist von Interesse, dass der Gebrauch, die Verwaltung, gerichtliche sowie außergerichtliche

258 Unten Nr. 118, 122.

259 Desgleichen der *fonds commun de créances*, Art. L 214-43 CMF.

260 Zu Forderungen, die in eine *indivision* fallen, s. aber Art. 1220 CC.

Vertretung der Miteigentümer, die Tragung der Lasten und auch die Rechnungslegung vertraglich geregelt werden können. Auch die Teilung der *indivision* kann vertraglich festgelegt werden. Sie hat deklaratorische Wirkungen, jeder Gemeinschafter wird hinsichtlich der ihm zugeteilten Gegenstände als rückwirkend allein berechtigt angesehen. Das Verhältnis zwischen *indivision légale* und *contractuelle* lässt den Miteigentümern Spielraum. Sie können einzelne Angelegenheiten vertraglich regeln, soweit Art. 1873-1 ff. CC das zulassen, und es im Übrigen bei der *indivision légale* der Art. 815 ff. CC belassen. Da Letztere trotz ihrer wachsenden allgemeinen Bedeutung in anderen Bereichen ihre Hauptfunktion weiterhin im Erbrecht hat, wird auf die dortige Darstellung verwiesen.[261] Abschließend ist noch zu vermerken, dass sich der Erfolg der *indivision contractuelle* offenbar in Grenzen hält, da die Miteigentümer auch vereinbaren können, das Miteigentum in eine Personengesellschaft[262] nach Art. 1832 ff. CC einzubringen.

Copropriété des immeubles batis wird gern als *Wohnungseigentum* übersetzt, was nicht ganz zutrifft. Maßgeblich sind als Ergebnis einer langen Entwicklung die loi vom 17.7.1965 und décret vom 17.3.1967,[263] die inzwischen mehrfach geändert wurden. Nach Art. 1 Abs. 1 ist das Gesetz zwingend anzuwenden auf vertikal oder horizontal mit Wohneinheiten bebaute Grundstücke, deren Eigentum so organisiert ist, dass an den Wohneinheiten Sondereigentum besteht, *parties privatives*, und zugleich zwingend jeder *copropriétaire* Miteigentum am gesamten Gebäude bzw. Grundstück, *parties communes*, in Höhe eines in einem Teilungsplan, dem *état descripitif de division*, festgelegten Anteils, *quote part*, hat, der zugleich für die Rechte in der Eigentümergemeinschaft maßgeblich ist. Diese Deutung ist heute jedenfalls vorherrschend. Rechtstatsächlich sind inzwischen etwa 3/4 des modernen und renovierten Wohnungsparks als *copropietés* organisiert. Das Gesetz ist nach Art. 1 Abs. 2 fakultativ maßgeblich. Es ist also vorbehaltlich anderer Organisation außerdem anwendbar auf anders genutzte Grundstücke oder Gebäude, die Gemeinschafts- mit Sondernutzungsfunktionen verbinden, z.B. *Kleingarten- oder Freizeitkolonien*. Nicht anwendbar ist das Gesetz auf *Teilzeiteigentum*, das *gesellschaftsrechtlich organisiert* ist.[264] Eine *copropriété* entsteht auf unterschiedliche Weise: indem ein Bauträger von vornherein ein *immeuble en copropriété* nach Maßgabe eines (provisorischen) Teilungsplans errichtet, durch Teilung eines bisherigen Miethauses, durch Teilung einer Erbengemeinschaft. Alle drei Gestaltungen sind verbreitet, bei Neubauten und Renovierungen vor allem die erste.

261 Unten Nr. 142.
262 Unten Nr. 154.
263 Nr. 65-557, Nr. 67-223.
264 Loi vom 6.1.1986 Nr. 86-18.

Die *inhaltliche Ausgestaltung* der Eigentümergemeinschaft erfolgt in der *Gemeinschaftsordnung*, *règlement de copropriété*, die vom Bauträger oder der Eigentümergemeinschaft aufgestellt wird. Die Rechtsnatur ist umstritten. Überwiegend wird sie als rechtsgeschäftlicher Akt verstanden. Eine Änderung erfordert gleichwohl nicht die Zustimmung aller, sondern ist mit qualifizierter Mehrheit möglich, Art. 26 des Gesetzes. Das *règlement* ist für alle *copropriètaires* verbindlich. Die *Eigentümergemeinschaft*, *syndicat des copropriétaires*, hat *Rechtspersönlichkeit* und entsteht kraft Gesetzes. Da die *copropriétés* immer komplexer werden, lässt das Gesetz Sekundärsyndikate zu und ermöglicht auch Abspaltungen. Dem Syndikat obliegen Verwaltung und Erhaltung des gemeinschaftlichen Eigentums sowie Dienstleistungen. Es entscheidet auch über etwaige Klagen der Gemeinschaft gegen Dritte und gegen *copropriétaires*. Individualklagen eines *copropriétaire*, die das gemeinschaftliche Eigentum betreffen, sind daher nur eingeschränkt möglich. Die Rechtspersönlichkeit des *syndicat* hat zur Folge, dass es selbst für Schäden verantwortlich ist, die durch seine *faute* entstehen. Die Willensbildung der Eigentümergemeinschaft erfolgt in der Eigentümerversammlung durch Beschlussfassung, für die je nach Thema unterschiedliche Mehrheiten erforderlich sind, denen der Gesetzgeber wiederholt Aufmerksamkeit gewidmet hat, Art. 24 des Gesetzes. Die Beschlüsse werden vom *Verwalter, syndic*, ausgeführt, dem zugleich die allgemeine Verwaltung und die Ausführung von Erhaltungsmaßnahmen obliegt. Er vertritt außerdem die Gemeinschaft außergerichtlich und gerichtlich. Die ihm nach Art. 18 obliegenden Aufgaben sind so umfangreich, dass sich der Gesetzgeber ausführlich mit seinem Statut, insbesondere den beruflichen Voraussetzungen, der Haftung und Berufsversicherung befasst hat.[265] Negative Erfahrungen haben zur Begrenzung der Amtszeit auf drei Jahre geführt, Art. 28 des Dekrets, Wiederwahl ist möglich. Die Bestellung eines Beirats zur Beratung und Überwachung des Verwalters ist obligatorisch. Die Häufigkeit von Novellen zeigt, dass die Stellung des Verwalters und des Verhältnisses der einzelnen Eigentümer zur Gemeinschaft immer wieder erhebliche Probleme bereiten.

112. Das formelle Grundstücksrecht

Das formelle Grundstücksrecht war lange Zeit nur unzureichend entwickelt. Die Sicherheitsbedürfnisse des Realkredits und Anregungen des deutschen Grundbuchsystems, das in Elsass-Lothringen modifiziert noch heute gilt, haben die Entwicklung stark beeinflusst. Es handelt sich um eine technische Regelung, deren Funktionsweise sich nur einem Studium der technischen Details erschließt. Kernstück ist das Reformdekret vom 4.1.1955[266] über die *publicité foncière*. Die maßgeblichen Texte sind aber nicht in diesem Dekret konzen-

---

265 Loi vom 2.1.1970, Nr. 70-9.

266 Nr. 55-22.

triert. Weitere Normen finden sich im CC. Außerdem wird das Reformdekret durch ein umfangreiches Ausführungsdekret vom 14.10.1955[267] ergänzt. Das Verständnis erschwerend kommt hinzu, dass die Texte zum Teil wiederholt novelliert worden sind, die jüngste Novelle soll ab 1.1.2013 anwendbar sein. Man muss daher genau prüfen, welche Gesetzesversion für einen bestimmten Vorgang maßgeblich ist. Hier können nur einige Grundstrukturen und Hinweise auf die Rolle der französischen *publicité foncière* gegeben werden.

Zweckmäßigerweise geht man von dem in Art. 2453 CC normierten allgemeinen Eingangsregister aus, in dem alle beim *bureau des hypothèques/service de la publicité foncière* eingereichten Vorgänge in der Reihenfolge des Eingangs eingetragen werden. Die Bände dieses Registers werden jährlich geschlossen und eine Ausfertigung beim zuständigen TGI deponiert. Führung und Aufbewahrung des Registers sind weitgehend elektronisiert. Jeder Interessierte kann nach Art. 2449 CC Kopien oder Auszüge der eingetragenen Vorgänge beantragen. Neben dem allgemeinen Eingangsregister sind die vom *bureau des hypothèques/service de la publicité foncière* für Hypotheken und Immobiliarprivilegien, Art. 2426 CC, und für alle anderen der Publizität bedürftigen Rechtsvorgänge, Art. 28 Reformdekret vom 4.1.1955, sowie für Schenkungen, Art. 939 CC, geführten Register zu nennen. Da es anders als im deutschen Grundbuch nicht für jedes Grundstück ein eigenes Blatt gibt, werden die Register für die praktische Arbeit durch Karteien erschlossen, *fichiers*, die nach Art. 1 des Ausführungsdekrets vom 14.10.1955 als *fichiers personnels, parcellaires* und *d'immeubles* für bebaute Stadtgrundstücke gestaltet sind.

Die französische *publicité foncière* ist nicht Entstehungsvoraussetzung eines Rechts. Ein Recht kommt vielmehr inter partes solo consensu zustande. Publikationspflichtige Vorgänge, die nicht publiziert wurden, können jedoch ohne Rücksicht auf ihre Gutgläubigkeit Dritten, die durch einen ebenfalls publikationspflichtigen und publizierten Vorgang am selben Grundstück und vom selben Veräußerer ein Recht erworben haben, nicht entgegengehalten werden, *inopposabilité*, Art. 30, 31 Dekret vom 4.1.1955. Diese Eigenart ist darauf zurückzuführen, dass im Unterschied zum deutschen Grundbuch nicht Rechte, sondern Vorgänge verlautbart werden, aus denen sich Rechte, teilweise auch obligatorische Rechte, ergeben können. Dazu zählen insbesondere Rechtsgeschäfte und Urteile, die als solche ohne sachliche Prüfung ins Register genommen werden. Geschützt wird damit bei Schweigen des Registers nur das Vertrauen in die Inexistenz rechtsbegründender Vorgänge; öffentlicher Glaube in dem Sinn, dass ein Erwerber sich darauf verlassen kann, dass die aus den publizierten Vorgängen sich ergebende Rechtslage zutrifft – also entsprechend § 892 BGB als richtig gilt –, und gutgläubiger Erwerb vom eingetragenen Nichtberechtigten sind ausgeschlossen. Um materielle und publizierte Rechtslage kongruent zu halten, erfolgen Eintragungen nur aufgrund öffentlicher Ur-

267 Nr. 55-1350.

kunden in kontinuierlicher Reihenfolge und ist einerseits die Einhaltung der Publikationspflicht durch Geldbuße, andererseits unterlassene oder fehlerhafte Eintragung durch Haftpflicht sanktioniert, Art. 2450 CC, Art. 30 Nr. 4 Dekret vom 4.1.1955.

113. Sachenrechtlicher Eigentums- und Besitzschutz

Bekannt sind als dingliche Klagen *actions possessoires* und *pétitoires*,[268] die verfahrensrechtlich nicht kumuliert werden können, Art. 1265 Abs. 1 CPrC. Häufig werden die Ziele der petitorischen Klage mithilfe der possessorischen verfolgt, da diese den u.U. problematischen Eigentumsnachweis erübrigen. Allerdings sind possessorische Klagen nur zum Schutz des Besitzes von Immobilien vorgesehen. Der Schutz des Besitzes von Fahrnis ergibt sich aus dem Deliktsrecht, die Ansprüche werden durch *action personnelle* geltend gemacht. Vor Erhebung einer possessorischen Klage ist auch zu prüfen, ob das Ziel nicht einfacher im Verfahren des vorläufigen Rechtsschutzes mit einer *ordonnance de référé*[269] erreicht werden kann. Häufig wird das der Fall sein, denn ein *référé*-Verfahren ist nach Art. 809 Abs. 1 CPrC vom Kassationshof sowohl zugelassen worden, um einer unmittelbar bevorstehenden Beeinträchtigung des Besitzes zuvorzukommen, als auch eine bereits eingetretene zu beseitigen.[270]

Die *actions possessoires* sind in Art. 2278f. CC und 1264ff. CPrC geregelt. Sie stehen dem Besitzer unter der Voraussetzung gewaltfreier Besitzerlangung zu, richten sich gegen den Störer und müssen binnen Jahresfrist seit der Störung erhoben werden. Die Klagen zielen auf Beseitigung von aktuellen Besitzstörungen und -entziehung durch allgemeine Besitzschutzklage, *complainte*, auf Unterlassung bevorstehender Störungen aus begonnenen Arbeiten, *dénonciation de nouvel oeuvre*, sowie auf die Beseitigung gewaltsamer Besitzentziehung, *réintégrande*. Seit 1975 stehen die *actions possessoires* auch dem bloßen Gewahrsamsinhaber[271] zur Verfügung, jedoch nicht gegenüber der Person, von der er seinen Gewahrsam abgeleitet.

Als *action pétitoire* gibt es nur die Vindikationsklage, *action en revendication*, die actio negatoria ist unbekannt, die von ihr im deutschen Recht erfassten Fälle werden deliktsrechtlich geregelt.[272] Die Vindikation des Eigentümers gegen den Besitzer ist bei beweglichen Sachen nach Art. 2276f. CC zwar möglich,

---

268 Unten Nr. 202.

269 Unten Nr. 205.

270 Cass.Civ. vom 22.3.1995, G.A.D.I. Nr. 18.

271 Oben Nr. 108.

272 Oben Nr. 105. Dort a.E. auch zur Geltendmachung im Strafverfahren, wenn die Eigentumsverletzung eine Straftat ist.

aber stark eingeschränkt.[273] Bei Grundstücken ist wegen des Fehlens öffentlichen Glaubens der französischen Registerpublizität der *Beweis des Eigentums der kritische Punkt*. Die Rechtsprechung stellt auf Rechtstitel – insbesondere Erwerbsgeschäfte, aber z.B. auch Urteile, sogar lediglich deklaratorische – und Besitz an dem betreffenden Grundstück ab und entscheidet im Konfliktfall anhand eines komplizierten Systems von Vermutungen und Gegenvermutungen. Der Besitzer kann einem bestehenden Herausgabeanspruch des Eigentümers schuldrechtliche Besitz- und dingliche Nutzungsrechte entgegenhalten. Das *Eigentümer-Besitzer-Verhältnis* ist anders als im BGB gesetzlich nicht besonders ausgestaltet, sondern folgt weitgehend delikts- und bereicherungsrechtlichen Regeln. Verwendungsansprüche des Besitzers hängen demnach davon ab, ob *impenses nécessaires, utiles* oder *voluptuaires* vorliegen. Zu ihrer Durchsetzung gewährt die Rechtsprechung ein im CC ursprünglich nicht erwähntes Zurückbehaltungsrecht.[274]

114. Dingliche Sicherungsrechte

Der CC geht ebenso wie das deutsche Recht davon aus, dass grundsätzlich alles bewegliche und unbewegliche Vermögen eines Schuldners, soweit es pfändbar ist, der Befriedigung der Erfüllungsinteressen seiner Gläubiger dient, Art. 2284 CC. Art. 2285 CC formuliert das dahin, dass alle Gläubiger gleichberechtigt entsprechend ihren Forderungen ein gemeinsames Pfandrecht, *gage commun*, an den Vermögenswerten des Schuldners haben. Bei den dinglichen Sicherungsrechten einzelner Gläubiger handelt es sich um Durchbrechungen des Art. 2285 CC zu Gunsten von Rechten, die ein vorrangiges Befriedigungs-, teils auch Verwertungsrecht des Begünstigten begründen.

Der deutsche Jurist ordnet diese Vorrechte nach ihrer Natur dem Schuld- oder Sachenrecht zu. Die Bürgschaft und andere in einer persönlichen Verbindlichkeit des Sicherungsgebers bestehenden Absicherungen des Erfüllungsinteresses eines Gläubigers sucht er im Schuldvertragsrecht, Sicherungen, die ihm aus dem Eigentum abgeleitete Verwertungs- und Befriedigungsvorrechte gewähren, grundsätzlich im Sachenrecht. Wer mit diesem Vorverständnis die französischen Sicherungsrechte im *droit des obligations* und dem *droit des biens* sucht, greift ins Leere. Das hatte sich bereits bei der Bürgschaft gezeigt.[275] Es gilt ebenso für die dinglichen Sicherungsrechte, *sûretés réelles*. Im *droit des biens* findet sich noch nicht einmal eine Andeutung. Der Grund ist, dass die gesetzliche Regelung nicht nach der Natur der Sicherheit verortet ist, sondern nach dem Sicherungszweck, und dieser ist einheitlich für alle Sicherungsrechte das Erfüllungsinteresse des Gläubigers. Deshalb gibt es zwei Re-

273 Zu den Gründen s. Nr. 108, 109.
274 Unten Nr. 114.
275 Oben Nr. 102.

gelungsvarianten, eigenständige einheitliche Gesamtregelung oder Einzelregelungen bei den zu sichernden Forderungen. Der französische Gesetzgeber hat für beides optiert. Er hat grundsätzlich eine Gesamtregelung bevorzugt, neben die für besondere Fälle Einzelregelungen treten. Dementsprechend fasst der CC seit der Reform von 2006[276] alle Sicherungsrechte schuld- und sachenrechtlichen Charakters im Vierten Buch zusammen, *sûretés personnelles et réelles*. Nach deutschem Konzept müsste man die Darstellung aufspalten, so dass im Sachenrecht nur die *sûretés réelles* in Gestalt der *Pfand- und Grundpfandrechte* und das *Eigentum à titre de garantie* an bestimmten beweglichen[277] und unbeweglichen Sachen in den Blick kämen. Zusätzlich müsste man die diversen handelsrechtlichen *sûretés réelles* einbeziehen; desgleichen eine weitere Gruppe gesetzlicher Sicherungsrechte, die dem deutschen Juristen unbekannt sind: *Privilegien* zur Sicherung bestimmter Forderungen *als Befriedigungsvorrechte*, die in Konkurrenz mit den vorgenannten treten. Dagegen wäre das ebenfalls bei den Sicherungsrechten in Art. 2286 platzierte Zurückbehaltungsrecht des Gläubigers an Sachen des Schuldners hier nicht einzubeziehen, weil es kein Befriedigungsvorrecht gewährt. Es gehört ins Schuldvertragsrecht, genauer: ins Leistungsstörungsrecht.[278] Allerdings verstärkt es durch eine Fiktion das Befriedigungsvorrecht des Inhabers eines besitzlosen Pfandrechts, insbesondere des Kfz-Pfandrechts.

Das deutsche Konzept und damit die Behandlung der dinglichen Sicherheiten im Sachenrecht hat für sich, dass es sich bei ihnen um Abspaltungen des Eigentums handelt. Das gilt umso mehr, als sie sich nicht nur aus dem Eigentum entwickelt haben, sondern neuerdings sogar eine Rückkehr zu diesem zu beobachten ist. Bei den schuldrechtlichen Sicherungen wurde jedoch nicht so verfahren. Die dort genannten Gründe, der Schwerpunkt der Bedeutung der Sicherungsrechte für gewerbliche Kredite und besonders für die Kredite der Banken und Kreditinstitute, treffen auch hier zu. Die folgenden Bemerkungen beschränken sich auf den Wandel der Philosophie der vertraglichen *sûretés réelles* vor allem anlässlich der jüngeren Reformen des CC und des Insolvenzrechts und ihres Verhältnisses zu den gesetzlichen Sicherungen. Im fünften Kapitel wird dann das positive Recht der im gewerblichen Kreditwesen bedeutsamen *sûretés réelles* unmittelbar im Anschluss an die *sûretés personnelles* und zugleich mit einem Ausblick auf ihre insolvenzrechtliche Stellung dargestellt: die gesetzlichen Privilegien, das Pfandrecht an beweglichen Sachen und Immaterialgütern einschließlich der handelsrechtlichen Spezialpfandrech-

276 Oben Nr. 87. Gesamtüberblick: Beiträge des Kolloquiums Réforme du droit des sûretés, Lamy Civ. 2006 Nr. 29 Suppl.

277 Während es im Zweiten Buch, *Les Biens*, nur um *meubles corporels* geht, oben Nr. 106, geht es bei den *sûretés réelles* sowohl um *meubles corporels* als auch *incorporels*, Art. 2333 ff., 2355 ff. CC.

278 Oben Nr. 101. Dazu tritt der Sonderfall der Durchsetzung von Verwendungsansprüchen des Besitzers gegenüber dem Herausgabeanspruch des Eigentümers, oben Nr. 113.

te, die gesetzlichen und vertraglichen Hypotheken, sowie Sicherung durch Vorbehalt oder Übertragung des Vollrechts, also vorbehaltenes Eigentum, durch *fiducie*-Vertrag zur Sicherheit übertragenes Eigentum und die Forderungszession *à titre de sûreté*.[279]

Die Reform von 2006, ergänzt 2009, hat die Diskussion der Philosophie der dinglichen Sicherheiten und der Entwicklung der Instrumente der Kreditsicherung außerordentlich angeregt. Standen ursprünglich im CC bewegliche und unbewegliche körperliche Sachen als Sicherungsobjekte im Mittelpunkt, kommt heute jedes vermögenswerte Objekt in Betracht. Hatte noch im römischen Recht die Übertragung des Eigentums an körperlichen Sachen selbst als Technik im Vordergrund gestanden, wurde das später durch bloße Besitzübertragung ersetzt, neben die bzw. an deren Stelle bei Immobilien andere Publizitätsinstrumente traten, die die Garantiestellung des Sicherungsobjekts offenlegten. Diese spielten eine immer größere Rolle, je mehr unkörperliche Vermögenswerte als Sicherungsobjekte verwendet wurden. Die jüngste Rückkehr zum Eigentum selbst als Sicherungsinstrument lässt Vergangenes wieder aufleben.

Auch die *Philosophie der Sicherungsfunktion ist im Wandel begriffen*. Der Bestand eines Sicherungsrechts war ursprünglich streng an eine bestimmte gesicherte Forderung gebunden. Inzwischen hat sich eine Lockerung der strengen Akzessorietät insoweit ergeben, als es nach deren Erfüllung nicht mehr zwingend entfällt. Zwar geht der Trend nicht in die Richtung einer nicht akzessorischen Sicherheit, z. B. im Sinn der Grundschuld des BGB. Eine einmal bestellte Sicherheit kann aber wie eine wieder aufladbare Batterie zur Sicherung anderer Forderungen verwendet werden. Die *sûreté rechargable* ist fast schon zum Trendbegriff geworden.

Ferner ist die Philosophie der wirksam bestellten[280] dinglichen Sicherungsrechte als Befriedigungsvorrechte durch die *Entwicklung des Insolvenzrechts* in einem tiefgreifenden Wandel begriffen. Die alte Grundregel, dass der gesicherte Gläubiger grundsätzlich vor den anderen Gläubigern des Gemeinschuldners, *créanciers chirographaires*, Befriedigung entsprechend dem Wert seines Sicherungsrechts erlangen kann, ist jedenfalls partiell einer anderen Politik des Gesetzgebers geopfert worden, bei der wirtschafts-, sozial- und fiskalpolitische Ziele federführend sind. Teils wirkt sich das in Beschränkungen der gesicherten Forderung,[281] teils in den insolvenzrechtlichen Bedingungen

279 Unten Nr. 192.

280 Es ist zu beachten, dass eine in der *période suspecte* vor Einleitung des Insolvenzverfahrens bestellte Sicherheit u. U. für ungültig erklärt werden kann, unten Nr. 173.

281 Z. B. Ausschluss individueller Verfolgung der gesicherten Forderung; Forderungsverlust wegen nicht rechtzeitiger Anmeldung; Erzwingung teilweisen Forderungsverzichtes; Stundung zugunsten der Fortsetzung des Unternehmens. Zum Rücktritt hinter sanierungsbedingten Neuforderungen s. die Reform von 1994, unten Nr. 173.

der Verwertbarkeit der dinglichen Sicherung[282] aus.[283] Es kann daher nicht überraschen, dass die insolvenzrechtliche Schwächung der Position dinglich gesicherter Gläubiger, die die verschiedenen Etappen der Reform des Insolvenzrechts seit 1967 begleitet hat, inzwischen zu einem Thema der Funktion der *sûretés réelles* selbst geworden ist, und das sowohl bezüglich Unternehmensinsolvenzen als auch der Überschuldung Privater. In beiden Fällen muss nach Klärung der zivilrechtlichen Rechtslage zusätzlich die Frage nach deren Geltendmachung entsprechend den Normen des Insolvenzrechts gestellt werden.

Zur Philosophie der rechtsgeschäftlichen *sûretés réelles* gehört seit jeher eine gewisse Relativierung der Sicherungsfunktion, denn der gesicherte Gläubiger muss allgemein, besonders aber bei Insolvenz des Schuldners berücksichtigen, dass sein Recht auf bevorzugte Befriedigung aus dem Sicherungsobjekt in Konkurrenz mit einem ebensolchen Recht aufgrund einer gesetzlichen Privilegierung der Forderung eines anderen Gläubigers treten kann. Teilweise sind diese im Insolvenzverfahren sogar als Superprivilegien ausgestaltet,[284] die allen anderen Befriedigungsvorrechten vorgehen. Die gesetzlichen Privilegien begründen zu Gunsten bestimmter Gläubiger das Recht, sich aus dem Vermögen oder einzelnen Vermögensobjekten des Schuldners bevorzugt zu befriedigen. Nur in Ausnahmefällen ist mit ihnen ein Vindikationsrecht verbunden, wenn das Objekt in das Vermögen Dritter gelangt. Ein eigenes Verwertungsrecht gewähren Privilegien nicht. Sie erfassen in wenigen Ausnahmefällen das Gesamtvermögen. Die meisten Privilegien begründen entweder allgemeine Vorrechte der Befriedigung aus dem gesamten Mobilien- oder Immobilienvermögen oder aus einzelnen Gegenständen, Art. 2331 f., 2374 f. CC. Zahlreiche Privilegien sind außerhalb des CC normiert. Das gilt z.B. für die Privilegien des Fiskus, der Sozialversicherung und der Arbeitnehmer. Nur ein Studium jedes einzelnen Privilegs ermöglicht eine Gesamtübersicht. Der effektive Wert eines Befriedigungsvorrechts aufgrund eines gesetzlichen Privilegs oder eines Pfandrechts hängt letztlich von seinem Rang ab, der nach vorgegebenen Konfliktregeln zu bestimmen ist, Art. 2325 ff., 2332-1 ff. CC, und bei Immobilien Beobachtung der registerrechtlichen Publizität nach Art. 2377 ff. CC als Voraussetzung der *opposabilité*[285] erfordert.

Abschließend ist noch ein Trend zu einer Philosophie der Kollektivierung der Sicherungsvorrechte zu vermerken, der auf Bedürfnisse der modernen Wirtschaft antwortet. Wie im deutschen Recht wurden bisher rechtsgeschäftliche dingliche Sicherheiten für den einzelnen zu sichernden Gläubiger bestellt.

282 Rücktritt hinter andere Befriedigungsvorrechte, z. B. Arbeitnehmerentgelte, Steuerforderungen; Beschränkung des Zugriffsobjekts, z. B. bei Veräußerung des Unternehmens nur Fortsetzung des Vorrechts am Versteigerungserlös, dazu unten Nr. 173.

283 Unten Nr. 173; *Sonnenberger/Dammann*, VIII 64 ff., 74 ff.

284 *Sonnenberger/Dammann*, VIII 72.

285 Oben Nr. 112.

Dies wird der heute verbreiteten Lage bei Großkrediten durch mehrere Kreditgeber nicht mehr gerecht. Art. 2328-1 CC hat deshalb die Möglichkeit eingeführt, dass alle Arten rechtsgeschäftlicher Sicherheiten zu Gunsten eines Treuhänders bestellt werden.

115. Dingliche Teilrechte

Obgleich das Sachenrecht des CC von einem Numerus clausus dinglicher Rechte ausgeht, ergab sich eine gewisse Verdinglichung obligatorischer Rechte. Diese vor allem im Miet- und Pachtrecht beobachtete Entwicklung hat zu verschiedenen neuen dinglichen Rechten geführt, die zu den klassischen dinglichen Rechten des CC hinzutreten, d.h. zu den Dienstbarkeiten, die Art. 637 CC nur als Grunddienstbarkeiten zulässt, und zu den einer bestimmten Person zustehenden Rechten: Nießbrauch, Nutzungs- und Wohnrecht.[286] Die neuen Rechte werden gern als *superficie* zusammengefasst, also als Überbaurechte. Sie wurden nicht in den CC aufgenommen, sondern finden sich in neuen codes oder in Spezialgesetzen.[287] Nießbrauch, als Recht zur Fruchtziehung nach Art. 678 CC, und Dienstbarkeiten, nach Art. 637 CC, haben als einzige größere praktische Bedeutung. Die Reallast kennt das französische Recht aus historisch erklärbaren Gründen nicht. Die rechtsgeschäftlichen Dienstbarkeiten und Nießbrauchsrechte sind dem deutschen Recht vergleichbar. Jedoch ist darauf hinzuweisen, dass sie nicht nur durch Vereinbarung, sondern auch kraft Gesetzes, teilweise durch Ersitzung und einseitige Anordnung entstehen können. Besonders hervorzuheben sind wegen seiner großen Bedeutung der erbrechtliche Ehegattennießbrauch[288] und wegen ihrer Tragweite die gesetzlichen Servituten als Beschränkungen des Grundeigentums im öffentlichen Interesse.[289]

§ 7 Familienrecht

Literatur: *Kappstein*, Das Verfahren in Scheidungssachen in Frankreich und Deutschland, München 2010; *Rieck*, Ausländisches Familienrecht, 6. Aufl., München 2010; *Batteur*, Droit des personnes des familles et des majeurs protégés, 5. Aufl., Paris 2010; *Bénabent*, Droit civil, Droit de la famille, Paris 2010; *Fulchi-*

286 Besondere Bedeutung hat das Wohnrecht des überlebenden Ehegatten beim Tod des anderen. Dazu im Erbrecht unten Nr. 134.

287 Erbpachtrecht, *bail emphytéotique*, Art. L 451-1 ff. CRur; Immobilienkonzession, *concession immobilière*, Art. 48 ff. loi Nr. 67-1253 vom 30.12.1967 (*orientation foncière*); Baupachtrecht, *bail à construction*, Art. L 251-1 CCh; Renovierungspachtrecht, *bail à rehabilitation*, Art. L 252-1 ff. CCH.

288 Unten Nr. 134.

289 Oben Nr. 106.

ron/Malaurie, La Famille, 4. Aufl., Paris 2011; *Granet-Lambrechts/Hilt*, Droit de la famille, 3. Aufl., Paris 2009; *Terré/Simler*, Droit civil, Les régimes matrimoniaux, 5. Aufl., Paris 2008; *Furkel/Gergen*, Das französische Ehescheidungsgesetz v. 26.5.2004, FamRZ 2005, 1615; *Ferrand*, Aktuelle Entwicklungen im französischen Familienrecht, FamRZ 2005, 1316; *Döbereiner*, Das neue französische Scheidungsrecht, ZEuP 2007, 521; *Ferrand/Francoz-Terminal*, Entwicklungen im französischen Familienrecht 2006–2007, FamRZ 2007, 1499; *Ferrand/Francoz-Terminal*, Entwicklungen im französischen Familienrecht 2007–2008, FamRZ 2008, 1693; *Ferrand/Francoz-Terminal*, Entwicklungen im französischen Familienrecht 2008–2009, FamRZ 2009, 1539.

116. Einführung

Die soziologische Entwicklung der Familie, die seit den 50er Jahren die französische Gesellschaft prägt, hat auch zur Fortentwicklung des Familienrechts geführt. Die klassische eheliche Familie unter der Macht des Vaters wurde durch verschiedene Typen von Familien (eheliche, nichteheliche, heterosexuelle, homosexuelle) ersetzt. Heute leben in Frankreich 6 Millionen[290] Personen in nichtehelicher Partnerschaft, mehr als 50 % der Kinder werden in solchen Familien geboren.[291] Angestoßen von Carbonnier wurde die erste Welle von Reformen zwischen den Jahren 1960 und 1975 durchgeführt. Das Scheidungsrecht,[292] das Güterstandsrecht[293] und das Kindschaftsrecht[294] wurden dadurch grundlegend geändert. Aber schon 30 Jahre später waren diese unterschiedlichen Reformgesetze überholt, und seit dem Ende der 90er Jahre erlebt das französische Recht eine zweite Welle mit neuen Reformen des Scheidungs-[295] und des Kindschaftsrechts.[296] Eines der zentralen Ziele dieser beiden Reformwellen ist die Gleichberechtigung. Anfangs betraf diese Gleichberechtigung die Verhältnisse zwischen Männern und Frauen. Angefangen mit einem Gesetz von 1938,[297] das die Geschäftsunfähigkeit der Ehefrau abgeschafft hat, und weitergeführt mit den Güterstandsgesetzen von 1965[298] und 1985[299] wurde die Gleichberechtigung von Mann und Frau mit dem Gesetz über Familiennamen von 2002[300] vollendet. Die Gleichberechtigung der ehelichen und nichtehelichen Kinder folgte. Diese Gleichberechtigung, begründet durch die Kind-

290 *Granet-Lambrechts/Hilt*, Nr. 181, S. 93.
291 52,9 % im Jahr 2009, Ined www.ined.fr.
292 Gesetz Nr. 75-617 vom 11. Juli 1975 über die Reform des Scheidungsrechts.
293 Gesetz Nr. 65-570 vom 13. Juli 1965 über die Güterstandsreform.
294 Gesetz Nr. 72-3 vom 3. Januar 1972 über das Kindschaftsrecht.
295 Gesetz Nr. 2004-439 vom 26. Mai 2004 über die Scheidung.
296 Ordonnance Nr. 2005-759 vom 4. Juli 2005 über die Kindschaftsrechtsreform.
297 Gesetz vom 18. Februar 1938 über die Geschäftsfähigkeit der Ehefrau. S. auch oben Nr. 95.
298 Gesetz Nr. 65-570 vom 13. Juli 1965 über die Güterstandsreform.
299 Gesetz Nr. 85-1372 vom 23. Dezember 1985 über die Gleichberechtigung der Ehegatten in Bezug auf Güterstandsrecht.
300 Gesetz Nr. 2002-304 vom 4. März 2002 über den Familiennamen.

schaftsreform von 1972,[301] wurde durch eine Ordonnance von 2005[302] vollendet. Zu guter Letzt stellt sich heute die Frage der Gleichberechtigung der nichtehelichen und ehelichen Paare, und dann der homosexuellen und heterosexuellen Paare. Im Jahr 1999 wurde für solche Paare der *pacte civil de solidarité, PACS*, eingeführt.[303] Anfangs als ein reiner Vertrag angesehen, nähert er sich heute der Ehe an und nähert sich im Gegenzug die Ehe dem PACS an. Der *Conseil constitutionnel*[304] hat die Frage der homosexuellen Ehe dem Parlament überlassen. Wird sich diese Gleichberechtigung in der Zukunft verwirklichen? Dies ist eine der künftigen Grundsatzfragen des französischen Familienrechts. Ein entsprechender Vorstoß der Sozialisten ist vorerst im Juni 2011 in der Nationalversammlung gescheitert.

117. Verlöbnis und Eheschließung

In Frankreich gilt das Prinzip der Freiheit der Eheschließung. Diese Freiheit wurde durch den *Conseil constitutionnel* schon zweimal anerkannt[305] und bedeutet, dass jeder das Recht hat, frei zu heiraten, seinen Ehegatten zu wählen, und auch eine Eheschließung abzulehnen.[306] Zölibatsklauseln[307] sind gemäß diesem Prinzip unzulässig.

Das *Verlöbnis*, *fiançailles*, ist gesetzlich nicht geregelt und ist auch nicht als Vertrag verbindlich. Es sind nur deliktische Ersatzansprüche möglich, wenn einer der Verlobten das Verlöbnis gelöst hat. Dafür muss der andere das *Verlöbnis* selbst, den Schaden und einen schuldhaften Rücktritt beweisen.[308] Gemäß Artikel 1088 CC sind in diesem Fall auch die Schenkungen zum Zeichen des Verlöbnisses unwirksam, und die Geschenke müssen zurückgegeben werden. Falls ein Verlobter durch einen Unfall verstirbt, kann der überlebende Verlobte nach einer Entscheidung der *Cour de cassation* Schadensersatz vom Unfallverursacher verlangen.[309]

Der CC definiert die *Ehe, mariage*, nicht. Sie wird als eine Willensübereinstimmung im Hinblick auf die Zustimmung zu einem gesetzlichen Modell[310]

301 Gesetz Nr. 72-3 vom 3. Januar 1972 über das Kindschaftsrecht.

302 Ordonnance Nr. 2005-759 vom 4. Juli 2005 über die Kindschaftsrechtsreform.

303 Gesetz Nr. 99-944 vom 15. November 1999 über den Pacte civil de solidarité. Dazu näher unten Nr. 122.

304 CConst 2010-92 QPC vom 28. Januar 2011.

305 CConst 93-325 DC vom 13. August 1993 sowie 99-419 DC vom 9. November 1999 über das Gesetz über den Pacte civil de solidarité.

306 *Benabent*, Nr. 131, S. 26 ff.

307 Zur Bedeutung im Arbeitsvertragsrecht z. B. Cass.Soc. vom 7. Februar 1968, D. 1968. 429.

308 Cass.Civ. vom 30. Mai 1838, G.A.Civ. Nr. 31, S. 231.

309 Cass.Ch.mixte vom 27. Februar 1970, D. 1970, Juris, S. 201. Allgemein zum Ersatz des Schadens mittelbar Geschädigter oben Nr. 105.

310 *Bénabent*, Nr. 110, S. 21.

117 gesehen. Die französische Ehe ist ein Vertrag mit gesetzlichen Folgen; aber weil durch die *Eheschließung* auch eine Familie gegründet wird, hat sie zugleich eine institutionelle Natur. Die Gültigkeit der Eheschließung hängt nach Art. 144 ff. CC von verschiedenen inhaltlichen Voraussetzungen und Formvorschriften ab. Einige dieser nachfolgend erläuterten inhaltlichen Voraussetzungen sind physiologisch bzw. biologisch, andere betreffen den Willen der Ehegatten und die letzten sind soziologisch oder moralisch.

Weil ein Ziel der Ehe die Fortpflanzung ist, müssen die Ehegatten unterschiedlichen Geschlechts, zeugungsfähig und gesund sein. Gemäß Artikel 144 CC können ein Mann und eine Frau, die jünger als 18 Jahre alt sind, nicht heiraten. Ausgehend von diesem Artikel hat sich das Verständnis entwickelt, dass die Ehe nur verschiedengeschlechtlich sein kann, und dies entspricht auch der Rechtsauffassung der *Cour de cassation*.[311] Diese Interpretation heute bezüglich der gleichgeschlechtlichen Partner umstritten. Einige Bürgermeister haben homosexuelle Trauungen vorgenommen.[312] In einer Entscheidung vom Januar 2011 im Anschluss an eine *Question prioritaire de constitutionnalité* hat der Conseil constitutionnel die Beschränkung der Ehe auf heterosexuelle Paare als verfassungsmäßig angesehen,[313] weil homosexuelle Paare andere Partnerschaften wie den PACS und die nichteheliche Lebensgemeinschaft wählen können und die Verschiedengeschlechtlichkeit der Ehe das Gleichberechtigungsprinzip nicht verletzt. Ist eine Geschlechtsumwandlung erfolgt, so steht nach den in Frankreich unmittelbar geltenden Vorgaben der EMRK und des AEUV ursprüngliche Gleichgeschlechtlichkeit einer Eheschließung nicht entgegen.[314]

Seit dem Gesetz vom 4. April 2006[315] müssen beide Ehegatten volljährig, d. h. 18 Jahre alt sein, Art. 144 CC. Zuvor bestanden für Frauen und Männer unterschiedliche Regeln. Während die Frau ab ihrem 15. Lebensjahr heiraten konnte, musste der Mann bis zur Vollendung des 18. Lebensjahres warten. Heute sind beide gleichberechtigt. Der Staatsanwalt kann jedoch einen Altersdispens erteilen und die Hochzeit von Minderjährigen erlauben. Schwerwiegende Gründe wie die Schwangerschaft der Frau sind dafür gefordert. Unabhängig vom Dispens benötigt der Minderjährige die Zustimmung eines seiner Eltern oder Großeltern, falls die Eltern tot oder geschäftsunfähig sind.

Bis zum Gesetz vom 20. Dezember 2007[316] wurde von jedem Eheschließenden ein ärztliches Gesundheitszeugnis verlangt. Aber dieses Gesundheitszeugnis

---

311 Cass.Civ. vom 13. März 2007, Bull. I n° 113, S. 98, G.A.Civ. Nr. 32, S. 236.

312 Zum Problem insgesamt *Fulchiron*, D. 2007.1375.

313 CConst 2012-92 QPC vom 28. Januar 2011.

314 Zur EMRK siehe EGMR vom 11. Juli 2002, Dr. Fam. 2002.133 Anm. *Gouttenoire-Cornut*; zur unmittelbaren Geltung der EMRK oben Nr. 4. Zum EU-Recht EuGH, Rs. C-117/01 (K.B.), Slg. 2004, I-541.

315 Gesetz Nr. 2006-399 vom 4. April 2006 über die Gewalt in der Ehe.

316 Gesetz Nr. 2007-1787 vom 20. Dezember 2007 über der Vereinfachung des Rechts.

bedeutete nicht, dass die beiden Ehegatten gesund waren, oder, im Gegenteil, dass sie krank waren. Die Gesundheit der Ehegatten war nie eine Voraussetzung der Eheschließung in Frankreich. Eheschließungen am Sterbebett sind möglich, wenn der sterbende Ehegatte noch bei Bewusstsein ist. Das französische Recht gestattet auch die posthume Eheschließung in zwei Fällen: mit Genehmigung des Staatspräsidenten aus schwerwiegenden Gründen, wenn die/der verstorbene Braut/Bräutigam vor seinem Tod alle Verwaltungsvorschriften erfüllt hatte, Art. 171 CC, und mit Genehmigung des Justizministers und des Verteidigungsministers, wenn die/der Braut/Bräutigam während eines Verteidigungsfalls gestorben ist, Art. 96-1 CC. Trotz ihrer moralischen Bedeutung hat diese posthume Ehe keine güter- oder erbrechtlichen Folgen. Weil es keine Legitimation mehr gibt,[317] hat sie auch keine kindschaftsrechtlichen Folgen mehr.

Zu diesen physiologischen Voraussetzungen kommen psychologische Voraussetzungen hinzu. Die Willenserklärung des Brautpaars ist grundlegend. Jeder muss seinen Willen vor dem Standesbeamten klar erklären und muss es bewusst tun. Der geschäftsunfähige Volljährige braucht die Zustimmung seines Pflegers oder bei Vormundschaft die Zustimmung des Vormundschaftsrichters oder des Familienrats.[318] Das Erfordernis einer ernsthaften Willenserklärung schließt die Scheinehe zwecks Staatsangehörigkeitserwerbs aus. Der Wille ist fehlerhaft bei Zwang oder Irrtum über die Person des Partners oder wesentliche Eigenschaften seiner Person. Seit dem Gesetz vom 4. April 2006[319] ist die widerrechtliche Drohung gegenüber einem der Eheschließenden in Art. 180 Abs. 1 CC definiert. Die Vorschrift erfasst auch die von einem Aszendenten ausgehende moralische Drohung, die eine *crainte révérencielle envers un ascendant* ausgelöst hat. Mit dieser Klarstellung wollte der Gesetzgeber Zwangsehen vermeiden, die vor allem in Familien mit Migrationshintergrund zu beobachten sind. Die Furcht vor den Familienälteren wird heute ebenfalls als Grund für einen fehlerhaften Willen angesehen. Arglistige Täuschung ist dagegen als solche kein Grund für eine Fehlerhaftigkeit des Willens.

Als soziologische Voraussetzung sind die Einehe und das Verbot der Ehe unter Verwandten anzusehen. Das Prinzip ist die Monogamie, Art. 147 CC. Die Bigamie ist in Frankreich verboten, aber sukzessive Ehen sind rechtmäßig. Aufgrund der kulturellen Tradition des Inzesttabus ist die Ehe unter Verwandten gesetzwidrig, Art. 161 CC. Dieses Verbot, das auch bei der Adoption eine Rolle spielt, ist aber relativ, und Dispense sind möglich für die Eheschließung zwischen Tante oder Onkel und Neffe oder Nichte.

---

317 Ordonnance vom 4. Juli 2005 über die Reform des Kindschaftsrechts.

318 Oben Nr. 95.

319 Gesetz Nr. 2006-399 vom 4. April 2006 über die Verbesserung des Schutzes vor Gewalt in der Ehe.

Formvorschriften bestehen vor und während der Eheschließung. Neben der Bekanntmachung des Aufgebots mindestens 10 Tage vor der Eheschließung und der Vorlage der Kopie der Geburtsurkunde durch das Brautpaar ist eine Anhörung vor der Eheschließung, *audition prénuptiale*, erforderlich, Art. 63 CC. Diese erfolgt durch den Standesbeamten bzw. mangels Wohnsitz in Frankreich durch den zuständigen diplomatischen oder konsularischen Vertreter Frankreichs im Ausland. Dabei werden die Richtigkeit der Absicht der Ehegatten und die Integrität ihrer Willenserklärung geprüft. Die Anhörung ist grundsätzlich zwingend, aber Ausnahmen sind möglich, wenn zum Beispiel einem Eheschließenden, der im Ausland wohnt, das Visum für Frankreich nicht erteilt wurde.[320]

In Frankreich wie in Deutschland gilt das Prinzip der zivilen Eheschließung: Nur der Standesbeamte oder, bei Eheschließung im Ausland, ein diplomatischer oder konsularischer Vertreter Frankreichs kann eine gültige Ehe schließen, Art. 165, 171-1 CC. Religiöse Eheschließungen müssen nach den zivilen stattfinden. Zuständig ist der Standesbeamte des Wohnsitzes eines oder beider Ehegatten. Die Zeremonie findet an einem öffentlichen Ort statt. Die Anwesenheit der Ehegatten ist nach Art. 146-1 CC zwingend[321] und zwei Trauzeugen sind erforderlich. Im Anschluss an die Eheschließungszeremonie erhalten die Brautleute vom Standesbeamten die Heiratsurkunde, die die Eheschließung beweist.

Nicht alle Mängel lösen die gleiche Folge aus. Die Eheschließung hat zu unterbleiben,[322] wenn wirksam *Einspruch, opposition*, eingelegt wurde, Art. 172ff. CC. Einspruchsberechtigt sind insbesondere die Eltern, der Partner einer noch nicht aufgelösten Vorehe und der Staatsanwalt. Teilweise ist das Einspruchsrecht auf bestimmte Ehehindernisse beschränkt, Art. 174, 178 CC. Das Einspruchsrecht des Staatsanwalts beschränkt sich auf die Fälle, in denen er die Nichtigkeit der Ehe herbeiführen kann, Art. 175-1 CC. Ein eingelegter Einspruch verliert seine Wirkung durch *gerichtliche Aufhebung, mainlevée judiciaire*, Art. 173 CC, im Übrigen nach Ablauf eines Jahres, Art. 176 Abs. 3 CC. Der vom Staatsanwalt eingelegte Einspruch muss stets gerichtlich aufgehoben werden, Art. 176 Abs. 4 CC. Missbräuchlichen Einsprüchen soll Art. 179 CC durch Androhung von Schadensersatzpflichten begegnen. Nach Ablauf der einjährigen Frist, freiwilliger Rücknahme oder gerichtlicher Aufhebung des Einspruchs kann die Eheschließung erfolgen.

Hinsichtlich der Sanktion einer fehlerhaften Eheschließung muss zwischen den hindernden und den ausschließenden Ehehemmnissen unterschieden werden.

320 Cass.Civ. vom 9. Januar 2007, Dr. Fam. 03/2007, Anm. Nr. 53 *Larribeau-Terneyre*.

321 Es handelt sich um ein materielles Erfordernis, das bei französischem Eheschließungsstatut auch dann zur Anwendung kommt, wenn die Eheschließung im Ausland erfolgt und das Ortsstatut darauf verzichtet, denn dieses ist nur als Formstatut berufen, oben Nr. 90.

322 CA Paris vom 20. Januar 1995, RTD civ. 1995.865 Anm. *Hauser*.

Weil die *hindernden Ehehemmnisse* als nicht schwerwiegend genug angesehen werden, führen sie nicht zur Nichtigkeit der Eheschließung. Sie können aber die Haftung des Standesbeamten begründen, z. B. wenn die Anhörung vor der Eheschließung fehlt. Da nach Obigem Täuschung durch einen Partner die Eheschließung unberührt lässt, kann es hier ebenfalls u. U. zur Haftung des Täuschenden wegen deliktsrechtlicher *faute* nach Art. 1382 CC kommen. Dagegen sind die *ausschließenden Ehehemmnisse* Gründe für Nichtigkeit, Art. 180 ff. CC, soweit nicht ausnahmsweise *possession d'état*[323] die Geltendmachung der Nichtigkeit ausschließt, Art. 195 CC. Relative und absolute Nichtigkeitsgründe sind zu unterscheiden. Die *absoluten Nichtigkeitsgründe* schützen das Allgemeininteresse. Im Fall von Bigamie, Inzest, Gleichgeschlechtlichkeit, mangelnder Ehefähigkeit oder fehlenden Willenserklärungen muss der Richter die Eheschließung für nichtig erklären. Im Fall von Geschäftsunfähigkeit des Standesbeamten oder wenn die Eheschließung heimlich zelebriert wurde, hat der Richter ein freies Ermessen. Klagebefugt bei absoluter Nichtigkeit ist jeder, der hieran ein Interesse hat, Art. 184 CC, d. h. die Ehegatten, die Verwandten, die Kinder eines der Ehegatten, die Gläubiger oder der Staatsanwalt. Nach Art. 190 CC ist Letzterer zur Klageerhebung verpflichtet. Die Klagemöglichkeit ist auf 30 Jahre befristet. Die *relativen Nichtigkeitsgründe* schützen die Privatinteressen der Ehegatten. Deshalb ist die Klagemöglichkeit den Ehegatten vorbehalten. Allerdings kann seit 2006[324] teilweise auch der Staatsanwalt die Klage erheben, Art. 180 ff. CC. Relative Nichtigkeitsgründe sind fehlende Freiheit des Eheschließungswillens, die oben erwähnten Willensmängel und fehlende Zustimmung des Aszendenten bzw. des Familienrats. Die Klagemöglichkeit ist grundsätzlich auf 5 Jahre befristet. Rechtsfolge der absoluten oder relativen Nichtigkeit ist die rückwirkende Auflösung der Ehe. Waren beide oder ein Ehegatte gutgläubig, so äußert die Ehe als sog. Putativehe nach näherer Maßgabe der Art. 201 ff. CC gleichwohl Wirkungen. Die für nichtig erklärte Ehe behält auch für die Kinder ihre Wirkungen und das sogar, wenn keiner der Ehegatten gutgläubig war. Die elterliche Sorge wird vom Richter wie nach einer Scheidung der Ehe geregelt, Art. 202 CC.

118. Güterrecht und Ehewirkungen

Freiheit und die Gleichberechtigung kennzeichnen die heutigen französischen Ehewirkungen. Das sog. Individualismusprinzip, *principe d'individualisme*, das die moderne Gesellschaft beherrscht, erfasst auch das Eherecht. Jeder behält seinen eigenen Namen, hat aber das Recht, den Namen des anderen zu verwenden.[325] Die Eheschließung hat auch keine Auswirkungen mehr auf die

323 Allgemein zur *possession d'état* oben Nr. 91.

324 Gesetz Nr. 2006-399 vom 4. April 2006 über Gewalt in der Ehe.

325 Zum Namensrecht, das als Persönlichkeitsrecht durch die Ehe nicht berührt wird, oben Nr. 96.

den Partnern als Individuen zuerkannte Geschäftsfähigkeit, Art. 216 CC.[326] Die moralische und körperliche Integrität der Ehegatten unterliegt den allgemeinen Regeln des Persönlichkeitsschutzes[327] und wird durch die Ehe nicht berührt. Aber weil die Ehe auch eine Gemeinschaft ist, hat die individuelle Freiheit der Ehegatten Grenzen, die durch Verpflichtungen gekennzeichnet sind. Die Ehewirkungen betreffen die persönlichen Verhältnisse der Ehegatten; ihre Vermögenslage wird durch das Güterrecht geregelt.

Im Bereich der *persönlichen Verhältnisse* hat sich die Lage der Ehegatten während des 20. Jahrhunderts grundsätzlich geändert. Während der Mann bis Mitte des 20. Jahrhunderts die Ehe beherrschte, sind heute beide Ehegatten gleichberechtigt. Ihre Rechte und Pflichten sind wechselseitig. Sie sind zu *gegenseitiger Rücksicht, respect, Treue, fidélité, Unterstützung, secours, Beistand, assistance* und *ehelicher Lebensgemeinschaft, communauté de vie*, verpflichtet, Art. 212, 215 CC. Die Pflicht zur Lebensgemeinschaft ist heute flexibel ausgestaltet. Im Vordergrund steht die gemeinsame Lebensführung am gemeinsamen gewählten Wohnort. Ehegatten, die z. B. in verschiedenen Städten arbeiten, können aber auch an verschiedenen Orten und in verschiedenen Wohnungen leben.[328] Die Treue ist zwingende persönliche Ehewirkung. Ein Verstoß ist jedoch nicht mehr strafbar und kann nur eine Ehescheidung oder einen Schadensersatzanspruch begründen. Wenngleich die Pflicht zur gegenseitigen Rücksicht schon seit langer Zeit in der Rechtsprechung anerkannt wurde, ist sie erst im Jahr 2006[329] als Ausdruck des Schutzes der moralischen und körperlichen Integrität beider Ehegatten im Verhältnis untereinander ausdrücklich normiert worden. Die Pflichten gegenseitiger Unterstützung und Beistands müssen unterschieden werden. Während Ersteres den ehelichen Unterhalt betrifft, betrifft die Beistandspflicht das persönliche Verhalten der Ehegatten, ihre moralische und affektive Unterstützung.

Den Ehegatten obliegt die gemeinsame Leitung der Familie, Art. 313 CC, was die Pflicht einschließt, sich um Einigung zu bemühen. Die Leitungspflicht betrifft sowohl das materielle als auch das moralische Familienleben. Bei Uneinigkeit hat der Richter das letzte Wort. Der Richter ist auch berufen, bei schweren Verfehlungen gegen eine persönliche Pflicht einzugreifen. So kann er z. B. bei Akten familiärer Gewalt dem Schuldigen den Zugang zur ehelichen Wohnung verbieten und getrenntes Wohnen anordnen, Art. 220-1 Abs. 3 CC.

Was die *vermögensrechtlichen Wirkungen* der Ehe betrifft, sieht das Gesetz Folgen vor, die sich an alle Ehegatten richten: das *régime matrimonial primaire*

---

326 Der Verlust der Geschäftsfähigkeit durch Eheschließung nach der ursprünglichen Fassung des CC ist in mehreren Reformschritten beseitigt worden, oben Nr. 87.

327 Zu den Persönlichkeitsrechten siehe oben Nr. 96.

328 Z. B. Cass.Civ. vom 8. April 1999, DR. fam. 1990, 110 1ère espèce Anm. *Lécuyer*. Zum Wohnsitz von Eheleuten allgemein oben Nr. 96.

329 Gesetz Nr. 2006-399 vom 4. April 2006 über die Gewalt in der Ehe.

bzw. den *statut impératif de base*. Daneben steht das Güterrecht, das den Ehegatten die Freiheit lässt, ihren Güterstand zu wählen. Das *régime matrimonial primaire* regelt das tägliche Leben der Ehegatten. Diese Regeln sind allgemein und zwingend. Sie schützen einerseits die Autonomie der Ehegatten, aber auch anderseits die Interessen der Familie. Art. 220 CC regelt die Schlüsselgewalt: Jeder Ehegatte ist ermächtigt, allein Verträge zu schließen, deren Leistungsinhalt den Familienunterhalt oder die Kindererziehung betreffen. Diese Verträge binden auch den anderen Ehegatten. Nach der Vermutung des Artikels 222 CC kann jeder Ehegatte alleine über eine in seinem Gewahrsam befindliche bewegliche Sache verfügen. Gemäß Artikel 221 CC hat jeder Ehegatte die Freiheit, ein Bankkonto zu eröffnen und über dieses allein zu verfügen. Auch die berufliche Freiheit der Ehegatten ist gewährleistet. Während die Frau bis 1938 für eine berufliche Tätigkeit die Genehmigung ihres Mannes benötigte,[330] sind heute beide Ehegatten gleichberechtigt, Art. 223 CC. Die Befugnisse des einzelnen Ehegatten sind aber nicht unbegrenzt. Zunächst sind die Ehewohnung und das dazu gehörende Mobiliar geschützt, so dass ein Ehegatte nicht ohne die Zustimmung des anderen darüber verfügen kann, Art. 215 CC. Da die Ehepartner verpflichtet sind, die Familie zu unterhalten, müssen sie ihr Einkommen proportional für den Familienunterhalt einsetzen. In Streitfällen kann der Richter intervenieren und Verfügungsbeschränkungen anordnen, Art. 220-1 Abs. 2 CC. Umgekehrt kann der Richter einen Ehegatten ermächtigen, einen Vertrag abzuschließen, wenn der andere es entweder nicht selbst kann (z.B. wegen Krankheit) oder es nicht will und dem Partner auch keine Vollmacht erteilt und damit gegen die Familieninteressen verstößt, Art. 318f. CC.

Während das *régime primaire* vermögensrechtliche Fragen des täglichen Lebens der Ehegatten regelt, geht es beim Güterrecht, *dem régime matrimonial*, um das vermögensrechtliche Los der den Ehegatten gehörenden Gegenstände. Diese Materie ist anders als im BGB nicht im Familienrecht, sondern im 3. Buch über den Eigentumserwerb in Art. 1387ff. CC geregelt. Die Regelung ist das Ergebnis einer umfassenden Reform von 1965, hat aber seither mehrere wichtige Neuerungen erfahren. In Frankreich gilt das Prinzip der Ehevertragsfreiheit. Die Ehegatten können das Güterrecht im Rahmen der guten Sitten und der gesetzlichen Vorschriften ausgestalten, Art. 1387 CC. Der entsprechende Ehevertrag muss vor der Eheschließung vor einem Notar geschlossen werden, Art. 1394 CC, und ist in der Heiratsurkunde zu erwähnen. Ist das unterblieben, ist im Verhältnis zu Dritten vom gesetzlichen Güterstand auszugehen, Art. 1394 Abs. 3 CC, soweit die Ehegatten nicht ausdrücklich auf den Ehevertrag hingewiesen haben. Während der Güterstand vor 1965 unveränderlich war, kann der Vertrag heute unter bestimmten Voraussetzungen durch no-

330 Gesetz vom 18. Februar 1938 über die Geschäftsfähigkeit der Ehefrau, siehe auch *Bénabent*, Droit civil, Droit de la Famille, 2010, Nr. 261, S. 98.

tariellen Akt geändert werden, wenn die Ehegatten keine minderjährigen Kinder haben, anderenfalls mit gerichtlicher Anerkennung, Art. 1397 CC.

Mangels Ehevertrag regelt der *gesetzliche Güterstand, régime légal*, die Vermögensverhältnisse der Ehepartner. *Régime légal* ist die *Errungenschaftsgemeinschaft, communauté légale réduite aux acquêts*, Art. 1400 ff. CC. Diese besteht aus drei Vermögensmassen: zwei persönlichen Massen, d.h. dem Eigengut der beiden Ehegatten, und dem Gemeinschaftsgut als gemeinschaftlicher Masse. Die getrennten persönlichen Massen umfassen die Güter einschließlich der Forderungen, die die Ehepartner vor der Eheschließung besaßen, diejenigen, die sie durch Schenkungen oder Erbschaft erhalten haben, sowie bestimmte persönliche Güter, zu denen auch bestimmte nach der Eheschließung entstandene Forderungen und Schulden gehören, z.B. Schadensersatzansprüche wegen Körperverletzung, Art. 1404 CC. Vermögen, das nach der Eheschließung erworben wird, und Schulden, die während der Ehe eingegangen werden, stellen die gemeinschaftliche Masse dar. Art. 1402 CC stellt eine Vermutung auf, welche Güter als zur gemeinsamen Masse gehörend gelten. Die Verwaltung hängt von der jeweiligen Masse ab. Die Güter der persönlichen Masse werden von dem jeweiligen Ehegatten allein verwaltet, und er kann auch grundsätzlich frei verfügen, Art. 1428 CC. Auch bezüglich der Güter der gemeinschaftlichen Masse normiert Art. 1421 CC Alleinverwaltung und alleinige Verfügungsbefugnis jedes Ehegatten. Er ist dem anderen aber für pflichtwidriges Verhalten haftbar. Außerdem ist die generelle Regel mehrfach eingeschränkt oder gilt überhaupt nicht. So bedürfen Schenkungen und besonders schwerwiegende Geschäfte, z.B. Verfügungen über Immobilien, der Zustimmung beider Ehegatten. Die Grundregel für die Haftung der gemeinschaftlichen Masse enthält Art. 1413 CC: Sie haftet für die Schulden jedes Ehegatten, vorbehaltlich betrügerischen Verhaltens oder Bösgläubigkeit des Gläubigers. Im Innenverhältnis der Ehegatten können sich Erstattungsansprüche ergeben, Art. 1412, 1423 CC. Die Errungenschaftsgemeinschaft endet bei Tod, Scheidung, gerichtlicher Trennung oder nachträglichem vertraglichem Güterstand, Art. 1444 CC. Bei der Auflösung der Errungenschaftsgemeinschaft erhält jeder der Ehegatten die Hälfte der gemeinschaftlichen Vermögensmasse. Die Ausgleichsregeln, *récompenses*, vermeiden die Bereicherung einer der persönlichen Massen zum Nachteil der gemeinschaftlichen Masse und umgekehrt, Art. 1441 CC.

Durch *Eheverträge* können die Ehegatten andere Güterstände wählen. Sie können nach Art. 1497 CC die Errungenschaftsgemeinschaft abwandeln, z.B. das persönliche Vermögen eines der Ehegatten in die gemeinschaftliche Masse mit einschließen oder die Verwaltung anders regeln. Sie können auch *Gütergemeinschaft, communauté universelle*, vereinbaren. Diese Gemeinschaft besteht aus einer einzigen gemeinschaftlichen Vermögensmasse, die das gesamte Vermögen der Ehegatten umfasst. Weitere mögliche Güterstände enthalten keine Vergemeinschaftung, sondern getrennte Vermögen, bei denen jeder Ehegatte sein Vermögen behält. Der herkömmliche getrennte Güterstand ist die *Gütertrennung, séparation de biens*, Art. 1536 ff. CC. Jeder Ehepartner ist und bleibt der Inhaber seines eigenen aktiven Vermögens und haftet für seine eigenen Schulden. Er verwaltet sein Vermögen selbst, und bei Auflösung der Ehe erfolgt keinerlei Ausgleich. Trotz seiner einfachen Struktur ergibt sich das Problem des Beweises des Eigentums. Wenn die Ehegatten nichts anderes vereinbart haben, gilt die Vermutung gemeinsamen Eigentums der Ehepartner *en indivision*, Art. 1538 Abs. 3 CC.[331]

Auch in der *Zugewinngemeinschaft, participation aux acquêts* nach Art. 1569 ff. CC, gibt es kein gemeinschaftliches Vermögen. Sie ist eine besondere Art der Gütertrennung, die an die deutsche Zugewinngemeinschaft angelehnt ist. Sie hat bisher wenig Erfolg. Ziel dieses Güterstandes ist es, die Autonomie der Ehegatten während der Ehe zu schützen, jedoch anlässlich der Auflösung der Ehe den Zugewinn der Familie zwischen den Ehegatten zu teilen. Wie bei der Gütertrennung verwaltet jeder Ehegatte als alleiniger Inhaber seines Vermögens dieses selbst, auch soweit es nach der Eheschließung erworben wurde. Bei der Auflösung wird der Zugewinn jedes Ehegatten zwischen den beiden Ehepartnern geteilt. Dafür werden das ursprüngliche Vermögen am Tag der Eheschließung und das endgültige Vermögen am Tag der Auflösung des Güterstandes nach sehr in Einzelheiten gehenden Regelungen vertraglich oder gerichtlich ausgeglichen.

Zu den bisherigen vertraglichen französischen Güterständen soll ein gemeinsamer, parallel in beiden Rechtsordnungen einzuführender *deutsch-französischer Güterstand* hinzukommen. Dieser kann gewählt werden, wenn der Güterstand dem Sachrecht eines der beiden Vertragsstaaten unterliegt, ist also nicht auf binationale Ehen beschränkt. Vorgesehen ist eine Art Zugewinngemeinschaft („Wahlzugewinngemeinschaft"). Das Ratifizierungsverfahren ist in Frankreich und Deutschland bei Manuskriptschluss noch nicht abgeschlossen.[332]

119. Die Ehescheidung

Aus religiösen Gründen war die Ehescheidung bis zur Revolution verboten. Die Revolution von 1789 erkannte den Ehegatten dagegen ein weites Recht zu, sich scheiden zu lassen,[333] und so wurde z. B. die Ehescheidung aufgrund unüberwindlicher Abneigung, *divorce pour incompatibilité d'humeur*, zugelassen. Mit der Rückkehr der Monarchie und des Konservatismus wurde die Ehescheidung 1816 wieder verboten. Dieses Verbot galt bis zum Gesetz Naquet

331 Zur *indivision* oben Nr. 111 sowie unten Nr. 135.

332 Siehe das deutsch-französische Abkommen vom 4.2.2010. Zur Diskussion in Frankreich siehe den im Senat eingebrachten Gesetzentwurf Nr. 372 vom 24. März 2011; zu Deutschland BT.-Drs. 17/5126.

333 Loi Duverger vom 20. Februar 1792.

von 1884. Danach wurde die Scheidung nach dem Verschuldensprinzip zugelassen. Einverständliche Scheidung war ausgeschlossen. Der Ehegatte, der die Scheidung begehrte, musste dem anderen eine schwere Ehepflichtverletzung nachweisen. Wollten sich Ehegatten trotz fehlender Verfehlungen scheiden lassen, wurden falsche Beweise konstruiert. So war die Lage bis zur Mitte der 70er Jahre, galt aber als überholt. Die große Reform von 1975[334] hat ein neues Scheidungsrecht mit vier verschiedenen Tatbeständen geschaffen. Durch diese vier Scheidungstatbestände entstanden die verschiedenen Scheidungsprinzipien. Das Verschuldensprinzip überlebte mit der Scheidung wegen Pflichtwidrigkeit, *divorce pour faute*. Daneben begründete das Zerrüttungsprinzip die Scheidung aufgrund bloßer Zerrüttung, *divorce pour rupture de la vie commune*. Erforderlich war, dass die Ehegatten entweder seit sechs Jahren getrennt lebten oder einer der Ehegatten seit sechs Jahren so schwer geistig erkrankt war, dass es kein gemeinsames Leben mehr gab. Der Antragsteller trug alle Folgen dieser Scheidung. Eine weitere Möglichkeit war die Scheidung in gegenseitigem Einvernehmen, *divorce sur demande conjointe*, bei der sich die Ehegatten über das Prinzip der Scheidung und ihrer Rechtsfolgen einigten. Die vierte Möglichkeit war die von einem Ehegatten beantragte, vom anderen angenommene Scheidung, *divorce demandé par l'un et accepté par l'autre*. Die Ehegatten waren sich über das Prinzip der Scheidung einig, jedoch ohne die Folgen zu regeln, die vom Richter festzulegen waren.

Mit der soziologischen Entwicklung der Familie und dem schon erwähnten Aufstieg des *principe d'individualisme*[335] wurde eine neue Reform eingeleitet und nach verschiedenen Gesetzesvorschlägen am 26. Mai 2004[336] verabschiedet. Auch nach der Neuregelung bleibt es bei vier Scheidungstatbeständen, Art. 229 CC.

Der erste Scheidungstatbestand ist die *einverständliche Scheidung, divorce par consentement mutuel*, Art. 230 ff. CC. Wie schon zuvor müssen sich die Ehegatten über das Prinzip der Scheidung und ihre Rechtsfolgen einigen. Durch Vereinbarung mit Hilfe eines oder zweier Anwälte werden die Folgen der Scheidung, die Auflösung des Güterstandes und die elterliche Sorge geregelt. Es genügt eine einzige Anhörung der Ehegatten durch den Richter, der die Ernsthaftigkeit der Scheidungsabsicht der Partner und die Wahrung der Interessen der Ehegatten und der Kinder prüft. Er bestätigt sodann die Vereinbarung, *homologation*, und scheidet die Ehe durch Urteil. Die Bestätigung kann verweigert werden.

334 Gesetz Nr. 75-617 vom 11. Juli 1975 über die Scheidungsrechtsreform.

335 Oben Nr. 118.

336 Gesetz Nr. 2004-439 vom 26. Mai 2004 über die Ehescheidung, am 1. Januar 2005 in Kraft getreten. Siehe dazu *Furkel/Gergen*, Das französische Ehescheidungsgesetz vom 26.5.2004, FamRZ 2005, 1615; *Döbereiner*, Das neue französische Scheidungsrecht, ZEuP 2007, 521.

Der zweite Scheidungstatbestand ist die *beiderseitig angenommene Scheidung, divorce accepté*, Art. 233 ff. CC, die von einem oder beiden Ehegatten beantragt werden kann. Wie in dem Fall der früheren, von einem Ehegatten zu beantragenden und vom anderem anzunehmenden Scheidung sind sich die Ehegatten über das Prinzip der Scheidung, jedoch nicht über deren Rechtsfolgen einig. Jeder Ehegatte wird durch einen eigenen Anwalt vertreten. Im Rahmen einer Aussöhnungsverhandlung überprüft der Richter die Annahme der Scheidung durch jeden Ehegatten. Ist sie festgestellt, ist sie unwiderruflich. Über die Scheidung und ihre Rechtsfolgen entscheidet der Richter.

Können sich die Ehegatten über die Scheidung nicht einigen, beantragen sie entweder eine *Scheidung wegen Pflichtwidrigkeit, divorce pour faute*, Art. 242 ff. CC, oder eine Scheidung wegen endgültiger Zerrüttung des Ehebandes, *divorce pour altération définitive du lien conjugal*, Art. 237 f. CC. Trotz verschiedentlich geäußerter Kritik wurde die Scheidung wegen Pflichtwidrigkeit beibehalten, Art. 242 ff. CC. Der Antragsteller muss eine schwere Eheverfehlung des anderen beweisen, die die Lebensgemeinschaft unerträglich macht. Verteidigungsmittel des Beklagtes sind die Versöhnung, *reconciliation*, wenn sich die Ehegatten nach der Eheverfehlung ausgesöhnt haben, und Gegenseitigkeit der Verfehlungen beider, sofern sich diese aufheben, z. B. wiegt der Alkoholismus der Frau einen Ehebruch des Mannes auf.[337] Der Richter scheidet die Ehe durch Urteil aufgrund alleiniger oder beiderseitiger Verfehlung und legt die Folgen der Scheidung fest.

Die *Scheidung wegen endgültiger Zerrüttung des Ehebandes*, Art. 237 f. CC, ist eine erneuerte Version der bisherigen Scheidung aufgrund bloßer Zerrüttung. Jeder Ehegatte hat nach Art. 237 CC das Recht, sich scheiden zu lassen, wenn die Lebensgemeinschaft beendet ist und die Ehegatten die letzten zwei Jahre vor der Ladung des Beklagten, *assignation*, getrennt gelebt haben, Art. 238 CC. Die Wartezeit ist damit gegenüber sechs Jahren nach dem früheren Recht erheblich verkürzt. Dies gilt natürlich nicht, wenn die Ehegatten aus beruflichen Gründen in verschiedenen Städten leben. Die *Scheidung wegen schwerer Geisteskrankheit* wurde im Jahr 2004 abgeschafft. In einem Fall kann die Scheidung wegen endgültiger Zerrüttung des Ehebandes auch ohne eine zweijährige Trennung Jahren erfolgen: Erhebt der Beklagte in einem wegen Pflichtwidrigkeit eingeleitete Scheidungsverfahren eine Widerklage auf Scheidung wegen endgültiger Zerrüttung des Ehebandes und lehnt der Richter den Hauptantrag ab, so muss er ohne Prüfung der Trennungszeit die Scheidung wegen endgültiger Zerrüttung des Ehebandes aussprechen, Art. 238, 246 CC.

Die enge Beziehung zwischen materiellem Scheidungsrecht und Scheidungsverfahren hat dahin geführt, dass auch Letzteres in Art. 248 ff. CC geregelt wurde. Diese beginnen mit allgemeinen Vorschriften, an die sich einige Vor-

337 Cass.Civ. 1ère vom 28. Januar 2009, RJPF 04/2009, S. 21.

schriften über die verfahrensrechtliche Behandlung der einverständlichen Scheidung anschließen. Das Scheidungsverfahren ist für die drei letztgenannten Scheidungstatbestände einheitlich in Art. 251 ff. CC normiert. Der Richter in Familiensachen, der für Scheidungen zuständig ist, wird durch einen einleitenden Schriftsatz, *requête initiale*, angerufen. Dieser enthält aber den Anlass des Scheidungsbegehrens noch nicht, denn es folgt zunächst ein *Aussöhnungsversuch* vor dem Richter, *tentative de conciliation.* Während nach dem Scheidungsrecht von 1975 dieser nur das Ziel hatte, die Ehegatten tatsächlich zu versöhnen und das Scheidungsverfahren gegenstandslos zu machen, ist das heutige Ziel, dass sich die Ehegatten auch über die Scheidungsart und die Scheidungsfolgen einigen.[338] Je nach Ausgang des Aussöhnungsversuchs wird das Verfahren gegenstandslos oder, im Fall der Erfolglosigkeit, nach Maßgabe richterlicher Verfügung, *ordonnance de non-conciliation*, durch den Antragsteller mit einem das eigentliche Scheidungsverfahren einleitenden Schriftsatz fortgeführt, und der andere Teil wird vor Gericht geladen. Die Verhandlung findet unter Ausschluss der Öffentlichkeit statt, Art. 248 CC. Das Urteil löst die Ehe mit Eintritt der Rechtskraft auf, Art. 260 CC. Sondervorschriften regeln den Zeitpunkt des Eintritts der vermögensrechtlichen Wirkungen, Art. 262 ff. CC. Während des gesamten Verfahrens sind verschiedene einstweilige Anordnungen möglich, Art. 254 ff. CC.

Einen neuen Weg der „Privatisierung" der Scheidung geht das Gesetz vom 22. Dezember 2010[339] mit Einführung der *procédure participative de négociation assistée par un avocat*, das ab dem 1. September 2011 gilt. Dieses neue Verfahren ist dem nordamerikanischen „family collaborative law" entlehnt. Durch Vertrag vereinbaren die Ehegatten, assistiert von ihren Anwälten, eine friedliche Lösung der mit der Scheidung und ihren Folgen verbundenen Probleme ohne gerichtliche Intervention. Verlaufen die Verhandlungen erfolgreich, wird die Vereinbarung als einverständliche Scheidung gerichtlich festgestellt.

120. Die Scheidungsfolgen

Anders als die Nichtigkeit löst die Scheidung die Ehe nur für die Zukunft auf. Die Eherechte und -pflichten erlöschen. Ab dem Tag, an dem die Ehescheidung rechtskräftig ist, sind die Ehegatten berechtigt, wieder zu heiraten. Die früher bestehende Wartezeit der Frau[340] wurde mit der Reform von 2004 beseitigt. Nach Art. 264 CC verlieren beide Ehegatten grundsätzlich das Recht zur Verwendung des Namens des anderen.[341]

---

338 *Malaurie/Fulchiron*, Nr. 635, S. 273.

339 Gesetz Nr. 2010-1609 vom 22. Dezember 2010, *relative à l'exécution des décisions de justice, aux conditions d'exercice de certaines professions réglementées et aux experts judiciaires*, neue Artikel 2062 ff. CC.

340 Art. 261 CC.

341 Zum Namensrecht s. näher oben Nr. 96.

Vermögensrechtlich gelten heute drei Grundprinzipien: Trennung zwischen Ehescheidungsgrund und Ehescheidungsfolgen, Zusammenfassung der Scheidungsfolgen und Beschleunigung der Auflösungsverfahren. Aus Befriedungsgründen hat der Gesetzgeber Vereinbarungen der Ehegatten untereinander bevorzugt, Art. 267 Abs. 1 CC. Eine Vereinbarung ist im Fall der einverständlichen Scheidung verbindlich. Sie wird aber grundsätzlich auch bei den anderen Scheidungstatbeständen anerkannt. Der Richter legt die Vermögensfolgen der Scheidung nur dann fest, wenn sich die Ehegatten nicht vorher geeignet haben.

Infolge der Trennung zwischen Ehescheidungsgrund und Ehescheidungsfolgen beeinflussen die Verhaltensweisen und die Eheverfehlungen der Ehegatten die Scheidungsfolgen nicht mehr. Während früher *Schenkungen* an einen Ehegatten wegen seiner Verfehlung zurückgefordert werden konnten, ist die heutige Regel neutral: Die während der Ehe erfolgten Schenkungen von vorhandenem Vermögen sind unwiderruflich, wohingegen, wenn die Ehegatten nichts anderes vereinbaren, die Schenkungen zukünftigen Vermögens widerruflich sind,[342] Art. 265 CC.

Nach dem früheren Recht blieb bei Scheidung aufgrund bloßer Zerrüttung die *Unterhaltspflicht* der Ehegatten untereinander zugunsten des Beklagten, insbesondere des geisteskranken oder des verlassenen Ehegatten, bestehen. Praktisch wurde auf diese Weise das Vorgehen des Antragsstellers sanktioniert. Die Reform von 2004 hat den Fortbestand der ehelichen Unterhaltspflicht beseitigt.[343] Erhalten geblieben ist die *prestation compensatoire* nach Art. 270 ff. CC, eine *Ausgleichsleistung*, deren Qualifikation in Deutschland bei der Anwendbarkeit französischen Rechts Probleme bereitet. Die prestation compensatoire wurde seit 1975 mehrfach reformiert. Nach aktuellem Recht bleiben Eheverfehlungen an sich unberücksichtigt. Ziel dieser prestation ist es, die finanziellen Unterschiede auszugleichen, die sich für die Ehegatten aus der Scheidung der Ehe ergeben, Art. 270 Abs. 2 CC. Aus Billigkeitsgründen kann der Richter sie ablehnen. Hierfür und um den Betrag der prestation festzulegen, überprüft er nicht nur den heutigen Bedarf und die Einkommen der Ehegatten, sondern auch die Entwicklung von beiden. Dabei werden die Dauer der Ehe, das Alter und die Gesundheit der Ehepartner, ihre berufliche Qualifikation und Lage, ihre Altersversorgungsrechte, die Folgen ihrer im Interesse der Kinder getroffenen beruflichen Entscheidungen sowie die Vermögensverhältnisse berücksichtigt, Art. 271 CC. Im Rahmen der Billigkeitsprüfung spielt nach Art. 270 Abs. 3 CC u. U. auch eine Rolle, wie weit Eheverfehlungen des Betreffenden einen Einfluss auf das Scheidungsbegehren des Verpflichteten hatten. Insoweit kann man von einem Fortbestand des früheren *faute*-Prinzips sprechen. Die Ausgleichsleistung besteht aus einer Kapitalzuwendung oder

---

342 Siehe *Malaurie/Fulchiron*, Rn. 783 ff., S. 320 ff.

343 Zur *obligation de secours* als Unterhaltspflicht oben Nr. 118, zum Fortfall Art. 270 Abs. 1 CC.

ausnahmsweise aus einer lebenslänglichen Rente; dabei werden auch das Alter und der Gesundheitszustand des Gläubigers berücksichtigt. Der Schuldner, dessen Vermögen für die Zahlung des Kapitals nicht ausreicht, kann Rentenzahlung beantragen. Während die lebenslängliche Rente unter gewissen Umständen später herabgesetzt werden kann, ist die Kapitalzuwendung pauschal und unantastbar. Nur die Zahlungsbedingungen können revidiert werden.

Auch der besondere, neben dem allgemeinen Schadensersatzanspruch aus Artikel 1382 CC[344] bestehende Schadensersatzanspruch nach Art. 266 CC hat die Reform von 2004 überlebt. Der Ehegatte, der im Fall einer Scheidung wegen endgültiger Zerrüttung des Ehebandes Beklagter ist, oder dessen Ehegatte im Fall einer Scheidung wegen Pflichtwidrigkeit als allein verantwortlich, *aux torts exclusifs*, angesehen wird, kann Schadensersatz für die besonders schweren Folgen verlangen, die er durch die Scheidung der Ehe erleidet, Art. 266 CC. Der Schaden muss das Ergebnis der Scheidung sein und entspricht nicht dem Vermögensschaden, der schon durch die *prestation compensatoire* ersetzt wird. Beide Ansprüche bestehen folglich nebeneinander. Beispiele des Schadens gemäß Artikel 266 CC sind immaterielle Beeinträchtigungen wie die Folgen des Leidens aufgrund der Scheidung oder der Schwierigkeit, allein zu leben.[345] Aufgrund des allgemeinen Schadensersatzanspruchs nach Art. 1382 CC kann der Ehegatte die Entschädigung für denjenigen Schaden verlangen, der während der Ehe eingetreten ist, wie z. B. für die Schadensfolgen eines Gewaltakts. Während ein Ehepartner seinen allgemeinen Schadensersatzanspruch innerhalb der deliktsrechtlichen Verfahrensfristen auch nach der Scheidung geltend machen kann, kann er Schadensersatz gemäß Art. 266 CC nur während des Scheidungsverfahrens beantragen.

Soweit die Scheidung Einfluss auf die güterrechtlichen Verhältnisse hat,[346] können seit der Reform von 2004 schon im Aussöhnungsverfahren erste Schritte zur Vorbereitung der Liquidation eingeleitet werden, Art. 255 CC.

Besondere Probleme bereitet häufig die *eheliche Wohnung*. Ihre Zuweisung hängt von mehreren Umständen ab. Sind beide Ehegatten Mieter, erfolgt die Zuweisung des Mietvertrages nach den familiären oder sozialen Interessen, z. B. der Versorgung der Kinder oder der beruflichen Tätigkeit, Art. 1751 Abs. 2 CC. Steht die Ehewohnung im Eigentum beider Ehegatten, kann sie einer der Ehepartner durch bevorzugte Zuteilung zu Alleineigentum erhalten, der andere erhält als Gegenleistung anderes Vermögen oder einen Ausgleichsbetrag. Ist einer der Ehepartner Alleineigentümer der Wohnung, bleibt es dabei. Versorgt der andere die Kinder, so kann dieser einen Mietvertrag für die Wohnung verlangen, Art. 285-1 CC. Diese Rechtslage gilt auch, wenn das Sor-

344 Siehe Nr. 105.

345 Siehe *Bénabent*, Droit civil, Droit de la Famille, Nr. 561, S. 256.

346 Für den gesetzlichen Güterstand s. oben Nr. 118 zu Art. 1444 CC. Zur Einschaltung eines Notars unten Nr. 200.

gerecht zwar gemeinsam ausgeübt wird, die Kinder aber ihren Aufenthaltsort in der Wohnung haben.

Die Beziehungen zwischen den Kindern und ihren Eltern bleiben von der Scheidung grundsätzlich unberührt. Die Unterhaltspflicht der Eltern und die elterlichen Sorgeregeln bleiben unverändert. Der Gesetzgeber bevorzugt Vereinbarungen und gemeinsame Ausübung der elterlichen Sorge, Art. 186, 373-2ff. CC. Die Möglichkeit der gerichtlichen Festlegung alternierender Sorge wurde durch ein Gesetz vom 4. März 2002[347] anerkannt, Art. 373-2-9 CC.

121. Die Trennung

Neben der Scheidung gibt es nach Art. 296ff. CC die gerichtliche *Trennung von Tisch und Bett, séparation de corps.* Außerhalb gesetzlicher Regelungen gibt es das faktische Getrenntleben.

In Gegensatz zur Scheidung löst die Trennung von Tisch und Bett die Ehe nicht auf. Weil sie die Unauflösbarkeit der Ehe nicht berührt, wurde sie im kanonischen Recht und dem alten französischen Recht früh akzeptiert. Abgeschafft durch das revolutionäre Recht, das die Scheidung anerkannte, wurde diese Trennung 1804 im CC wieder eingeführt. Mit der Abschaffung der Scheidung im Jahr 1816 blieb sie allein übrig. Im Volksmund wird sie häufig Scheidung der Katholiken genannt.

Wie die Scheidung erfordert die Trennung von Tisch und Bett eine Entscheidung des Richters in Familiensachen. Die Trennungsgründe sind mit denen der Scheidung identisch. Die Trennung kann einverständlich, wegen Pflichtwidrigkeit oder wegen endgültiger Zerrüttung des Ehebandes erfolgen, Art. 296 CC. Auch das Verfahren folgt dem Scheidungsverfahren. Das Verhältnis beider Verfahren und der Übergang von einem zum anderen sind in Art. 107f. CC geregelt. Die Vorschriften zeigen zugleich, dass der Gesetzgeber der Scheidung den Vorrang einräumt.

Die Trennungsfolgen gehen weniger weit als diejenigen der Scheidung. Das Eheband bleibt bestehen, Art. 299 CC. Es folgt daraus, dass die Rechte und Pflichten der Ehegatten fortbestehen, z.B. mit Blick auf die Namensführung, Unterhalt oder die Treuepflicht. Nur sind die Ehepartner nicht mehr verpflichtet, zusammen zu leben. Vermögensrechtlich ersetzt die Gütertrennung den vorherigen gesetzlichen oder vertraglichen Güterstand der Ehegatten. Die Erbrechte der Ehegatten bleiben grundsätzlich bestehen. Allerdings sind bei einverständlicher Trennung Verzichtsvereinbarungen möglich, Art. 301 CC. Die Trennung von Tisch und Bett ist ihrem Wesen nach zeitlich beschränkt. Entweder versöhnen sich die Ehegatten und nehmen die Lebensgemeinschaft wieder auf, oder die Trennung wird durch eine neue Klage in eine Scheidung umge-

347 Gesetz Nr. 2002-305 vom 4. März 2002 über die elterliche Sorge.

wandelt, Art. 306ff. CC. Die Umwandlung kann einverständlich durch gemeinsame und einverständliche Klage der Ehegatten erfolgen. Nach zweijähriger Trennung ist sie auch auf Antrag eines Ehegatten möglich, Art. 306 CC, so dass sie sich im Nachhinein als Vorstufe einer Scheidung erweist.

Das *faktische Getrenntleben* ist im Code civil nicht geregelt. Seit den Reformen von 1975 und 2004 wird es nur als Voraussetzung der Scheidung wegen endgültiger Zerrüttung des Ehebandes angesehen, Art. 238 CC. Von faktischem Getrenntleben spricht man nur bei tatsächlicher Trennung der Ehegatten in der Absicht, nicht mehr zusammen zu leben.[348] Vereinbarungen, das Getrenntleben verbindlich zu organisieren, sind nichtig.[349] Weil das Getrenntleben rechtlich nicht anerkannt ist, hat es keine juristischen Folgen. Rechtlich gesehen haben die getrennten Partner die gleichen Rechte und Pflichten wie nicht getrennt lebende Ehegatten. Ausnahmsweise und zwecks Billigkeit oder Schutzes eines der Ehegatten hat der Gesetzgeber einige Folgen der Trennung geregelt. Zum Beispiel kann das Datum der Auflösung des Güterstandes auf das Datum des Beginns des Getrenntlebens vorverlegt werden.

122. Die nichtehelichen Paare

Bis zum Jahre 1999 wurde das Phänomen nichtehelicher Lebensgemeinschaften gesetzlich nicht zur Kenntnis genommen. Es gab nur die *faktische Lebensgemeinschaft, concubinage* oder *union libre*, die schon zu Beginn des 19. Jahrhunderts verbreitet war. Napoleon selbst hielt eine Normierung nicht für wünschenswert: „Die Lebensgefährten haben kein Interesse am Gesetz. Das Gesetz hat kein Interesse an ihnen."[350] Als soziales Phänomen sind die concubinages nach wie vor verbreitet. Heute leben in Frankreich 3 Millionen Paare zusammen, ohne eine rechtliche Bindung, insbesondere eine Ehe, eingegangen zu sein.[351] Zuerst sahen sich die Gerichte, dann auch der Gesetzgeber gezwungen, zwecks Billigkeit und zum Schutz der Lebensgefährten einige Regeln zu entwickeln, die zwar nicht den *concubinage* als solche, aber doch einige Folgen normieren.

Mit dem Gesetz vom 11. November 1999[352] wurde zum ersten Mal das nichteheliche Zusammenleben im Code civil definiert, Art. 515-8 CC. Dieses wird als eine tatsächliche Gemeinschaft angesehen, die durch das ununterbrochene

348 Nicht zu verwechseln mit dem Recht der Ehegatten, je einen eigenen Wohnsitz zu haben, oben Nr. 96.

349 Cass.Civ., 14. Juni 1882, DP 1883 I 248.

350 „Les concubins se passent de la loi. La loi se désintéresse d'eux", *Malaurie/Fulchiron*, Nr. 293, S. 156.

351 *Granet-Lambrechts/Hilt*, Nr. 181, S. 93.

352 Gesetz Nr. 99-944 vom 11. November 1999 über den Pacte civil de solidarité; dazu zuvor auch CConst 99-419 DC vom 9. November 1999.

und stabile gemeinsame Leben von zwei Personen gleichen oder unterschiedlichen Geschlechts gekennzeichnet ist. Aus der Definition leiten sich verschiedene Voraussetzungen ab. Erforderlich ist ein gemeinsames Leben, das heißt eine materielle und affektive Gemeinschaft mit gemeinsamen Einkommen und Kosten. Eine gemeinsame Wohnung ist nicht unbedingt erforderlich.[353] Das gemeinsame Leben muss stabil und auf Dauer angelegt sein. Für die Beurteilung dieser Dauer hat der Richter ein freies Ermessen. Punktuelle Verhältnisse genügen nicht.

Die Rechtsfolgen des *concubinage* sind im Grundsatz nicht ausdrücklich geregelt. Einige Regeln haben sich aber mit der Zeit durchgesetzt. Selbst wenn die Lebensgefährten gegeneinander keine Rechte und Pflichten während des Zusammenlebens haben, werden sie im Sozialversicherungsrecht wie Ehegatten behandelt und sind unter denselben Voraussetzungen wie diese leistungsberechtigt. 1989 wurde Lebensgefährten nach einem Zusammenleben von zwei Jahren das Recht zur künstlichen Befruchtung zuerkannt; seit 2011 ist dieses Recht sogar abgekoppelt vom Zusammenleben eines Paares.[354]

Die Auflösung des *concubinage* löst grundsätzlich keine rechtlichen Folgen aus. Das gilt vor allem im Familienrecht; Gesetzgeber und Rechtsprechung haben aber einige die Lebensgefährten schützende Regeln entwickelt. Hat er ein Jahr mit dem Mieter der Wohnung in dieser gelebt, kann der überlebende oder verlassene Lebensgefährte dort wohnen bleiben.[355] Seit zwei Entscheidungen der Cour de cassation von 1999[356] und 2004[357] kann die Gültigkeit von Schenkungen zwischen Lebensgefährten nachträglich nicht mehr in Frage gestellt werden. Da die Vermögensverhältnisse der Lebensgefährten nicht güterrechtlich geregelt sind, gelten die allgemeinen Vorschriften des Sachenrechts, z.B. der *indivision* beim gemeinsamen Erwerb von Gütern.[358] Die Bereicherung eines der Lebensgefährten zum Nachteil des anderen, wenn zum Beispiel einer für den anderen ohne Entlohnung gearbeitet hat, kann durch einen Bereicherungsanspruch[359] oder durch die Annahme einer Gesellschaft in Gestalt einer *société créée de fait*[360] vermieden werden. Gemäß Artikel 1382 CC kann der verlassene Lebensgefährte u.U. Schadensersatz verlangen. Diese beiden Ansprüche kommen aber nur in Ausnahmefällen in Betracht. Häufiger sind dage-

353 Siehe *Bénabent*, Nr. 313, S. 160.
354 Siehe unten Nr. 124.
355 Art. 14 Gesetz Nr. 89-462 vom 6. Juli 1989, *tendant à améliorer les rapports locatifs et portant modification de la loi n° 86-1290 du 23 décembre 1986.*
356 Cass.Civ. vom 3. Februar 1999, JCP 1999 II 10083, Anm. *Billiau*, G.A.Civ. Nr. 28-29.
357 Cass.Ass.Plén. 29. Oktober 2004, D. 2004, S. 3175, Anm. *Vigneau*, G.A.Civ. Nr. 28-29.
358 Oben Nr. 111.
359 Oben Nr. 104.
360 Unten Nr. 153.

gen Schadensersatzansprüche wegen mittelbarer Schädigung nach Verletzung oder Tötung des Partners.[361]

Der *pacte civil de solidarité (PACS)* nach Art. 515-1 CC wurde im Jahre 1999 als Folge der Forderungen der Homosexuellen, die in Frankreich nicht heiraten können, und verschiedener anderer Entwürfe von Partnerschaften eingeführt.[362] Er ist aber nicht auf homosexuelle Paare beschränkt, der Erfolg war groß. Im Vergleich zu 256000 Paaren, die im Jahr 2009 geheiratet haben, haben 175000 Paare einen PACS geschlossen.[363] Der Gesetzgeber hat Ehe und PACS klar unterschieden. Der PACS begründet keine Institution, sondern ist ein Vertrag. Die Regelung wurde gleichwohl im ersten Buch des Code civil eingefügt, der auch das Eherecht enthält. Es handelt sich um einen besonderen Vertrag, der das Zusammenleben zweier Personen regelt. Die familien- und schuldrechtliche Hybridnatur führt dazu, dass er von Regeln beeinflusst wird, die sowohl im Eherecht als auch im Schuldrecht beheimatet sind. Aufgrund dieser Hybridnatur stellten sich auch einige juristische Probleme, die erst durch ein Gesetz von 2006[364] zum Teil gelöst wurden.

Das allgemeine Schuldrecht regelt den Abschluss des PACS, aber weil diese Partnerschaft auch das Zusammenleben der Personen organisiert, sind einige Vorschriften eherechtlich geprägt. Erforderlich sind eine freie und fehlerfreie Willenserklärung jedes Partners, umgangssprachlich *Pacsés* genannt. Irrtum, Drohung und arglistige Täuschung führen gemäß Artikel 1109 CC zur Nichtigkeit des PACS. Der PACS ist Minderjährigen verwehrt. Mit Zustimmung seines Vormunds und Erlaubnis des Vormundschaftsrichters oder des Familienrats kann der geschäftsunfähige Volljährige unter Vormundschaft einen PACS schließen, Art. 462 CC. Der unter Pflegschaft stehende Volljährige benötigt die Zustimmung seines Pflegers, Art. 461 CC. Ebenso wie die Ehe sind PACS zwischen Verwandten in aufsteigender Linie und Seitenverwandten bis zur dritten Ordnung aufgrund des Inzesttabus verboten und nichtig, Art. 515-2 CC. Das Zusammenleben ist zwingende Voraussetzung des PACS, und sein Fehlen wird als Grund einer absoluten Nichtigkeit angesehen. Auch „Bigamie" ist verboten: Ein PACS mit schon durch einen anderen PACS gebundenen oder verheirateten Personen ist nichtig. Hinsichtlich der Form ist die Aufsetzung eines schriftlichen, wahlweise notariellen Vertrags zwingend. Der Vertrag enthält die Willenserklärungen der Partner, einen PACS zu schließen, und gegebenenfalls die Organisationsregeln ihrer Lebensgemeinschaft. Seit Gesetz Nr. 2011-331 vom 28.3.2011 ist der Notar zuständig für die Registrierung der von ihm beurkundeten PACS-Verträge.[365] Seit 2006 wird der PACS wie die

361 Oben Nr. 105: *victime par ricochet.*

362 Siehe Fn. 303; dazu *Malaurie/Fulchiron*, Nr. 353, S. 180.

363 *Bénabent*, Nr. 614, S. 281.

364 Die neuen Regeln wurden im Rahmen der Reform eingefügt, Gesetz Nr. 2006-728 vom 23. Juni 2006, die das Erbrecht und das Schenkungsrecht reformiert.

365 Näheres unten Nr. 200.

Ehe in der Personenstandsurkunde jedes Partners öffentlich beigeschrieben, Art. 515-3-1 CC.

Der PACS als Vertrag begründet trotz des gemeinsamen Lebens der Partner keine Familie. Es gibt auch keinen „PACS-Namen". Die Partner verpflichten sich lediglich zu einer gemeinsamen Lebensführung, gegenseitiger materieller Hilfe und zum gegenseitigen Beistand, Art. 515-4 CC.[366] Damit nähert sich der PACS der Ehe an. In einer einzigen Entscheidung wurde die Verpflichtung zur gegenseitigen Treue anerkannt;[367] Folgeentscheidungen dazu gibt es aber nicht. Die Schlüsselgewalt und die Vermutungen der Verwaltungs- sowie Verfügungsbefugnis sind ähnlich ausgestaltet wie diejenigen in der Ehe, Art. 515-4 Abs. 2 und 515-5 Abs. 3 CC. Besondere ehetypische kindschaftsrechtliche Folgen hat der PACS nicht. Vermögensrechtlich regelt der Code civil eine Art gesetzlichen „Güterstands" der Partner. Seit der Reform von 2006 handelt es sich nach Art. 515-5 CC praktisch um eine Gütertrennung. Die Partner können aber vertraglich ein Regime wählen, das der ehevertraglichen Errungenschaftsgemeinschaft angenähert ist, das Regime des Miteigentums erworbener Güter, *régime d'indivision*, Art. 515-5-1 ff. CC. Die Bezeichnung als *communauté aux acquêts* hat der Gesetzgeber vermieden.

Der Code Civil sieht vier Auflösungstatbestände des PACS vor: Tod oder Eheschließung eines oder beider Partner, Einigung der Partner und einseitige Auflösungserklärung eines Partners, Art. 515-7 CC. Im letztgenannten Fall ist die Zustellung der Erklärung an den verlassenen Partner erforderlich. Ein Schadensersatzanspruch nach allgemeinem Deliktsrecht wegen *faute* eines der Partner ist möglich.[368] Eine ungerechtfertigte Bereicherung oder die Annahme einer Gesellschaft in Gestalt einer *société créée de fait* sind ebenso wie beim *concubinage* Grundlagen möglicher Ansprüche eines der Partner.

123. Einführung in das Kindschaftsrecht

Das französische Kindschaftsrecht bevorzugte jahrhundertelang die ehelichen Kinder. Die nichtehelichen Kinder hatten vor der Revolution nur wenige Rechte. Das änderte sich am Ende des 18. Jahrhunderts. Das revolutionäre Recht erkannte neben den ehelichen auch den natürlichen Kindern Rechte zu, verbot aber die Vaterschaftsfeststellung. Der Code civil von 1804 regelte einen Mittelweg zwischen diesen vor- und nachrevolutionären Rechtslagen. Die Rechte eines nichtehelichen Kindes waren geringer als diejenigen der ehelichen Kinder. Vor allem blieb die Abstammung eines Kindes ungeklärt, sofern der Vater es nicht freiwillig anerkannt hatte; eine gerichtliche Vaterschaftsfest-

366 Dieser Artikel wurde durch die Reform von 2006 geändert.

367 TGI Lille, Entscheidung vom 5. Juni 2002, D. 2002, S. 515, Anm. *Labbée*.

368 Art. 515-7 Abs. 10 CC. Die *faute* kann sich aus den Umständen der Auflösung ergeben, CConst 99-419 DC vom 9. November 1999, JCP 2000 I 280 Nr. 1, Anm. *Viney*.

stellung war praktisch ausgeschlossen. Die Kindschaftsrechtsreform von 1972[369] änderte und modernisierte das französische Kindschaftsrecht von Grund auf. Sie begründete von einigen Besonderheiten abgesehen eine weitgehende Gleichberechtigung der nichtehelichen und ehelichen Kinder und rückte das Kindesinteresse in den Mittelpunkt. Aufgrund der wissenschaftlichen und soziologischen Entwicklungen ergab sich die Notwendigkeit weiterer Reformen, die in den Jahren 1982,[370] 1993[371] und 2002[372] durchgeführt wurden. Die Anwendung des neuen Rechts wurde zusätzlich durch die in Frankreich unmittelbar geltende UN-Kinderrechtskonvention[373] beeinflusst.

Insgesamt entstand ein kompliziertes und vielschichtiges Kindschaftsrecht, das die Rechtsprechung vor erhebliche Auslegungsprobleme stellte und eine neue Reform geradezu herausforderte. Diese erfolgte durch *ordonnance*[374] im Jahr 2005. Ein parlamentarisches Gesetz von 2009[375] bestätigte diese Reform. Die Reform von 2005 vereinfachte das französische Kindschaftsrecht, beseitigte die Unterscheidung ehelicher und nichteheliche Kinder und förderte die Stabilität der festgestellten Abstammungen durch Einschränkung der Anfechtungsmöglichkeiten. Als Konsequenz des Fortfalls der Unterscheidung nichtehelicher und ehelicher Kinder wurde die frühere Legitimationsmöglichkeit mit der Reform von 2005 überflüssig und beseitigt. Das aktuelle Abstammungsrecht ist nur teilweise durch den Grundsatz der biologischen Wahrheit bestimmt. Das zeigt allein schon Art. 310-1 CC, wonach neben der Feststellung der biologischen Abstammung, sei diese auch aufgrund von Vermutungen erfolgt, diejenige aufgrund von Anerkennung und Statusbesitz tritt. Der Grundsatz der biologischen Wahrheit wird ferner durch die 1994[376] geschaffenen Sonderregeln über die Abstammung im Fall künstlicher Befruchtung mit Spendersamen durchbrochen. Es ist richtiger, *Abstammung* und *Adoption* als die beiden Arten der Begründung eines Kindschaftsverhältnisses zu bezeichnen und den Begriff *filiation par le sang*, wörtlich übersetzt „blutsmäßige Abstammung“, den man häufig findet, zu vermeiden.

---

369 Gesetz Nr. 72-3 vom 3. Januar 1972 über das Kindschaftsrecht.

370 Gesetz Nr. 82-526 vom 25. Juni 1982, das Artikel 334-8 CC über die Feststellung der natürlichen Kindschaft geändert hat.

371 Gesetz Nr. 93-22 vom 8. Januar 1993 über den Personenstand, die Familien- und Kindschaftsrechte und den Richter in Familiensachen.

372 Gesetz Nr. 2002-305 vom 4. März 2002 über die elterliche Sorge.

373 Oben Nr. 4; ergänzend dazu die Europäische Kinderrechtskonvention oben Nr. 88.

374 Ordonnance Nr. 2005-759 vom 4. Juli 2005 über die Kindschaftsrechtsreform.

375 Gesetz Nr. 2009-61 vom 16. Januar 2009; Zusammenstellung des Schrifttums zu dieser Reform in CC Litec vor Art. 310 CC. Zum verfassungsrechtlichen Hintergrund dieser Bestätigung oben Nr. 27.

376 Gesetz Nr. 94-653 vom 29. Juli 1994.

124. Die Abstammung

Nach Art. 310-1 CC wird nur noch die Abstammung festgestellt und nicht mehr zwischen ehelicher und nichtehelicher Abstammung unterschieden. Alle Kinder haben dasselbe Recht auf Feststellung der Abstammung. Die einzige Ausnahme betrifft das inzestuöse Kind, bei dem nur die Abstammung von einem Elternteil festgestellt werden darf, Art. 310-2 CC. Die verbotene Feststellung kann nicht durch Adoption ersetzt werden.[377]

Zu unterscheiden sind nach Art. 310-1 CC außergerichtliche und gerichtliche Feststellungen der Abstammung. Die außergerichtlichen Feststellungen erfolgen kraft Gesetzes, *par effet de la loi*, durch willentliche Anerkennung, *reconnaissance volontaire*, und durch Statusbesitz, *possession d'état*.

Kraft Gesetzes ist Mutter diejenige Frau, die in der Geburtsurkunde als solche angegeben ist, Art. 311-25 CC. Weitere Erfordernisse bestehen seit der Reform von 2005 nicht mehr. Trotz hiergegen erhobener Kritik hat die bisherige anonyme Entbindung, *accouchement sous X*, überlebt, Art. 326 CC. Die Mutter kann verlangen, dass ihre Identität und ihre Aufnahme im Krankenhaus zur Entbindung geheimgehalten werden, so dass die Geburtsurkunde ihren Namen nicht offenlegt und die Mutterschaft nicht festgestellt werden kann. Die Mutter wird lediglich gefragt, ob sie dem Kind einen Brief mit einigen Auskünften über sich, den Vater oder die Abstammung hinterlassen will. Seit 2002 kann der Conseil national pour l'accès aux origines personnelles, CNAOP,[378] auf Wunsch der Mutter oder – später – des Kindes eine Kontaktaufnahme versuchen.

Hinsichtlich der Abstammung vom *Vater* besteht eine Vermutung nur eingeschränkt. Die traditionelle Regel „pater is est, quem nuptia demonstrant" hat im Rahmen von Art. 312 CC überlebt. Danach gilt als Vater der Mann, der im Zeitpunkt der Geburt oder der Empfängnis mit der Mutter verheiratet war. Die Vermutung der Empfängniszeit umfasst den Zeitraum zwischen dem 180. Tag und dem 300. Tag vor der Geburt des Kindes, Art. 311 CC. Die Vaterschaftsvermutung gilt nach näherer Regelung des Art. 313 S. 2 CC nicht für Kinder, die nach der Einleitung eines Verfahrens wegen Trennung von Tisch und Bett sowie Scheidung und nach Ablauf bestimmter Fristen nach einverständlicher oder gerichtlicher Regelung der Scheidungs-/Trennungsfolgen bzw. der gerichtlichen Zurückweisung eines Versöhnungsantrages geboren wurden, auch nicht für Kinder, deren Geburtsurkunde den Namen des Ehemannes nicht enthält, Art. 313 S. 1 CC. In diesen Fällen wird die Vaterschaftsvermutung durch Vaterschaftsanerkennung und durch eine gerichtliche Feststellung, Art. 315,

377 Cass.Civ. vom 6. Januar 2004, Bull. I Nr. 2, G.A.Civ. Nr. 52.

378 Nationaler Rat für den Zugang zur Abstammung, geschaffen durch Gesetz Nr. 2002-93 vom 22. Januar 2002, Art. L 147-1 ff. Code de l'action sociale de la famille.

329 CC, hergestellt, oder, wenn das Kind Statusbesitz für sich geltend machen kann, Art. 314 CC.

Ist die Abstammung mütter- oder väterlicherseits nicht kraft Gesetzes festgestellt, so kann sie kraft *Anerkennung* festgestellt werden, Art. 316 CC. Die Anerkennung seitens der Mutter ist seltener, weil sie nur dann erforderlich ist, wenn die Mutter in der Geburtsurkunde des Kindes nicht angegeben ist. Die Anerkennung der Vaterschaft steht deutlich im Vordergrund. Sie ist unbefristet möglich und kann schon vor der Geburt erfolgen, Art. 316 Abs. 1 CC. Die Zustimmung der Mutter ist nicht erforderlich. Minderjährige können ein Kind ohne Zustimmung ihrer Eltern anerkennen. Die Anerkennung erfordert eine in Frankreich oder im Ausland[379] errichtete notarielle oder standesamtliche Urkunde; eine im privatschriftlichen Testament enthaltene Erklärung reicht nicht aus.[380] Sie ist ein persönliches einseitiges Rechtsgeschäft, das den Erklärenden unwiderruflich bindet. Aufgrund ihrer deklaratorischen Wirkung stellt sie rückwirkend die Abstammung mit Rechtsfolgen ab dem Tag der Geburt fest.

Ergibt sich die Abstammung weder aus dem Gesetz noch aus einer Anerkennung, so kann sie kraft *Statusbesitz, possession d'état* begründet sein. Die *possession d'état* begründet eine Vermutung, die aus verschiedenen Tatsachen hergeleitet wird, die die Verhältnisse des Kindes mit seiner Familie prägen. Die Tatsachen werden vom Richter nach freiem Ermessen gewürdigt. Gemäß Artikel 311-1 CC kann die *possession d'état* auf verschiedene Tatsachen gestützt werden: die als Eltern des Kindes angesehenen Personen behandeln das Kind als ihres und sorgen für es; die Gesellschaft, die Familie und die staatlichen Behörden betrachten das Kind ebenfalls in diesem Sinne, und das Kind trägt den Namen der betreffenden Personen. Aufgrund der Entwicklung der Gesellschaft ist allerdings inzwischen dieser letzte Umstand in den Hintergrund getreten. Die Abstammung wird festgestellt, wenn die *possession d'état* ununterbrochen, unbestritten, öffentlich und eindeutig ist, Art. 311-2 CC. Zu Nachweiszwecken der Abstammung kann eine gerichtliche *Offenkundigkeitserklärung, acte de notoriété*, auf Antrag eines Elternteils oder des Kindes erteilt werden, Art. 317 CC. Sie kann im Klagewege erzwungen werden, Art. 330 CC. Die Klagemöglichkeit steht jedem zu, der ein rechtliches Interesse hat. Sie ist befristet auf 10 Jahre ab dem Ende der behaupteten *possession d'état* oder dem Tod der Eltern.

Greift keine der vorgenannten Möglichkeiten ein, ist eine *gerichtliche Feststellung der Abstammung* möglich. Die gerichtliche Feststellung der *Mutterschaft* wurde durch die Reform von 2005 erleichtert. Die bisherigen drei Klagearten wurden durch eine einzige Mutterschaftsklage ersetzt, Art. 325 CC. Die Klage kann gegen die Mutter oder ihre Erben erhoben werden, Art. 328 Abs. 3 CC, sofern die Mutterschaft nicht durch Geburtsurkunde, Anerkennung oder *pos-*

379 Also auch in Deutschland. Näher Cass.Civ. vom 17. Februar 1982, Bull.Civ. I Nr. 78.
380 Cass.Civ. vom 2. Februar 1977, Bull.Civ. I Nr. 63.

session d'état schon festgestellt ist. Klageberechtigt sind das Kind, das bei Minderjährigkeit durch den Vater allein, wenn die Vaterschaft festgestellt ist, bzw. den Vormund mit Zustimmung des Familienrats vertreten wird, ferner seine Erben, Art. 322 CC. Der Anspruch verjährt nach Art. 321 S. 1 CC innerhalb von 10 Jahren ab der Geburt des Kindes; der Lauf der Verjährung ist jedoch entsprechend S. 2 während dessen Minderjährigkeit gehemmt. Das Kind muss die Entbindung nachweisen, ferner die Tatsache, dass es dasjenige Kind ist, von dem die Frau entbunden wurde. Alle Beweismittel sind zulässig. Auf Antrag des Kindes können vom Gericht auch Bluttests angeordnet werden. Seit 2009[381] ist die Mutterschaftsklage des Kindes trotz anonymer Entbindung, *accouchement sous X*, zulässig. In diesem Fall ist aber der Beweis der Entbindung und der Identität der Mutter häufig schwierig. Auch steht oft entgegen, dass das Kind schon adoptiert wurde.

Eine *Vaterschaftsklage* wird nur für außerhalb einer Ehe geborene Kinder relevant. Ebenso wie die Mutterschaftsfeststellungsklage kann ein Kind die Klage erheben, wenn nicht zuvor bereits ein anderer als Vater festgestellt wurde, Art. 320 CC. Für die Klageberechtigung und Vertretung gilt Gleiches wie für die Mutterschaftsklage. Bezüglich des Nachweises der Abstammung sind alle Beweismittel zulässig. Aus der Verweigerung einer medizinischen Untersuchung kann der Richter auf die Vaterschaft schließen. Der Anspruch verjährt innerhalb von 10 Jahren nach der gleichen Regel wie die Mutterschaftsklage, Art. 321 CC. Hinsichtlich der während der Ehe einer Mutter geborenen Kinder kann, wie oben dargestellt, die Vaterschaftsvermutung ausgeschlossen sein. Hier gibt Art. 329 CC die Möglichkeit, sie durch gerichtliche Entscheidung wiederherzustellen.[382] Klageberechtigt sind das Kind und die Ehegatten, Letztere jedoch nur während der Minderjährigkeit des Kindes. Das Kind kann die Klage innerhalb von 10 Jahren nach Eintritt der Volljährigkeit erheben.

Die Ordonnance von 2005 hat das Recht der *Abstammungsanfechtung* gegenüber dem früheren Recht erheblich vereinfacht. In allen Fällen, also gleichgültig, worauf die Mutter- oder Vaterschaft beruht, geht es um die Beseitigung einer Abstammungsfeststellung, die nicht der biologischen Wahrheit entspricht, Art. 332 CC. Hinsichtlich der Mutter muss deshalb der Beweis erbracht werden, dass sie das Kind nicht zu Welt gebracht hat. Auf das Problem der Leihmutter wird noch unten gesondert eingegangen. Was den Vater anbetrifft, muss bewiesen werden, dass er nicht der Erzeuger ist. Das gilt nicht nur für die vermutete Vaterschaft des Ehemannes, sondern auch für die anerkannte Vaterschaft. Die Klageberechtigungen und die Klagefristen sind je nach dem

381 Gesetz Nr. 2009-61 vom 16. Januar 2009, das Art. 325 CC geändert hat, so dass der Ausschluss des Art. 326 CC (*accouchement sous X*) nicht mehr relevant ist.

382 Eine zwischenzeitliche Anerkennung durch einen anderen Mann muss gleichzeitig beseitigt werden, Cass.Civ. 25. Juni 1991, JCP IV 343. Art. 329 CC wird nicht angewendet, wenn wissenschaftlich nachgewiesen ist, dass der Ehemann der Mutter nicht der Vater ist, CA Douai, Jurisdata Nr. 1992-042403.

Grund, auf dem die anzufechtende Abstammung beruht, unterschiedlich. Es muss daher je nach Sachlage bestimmt werden, ob neben dem Kind eine Person, die vorgibt, wirklicher Elternteil zu sein, der Staatsanwalt oder sogar ein sonstiger Dritter, der ein berechtigtes Interesse hat, berechtigt ist, die Klage zu erheben, Art. 333 ff. CC. Auch der schon erwähnte Art. 322 CC betreffend die Klagen von Erben ist anwendbar. Hinsichtlich der Klagefrist ist zwar die ebenfalls schon erwähnte Frist von zehn Jahren nach Art. 321 CC grundsätzlich auch hier bedeutsam; sie wird aber durch die besonderen Vorschriften des Art. 333 ff. CC mehrfach verdrängt, die kürzere Verjährungen von fünf Jahren vorsehen.

Ist die Anfechtungsklage erfolgreich, wird die Abstammung rückwirkend korrigiert. Der obsiegende Scheinelternteil kann von dem anderen rechtlichen oder biologischen Elternteil u. U. Schadensersatz wegen der Kosten des Unterhalts des Kindes verlangen.[383] Dieser Anspruch ist aber nicht gegeben, wenn die Anerkennung eine Gefälligkeitsanerkennung, *reconnaissance de complaisance*, war, d.h. wenn der rechtliche Vater, der das Kind anerkannt hat, von Anfang an wusste, dass es sich nicht um sein Kind handelte.[384] Einen Bereicherungsanspruch gegen das Kind hat er nicht.[385] Der Richter kann im Interesse des Kindes die Modalitäten des Umgangs zwischen dem Kind und der Person regeln, bei der es früher aufgewachsen ist, Art. 337 CC.

1972, also zu einer Zeit, als die Möglichkeit einer Abstammungsklage gegen den nichtehelichen Vater noch grundsätzlich ausgeschlossen war, hatte der Gesetzgeber den nichtehelichen Kindern wenigstens zum Unterhalt verhelfen wollen und nach deutschem Vorbild eine *Zahlvaterschaftsklage* eingeführt, *action à fins de subsides*, Art. 342 CC. Weil die Regierung anlässlich der Reform von 2005 nicht ermächtigt wurde, dies zu ändern, hat die Unterhaltsklage diese überlebt. Heute sind aber alle Kinder, deren Abstammung nicht festgestellt ist, zur Klage berechtigt. Unterhaltsschuldner ist jeder Mann, der in der gesetzlichen Empfängniszeit Intimverkehr mit der Mutter gehabt hat. Eine anderweitige eheliche Bindung des Mannes oder der Mutter steht nicht entgegen. Die Klage kann während der gesamten Zeit der Minderjährigkeit erhoben werden und eingeschränkt auch noch zehn Jahre nach der Volljährigkeit. Das Ziel der Klage ist ausschließlich, die Unterhaltspflicht des Beklagten festzustellen; seine Vaterschaft ist nicht Gegenstand des Verfahrens. Es genügt, dass er möglicher Vater ist. Er kann sich daher mit dem Nachweis entlasten, dass er nicht der Vater sein kann. Wird der Klage stattgegeben, wird der Beklagte zur Zahlung von Unterhalt bis zur Volljährigkeit des Kindes verpflichtet. Unterhalt kann auch nach Volljährigkeit geschuldet sein, wenn das Kind noch bedürftig und für diese Lage nicht verantwortlich ist, Art. 324-2 CC. Die Unterhaltskla-

383 Cass.Civ. vom 1. Februar 1984, Bull. I Nr. 45; Cass.Civ. vom 13. Februar 1985, Bull. I Nr. 62.
384 Cass.Civ. vom 21. Juli 1987, Bull. I Nr. 246.
385 Cass.Civ. vom 21. Juli 1987, D. 1988, 225 Anm. *Massip*.

ge schließt eine Vaterschaftsfeststellungsklage nicht aus, Art. 342-8 CC. Hiervon ausgenommen ist das inzestuöse Kind, das nur auf Unterhalt klagen kann, während eine Vaterschaftsfeststellungsklage ausgeschlossen ist.

Paare, die auf natürliche Weise keine Kinder zeugen können, haben die Möglichkeit, eine *künstliche Befruchtung* vornehmen zu lassen. Durch das Bioethik-Gesetz von 1994[386] erhielt diese einen gesetzlichen Rahmen, der seither mehrfach geändert wurde, zuletzt im Juli 2011.[387] Nunmehr steht sie allen verschiedengeschlechtlichen Paaren offen; eine Eheschließung oder ein längeres Zusammenleben werden nicht mehr gefordert. Voraussetzungen sind nur noch – wie bisher –, dass beide Partner am Leben sind, dass sie alt genug sind, um zeugungsfähig zu sein, jedoch unfruchtbar, oder dass sie dem Kind möglicherweise eine schwere Erkrankung übertragen können (Art. L 2141-2 CSP, vgl. auch Art. 2141-10 a.E. CSP).

Zulässig sind künstliche Befruchtungen mit oder ohne Drittspender. Auf die künstliche Befruchtung ohne Spender finden die allgemeinen Regeln des Kindschaftsrechts Anwendung. Nur die künstliche Befruchtung mit Drittspendersamen, die sog. *heterologe Befruchtung*, wird durch spezielle Abstammungs- und Verfahrensvorschriften in Art. 311-19 CC geregelt. Hintergrund dieser Regelungen ist die Wahrung der Anonymität des Spenders. Die Feststellung der Abstammung des Kindes vom Spender ist ausgeschlossen, Art. 311-9 Abs. 1 CC. Im Interesse des Kindes darf ausnahmsweise der Arzt des Kindes Kenntnis bestimmter ärztlicher Informationen über den Spender haben. Die Ehegatten oder Lebensgefährten müssen in die künstliche Befruchtung durch öffentliche gerichtliche oder notarielle Urkunde einwilligen. Die Einwilligung kann zu jeder Zeit und von jedem vor Beginn der ärztlichen Behandlung widerrufen werden. Nach der Geburt wird die Frau, die das Kind entbunden hat und in der Geburtsurkunde genannt wird, die rechtliche Mutter. Bei Ehegatten wird gemäß der „pater is est"-Vermutung der Ehemann der rechtliche Vater und zwar selbst dann, wenn er nicht der biologische Vater ist. Trotz der vorherigen Einwilligung ist die Vaterschaft eines Lebensgefährten ohne Anerkennung nicht festgestellt. Zu dieser Anerkennung kann man ihn aber nicht zwingen. Er ist jedoch zivilrechtlich für Mutter und Kind verantwortlich, Art. 311-20 Abs. 4 CC. Mit dem Beweis seiner Einwilligung in die künstliche Befruchtung kann auch seine Vaterschaft gerichtlich festgestellt werden, Art. 311-20 Abs. 5 CC. Im Fall der künstlichen Befruchtung sind Abstammungsanfechtungsklagen grundsätzlich verboten, Art. 311-20 Abs. 2 CC; es kann nur geltend gemacht werden, dass das Kind nicht infolge der künstlichen Befruchtung geboren ist, z.B. als Folge nachgewiesener Untreue der Mutter, oder dass die Einwilligung des Ehemannes oder des Lebensgefährten ungültig war, z.B. wegen rechtzeitigen Widerrufs der Einwilligung.

386 Gesetz Nr. 94-653 vom 29. Juli 1994 über die Achtung des menschlichen Körpers.
387 Gesetz Nr. 2011-814 vom 7. Juli 2011.

Vereinbarungen einer *Leihmutterschaft, mère porteuse*, sind in Frankreich wie in Deutschland nichtig, Art. 16-7 CC.[388] Die Abstammung von Kindern, die von Leihmüttern in ausländischen Staaten, z.B. den USA, geboren sind, wird in Frankreich nicht anerkannt.[389]

125. Annahme als Kind

Ursprünglich häufig ein Mittel, zwischen Erwachsenen Vermögen durch Erbfolge zu übertragen, hat sich die Vorstellung von der Adoption geändert. Durch die Adoption soll heute ein rechtliches Kindschaftsverhältnis zwischen einem Paar und einem Kind, zwischen denen keine Verwandtschaft kraft Abstammung besteht, geschaffen werden, um im Interesse des Wohls des Kindes diesem eine neue Familie zu geben. Das Recht ist dieser Entwicklung gefolgt; das Adoptionsrecht wurde 1966[390] grundlegend geändert und vor allem in den Jahren 1976[391] und 1996[392] reformiert.[393] Das französische Recht unterscheidet zwischen der *Volladoption, adoption plénière*, und der *einfachen Adoption, adoption simple.*

Ziel der *Volladoption* nach Art. 343 ff. CC ist die Gleichstellung des adoptierten Kindes mit Kindern des Annehmenden kraft Abstammung. Ehegatten, die seit zwei Jahren verheiratet sind oder beide älter als 28 Jahre sind, dürfen ein Kind adoptieren, Art. 343 CC. Trotz verschiedener Gesetzentwürfe ist dieses Recht noch heute Lebensgefährten oder Partnern eines PACS[394] verwehrt. Seit 1966 kann auch eine alleinstehende Person, die älter als 28 Jahre ist, ein Kind adoptieren, Art. 343-1 Abs. 1 CC. Ist diese Person verheiratet und nicht von Tisch und Bett getrennt, ist die Einwilligung des Ehegatten erforderlich. Die Adoptionserklärung ist vor dem Notar oder dem Rechtspfleger des tribunal d'instance abzugeben, Art. 348-3 CC. Im Rahmen eines Genehmigungsverfahrens werden die psychologischen und finanziellen Fähigkeiten der Annehmenden durch die Verwaltungsbehörden geprüft. Seit 2008 und einer Entscheidung

388 Da es sich um einen Verstoß gegen den *ordre public interne*, Art. 6 CC, handelt, kann der Verstoß auch nicht durch Adoption geheilt werden, Cass.Ass.Plén. vom 31. Mai 1991, G.A.Civ. Nr. 50, D 1991.417.

389 Drei Entscheidungen der Cass.Civ. vom 6. April 2011, Gaz.Pal. 2011, Nr. 156-146, S. 7.

390 Gesetz Nr. 66-500 vom 11. Juli 1966.

391 Gesetz Nr. 76-1179 vom 22. Dezember 1976 über die Adoption.

392 Gesetz Nr. 96-604 vom 5. Juli 1996 über die Adoption.

393 Siehe ferner Gesetz Nr. 2001-111 vom 6. Februar 2001, das materielles Einheitsrecht und Anerkennungsvoraussetzungen internationaler Adoptionen enthält. 2009 wurde ein Gesetzentwurf (Sénat, Gesetzentwurf Nr. 317 vom 2. April 2009 über die Annahme als Kind) im Parlament eingebracht. Dieser ist zum Zeitpunkt der Fertigstellung dieses Textes noch nicht verabschiedet.

394 Der PACS begründet keine Ehe, und die Zulässigkeit der Adoption durch homosexuelle Partner wirft die Frage der homosexuellen Verwandtschaft auf; siehe oben Nr. 122.

des Europäischen Gerichtshofs für Menschenrechte[395] ist Homosexualität des Annehmenden allein kein Grund mehr, diese Genehmigung zu versagen.

Grundsätzlich sind Kinder unter 15 Jahren adoptionsfähig, Art. 345 CC, vorausgesetzt, ihre Eltern haben in die Adoption durch eine öffentliche Urkunde eingewilligt, Art. 347 CC. Dieses Erfordernis ist in den folgenden Vorschriften näher präzisiert, die auch regeln, wie mit missbräuchlicher Verweigerung zu verfahren ist. Der Schutz der Kinder, die über keine festgestellte Abstammung verfügen, z. B. nach einer anonymen Entbindung, der Vollwaisen oder Findelkinder, *pupilles de l'Etat*, oder der Kinder, die gerichtlich als von ihren Eltern verlassen erklärt wurden, Art. 350 CC, obliegt besonderen staatlichen Einrichtungen bzw. den Gerichten. Kinder über 13 Jahre müssen selbst der Adoption zustimmen, Art. 345 Abs. 3 CC.

Zwischen dem Angenommenen und dem Annehmenden muss ein Altersunterschied von 15 Jahren bestehen. Ausnahmsweise ist dieser Unterschied für die Volladoption des Kindes eines Ehegatten durch den anderen auf 10 Jahre reduziert. Diese vorgenannte Volladoption ist allerdings nur in bestimmten Fällen zulässig, z. B. wenn die Abstammung von einem vorherigen Ehegatten nicht festgestellt wurde, oder wenn dieser und seine eigenen Eltern gestorben sind, Art. 345-1 CC.

Der gerichtlichen Entscheidung über die Adoption ist ein Zusammenleben des Angenommenen mit dem oder den Annehmenden von sechs Monaten vorgeschaltet, das den heutigen Adoptionszweck verdeutlicht, das *placement en vue de l'adoption*, Art. 351 ff. CC. Die nachfolgende Adoptionsentscheidung des Gerichts ist konstitutiv, es handelt sich um eine *Dekretadoption*. Sie wird in das Personenstandsregister eingetragen, Art. 354 CC, und ersetzt nach Art. 356 ff. CC die bisherige Abstammung. Der Angenommene scheidet vollständig aus der bisherigen Familie aus und erhält die Stellung eines rechtlichen Kindes des Annehmenden mit einem neuen Namen und den Rechten wie Erbrecht, Unterhaltsanspruch usw. und Pflichten eines solchen Kindes. Das Dekret wirkt auf den Tag der Antragstellung zurück, Art. 355 CC. Die Annahme als Kind ist unwiderruflich, Art. 359 CC.

Die *einfache Adoption, adoption simple* nach Art. 360 ff. CC, soll zwar auch zur Zugehörigkeit des Adoptierten zur Familie des Adoptierenden führen, jedoch nicht in gleichem Maß und mit der gleichen kindschaftsrechtlichen Zielsetzung, einem Kind die völlige und ausschließliche Integration in eine neue familiäre Umwelt zu ermöglichen. Der Adoptierte tritt zwar in ein Kindschaftsverhältnis zum Adoptierenden, zugleich bleiben aber die Familienbande zur bisherigen Familie erhalten, Art. 364 CC. Deshalb weichen einige Voraussetzungen der einfachen Adoption von der Volladoption ab. Sie wird durch das Alter des Angenommen nicht begrenzt; jeder, auch ein Volljähriger, kann

395 EGMR vom 22. Januar 2008, Dr. Fam. 2008, S. 5, Anm. *Bruggeman*.

adoptiert werden. Die Einwilligung des über 13 Jahre alten Adoptierten ist aber immer erforderlich. Desgleichen ist die Einwilligung der leiblichen Eltern oder des Familienrats bis zur Volljährigkeit des Kindes nötig. Das Erfordernis eines sechsmonatigen Zusammenlebens entfällt. Auch bei der einfachen Adoption hat der Richter seine Prüfung an dem Ziel der Begründung eines Familienbandes auszurichten. Zweckentfremdung, z.B. die Verfolgung eines steuerrechtlichen Zweckes, hat er zu unterbinden. Die Rechtsprechung ist jedoch nicht ganz eindeutig, wann eine Zweckentfremdung vorliegt.

Die einfache Adoption ersetzt nicht die bisherige Verwandtschaft: alte und neue Verwandtschaft bestehen nebeneinander. Da mit dem Annehmenden ein neues Kindschaftsverhältnis begründet wird, erhält der Annehmende die elterliche Sorge, Art. 365 CC, während die leiblichen Eltern diese verlieren. Normalerweise trägt der Angenommene die beiden Namen des Annehmenden und seiner leiblichen Eltern. Art. 363 CC versucht, die sich u. U. daraus ergebenden Schwierigkeiten zu lösen. Der Angenommene und der Annehmende sind gegenseitig zu Unterhalt verpflichtet; subsidiär bleiben jedoch auch die leiblichen Eltern zu Unterhalt verpflichtet, wenn der Annehmende den Unterhalt nicht leisten kann, Art. 367 CC. Der Angenommene wird Erbe in der Familie des Annehmenden, verliert aber sein Erbrecht in der leiblichen Familie nicht, Art. 368 CC. Das durch die einfache Adoption begründete Verwandtschaftsband einschließlich der erbrechtlichen Stellung erstreckt sich auch auf seine Abkömmlinge, Art. 366, 368 CC. Anders als die Volladoption kann die einfache Adoption aus schwerwiegenden Gründen auf Antrag des Angenommenen, des Annehmenden oder des Staatsanwalts widerrufen werden, Art. 370 CC.

126. Wirkungen der Kindschaft und Rechtsstellung der Minderjährigen

Aus dem Kindschaftsverhältnis ergeben sich persönliche Rechte des Kindes, insbesondere sein Familienname, der als Persönlichkeitsrecht im Abschnitt „Recht der natürlichen Person“ behandelt wird.[396] Hier geht es nur um die *elterliche Sorge* sowie den *Unterhalt.*

Die elterliche Sorge, *autorité parentale*, ist die wichtigste Folge der Kindschaft, solange das Kind minderjährig ist. Im Anschluss an die alte feierliche, heute nicht mehr selbstverständliche Formel des Art. 371 CC, wonach ein Kind ohne Rücksicht auf sein Alter Vater und Mutter Achtung und Ehrerbietung schuldet, wird in Art. 371-1 Abs. 1 CC die elterliche Sorge definiert als die Gesamtheit der gesetzlichen Rechte und Pflichten der Eltern im Interesse des Kindes. Bis zum Jahr 1970 wurde sie als die väterliche Gewalt über die

396 Oben Nr. 96.

Kinder angesehen. Die Reform von 1970[397] hat diese Rechtslage grundlegend geändert. Die Grundprinzipien dieser und der folgenden Reformen[398] sind die Gleichberechtigung der Mutter und des Vaters, aber auch die Schaffung einer durch die Elternschaft begründeten Beziehung, die trotz Scheidung der Eltern nicht erlischt. So wurde die sog. *coparentalité* geschaffen. Die elterliche Sorge umfasst den Schutz des Kindes durch seine Aufnahme in die Familienwohnung. Zu den elterlichen Pflichten gehören die Gewährleistung von Sicherheit, Gesundheit, sittliche Bildung und Erziehung, Art. 371-1 CC. Die zunehmenden Probleme von Familien haben den Gesetzgeber veranlasst, in Art. 375 ff. CC einen 2007 grundlegend überarbeiteten, umfangreichen Abschnitt über die *assistance éducative* einzufügen, die dem *Jugendrichter, juge des enfants*, weitreichende Beratungs-, Beistands- und Eingriffsbefugnisse gibt, für die oberster Maßstab das Kindesinteresse ist. So kann er seit 2007 auch in die Verwendung der den Familien im Interesse des Kindes zugewendeten Sozialleistungen eingreifen, wenn diese nicht zweckkonform eingesetzt wurden, Art. 375-9-1 CC. Traditionelles Kindschaftsrecht wird hier mit Sozialrecht verflochten.

Die Inhaber der elterlichen Sorge sind grundsätzlich beide Eltern, Art. 372, 373-2-5 CC. Sie üben, sofern die Elternschaft bei beiden Eltern festgestellt wurde, die elterliche Sorge gemeinsam aus, selbst dann, wenn sie sich scheiden lassen, Art. 373-2 CC. Jeder Elternteil gilt gutgläubigen Dritten gegenüber als ermächtigt, allein sämtliche Geschäfte des täglichen Lebens zu besorgen, Art. 372-2 CC. Die Zustimmung beider Eltern bleibt aber für Geschäfte von besonderer Bedeutung erforderlich. In Streitfällen ist der Richter in Familiensachen zuständig, Art. 373-2-6 ff. CC, der sich am Kindesinteresse zu orientieren hat. Dieser verfügt z.B. über die Befugnis, im Pass der Eltern das Verbot vermerken zu lassen, die Kinder ins Ausland zu verbringen, Art. 372-2-6 Abs. 3 CC. Die Vorschrift erklärt sich aus einer erschreckend angestiegenen Zahl von Kindesentführungen durch einen Elternteil nach einer Scheidung. Ihre Effizienz ist eine andere Frage. Zum Zweck der Einigung der Eltern hat der Richter die Möglichkeit, diese zu einem Schlichtungsversuch zu laden. Er soll auch den Minderjährigen selbst hören, sobald dieser verständig genug ist, Art. 388-1 CC. Ist eine Einigung nicht möglich, hat er das letzte Wort. Verständigung ist aber das Hauptziel, und dem dient auch die Einschaltung eines Vermittlers, des *médiateur familial*, Art. 373-2-10 CC. Auf die verfahrensrechtlichen Aspekte der Mediation in Sorgerechtssachen wird in Nr. 200 näher eingegangen.

---

397 Gesetz Nr. 70-459 vom 4. Juni 1970 über die elterliche Sorge.

398 Gesetz „Malhuret" Nr. 87-570 vom 22. Juli 1987 über die elterliche Sorge; Gesetz Nr. 93-22 vom 8. Januar 1993 über den Personenstand, die Familien- und Kinderrechte und das Familiengericht; Gesetz Nr. 2002-305 vom 4. März 2002 über die elterliche Sorge; Gesetz Nr. 2007-293 vom 5.3.2007 über die Reform des Kinderschutzes.

Die Eltern sind zum Unterhalt des Kindes verpflichtet, Art. 203 und 371-2 CC. Die Unterhaltspflicht der Eltern gegenüber den Kindern, *obligation d'entretien*, geht weiter als die allgemeine Unterhaltspflicht[399] und umfasst nicht nur den Lebensunterhalt des Kindes, Ernährung und Bekleidung, sondern auch die Kosten seiner Ausbildung. Die Eltern unterliegen insoweit einer gesteigerten Leistungspflicht. Kosten für den Unterhalt von Kindern aus einer anderen Lebensgemeinschaft sind jedoch zu berücksichtigen.[400] Wenngleich diese Unterhaltspflicht grundsätzlich mit der Volljährigkeit des Kindes endet, ist sie durch die Rechtsprechung bis zum Ende der Ausbildung des Kindes verlängert worden.

Das minderjährige geschäftsunfähige Kind kann sein Vermögen nicht selbst verwalten. Stattdessen ist die *Vermögenssorge, administration légale*, Sache der Eltern als Inhaber der *autorité parentale*, Art. 389 ff. CC. Üben die Eltern die elterliche Sorge gemeinsam aus, sind sie zwar beide gesetzliche Verwalter des Vermögens des Kindes, Art. 389 CC. Jeder Elternteil kann aber im Rahmen des Art. 389-4 CC das Kind allein vertreten und folglich allein sämtliche Rechtsgeschäfte abschließen, die auch der Vormund allein schließen könnte. Die Zustimmung beider Eltern ist für Rechtsgeschäfte von besonderer Bedeutung erforderlich, für die die Genehmigung des Familienrats im Fall der Vormundschaft erforderlich wäre, Art. 389-5 CC. Schließlich sind einige Rechtsgeschäfte der Ermächtigung des Vormundschaftsrichters unterworfen, z. B. eine Kreditaufnahme. Hat nur ein Elternteil die elterliche Sorge inne, wird diese unter der Kontrolle des Vormundschaftsrichters ausgeübt, Art. 389-2 CC. In diesem Fall bedürfen alle Rechtsgeschäfte, für die auch der Vormund richterlicher Zustimmung bedarf, der Zustimmung des Vormundschaftsrichters; der verwaltende Elternteil kann allein nur die sonstigen Geschäfte besorgen, Art. 389-6 CC.

Ausnahmsweise schützt die *Minderjährigenvormundschaft, tutelle*, die Interessen des Kindes, wenn seine beiden Eltern gestorben sind oder wenn ihnen die elterliche Sorge nicht zusteht bzw. entzogen wurde oder keine Abstammung des Kindes festgestellt ist, Art. 390 CC. Unter der Kontrolle des Vormundschaftsrichters, *juge des tutelles*, des Familienrats,[401] *conseil de famille*, und mit Hilfe und Kontrolle des Gegenvormunds, *subrogé tuteur*, entscheidet der Vormund, *tuteur*, in Angelegenheiten der Personensorge und verwaltet das Vermögen des Kindes. Die tutelle endet mit der Emanzipation des Kindes oder mit dem Eintritt der Volljährigkeit.[402] Einzelheiten regeln Art. 390-413 CC.

399 Siehe unten Nr. 127.

400 Cass.Civ. vom 16. April 2008, D. 2008.1271, betreffend Kinder einer zweiten Ehe.

401 Diese im deutschen Recht nicht bekannte Einrichtung ist bei Ausfall sorgeberechtigter Eltern ein wesentliches Organ der Minderjährigenvormundschaft. Der Familienrat setzt sich zusammen aus den engsten Angehörigen und stellt den maßgeblichen Einfluss der Familie auf die Lebensführung des Minderjährigen sicher.

402 Oben Nr. 95.

127. Die Unterhaltspflicht

Gemäß dem Solidaritätsprinzip verpflichtet die Unterhaltspflicht, *obligation alimentaire*, eine Person, eine andere im Fall der Not materiell zu unterstützen. Neben der Unterstützungspflicht der Ehegatten untereinander[403] und der Unterhaltspflicht der Eltern im Verhältnis zu ihren Kindern[404] geht es im Folgenden noch um die Verwandten in gerader aufsteigender und absteigender Linie, die gegenseitig zu Unterhalt verpflichtet sind, Art. 205 CC. Weil die Verwandtschaft in gerader Linie hinsichtlich dieser Pflicht nicht begrenzt ist, können Kinder z.B. zu Unterhalt zugunsten ihrer Großeltern und Urgroßeltern verpflichtet sein. Obgleich der CC das nicht ausdrücklich sagt, sind umgekehrt auch Großeltern ihren Enkelkindern unterhaltspflichtig, denn Unterhaltspflichten sind nach Art. 207 Abs. 1 CC wechselseitig, *obligations réciproques*. Wie auch nach deutschem Recht sind die Verwandten in der Seitenlinie, z.B. Geschwister, einander nicht zu Unterhalt verpflichtet. Dagegen sind der Schwiegersohn und die Schwiegertochter gegenüber den Schwiegereltern und umgekehrt zu Unterhalt verpflichtet. Diese Pflicht endet mit der Scheidung der Ehe, oder wenn der andere Ehegatte und die aus der Ehe hervorgegangenen Kinder gestorben sind, Art. 206 CC.

Obgleich Unterhaltspflichten wechselseitig sind, kann eine schwerwiegende Verletzung der eigenen Pflichten des Gläubigers gegen den Schuldner, z.B. Gewalt gegen den Schuldner, zu einer vollständigen oder teilweisen Befreiung führen, Art. 207 CC. Grundsätzlich gibt es keine Rangordnung der Schuldner. In der Praxis der Rechtsprechung gehen die Unterhaltspflicht aufgrund der Ehe der Verwandtenunterhaltspflicht und die Pflicht der Eltern gegenüber ihren Kindern der Unterhaltspflicht der Großeltern vor.[405] Gemäß Art. 767 CC ist der Erbe des vorverstorbenen Ehegatten zum Unterhalt des bedürftigen überlebenden Ehegatten verpflichtet. Die Unterhaltspflicht ist eine unabdingbare und höchstpersönliche Pflicht. Ihr Umfang ergibt sich aus den Bedürfnissen der Berechtigten und ist zugleich von der Leistungsfähigkeit des Verpflichteten abhängig. Außerdem kann der Unterhalt indexiert werden und seine Höhe ist revisibel, Art. 208, 209 CC. Ein Verzicht ist unzulässig. Die Unterhaltspflicht ist unübertragbar. Die Unterhaltsbeträge sind unpfändbar.

128. Der Erwachsenenschutz

Das Recht des Erwachsenenschutzes wurde im Jahr 2007 reformiert.[406] Während sich die seit 1968 geltende Regelung auf Maßnahmen zum Schutz der

403 Siehe oben Nr. 118.
404 Siehe oben Nr. 126.
405 *Batteur*, Rn. 982, S. 491.
406 Gesetz Nr. 2007-308 vom 5. März 2007 über den Erwachsenenschutz, in Kraft seit dem 1. Januar 2009.

Vermögenssphäre beschränkte, hat die Reform den Schutz der Person einbezogen, Art. 415 Abs. 1 CC. Wichtige Maßstäbe sind die Wahrung der Interessen des Betroffenen und, soweit möglich, der Erhalt seiner Autonomie. Die Würde und die Grundrechte und -freiheiten sind bei allen Maßnahmen zu achten, Art. 415 Abs. 2, 3 CC. Das zeigt sich z.B. in Art. 426 CC, wonach selbst bei erzwungener Abwesenheit die Wohnung so zu erhalten ist, dass der Betroffene möglichst in seine vertraute Umwelt zurückkehren kann, oder in Art. 459-2 CC, wonach er bei Pflegschaft oder Vormundschaft selbst seinen Wohnsitz und persönlichen Umgang bestimmt, solange er dazu in der Lage ist.

Die in Art. 415–494 CC verankerte Gesamtregelung der *protection des majeurs* gilt zwar für alle schutzbedürftigen Erwachsenen. Es wird aber deutlich, dass der Gesetzgeber vor allem auf die auch in Frankreich immer drängender gewordenen Probleme physischer und psychischer Gebrechen einer alternden Gesellschaft reagiert hat. Jeder, der des rechtlichen Schutzes bedarf, hat einen Anspruch auf diesen Schutz. Besonders hervorgehoben sind die Rollen des Vormundschaftsrichters und des Staatsanwalts; aber auch die Verantwortung der familiären und allgemeinen privaten Umgebung des Schutzbedürftigen ist aufgerufen, Art. 416, 430 CC. Für alle Maßnahmen gilt, dass sie notwendig, verhältnismäßig und auf die Person bezogen sein müssen, *nécessaires, proportionnées* und *individualisées*. Hinzu kommt der Grundsatz der Subsidiarität; der Schutzbedürftige kann selbst durch Vorsorgeauftrag, *mandat de protection future*, vorsorgen, Art. 477 CC.[407] Das gilt, wenn auch eingeschränkt, sogar im Verhältnis zur späteren Anordnung einer Vormundschaft, bei der der Richter zu entscheiden hat, ob die Funktionen des Beauftragten fortbestehen, Art. 483 Abs. 1 Nr. 2 CC. Da solche Schutzmaßnahmen notwendig die Selbstbestimmung des Geschützten berühren, ist generell ein amtsärztliches Zeugnis Voraussetzung der Verfahrenseinleitung. Außerdem sind der persönliche Arzt, insbesondere der Hausarzt sowie vor allem, soweit möglich, auch der Betroffene selbst zu befragen, Art. 431 CC.

Die möglichen Schutzmaßnahmen sind *Gerichtsschutz, sauvegarde de justice*, Art. 433 ff. CC, *Pflegschaft* und *Vormundschaft, curatelle* und *tutelle*, Art. 440 ff. CC, die schon vor der Reform von 2007 bekannt waren. Neu hinzugekommen ist der *gerichtliche Beistand, mesure d'accompagnement*, Art. 495 ff. CC. Der Gerichtsschutz greift am wenigsten in die Selbstbestimmung ein, es handelt sich nur um Beistandschaft. Allerdings kann seit der Reform von 2007 vom Gericht ein Sonderbeauftragter bestellt werden und eigenes geschäftliches Handeln des Geschützten ausgeschlossen sein. Eine Maßnahme des Gerichtsschutzes ist als zeitlich begrenzter Schutz gedacht, sie endet nach Ablauf eines Jahres, Art. 439 CC. Der Erwachsene, der dauerhafte Unterstützung oder Beaufsichtigung bei der Besorgung seiner wichtigen Angelegenheiten bedarf, ohne gänzlich geschäftsunfähig zu sein, wird durch die

407 Oben Nr. 95.

Pflegschaft geschützt, wohingegen die Vormundschaft eine dauernde umfassende Vertretung des Erwachsenen beinhaltet. Der Pfleger bzw. der Vormund stehen unter der Aufsicht des Vormundschaftsrichters und des Familienrats. Seit der Reform von 2007 können sowohl die Pflegschaft als auch die Vormundschaft auf maximal fünf Jahre angeordnet werden, eine Verlängerung durch den Richter ist jedoch möglich, Art. 441 CC. Gutgläubigen Dritten kann die Anordnung einer Pflegschaft und Vormundschaft erst nach personenstandsrechtlicher Publizierung entgegengehalten werden, Art. 444 CC, was für die Einschränkung der Geschäftsfähigkeit Bedeutung hat.[408]

Neben den gerichtlichen Maßnahmen wurden 2007 neue soziale und finanzielle Unterstützungsmaßnahmen, Verwaltungsmaßnahmen zur persönlichen sozialen Begleitung, *mesures d'accompagnement*, MASP eingeführt. Verwaltet der Empfänger von Sozialhilfeleistungen, *revenus de solidarité active*, RSA, vergleichbar dem deutschen Hartz IV, diese in einer Weise, dass seine Gesundheit oder seine Sicherheit gefährdet sind, ist danach der Abschluss eines Begleitungsvertrags zwischen dem Département und dem Erwachsenen vorgesehen. In diesem Zusammenhang ist der gerichtliche Beistand zu sehen, der nur anzuordnen ist, wenn die verwaltungsrechtlichen Instrumente für eine zweckkonforme Verwendung der Sozialleistungen nicht ausreichen. Der gerichtliche Beistand beschränkt sich darauf, Art. 495-4 CC. Aus deutscher Sicht würde man dieses Instrument trotz Zuständigkeit des Vormundschaftsrichters wohl eher im Sozialrecht statt im Personenrecht suchen. Jedenfalls hat es keine Auswirkungen auf die Geschäftsfähigkeit.

Der 2007 eingeführte Vorsorgeauftrag, *mandat de protection future*, schließt eine Vorsorgevollmacht ein, Art. 477 CC.[409] Er kann nur erteilt werden, solange keine Beschränkungen der capacité vorliegen, also nicht nach Anordnung einer tutelle, eingeschränkt bei curatelle, Art. 477 Abs. 2 CC.[410] Der Auftrag kann notariell oder privatschriftlich erteilt werden, was Auswirkungen auf den Umfang der Befugnisse hat. Grundsätzlich kann er sowohl persönlich als auch vermögensrechtliche Angelegenheiten umfassen. Er entfaltet seine Wirkungen mit Eintritt des Vorsorgefalles und ist von Beauftragten persönlich auszuführen, Art. 481 f. CC. Die Vollmacht ist zeitlich begrenzt. Die Beendigungsgründe führt Art. 483 CC auf. Auf die Auswirkungen einer nachträglich angeordneten *curatelle* oder *tutelle* wurde schon hingewiesen. Im Übrigen hat der Richter nach Art. 383 Ziff. 4 CC die Möglichkeit, den Auftrag auf Antrag jedes Dritten, der ein legitimes Interesse hat, zu widerrufen. Das kann z.B. der Ehegatte sein, der geltend macht, die Güterstandsvorschriften seien ausreichend.

408 Zu den Auswirkungen der Maßnahme des Erwachsenenschutzes auf die *capacité* entsprechend deutscher Systematik beim Recht der natürlichen Personen, siehe oben Nr. 95.

409 Siehe oben Nr. 99.

410 Siehe oben Nr. 95.

129

§ 8 Erbrecht

Literatur (Auswahl): *Döbereiner*, in: *Süß* (Hrsg.), Erbrecht in Europa, Länderbericht Frankreich, S. 611 ff., 2. Aufl., 2008 (dort auch umfangreicher Nachweis zur deutschsprachigen Literatur); *Ferid/Sonnenberger*, Das französische Zivilrecht, Bd. 3: Familienrecht, Erbrecht, 2. Aufl., 1987; *Flour/Souleau*, Les successions, 3. Aufl., 1991; *Flour*, Droit civil approfondi, Le passif successoral, 1957; *Grimaldi*, Droit civil, Successions, 6. Aufl., 2001; *Grimaldi*, Droit civil, Partages d'ascendants, 2000; *Grimaldi* (dir.), Droit patrimonial de la famille, Dalloz Action 2008–2009; *Guevel*, Droit des successions et des libéralités, 2009; *Jubault*, Droit civil, Les successions, Les libéralités, 2. Aufl., 2010; *Leroyer*, Droit des successions, 2. Aufl., 2011; *Malaurie*, Les successions, Les libéralités, 4. Aufl., 2010; *Mazeaud/Leveneur*, Successions – Libéralités, 5. Aufl., 1999; *Terré/Lequette*, Droit civil, Les successions, Les libéralités, 3. Aufl.1997; *Voirin/Goubeaux*, Droit privé notarial, Régimes matrimoniaux, Successions-Libéralités, 26. Aufl., 2010.

129. Geschichte des französischen Erbrechts

Im *vorrevolutionären Recht*, also dem *ancien droit*, herrscht auch im Erbrecht die grundsätzliche Spaltung zwischen dem auf dem römischen Recht fußenden *droit écrit* und dem auf germanischer Tradition aufbauenden *droit coutumier*.[411] Im *droit écrit* wird weitgehende Testierfreiheit gewährt. Ohne letztwillige Verfügung erben die Verwandten nach Parentelsystem. Die überlebende Ehefrau erhält die Quart der armen Witwe, *quarte du conjoint pauvre*.[412] Ihre Rechtsstellung wird durch das Institut der *gains de survie*[413] gestärkt, wonach bei Auflösung der Ehe durch den Tod die Mitgift an sie fällt, wenn aus der Ehe keine Abkömmlinge hervorgegangen sind. Hinterlässt der Erblasser Abkömmlinge, erhält sie Nießbrauch. Zusätzlich zur Mitgift fällt ein weiterer Geldbetrag zu Eigentum oder Nießbrauch an die überlebende Ehefrau *augment de dos*. Das *droit coutumier* wird von dem Grundgedanken der Erhaltung des Vermögens in der Familie beherrscht.[414] Dabei ist zwischen dem durch den Erblasser selbst erworbenen Vermögen, *acquêts* oder auch *conquêts*, und dem aus der Familie stammenden Immobiliar- (*propres*) und Mobiliarvermögen (*meubles*) zu unterscheiden. Nur über die *acquêts* und die *meubles* durfte der Erblasser letztwillig verfügen. Das Immobiliarvermögen, also die *propres*, musste dagegen zu vier Fünfteln den Abkömmlingen erhalten bleiben oder fiel in die väterliche und mütterliche Familie zurück, wenn der Erblasser keine Abkömmlinge hatte. Um die Zersplitterung des Familienvermögens unter mehreren Abkömmlingen zu verhindern, entstand für den Nachlass des Adels das

411 Oben Nr. 1.

412 *Malaurie/Aynès* Nr. 81.

413 *Fröschle*, Die Entwicklung der gesetzlichen Rechte des überlebenden Ehegatten, 1996, S. 37 f.

414 Vgl. *Malaurie/Aynès* Nr. 17.

Vorrecht des erstgeborenen männlichen Nachfolgers. Nichteheliche Kinder waren von der Erbfolge ausgeschlossen. Die Ehefrau hatte Anrecht auf das im Ehevertrag vereinbarte Witthum, den *douaire conventionnel*, wonach sie zumeist Nießbrauch an einen Teil der *propres* des Mannes bei dessen Tod erwarb.[415] Weiter war ihre Rechtsstellung durch den *douaire légal* gestärkt, wonach die überlebende Ehefrau wahlweise anstelle eines vereinbarten *douaire* die Hälfte des Vermögens des Ehemanns zum Zeitpunkt der Eheschließung beim Tod des Ehemanns erhalten konnte.[416]

Während der *Revolutionszeit* werden zunächst die Privilegien im Erbrecht abgeschafft: Das Vorrecht des erstgeborenen männlichen Nachfolgers fällt; die Diskriminierung nichtehelicher Kinder und von Ausländern wird aufgehoben. Das Décret vom 17. Nivôse II (6. Januar 1794) führt den Grundsatz der Nachlasseinheit ein und verbietet damit die Sondererbfolgen insbesondere für Familienvermögen. Die Testierfreiheit wird auf ein Mindestmaß, ein Zehntel bei Verwandten in gerader Linie, ein Sechstel bei Verwandten in der Seitenlinie, eingeschränkt, um die gesetzliche Erbfolge vor abweichenden Anordnungen des Erblassers zu schützen. Gesetzliche Erben sind die Verwandten nach Parentelsystem.[417] Der Ehegatte ist einer der großen Verlierer der Revolution:[418] Die *quarte du conjoint pauvre* wie die *gains de survie* werden aufgehoben, so dass er nur Erbe wird, wenn keine Verwandten des Erblassers mehr leben.

Der CC von 1804 schafft ein Mischsystem zwischen Testierfreiheit und gesetzlichem Erbrecht, indem das Vermögen des Erblassers in einen Teil, über den der Erblasser letztwillig verfügen kann, *quotité disponible*, und einen Teil, *réserve*, der den gesetzlichen Erben vorbehalten bleibt, aufgespalten wird. Sondererbfolgen bleiben auf Ausnahmefälle beschränkt. Die anerkannten nichtehelichen Kinder werden wieder zurückgesetzt. Ehebruchs- und Inzestkinder bleiben von der Erbfolge ausgeschlossen, Art. 764 CC a.F. Die Position des Ehegatten wird nur geringfügig verstärkt; er bleibt auf die güterrechtlichen Ansprüche verwiesen. Das Erbrecht des CC bleibt bis zu umfassenden Reformen im Jahre 2001[419] und 2006[420] weitgehend unverändert und wird nur in Detailfragen novelliert. So wird die Diskriminierung nichtehelicher Kinder nur schrittweise abgebaut und erst nach einem Urteil des EGMR vom 1. Februar

415 *Malaurie/Aynès* Nr. 81.

416 Vgl. *Fröschle*, Fn. 413, S. 35 f.

417 *Malaurie/Aynès* Nr. 18.

418 *Terré/Lequette* Nr. 264 bezeichnen den Ehegatten als „*un des grands perdants*“ der Revolution.

419 Loi Nr. 2001-1135 du 3 décembre 2001 relative aux droits du conjoint survivant et des enfants adultérins et modernisant diverses dispositions de droit successoral.

420 Loi Nr. 2006-728 du 23 juin 2006 relative aux successions et des libéralités. Dazu: D. 2006, 2550 (Spezialheft); *Leroyer*, RTD civ. 2006, 612; *Forgeard/Crône/Gelot*, Le nouveau droit des successions et des libéralités, 2007; *Klima*, Reform des Erbrechts und der Vermögensübertragung in Frankreich, ZEV 2006, 440; *Gresser*, Grundzüge des geänderten französischen Erbrechts (ab 1.1.2007), ZErb 2006, 407.

2000[421] durch Gesetz vom 3. Dezember 2001 vollständig beseitigt. Diese Reform verbessert auch die Stellung des Ehegatten maßgeblich. Er erhält eine eigene vollwertige Beteiligung am Nachlass auch neben Erben der ersten und zweiten Ordnung. Das Gesetz vom 23.6.2006 hat eine Vielzahl weiterer Reformansätze[422] wieder aufgegriffen und den Versuch unternommen, das Erbrecht umfassend den modernen Bedürfnissen einer alternden Gesellschaft anzupassen.

130. Die Stellung des Erbrechts im Code Civil

Das Erbrecht ist im CC im dritten Buch über die verschiedenen Arten, wie man Eigentum erwirbt, geregelt. Mit *successions* ist dabei nach der Terminologie des Gesetzes nur die gesetzliche Erbfolge gemeint, die im ersten Titel des dritten Buches geregelt ist, Art. 720 ff. CC. Nur hier spricht das Gesetz von Erben, *héritiers*. Die rechtsgeschäftliche Erbfolge im deutschen Sinn ist gemeinsam mit den Schenkungen unter Lebenden Gegenstand des zweiten Titels des dritten Buches, der von den Zuwendungen handelt, *libéralités*, Art. 893 ff. CC. Der testamentarisch Eingesetzte heißt Vermächtnisnehmer, *légataire*, unabhängig davon, ob ihm der gesamte Nachlass oder nur ein bestimmter Nachlassgegenstand vermacht wird.

Das hat zur Folge, dass im deutschen Recht gemeinsam geregelte Fragen wie die Erbunwürdigkeit oder Annahme der Erbschaft für die gesetzliche und rechtsgeschäftliche Erbfolge eigene Regelungen erhalten, z. B. Erbunwürdigkeit: *indignité* für die gesetzliche Erbfolge und *révocation pour ingratitude* für die rechtsgeschäftliche, oder jedenfalls die entsprechende Anwendung der Regelungen über die gesetzliche Erbfolge auch für die rechtsgeschäftliche angeordnet wird, z. B. in Art. 724-1 CC für die *option successorale* für *légataires universels* oder *à titre universel*.

131. Erbfall

Der Erbfall, *ouverture de la succession*, ist der Tod des Erblassers, Art. 720 CC. Er wird durch die Sterbeurkunde, *l'acte du décès*, Art. 79 CC, nachgewiesen. Bei Verschollenheit begründet die gerichtliche Todeserklärung die Wirkungen, die der Tod des Verschollenen hätte. Der CC unterscheidet zwischen den Fällen der Verschollenheit, die mit einer besonderen Lebensgefährdung begonnen haben, Art. 88 Abs. 1 CC, *disparition*, und der allgemeinen Verschollenheit, Art. 112 CC ff., *absence*. Die gerichtliche Todeserklärung hat im Fall der *disparition* die Wirkungen einer Sterbeurkunde, Art. 88 Abs. 1 CC.

---

421 *Mazurek c. France*, D. 2000 J 232 Anm. *Thierry*.

422 Zu nennen ist insbesondere die aus dem Kreis der Wissenschaft erarbeitete *Offre de loi*: *Carbonnier/Catala/Bernard de Saint Affrique/Morin*, Des Libéralités, Une offre de loi, 2003.

Die gerichtliche Verschollenheitserklärung im Fall der *absence* führt zu den Wirkungen, die einträten, wenn der Verschollene verstorben wäre, Art. 128 Abs. 1 CC. Taucht der Verschollene wieder auf, wird die Nachlassabwicklung im Fall bei *absence* wie bei *disparition* rückgängig gemacht, Art. 130, 92 Abs. 2 CC.

Der Zeitpunkt des Erbfalls wird in der Sterbeurkunde, *l'acte de décès*, Art. 79 Nr. 1 CC, auf Tag und Stunde festgehalten. Versterben zwei Personen bei einem gleichen Ereignis und lässt sich nicht ermitteln, welche Person zuerst verstorben ist, sieht Art. 725-1 CC folgende Regelung vor: Bei der Erbfolge nach dem einen der Erblasser bleibt der jeweils andere unberücksichtigt. Etwas anderes gilt nur, wenn einer der Verstorbenen Abkömmlinge hinterlässt. Sie können als Repräsentanten[423] des Verstorbenen auch bei der Erbfolge nach dem anderen Erblasser berücksichtigt werden, Art. 725-3 CC.

132. Nachlass

Der Nachlass setzt sich aus dem *gesamten Aktiv- und Passivvermögen* des Erblassers zusammen. Ausgeschlossen sind höchstpersönliche und unübertragbare Rechte: Dazu gehören etwa Leibrenten, Art. 1982 CC, der Nießbrauch, Art. 617 CC, und Unterhaltsansprüche. Auch Pflichten, die mit dem Tod des Schuldners erlöschen, sind nicht Teil des Nachlasses, z.B. der Auftrag, Art. 2003 CC. Nicht in den Nachlass fallen im Grundsatz Nichtvermögensrechte, es sei denn, sie sind bereits vom Erblasser rechtshängig gemacht.[424] Von diesem Grundsatz gibt es Ausnahmen: So ist etwa das Urheberpersönlichkeitsrecht vererblich, Art. L 121-1 Abs. 4 CPI, oder kann die Vaterschaft des Erblassers auch von den Erben angefochten werden, Art. 322 CC. Schadensersatzansprüche wegen der Verletzung von Nichtvermögensrechten fallen dagegen in den Nachlass, auch wenn sie der Erblasser noch nicht geltend gemacht hat. Persönlichkeitsrechte erlöschen mit dem Tod;[425] die Erben können aber wegen einer Beeinträchtigung ihrer eigenen Persönlichkeitsrechte durch die Verunglimpfung der Verstorbenen Ansprüche geltend machen.[426]

Bis zur Reform des Jahres 2001 ist in Art. 732 CC a.F. der *Grundsatz der Nachlasseinheit* kodifiziert. Danach spielt die Natur und die Herkunft eines Nachlassgegenstands keine Rolle. Der gesamte Nachlass ist nach den Regelungen des CC abzuwickeln. Der Sache nach gilt der Grundsatz weiter. Er ist aber durch ergänzendes oder ersetzendes Sonderrecht und erbrechtlich zu qualifizierende Rückfallrechte (*droit de retour*) angetastet. Neben das Erbrecht im

423 Unten Nr. 134.
424 Cass.Civ. vom 14.2.1995, D 1995 IR 69.
425 Oben Nr. 96.
426 Oben Nr. 96. Vgl. auch Art. 34 des Pressegesetzes (Loi vom 29.7.1881).

CC treten zahlreiche *Sonderregelungen*, die die Regelungen des CC ergänzen oder ersetzen.

Verdrängendes Sonderrecht gilt etwa im Sozialversicherungsrecht oder Urheberrecht.[427] *Lebensversicherungen* fallen nicht in den Nachlass, Art. L 132-12 CAss. Weder die Versicherungssummen noch die gezahlten Versicherungsprämien sind den Regeln über Anrechnung, *rapport*,[428] *réduction*,[429] unterworfen, sofern die Versicherungsprämien gemessen an der wirtschaftlichen Lage des Erblassers nicht übermäßig hoch waren, Art. L 132-13 CAss. Die *Landwirtschaftspacht*, *baux ruraux*, geht auf den Ehegatten, Lebenspartner eines PACS,[430] die Aszendenten und Abkömmlinge über, die im landwirtschaftlichen Betrieb mitgearbeitet haben, Art. L 411-34 Abs. 1 CRur. Eine ausschließliche, gerichtliche Zuweisung ist möglich. Gemäß Art. 1751 Abs. 3 CC geht die *Wohnraummiete* an der gemeinsamen Ehewohnung ausschließlich auf den Ehegatten über, der gemäß Art. 1751 Abs. 1 CC als Vertragspartner gilt, auch wenn der andere Ehegatte den Mietvertrag nur im eigenen Namen abgeschlossen hat. Die Vorschrift gilt nicht für nichteheliche Lebenspartner oder Lebenspartner eines PACS. Im Übrigen greift bei der Wohnraummiete, *bail d'habitation*, Art. 14 Abs. 2 der Loi vom 6.7.1989, Nr. 89-462, sog. *Loi Mermaz-Malandain*: Der Wohnmietvertrag des Erblassers geht auf den Ehegatten oder den Lebenspartner eines PACS über. Daneben treten auch Aszendenten, Abkömmlinge, der nichteheliche Lebensgefährte, *concubin notoire*, und Personen zu Lasten, *personne à charge*, in das Mietverhältnis ein, wenn sie mindestens seit einem Jahr vor dem Tod zusammen mit dem Erblasser in der Wohnung lebten. Auch hier ist eine ausschließliche, gerichtliche Zuweisung an eine der aufgeführten Personen möglich.

Eine weitere Ausnahme gilt für Familienerinnerungsstücke, *souvenirs de famille*.[431] Sie kennzeichnen sich regelmäßig dadurch, dass der ideelle Wert den Vermögenswert übersteigt. Beispiele aus der Rechtsprechung sind Familienurkunden, Porträts von Familienangehörigen oder Familienschmuck. Sie werden vom Gericht dem Familienmitglied zugesprochen, das es als geeignetes ansieht, ohne dass die allgemeinen erbrechtlichen Regelungen über Erbnachfolge und Auseinandersetzung zum Tragen kommen. Es handelt sich um eine Schöpfung der Rechtsprechung. Zahlreiche Fragen sind ungeklärt: Die Familienerinnerungsstücke sind wohl nicht übertragbar und nicht pfändbar; der Erblasser hat aber die Möglichkeit, einen Vermächtnisnehmer zu bestimmen. Am besten wird die Rechtsnatur als eine Art Gemeinschaftseigentum der Familie umschrieben, das einem Familienangehörigen zur Verwahrung überge-

427 Altersrente: Art. L 361-1 CSS; Witwen- und Todesfallrente: Art. L 361-1, L 361-4 CSS; Urheberrecht: s. Art. L 121-1, L 121-2 Abs. 2, L 123-4, L 123-6. L 123-7 CPI.

428 Unten Nr. 142.

429 Unten Nr. 138.

430 Oben Nr. 122.

431 *Malaurie/Aynès* Nr. 31.

ben wird. Der *Körper des Erblassers* ist nicht Teil des Nachlasses. Soweit der Erblasser nicht selbst über seine Bestattung entschieden hat, bestimmt das Gericht die Person, die über die Bestattung entscheidet.[432] Die Beerdigungskosten treffen die gesetzlichen Erben nicht als Nachlassschuld. Sie sind Ausfluss des Eltern-Kind-Verhältnisses oder der Ehe selbst, Art. 371, 205, 212 CC: Sie lasten auf den Verwandten und dem Ehegatten auch, wenn sie das Erbe ausgeschlagen haben oder der Nachlass unzureichend ist.[433] Diese von der Rechtsprechung entwickelte Lösung hat der Gesetzgeber durch die Reform von 2006 in Art. 806 CC anerkannt. Eine Familiengrabstätte gilt als der Familie insgesamt zustehend, *indivision perpétuelle*, wobei die Kosten der Grabpflege, die ein Familienmitglied übernimmt, nicht erstattungsfähig sind.[434]

Der Begünstigte eines *Rückfallrechts, droit de retour*, erhält aus dem Nachlass die Güter zurück, die er dem Erblasser geschenkt hat oder ihm werden die Güter, die der Erblasser als Erbschaft von einem gemeinsamen Vorfahren erhalten hat, zugewiesen. Man spricht von Sondererbfolgen, *succession particulière*, *spéciale* oder *anomale*. In seiner ursprünglichen Funktion dient das *droit de retour* dazu, dass Familiengüter der Familie erhalten bleiben. Von den im ursprünglichen CC enthaltenen *droits de retour* hat sich nur noch das Rückfallrecht bei der einfachen Adoption erhalten. Das durch die Reform von 2006 eingeführte Rückfallrecht der Geschwister soll in erster Linie ausgleichen, dass der Ehegatte beim gesetzlichen Erbrecht den Geschwistern des Erblassers vorgeht. Nicht zu einer Partikularsukzession führt dagegen das neu durch die Reform von 2001 eingeführte *droit de retour* der Eltern des Erblassers: das Rückfallrecht der Eltern übernimmt die Funktion des Pflichterbrechts und sichert ihnen eine Mindestbeteiligung am Nachlass.

Art. 368-1 CC gewährt bei der *einfachen Adoption*, *adoption simple*, den Adoptiveltern oder deren Abkömmlingen wie den leiblichen Eltern oder deren Abkömmlingen ein *Rückfallrecht* der Güter, die sie dem Erblasser geschenkt haben oder die der Erblasser als Erbe nach den Adoptiveltern oder den leiblichen Eltern erhalten hat. Voraussetzung ist, dass der Erblasser weder Abkömmlinge noch einen Ehegatten hinterlässt. Die Güter müssen sich noch in natura im Nachlass befinden. Eine dingliche Surrogation findet nicht statt. Wurde das Gut veräußert und ist es später in das Vermögen des Erblassers zurückgekehrt, ist danach zu differenzieren, ob die Veräußerung infolge rückwirkender Vernichtung rückabgewickelt oder ob das Gut zurückerworben wurde. Nur im ersten Fall greift das Rückfallrecht. Eine Ausnahme gilt für Geld: Solange ausreichend Geldvermögen im Nachlass ist, kann das *droit de retour* ausgeübt werden, auch wenn sich die bestimmten Geldscheine nicht mehr im

432 Vgl. dazu auch oben Nr. 96; *Malaurie/Aynès* Nr. 32. Zum Schicksal von Gräbern, Grabplätzen oder öffentlich-rechtlichen Friedhofskonzessionen siehe ebendort Nr. 34.

433 Cass.Civ. vom 28.1.2009, D 2009, 1927 Anm. *Raoul-Corneil*.

434 Vgl. *Malaurie/Aynès* Nr. 33.

Nachlass befinden.[435] Hat der Erblasser die Güter vermacht, ist das *droit de retour* ausgeschlossen.[436] Hinterlässt der Erblasser keinen Ehegatten, dafür aber seine Adoptiveltern oder seine leiblichen Eltern, findet Art. 738-2 CC neben Art. 368-1 CC Anwendung. Das ist dann von Bedeutung, wenn sich die betroffenen Güter nicht mehr im Nachlass befinden, da Art. 738-2 CC im Gegensatz zu Art. 368-1 CC Wertersatz gewährt.[437] Das *droit de retour* ist erbrechtlich zu qualifizieren. Der Begünstigte ist Erbe, *successeur à titre universel*. Damit ist sein Recht ausgeschlossen, wenn er erbunwürdig ist. Die Vorschriften über Annahme und Ausschlagung sind anzuwenden.[438] Zudem trifft den Begünstigten anteilig die Erbenhaftung.[439] Es kommt damit zur Nachlassspaltung: Zwei Erbgänge erfolgen, der allgemeine und der besondere. Beide Teilnachlässe werden jeweils unabhängig wie der Gesamtnachlass behandelt. Damit fallen die Gegenstände, auf die das *droit de retour* Anwendung findet, nicht in den allgemeinen Nachlass. Eine Person, die sowohl Erbe als auch Inhaber eines erbrechtlichen *droit de retour* ist, kann damit unabhängig voneinander die Erbenstellung als Inhaber des *droit de retour* ausschlagen und den Anteil am übrigen Nachlass annehmen.

Das *droit de retour der Geschwister* nach Art. 757-3 CC besteht nur, wenn der Erblasser keine Abkömmlinge hinterlässt und die Eltern des Erblassers vorverstorben sind. Die Geschwister erhalten die Hälfte der Güter, die der Erblasser durch Schenkung oder Erbgang von einem mit der (Halb-)Schwester oder dem (Halb-)Bruder gemeinsamen Vorfahren empfangen hat. Die Güter müssen sich noch in natura im Nachlass befinden. Eine dingliche Surrogation findet nicht statt, so dass Schadensersatzansprüche oder Ersatzgegenstände nicht herausverlangt werden können. Für Geldsummen wird in der Lehre im Unterschied zur Rechtslage beim *droit de retour* bei der einfachen Adoption vertreten, dass sie auch dann nicht stattfindet, wenn noch ausreichend Geldvermögen im Nachlass vorhanden ist.[440] Das *droit de retour* fällt weg, wenn der Erblasser die betroffenen Gegenstände testamentarisch als *legs universel* oder *particulier* vermacht hat.[441] Auch dann befinden sich die Güter nicht mehr in natura im Nachlass, so dass das *droit de retour* ausscheidet. So besteht für den Erblasser die Möglichkeit, das Rückfallrecht der Geschwister durch testamentarische Verfügung ganz auszuschließen: Voraussetzung dafür ist, dass der Erblasser dem Vermächtnisnehmer gerade den besonderen Teilnachlass mit den von den

---

435 *Grimaldi*, Successions, 257 mit Nachweis aus der Rechtsprechung.

436 Cass.Civ. vom 13.6.1961, Gaz. du Pal. 1961, 2, 362 für ein *legs à titre particulier*.

437 *Leroyer* Nr. 171 m. N. zur Gegenauffassung. Zu Art. 738-2 CC siehe unten Nr. 134.

438 Unten Nr. 140.

439 Vgl. Cass. Ch. réunies 2.7.1903, G.A. Nr. 133-136.

440 *Catala* in: JCl. civ. Art. 756 à 767 CC, Fasc. 10, Stand 01/2007, Nr. 97.

441 Das gilt nach umstrittener Ansicht auch dann, wenn sie im Rahmen der Durchsetzung eines Pflichterbrechts durch *action en réduction* wieder in den Nachlass gelangen, vgl. *Leroyer* Nr. 176.

Vorfahren empfangenen Gütern zugewandt hat.[442] Das lebenslange Wohn- und Nutzungsrecht des Ehegatten gemäß Art. 764 CC[443] an einer Wohnung, die zugleich Gegenstand eines *droit de retour* der Geschwister ist, bleibt erhalten. Die Geschwister erhalten nur das hälftige, mit dem Wohn- und Nutzungsrecht belastete Eigentum.[444] Sie sind zur Hälfte als Partikularerben der betroffenen Gegenstände berufen. Es handelt sich auch hier um ein Erbrecht, so dass die Annahme der Partikularerbschaft erforderlich ist und das *droit de retour* der Geschwister bei Erbunwürdigkeit ausgeschlossen ist. Eine Ausschlagung ist möglich. Da das *droit de retour* die Geschwister nur zur Hälfte an den Gegenständen des Partikularnachlasses beteiligt, entsteht mit dem Ehegatten als gesetzlichem Erben der anderen Hälfte eine *indivision successorale*.

Das *droit de retour der Eltern* des Erblassers nach Art. 738-2 CC hat mit den Rückfallrechten der Art. 368-1 und 757-3 CC nur den Namen gemein. Es dient als Pflichterbrechtsersatz und führt nicht zu einer Partikularsukzession. Voraussetzung ist, dass der Erblasser keine Nachkommen hat und Vater und/oder Mutter noch leben. Streitig ist, ob das *droit de retour* auch dann Anwendung findet, wenn der Ehegatte des Erblassers noch lebt. Dagegen spricht die systematische Stellung der Regelung in einem Abschnitt über die Rechte der Eltern, wenn kein überlebender Ehegatte vorhanden ist. Außerdem ist das *droit de retour* von Vater und Mutter anders als das der Geschwister in Art. 757-3 CC in der Regelung der Erbberechtigung des Ehegatten in Art. 757-1 CC nicht ausdrücklich vorbehalten. Allerdings schwebte dem Gesetzgeber vor, den Eltern ein den Geschwistern vergleichbares Recht zu schaffen, so dass nach historischer Auslegung das *droit de retour* gemäß Art. 738-2 CC auch dann eingreift, wenn der Ehegatte den Erblasser überlebt hat.[445] Das betroffene Gut muss dem Erblasser von Vater oder Mutter geschenkt worden sein. Das *droit de retour* gilt nicht für durch Erbgang erworbene Güter. Streitig ist weiter, ob sich das Viertel, das Art. 738-2 CC Vater und Mutter zuweist, auf den Nachlass oder auf die Güter bezieht, an denen ein *droit de retour* besteht. Während der Wortlaut eher für die zweite Variante streitet, spricht für die erste, dass nur so ein Ausgleich für den Verlust des Pflichterbrechts der Eltern geschaffen wird.[446] Die Rückgewähr erfolgt grundsätzlich in natura. Übersteigt der Wert der Güter den Wert eines Viertels der Erbschaft, erhalten die Eltern nur Wertersatz in Höhe eines Viertels des Nachlasswerts. Das Gleiche gilt bei Veräußerung des Guts oder testamentarischer Verfügung durch den Erblasser. Wenn Vater und Mutter Erben sind, wird das *droit de retour* auf ihren Erbteil angerechnet. Es kommt dann nicht zu einer Partikularsukzession. Das Rückfallrecht wirkt wie eine Auseinandersetzungsregel. Eine Ausschlagung des Rückfallrechts und

---

442 *Leroyer* Nr. 176.
443 Unten Nr. 134.
444 *Réponse ministérielle* n° 104803, JOAN, Q vom 14.11.2006, S. 11972.
445 *Leroyer* Nr. 179.
446 *Leroyer* Nr. 179.

eine Annahme der Erbschaft im Übrigen scheiden damit aus. Als Pflichterbrechtsersatz wirkt das *droit de retour* im Fall der Enterbung. Zwar ist es möglich, die Güter, an denen das Rückfallrecht besteht, durch Vermächtnis Dritten zuzuwenden. In diesem Fall steht Vater und Mutter aber der Wert in Geld aus dem Nachlass zu. Abschließend sei vermerkt, dass das Wohn- und Nutzungsrecht des Ehegatten nach Art. 763[447] und 764 CC[448] durch das *droit de retour* nicht beeinträchtigt wird.[449]

133. Hinweise zum Erbschaftsteuerrecht

Zwischen Deutschland und Frankreich gilt das deutsch-französische Doppelbesteuerungsabkommen vom 12.10.2006.[450] Zum internen französischen Recht der Schenkung- und Erbschaftsteuer s. *Malaurie/Aynès* Nr. 127–129 und *Döbereiner* Rn. 194–217.

134. Gesetzliche Erbfolge

Gesetzlicher Erbe kann nur sein, wer erbfähig und nicht erbunwürdig ist. *Erbfähig* ist, wer am Tag der Eröffnung der Erbfolge lebt oder bereits gezeugt ist und später lebensfähig geboren wird, Art. 725 CC. Im französischen Recht wird auch die *Erbunwürdigkeit*, *indignité*, als Teil der Erbfähigkeit und damit als Ausschnitt der Rechtsfähigkeit eingeordnet. Erbunwürdigkeitsgründe sind Straftaten gegen den Erblasser. Erbunwürdigkeit ist Folge der strafrechtlichen Verurteilung und setzt sie notwendig voraus. Sie wird folglich als Privatstrafe angesehen.[451] Zu unterscheiden ist zwischen ipso iure eintretender und durch Gerichtsurteil festzustellender Erbunwürdigkeit. In Art. 726 CC sind die Gründe abschließend aufgezählt, bei deren Vorliegen der Erbe kraft Gesetzes, *de plein droit*, von der Erbfolge ausgeschlossen ist. Daneben regelt Art. 727 CC weitere Gründe, bei denen die Erbunwürdigkeit durch Klage eines anderen Erben oder der Staatsanwaltschaft, *ministère public*, wenn keine Erben vorhanden sind, geltend zu machen ist, Art. 727-1 CC.[452]

---

447 Unten Nr. 134.

448 Unten Nr. 134.

449 Vgl. dazu *Malaurie/Aynès* Nr. 125.

450 BGBl. 2007 II S. 1402, 1403 ff. Siehe dazu *Jülicher*, Das neue DBA Frankreich-Deutschland zur Erbschafts- und Schenkungssteuer, IStR 2007, 85; *von Oertzen/Schienke*, Die Besteuerung deutsch-französischer Erbfälle nach Inkrafttreten des ErbSt-DBA zwischen Deutschland und Frankreich, ZEV 2007, 406. Das Abkommen ist am 3. April 2009 in Kraft getreten, BGBl. 2009 II S. 596.

451 Cass.Civ. vom 18.12.1984, Bull.Civ. I, n° 340.

452 Neben den gesetzlichen Erben, *héritiers*, sind auch Vermächtnisnehmer, *légataires*, zur gerichtlichen Geltendmachung berechtigt, *Terré/Lequette* Nr. 51 – auch wenn der Wortlaut das nicht umfasst. Gläubiger können dagegen die Erbunwürdigkeit nicht geltend machen, auch nicht im Wege einer *action oblique*, dazu oben Nr. 91, 100.

Erst die gerichtliche Erbunwürdigkeitserklärung führt hier zum Ausschluss von der Erbfolge. Seit der Reform vom Dezember 2001 kann der Erblasser die Wirkungen der Erbunwürdigkeit ausschließen, indem er verzeiht. Erforderlich ist eine ausdrückliche Erklärung in der für ein Testament vorgesehenen Form, Art. 728 CC. Der Erbunwürdige hat die Erbschaft an den Erben herauszugeben, *action en revendication*.[453] Dritte, die vom Scheinerben erworben haben, werden durch die Grundsätze des gutgläubigen Erwerbs, *apparence*,[454] geschützt. Der Erbunwürdige ist nur von der gesetzlichen Erbfolge nach einer bestimmten Person, der gegenüber er sich vergangen hat, ausgeschlossen. Für Schenkungen oder testamentarische Zuwendungen gilt die unten zu behandelnde *révocation pour ingratitude*. Der Ausgeschlossene nimmt an der Erbfolge teil, soweit er als Repräsentant der Person berufen ist, der gegenüber er erbunwürdig ist: So beerbt etwa der Vatermörder seinen Großvater als Repräsentant des ermordeten Vaters. Entscheidend ist, ob der Repräsentierte selbst erbunwürdig ist. Seit der Reform vom Dezember 2001 sind die Abkömmlinge des Erbunwürdigen als dessen Repräsentanten an der Erbfolge beteiligt, Art. 729-1 CC. Um zu verhindern, dass der Erbunwürdige indirekt vom Nachlass profitiert, ist das Nutzungsrecht, das er als Vater oder Mutter des Erben kraft Repräsentation hätte, für diesen Fall aufgehoben, Art. 729-1 CC a.E. Art. 755 Abs. 2 CC sichert den nach dem Erbfall geborenen Erben des Erbunwürdigen eine Beteiligung am fiktiven Erbteil des Erbunwürdigen: Wird der Erbunwürdige nach Abwicklung des Erbfalls erneut Vater, muss das Kind, das den erbunwürdigen Vater repräsentiert hat, bei dessen Erbfall sich den erhaltenen Erbteil als Vorausempfang auf seinen Erbteil als Erbe des erbunwürdigen Vaters anrechnen lassen, *rapport*.[455] So soll sichergestellt werden, dass Nachgeborene nicht darunter leiden, dass ein Lebender repräsentiert wurde.

Gesetzliche Erben sind die *Verwandten* und der *Ehegatte* des Erblassers.

Die *Verwandten* erben nach *Ordnung*, *ordre*, und *Grad*, *degré*. Die höherrangige Ordnung schließt die niedere Ordnung von der Erbfolge aus. Innerhalb einer Ordnung schließt der gradnähere den gradferneren Verwandten aus; gradgleiche Verwandte erben zu gleichen Teilen. Als Ausnahme zur Bestimmung der Erben nach dem Verwandtschaftsgrad gelten das Repräsentationsprinzip und die Linearteilung, *fente*. Art. 734 CC sieht vier *Erbordnungen* vor. Die erste Ordnung umfasst die Abkömmlinge, *descendant*, des Erblassers, Art. 734 Nr. 1 CC. Die zweite Ordnung besteht aus Vater und Mutter, Brüdern und Schwestern und ihren Abkömmlingen, Art. 734 Nr. 2 CC. Dabei war zunächst umstritten, ob Vater und Mutter auch dann Erben der zweiten Ordnung sind, wenn der Erblasser keine Geschwister oder Abkömmlinge seiner Ge-

453 Vgl. *Grimaldi*, Successions, Nr. 525; *Mazeaud/Leveneur* Nr. 1262; *Ferid/Sonnenberger* 5 D 433 und allgemein oben Nr. 113.

454 Allgemein zur *apparence* oben Nr. 91.

455 Unten Nr. 142.

schwister hinterlässt. Der 2006 neu eingefügte Art. 738-1 CC gibt die Antwort: Die Erbfolge wird dann so behandelt, dass Vater und Mutter Erben der dritten Erbordnung sind. Hinterlässt der Erblasser Vater und Mutter, wirkt sich das im Ergebnis nicht aus: Sie schließen alle weiteren direkten Verwandten in aufsteigender Linie aus, weil sie die gradnäheren Verwandten sind. Hinterlässt der Erblasser aber nur Vater oder Mutter und sind andere Verwandte in aufsteigender Linie vorhanden, etwa ein Großvater der anderen Linie, wird so das Eingreifen der unten zu behandelnden *fente* ermöglicht, die zur Gleichbehandlung der mütterlichen und der väterlichen Linie führt. Sind Vater und Mutter vorverstorben und nur Geschwister oder deren Abkömmlinge vorhanden, erben sie vorrangig vor Verwandten der dritten und vierten Ordnung. Die dritte Ordnung umfasst die anderen Aszendenten als Vater und Mutter. Die anderen Seitenverwandten außer den Geschwistern sowie deren Abkömmlinge bis einschließlich des sechsten Verwandtschaftsgrads bilden die vierte Ordnung, Art. 745 CC.

Innerhalb einer Ordnung schließt der *Gradnähere* den *Gradferneren* aus. Bei gleichem Grad wird der Erbteil nach Köpfen gleichmäßig verteilt, Art. 744 Abs. 1, 2 CC. Für die zweite Ordnung gilt eine Sonderregelung: Hier erben die Eltern je ein Viertel und der Rest wird auf die Geschwister und deren Abkömmlinge verteilt, Art. 738 CC. Zur Bestimmung des *Verwandtschaftsgrads* ist die Zahl der Generationen entscheidend, Art. 743 CC. Als Ausnahme zur Regel des Grads ist die *Repräsentation*, *représentation*, konzipiert, Art. 751-755 CC. Sie schafft Gleichheit zwischen Stämmen von Abkömmlingen des Erblassers, Art. 752 CC, oder von Abkömmlingen der privilegierten Seitenverwandten, d.h. Geschwister und Geschwisterkinder, Art. 752-2 CC. Bei Aszendenten gilt sie nicht, Art. 752-1 CC. Die *représentation* bewirkt, dass an die Stelle des von der Erbfolge Ausgeschlossenen sein vom Grad nächster erbfähiger Abkömmling tritt. Gradgleiche Abkömmlinge treten nach Kopfteilen ein, Art. 753 CC. Neben dem Vorversterben löst auch die Erbunwürdigkeit und der Erbverzicht die *représentation* aus, Art. 754 S. 1, 729-1, 754 S. 2 CC. Der Eintretende muss selbst erbwürdig sein und darf nicht auf das Erbe verzichtet haben.

Besonderer Schutz für später Geborene wird bei der Repräsentation infolge Ausschlagung und Erbunwürdigkeit gewährt, Art. 755 Abs. 2, 754 Abs. 2 CC. Hier lebt der Vertretene noch, so dass er später noch weitere Abkömmlinge bekommen kann, die – wenn sie schon beim Erbfall gelebt hätten – ebenfalls an die Stelle des Vertretenen getreten wären. Das wird beim Tod des Vertretenen ausgeglichen, indem der im Wege der *représentation* erhaltene Nachlass als Vorausempfang aus dem Nachlass des Vertretenen einbezogen wird, *rapport*.[456]

456 Unten Nr. 142.

Gegenstück zur *représentation* für Abkömmlinge ist die *Linearteilung*, *fente ordinaire* nach Art. 746-750 CC, für Aszendenten und deren Abkömmlinge mit Ausnahme der Geschwister und Geschwisterkinder: Ziel ist die Gleichbehandlung der mütterlich und väterlich aufsteigenden Linie. Sie geht auf die Maxime „di midium paternis, di midium maternis“ zurück. Voraussetzung ist, dass weder Abkömmlinge, noch privilegierte Seitenverwandte den Erblasser überlebt haben. Die *fente ordinaire* kommt damit nur in der dritten[457] (Art. 747 CC) und vierten Ordnung (Art. 749 CC) zum Tragen. Sie setzt voraus, dass entweder Aszendenten *beider Linien, väterlicherseits und mütterlicherseits*, oder nur Seitenverwandte beider Linien den Erblasser überlebt haben. Die *fente* ist nur Ausnahme der Regel zur Bestimmung der Erben nach dem Grad und keine Ausnahme zur Bestimmung der Erben nach der Ordnung, so dass die Ordnung der Aszendenten die der Seitenverwandten ausschließt. Die *fente ordinaire* führt dazu, dass der *Nachlass je zur Hälfte auf die Verwandten der mütterlichen und der väterlichen Linie* verteilt wird. Innerhalb beider Linien schließt ein gradnäherer Verwandter den gradferneren aus; bei gleichem Grad erben sie nach Kopfteilen. Die *fente* findet hier nicht erneut statt, *fente sur fente ne vaut*. Die Erben beider Linien bilden eine Erbengemeinschaft, *indivision*.[458] Wird der Erblasser nur von einem Elternteil überlebt, fällt das Viertel des vorverstorbenen Elternteils dem Ehegatten zu; eine *fente* findet nicht statt, vgl. Art. 757-1 Abs. 2 CC. Hinterlässt der Erblasser keine Eltern, sondern nur andere Aszendenten oder Seitenverwandte aus der mütterlichen oder väterlichen Linie, erhält der Ehegatte den gesamten Nachlass, Art. 757-2 CC. Neben der *fente ordinaire* zur Gleichbehandlung der mütterlich und väterlich aufsteigenden Linie gilt heute bei der einfachen Adoption, *adoption simple*, noch eine *fente particulière* zur Gleichbehandlung der Adoptivfamilie und der Ursprungsfamilie, Art. 368-1 Abs. 2 CC.

Das Erbrecht des überlebenden *Ehegatten*, *conjoint survivant*, ist im Vergleich zum BGB ausserordentlich komplex in den Art. 756ff. CC geregelt. Neben Verwandten steht dem Ehegatten stets ein gesetzliches Erbrecht zu, Art. 756 CC. Voraussetzung ist, dass die Ehe am Todestag besteht und nicht wirksam aufgelöst ist. Die Trennung von Tisch und Bett[459] schließt das Erbrecht des Ehegatten ebenso wenig wie ein eingeleitetes Scheidungsverfahren[460] aus, Art. 732, 301 CC. Dagegen begründet eine erst nach dem Tod geschlossene posthume Ehe[461] kein Erbrecht. Die nachträglich rückwirkende Aufhebung der Ehe, *annulation*,[462] führt auch zum Verlust der erbrechtlichen Stellung, es sei

457 Vater oder Mutter ohne Geschwister des Erblassers und deren Abkömmlinge (= privilegierte Seitenverwandte) sind Erben der dritten Ordnung, vgl. Art. 738-1 CC.

458 Unten Nr. 142.

459 Oben Nr. 121.

460 Oben Nr. 119.

461 Oben Nr. 117.

462 Oben Nr. 117.

denn, der überlebende Ehegatte durfte auf den Bestand der Ehe vertrauen, weil er gutgläubig war, Art. 201 CC. Nur der Ehegatte ist gesetzlicher Erbe, nicht der nichteheliche Lebenspartner. Der *nichteheliche Lebenspartner*, *concubin*, genießt nur schuldrechtlichen Schutz bei der Auflösung der Gemeinschaft: So wird ihm die Möglichkeit gewährt, den Wohnmietvertrag des Erblassers fortzusetzen, wenn er dort mit diesem mindestens ein Jahr vor dem Erbfall wohnte.[463] Der *Partner eines PACS*[464] verfügt darüber hinaus über zusätzlichen Schutz im Falle des Todes seines Lebenspartners, Art. 515-6 CC. Dem überlebenden Partner eines PACS steht wie dem Ehegatten ein Wohnrecht für ein Jahr an der mit dem Erblasser gemeinsam genutzten Wohnung zu, Art. 516-6 Abs. 3, 763 CC. Im Unterschied zur Rechtsposition des Ehegatten ist das Wohnrecht des Lebenspartners eines PACS nicht zwingend und kann vom Erblasser im Testament ausgeschlossen werden.

Eine § 1371 BGB vergleichbare Regelung kennt das französische Recht nicht. Die güterrechtliche Auseinandersetzung[465] erfolgt vor der erbrechtlichen Abwicklung, so dass mit geschickter güterrechtlicher Gestaltung der Nachlass erheblich entwertet werden kann. Beim gesetzlichen Erbrecht des Ehegatten ist danach zu unterscheiden, welche Verwandten neben ihm als Erbe berufen sind. *Neben gemeinsamen Abkömmlingen* hat der Ehegatte ein Optionsrecht, Art. 757 CC. Er kann zwischen dem Nießbrauch am gesamten Nachlass oder dem Eigentum an einem Viertel des Nachlasses wählen. Solange die Optionsmöglichkeit besteht, ist der Nachlass dadurch besonders geschützt, dass er unübertragbar ist, Art. 758-1 CC. Das Optionsrecht ist höchstpersönlich und kann damit von Gläubigern des Ehegatten weder gepfändet noch im Wege einer *action oblique*[466] ausgeübt werden. Zeitlich ist das Optionsrecht beschränkt: Die anderen Erben können den Ehegatten schriftlich auffordern, sein Wahlrecht auszuüben. Kommt er dem innerhalb von drei Monaten nicht nach, wird die Ausübung der Option zugunsten des Nießbrauchs fingiert, Art. 758-3 CC. Verstirbt der Ehegatte, bevor er die Option ausgeübt hat, gilt neben Abkömmlingen die Option zugunsten des Nießbrauchs als ausgeübt, Art. 758-4 CC. Erbt der Ehegatte *neben Abkömmlingen*, die *nicht gemeinsam* von ihm und dem Erblasser abstammen, hat er kein Optionsrecht. Sein Erbteil beträgt ein Viertel des Nachlasses zu Eigentum.

Hat der *neben gemeinsamen Kindern erbende Ehegatte für den Nießbrauch optiert*, so erstreckt sich dieser über alle am Todestag im Eigentum des Erblassers befindlichen Gegenstände, *biens existants*, Art. 757 CC.[467] Damit sind

463 Art. 14 Abs. 2 der Loi vom 6.7.1989, n° 89-462 (sog. *Loi Mermaz-Malandain*). Siehe oben Nr. 132.

464 Oben Nr. 122.

465 Oben Nr. 102.

466 Oben Nr. 91, 100.

467 S. zur Erstreckung des Nießbrauchs auf ausgleichspflichtige Vermächtnisse *Malaurie/Aynès* Nr. 95.

alle Güter, über die der Erblasser unter Lebenden unentgeltlich verfügt hat, nicht betroffen, selbst wenn sie Gegenstand einer Ausgleichspflicht kraft *rapport*[468] oder *réduction*[469] wären. Auf Güter, über die der Erblasser letztwillig verfügt hat, bezieht sich der Nießbrauch nach umstrittener Ansicht nur, soweit sie Gegenstand einer Ausgleichspflicht sind, *legs rapportable*.[470] Betroffen ist der Teil des Nachlasses, auf den sich die Pflichterbrechte beziehen, *réserve*[471]. Die *réserve* besteht damit nur am Eigentum als solchem. Der Nießbrauch steht dem Ehegatten zu. Das Nießbrauchsrecht kann durch Vereinbarung zwischen dem Ehegatten und den übrigen Erben in eine Rentenzahlung, *rente viagère* umgewandelt werden. Eine Umwandlung ist durch gerichtliche Entscheidung auch gegen den Willen der Beteiligten möglich, Art. 760 CC. Nur der Nießbrauch an der Hauptwohnung des überlebenden Ehegatten einschließlich des dazugehörigen Mobiliars kann nicht gegen den Willen des Ehegatten umgewandelt werden, Art. 760 Abs. 3 CC. Eine Ablösung des Nießbrauchsrechts durch eine Geldzahlung, *conversion en capital*, ist nur einverständlich durch Vereinbarung zwischen allen Erben zulässig, Art. 761 CC.

Hat der Ehegatte für den Eigentumsanteil optiert, so ist dieser gemäß Art. 758-5 CC doppelt durch die sog. *masse de calcul* und die *masse d'exercice* beschränkt. Damit sollen zum einen die Testier- und Schenkungsfreiheit des Erblassers erhalten bleiben und zum anderen die Pflichterbrechte der Verwandten geschützt werden. Zunächst ist die *masse de calcul* zu bestimmen. Sie setzt sich aus *biens existants* zusammen. Dabei werden die Güter nicht berücksichtigt, über die der Erblasser unentgeltlich verfügt hat, ohne dass eine Ausgleichspflicht besteht, oder die Gegenstand eines *droit de retour* sind. Fiktiv hinzuzufügen ist der Wert der unentgeltlichen Zuwendungen an den Ehegatten[472] und der ausgleichspflichtigen Zuwendungen an andere Personen, *libéralités rapportables*[473]. Abzuziehen sind die Nachlassschulden. Der wertmäßige Anteil des Ehegatten am Nachlass wird auf der Grundlage der so ermittelten *masse de calcul* errechnet. In einem zweiten Schritt ist die *masse d'exercice* zu bestimmen: Dazu werden von der *masse de calcul* die unentgeltlichen Verfügungen, *libéralités* und *legs*, die ausgleichspflichtig sind oder in die *réserve héreditaire*[474] fallen, abgezogen. Der Ehegatte kann seinen Anteil nur bis zur Höhe der *masse d'exercice* ausüben.

Hinterlässt der Erblasser keine Abkömmlinge, erhält der Ehegatte *neben Vater und Mutter* des Erblassers die Hälfte des Nachlasses zu Eigentum, während

468 Unten Nr. 142.
469 Unten Nr. 138.
470 *Malaurie/Aynès* Nr. 95.
471 Unten Nr. 138.
472 Das wird aus dem Wortlaut von Art. 758-6 CC gefolgert, so *Catala* in: JCl. civ. Art. 756 à 767 CC, Fasc. 10, Stand 01/2007, Nr. 78.
473 Unten Nr. 142.
474 Unten Nr. 138.

Vater und Mutter je ein Viertel zusteht, Art. 757-1 Abs. 1 CC. Ist der Vater oder die Mutter bereits vorverstorben, erhält der Ehegatte drei Viertel und der überlebende Elternteil ein Viertel des Nachlasses, Art. 757-1 Abs. 1 CC. Vater und Mutter steht als Ausgleich ein *droit de retour* zu, Art. 738-2 CC.[475] Hat nur ein Elternteil überlebt und ist die Nachlassverteilung damit drei Viertel zugunsten des Ehegatten und ein Viertel zugunsten des überlebenden Elternteils, können weitere Aszendenten, sog. *ascendents ordinaires*, aus der jeweils anderen Linie, z.B. Aszendenten aus der mütterlichen Linie, wenn der Vater überlebt, bei Bedürftigkeit einen Unterhaltsanspruch gegen den Nachlass haben, Art. 758 CC. *Neben privilegierten Seitenverwandten* erhält der Ehegatte den gesamten Nachlass zu Eigentum. Den privilegierten Seitenverwandten, d.h. den Geschwistern und deren Abkömmlingen, steht zum Ausgleich ein *droit de retour* zu: Sie erhalten die Hälfte der Güter, die der Erblasser von einem gemeinsamen Aszendenten erhalten hat, sofern sie sich noch im Nachlass befinden, Art. 757-3 CC.[476] *Neben sonstigen Aszendenten oder nicht privilegierten Seitenverwandten* erhält der Ehegatte den gesamten Nachlass zu Eigentum, Art. 757-2 CC. Bei Bedürftigkeit können die nicht privilegierten Aszendenten Unterhalt gegen den Nachlass beanspruchen, Art. 758 CC.

Neben seinem gesetzlichen Erbrecht hat der überlebende Ehegatte *weitere Rechte*, die entgegen ihrer systematischen Stellung nicht alle erbrechtlich zu qualifizieren sind. Von besonderer Bedeutung ist das Schicksal der ehelichen *Wohnung*. Handelt es sich um eine Mietwohnung, so gilt sie gemäß Art. 1751 Abs. 1 CC auch als vom Ehegatten gemietet, wenn der Vertrag nur auf den Erblasser lautet. Nach dem Tod kann der überlebende Ehegatte das Mietverhältnis allein fortsetzen. Er kann auf dieses Recht verzichten, Art. 1751 Abs. 3 CC. Steht die Wohnung mehreren gemeinschaftlich zu, *indivision*,[477] hat der überlebende Ehegatte bei der Auseinandersetzung Anspruch auf Zuteilung der Ehewohnung und des sie ausstattenden Mobiliars gegen Ausgleichszahlung, *soulte*, Art. 831-2 CC. Unabhängig davon gewährt Art. 763 CC dem überlebenden Ehegatten für ein Jahr ab Eröffnung der Erbfolge ein *Wohnrecht* für die Wohnung, die zum Todeszeitpunkt sein effektiver Hauptwohnsitz ist. Das gilt unabhängig davon, ob es sich dabei um die gemeinsame Ehewohnung handelt. Zudem steht ihm während dieser Zeit die Nutzung des Mobiliars zu, das die Wohnung ausstattet. Es handelt sich dabei um ein Nutzungsrecht, das als Ehewirkung eingestuft wird. Es besteht damit unabhängig davon, ob der überlebende Ehegatte die Erbschaft annimmt. Es spielt auch keine Rolle, ob die Wohnung Teil des Nachlasses ist oder dem Erblasser nur zum Teil gehört hat. Handelt es sich um eine Mietwohnung, fällt die Miete dem Nachlass zur Last oder hat der begünstigte Ehegatte Anspruch darauf, die von ihm gezahlte Mie-

---

475 Oben Nr. 132.

476 Oben Nr. 132.

477 Oben Nr. 111, unten Nr. 142.

te aus dem Nachlass erstattet zu erhalten. Gehört die Wohnung selbst zum Nachlass, muss der Ehegatte für die Benutzung kein Entgelt entrichten, aber seine laufenden Ausgaben wie Strom- und Wasserkosten selbst tragen. Das Wohnrecht ist zwingendes Recht, Art. 763 Abs. 4 CC. Sind die Wohnung und das sie ausstattende Mobiliar Nachlassgegenstand, so hat der Ehegatte ein *dingliches, lebenslanges Wohn- und Nutzungsrecht*, Art. 764-766 CC. Der Wert dieses Rechts wird auf das Erbrecht des überlebenden Ehegatten angerechnet. Übersteigt der Wert des Wohn- und Nutzungsrechts den Wert der Nachlassbeteiligung des Ehegatten, muss dieser keinen Ausgleich leisten. Das Recht ist nicht zwingend, sondern kann durch eine ausdrückliche, notariell beurkundete Erklärung des Erblassers dem Ehegatten entzogen werden. Das lebenslange Wohn- und Nutzungsrecht kann durch Vereinbarung mit den anderen Erben durch eine Geldzahlung abgelöst oder in eine Rente umgewandelt werden, Art. 766 Abs. 1 CC.

Der überlebende Ehegatte hat einen *Unterhaltsanspruch* gegen den Nachlass bei eigener Bedürftigkeit und Leistungsfähigkeit des Nachlasses, Art. 767 CC. Entscheidender Zeitpunkt zur Beurteilung ist die Eröffnung der Erbfolge.[478] Der Unterhaltsanspruch ist innerhalb eines Jahres ab Erbfall bzw. ab Auseinandersetzung der *indivision* geltend zu machen. Es handelt sich um eine Nachlassschuld und eine besondere Unterhaltsverpflichtung, so dass sie nicht allen Regeln über eine Unterhaltspflicht[479] unterliegt.[480] Eine Abänderung ist nur dann möglich, wenn der Ehegatte neue Vermögenswerte erhält. Dagegen genügt eine Veränderung des Bedarfs des Ehegatten oder der Leistungsfähigkeit des Nachlasses nicht. Art. 207 Abs. 2 CC ist nicht anwendbar, so dass eine Verwirkung wegen eigener Verfehlungen gegen den Erblasser nicht infrage kommt.[481]

135. Erbenlosigkeit und Aneignungsrecht des Staates

Auf Antrag eines Nachlassgläubigers oder auch des den Nachlass Verwaltenden wird eine Nachlasspflegschaft, *curatelle*, nach gerichtlicher Feststellung verfügt, dass der Nachlass frei ist, *vacance*, Art. 809 ff. CC. Dies ist der Fall, wenn sich kein Erbe ermitteln lässt, alle bekannten Erben die Erbschaft ausgeschlagen haben oder nach dem Ablauf von 6 Monaten die Erben die Erbschaft weder stillschweigend noch ausdrücklich angenommen haben, Art. 809 CC. Zuständig ist das TGI. Der Präsident des TGI entscheidet durch *ordonnance* über die *vacance* und überträgt die *curatelle* der *Administration des domaines*, die mit der Abwicklung der Erbschaft beauftragt wird, Art. 810 ff. CC. Die *cu-*

478 Cass.Civ. vom 9.3.1994, D 1995 somm 44 (1. Fall) Anm. *Grimaldi*.

479 Oben Nr. 127.

480 *Malaurie/Aynès* Nr. 107 sprechen von einer „nature mixte“: Der Unterhaltsanspruch sei zugleich unterhalts- und erbrechtlicher Natur.

481 Cass.Civ. vom 17.1.1995, JCP 1995 II 22407 Anm. *Bénabent*.

ratelle endet gemäß Art. 810-12 CC, wenn die Erbschaft liquidiert ist, ein Erbe den Nachlass beansprucht oder der Staat sein Aneignungsrecht ausübt.

Der Staat hat bei Erbenlosigkeit, *déshérence*, ein *öffentlich-rechtliches Aneignungsrecht*: Das ist nach Art. 811 CC der Fall, wenn es entweder keine gesetzlichen Erben und keine Vermächtnisnehmer gibt oder der Nachlass aufgegeben wurde. Der Staat kann beim TGI die Besitzeinweisung, *envoi en possession*,[482] verlangen, Art. L 1122-1 Code général de la propriété des personnes publiques. Da das Aneignungsrecht öffentlich-rechtlicher Natur ist, handelt es sich nicht um ein gesetzliches Erbrecht. Eine Enterbung des Staates ist daher nicht möglich.[483] Die Haftung des Staates ist von vornherein auf die Aktiva des Nachlasses beschränkt; der Staat muss keine Maßnahmen zur Beschränkung seiner Haftung ergreifen.[484] Auch im internationalen Privatrecht qualifiziert man das Aneignungsrecht nicht erbrechtlich, so dass sich der französische Staat in Frankreich belegene, erbenlose Nachlässe auch dann aneignen kann, wenn nach den Vorschriften des internationalen Privatrechts nicht das französische Erbrecht anwendbar ist.[485]

136. Testamentarische Verfügungen

Letztwillige Verfügungen sind in Form des Testaments möglich. Gemeinschaftliche Testamente sind gemäß Art. 968 CC verboten. Voraussetzung des Verbots ist, dass auf demselben Dokument zwei oder mehrere Personen letztwillig verfügt haben und beide die Verfügungen unterschrieben haben.[486] Zusätzlich fordert die Rechtsprechung, dass es sich um den gemeinsamen Willen der Testierenden handelt, die beiden Verfügungen also nicht voneinander zu trennen sind.[487] So soll sichergestellt werden, dass das Verbot nur dann eingreift, wenn die Testierenden bei der Verfügung nicht frei waren und die freie Widerrufbarkeit der Verfügung beeinträchtigt ist. Gegenständlich darf der Erblasser nur über den Freiteil seines Vermögens letztwillig verfügen, *quotité disponible*. Ein Teil des Vermögens, *réserve héréditaire*, ist für die Pflichterben reserviert.[488] Wie eingangs erwähnt, erfolgt die Verfügung über den Freiteil ausschließlich durch Vermächtnisse, nicht durch Erbeinsetzung.

---

482 Unten Nr. 139.

483 Cass.Civ. vom 3.3.1965, G.A.Civ. n° 100 = D 1965 J 428 Anm. *Mazeaud*.

484 *Malaurie/Aynès* Nr. 126; *Flour/Souleau*, Successions, Nr. 116. Zur Haftungsbeschränkung unten Nr. 141.

485 Cass.Req. vom 28.6.1852, DP 1852.1.823.

486 Cass.Civ. vom 21.4.1971, JCP 1973 II 17328 Anm. *Dagot*.

487 Dennoch qualifiziert die h.M. in Deutschland Art. 968 CC als formelles Verbot, vgl. *Riering* ZEV 1994, 225, und übernimmt damit die Qualifikation lege causae des französischen IPR, z.B. TGI Paris, Rev. crit. d. i. p. 1982, 684, 685. Dazu kritisch *Süß*, Das Verbot gemeinschaftlicher Testamente im Internationalen Erbrecht, IPRax 2002, 22 ff.

488 Unten Nr. 138.

Mögliche Vermächtnisnehmer sind alle natürlichen Personen, soweit sie am Todestag des Erblassers bereits gezeugt sind und später lebensfähig geboren werden, Art. 906 CC. *Einschränkungen* gelten aus historischen Gründen *für juristische Personen*.[489] Sie können Zuwendungen nur innerhalb ihres Zwecks erhalten, *principe de spécialité*.[490] Bei juristischen Personen des Privatrechts ist zu unterscheiden. Während Gesellschaften letztwillig eingesetzt werden können, können rechtsfähige Vereine, die nicht gemeinnützig sind, nur eingeschränkt bedacht werden, Art. 6 Vereinsgesetz, Loi vom 1. Juli 1901. Sie können nur Handschenkungen oder Zuwendungen von gemeinnützigen Einrichtungen empfangen. Eine Ausnahme gilt für Religionsgemeinschaften, die als Vereine organisiert sind, *associations cultuelles* nach Art. 19 Loi vom 9. Dezember 1905, und Vereine, deren ausschließlicher Zweck Fürsorge, Wohltätigkeit oder wissenschaftliche und medizinische Forschung bildet, Art. 6 Vereinsgesetz. Gemeinnützige, rechtsfähige Vereine sowie Stiftungen können dagegen ohne Einschränkung bedacht werden. Eine Genehmigung durch den Präfekten ist nicht mehr erforderlich, Art. 910 CC. Lediglich Immobilien, die nicht dem gemeinnützigen Zweck dienen, darf der Verein nicht behalten, Art. 6 Vereinsgesetz. Auch die Zuwendung bloßen Eigentums unter Rückbehalt des Nießbrauchs ist nicht zulässig.[491]

Für juristische Personen des öffentlichen Rechts gelten Sonderregelungen.[492] Bestimmte Personen dürfen aufgrund ihrer Funktion oder beruflichen Stellung nicht bedacht werden, *interdictions*. Der Minderjährige darf nicht seinen Vormund bedenken, es sei denn, der Vormund ist sein Aszendent. Folge eines Verstoßes ist die *nullité relative* der Verfügung, Art. 907 CC. Das Testament im Übrigen bleibt wirksam.[493] Entsprechendes gilt für Erwachsene, die unter eine gesetzliche Schutzmaßnahme gestellt worden sind. Die mit ihrem Schutz Beauftragten, wie der Erwachsenenvormund, *tuteur*, sind nicht empfangsfähig. Zudem gelten gemäß Art. 909 CC die Personen als nicht empfangsfähig, die aus beruflichen Gründen den Erwachsenen während seiner Krankheit, die zum Tod führte, gepflegt haben. Erfasst sind neben ärztlichen und pharmazeutischen Berufen auch alle Pflegeberufe. Eine testamentarische Zuwendung ist ausnahmsweise zulässig, wenn sie Entgeltcharakter für geleistete Dienste hat oder wenn der Bedachte als Universalvermächtnisnehmer, *libéralité universelle*, eingesetzt wird und zugleich gesetzlicher Erbe in gerader Linie oder, bei Fehlen gesetzlicher Erben in gerader Linie, gesetzlicher Erbe als Verwandter des Erblassers bis einschließlich des vierten Grades ist. Ein funktional § 14 HeimG vergleichbares Verbot sieht Art. L 331-4 Code de l'action sociale et des familles vor, das die Erwerbsfähigkeit der Träger, Beschäftigten ein-

489 S. dazu *Malaurie/Aynès* Nr. 326.
490 Oben Nr. 97.
491 *Malaurie/Aynès* Nr. 331.
492 Vgl. *Leroyer* Nr. 298.
493 Cass.Civ. vom 13.5.1958, Bull.Civ. I, n° 242. Zur *nullité relative* oben Nr. 99.

schließlich der freiwillig in Pflegeheimen Dienstleistenden sowie deren Trägervereine ausschließt. Art. L 443-6 Code de l'action sociale et des familles erstreckt das Verbot auf Privatpersonen, die entgeltlich Alte oder Behinderte bei sich beherbergen. Eine Umgehung durch Zuwendungen an dazwischen geschaltete Strohleute unterbindet Art. 911 CC.

Hat der Vermächtnisnehmer dem Erblasser nach dem Leben getrachtet, ihn misshandelt oder sich schwerer Verfehlungen oder Beleidigungen schuldig gemacht, kann die testamentarische Einsetzung mittels Anfechtungsklage gerichtlich widerrufen werden, *révocation pour ingratitude*, Art. 1046, 955 CC. Die Frist zur Geltendmachung läuft ein Jahr ab dem Zeitpunkt, an dem der Bedachte die Tat begangen hat, bzw. ab dem Tag, ab dem der Erblasser von der Tat Kenntnis hätte haben können.[494] Zusätzlicher Unwürdigkeitsgrund ist die Beschmutzung des Andenkens des Erblassers nach seinem Tod, der innerhalb eines Jahres ab dem Zeitpunkt der Tat geltend zu machen ist, Art. 1047 CC. Die *révocation pour ingratitude* übernimmt für testamentarische Zuwendungen die Funktion der Erbunwürdigkeit. Im Unterschied zur Erbunwürdigkeit ist eine strafrechtliche Verurteilung nicht Voraussetzung. Das angerufene Zivilgericht würdigt die Umstände eigenständig, *appréciation souveraine du juge*. Als Widerrufsgrund kommen nur nach der Zuwendung liegende Taten infrage; davor erfolgte gelten als verziehen.[495]

Der Erblasser muss bei Errichtung der letztwilligen Verfügung *geistig gesund* gewesen sein, Art. 901 CC. Entscheidend ist die Fähigkeit zur bewussten Willensbildung. Fehlt sie bei der Errichtung, ist die letztwillige Verfügung wegen *nullité relative*[496] während einer Frist von fünf Jahren gerichtlich anfechtbar, Art. 1304 CC.[497] Wer sich auf die Nichtigkeit mangels Geschäftsfähigkeit beruft, trägt dafür die Beweislast. Ein Minderjähriger, *mineur non émancipé*,[498] darf ab 16 Jahren testamentarisch über die Hälfte dessen letztwillig verfügen, über das ein Erwachsener verfügen könnte, Art. 903 und 904 CC. Verfügt der Minderjährige über mehr als den zulässigen Anteil, bleibt die Verfügung bezogen auf den verfügbaren Teil seines Vermögens wirksam.[499] Entscheidend ist das Alter bei der Errichtung des Testaments. Die Beeinflussung der Testierfähigkeit durch institutionalisierten Erwachsenenschutz ist durch das Erwachsenenschutzgesetz vom 5.3.2007 neu gestaltet worden.[500] Erwachsene unter gerichtlicher Schutzbetreuung, *sauvegarde de justice*, bleiben wie Erwachsene unter Erwachsenenpflegschaft, *curatelle*, vorbehaltlich der allgemeinen Willensbildungsfähigkeit gemäß Art. 901 CC testierfähig, Art. 470 CC. Für Er-

494 Cass.Civ. vom 22.11.1979, JCP 1979 II 19023 Anm. *Surun*.

495 Für Schenkung Cass.Civ. vom 9.1.2008, siehe dazu *Grimaldi* RTD civ. 2008, 133.

496 Oben Nr. 99.

497 *Malaurie/Aynès* Nr. 306; Cass.Civ. vom 11.1.2005, D. 2005 J 1207 Anm. *Thomat-Raynard*.

498 Oben Nr. 95.

499 *Malaurie/Aynès* Nr. 323.

500 Oben Nr. 95.

wachsene unter Vormundschaft, *tutelle*, gilt Art. 476 CC: Danach ist eine Gestattung durch den Familienrat, *conseil de famille*, oder, wenn ein solcher nicht besteht, durch den Vormundschaftsrichter erforderlich. Ohne erforderliche Zustimmung errichtete Testamente sind gerichtlich anfechtbar. Dagegen bleibt die Möglichkeit des Erwachsenen unter Vormundschaft, bereits errichtete Testamente zu widerrufen, durch die Eröffnung der *tutelle* unbeeinträchtigt. Letztwillige Verfügungen, die in den zwei Jahren vor Veröffentlichung des Urteils, das *tutelle* oder *curatelle* anordnet, in der sog. *période suspecte*, errichtet wurden, können erleichtert wegen Übervorteilung, *lésion*, aufgehoben werden.[501]

Das französische Recht sieht drei *Testamentsformen* vor: die schriftliche, *testament olographe*, die öffentliche notarielle Form, *testament authentique*, und die verschlossene mystische Form, *testament mystique*, Art. 969 CC. Da Frankreich Vertragsstaat des Washingtoner Abkommens vom 26. Oktober 1973[502] ist, ist auch die internationale Form möglich. Daneben ermöglicht der CC in den Art. 981 ff. Nottestamente, die sechs Monate über das Ende der Notsituation hinaus, die die Errichtung eines ordentlichen Testaments verhindert hat, gültig bleiben. Das *schriftliche Testament* muss der Testierende nach Art. 970 CC vollständig mit eigener Hand schreiben, datieren und unterschreiben (*testament olographe*). Das Testament kann auf mehreren Blättern oder auf ein Blatt sowie den Umschlag geschrieben werden, wenn die Zusammenschau ergibt, dass es sich um einen zusammengehörigen Rechtsakt handelt.[503]

Das *Datum* ist ein notwendiger Bestandteil des Testaments. Es soll eigenhändig unter vollständiger Angabe von Tag, Monat und Jahr unter den Text des Testaments gesetzt werden. Ausreichend ist aber auch, wenn sich das Datum aus der Bezeichnung zweifelsfrei ergibt. Wird es im Laufe des Textes gesetzt, folgert die Rechtsprechung daraus teilweise, dass nur der über dem Datum stehende Text datiert ist.[504] Nach dem Wortlaut von Art. 970 CC ist eine präzise Datumsangabe Wirksamkeitsvoraussetzung. Die Rechtsprechung hat die strengen Anforderungen jedoch abgemildert.[505] Eine fehlende oder ungenaue Datumsangabe ist ausreichend, wenn sich der Zeitpunkt der Errichtung ermitteln lässt. Ein fehlendes Datum schadet nicht, wenn sich – ähnlich der Andeutungstheorie im deutschen Recht – aus Anhaltspunkten im Testament, ergänzt durch

---

501 Oben Nr. 95.

502 Übereinkommen über ein einheitliches Recht der Form eines internationalen Testaments (UNIDROIT) vom 29. Oktober 1973, Text: http://www.unidroit.org/french/conventions/1973wills/main.htm (Französisch) und Staudinger/*Dörner*, Vor Art. 25 EGBGB Rn. 143 (Englisch). Das Abkommen gilt für Frankreich seit dem 1.12.1994.

503 Cass.Req. vom 28.5.1894, DP 1894.1.533; CA Paris vom 6.7.1982, JCP 1983 II 20007 Anm. *M. C.*

504 Cass.Civ. vom 9.12.1986, Bull.Civ. I n° 297.

505 Vgl. aus der jüngeren Rechtsprechung Cass.Civ. vom 10.5.2007, D. 2007, 2135 Anm. *Nicod*; *Grimaldi* RTD civ. 2007, 604.

außerhalb des Testaments liegende Umstände, ergibt, wann das Testament errichtet wurde.[506] Lässt sich das Datum nicht genau ermitteln, die Errichtung aber in einen Zeitraum eingrenzen, ist das Testament formgültig, wenn es für die Wirksamkeit unbedeutend ist, wann genau innerhalb des Zeitraums testiert wurde.[507] Die *Unterschrift* muss unter die Verfügungen gesetzt werden.[508] Es ist nicht notwendig, den bürgerlichen Namen im üblichen Unterschriftszug zu verwenden. Ausreichend ist, dass die Unterschrift dem Testierenden zugeordnet werden kann. Wird die Gültigkeit der Unterschrift bestritten, trägt derjenige, der sich auf die Wirksamkeit der Unterschrift beruft, die Beweislast.[509]

Das *öffentliche Testament* ist vor zwei Notaren oder vor einem Notar und zwei Zeugen zu errichten, *testament authentique*. Die Zeugen müssen selbst testierfähig und volljährig sein. Personen, die in dem Testament bedacht werden, oder ihre Verwandten bis einschließlich des vierten Grads dürfen nicht Zeugen sein. Der Testierende diktiert dem Notar das Testament mündlich. Der Notar muss dabei nicht wortwörtlich das Gesagte niederschreiben, sondern darf die Abfassung redaktionell klarer fassen. Danach wird das Testament verlesen und vom Testierenden im Beisein des Notars und der Zeugen unterschrieben. Testierender, Notar und Zeugen müssen der Sprache, in der das Testament verfasst ist, mächtig sein. Ein Übersetzer darf nicht hinzugezogen werden.[510]

In der Praxis keine bedeutende Rolle spielt das *verschlossene* (*mystische*) *Testament*, Art. 976 CC, *testament mystique*. Der Testierende oder ein Dritter auf Wunsch des Testierenden schreibt das Testament nieder. Das Testament wird verschlossen und versiegelt einem Notar vor zwei Zeugen übergeben. Dabei erklärt der Testierende, dass sein Testament in dem Umschlag enthalten ist. Der Notar nimmt die Erklärung auf dem Umschlag auf. Die Erklärung wird vom Testierenden, dem Notar und den Zeugen unterschreiben. Das hier genannte Datum ist das entscheidende. Genügt ein Testament den Formanforderungen nicht, ist es nichtig, *nullité relative*, Art. 1001 CC. Einzelne Verfügungen können aber gemäß Art. 1340 CC durch Bestätigung, *confirmation*,[511] aufrechterhalten werden.[512] Zudem erkennt die Rechtsprechung die Entstehung einer Art Naturalobligation durch an sich formunwirksame mündliche Testamente an. Erfüllen die gesetzlichen Erben die mündlichen Anordnungen des

506 Cass.Civ. vom 24.6.1952, JCP 1952 II 7179 Anm. *Voirin*.

507 Cass.Civ. vom 9.3.1983, G.A.Civ. Nr. 124-125, sog. „Arrêt Payan".

508 Cass.Civ. vom 14.1.2003, Bull.Civ. I n° 14; 16.3.2004, D. 2004 somm. 2341 Anm. *Nicod*.

509 Vgl. Art. 1324 CC und Cass.Civ. vom 21.2.1938, DH 1938, 226; Cass.Civ. vom 6.7.2005, JCP G 2005 IV 2964.

510 Cass.Civ. vom 18.12.1956, JCP 1957 II 9718 Anm. *Jacquillard*. Siehe aber auch Cass.Civ. vom 12.12.2006, D. 2006, 2066 Anm. *Nicod*: Bei einer Testamentserrichtung in Französisch-Polynesien wurde das Beisein eines Übersetzers nicht beanstandet.

511 Oben Nr. 99.

512 Cass.Req. vom 9.7.1873, DP 1874.I.229: Art. 1340 CC wird damit über seinen Wortlaut hinaus, der auf Schenkungen beschränkt ist, *donations*, auch auf letztwillige Verfügungen angewendet.

Erblassers nach seinem Tod oder verpflichten sich, sie zu erfüllen, wird die Verfügung vollgültig.[513]

Eine testamentarische Zuwendung ist frei *widerruflich*, Art. 895 CC. Der Testierende hat dabei nicht zu befürchten, dass er für einen willkürlichen Widerruf nach Art. 1382 CC haftet.[514] Der Widerruf kann ausdrücklich durch ein späteres Testament oder durch eine notarielle Widerrufserklärung vor zwei Notaren oder einem Notar und zwei Zeugen erfolgen, Art. 1035 CC. Für den Widerruf durch Testament genügt jede Testamentsform: Ein öffentliches Testament kann auch durch ein schriftliches widerrufen werden. Konkludent kann der Widerruf einer testamentarischen Verfügung durch eine spätere, widersprechende Verfügung erfolgen, Art. 1036 CC. Die Anordnungen des älteren Testaments, die mit denen des neueren vereinbar sind, bleiben wirksam. Zudem ergibt sich der Widerruf eines Stückvermächtnisses[515] aus der Verfügung des Testierenden[516] über den Gegenstand selbst, Art. 1038 CC. Das gilt selbst dann, wenn die Verfügung später rückabgewickelt wird. Die Rechtsprechung erkennt zudem an, dass die Zerstörung des Testaments durch den Testierenden oder das Ausstreichen einzelner Verfügungen als schlüssiger Widerruf gilt.[517]

Was den *Inhalt des Testaments* betrifft, ist zunächst zu erinnern, dass in der Terminologie des CC alle testamentarisch Eingesetzten Vermächtnisnehmer, *légataire*, sind. Art. 1002 CC unterscheidet drei Formen des Vermächtnisses, das Universalvermächtnis, *legs universel*, das Erbteilvermächtnis, *legs à titre universel*, und das Erbstückvermächtnis, *legs à titre particulier*. Vermacht der Testator einem oder mehreren Personen den *gesamten Nachlass*, handelt es sich um ein *Universalvermächtnis, legs universel*, Art. 1003 CC. Der oder die Universalvermächtnisnehmer erhalten neben Pflichterben, *héritiers réservataires*, nur den frei verfügbaren Nachlass, *quotité disponible*. Soweit der Erblasser Erbteil- oder Erbstückvermächtnisse angeordnet hat, verringert sich der dem Universalvermächtnisnehmer zustehende Nachlass zusätzlich. Die Berufung, den gesamten Nachlass zu erhalten, wirkt sich dann aus, wenn andere Erbberechtigte wegfallen: Verzichtet der Pflichterbe auf sein Pflichterbrecht oder schlägt ein Vermächtnisnehmer aus, kommt das dem Universalvermächtnisnehmer zugute.

Hat der Erblasser mehrere Personen in seinem Testament bedacht, ohne ihnen eine bestimmte Quote zuzuwenden, sieht die Rechtsprechung darin ein Universalvermächtnis. Ebenso deuten Einsetzung auf „das gesamte Vermögen“,

513 Cass.Civ. vom 4.1.2005, JCP G 2005 II 10159 Anm. *Mekki*.

514 Cass.Civ. vom 30.11.2004, JCP 2005 II 10179 Anm. *Binet*.

515 Bei einem *legs universel* oder *à titre universel* bezieht sich das Vermächtnis auf den Nachlass oder einen Bruchteil des Nachlasses, so dass die Verfügung über einen Vermögensgegenstand die Erbeinsetzung nicht beeinträchtigt.

516 Die Zerstörung des Objekts des Stückvermächtnisses oder die wirksame Verfügung eines Dritten darüber führt zur Hinfälligkeit (*caducité*), vgl. den unten zu behandelnden Art. 1042 Abs. 1 CC.

517 *Terré/Lequette* Nr. 403.

„alle Mobilien und Immobilien“ darauf hin, dass es sich um ein Universalvermächtnis handelt.[518] Als Universalvermächtnis wird auch eine Anordnung ausgelegt, die gesetzliche Erben enterbt. Universalvermächtnisnehmer sind dann die nicht enterbten Erben.[519] Wird dem Vermächtnisnehmer ein *Vermögensbruchteil* zugewendet, handelt es sich um ein *Erbteilvermächtnis*, *legs à titre universel*, Art. 1010 Abs. 1 CC. Der Erblasser wendet dem Vermächtnisnehmer nicht bestimmte Güter zu, sondern einen Bruchteil des Nachlasses oder einen Bruchteil einer bestimmten Gruppe von Gütern aus seinem Vermögen (zum Beispiel ein Drittel der Immobilien). Vermacht der Erblasser den Nießbrauch an seinem Vermögen, gilt das auch als Erbteilvermächtnis.[520] Im Unterschied zum Universalvermächtnis fällt dem Erbteilvermächtnisnehmer nicht der Erbteil von Bedachten zu, die wegfallen: Sind zwei Erbteilvermächtnisnehmer je zur Hälfte eingesetzt und schlägt einer aus, erbt nicht der andere den gesamten Nachlass. Die freiwerdende Hälfte geht an die gesetzlichen Erben.

Ein Vermächtnis, das weder Universal- noch Erbteilvermächtnis ist, ist ein *Erbstückvermächtnis*, Art. 1010 Abs. 2 CC. Soweit die zugewandten Gegenstände einzeln bestimmbar sind, geht die Rechtsprechung von einem Erbstück- und keinem Erbteilvermächtnis aus.[521] Ein Vermächtnis eines Gegenstands, der nicht im Eigentum des Erblassers steht oder über den er nicht verfügen darf, ist gemäß Art. 1021 CC gerichtlich anfechtbar. Art. 1021 CC wird dabei eng ausgelegt: *Gattungs-* und *Verschaffungsvermächtnisse* bleiben möglich. Häufig deutet die Rechtsprechung das Vermächtnis eines fremden Gegenstands in ein Verschaffungsvermächtnis um. Zudem nimmt die Rechtsprechung beim Vermächtnis eines Gegenstands, der dem Erblasser gemeinsam mit anderen in *indivision* oder *communauté* zusteht, an, dass der Gegenstand als solcher nur vorbehaltlich der Auseinandersetzung und Zuweisung des Gegenstands zum Nachlass als vermacht gilt. Möglich ist auch die Auslegung der Verfügung als Zuwendung nur des dem Erblasser an der *indivision* oder *communauté* zustehenden Gemeinschaftsanteils.[522]

Der *Vermächtnisnehmer muss bei allen Arten von Vermächtnissen bestimmbar* sein. Die Rechtsprechung bemüht sich dabei, die letztwillige Verfügung so auszulegen, dass ein Empfänger identifiziert werden kann. Bei der Auslegung dürfen auch außerhalb des Testaments liegende Umstände herangezogen werden. Die Rechtsprechung verfährt insbesondere bei der Einsetzung juristischer Personen großzügig: Ist kein bestimmter Empfänger genannt, gilt die juris-

518 *Terré/Lequette* Nr. 216.

519 *Terré/Lequette* Nr. 357 ff.

520 Cass.Req. vom 29.6.1910, DP 1911.1.49 Anm. *Capitant*.

521 So etwa im Fall, dass der Vermächtnisnehmer alle in Frankreich belegenen Immobilien erhalten soll, Cass.Req. vom 21.5.1930, DH 1930, 346 und dazu *Terré/Lequette* Nr. 345.

522 Cass.Civ. vom 2.6.1987, D 1988 J 137 Anm. *Breton*; Cass.Civ. vom 28.5.2008, Bull.Civ. I, n° 161.

tische Person als bedacht, die den vom Erblasser gewünschten Zweck verfolgt.[523] Eine *Bestimmung* des testamentarischen Erben oder Vermächtnisnehmers *durch Dritte* ist dagegen grundsätzlich nicht möglich; ein entsprechendes Vermächtnis ist unwirksam.[524] Begründet wird das damit, dass für eine Übergangszeit bis zur Bestimmung des Bedachten das Vermögen herrenlos ist. Daraus ergibt sich, dass es als zulässig erachtet wird, dass der Erblasser bestimmte Gegenstände einer bestimmten Person unter der Auflage, *charge*, vermacht, sie an einen von ihm erst noch zu bestimmenden Empfänger weiterzuleiten.[525] Auch der *Gegenstand des Vermächtnisses muss bestimmbar sein*. Auch hier ist die Rechtsprechung bei der Auslegung unter Heranziehung außerhalb des Testaments liegender Umstände großzügig.[526]

Die Anordnung eines Vermächtnisses kann hinfällig werden, *caducité*. Das Vermächtnis eines bestimmten Gegenstands ist nach Art. 1042 Abs. 1 CC hinfällig, wenn der Gegenstand zu Lebzeiten des Erblassers untergeht oder durch Zwangsvollstreckung verloren geht.[527] Ein Vermächtnis ist auch *caduc*, wenn der Bedachte vor dem Erblasser stirbt und dieser keine Regelung für diesen Fall getroffen hat, Art. 1039 CC. Das Gleiche gilt, wenn der Bedachte vor Eintritt einer Bedingung stirbt, Art. 1040 CC, oder aus anderen Gründen ausscheidet, z.B. wegen wegfallender Erbempfangsfähigkeit, Art. 909 CC, oder Ausschlagung, *rénonciation*, Art. 1043 CC. Eine Repräsentation findet nicht statt. Gibt es keinen Universalvermächtnisnehmer, kommt es zur gesetzlichen Erbfolge. Fällt aber einer von mehreren gemeinschaftlich eingesetzten Vermächtnisnehmern weg, wächst sein Anteil dem oder den anderen zu, Art. 1044, 45 CC.

Der Erblasser kann die Zuwendung vom Eintritt eines künftigen, ungewissen Ereignisses abhängig machen, sofern der Eintritt der *Bedingung* möglich ist und sie nicht gesetzes- oder sittenwidrig ist, Art. 900 CC. Will der Erblasser dem Bedachten eine Pflicht auferlegen, bleibt ihm die Möglichkeit, eine Auflage, *charge*, zu machen. Unter einer *charge* versteht man, dass dem Bedachten eine Handlungs-, Duldungs- oder Unterlassungspflicht im Interesse des Erblassers, eines Dritten oder des Bedachten selbst auferlegt wird. Die Einhaltung der Auflage wird durch die Möglichkeit einer *révocation judiciaire* der Zuwendung auf Antrag der gesetzlichen Erben gesichert, Art. 954, 1046 CC.

523 Cass.Civ. vom 21.4.1898, S. 1898.1.233. *Terré/Lequette* Nr. 587.

524 Cass.Civ. vom 12.8.1863, G.A.Civ. n° 126-127. In einigen Entscheidungen hat die Cour de Cassation allerdings die Nichtigkeitsfolge nicht ausgesprochen: z. B. Cass.Civ. vom 4.11.1952, JCP 1953 II 7554 Anm. *Ponsard*.

525 Cass.Req. vom 27.6.1899, G.A.Civ. n° 127.

526 So wurde ein Vermächtnis zur Vergütung des Beistands, den ein Kind des Erblassers geleistet hatte, als Vermächtnis der Summe ausgelegt, die eine dritte Person für die geleisteten Dienste erhalten hätte, Cass.Civ. vom 20.1.2004, D. 2004 somm. 2341 Anm. *Nicod*.

527 Für die wirksame Verfügung des Vormunds, Cass.Civ. vom 30.6.2004, dazu *Hauser* RTD civ. 2004, 716.

Gemäß Art. 900-2 CC ist für Auflagen eine gerichtliche[528] Anpassung der dem Bedachten auferlegten Pflichten möglich, die sonst im französischen Zivilrecht nicht vorgesehen ist.[529]

Die Zuwendung eines Vermächtnisses kann mit einem *Verfügungsverbot* erfolgen. Ein solches Verbot ist wirksam, wenn es zeitlich beschränkt und durch ein legitimes Interesse, *intérêt sérieux et légitime*, gerechtfertigt ist. Es führt zur Unübertragbarkeit und Unpfändbarkeit des vermachten Gegenstands. Auf Antrag des Bedachten kann das Verfügungsverbot gerichtlich aufgehoben werden, wenn der rechtfertigende Grund weggefallen ist oder ein überwiegendes Interesse des Bedachten vorliegt, Art. 900-1 CC. Nach dem CC von 1804 waren Fideikommisse und damit auch Zuwendungen, die der *Vor- und Nacherbschaft* des deutschen Rechts entsprechen, verboten, weil die darin liegende Regelung einer künftigen Erbschaft und die Schaffung einer *mainmorte*, also eines Vermögens, das beim Tod des Inhabers nicht in seinen Nachlass fällt, ausgeschlossen werden sollte, Art. 838 CC a. F. Der CC sah lediglich die Möglichkeit vor, einen Ersatzerben einzusetzen, falls der Begünstigte ausfällt, Art. 888 CC, oder einem Begünstigten den lebenslangen Nießbrauch und einem anderen das Eigentum zuzuwenden, Art. 899 CC.

Die weiteren Ausnahmen von diesem Verbot, *substitutions* nach Art. 1048 CC a. F. an Enkelkinder, Nichten und Neffen und die von der Rechtsprechung zugelassenen *legs de residuo*, sind durch die Erbrechtsreform von 2006 erweitert worden: In den Art. 1048 ff., 1057 ff. CC werden die sog. *libéralités graduelles* und *résiduelles* geregelt. Der Zuwendende kann anordnen, dass das dem Erstbegünstigten Zugewendete beim Tod des Erstbegünstigten an den Zweitbegünstigten fällt. Der Zweitbegünstigte beerbt dabei jeweils den Zuwendenden direkt, was steuerrechtlich von Vorteil ist, da die Erbschaftsteuer nicht doppelt anfällt, Art. 1051 CC und Art. 1061 CC. Art. 896 CC bestimmt, dass eine *liberalité graduelle* zulässig ist, soweit das Gesetz es erlaubt. Nach Art. 1048 CC kann der Erblasser dem testamentarischen Erstbegünstigten Vermögen oder Güter mit der Auflage vermachen, diese für einen Zweitbegünstigten zu erhalten und bei seinem Tod diesem zu übertragen. Damit sind die Einschränkungen des Art. 1048 CC a. F. auf einen bestimmten Personenkreis aufgehoben. Das Gesetz selbst sieht keine Mechanismen vor, um sicherzustellen, dass der Erstbegünstigte seinen Auflagen nachkommt, sondern gibt dem Erblasser die Freiheit, solche selbst anzuordnen, Art. 1052 CC. Soll sich die *liberalité graduelle* und damit die Erhaltungsauflage auch auf Vermögen erstrecken, das dem Erstbegünstigten als Pflichterbe zusteht, ist dazu eine

528 Ob auch eine gütliche Einigung möglich ist, ist umstritten: Die Rechtsprechung hält jedoch bisher den Weg über Art. 900-2 ff. CC für zwingend, CE 19.2.1990, D. 1992 somm. 231 Anm. *Grimaldi*.

529 Oben Nr. 100 zur *révision pour imprévision*.

vertragliche Regelung mit ihm erforderlich, in der er auf sein Pflichterbrecht verzichtet, Art. 1054 Abs. 2 CC.[530]

Eine der befreiten Vorerbschaft vergleichbare Zuwendung ermöglicht die *libéralité résiduelle* nach Art. 1057 ff. CC. Den Erstbegünstigten treffen keine Erhaltungsauflagen. Mit Ausnahme letztwilliger Verfügungen darf er frei mit dem vermachten Vermögen verfahren, es insbesondere auch verschenken, Art. 1059 CC, sofern es der Erblasser ihm nicht untersagt, Art. 1059 Abs. 2 CC. Letzteres ist nicht möglich, wenn es sich um ein Vorausvermächtnis auf den dem Erstbegünstigten zustehenden Pflichterbteil handelt, Art. 1059 Abs. 3 CC. Der Zweitbegünstigte erhält nur das, was beim Tod des Erstbegünstigten noch von dem zugewandten Vermögen übrig ist. Eine Surrogation findet grundsätzlich nicht statt, Art. 1058 Abs. 2 CC.

Der Erblasser kann eine oder mehrere Personen als *Testamentsvollstrecker*, *exécuteur testamentaire*, bestimmen. Soweit der Erblasser die Aufgaben unter mehreren Testamentsvollstreckern nicht verteilt hat, kann jeder der Testamentsvollstrecker allein handeln, Art. 1027 CC. Voraussetzung für das Amt als Testamentsvollstrecker ist die volle Geschäftsfähigkeit. Der Testamentsvollstrecker muss seine Aufgabe annehmen. Hat er das Amt übernommen, endet es durch Erfüllung seiner Aufgabe oder gerichtliche Entlassung aus wichtigem Grund, Art. 1026 CC. Das Amt ist höchstpersönlich und kann nicht auf andere übertragen werden, Art. 1025 CC. Die *Aufgabe* des Testamentsvollstreckers ist es, die Erfüllung der testamentarischen Anordnungen zu überwachen und sicherzustellen. Dabei nimmt er die Interessen der Vermächtnisnehmer gegenüber den gesetzlichen Erben wahr. Er hat die *Befugnis*, Sicherungsmaßnahmen, mesures conservatoires, durchzuführen, um die Erfüllung der testamentarischen Anordnungen zu gewährleisten sowie Mobiliarvermögen zur Erfüllung dringender Schulden zu verkaufen, Art. 1029 CC. Nach der Rechtsprechung der Cour de Cassation kann er im Namen aller Vermächtnisnehmer gegen die Erben vor Gericht auf Erfüllung der testamentarischen Anordnungen klagen.[531]

Durch gerichtliche Spezialermächtigung, *habilitation*, kann den gesetzlichen Erben, die Besitzer des Nachlasses sind, *saisine*,[532] die Verwaltungsbefugnis entzogen und auf den Testamentsvollstrecker übertragen werden. Soweit das Testament nicht in öffentlicher Form errichtet ist, muss er dazu gesondert in den Besitz eingewiesen werden, *envoi en possession*, Art. 1030-2 CC. Gemäß Art. 1030 CC kann der Testamentsvollstrecker bis zur Grenze des frei verfügbaren Nachlassanteils, *quotité disponible*, ermächtigt werden, Mobiliarvermögen zur Ausreichung von Stückvermächtnissen, *legs à titre particulier*, zu

530 Unten Nr. 138.

531 Cass.Civ. vom 15.5.2008, JCP 2008 actu. 362 Anm. *Thouret*. Siehe dazu *Grimaldi* RTD civ. 2008, 522.

532 Unten Nr. 139.

verkaufen. Soweit keine Pflichterben vorhanden sind, kann der Testamentsvollstrecker auch zur Veräußerung von Immobilien ermächtigt werden, um Aufgaben bis hin zur Verwaltung und Auseinandersetzung des Nachlasses zu erfüllen, Art. 1030-1 CC. Insgesamt ergibt sich, dass der französische *exécuteur testamentaire* nur bedingt mit dem deutschen Testamentsvollstrecker verglichen werden kann.

Da Testamente Rechtsgeschäfte sind, ergeben sich für ihre Behandlung Fragen, die Gegenstand der allgemeinen Rechtsgeschäftslehre sind.[533] Die folgenden Hinweise beschränken sich auf Auslegung, Willensmängel, *cause* und *ordre public*. Für die *Auslegung* werden entsprechend der systematischen Einordnung der Testamente gemeinsam mit Schenkungen als *libéralité* die allgemeinen Auslegungsgrundsätze, die für Rechtsgeschäfte gelten, herangezogen.[534] Eine Testamentsergänzung findet grundsätzlich nicht statt. Die Auslegung findet im Wortlaut ihre Grenze, *clause claire et précise*.[535] Innerhalb dieser Grenze legen die Gerichte die letztwilligen Verfügungen in der Praxis wohlwollend aus, um dem Willen des Erblassers zum Durchbruch zu verhelfen, und legen beispielsweise Vermächtnisse so aus, dass sie den Anforderungen an die Bestimmtheit des Gegenstands und Empfängers genügen. Zur Auslegung können auch außerhalb des Testaments liegende Umstände herangezogen werden. Eine Einschränkung, wie sie im deutschen Recht durch die Andeutungstheorie vertreten wird, kennt das französische Recht nicht.[536]

Für *Willensmängel* eines Testaments sieht der CC keine eigene Regelung vor, sondern verweist in Art. 901 CC auf die Geltung der allgemeinen Regeln: Eine letztwillige Verfügung kann wegen Irrtums, Täuschung oder Drohung gerichtlich angefochten werden.[537] Die allgemein für Rechtsgeschäfte erforderliche *cause*[538] als Wirksamkeitsvoraussetzung eines Rechtsgeschäfts gilt auch für Testamente. Sie wird als doppelte Anforderung verstanden. Die sog. *cause objective* besteht bei unentgeltlichen Zuwendungen in der *intention libérale*. Mithilfe des Begriffs der *cause* schließt die Rechtsprechung Billigkeitslücken. So ist etwa eine testamentarische Einsetzung mangels *cause* hinfällig, *caduc*, wenn der Erblasser irrtümlich davon ausging, dass er keine gesetzlichen Erben habe.[539]

Die praktisch wichtigere Rolle spielt im Erbrecht die *cause subjective*. Eine letztwillige Verfügung ist wegen Gesetzesverstoßes oder Sittenwidrigkeit, *cause illicite*, dann gerichtlich anfechtbar, wenn die damit verfolgten Zwecke ge-

533 Oben Nr. 93.
534 Oben Nr. 99.
535 Cass.Civ. vom 9.7.1958, D. 1958 J 583.
536 Vgl. aber oben bei Fn. 506.
537 Oben Nr. 99.
538 Oben Nr. 99.
539 Cass.Civ. vom 31.7.1861, DP 1861.1.390.

setzes- oder sittenwidrig sind. Die unlauteren Motive müssen sich nicht aus der letztwilligen Verfügung selbst ergeben, sondern können auch durch Heranziehung von äußeren Umständen bewiesen werden.[540] Nach einer Grundsatzentscheidung der Assemblée plénière der Cour de Cassation werden Geliebtentestamente nicht mehr als sittenwidrig eingestuft: Zuwendungen, die anlässlich einer ehebrecherischen Beziehung gemacht werden, sind auch dann nicht sittenwidrig, wenn sie dazu dienen, die Beziehung fortzusetzen oder gar erst aufzubauen.[541] Für Bedingungen bestimmt Art. 900 CC ausdrücklich, dass sie nur zulässig sind, soweit sie nicht gegen das Gesetz oder die guten Sitten verstoßen. Rechtsfolge eines Verstoßes gegen Art. 900 CC ist, dass die Bedingung als nicht geschrieben gilt, *clause réputée non écrite*, und die letztwillige Verfügung im Übrigen wirksam bleibt, es sei denn, die unwirksame Verfügung war der bestimmende Grund der Zuwendung.[542] Nach diesen Grundsätzen beurteilt die Rechtsprechung auch die Wirksamkeit von *Verfallklauseln*, *clauses pénales*.[543] Hier bestimmt der Erblasser, dass das Vermächtnis zugunsten des Bedachten nicht gilt, falls er bestimmte Anordnungen nicht ausführt.

137. Erbverträge

Das französische Recht der *libéralités* stellt als Regelformen das Testament als letztwillige Verfügung über Vermögen beim Tod des Testators und die Schenkung als Verfügung unter Lebenden über gegenwärtiges Vermögen gegenüber. Schenkungen sind unwiderrufliche Verträge, die mit Vertragsschluss zu einem Verlust der Dispositionsbefugnis des Schenkers führen. Der Beschenkte erhält mit Vertragsschluss nicht eine bloße Erwerbsaussicht, sondern bereits ein Recht. Das Testament dagegen ist frei widerruflich, der Testator ist nicht in seiner Dispositionsbefugnis eingeschränkt und der testamentarisch Bedachte hat eine rechtlich nicht geschützte Erwerbsaussicht. In diesem System haben *Erbverträge* an sich keinen Platz und sind grundsätzlich verboten, soweit das Gesetz keine Ausnahme zulässt, Art. 1130 Abs. 2, 722 CC. Unter das Erbvertragsverbot fallen Verträge, die den künftigen Nachlass einer Vertragspartei oder eines Dritten betreffen. Der Nachlass gilt nach Art. 722 CC nicht nur dann als betroffen, wenn er als Ganzes oder als Bruchteil Vertragsobjekt ist, sondern auch, wenn ein bestimmter Gegenstand aus dem künftigen Nachlass den Gegenstand des Vertrags bildet. Damit sind vom Verbot neben Erbverträgen im Sinne der §§ 2274 ff. BGB auch schuldrechtliche Vereinbarungen über ein künftiges Erbrecht und Erbverzichtsverträge einbezogen. Ratio des Verbots ist neben dem Schutz der freien Widerrufbarkeit letztwilliger Verfügungen des Erblassers der Gedanke, dass der Begünstigte nicht bereits Bindungen über

540 Cass.Civ. vom 2.1.1907, G.A.Civ. n° 122; DP 1907.1.137 Anm. *Colin*.
541 Cass.Plén. vom 29.10.2004, G.A.Civ. n° 28-29; JCP 2005 II 10011 Anm. *Chabas*.
542 Vgl. dazu insb. Cass.Req. vom 3.6.1863, G.A.Civ. n° 121.
543 Cass.Civ. vom 20.2.2007, *Grimaldi* RTD civ. 2008, 134.

ihm nicht zustehende Rechte, das künftige Erbrecht, eingeht. Historisch spielt der Gedanke eine Rolle, dass es als unmoralisch gilt, vertragliche Vorteile aus dem Tod eines anderen zu ziehen und keine Anreize gesetzt werden sollen, dem Erblasser nach dem Leben zu trachten.[544] Heute sieht das Gesetz Ausnahmen vom Verbot des Erbvertrags vor, die durch das Reformgesetz von 2006 erheblich erweitert worden sind. Daneben können Verträge mit erbrechtlicher Zielsetzung als Zuwendungen unter Lebenden, gesellschaftsrechtliche Nachfolgeklauseln oder güterrechtliche Vereinbarungen wirksam sein.

Ehegatten steht die Möglichkeit der *institution contractuelle*, der *clause commerciale* und eines Erbverzichts bei einer Trennung von Tisch und Bett offen. Eine *institution contractuelle* kann im Ehevertrag oder zwischen Ehegatten während bestehender Ehe vereinbart werden. Im Ehevertrag können sich entweder ein Ehegatte oder ein Dritter, sog. *instituant*, neben Schenkungen auch dazu verpflichten, dem anderen oder beiden Ehegatten, dem sog. *institué*, einen künftigen Nachlass, einen Nachlassteil oder einen bestimmten Gegenstand aus dem Nachlass zu übertragen, Art. 1082, 1091, 1093 CC. Der CC regelt dabei die Einsetzung durch Dritte und durch die Ehegatten getrennt in den Art. 1081 ff. und 1091 ff. CC. Die Art. 1081 ff. CC gelten dabei auch für die Einsetzung eines Ehegatten durch den anderen, soweit die Art. 1091 ff. CC keine abweichenden Regelungen enthalten, Art. 1093 CC. Für *Zuwendungen unter Ehegatten* gilt eine *erhöhte quotité disponible*.[545] Sie können als wechselseitige Verfügungen erfolgen. Anders als bei Zuwendungen durch Dritte wirkt die Einsetzung bei Ausfall der Ehegatten nicht zugunsten der Kinder.[546]

Die im Ehevertrag vereinbarte *institution contractuelle* ist unwiderruflich, Art. 1083 CC. Der Einsetzende behält aber zu Lebzeiten die Dispositionsfreiheit über seine Güter. Nur unentgeltliche Verfügungen sind nicht gestattet. Eine während bestehender Ehe zwischen den Ehegatten vereinbarte *institution contractuelle* ist dagegen frei widerruflich, Art. 1096 Abs. 1 CC. Der einsetzende Ehegatte ist nicht in seiner Verfügungsfreiheit beschränkt. Die *institution contractuelle* hat damit eine Doppelnatur. Sie ist ein echter Vertrag, soweit sie im Ehevertrag erfolgt: Die Einsetzung ist unwiderruflich, der Einsetzende benötigt die Geschäftsfähigkeit für Schenkungen. Dagegen nähert sich die während der Ehe zwischen Ehegatten eingegangene *institution contractuelle* mehr einem Vermächtnis an, das in den Formvorschriften einer Schenkung erfolgt. Sie ist frei widerruflich und die Testierfähigkeit des *instituant* ist ausreichend. Nach Art. 1390 CC ist die Vereinbarung von Ehegatten zulässig, dass ein Ehegatte bei der Auflösung der Ehe durch Tod die Möglichkeit hat, Eigen-

544 Vgl. zu den Gründen *Malaurie/Aynès* Nr. 563.

545 Unten Nr. 138.

546 Für den Fall des Vorversterbens des *institué* können die Abkömmlinge des Ehepaares von Dritten eingesetzt werden, Art. 1082 CC; setzt ein Ehegatte den anderen ein, ist das nicht möglich, Art. 1093 a. E. CC.

tum an einem im Alleineigentum des anderen Ehegatten stehenden Gegenstand zu erwerben, eine unternehmerisch genutzte Immobilie von den Erben zu mieten oder den Gegenstand bei der Erbauseinandersetzung zugeteilt zu erhalten, *clause commerciale*. So erhält der Ehegatte die Möglichkeit, wichtige Teile des Vermögens seines Ehepartners zu erlangen, die für die Fortsetzung einer unternehmerischen Tätigkeit benötigt werden.[547] Schließlich ermöglicht Art. 301 CC den Ehegatten im Rahmen einer einvernehmlichen Trennung von Tisch und Bett,[548] einen Erbverzicht auf das Erbe nach dem Ehegatten aufzunehmen.

Von den sonstigen Erbverträgen sind vor allem die *donation-partage* des Art. 1075 CC, eine sofort wirksame Vorausteilung des Nachlasses unter den Abkömmlingen des Erblassers bereits zu Lebzeiten und seit der Reform von 2006 auch die sog. *donation-partage transgénérationelle*, Art. 1075-1, 1078-4 ff. CC, zu nennen. In der Vereinbarung kann die Vorausteilung bereits zugunsten von Abkömmlingen erfolgen, die als gesetzliche Erben noch von gradnäheren Abkömmlingen verdrängt wären. So kann der Erblasser sein Vermögen an Enkel und Urenkel verteilen und dabei seine Kinder übergehen, vorausgesetzt diese stimmen zu. Mit diesem neuen Instrument soll die frühzeitige Übertragung des Vermögens auf die jüngeren Generationen erleichtert werden. Das kann allerdings nur erreicht werden, wenn vorhandene Pflichterben auf die Geltendmachung ihrer Rechte durch *action en réduction*[549] im Vorhinein verzichten.

Nicht unter das Verbot der Art. 1130 Abs. 2, 722 CC fallen *Verträge unter Lebenden*, insbesondere *gesellschaftsrechtliche Nachfolgeklauseln* und *güterrechtliche Vereinbarungen*, auch wenn sie indirekt erbrechtliche Auswirkungen haben. Ehevertraglich kann im Fall der Errungenschaftsgemeinschaft vereinbart werden, dass dem überlebenden Ehegatten das Gemeinschaftsgut zufällt, *clause de partage*. Dabei handelt es sich um eine güterrechtliche Auseinandersetzungsvereinbarung. Gesellschaftsrechtliche Nachfolgeklauseln in Personengesellschaften sind gemäß Art. 1870 CC für die *société civile*[550] und gemäß Art. L. 221-15 CCom für die *société en nom collectif*[551] zulässig. Als Verträge unter Lebenden sind sog. *pactes post mortem* und durch den Tod eines der Vertragspartner bedingte Verträge wirksam.[552] Hier binden sich die Parteien bereits durch Abschluss des Vertrags endgültig. Nur die Leistungen erfolgen erst nach dem Tod eines Vertragspartners oder die Wirksamkeit selbst tritt erst mit dem Tod ein. Entsprechend erkennt die Rechtsprechung die Wirk-

547 Steht der Gegenstand im Güterstand der Errungenschaftsgemeinschaft im gemeinschaftlichen Eigentum, *bien commun*, ist eine sog. *clause de partage* möglich, oben Nr. 118.

548 Oben Nr. 121.

549 Unten Nr. 138.

550 Unten Nr. 154.

551 Unten Nr. 155.

552 *Malaurie/Aynès* Nr. 569.

samkeit der sog. *clause tontine*[553] an: Erwerben zwei Personen, in der Praxis meist Ehegatten, gemeinsam einen Gegenstand, können sie vereinbaren, dass der Gegenstand beim Tod eines der beiden dem Überlebenden zufällt, indem der Überlebende rückwirkend von Anfang an als einziger Erwerber gilt.[554] Damit ist der Gegenstand zu Lebzeiten beider unveräußerlich. Die Vereinbarung einer *clause tontine* bedarf daher eines legitimen Interesses, *intérêt sérieux et légitime*.[555] Nicht als Vertrag über künftiges Vermögen eingestuft hat die Cour de Cassation die Schenkung unter *clause de réversibilité d'usufruit*. Vereinbaren Ehegatten mit dem Beschenkten, z.B. ihrem Kind, dass er das Eigentum an einem Gegenstand erhält, sich der bisherige Eigentümer aber den Nießbrauch an dem Gegenstand vorbehält und der Nießbrauch bei seinem Tod an den anderen Ehegatten fallen soll, liegt darin eine befristete Schenkung bestehender Güter, die nicht unter das Verbot der Verträge über künftige Erbschaften fällt.[556] Damit steht diese Konstruktion nicht nur Ehegatten, sondern etwa auch nichtehelichen Lebenspartnern zu, für die keine Ausnahme wie die *institution contractuelle* vorgesehen ist.

138. Beschränkung der Testierfreiheit durch die *réserve héréditaire*

Abkömmlinge und der Ehegatte des Erblassers sind *Pflichterbberechtigte*. Ihnen steht als sog. *réserve* ein Anteil am Nachlass zu. Dadurch wird die Testierfreiheit des Erblassers eingeschränkt. Er kann nur über den restlichen Nachlass, die sog. *quotité disponible*, frei verfügen. Das Recht der *réserve* wurde durch die Reform von 2006 grundlegend umgestaltet. Die Pflichterbberechtigung ist eine wertmäßige Beteiligung am Nachlass, die anders als nach der früheren Konzeption als verzichtbares privates Recht ausgestaltet ist. Meist wirkt sie damit wie eine schuldrechtliche Forderung gegen den Nachlass und hat sich damit der deutschen Lösung eines Pflichtteilsrechts angenähert. Dennoch werden die Pflichterben noch dinglich geschützt, wie das Folgerecht des Art. 924-4 CC zeigt. Der Pflichterbberechtigte kann die *réserve* annehmen oder ausschlagen. Ein Pflichterbrechtsverzicht vor dem Erbfall ist vertraglich möglich, Art. 929 ff. CC. Die Regeln über die Erbunwürdigkeit, *indignité*, sind anwendbar.

553 *Malaurie/Aynès* Nr. 573.

554 Cass.Ch.mixte, 27.11.1970, G.A.Civ. n° 133-136. Zur übereignungsrechtlichen Gestaltung oben Nr. 109. Steuerrechtlich hat die Konstruktion ihren Charme inzwischen verloren, weil sie als Schenkung gewertet wird und der Übergang beim Tod eines Partners der Schenkungssteuer unterliegt, vgl. *Malaurie/Aynès*, Nr. 573.

555 Cass.Civ. vom 8.1.2002, JCP 2002 II 10036 Anm. *Chartier*.

556 Cass.Civ. vom 21.10.1997, JCP 1997 II 22969 Anm. *Harel-Dutirou*; Cass.Ch.mixte 8.6.2007, JCP 2007 II 10130 Anm. *Goubeaux*; *Grimaldi* RTD civ. 2007, 605; *Revet* RTD civ. 2007, 588.

Pflichterbberechtigte sind gemäß Art. 913-1 CC alle *Abkömmlinge* des Erblassers, ob ehelich oder nicht. Auch das Adoptivkind und seine Abkömmlinge sind Pflichterbberechtigte, wenn es sich um eine Volladoption handelt; bei der *adoption simple* besteht kein Pflichterbrecht, Art. 368 Abs. 2 CC. Der Umfang des Pflichterbrechts hängt von der Anzahl der Kinder des Erblassers ab: Hat der Erblasser ein Kind, beträgt die *réserve* die Hälfte, bei zwei Kindern ein Drittel je Kind, also insgesamt zwei Drittel; bei drei oder mehr Kindern beträgt die *réserve* insgesamt drei Viertel. Der Anteil eines Kindes hängt in diesem Fall davon ab, wie viele Kinder der Erblasser hat. Dem Erblasser verbleibt mindestens eine *quotité disponible* von einem Viertel. Die Regeln der gesetzlichen Erbfolge finden auf die *réserve* Anwendung: Damit schließt ein gradnäherer Abkömmling gradfernere aus. Ausnahme zu diesem Grundsatz sind die Regeln über die *représentation*.[557] Ist ein Abkömmling vorverstorben, treten seine Abkömmlinge an seine Stelle und erhalten den Pflichterbanteil des vorverstorbenen Kindes, Art. 913 Abs. 2 CC. Wird der ausgefallene Pflichterbe nicht repräsentiert, wird er bei der Berechnung der *réserve* nicht berücksichtigt. Ein erbunwürdiger Abkömmling wird bei der Berechnung der Höhe der *réserve* berücksichtigt, ob er repräsentiert wird oder nicht, vgl. Art. 913-1 CC. Hat er Abkömmlinge, fällt sein Anteil an sie. Anderenfalls erhöht sich der Anteil der übrigen Kinder. Anders ist bei der Ausschlagung des Pflichterbrechts zu verfahren. Hier wird der Ausschlagende bei der Berechnung nur berücksichtigt, wenn er repräsentiert wird oder wenn er zum Ausgleich[558] gemäß Art. 845 CC verpflichtet ist, Art. 913 Abs. 2 CC.

Die *Aszendenten* zählen seit der Reform von 2006 nicht mehr zum Kreis der Pflichterbberechtigten. An die Stelle der Pflichterbberechtigung ist funktional das *droit de retour* der Eltern des Erblassers getreten, Art. 738-2 CC.[559] Der *Ehegatte* ist nach Art. 914-1 CC pflichterbberechtigt. Voraussetzung ist, dass die Ehe zur Zeit des Erbfalls nicht rechtskräftig geschieden ist. Eine rechtskräftige Trennung von Tisch und Bett schließt das Pflichterbrecht ebenso wenig aus wie ein anhängiges Scheidungsverfahren oder ein Verfahren zur Trennung von Tisch und Bett. Das Pflichterbrecht besteht nur, wenn der Erblasser keine Abkömmlinge hinterlässt. Die Höhe der *réserve* beträgt ein Viertel.

Der Ehegatte ist nicht nur durch sein Pflichterbrecht geschützt. Art. 1094-1 CC ermöglicht dem Erblasser drei Varianten, dem Ehegatten *mehr als die normale quotité disponible* zuzuwenden und damit die réserve der Abkömmlinge anzutasten: Er kann seinem Ehegatten entweder die gesamte *quotité disponible*, Eigentum an einem Viertel und Nießbrauch an drei Vierteln des Nachlasses oder Nießbrauch an dem Gesamtnachlass zuwenden. Legt der Erblasser nicht selbst fest, welche der drei Varianten Anwendung findet, entscheidet der Ehegatte.

557 Oben Nr. 134.
558 Zum *rapport* unten Nr. 142.
559 Oben Nr. 132.

Das ist etwa der Fall, wenn der Ehegatte als Universalvermächtnisnehmer eingesetzt wird. Der Ehegatte muss die testamentarische Zuwendung nicht in Gänze annehmen und kann auf diese Weise die Abkömmlinge begünstigen. Für die Praxis eröffnet sich so Gestaltungsraum zur Verringerung der Erbschaftsteuer, da die Abkömmlinge direkt vom Erblasser den Teil erwerben, der ihnen durch die teilweise Ausschlagung des Ehegatten zufließt. Die Gestaltungsmöglichkeiten sind im Einzelnen hier nicht darzustellen. Sie sind so differenziert, dass von ihnen ohne kompetente Beratung nicht Gebrauch gemacht werden sollte. Zusätzliche Schwierigkeiten bereitet der Fall, wenn der Erblasser neben seinem Ehegatten auch anderen Personen Zuwendungen gemacht hat. Während Art. 1094-1 CC bei Zuwendungen an den Ehegatten eine höhere *quotité disponible* erlaubt, bleibt sie bei Zuwendungen an andere Personen auf die normale Höhe beschränkt. Die Cour de Cassation[560] hat folgende Lösung erarbeitet: Insgesamt muss den Pflichterbberechtigten ihre normale *réserve* erhalten bleiben. Allerdings kann sie mit Nießbrauch belastet werden. Jedem Zuwendungsempfänger darf nicht mehr bleiben, als die *quotité disponible* gerade im Verhältnis zu ihm beträgt. Art. 1094-1 CC gilt damit nur für den Ehegatten. Übersteigen die Zuwendungen die Grenze und wird die *réserve* damit über das erlaubte Maß angetastet, sind sie anteilig herabzusetzen.[561]

Für die *Berechnung der réserve* genügt es nicht, die *quotité disponible* festzustellen. Es muss vielmehr gemäß Art. 922 CC die sog. *masse de calcul* bestimmt werden. Dazu gehören alle sich beim Todesfall im Nachlass befindlichen Güter sowie die Güter, die der Erblasser vermacht hat oder über die er im Wege einer *institution contractuelle* verfügt hat. Fiktiv sind die Güter, die der Erblasser lebzeitig verschenkt hat, hinzuzurechnen. Abzuziehen sind Nachlass- und Erbfallschulden sowie die Verbindlichkeiten, die gerade auf den verschenkten Gütern lasten, wie etwa Erhaltungspflichten. Entscheidender Zeitpunkt für die Bewertung ist der Erbfall. Dabei ist bei der fiktiven Hinzurechnung des Werts der verschenkten Güter der Zustand zu unterstellen, den die Güter zum Zeitpunkt der Schenkung hatten. Spätere Umgestaltungen bleiben damit unberücksichtigt. Hat der Beschenkte die Güter veräußert, wird der Wert zur Zeit der Veräußerung eingestellt.

Die Quote des Pflichterbberechtigten von der ermittelten *masse de calcul* ergibt den konkreten Betrag seiner *réserve*. Übersteigen die unentgeltlichen Zuwendungen die *quotité disponible*, so dass die réserve der Pflichterbberechtigten nicht gewährleistet werden kann, sind sie herabzusetzen. Die Herabsetzung erfolgt gerichtlich aufgrund *Herabsetzungsklage, action en réduction*.[562] Sie führt grundsätzlich zu einer *Ausgleichspflicht*. Der Bedachte hat den überschießenden Wert an die beeinträchtigten Pflichterben zu zahlen, Art. 924 CC.

560 Cass.Civ. vom 26.4.1984, G.A.Civ. n° 140.

561 Zu dem Verfahren im Einzelnen *Grimaldi*, Successions, Nr. 367.

562 Für die Erteilung eines deutschen Fremdrechtserbscheins ergeben sich wegen der Schwebelage Schwierigkeiten, vgl. MünchKomm/*Birk*, 5. Aufl. 2010, Art. 25 EGBGB Rn. 346.

Die Rückgewähr in natura ist nur der Ausnahmefall. Der Bedachte darf die Zuwendung in natura zurückgewähren, wenn dies noch möglich ist. Die Möglichkeit verfristet in drei Monaten nach der Aufforderung zu einer Entscheidung durch die Pflichterben, Art. 924-1 CC. Ist der Bedachte insolvent, können die Pflichterben die Zuwendung in natura herausverlangen. Sie können die Herabsetzungsklage gegen Dritterwerber geltend machen, Art. 924-4 CC. Bei Mobilien werden diese jedoch durch Art. 2276 CC[563] geschützt. Hat der Erblasser mehrere Verfügungen getätigt, so sind sie – wenn der Erblasser keine abweichende Reihenfolge festgelegt hat – in folgender Reihenfolge herabzusetzen: Zunächst sind die testamentarischen Zuwendungen anteilig zu kürzen. Dabei ist nicht zu berücksichtigen, ob es sich um Universal-, Erbteil- oder Erbstückvermächtnisse handelt. Genügt das noch nicht, um die Pflichterbberechtigten zu befriedigen, sind die Schenkungen in zeitlicher Reihenfolge, zeitlich später erfolgte vor den zeitlich früher erfolgten, herabzusetzen. Die Herabsetzungsklage steht den Pflichterbberechtigten und ihren Erben, gesetzlichen Erben wie Universal- und Erbteilvermächtnisnehmern und durch *institution contractuelle* eingesetzten Nachfolgern, zu, Art. 921 CC. Daneben können auch deren Gläubiger über die *action oblique* die Herabsetzungsklage ausüben.[564] Sie unterliegt einer doppelten Verjährung. Sie verjährt in fünf Jahren ab Erbfall oder innerhalb von zwei Jahren ab Kenntnis der Beeinträchtigung des Pflichterbrechts, längstens jedoch in zehn Jahren ab Erbfall. Die Pflichterbberechtigten können auf die Geltendmachung der Herabsetzungsklage bereits vor dem Erbfall verzichten. Erforderlich ist eine notariell vor zwei Notaren beurkundete Verzichtserklärung. In der Urkunde müssen die Folgen des Verzichts bezeichnet sein. Dazu gehört insbesondere die Benennung der Personen, denen der Verzicht zugute kommt. Wirksam wird der Verzicht erst durch die Annahmeerklärung des Erblassers, Art. 929 CC, so dass der Verzicht als einseitig verpflichtender Vertrag eingestuft wird. Bedingungen sind unzulässig.

139. Erbgang

Im französischen Erbrecht gilt das Prinzip der *Universalsukzession*. Erben und Vermächtnisnehmer werden mit dem Tod des Erblassers Eigentümer. Die Legate des französischen Rechts sind als Vindikationslegate ausgestaltet. Neben dem Übergang des Eigentums auf die Erben ist aber ein *Besitzübergang*, *saisine*, erforderlich, um dem Erbberechtigten die volle Dispositionsbefugnis insbesondere im Verhältnis zu Dritten zu verschaffen.[565] Erst mit der *saisine* kann der Erbberechtigte die den Nachlass betreffenden Rechte gegenüber Dritten geltend machen. Zugleich trifft ihn auch erst dann die volle Erbenhaftung. Ab

563 Oben Nr. 128 f.

564 Cass.Civ. vom 20.10.1982, D. 1983 J 120 Anm. *Rémy*.

565 S. *Malaurie/Aynès* Nr. 164.

saisine können Nachlassgläubiger gegen ihn vorgehen. Mit dem Erbfall geht der Besitz de iure auf die gesetzlichen Erben über, Art. 724 Abs. 1 CC. Universalvermächtnisnehmer erhalten den Besitz de iure, wenn keine Pflichterben, *réservataires*, neben ihnen berufen sind, Art. 1004 CC, oder wenn sie auch gesetzliche Erben wären.[566] Dabei dürfen sie den Besitz nur dann ausüben, wenn das Testament in öffentlicher Form errichtet wurde, Art. 1006 CC. Wurde das Testament in einer anderen Form errichtet, ist eine gerichtliche *Besitzeinweisung*, *envoi en possession*, erforderlich, Art. 1008 CC. Auf Erbteilvermächtnisnehmer und Erbstückvermächtnisnehmer geht der Besitz in keinem Fall kraft Gesetzes über, Art. 1011 CC. Soweit die *saisine* nicht kraft Gesetzes eintritt, findet sie durch Übergabe, *délivrance*, statt. Nur wenn mit den bereits die Erbschaft besitzenden Erben oder Universalvermächtnisnehmern keine Einigkeit über die Herausgabe erzielt wird, ist eine gerichtliche Klage auf Übergabe notwendig. In allen anderen Fällen erfolgt die *saisine* durch gerichtliche Einweisung, Art. 724 Abs. 3 CC.

Berühmt sich ein Dritter ebenso der Erbenstellung wie der wahre Erbe, so steht dem Erben die *Erbschaftsklage* zum Nachweis der Erbberechtigung offen, *pétition d'hérédité*. Eine Erbschaftsklage wie in §§ 2018 ff. BGB ist im CC nicht vorgesehen, wird aber von der Rechtsprechung anerkannt. Die Verjährungsfrist der *pétition d'hérédité* hängt davon ab, ob man sie als *action personnelle* einstuft, dann fünf Jahre, oder als *action réelle*, dann 30 Jahre.[567] Gelingt der Nachweis der Erbenstellung, hat der wahre Erbe gegen den Erbschaftsbesitzer als Eigentümer die *action en revendication*,[568] wie auch in den Fällen, in denen der besitzende Dritte nicht das Erbrecht des wahren Erben bestreitet, aber behauptet, Eigentümer eines Nachlassgegenstands zu sein. Das Verhältnis zwischen Erben und Erbschaftsbesitzer ist wie das Eigentümer-Besitzer-Verhältnis[569] nicht eigens geregelt und unterliegt den gleichen Grundsätzen, wobei Gut- und Bösgläubigkeit entscheidend sind. So darf der gutgläubige Erbschaftsbesitzer die Früchte behalten, der bösgläubige hat sie herauszugeben. Gutgläubige Dritte, die von dem Erbschaftsbesitzer Nachlassgegenstände erworben haben, werden bei Mobilien durch Art. 2276 CC und bei Immobilien in Ausnahmefällen durch die *théorie de l'apparence* geschützt.[570] Sie kann im Einzelfall auch den gutgläubigen Schuldner schützen, der eine Nachlassverbindlichkeit an den Scheinerben erfüllt.[571]

Für die volle Dispositionsbefugnis ist die *saisine* erforderlich, aber nicht hinreichend. Der Erblasser kann die Dispositionsbefugnis des Erbberechtigten

566 Cass.Civ. vom 29.10.1979, JCP 1981 II 19527 Anm. *Dagot*.
567 Oben Nr. 100, 107.
568 Oben Nr. 113.
569 Oben Nr. 113.
570 Oben Nr. 91, 109.
571 *Ferid/Sonnenberger* 5 D 426; *Grimaldi*, Successions, Nr. 527; *Mazeaud/Leveneur* Nr. 1259.

durch Einsetzung eines Testamentsvollstreckers[572] oder Errichtung eines postmortalen Auftrags, *mandat à effet posthume*, einschränken. Nach dem Erbfall kann ein Verwalter, *mandataire judiciaire*, gerichtlich eingesetzt werden. Mit der Reform von 2006 ist dem Erblasser die Möglichkeit eröffnet worden, einen *postmortalen Beauftragten* einzusetzen, *mandat à effet posthume*, Art. 812 ff. CC. Mit diesem Instrument soll insbesondere der Übergang von Unternehmen oder die Nachlassabwicklung zugunsten geschäftsunfähiger oder behinderter Kinder erleichtert werden. Der Beauftragte nimmt damit auch gegenüber dem gesetzlichen Vertreter die Interessen des nicht Geschäftsfähigen wahr; er ist dem gesetzlichen Vertreter zur Rechnungslegung verpflichtet. Nach dem Willen des Gesetzgebers soll das *mandat à effet posthume* Teile der Funktion eines *testamentary trust* des angloamerikanischen Rechts übernehmen.[573] Die später eingeführte *fiducie*[574] des französischen Rechts steht zur Nachlassabwicklung nicht offen, da sie mit dem Tod des Treugebers endet, Art. 2030 CC.

Neben natürlichen Personen können auch juristische Personen beauftragt werden. Ausgeschlossen ist der mit der Abwicklung des Nachlasses beauftragte Notar. Der Auftrag muss notariell beurkundet werden, Art. 812-1-1 CC. Der Beauftragte muss noch zu Lebzeiten des Erblassers den Auftrag annehmen. Die Wirkungen des *mandat à effet posthume* treten aber erst mit dem Erbfall ein. Der Beauftragte erhält keine Vertretungsmacht, im Namen der Erben zu handeln. Er erhält Befugnisse zur Verwaltung des Nachlasses, die nach dem Auftrag bis hin zu allen zur ordentlichen Verwaltung des Nachlasses erforderlichen Rechtsakten gehen kann. Die sonst zur Verwaltung berufenen Erben sind damit von der Verwaltung ausgeschlossen, bleiben aber zur Veräußerung befugt.[575] Die Befugnisse des Testamentsvollstreckers bleiben unangetastet, Art. 812 CC. Der Beauftragte hat den Erben jährlich und am Ende Rechnung zu legen, Art. 812-7 CC. Die Erben können durch die Hinauszögerung der Annahme der Erbschaft die Befugnisse des Beauftragten einschränken, da der Beauftragte solange auf Erhaltungsmaßnahmen beschränkt ist, vgl. Art. 812-1-3 CC.

Der Beauftragte bleibt grundsätzlich zwei Jahre zur Verwaltung berufen. Der Erblasser kann auch eine fünfjährige Verwaltung vorsehen, wenn es die Handlungsunfähigkeit des Erben oder die Komplexität der Nachlassverwaltung erfordern, Art. 812-1-1 CC. Die Dauer kann durch das Gericht verlängert werden. Das *mandat à effet posthume* endet insbesondere mit Ablauf der vorgesehenen Zeit, Kündigung des Beauftragten, gerichtlicher Abberufung wegen Wegfalls des legitimen Einsetzungsinteresses oder wegen Pflichtverletzung auf Antrag eines der Erben, dem Abschluss eines neuen Vertrags zwi-

---

572 Oben Nr. 136.

573 Rapport AN n° 2850 du 8 février 2006, S. 172. Zur Stellung des *mandat posthume* im Vollmachtsrecht oben Nr. 99.

574 Oben Nr. 102, 107.

575 Cass.Civ. vom 12.5.2010, n° 09-10556.

schen Erben und Beauftragtem und der Veräußerung der Nachlassgegenstände durch die Erben, Art. 812-4 CC. Ist der Erbfall eingetreten, so kann gemäß Art. 813-1 ff. CC auf Antrag auch eine natürliche oder juristische Person als *Notgeschäftsführer* gerichtlich bestellt werden, *mandat judiciaire*, wenn der oder die Erben die Geschäfte nicht, nicht ausreichend oder fehlerhaft geführt haben oder sich die Miterben nicht über die Geschäftsführung einigen können. Zudem kann ein Geschäftsführer allein aus dem Grund gerichtlich bestellt werden, weil die Verwaltung des Nachlasses komplex ist. Das Antragsrecht steht neben den Erben, den Gläubigern und jedem, der ein Interesse nachweisen kann, auch dem Staatsanwalt zu. Die Aufgaben und Befugnisse, die Dauer und die Vergütung des gerichtlich bestellten Verwalters werden im Bestellungsbeschluss bestimmt. Mit Annahme der Erbschaft durch mindestens einen der Erben erhält der gerichtlich bestellte Verwalter volle Verwaltungsbefugnisse und kann auch zu Verfügungsgeschäften, die im Zuge einer ordnungsgemäßen Wirtschaft erforderlich sind, ermächtigt werden, Art. 814 CC. Er vertritt die Erben nach außen, Art. 813-5 CC. Das Amt des gerichtlich bestellten Verwalters endet mit der gerichtlichen Entlassung, Art. 813-7 CC, oder mit der Feststellung, dass seine Aufgaben erfüllt sind, Art. 813-9 CC. Ebenso endet das Amt mit der Vereinbarung einer vertraglichen *indivision* durch die Gemeinschafter oder mit Abschluss einer Teilungsvereinbarung. Der Notgeschäftsführer hat den Gemeinschaftern Rechnung zu legen, Art. 813-8 CC.

140. Annahme und Ausschlagung der Erbschaft

Annahme und *Ausschlagung* der Erbschaft sind in den Art. 768 ff. CC geregelt. Alle gesetzlichen *Erben* oder *Vermächtnisnehmer* können frei über die Annahme oder Ausschlagung ihres Erbrechts entscheiden. Die Option steht ihnen als persönliches Recht zu. Dennoch ist die *option successorale* vererbbar. Mehrere Erben können jeweils unabhängig voneinander entscheiden, ob die Erbschaft angenommen wird, Art. 775 Abs. 2 CC. Steht der Erbberechtigte unter Vormundschaft, übt der *Vormund* die *option successorale* aus. Genehmigungsfrei darf der Vormund die Erbschaft nur mit Haftungsbegrenzung auf den Nachlass, *à concurrence de l'actif net*, annehmen. Für eine vorbehaltlose Annahme *pur et simple* und eine Ausschlagung bedarf er einer Genehmigung des Familienrats oder einer gerichtlichen Genehmigung, Art. 507-1 CC. *Gläubiger* können grundsätzlich nicht die *option successorale* geltend machen, auch nicht im Insolvenzverfahren.[576] Sie können nur gemäß Art. 779 CC über eine erbrechtliche Ausprägung der *action paulienne*[577] zur Befriedigung ihrer Forderungen gegen den Erbberechtigten gerichtlich ermächtigt werden, für ihren Schuldner

576 Cass.Com. vom 3.5.2006, vgl. dazu die Anmerkung von *Cabrillac*, JCP 2006 I 185 n° 6.
577 Oben Nr. 100.

die Annahme zu erklären. Die Wirkung dieser Annahme ist auf das Verhältnis der Gläubiger zum Erbberechtigten beschränkt.

Die *Annahme* kann *vorbehaltlos*, *acceptation pure et simple*, oder unter Beschränkung auf den Aktivnachlass, *acceptation à concurrence de l'actif net*, erfolgen. Die vorbehaltlose Annahme kann notariell beurkundet, privatschriftlich oder konkludent erfolgen, Art. 782 CC. Das Gesetz regelt in den Art. 783 f. CC detailliert, was als stillschweigende Annahme zu werten ist. Verfügungsgeschäfte, *actes de disposition*, über Nachlassgegenstände gelten grundsätzlich als konkludente Annahme, Art. 783 CC. Will der Erbberechtigte dem entgehen, muss er sich gerichtlich ermächtigen lassen, das im Interesse des Nachlasses erforderliche Verfügungsgeschäft vornehmen zu dürfen, ohne dass es die Wirkung der Annahme hat, Art. 784 Abs. 2 CC. Dagegen gelten Erhaltungsmaßnahmen, *actes conservatoires*, nicht als konkludente Annahmeerklärung. Neben den natürlichen Erhaltungsmaßnahmen im Sinne von Art. 784 Abs. 1 CC fingiert das Gesetz in Art. 784 Abs. 3 CC eine Reihe von Verfügungsgeschäften als Erhaltungsmaßnahmen. Verwaltungs- und Überwachungsmaßnahmen, *actes d'administration et de surveillance*, führen ebenfalls nicht zu einer stillschweigenden Annahme. Eine fingierte vorbehaltlose Annahme sieht das Gesetz in Art. 778 CC bei fraudulöser Entziehung eines Nachlassgegenstands, *recel d'un bien*, vor. Hier verliert der Erbberechtigte allerdings alle Rechte an diesem Nachlassgegenstand und muss gezogene Früchte herausgeben. Entsprechendes gilt bei treuwidriger Vereitelung der Rechte von Miterben, *recel de personne*. Solange ein *recel* nicht aufgedeckt ist, kann der Täter durch tätige Reue der Sanktion des Art. 778 CC entgehen.

Die vorbehaltlose Annahme ist *unwiderruflich*, Art. 786 CC: Eine Ausschlagung oder eine auf den Aktivnachlass beschränkte Annahme sind nicht mehr möglich. Der Erbe kann nach vorbehaltloser Annahme lediglich beantragen, von einer Nachlassschuld befreit zu werden, die ihm aus berechtigten Gründen unbekannt geblieben ist. Die *auf den Aktivnachlass beschränkte Annahme*, *acceptation à concurrence de l'actif net*, dient dazu, die Haftung auf den Nachlass zu beschränken. Sie ist formbedürftig. Erforderlich ist eine Erklärung vor dem Gerichtssekretär, *greffe*, des TGI am letzten Wohnsitz des Erblassers, Art. 788 CC. Die Erklärung wird in einem Register publiziert. Zudem hat der Annehmende innerhalb von zwei Monaten nach der Erklärung ein Nachlassinventar zu errichten und bei Gericht zu hinterlegen, Art. 789, 790 CC.[578] Gläubiger können bei Nachweis ihrer Nachlassforderung Einsicht in das Inventar nehmen. Eine auf den Aktivnachlass beschränkte Annahme schließt die Ausschlagung aus. Eine vorbehaltlose Annahme bleibt weiter möglich, Art. 801 CC. Sie führt grundsätzlich dazu, dass der Annehmende von Anfang an als

578 Im Nachlassinventar sind die Aktiva und Passiva des Nachlasses aufzuführen, vgl. Art. 1328 ff. CPrC.

vorbehaltloser Erbe gilt. Ausnahmen sind zum Schutz von Nachlassgläubigern und Geldvermächtnisnehmern vorgesehen, Art. 802 CC.

Die *Ausschlagung, rénonciation*, erfolgt nur durch ausdrückliche Erklärung; eine konkludente Ausschlagung ist ausgeschlossen, Art. 804 CC. Das Gesetz fingiert die Ausschlagung mit Ablauf der Verjährung der *option successorale* nach zehn Jahren, Art. 780 Abs. 2 CC. Für die Ausschlagung ist eine Publizitätsform für das Verhältnis zu Nachlassgläubigern vorgesehen: Die Ausschlagung ist gegenüber dem Gerichtssekretär des TGI am letzten Wohnsitz des Erblassers zu erklären. Sie kann auch brieflich erfolgen, Art. 1339 CPrC. Wird die Publizität nicht eingehalten, kann die Ausschlagung Nachlassgläubigern nicht entgegengehalten werden, *inopposabilité*. Das gilt nicht für Stückvermächtnisnehmer, *légataire à titre particulier*. Ihnen wie anderen Erbberechtigten gegenüber ist sie dennoch wirksam. Die Ausschlagung bewirkt, dass der Ausschlagende rückwirkend nicht mehr als Erbe gilt. Er haftet nicht für Nachlassschulden, mit Ausnahme der Beerdigungskosten, Art. 806 CC.[579] Solange kein anderer Erbe die Erbschaft angenommen oder sich der Staat in den Besitz hat einweisen lassen, kann die Ausschlagung zurückgenommen werden, *rétractation*, indem der Ausschlagende die vorbehaltlose Annahme erklärt, Art. 807 CC.

Annahme oder Ausschlagung können nicht vor dem Erbfall erklärt werden, Art. 770 CC. Eine vertragliche Bindung über die spätere Ausübung ist als Vertrag über einen künftigen Nachlass nach Art. 1130 Abs. 2 CC unwirksam. Nach dem Erbfall hat der Berechtigte zunächst eine *Überlegungsfrist von vier Monaten*, Art. 771 CC. Während dieser Zeit steht ihm eine dilatorische Einrede gegen die Nachlassgläubiger zu. Nach Ablauf der vier Monate können Gläubiger, gesetzliche Erben oder der Staat den *Berechtigten zu einer Entscheidung auffordern*, Art. 771 Abs. 2 CC. Die Aufforderung muss durch *acte extrajudiciaire* erfolgen, also entweder durch den Gerichtsvollzieher, *signification*, oder mittels Einschreiben mit Rückschein, *notification par lettre recommandée avec accusé de réception*. Erklärt sich der Berechtigte innerhalb von zwei Monaten auf die Aufforderung nicht, gilt sein Schweigen als vorbehaltlose Annahme, *acceptation pure et simple*, der Erbschaft, Art. 772 CC. Wird der Berechtigte nicht zu einer Entscheidung aufgefordert, verjährt sein Optionsrecht nach zehn Jahren nach dem Erbfall. Hat er bis dahin keine Entscheidung getroffen, gilt sein Schweigen als Ausschlagung, Art. 780 CC. Bei legitimer Unkenntnis der Berufung läuft die Verjährung nicht, Art. 780 Abs. 4 CC. Die Entscheidung über Annahme oder Ausschlagung ist nach Art. 777 CC nach den allgemeinen Regeln wegen *Irrtums, Täuschung* und *Drohung* anfechtbar. Die Verjährungsfrist beträgt fünf Jahre. Die Rechtsprechung erlaubt die Anfechtung wegen Irrtums über Ausmaß und Natur der Berechtigung, z. B. die Zusammensetzung des Nachlasses, oder die rechtlichen Folgen der Annah-

---

579 Oben Nr. 132.

me oder Ausschlagung. Die Annahme oder Ausschlagung kann grundsätzlich nur für die gesamte Erbberechtigung erklärt werden. Nur wenn eine *Person aus mehreren Gründen berufen* ist, etwa als gesetzlicher Erbe und Vermächtnisnehmer, steht ihm für jede Berufung die *option successorale* zu, Art. 769 CC. Das gilt auch für oben behandelte Sondererbfolgen.[580] Weitere Ausnahmen sehen die Art. 1002-1 und 1094-1 CC vor. Die Annahme oder Ausschlagung hat *Rückwirkung auf den Erbfall*. Der Annehmende gilt als Erbe von Anfang an. Der Ausschlagende ist so zu behandeln, als sei er nie Erbe gewesen, Art. 776 CC.

141. Erbenhaftung

Erklären der *gesetzliche Erbe*, Art. 723 CC, *Universalvermächtnisnehmer* oder *Erbteilvermächtnisnehmer*[581] die *vorbehaltlose Annahme*, *haften* sie grundsätzlich auch *mit ihrem Eigenvermögen unbeschränkt* für die *Erblasserschulden*, *dettes successorales*, und *Erbfallschulden*, *charges successorales*, Art. 785 CC. Stückvermächtnisnehmer haften nicht, Art. 871, 1024 CC. Allerdings kann ein Stückvermächtnisnehmer sein Recht erst nach den Nachlassgläubigern verwirklichen, die vorrangig Zugriff auf den Nachlass einschließlich des vermachten Gegenstands haben. Schulden des Erblassers sind grundsätzlich Nachlassschulden, Art. 1122 CC. Nicht übertragbar sind Unterhaltsschulden. Für die *prestation compensatoire*[582] und die Unterstützungszahlung nach Art. 342 CC, *subsides*,[583] haften die Erben von vornherein nur bis zur Höhe des Aktivnachlasses, Art. 280, 342-5 CC. Neben den übertragbaren Schulden des Erblassers, den Nachlassschulden, sind auch die Forderungen gegen den Nachlass erfasst, die erst durch den Erbfall entstehen, Erbfallschulden. Darunter fallen Bestattungskosten, die Entlohnung eines posthum Beauftragten[584] oder die Ansprüche des Ehegatten gegen den Nachlass gemäß Art. 767 oder 763 Abs. 2 CC.[585] Für einige Erbfallschulden haften die Erben ebenso nur bis zur Höhe des Aktivnachlasses, z.B. Art. L 321-13 ff. CRur. Die Erben sind zudem Schuldner der Stückvermächtnisse, *legs à titre particulier*: Soweit es sich um ein Geld- oder Gattungsvermächtnis handelt, haften die Erben seit der Reform von 2006 nur bis zur Höhe des Aktivnachlasses, Art. 785 Abs. 2 CC. Das Reformgesetz von 2006 hat den Grundsatz der unbeschränkten Haftung durchbrochen: Gemäß Art. 786 Abs. 2 CC hat der haftende Erbe die Möglichkeit, auf Antrag gerichtlich von einer Nachlassschuld entlastet zu werden, die

580 Oben Nr. 132.

581 Die Haftung der *légataires universels* und *légataires à titre universel* ist seit der «Toussaint»-Entscheidung, Cass.Civ. vom 13.8.1861, G.A.Civ. n° 104 anerkannt.

582 Oben Nr. 120.

583 Oben Nr. 121.

584 Oben Nr. 139.

585 Oben Nr. 134.

er aus legitimen Gründen nicht kennen musste und deren Erfüllung sein Eigenvermögen erheblich belastet. Der Antrag muss innerhalb von fünf Monaten nach Kenntnis von der Existenz der Nachlassschuld und ihrer Bedeutung im Verhältnis zum Eigenvermögen bei Gericht gestellt werden. Das Gericht kann den Erben ganz oder auch nur teilweise entlasten.

Die unbeschränkte Haftung führt grundsätzlich dazu, dass die *Nachlassgläubiger* und *die persönlichen Gläubiger* des Erben bzw. gleich behandelten Legatare, also *héritiers*, *légataires universels* und *à titre universe*, im Folgenden wird vereinfacht von Erben gesprochen, *konkurrieren*. Nach Art. 878 CC haben seit der Reform von 2006 neben den Nachlassgläubigern und Geldvermächtnisnehmern jetzt auch die persönlichen Gläubiger des Erben die Möglichkeit, die *Trennung der Haftungsmassen*, *séparation des patrimoines*, zu verlangen, so dass das persönliche Vermögen dem Zugriff der persönlichen Gläubiger des Erben und der Nachlass dem Zugriff der Nachlassgläubiger vorrangig vorbehalten bleiben. Ausreichend ist die Geltendmachung der Privilegierung durch Trennung der Haftungsmassen, Art. 879 CC. Für Immobiliarvermögen ist zusätzlich die Publizierung im Hypothekenregister Voraussetzung, Art. 878 Abs. 3, 2383 CC. Für Mobiliarvermögen gibt es keine Publizitätsvorschriften. In der Praxis werden jedoch Maßnahmen empfohlen, um den Beweis sicherzustellen, dass bestimmte Mobilien zum Nachlass oder Eigenvermögen des Erben gehören. Die Geltendmachung der Trennung der Haftungsmassen verjährt in zwei Jahren nach dem Erbfall, Art. 881 Abs. 2 CC.

Die *séparation des patrimoines* führt zum vorrangigen Zugriff der Nachlassgläubiger auf den Nachlass vor den persönlichen Gläubigern oder umgekehrt zum vorrangigen Zugriff der persönlichen Gläubiger auf das Eigenvermögen des Erben, *droit de préférence*.[586] Der Erbe hat weiter die volle Verfügungsbefugnis über die Nachlassgegenstände und sein Privatvermögen. Das *droit de préférence* verleiht den privilegierten Gläubigern aber ein Folgerecht, *droit de suite*,[587] gegenüber Dritterwerbern, sollte der Erbe einen Nachlassgegenstand veräußern. Der Dritterwerber ist bei Mobilien durch den möglichen gutgläubig lastenfreien Erwerb nach Art. 2276 CC[588] geschützt. Ist das *droit de préférence* im Immobilienregister eingetragen, scheidet gutgläubiger Erwerb der betroffenen Immobilie aus. Zudem haben die Gläubiger auch die Möglichkeit, Sicherungsmaßnahmen, *mesures conservatoires*, über Nachlassgegenstände oder Eigenvermögensgegenstände vornehmen zu lassen.[589] Die Geltendmachung der *séparation des patrimoines* führt dazu, dass alle Nachlassgläubiger oder Eigengläubiger von ihr profitieren. Eine originelle Haftungsbeschränkung besteht trotz vorbehaltloser Annahme der Erbschaft eines Kaufmanns mit be-

586 Oben Nr. 91.
587 Oben Nr. 91.
588 Oben Nr. 108, 109.
589 *Terré/Lequette* Nr. 774.

schränkter Haftung für Unternehmensschulden.[590] Den Unternehmensgläubigern steht nur das Unternehmensvermögen als Haftungsmasse zur Verfügung, unabhängig davon, ob ein Erbe das Unternehmen fortführt.

Mehrere Erben haften nach Bruchteilen proportional zu ihrer Nachlassbeteiligung, Art. 1220, 870, 871 CC. Das gilt nicht für unteilbare Schulden[591] oder in dem Fall, dass bestimmt ist, dass die Verpflichtung nur einen Erben treffen soll, Art. 1221 Nr. 2 CC. Hat einer der Erben eine Verbindlichkeit ganz erfüllt, kann er nach den Grundsätzen der *subrogation légale* gegenüber den anderen Erben den ihrer Haftung entsprechenden Anteil geltend machen, Art. 1251 Nr. 3 CC.[592] Solange noch eine *Erbengemeinschaft*, *indivision*,[593] besteht, können die Nachlass-, Erbfallgläubiger und auch Gläubiger von Forderungen, die aus der Führung der indivision entstanden sind, die Gesamtforderung gegen die Erben in *indivision* geltend machen, Art. 815-17 CC. Die Haftung ist dabei auf den Nachlass in *indivision* einschließlich etwaiger Surrogate beschränkt. Die persönlichen Gläubiger der Erben haben keinen Zugriff auf die Nachlassgegenstände, sondern können nur die Auseinandersetzung im Wege der *action oblique*[594] beantragen, wenn durch die fehlende Auseinandersetzung ihre Interessen bedroht sind.

Erfolgt die *Annahme beschränkt auf den Aktivnachlass*, haftet der Erbe für *Nachlassschulden nur mit dem Nachlass*, Art. 791 Nr. 3 CC. Das gilt auch für die Haftung für Geldvermächtnisse, wie aus Art. 798 CC zu folgern ist. Für *Erbfallschulden* haftet er weiterhin *auch mit seinem gesamten Vermögen*. Damit bleiben die Vermögensmassen, d.h. Nachlass und Eigenvermögen des Erben, getrennt.[595] Der beschränkt auf den aktiven Nachlass annehmende Erbe bleibt folglich auch selbst Nachlassgläubiger. Es ist auch möglich, dass er neue Forderungen gegen den Nachlass begründet, etwa durch Erfüllung von Nachlassforderungen mit eigenen Mitteln oder bei Durchführung von Erhaltungsmaßnahmen. Allerdings darf er diese neuen Forderungen nicht gegen den Nachlass durchsetzen, soweit dadurch die Interessen der anderen Gläubiger berührt werden.[596] Art. 793 f. CC eröffnen dem Erben innerhalb von 15 Monaten ab Publizität der Annahme unter Vorbehalt die *Möglichkeit, bestimmte Nachlassgegenstände für sich zu behalten*, wenn er im Gegenzug den im Nachlassinventar festgelegten Wert des Gegenstands dem Nachlass zuführt. Die privilegierten Nachlassgläubiger können den im Inventar festgelegten Wert innerhalb von drei Monaten nach Veröffentlichung im BODACC bestreiten und einen höheren Wert geltend machen.

---

590 Oben Nr. 92, unten Nr. 151.
591 Art. 1221 Nr. 5 CC: Auch hypothekarisch gesicherte Schulden gelten als unteilbar, Art. 873 CC.
592 Oben Nr. 100.
593 Unten Nr. 142.
594 Oben Nr. 91, 100.
595 Oben Nr. 92.
596 Cass.Soc. vom 14.10.1982, D. 1983 J 46 Anm. *Derrida*.

Bezüglich der Nachlassgegenstände, für die er nicht von Art. 793 CC Gebrauch gemacht hat, behält der Erbe die Verfügungsbefugnis. Er darf sie freihändig verkaufen, Art. 793 Abs. 2 CC. Der Veräußerungserlös steht dem Nachlass zu. Zum Schutz der privilegierten Gläubiger greift auch hier Art. 794 CC: Der Erbe hat das zuständige Gericht innerhalb zweier Wochen von der Veräußerung zu informieren. Die Veräußerung wird anschließend im BODACC publiziert. Auch hier steht den privilegierten Gläubigern offen, einen höheren Wert als den im Inventar festgesetzten zu beweisen. Gelingt das, haftet der Erbe für die Differenz mit seinem eigenen Vermögen. Gemäß Art. 800 CC ist der Erbe zur Nachlassverwaltung befugt. Er hat über die Verwaltungsmaßnahmen Rechnung zu legen. Nachlassgläubiger haben auf Antrag Recht auf Einsicht in die Rechnungslegung. Der Erbe haftet für Verwaltungsmaßnahmen nur für grobe Pflichtwidrigkeit, *faute grave*. Hat er wissentlich Aktiva oder Passiva im Inventar nicht oder falsch angegeben oder den Gegenwert für nach Art. 793 CC zurückbehaltene Nachlassgegenstände nicht zur Befriedigung der Nachlassgläubiger verwendet, verliert er den Vorteil der Haftungsbeschränkung: Er wird so behandelt, als ob er das Erbe vorbehaltlos angenommen hätte. Die Nachlassgläubiger müssen ihre Forderungen innerhalb von 15 Monaten nach der Publikation der Annahme unter Vorbehalt im BODACC anmelden, Art. 792 Abs. 1 CC, 1335 CPrC. Die Anmeldung hat Auswirkungen auf die Wirksamkeit erfolgter und die Zulässigkeit neuer Zwangsvollstreckungsmaßnahmen sowie auf die Reihenfolge der Befriedigung und das Erlöschen von Forderungen. Einzelheiten s. insbesondere Art. 792 Abs. 2, 796 CC.

142. Erbengemeinschaft, *indivision*

Haben mehrere gesetzliche Erben oder Vermächtnisnehmer ein Recht gleicher Art an einem Nachlassgegenstand, bilden sie – bezogen auf den oder die Nachlassgegenstände – eine *indivision*. Die *indivision* ist eine *Gemeinschaft eigener Art ohne Rechtsfähigkeit*, die nicht in Kategorien des deutschen Rechts eingeordnet werden kann.[597] Die *indivision* ist nicht auf das Erbrecht beschränkt, sondern entsteht immer dann, wenn mehrere Personen ein Recht gleicher Art an einem oder mehreren Gegenständen bzw. Vermögenswerten haben, ohne dass es sich um getrennte Bruchteile handelt.[598] Die *indivision* kann *kraft Gesetzes* entstehen oder *vertraglich* vereinbart oder ausgestaltet werden. Sie ist in den Art. 815 ff. CC und 1873-1 ff. CC geregelt. Die 1976 eingeführte *vertragliche indivision* steht zwar auch den Erben und Vermächtnisnehmern zur Verfügung, hat aber darüber hinaus allgemeine Bedeutung für die Gestaltung der Beziehungen von Eigentümern gemeinschaftlicher Sachen und Vermögens-

597 *Ferid/Sonnenberger* 5 D 140.
598 Oben Nr. 111.

werte und wird deshalb im *Sachenrecht* behandelt.[599] Die Beschränkung der *indivision* auf Berechtigungen gleicher Art bedeutet, dass im Fall des Nießbrauchs an Nachlassgegenständen parallel zwei Gemeinschaften bestehen können, die unabhängig voneinander zu betrachten sind, die der Eigentümer und die der Nießbraucher. In Art. 817 bis 819 CC sind besondere Regelungen für die Auseinandersetzung einer *indivision* der Nur-Eigentümer und einer *indivision* der Nießbraucher vorgesehen.

Die *Verwaltung der indivision* erfolgt durch die *Gemeinschafter selbst* oder durch *Geschäftsführer.* Der Regelfall ist die Verwaltung durch die Gemeinschafter selbst. Jeder Gemeinschafter, *indivisaire*, hat allein die Befugnis, notwendige *Erhaltungsmaßnahmen*, *actes conservatoires*, durchzuführen, Art. 815-2 CC. Besondere Dringlichkeit ist nicht erforderlich. Die zur Durchführung der Erhaltungsmaßnahmen notwendigen Mittel können aus der *indivision* entnommen werden. Reichen die Mittel nicht aus, sind die anderen Gemeinschafter zur Kostentragung verpflichtet. Gemeinschafter, die zusammen eine Zweidrittelmehrheit der Anteile an der *indivision* halten, sind zu weniger einschneidenden *Verwaltungsmaßnahmen*, *actes d'administration*, und Verfügungsgeschäften, *actes de disposition*, berechtigt, wie etwa dem Verkauf von Mobiliarvermögen zur Begleichung der Schulden der *indivision*. Maßnahmen, die über die normale Bewirtschaftung der Gegenstände in *indivision* hinausgehen, *exploitation normale*, bedürfen der Einstimmigkeit, vgl. Art. 815-3 CC. Die Minderheitsgemeinschafter sind von Rechtsakten, die im Rahmen der Geschäftsführungsbefugnis vorgenommen worden sind, zu informieren, damit sie ihnen entgegengehalten werden können.

Überschreitet ein Gemeinschafter seine Geschäftsführungsbefugnis, erachtet die Rechtsprechung[600] das Geschäft regelmäßig zunächst nicht als gerichtlich vernichtbar.[601] Es hat jedoch gegenüber den anderen Gemeinschaftern keine Wirkung, ist *inopposable*.[602] Erhält der handelnde Gemeinschafter einen verkauften Gegenstand bei der Auseinandersetzung zugeteilt, entfaltet der Verkauf seine Wirkung. Erhält er nur einen Teil des Gegenstands, bleibt der Verkauf insoweit aufrechterhalten, es sei denn, dass sich aus dem Parteiwillen ergibt, dass der Verkauf nur gültig sein sollte, wenn der gesamte Gegenstand verkauft werden kann. Wird der Gegenstand nicht dem Verfügenden zugeteilt, gilt das Veräußerungsgeschäft rückwirkend als gerichtlich vernichtbar. Soweit keiner der Gemeinschafter die Erbschaft nur unter Begrenzung der Haftung auf den Aktivnachlass angenommen hat, kann einer der Gemeinschafter oder ein Dritter als *Geschäftsführer* bestellt werden. Die allgemeinen Regeln des Auftrags, *mandat*, sind anwendbar. Führt ein Gemeinschafter die Geschäfte,

599 Oben Nr. 111.
600 Nachweise bei *Malaurie/Aynès* Nr. 824.
601 Oben Nr. 99.
602 Oben Nr. 100.

ohne dass die davon benachrichtigten anderen Gemeinschafter dem widersprechen, gilt der handelnde Gemeinschafter als stillschweigend zur Geschäftsführung bestellt, Art. 815-3 CC. In besonderen Fällen können einzelne Gemeinschafter gerichtlich zur Vornahme von Akten der Geschäftsführung ermächtigt werden, Art. 815-5 CC. Der Präsident des TGI kann auch selbst dringende Notfallmaßnahmen im Wege des einstweiligen Rechtsschutzes anordnen, Art. 815-6 CC.

Während der Dauer der *indivision* können neben die Nachlassschulden auch *Erbfallschulden*[603] treten, für die die Gemeinschafter in *indivision* haften. Dazu gehören neben Verwendungsersatzansprüchen eines Gemeinschafters, Vergütungsansprüchen der Geschäftsführer, Forderungen Dritter aus zur Nachlassverwaltung erforderlichen Rechtsgeschäften auch Schadensersatzansprüche Dritter für durch Gegenstände in *indivision* verursachte Schäden. Nach der Auseinandersetzung lasten die Forderungen nicht auf dem Gemeinschafter, dem das von der Maßnahme betroffene Gut zugewiesen wurde, sondern auf allen Gemeinschaftern nach ihren Anteilen.[604] Zur Haftung mehrerer Erben und zur Geltendmachung von Forderungen gegen die *indivision* ist auf die Erbenhaftung zu verweisen.[605]

Jedem Gemeinschafter steht nur ein *ideeller Anteil* an der *indivision* zu, *quote-part*. Er darf über seinen Anteil an der *indivision* frei verfügen. Die anderen Gemeinschafter haben ein Vorkaufsrecht, Art. 815-14 CC. Eigentum an den in *indivision* befindlichen Gegenständen erwirbt ein Gemeinschafter erst mit der Auseinandersetzung. Er hat an ihnen aber ein Nutzungsrecht, soweit dadurch Rechte der anderen nicht beeinträchtigt werden. Durch einvernehmliche Entscheidung der Gemeinschafter oder durch vorläufige gerichtliche Anordnung kann das Nutzungs- und Fruchtziehungsrecht einem Gemeinschafter übertragen werden. Für die Nutzungsmöglichkeit schuldet der Gemeinschafter eine Entschädigung, Art. 815-9 CC. Jeder Gemeinschafter ist an den Gewinnen und Verlusten der *indivision* nach seinem Anteil beteiligt, Art. 815-10 Abs. 4 CC, und hat auch vor der Auseinandersetzung Anspruch auf jährliche Gewinnausschüttung, Art. 815-11 CC. Für werterhöhende Verwendungen, Art. 815-12 CC, und zur Erhaltung erforderliche Aufwendungen besteht gegen die *indivision* ein Ersatzanspruch, Art. 815-13 Abs. 1 CC. Der Gemeinschafter haftet für pflichtwidrige Verschlechterung oder Zerstörung, Art. 815-13 Abs. 2 CC. Jeder Gemeinschafter kann *jederzeit* die *Auseinandersetzung*, *partage*, verlangen, Art. 815 CC. Auch die Gläubiger eines Gemeinschafters können dieses Recht ausüben, Art. 815-17 Abs. 3 CC. Die jederzeitige *partage* entspricht

---

603 Oben Nr. 141.

604 Cass.Civ. vom 23.6.1964, JCP 1964 II 13819 Anm. *Patarin* für rechtsgeschäftliche Verpflichtungen aus der Nachlassverwaltung; Cass.Civ. vom 31.10.2007, *Grimaldi* RTD civ. 2008, 131 für Schadensersatzansprüche.

605 Oben Nr. 141.

häufig nicht den Interessen der Beteiligten. Es sind deshalb verschiedene Alternativen vorgesehen. Auf *Antrag eines Gemeinschafters* kann die *Auseinandersetzung* – ggf. beschränkt auf bestimmte Teile – durch gerichtliche Anordnung *aufgeschoben* werden, Art. 820 CC. Das ist der Fall, wenn die sofortige Auseinandersetzung zu einer Entwertung der Gegenstände in *indivision* zu führen droht oder ein Unternehmen erst nach Ablauf eines Aufschubs von einem Gemeinschafter fortgeführt werden kann. Daneben gewährt Art. 821 CC die Möglichkeit, dass die *indivision* für Unternehmen, die vom Erblasser oder seinem Ehegatten betrieben wurden, auf Antrag durch gerichtliche Anordnung aufrechterhalten wird. Wollen mindestens zwei Gemeinschafter die *indivision* fortsetzen, können sie einen *Antrag auf gerichtliche Zuweisung der Anteile der Ausscheidenden* stellen. Die *indivision* wird dann zwischen ihnen fortgesetzt. Die ausscheidenden Gemeinschafter werden in Geld entschädigt, Art. 824 CC. Mit der Einführung einer *vertraglichen indivision* ist ferner die Möglichkeit eröffnet, für eine bestimmte Zeit auf den Auseinandersetzungsanspruch zu verzichten.[606] Die Auseinandersetzung aus wichtigem Grund kann hier weiterhin geltend gemacht werden, Art. 1873-3 Abs. 1 CC. Bei einer vertraglichen *indivision* auf unbestimmte Zeit, können die Gemeinschafter jederzeit die Auseinandersetzung verlangen, soweit sie nicht treuwidrig oder zur Unzeit handeln, Art. 1873-3 Abs. 2 CC.

Die *Durchführung der Auseinandersetzung* ist detailliert geregelt. Zunächst ist die Teilungsmasse zu ermitteln. Dazu sind nach Art. 825 CC mit den sich zur Zeit des Erbfalls im Nachlass befindlichen Gütern[607] zunächst die Nachlass- und Erbfallschulden zu begleichen. Sodann werden zum Nachlass die *Ausgleichszahlungen* für anrechnungspflichtige, unentgeltliche Verfügungen, *rapport*, und die Herabsetzungsentschädigungen für Pflichterbbeeinträchtigungen, *indemnité de réduction*,[608] hinzugerechnet. Für den *rapport* sind Schenkungen und Vermächtnisse an die gesetzlichen Erben einzubeziehen, soweit sie als Vorausempfang auf den Erbteil zu werten sind. Art. 843 CC stellt die Vermutung auf, dass Schenkungen als ausgleichspflichtig gelten, während *Vermächtnisse* nicht auszugleichen sind, *hors part successorale*. Dem Erblasser steht es frei, im Schenkungsvertrag mit dem Zuwendungsempfänger zu vereinbaren, dass die Schenkung nicht auszugleichen ist oder umgekehrt im Testament einen Ausgleich des Vermächtnisses anzuordnen. Die Ausgleichspflicht trifft die gesetzlichen Erben, nicht Vermächtnisnehmer, und zwar gegenüber anderen gesetzlichen Erben, also nicht gegenüber Vermächtnisnehmern oder Nachlassgläubigern, Art. 857 CC.

606 Oben Nr. 111.

607 Güter, über die der Erblasser bereits zu Lebzeiten verfügt hat, und Vermächtnisse wie insbesondere Stückvermächtnisse (*legs à titre particulier*) gehören nicht zu den *biens existants*.

608 Oben Nr. 138.

Häufig ergeben sich Probleme bei der *Bewertung der Zuwendung*, soweit nicht bei ihrer Vornahme ein Pauschalbetrag festgelegt worden ist, *clause de rapport forfaitaire*. Grundsätzlich wird der unentgeltlich zugewendete Gegenstand in dem Zustand bewertet, den er bei der Zuwendung hatte. Damit werden spätere Verbesserungen oder Veränderungen nicht berücksichtigt, soweit sie auf das Verhalten des Zuwendungsempfängers zurückzuführen sind. Veränderungen, die auch im Vermögen des Erblassers eingetreten wären, werden dagegen berücksichtigt. Der entscheidende Zeitpunkt für die Bewertung ist die Teilung, Art. 860 CC. Bei Geldzuwendungen ist der Nominalbetrag maßgeblich. Hat der Zuwendungsempfänger den empfangenen Gegenstand veräußert, wird grundsätzlich der Wert des zugewendeten Gegenstands zur Zeit der Veräußerung berücksichtigt. Wurde mit dem Erlös ein anderer Gegenstand erworben und trat dingliche Surrogation ein, so wird der Wert des neuen Guts zur Zeit der Teilung berücksichtigt. Gleiches gilt, wenn mit zugewendetem Geld ein Gegenstand erworben wurde, Art. 860-1 CC. Der Wert des neuen Guts bleibt aber unberücksichtigt, wenn die fortschreitende Entwertung in seiner Natur liegt, Art. 860 Abs. 2 CC.

Der *Ausgleich* erfolgt grundsätzlich durch Anrechnung des Werts der Zuwendung auf den Anteil des Zuwendungsempfängers, wozu zwei Wege offen stehen: Die anderen Erben entnehmen einen im Wert der Zuwendung entsprechenden Gegenstand, bevor die weitere Teilung zwischen allen Erben stattfindet. Da dies meist keine praktikable Lösung sein wird, erfolgt der Ausgleich regelmäßig dadurch, dass die Ausgleichsforderung der Teilungsmasse hinzugerechnet und von vornherein dem Anteil des Zuwendungsempfängers zugeschlagen wird. Es bleibt damit bei einer Rechenoperation. Ein Ausgleich fließt nur dann effektiv in den Nachlass, wenn der Anteil des Zuwendungsempfängers geringer ist als der Wert der Ausgleichssumme oder wenn der Erblasser einen Ausgleich auch für den Fall der Ausschlagung des Erbteils durch den Zuwendungsempfänger angeordnet hat, Art. 858 Abs. 1, 845 Abs. 2 CC. Eine Rückgewähr des Zuwendungsgegenstands kommt ausnahmsweise dann in Frage, wenn es im Zuwendungsakt bestimmt ist oder sich der Zuwendungsempfänger dazu entscheidet, Art. 858 Abs. 2, 859 CC. Dabei ist der Gegenstand in dem Zustand zurückzugeben, in dem er sich bei der Zuwendung befand.

Für *Forderungen der indivision gegen Gemeinschafter*, d.h. Forderungen des Erblassers gegen ihn oder während der *indivision* entstandene Forderungen, enthalten die Art. 864-867 CC Sonderregelungen. Danach werden die Forderungen nach der Teilung verrechnet, so dass sie entweder durch Konfusion erlöschen oder aber der Gemeinschafter den übersteigenden Betrag in die *indivision* zu zahlen hat, Art. 864 CC. Dem Gemeinschafter steht es aber frei, vor der Teilung seine Schulden zu begleichen, Art. 865 CC. Hat ein Gemeinschafter neben Schulden auch Forderungen gegen die *indivision* etwa als Nachlassgläubiger oder wegen von ihm getätigter Verwendungen, sind zunächst Forderungen und Schulden des Gemeinschafters zu verrechnen, Art. 867 CC.

Nach Ermittlung der Teilungsmasse kann die *Teilung des Nachlasses* vorrangig als *gütliche Teilung* einvernehmlich durch Vertrag aller[609] Gemeinschafter erfolgen. Befinden sich Immobilien in der *indivision*, bedarf der Teilungsvertrag der notariellen Beurkundung, Art. 835 CC. Das Recht der *Willensmängel* ist gesondert in den Art. 887 ff. CC geregelt, um Auseinandersetzungsvereinbarungen zusätzliche Stabilität zu verleihen. Danach ist eine Nichtigkeitsklage wegen Drohung und Täuschung möglich, Art. 887 Abs. 2 CC. Die Nichtigkeitsklage wegen Irrtums ist dagegen eingeschränkt, Art. 887 Abs. 1 CC. Wurde ein Erbe bei der Auseinandersetzung ausgelassen, *omission d'un héritier*, stellt das einen weiteren Nichtigkeitsgrund dar, Art. 887-1 CC. Ein Willensmangel führt nicht zwingend zur Annullierung des Auseinandersetzungsvertrags. Auf Antrag eines an der Auseinandersetzung beteiligten Gemeinschafters kann das Gericht eine Anpassung der Auseinandersetzung vornehmen, *partage complémentaire ou rectificatif*, Art. 887 Abs. 2 CC. Wird bei der Auseinandersetzung ein bestimmtes Gut nicht einbezogen, führt das nur zu einer ergänzenden Anpassung der Auseinandersetzungsvereinbarung, Art. 892 CC. Veräußert ein Gemeinschafter nach Entdeckung des Willensmangels das gesamte ihm aus der *indivision* zugeteilte Vermögen oder Teile davon, wird eine die Nichtigkeitsklage ausschließende Bestätigung unwiderruflich vermutet, Art. 888 CC. Wurde ein Gemeinschafter bei der Auseinandersetzung über mehr als ein Viertel übervorteilt, *lésion*,[610] steht ihm eine Anteilsergänzungsklage zu, *action en complément de part*, Art. 889 CC.

Soweit sich die Gemeinschafter nicht einigen, entscheidet das Gericht über die Aufteilung der Gegenstände, Art. 840 CC. Das Verfahren der *gerichtlichen Teilung* ist in den Art. 1361 ff. CPrC geregelt. Art. 830 CC gibt als Richtschnur für die Aufteilung vor, dass wirtschaftliche Einheiten nicht zerrissen werden sollen und die Aufteilung nicht zu einem Wertverlust führen soll. Im Ergebnis erhält jeder Gemeinschafter einen dem *Wert* seiner *Beteiligung* entsprechenden Anteil; die früher angestrebte gleichmäßige Verteilung der Nachlassgüter selbst ist nicht mehr Vorgabe für die Verteilung. Erhalten Gemeinschafter aus dem Gemeinschaftsvermögen selbst eine nicht dem Wert ihrer Beteiligung entsprechende Zuteilung, wird die Wertdifferenz durch eine *Entschädigungszahlung*, *soulte*, derjenigen Gemeinschafter ausgeglichen, die in natura mehr erhalten, als ihnen nach dem Wert ihres Anteils zustünde, Art. 826 CC. Den Schuldnern der Ausgleichszahlung kann eine Zahlungsfrist eingeräumt werden, Art. 828 CC.

Bei der Teilung sind *Rechte auf vorzugsweise Zuteilung* zu berücksichtigen, Art. 831 f. CC. Auf Antrag sind Unternehmen dem überlebenden Ehegatten,

---

609 Art. 836 und 837 CC sehen Sonderregelungen für den Fall vor, dass ein *indivisaire* verschollen oder geschäftsunfähig ist oder sich auf Aufforderung nicht selbst oder durch einen Vertreter an den Verhandlungen beteiligt.

610 Die *lésion* hat ihre wichtigste Funktion beim Schutz eines *incapable*, oben Nr. 95.

dem Lebenspartner eines PACS oder einem sonstigen Erbe vorzugsweise zuzuweisen, wenn sie[611] an dem Unternehmen mitgearbeitet haben, Art. 831 CC. Bewohnt einer der Genannten zur Zeit des Erbfalls eine Wohnung, besteht ein Recht auf vorzugsweise Zuteilung des Mietverhältnisses oder des Eigentums an dieser Wohnung einschließlich des ausstattenden Mobiliars. Entsprechendes gilt für das Lokal eines Unternehmens, Art. 831-2 CC. Bei kleinen landwirtschaftlichen Unternehmen hat die Zuweisung zu erfolgen, ohne dass den Gerichten Entscheidungsspielraum eingeräumt wird, Art. 832 CC. Das Gleiche gilt für die Wohnung des überlebenden Ehegatten. Übersteigt die Zuweisung den zustehenden Anteil an der *indivision*, wird eine Ausgleichszahlung, *soulte*, festgelegt, Art. 832-4 CC. Eine Zahlungsfrist bis zu zehn Jahren kann eingeräumt werden. Die Zuweisung kann bereits für die Dauer der *indivision* angeordnet werden. *Gläubiger eines Gemeinschafters* haben gemäß Art. 882 CC das Recht, auf eigene Kosten am Verfahren teilzunehmen, um sicherzustellen, dass die Teilung nicht zu Lasten ihrer Rechte erfolgt.[612] Über den Wortlaut von Art. 882 CC hinaus gewährt die Rechtsprechung auch jedem anderen Dritten, der ein berechtigtes Interesse hat, die gleiche Möglichkeit.[613] Voraussetzung ist, dass die Gläubiger oder interessierten Dritten *opposition* erheben, was formlos erfolgen kann. Erfolgt die Auseinandersetzung nicht im Beisein des Gläubigers, der *opposition* eingelegt hat, kann er auf Annullierung der Auseinandersetzung klagen, *demande en nullité*. Nach Erhebung der *opposition* ist der Anteil des Schuldner-Gemeinschafters unveräußerlich.[614] *Die Teilung hat deklaratorische Wirkung*, *effet déclaratif*, Art. 883 CC: Es wird fingiert, dass das jedem Gemeinschafter *zugeteilte Vermögen* als *mit dem Erbfall direkt auf ihn übergegangen* gilt. Zwischenverfügungen anderer Gemeinschafter über einen zugeteilten Gegenstand sind damit rückwirkend vernichtbar, es sei denn, die Gemeinschafter handelten im Rahmen der Geschäftsführungsbefugnis. Die Gemeinschafter trifft eine gegenseitige Garantiepflicht. Wird der einem Gemeinschafter zugewiesene Anteil aus einem bereits zur Zeit der *indivision* angelegten Grund gestört, ohne dass der Empfänger dafür verantwortlich ist, haften alle anderen Gemeinschafter pro rata nach ihrem Anteil an der indivision auf Entschädigung, Art. 884 ff. CC.

143. Teilung ohne *indivision, libéralités-partages*

Der Erblasser selbst kann die Teilung des Nachlasses anordnen, so dass es nicht zu einer *indivision* kommt. Dazu kann er eine *Schenkung zu Lebzeiten* durchführen, *donation-partage*, oder im Testament eine Teilungsanordnung

611 Bei den anderen Erben genügt auch die Mitarbeit ihres Ehegatten oder ihrer Abkömmlinge.

612 Das gilt nicht, wenn der Erbe sein Erbe nur unter Beschränkung seiner Haftung auf das Aktivvermögen angenommen hat, Cass.Civ. vom 30.1.1979, JCP 1980 II 19456 Anm. *Dagot*.

613 Cass.Civ. vom 7.12.1964, Bull.Civ. I, n° 545.

614 Cass.Civ. vom 30.7.1895, DP 1896.1.369 Anm. *Glasson*.

vorsehen. Auf die *donation-partage* wurde bereits hingewiesen.[615] Da sie ein Vertrag unter Lebenden zwischen dem künftigen Erblasser und seinen voraussichtlichen Erben, *héritiers présomptifs*,[616] ist, kann sie nur das aktuelle Vermögen erfassen, Art. 1076 CC. Im Übrigen tritt eine *indivision* ein. Die *donation-partage* unterliegt den Wirksamkeitsvoraussetzungen einer Schenkung, insbesondere bedarf sie der notariellen Form, Art. 1075 Abs. 2 S. 2, 931 CC. Hier ist nur noch darauf hinzuweisen, dass beim Erbfall die Zuwendungen der *réduction* unterliegen.[617]

Hat der Erblasser *durch Testament die Teilung*, *testament-partage*, unter seinen gesetzlichen Erben angeordnet, wirkt die angeordnete Teilung mit dem Tod des Erblassers, ohne dass es zu einer *indivision* kommt, Art. 1079f. CC. Die Vorschriften über die *réduction*[618] sind anwendbar, Art. 1080 CC. In der Praxis stellt sich oft die Auslegungsfrage, ob der Erblasser die im Testament erwähnten Personen als Vermächtnisnehmer einsetzen wollte oder ob er eine Teilungsanordnung vorgesehen hat. Die Frage ist deshalb von Bedeutung, weil eine Teilungsanordnung nur dem Erblasser gehörende Gegenstände betreffen kann und etwa solche, die ihm gemeinschaftlich mit dem Ehegatten zustehen, nicht einbezogen werden dürfen.[619]

144. Verfahrensrecht und Nachweis der Erbenstellung

Ein besonderes *Nachlassverfahren* kennt das französische Recht nicht. In der Praxis ist der Notar die Zentralstelle. Bei ihm sind privatschriftliche Testamente gemäß Art. 1007 CC abzuliefern. Er eröffnet das Testament und übergibt das Eröffnungsprotokoll samt Abschrift des Testaments an das TGI am letzten Wohnsitz des Erblassers. Befugnisse der Gerichte und Urkundsbeamten regeln Art. 1304ff. CPrC.

Für *Erbstreitigkeiten* bis zur Auseinandersetzung, *partage*, ist das TGI am letzten Wohnsitz des Erblassers zuständig, Art. 720 CC, 45 CPrC, 841 CC. Darunter fallen Streitigkeiten zwischen Erbberechtigten in *indivision*,[620] insbesondere die Klage auf Auseinandersetzung, Klagen bezüglich Geschäftsführungsakten sowie Klagen bezüglich letztwilliger Verfügungen. Das TGI am letzten Wohnsitz des Erblassers ist auch Gerichtsstand für Klagen der Nachlassgläubiger. Entscheidender Zeitpunkt für die Feststellung des letzten Wohnsitzes des Erblassers ist der in der Sterbeurkunde festgestellte Todeszeitpunkt.

615 Oben Nr. 137.

616 Geht es um den Unternehmensübergang, können auch außenstehende Dritte beteiligt werden, Art. 1075-2 CC.

617 Oben Nr. 138.

618 Oben Nr. 138.

619 *Malaurie/Aynès* Nr. 1070.

620 Oben Nr. 142.

Statt eines Erbscheins i. S. des deutschen Rechts gibt es den sog. *acte de notoriété* zum Nachweis der Erbenstellung, den das Reformgesetz von 2001 in den Art. 730-1 ff. CC kodifiziert hat. Der *acte de notoriété* kann ausschließlich von einem Notar auf Antrag ausgestellt werden. In ihm sind die Grundlagen verzeichnet, auf die sich die Ausstellung stützt: Neben der Sterbeurkunde werden auch alle weiteren relevanten Urkunden wie Geburtsurkunden, Eheurkunden oder Beweisurkunden für Schenkungen verzeichnet. Beurkundet wird die unterschriebene Erklärung der Erben, dass sie allein oder neben anderen, Rechtsnachfolger des Erblassers sind. Zeugen, deren Aussage hilfreich sein kann, können hinzugezogen werden. Der *acte de notoriété* hat zwei Funktionen. Zum einen schafft er eine einfache Vermutung, dass die verzeichnete Erbberechtigung richtig ist, Art. 730-3 CC. Zum anderen schafft er die Vermutung der Verfügungsbefugnis, so dass gutgläubige Dritte, die mit dem im *acte de notoriété* angegebenen Erben Rechtsgeschäfte abschließen, davor geschützt werden, von dem wahren Erben in Anspruch genommen zu werden, Art. 730-4 CC. Der *Erbschein nach deutschem Vorbild* hat sich im lokalen Recht in *Alsace-Moselle*[621] erhalten, Gesetz vom 1. Juni 1924, Art. 730-5 Abs. 2 CC. Er tritt als Möglichkeit neben den *acte de notoriété*. Die seit langem bestehende Übung, dass ein Gericht, ein Notar oder der Bürgermeister eine Bescheinigung, *certificat de propriété* ausstellt, dass eine Person Eigentümer einer bestimmten Mobilie ist, hat das Gesetz in Art. 730 Abs. 2 CC anerkannt. Auf die Ausstellung der Bescheinigung durch den Bürgermeister besteht aber kein Rechtsanspruch. Der Beweis der Erbenstellung kann schließlich mit einem Nachlassinventar geführt werden: Im Inventar verzeichnet der Notar, wer die Inventarerstellung beantragt hat und welche Erbberechtigung er hat, sog. *intitulé d'inventaire*.

---

621 Der Geltungsbereich umfasst die Départements *Bas-Rhin*, *Haut-Rhin* und *Moselle*.

Viertes Kapitel:

Recht der Wirtschaft

Allgemeine Literatur (Spezialliteratur zu den einzelnen Gebieten vgl. vor dem jeweiligen Paragraphen): *Blaise*, Droit des affaires: commerçants, concurrence, distribution, 6. Aufl., Paris 2011; *De Juglart/Ippolito* (und Mitverfasser), Traité de droit commercial, 7 Bde., versch. Auflagen, Paris 1988–99; *Decoq*, Droit commercial, Paris 2009; *Dekeuwer-Défossez/Blary-Clément*, Droit commercial: activités commerciales, commerçants, fonds de commerce, consommation, 10. Aufl., Paris 2010; *Guyon*, Droit des affaires, 2 Bde., 9.–12. Aufl., Paris 2003; *Houtcieff*, Droit commercial – Droit du commerce et des affaires: actes de commerces, commerçants, fonds de commerce, instruments de paiement et de crédit, 2. Aufl., Paris 2008; *Le Cannu* (Hrsg.), D'un Code à l'autre: le droit commercial en mouvement, Paris 2008; *Kupferberg/Göcke*, Aktuelle Entwicklungen im französischen Handels- und Wirtschaftsrecht, RIW 2011, 337ff.; *Legeais*, Droit commercial et des affaires, 18. Aufl., Paris 2009; *Mestre/Pancrazi/Arnaud-Grossi/Merland*, Droit commercial, 28. Aufl., Paris 2009; *Pédamon*, Droit commercial: Commerçants et fonds de commerce, concurrence et contrats du commerce, 2. Aufl., Paris 2000; *Petit*, Droit commercial, 5. Aufl., Paris 2010; *Ripert/Roblot/Germain/Vogel/Delebecque*, Traité de droit des affaires – Du droit commercial au droit économique, 3 Bde., 17.–19. Aufl., Paris 2004–2010; *Sonnenberger/Dammann*, Französisches Handels- und Wirtschaftsrecht, 3. Aufl., Frankfurt 2008; *Teyssié* (Hrsg.), Le Code de commerce 1807–2007, Paris 2007.

145. Einleitung

Am Ursprung dessen, was heute in Frankreich unter dem Begriff des Wirtschaftsrechts zusammengefasst wird, steht das Handelsrecht. Die Wurzeln staatlicher handelsrechtlicher Gesetzgebung finden sich bereits im 17. Jahrhundert in den *ordonnances* von Colbert über den Handel zu Lande und zur See. Aus ihnen inspirierte sich noch der Napoleonische *Code de Commerce* von 1807. Dieser ließ sich allerdings qualitativ nicht mit dem CC vergleichen. Er kodifizierte zudem einen vorindustriellen Rechtszustand und erwies sich daher schon im 19. Jahrhundert als veraltet.

Die Anforderungen der wirtschaftlichen und gesellschaftlichen Entwicklung haben seither die ursprünglichen Grenzen des klassischen Handelsrechts gesprengt. Als Sonderprivatrecht für handelsrechtliche Vorgänge stellt es zwar nach wie vor den Kern des heutigen Wirtschaftsrechts dar. Durch Gesetze über das Unternehmen, die Gesellschaften, die gewerblichen Rechte, den Wettbewerb und die Rechtsbeziehungen des Unternehmens zu seinen Arbeitskräften wurde jedoch ein Rahmen geschaffen, der den Handel in die Ordnung der Gesamtwirtschaft eingebunden hat. Hinzu treten Regelungen ursprünglich öffentlich-rechtlichen Charakters in bedeutenden Marktbereichen, etwa im Transport-, Börsen-, Bank- und Versicherungswesen. In der modernen Lehre hat dies zu einer veränderten Sichtweise der Gesamtmaterie geführt: Durch den Begriff des *droit des affaires* wird heute ein umfassendes Wirtschaftsprivatrecht mit dem Unternehmen als Mittelpunkt bezeichnet bzw. mit dem noch weiteren Begriff des *droit économique* zusätzlich der öffentlich-rechtliche Rahmen mit einbezogen.[1]

Gesetzestechnisch hat sich diese Entwicklung in einem Prozess gespiegelt, den ein Autor treffend als *décodification* bezeichnet hat.[2] Das neue Regelwerk bestand aus Spezialgesetzen, die den Code von 1807 teils ersetzten, meist ergänzten, ohne allerdings in das ursprüngliche Gesetzeswerk integriert worden zu sein. Zu Beginn der 90er Jahre enthielt der alte Code anstelle seiner ursprünglichen 648 Artikel nur noch 150, welche den Handel im Allgemeinen und die Zuständigkeit der Handelsgerichte betrafen.

Eine Neufassung des Napoleonischen Codes wurde 1993 in Angriff genommen und mit der *ordonnance* vom 18.9.2000 verwirklicht.[3] Der *nouveau Code de commerce* (CCom)[4] gliedert sich in neun Bücher, beginnend mit einem allgemeinen Teil, welcher sich mit grundlegenden Fragen beschäftigt: Begriff und Recht *des actes de commerce*; Kaufmannseigenschaft; Makler, Kommissionäre, Transporteure und Handelsvertreter; Begriff und Status *des fonds de commerce*. Im 2. Buch wird das Gesellschaftsrecht behandelt. Das 3. Buch ist dem Kaufrecht und Exklusivitätsklauseln, die die modernen Vertriebsformen auszeichnen, gewidmet. Das 4. Buch beschäftigt sich mit dem Wettbewerbsrecht und das 5. mit Wechseln und Garantien. Im 6. Buch wird das Insolvenzrecht geregelt. Das 7. Buch normiert organisatorische Aspekte des französischen Handelsrechts, insbesondere die Zusammensetzung der Handelsgerichte und -kammern. Das 8. Buch beschäftigt sich mit einigen reglementierten Berufen: *mandataires judiciaires*, *administrateurs judiciaires*, Wirtschaftsprüfer. Der CCom wird durch Sondervorschriften für die Überseeterritorien im 9. Buch abgeschlossen.

Es muss allerdings betont werden, dass der CCom von 2000 weder „neu" noch vollständig ist: Zum einen stellt er lediglich eine Zusammenfassung der – oben erwähnten – verstreuten handelsrechtlichen Einzelgesetzgebung in ihrer geltenden Fassung dar, eine sog. *codification à droit constant*. Zum anderen sind weite

1 Bezeichnend dafür ist z. B. der „Traité de droit commercial" von *Georges Ripert* und *René Roblot*, der zu einem „Traité de droit des affaires" unter *Michel Germain* als Herausgeber geworden ist und dessen 1. Band in der Auflage von 2010 den Untertitel trägt: „Du droit commercial au droit économique".

2 *Oppetit*, La décodification du droit commercial, Mélanges Rodière, Paris 1982, 189 ff.

3 Hierzu in deutscher Sprache *Großerichter/Rageade*, Französische Gesetzgebung und Rechtsprechung zum Handels- und Wirtschaftsrecht im Jahr 2000, RIW 2001, 770.

4 Die *partie réglementaire* des CCom wurde durch Verordnung Nr. 2007-431 verabschiedet.

Bereiche des neu kodifizierten Wirtschaftsrechts, insbesondere das Bank- und Börsenrecht, nicht im CCom geregelt, sondern in dem neuen Code Monétaire et financier (CMF) von 2003. Trotz des „Re-Kodifizierungsprozesses" wird dem Praktiker der Zugriff zur relevanten Gesetzesbestimmung des Handelsrechts weiterhin also nicht leichter. Hinzu kommt, dass das französische Wirtschaftsrecht seit der Vorauflage eine beispiellose Modernisierungswelle erlebt hat, welche auf die durch den französischen Gesetzgeber neu „entdeckte" Konkurrenz unter den verschiedenen europäischen Rechtsordnungen zurückzuführen ist. Zielsetzung ist, den Standort Frankreich attraktiver zu gestalten. Dies hat zu einer mittlerweile kaum überschaubaren Gesetzesflut und -instabilität geführt, die aus der Sicht des Rechtsanwenders problematischer als die bisher mangelnde Kodifizierung der wirtschaftsrechtlichen Gesetzgebung sein dürften.

Kaum verabschiedet, wurde der CCom zunächst durch das Gesetz Nr. 2001-420 über „Neue Wirtschaftliche Regulierungen", *nouvelles régulations économiques,* loi NRE,[5] grundlegend geändert. Die Reformbewegung hat sich seit 2005 noch beschleunigt. Ohne Anspruch auf Vollständigkeit – und abgesehen von den vielen EU-Richtlinien umsetzenden Gesetzen – sind beispielsweise das das Insolvenzrecht reformierende Gesetz Nr. 2005-845[6] sowie das Gesetz Nr. 2005-882 zugunsten kleiner und mittlerer Unternehmen zu nennen. Einen weiteren Meilenstein stellt das umfassende Gesetz Nr. 2008-776 zur „Modernisierung der Wirtschaft", *loi de modernisation de l'économie* (LME) dar.[7]

Zur Gewinnung eines Einblicks in die aktuellen Wandlungen des französischen Wirtschaftsrechts werden aus dem Gesamtkomplex nachfolgend folgende Schwerpunkte behandelt: die Handelsgeschäfte und die Kaufmannseigenschaft mit ihren Rechtsfolgen, das Gesellschaftsrecht einschließlich eines Überblicks über das Kapitalmarktrecht, das Wirtschaftsvermögen und die gewerblichen Rechte, die wesentlichen Handelsverträge und Kreditmittel, das Wettbewerbsrecht, die Unternehmenssanierung und handelsrechtliche Schuldenregulierung sowie das Arbeits- und Sozialrecht.

Aus deutscher Sicht ist von besonderem Interesse, dass sich in Frankreich in den letzten Jahrzehnten auch im Verwaltungs- und Strafrecht Disziplinen verselbstständigt haben, die sich speziell wirtschaftlichen Vorgängen widmen. Insbesondere das *Wirtschaftsstrafrecht* hat eine wesentlich größere praktische Bedeutung als in Deutschland. Es gibt eine große Zahl von speziell für wirtschaftliche Vorgänge ausformulierten Tatbeständen, die in der wirtschaftsrechtlichen Gesetzgebung quasi omnipräsent sind.

---

5 Hierzu in deutscher Sprache *Storp*, Reform des französischen Unternehmensrechts im Rahmen des Gesetzes über „Neue Wirtschaftliche Regulierungen" (loi NRE) vom 15.5.2001, RIW 2002, 409.

6 Unten Nr. 169 ff.

7 Hierzu in deutscher Sprache *Klein*, Frankreichs kleine und mittlere Unternehmen sollen gestärkt werden, RIW 2008, 770.

§ 1 Handelsgeschäfte und Kaufmannseigenschaft

Literatur: Zu verweisen ist zunächst auf die zu Beginn des Kapitels genannten Lehrbücher und Abhandlungen zum Handels- und Wirtschaftsrecht. Zu nennen sind zusätzlich folgende Werke speziell zum Thema Handelsgeschäfte und Kaufmannseigenschaft: *D'Andigné-Morand*, Baux commerciaux, Paris 2010; *Kort*, Zum Begriff des Kaufmanns im deutschen und französischen Handelsrecht, AcP 193 (1993), 453 ff.; *Piédelièvre*, Actes de commerce, commerçants, fonds de commerce, 7. Aufl., Paris 2009; *Reinhard/Thomasset-Pierre*, Droit commercial: actes de commerce, commerçants, fonds de commerce, 7. Aufl., Paris 2008; *Ruet*, Les baux commerciaux, Paris 2006.

146. Anwendungsbereich des Handelsrechts: Der *acte de commerce* als Zentralbegriff

Das französische und das deutsche Handelsrecht werden einander oft als objektives und subjektives System gegenübergestellt. Dies ist auf den ersten Blick zutreffend, da sich das deutsche Handelsrecht als Sonderrecht für bestimmte Personen, nämlich die Kaufleute definiert, das französische hingegen als Sonderrecht für gewisse Geschäftsvorgänge, *actes de commerce.* Der Begriff des *acte de commerce* steckt daher grundsätzlich den Anwendungsbereich des Handelsrechts ab. Es werden heute vier Kategorien unterschieden: *actes de commerce par nature*, *par la forme*, *par accessoire* und – auf einer anderen begrifflichen Ebene – der *acte mixte*.

Auszugehen ist von den *actes de commerce par nature*, die in Art. L 110-1 f. CCom inhaltlich beschrieben werden. Die Vorschriften nennen etwa den Zwischenhandel beweglicher wie unbeweglicher Sachen, Bank- und Börsengeschäfte sowie bestimmte Vermittlungsgeschäfte. Weitere Tätigkeiten, z. B. die industrielle Produktion, Transport oder Kommissionsgeschäfte setzen gewerbsmäßige Ausübung voraus. Es handelt sich um eine systemlose Aufzählung, die zudem nicht abschließend ist. Der Begriff der *actes de commerce par nature* und die in Art. L 121-1 CCom definierte Kaufmannseigenschaft bedingen sich gegenseitig: Die genannten Geschäfte sind nur dann Handelsgeschäfte, wenn sie regelmäßig ausgeübt werden; umgekehrt kennzeichnet sich der Kaufmann dadurch, dass er regelmäßig *actes de commerce par nature* vornimmt.

Die *actes de commerce par la forme* weisen demgegenüber die Besonderheit auf, dass sie sich rein objektiv definieren, d. h. unabhängig von den beteiligten Personen Handelsgeschäfte sind. Hierzu zählen zunächst alle Wechselgeschäfte und teilweise auch gesellschaftsrechtliche Geschäfte.

Ferner werden alle Geschäfte, die ein Kaufmann zwecks Ausübung seines Handelsgewerbes vornimmt, als Handelsgeschäfte qualifiziert, *actes de com-*

merce par accessoire. Die Zugehörigkeit einer Handlung oder eines Geschäfts zur Handelstätigkeit wird widerleglich vermutet. Dies betrifft sowohl Rechtsgeschäfte, z.B. den Kauf eines *fonds de commerce*,[8] als auch außervertragliche Schuldverhältnisse, etwa aus einer unlauteren Wettbewerbshandlung.

Mit Ausnahme der *actes de commerce par la forme* können Handelsgeschäfte ein- oder zweiseitig sein. Bei einseitigen Handelsgeschäften, z.B. dem Verkauf von Handelsware an den Endverbraucher, spricht man von *actes mixtes.* Handelsrecht kommt hier nur für den Beteiligten zur Anwendung, für den es sich um einen *acte de commerce* handelt, *principe de distributivité.* Teilweise ist dies so ausgestaltet, dass sich die nichtkaufmännische Partei wahlweise auf die Anwendung der handelsrechtlichen Sonderregeln berufen kann.

Insgesamt zeigt sich damit, dass die Definition des Handelsrechts als Sonderrecht der *actes de commerce* zwar einen objektiven Ausgangspunkt hat. Zur Bestimmung dieses Zentralbegriffs muss jedoch – mit Ausnahme der *actes de commerce par la forme* – auf die Kaufmannseigenschaft zurückgegriffen werden. Die Tatsache, dass der CCom mit der Aufzählung der *actes de commerce* beginnt und den Kaufmannsbegriff erst an fünfter Stelle behandelt, während der Code de commerce von 1807 umgekehrt strukturiert war,[9] ändert nichts daran, dass es sich beim französischen Handelsrecht letztlich um ein *Mischsystem* handelt.

147. Das Recht der Handelsgeschäfte

Die Qualifikation eines Geschäfts als Handelsgeschäft hat sowohl materiellwie verfahrensrechtliche Konsequenzen. Zunächst fallen alle Handelsgeschäfte in die *Zuständigkeit der Handelsgerichte*, Art. L 110-1 i.V.m. Art. L 721-3 Ziff. 3 CCom. Weiter gelten für sie einige gemeinsame Vorschriften, die wegen typischer Interessen des Handelsverkehrs vom CC abweichen. Aus der allgemeinen Rechtsgeschäftslehre ist nur zu erwähnen, dass dem Schweigen im Handelsrecht Erklärungswert zukommen kann. Besonders wichtig sind *Beweiserleichterungen.* So lässt Art. L 110-3 CCom abweichend von Art. 1341 CC auch bei höherwertigen Verträgen jede Art von Beweis, *preuve par tous moyens*, gegenüber Kaufleuten zu. Das *Verbot von Zinseszinsen*, Art. 1154 CC, gilt für den handelsrechtlichen Kontokorrentverkehr[10] nicht. Weiter hat die Rechtsprechung im Gegensatz zu Art. 1202 CC bei Handelsgeschäften *Gesamtschuldvermutungen* zugelassen.

8 Unten Nr. 162.

9 Im alten *Code de commerce* war der Kaufmannsbegriff in Art. 1 definiert, während die Aufzählung der *actes de commerce* in Art. 632 normiert war.

10 S. zu diesem auch Nr. 187.

Mit der Verjährungsreform durch das Gesetz Nr. 2008-561[11] wurde die *Verjährungsfrist* im kaufmännischen Rechtsverkehr auf 5 Jahre verkürzt, Art. L 110-4 CCom, und somit der neuen Regelverjährung des CC angeglichen. Eine ursprünglich auf das Handelsrecht beschränkte erleichterte Durchsetzung von Ansprüchen, etwa die Begründung des Verzugs durch einfachen Brief oder das vereinfachte gerichtliche Mahnverfahren, ist heute auf den bürgerlichen Rechtsverkehr erstreckt worden.[12]

148. Begriff des Kaufmanns

Bei der Bestimmung der Kaufmannseigenschaft ist wie im deutschen Recht von einem materiellen Kaufmannsbegriff auszugehen. Wie bereits erwähnt, ist nach Art. L 121-1 CCom *commerçant* derjenige, der berufsmäßig Handelsgeschäfte *par nature* betreibt. Die Berufsmäßigkeit beinhaltet ein gewisses Maß an Organisation, die regelmäßige Ausübung der Tätigkeit sowie eine Gewinnerzielungsabsicht. Als weitere Voraussetzung wird das Handeln im eigenen Namen und auf eigene Rechnung verlangt. Auch Gesellschaften müssen diese Merkmale erfüllen, falls sie nicht bereits Kaufmann kraft Rechtsform sind.

Freiberufler, Landwirte und ein Teil der Handwerker sind keine Kaufleute und unterstehen daher im Prinzip dem bürgerlichen Recht. Bei *Landwirten* scheitert die Kaufmannseigenschaft bereits daran, dass die landwirtschaftliche Erzeugung und ihr Verkauf auf dem Markt keine *actes de commerce par nature* sind. Bei den *Handwerkern* ist zu unterscheiden: *Artisan* ist nur der Kleinhandwerker, der im Wesentlichen das Ergebnis eigener manueller Arbeitsleistung verwertet und nicht viele Arbeitskräfte beschäftigt. Er wird zum Kaufmann, wenn er die Grenze zur industriellen Produktion überschreitet oder der Umsatz fremderzeugter Waren überwiegt. Das Handwerksrecht, insbesondere die Eintragung in die Handwerksrolle, *répertoire des métiers*, ist im mehrfach geänderten Gesetz Nr. 96-603 geregelt. Festzuhalten ist, dass diese Eintragung weder eine Vermutung gegen die Kaufmannseigenschaft noch für die Handwerkseigenschaft begründet; sie hat allerdings Indizwirkung. Ein wesentlicher Unterschied des Status der Handwerker und Landwirte gegenüber dem der Kaufleute ist indessen hinfällig geworden, nachdem sie heute ebenfalls der handelsrechtlichen Schuldenregulierung unterliegen.

Gegenüber der materiellen Definition ist die *Kaufmannseigenschaft kraft Rechtsform* heute praktisch in den Vordergrund getreten, da sie alle Handelsgesellschaften betrifft, Art. L 210-1 CCom.[13] Erstere hat daher nur noch für

11 Oben Nr. 100.

12 Zum maßgeblichen Art. 1153 CC s. oben Nr. 101.

13 Unten Nr. 152 ff.

den Einzelkaufmann Bedeutung, sofern er nicht eine Einmanngesellschaft gegründet hat.

149. Voraussetzungen des Kaufmannsberufs

Zivilrechtliche Voraussetzung der Kaufmannseigenschaft ist die Volljährigkeit. Fällt einem Minderjährigen als Erbe ein Unternehmen zu, so kommen verschiedene Abhilfen in Betracht: Fortführung durch die Eltern kraft ihres gesetzlichen Nutzungsrechts am Kindesvermögen, Verpachtung, *location-gérance*,[14] oder auch Einbringung in eine Gesellschaft ohne persönliche Haftung des Minderjährigen. Zu diesem Fragenkomplex bringt das Gesetz Nr. 2010-658 zwei nennenswerte Neuerungen: Zum einen kann der Minderjährige mit Erlaubnis seiner gesetzlichen Vertreter eine EURL[15] oder einen EIRL[16] gründen und zum Teil verwalten, Art. 389-8, 401, 408 CC. Zum anderen kann der Minderjährige, der emanzipiert wurde, nunmehr Kaufmann werden. Die ihm bis dahin verschlossene Erlangung der Kaufmannseigenschaft erfolgt allerdings nicht automatisch, sondern muss auf dessen Antrag von einem Richter gewährt werden, Art. L 121-2 CCom und Art. 413-8 CC.

Während die verheiratete Frau hinsichtlich des Betriebs eines Handelsgewerbes lange Zeit Beschränkungen unterlag, ist sie dem Ehemann nach mehreren Teilreformen, zuletzt 1985, heute in jeder Hinsicht gleichgestellt. Die Durchsetzung der Gleichberechtigung wirkt sich auch auf den *gemeinsamen Betrieb eines Handelsgewerbes durch Ehegatten* aus. Art. L 123-1 CCom normiert eine widerlegbare Vermutung, dass der Ehegatte eines Kaufmanns durch seine Mitarbeit nicht zum Kaufmann wird. Art. L 121-4 ff. regeln die Stellung des Ehegatten im Familienunternehmen. Drei Mitwirkungsformen werden für den Ehegatten vorgesehen[17]: Gesellschafter einer faktischen Gesellschaft oder einer OHG sowie einer anderen Gesellschaftsform, *conjoint associé*, Begründung eines Arbeitsverhältnisses, *conjoint salarié*, freie Mitarbeit, *conjoint collaborateur*. Welche Alternative vorliegt, hängt ganz von den Umständen ab. Seit der LME gelten diese Vorschriften auch für Personen, die keine Ehe, sondern einen PACS eingegangen sind, Art. L 121-8 CCom.

Der *Zugang zu jeder kaufmännischen Tätigkeit und ihre Ausübung* sind nach Art. 7 des Gesetzes vom 2. und 17.3.1791, sog. *Décret d'Allarde*, für jedermann frei. Der damit verankerte Grundsatz der Gewerbefreiheit hat Verfassungsrang,[18] so dass er nur durch ein Gesetz beschränkt und inhaltlich ausgestaltet werden kann. Zunächst sind *Unvereinbarkeiten und Verbote* zu nennen.

---

14 Unten Nr. 162.

15 Unten Nr. 156.

16 Unten Nr. 151.

17 Ausführlich dazu *Sonnenberger/Dammann*, II 61.

18 Oben Nr. 37.

Inkompatibel mit kaufmännischer Tätigkeit sind etwa einige öffentlichen Ämter und freie Berufe. Zahlreiche verstreute Vorschriften befassen sich mit dem Berufsverbot, wie etwa nach Art. 1750 CGI für die Dauer von höchstens 3 Jahren für den Fall einer Steuerhinterziehung sowie nach Art. L 653-2 ff. CCom bei Kaufleuten und Mitgliedern von Leitungsgremien einer Gesellschaft, die durch bestimmte pflichtwidrige Handlungen zur Insolvenz beigetragen haben, *faillite personnelle* bzw. *interdiction de gérer*. Die besonders strengen Vorschriften der Art. L 128-1 ff. CCom über das Verbot für bestimmte vorbestrafte Personen, ein Handelsgewerbe auszuüben – wobei Art. L 128-1 ff. CCom das Gesetz Nr. 47-1635 über die Sanierung des Handels kodifizierten –, wurden durch die LME aufgehoben. Ein Verbot erfolgt nunmehr nicht mehr als automatische Folge einer strafrechtlichen Verurteilung, sondern muss in der Regel vom Richter als *peine complémentaire* gesondert ausgesprochen werden, Art. L 249-1 CCom. An *persönlichen Voraussetzungen* für den Kaufmannsberuf ist außer dem Nachweis beruflicher Qualifikation für bestimmte Berufe, z.B. Apotheker, die Staatsangehörigkeit zu nennen. Für Ausländer, die nicht einem EU-, einem EWR-Staat oder der Schweiz angehören, bestehen zum Schutz des französischen Handels Schranken aus dem Gegenseitigkeitsprinzip. Das Erfordernis einer besonderen Gewerbekarte, *carte de commerçant étranger*, wurde 2004 aufgegeben. Schließlich sind *sachliche Schranken für bestimmte Gewerbe* zu beachten, etwa für Kreditinstitute und Versicherungsunternehmen. Zum Schutz des Kleinhandels ist die Errichtung von größeren Discountläden nach Art. L 752-1 CCom genehmigungspflichtig.

150. Besondere Rechte und Pflichten des Kaufmanns; Publizität

Wichtigste Folge des Kaufmannsstatus ist die Pflicht zur Eintragung ins Handelsregister, *registre du commerce et des sociétés*. Dieses wurde in Frankreich nach seiner Einführung 1919 schrittweise ausgebaut und hat seither wesentlich an Bedeutung gewonnen. Rechtsgrundlage sind heute Art. L 123-1 ff. und R 123-31 ff. CCom. Das Register wird beim Handelsgericht geführt und durch ein *registre national* ergänzt, das die gesamtstaatliche Transparenz gewährleisten soll. Beide Register sind öffentlich, jedermann kann Auskunft verlangen. Die Eintragungen sind außerdem im *Bulletin officiel des annonces civiles et commerciales*, BODACC, zu veröffentlichen.

Einzutragen sind nach Art. L 123-1 CCom in erster Linie Einzelkaufleute und Gesellschaften, wirtschaftliche Interessengemeinschaften sowie Repräsentanzen und Niederlassungen ausländischer Gesellschaften. Die Eintragung erfolgt auf Anmeldung, wobei ihre Ordnungsmäßigkeit und die Voraussetzungen der rechtmäßigen Ausübung des kaufmännischen Berufs überprüft werden. Teilweise kann der Registerführer die Eintragung auch von Amts wegen vornehmen. Unrichtige Eintragungen werden auf Anmeldung, u.U. auch von Amts wegen gelöscht.

Die Eintragungspflicht umfasst u. a. eine Reihe von *rechtlich bedeutsamen Tatsachen*, Art. R 123-37f. CCom, z. B. Eröffnung eines Insolvenzverfahrens, gegebenenfalls die *déclaration d'insaisissabilité*.[19] Obwohl die güterrechtlichen Verhältnisse eines Kaufmanns für seine Geschäftspartner bzw. Gläubiger von besonderem Interesse sind, da sie die Gültigkeit eines Geschäfts oder die Haftung beeinflussen, wurde die Eintragungspflicht des Güterrechts im Handelsregister durch die loi LME zum Schutz des Privatlebens ersatzlos gestrichen.

Bei Einzelkaufleuten ist die Eintragung für die Kaufmannseigenschaft nicht konstitutiv, hat aber zur Folge, dass sie zugunsten gutgläubiger Dritter vermutet wird, Art. L 123-7 CCom. Gesellschaften erlangen durch die Eintragung Rechtspersönlichkeit.

Das Versäumnis der Eintragung hat zur Folge, dass der Anmeldepflichtige sich Dritten gegenüber nicht zu seinen Gunsten auf seine Kaufmannseigenschaft berufen kann, während er umgekehrt ihr tatsächliches Vorliegen und die mit ihr verbundenen Pflichten gegen sich gelten lassen muss, Art. L 123-8 CCom. Man spricht von *commercialité de fait*. Ein bedeutender praktischer Anwendungsfall ist der Verein, der am wirtschaftlichen Verkehr teilnimmt. Die Rechtsprechung legt Art. L 123-1 CCom eng aus, so dass ihm die Eintragung ins Handelsregister verwehrt ist; er ist folglich bei Aufnahme einer Handelstätigkeit i. S. v. Art. L 121-1 CCom als *commerçant de fait* zu behandeln. Schließlich bestimmt Art. L 123-9 CCom für sonstige eintragungspflichtige Umstände, dass sich der Kaufmann gegenüber Dritten nicht auf sie berufen kann, solange sie nicht eingetragen sind (negative Publizität).

Mit der Kaufmannseigenschaft sind zahlreiche weitere *spezifische Pflichten* verbunden. So muss der Kaufmann im Interesse der Vermögens- und Ertragstransparenz des Unternehmens Handelsbücher führen sowie eine jährliche Bilanz und Gewinn- und Verlustrechnung erstellen, Art. L 123-12 und R 123-172ff. CCom. Ferner müssen seine Geschäftspapiere bestimmte vorgeschriebene Angaben enthalten. Als *besondere Rechte* des Kaufmanns sind z. B. gewisse Vorteile im Rahmen der Geschäftsraummiete[20] oder die Beweisfunktion ordnungsgemäßer Buchführung unter Kaufleuten nach Art. L 123-23 CCom zu nennen.

Das französische Recht geht wie seit 1998 das deutsche vom Einheitskaufmann aus, so dass die Rechte und Pflichten grundsätzlich für alle Kaufleute gleichermaßen gelten. Es gibt aber die zunehmende Tendenz, für Kaufleute, deren Unternehmen einen kleineren Geschäftsumfang haben, vereinfachte Regeln zu entwickeln, etwa im Insolvenzrecht oder bei der Rechnungslegung. Mit der Schaffung eines Sonderstatus für den haupt- bzw. nebenberuflichen „Kleinstgewerbetreibenden", *auto-entrepreneur*, hat der französische Gesetz-

19 Unten Nr. 151.
20 Unten Nr. 162.

geber durch die LME eine wichtige Ausnahme vom Einheitskaufmann eingeführt: Bei der Aufnahme seines Gewerbes ist der *auto-entrepreneur* insbesondere von der bereits erwähnten Eintragungspflicht im Handelsregister ausgenommen, Art. L 123-1-1 CCom.

151. Haftungsbeschränkung des Einzelkaufmanns im Umbruch

Vor dem Hintergrund der Förderung der kleinen und mittleren Unternehmen wird die Thematik der unternehmerischen Haftungsbeschränkung, wonach der Einzelkaufmann für alle Handelsverbindlichkeiten mit seinem eigenen Vermögen unbeschränkt haftet, neu definiert. Bisher war es ihm nicht möglich, sein Geschäfts- vom Privatvermögen zu trennen, es sei denn er wählte die Form einer juristischen Person.

Als Alternative zu der Einmann-GmbH (EURL),[21] die in Frankreich bei Einzelkaufleuten bisher wenig Beachtung gefunden hat, wurde zunächst die *déclaration d'insaisissabilité* durch das Gesetz Nr. 2003-721 in Art. L 526-1 ff. CCom als weitere Abhilfe eingeführt. Diese ermöglicht dem Kaufmann, ebenso wie anderen Gewerbetreibenden, privates Immobilienvermögen, das seine *résidence principale* bildet, im Wege einer Eintragung im Hypothekenregister vor Pfändung wegen Geschäftsschulden zu schützen. Seit der LME kann die *déclaration d'insaisissabilité* auf sein gesamtes Immobilienvermögen erstreckt werden, wobei der Gewerbetreibende gleichzeitig auf die Unpfändbarkeit gegenüber einzelnen in der Eintragung ausdrücklich erwähnten Gläubigern verzichten kann.

Noch weiter geht das Gesetz Nr. 2010-658, ergänzt durch Verordnung Nr. 2010-1706 mit der am 1.1.2011 in Kraft getretenen Rechtsfigur des *entrepreneur individuel à responsabilité limitée* (EIRL), die in Art. L 526-6 ff. CCom kodifiziert ist. Jeder Einzelunternehmer kann nun ein betriebliches Vermögen bilden, *patrimoine d'affectation*, das von seinem Privatvermögen getrennt ist, ohne hierfür eine juristische Person zu gründen. Der EIRL begründet also keine neue Rechtsform für den Einzelkaufmann. Vielmehr wird die Ausübung des Gewerbes von dem Einzelkaufmann als natürliche Person im eigenen Namen durchgeführt. Die Gründungsformalitäten eines EIRL beschränken sich auf eine dem Gläubigerschutz dienende Eintragung des betrieblich gebildeten Sondervermögens im Handels- bzw. Handwerksregister, Art. L 526-7, L 526-12 CCom oder beispielsweise für den *auto-entrepreneur* in dem neugeschaffenen EIRL-Register, Art. R 526-15–R 526-24 CCom. Weitere Vorschriften befassen sich mit der Bewertung bestimmter Aktiva des Sondervermögens durch einen externen unabhängigen Experten, Art. L 526-10 CCom, sowie mit der Übertragung des betrieblichen Sondervermögens an einen Dritten, Art. L 526-17 CCom. Der EIRL stellt

21 Unten Nr. 156.

eine eindeutige Ausnahme von Art. 2284 f. CC dar und rüttelt an dem Fundament der in Frankreich vorherrschenden Vermögenstheorie.[22] Art. 14-II des Gesetzes Nr. 2010-658 sieht ab 2013 zudem vor, dass ein und derselbe Einzelkaufmann mehrere Sondervermögen bilden darf.

Erstaunlich ist die Einordnung sowohl der *déclaration d'insaisissabilité* als auch des EIRL im 5. Buch des CCom zusammen mit einzelnen handelsüblichen Kreditsicherungsgeschäften, etwa dem *gage commercial* und weiteren Registerpfandrechten, am Warenlager, an Betriebsausrüstungs- und Investitionsgütern. Es stellt sich die Frage, ob der französische Gesetzgeber hier nicht die Gelegenheit verpasst hat, das erste Buch des CCom zu überdenken und dort sämtliche Vorschriften betreffend Einzelunternehmer, Kaufleute und Handwerker anzusiedeln.

§ 2 Gesellschafts- und Kapitalmarktrecht

Literatur: Zu verweisen ist zunächst auf die zu Beginn des Kapitels genannten Lehrbücher und Abhandlungen zum Handels- und Wirtschaftsrecht, die zum Teil auch das Gesellschaftsrecht behandeln. Zusätzlich sind speziell zum Gesellschaftsrecht und Recht des Kapitalmarktes folgende Werke zu nennen: *Auckenthaler*, Droit des marchés de capitaux, Paris 2004; *Bonnard*, Droit des sociétés, 7. Aufl., Paris 2010; *Bonneau/Drummond*, Droit des marchés financiers, Paris 2010; *Constantin*, Droit des sociétés, 4. Aufl., Paris 2010; *Couret/Nabasque*, Droit financier, Paris 2008; *Cozian/Viandier/Deboissy*, Droit des sociétés, 23. Aufl., Paris 2010; *Guyon*, Les sociétés – Aménagements statutaires et conventions entre associés, 5. Aufl., Paris 2002; *Le Cannu/Dondero*, Droit des sociétés, 3. Aufl., Paris 2009; *Merle/Fauchon*, Droit commercial, sociétés commerciales, 14. Aufl., Paris 2010; *Ohl*, Droit des sociétés cotées, 3. Aufl., Paris 2008. In deutscher Sprache ist hinzuweisen auf *von Rüden*, Das französische Übernahmerecht, 2005.

152. Gesetzliche Grundlagen

Gegenüber dem einzelkaufmännischen Unternehmen sind die Gesellschaften als Hauptakteure des Wirtschaftslebens heute ganz in den Vordergrund getreten. Ihre gesetzlichen Grundlagen sind relativ kohärent: Die durch des Gesetz Nr. 78-9 grundlegend reformierten Art. 1832 bis 1844-17 CC enthalten gemeinsame Regeln für alle Gesellschaften; sie stellen gleichsam einen „Allgemeinen Teil“ des Gesellschaftsrechts dar. Hieran schließt sich in den Art. 1845 ff. CC die Regelung der Gesellschaft bürgerlichen Rechts, *société civile*, an.

22 Oben Nr. 92.

Das Recht der Handelsgesellschaften wurde durch das Gesetz Nr. 66-537 und die Verordnung Nr. 67-236 umfassend reformiert; diese sind seither außerordentlich häufig geändert worden – teils in Anpassung an europäische Richtlinien, teils aus innenpolitischen Gründen. Insbesondere die Globalisierung und der damit verbundene Wettbewerb der Rechtsordnungen haben den französischen Gesetzgeber zu notwendigen Reformen bzw. Anpassungen seines Rechts der Handelsgesellschaften gezwungen. Auftakt der Reformbewegung war ohne Zweifel die Schaffung der *société par actions simplifiée* (sog. SAS) im Jahre 1994. Die umfassendste Reform seit 1966 brachte allerdings das Gesetz über die *nouvelles régulation économique*, loi NRE. Alle darauffolgenden Gesetze bis zur *loi de modernisations économiques*, LME, haben sich zum Ziel gesetzt, das Recht der Handelsgesellschaften flexibler und einfacher zu gestalten. Die weltweite Finanz- und Wirtschaftskrise hat dieser liberalen Reformbewegung ein Ende gesetzt: Der Aktionärsschutz börsennotierter Gesellschaften, die Moralisierung der Finanzmärkte und eine gewisse Rückkehr des Staatsinterventionismus stehen nun im Vordergrund.

Das Recht der Handelsgesellschaften ist heute im 2. Buch des CCom kodifiziert. Art. L 210-1 bis L 210-9 und L 231-1 bis L 239-5 CCom enthalten allgemeine Vorschriften für alle Handelsgesellschaften. Während die *Personenhandelsgesellschaften*, OHG und KG, nur kurz in Art. L 221-1 bis L 222-12 zusammengefasst sind, stehen die *Kapitalgesellschaften*, GmbH und die verschiedenen Typen von Aktiengesellschaften, im Mittelpunkt des 2. Buches des CCom in Art. L 223-1 bis L 227-20. Außerdem normiert das Gesetz ausführlich die gesellschaftsrechtlichen Straftatbestände, Art. L 241-1 bis L 249-1. In den Art. L 233-1 ff. enthält es mit den Regelungen über Abhängigkeitsverhältnisse und wechselseitige Beteiligungen Ansätze eines Konzernrechts. 1985 wurden die Pflicht zu konsolidierten Konzernabschlüssen sowie besondere Berichts- und Informationspflichten und bei wechselseitigen Beteiligungen Stimmrechtsausschlüsse eingeführt.

Daneben sind Gesetze für Sonderformen in Kraft geblieben, so insbesondere für *genossenschaftliche Gesellschaften.* Ferner sieht eine Anzahl von Einzelgesetzen besondere Regelungen für Gesellschaften wegen ihres Gesellschaftsgegenstands vor. Soweit es sich dabei um *sociétés civiles* handelt, sind sie im Zusammenhang mit dieser zu sehen.[23] Teilweise stehen weitere Gesellschaftsformen zur Verfügung, z.B. für die freien Berufe die im Gesetz Nr. 90-1258 geregelten *sociétés d'exercice libéral* (S.E.L.).[24] Aus dem Rahmen fällt die moderne Kooperationsform des *groupement d'intérêt économique*, die, obwohl keine Gesellschaft, wegen ihrer Bedeutung in diesem Zusammenhang zu behandeln ist.[25] Eine Sonderstellung nehmen ferner die gemischtwirtschaftli-

23 Siehe hierzu unten Nr. 160 i.V.m. 154.

24 Zivilrechtliche Tätigkeiten können somit in Form von Handelsgesellschaften betrieben werden.

25 Siehe hierzu unten Nr. 161.

chen Gesellschaften, *sociétés d'économie mixte*, ein: Sie sind privatrechtlich organisiert, während ihre Funktion in der öffentlichen Daseinsvorsorge liegt.

153. Allgemeines Gesellschaftsrecht

Der „Allgemeine Teil" des Gesellschaftsrechts beginnt mit der Definition des Art. 1832 CC: „Die Gesellschaft wird durch zwei oder mehrere Personen gegründet, die vertraglich vereinbaren, Güter oder ihre Arbeitsleistung in ein gemeinsames Unternehmen einzubringen, um den sich daraus ergebenden Gewinn zu teilen oder sich die Ersparnisse zunutze zu machen." Grundlage der Gesellschaft ist danach der *Vertrag*. Als Ausnahme lässt der durch Gesetz Nr. 85-697 eingefügte Abs. 2 auch die Gründung einer Einmanngesellschaft durch einseitigen Willensakt zu, soweit es gesetzlich vorgesehen ist.[26] An *Gewinn und Verlust* müssen alle Gesellschafter *beteiligt* sein. Nach französischem Recht ist dies ein so wichtiges Element, dass Klauseln, die einzelne Gesellschafter ganz von der Gewinnbeteiligung ausschließen bzw. von der Verlustbeteiligung befreien, *clauses léonines*, zwar nicht zur Nichtigkeit des Vertrages führen, aber unwirksam sind, *réputées non écrite*, Art. 1844-1 Abs. 2 CC. Die Rechtsprechung hat der Definition ein weiteres, subjektives Element hinzugefügt, die sog. *affectio societatis.* Dieser Begriff bezeichnet die Absicht der Gesellschafter, aktiv und partnerschaftlich im gemeinsamen Interesse zusammenzuarbeiten.[27] Zwar ist die *affectio societatis* in den einzelnen Gesellschaftsarten entsprechend ihren unterschiedlichen Funktionen mehr oder weniger stark geprägt. Dennoch ergibt sich aus diesem Begriff, dass das Prinzip der Gleichheit aller Gesellschafter – auch in den Kapitalgesellschaften – in Gesetzgebung und Rechtsprechung weiterhin stark betont wird.[28] Z.B. räumt Art. 1844 Abs. 1 CC jedem Gesellschafter das Recht ein, an den gemeinsamen Entscheidungen teilzunehmen; eine Befugnis, aus welcher ein umfassendes Informationsrecht der Gesellschafter von der Rechtsprechung hergeleitet wurde.

Die Gesellschaften besitzen durchwegs eigene *Rechtspersönlichkeit* – insbesondere auch die *société civile*[29] –, wobei jedoch zu beachten ist, dass diese nach französischem Verständnis die persönliche Haftung der Gesellschafter nicht unbedingt ausschließt. Die Rechtsfähigkeit ist nicht unmittelbare Folge

26 Die seit einigen Jahren bemerkenswerte Vervielfachung der Einmann-Gesellschaftsarten (EURL, EARL, SASU, Einmann-SELARL, Einmann-SELAS und zuletzt Einmann-SE) stellt eine Herausforderung für die ohnehin umstrittene Vertragsnatur einer Gesellschaft dar. Allgemein zur Zurückhaltung des französischen Rechts gegenüber einseitigen Rechtsgeschäften oben Nr. 93.

27 Er dient u. a. der Abgrenzung des Gesellschaftsvertrags von ähnlichen Verträgen, etwa dem Arbeitsvertrag mit Gewinnbeteiligung.

28 Siehe hierzu *Hütte*, Der Gleichbehandlungsgrundsatz im deutschen und französischen Recht der Personengesellschaften, Aachen 2003.

29 Siehe hierzu unten Nr. 154. Zum dogmatischen Hintergrund oben Nr. 97.

des Vertrages, sondern der *Eintragung*, Art. 1842 CC, Art. L 210-6 CCom. Bei der Eintragung prüft der Registerbeamte, ob die gesetzlichen Vorschriften beachtet sind. Eine umfassende, dem deutschen Recht entsprechende Legalitätskontrolle findet aber nicht statt. Zeitlich ist die Rechtsfähigkeit auf 99 Jahre beschränkt, Art. 1838 CC; eine Verlängerung ist jedoch möglich.

Vor der Eintragung besteht entweder eine dem allgemeinen Schuldrecht unterstehende Gründergesellschaft oder, falls eine Eintragung nicht erfolgen soll, eine *société en participation*, Art. 1871 CC. Zu diesen rechnet auch die faktische, d.h. ohne ausdrücklichen Vertrag begründete Gesellschaft, *société créée de fait*, die z.B. im Familienrecht bei der Zusammenarbeit von Partnern einer Lebensgemeinschaft eine Rolle spielen kann.

Die *Gründung von Gesellschaften* ist grundsätzlich frei. Persönlich haftende Gesellschafter von Personenhandelsgesellschaften können jedoch nur Kaufleute[30] sein. Um den erforderlichen Registereintrag herbeiführen zu können, muss der Gesellschaftsvertrag schriftlich – privatschriftlich oder in notarieller Urkunde – abgefasst werden, Art. 1835 CC. Eine konstituierende Sitzung oder ein sonstiges feierliches Verfahren sind grundsätzlich nicht vorgesehen, mit Ausnahme der Gründung einer Publikums-AG. Für *Handlungen im Gründungsstadium* oder für Gründungsfehler haften die Handelnden oder die Gründer persönlich. Zur Nichtigkeit führen *Gründungsfehler* nach Art. 1844-10 CC, Art. L 235-1 ff. CCom nur, wenn sie ausdrücklich angeordnet ist. Um endgültige Nichtigkeit möglichst zu vermeiden, ist dem Verfahren regelmäßig ein Versuch zur Beseitigung des Mangels vorgeschaltet. Außerdem kann die Nichtigkeit gutgläubigen Dritten nicht entgegengehalten werden. Sie hat auch keine Rückwirkung, sondern nur die Liquidation der Gesellschaft zur Folge.

Die *Organisation* ist für jeden Gesellschaftstyp gesondert festgelegt. Dadurch ist insbesondere bei den Personengesellschaften eine gewisse vertragliche Gestaltungsfreiheit jedoch nicht ausgeschlossen. Bei den Aktiengesellschaften überwiegen hingegen wegen des Schutzes der Anleger und Dritter zwingende Vorschriften. In jüngster Zeit ist der Versuch zu beobachten, den Gestaltungsspielraum durch satzungsergänzende Nebenabreden zwischen Aktionären, *pactes d'actionnaires*, zu erweitern. Inwieweit derartige Abreden wirksam sind, kann nicht einheitlich beantwortet werden und ist teilweise noch nicht geklärt.

Die *Vertretungsmacht* der Gesellschaftsorgane ist gesetzlich festgelegt. Sie erstreckt sich bei den Personengesellschaften auf alle vom Geschäftsgegenstand der Gesellschaft, *objet social*, gedeckten Geschäfte; bei den Kapitalgesellschaften auch auf solche, die außerhalb liegen. Letzteres gilt nur dann nicht, wenn der Dritte die Situation kannte oder hätte erkennen können. Im Übrigen haben alle in den Statuten vorgesehenen Beschränkungen bloße Innenwirkung.

30 Oben Nr. 149.

Eine dem deutschen Recht vergleichbare *Mitbestimmung der Arbeitnehmer* in den Organen der Gesellschaften ist nicht vorgesehen. Die Mitwirkung der Belegschaft beschränkt sich in der Regel auf die Mechanismen des betrieblichen Kollektivarbeitsrechts, insbesondere im Rahmen der Informations- und Beratungsrechte des *comité d'entreprise*.[31] Mitbestimmung in gesellschaftsrechtlichen Formen ist seit 1983 zwingend nur für die Staatsgesellschaften und für verstaatliche Gesellschaften vorgesehen; für die Aktiengesellschaften ist sie fakultativ gemäß Art. L 225-27 ff., L 225-79 ff. CCom, wovon bisher praktisch kein Gebrauch gemacht wurde.

Hinsichtlich des *Geschäftsgangs* der Handelsgesellschaften gelten einheitliche Vorschriften für *Bilanzen, Gewinn- und Verlustrechnungen* nach Art. L 232-1 ff. CCom. Sie enthalten für größere Gesellschaften ferner *Berichtspflichten*, etwa einen Status der Aktiva und Passiva, einen jährlichen Finanzetat sowie eine Ergebnis- und Finanzierungsplanung für das bevorstehende Geschäftsjahr. Auf die Pflicht zu konsolidierten Konzernbilanzen wurde schon hingewiesen.[32] Die *Ausschüttung von Gewinnen* ist bei GmbH und AG, anders als bei den Personengesellschaften, erst zulässig, wenn die gesetzliche Mindestreserve gebildet ist, Art. L 232-10 ff. CCom.

Besondere Verfahren gelten für Umwandlungen. Fusionen lassen Art. L 236-1 ff. als Voll- und Spaltungsfusion zu. Das Gesetz Nr. 2008-649, ergänzt durch Verordnung Nr. 2009-11, hat die sog. „Verschmelzungsrichtlinie" 2005/56/EG ins französische Recht umgesetzt, Art. L 236-25 ff. und R 236-13 ff. CCom.

Die Gesellschaften können kraft Gesetzes, durch Gerichtsentscheidung oder Parteiwillen *aufgelöst* werden. Die einzelnen Gründe sind in Art. 1844-7 CC aufgeführt, zu denen ggf. noch Sonderregeln für die einzelnen Gesellschaften hinzukommen. So werden Personengesellschaften und GmbH z.B. durch *Vereinbarung aller Gesellschafter* bereits vor Ablauf der Gesellschaftsdauer aufgelöst, eine Aktiengesellschaft dagegen durch qualifizierten Mehrheitsbeschluss. Kapitalgesellschaften müssen außerdem vorbehaltlich eines Bereinigungsbeschlusses aufgelöst werden, wenn ihr effektives Kapital auf weniger als 50% des Satzungskapitals absinkt, Art. L 225-248 Abs. 4 und L 223-42 Abs. 4 CCom. Der *Tod eines Gesellschafters* ist nach Art. 1870 Abs. 2 CC bei der bürgerlich-rechtlichen Gesellschaft grundsätzlich kein Auflösungsgrund, wohl aber bei den Personenhandelsgesellschaften, Art. L 221-15 CCom. Hier sind jedoch zur Vermeidung der Auflösung weitgehend vertragliche Absprachen möglich. Auch wenn nur ein Gesellschafter übrigbleibt, tritt nach Art. 1844-5 CC nicht mehr automatische Auflösung ein. *Kündigung* ist als privater Gestaltungsakt nicht möglich; es kommt stattdessen unter Umständen ein Austritt des Gesellschafters in Betracht, *droit de retrait*, Art. 1869 CC, Art. L 221-12 CCom, oder, sofern ein wichtiger Grund vorliegt, eine *Auflösungs-*

31 Siehe hierzu unten Nr. 180.
32 Oben Nr. 152.

klage pour juste motif. Folge der Auflösung einer Gesellschaft ist ihre *Liquidation* nach Art. 1844-8 CC.

154. Bürgerlich-rechtliche Gesellschaft, *société civile*

Aus deutscher Sicht ist zunächst zu betonen, dass die *société civile* nicht mit der Gesellschaft bürgerlichen Rechts nach § 705 ff. BGB zu verwechseln ist. Sie hat Rechtspersönlichkeit, Art. 1842 CC, und setzt nach der Definition des Art. 1832 CC zwingend den Zweck der Erzielung von Gewinn oder Ersparnissen voraus. Sie lässt sich von den anderen Gesellschaften nur negativ abgrenzen: Nach Art. 1845 Abs. 2 CC sind *sociétés civiles* all diejenigen Gesellschaften, die nicht kraft ihrer Form, ihrer Natur oder ihres Gegenstands eine andere Gesellschaftsform haben. Anders als die GbR deutschen Rechts spielt die *société civile* für den gesellschaftsrechtlichen Betrieb kleiner Handelsunternehmen also keine Rolle. Ende 2009 ist sie in Frankreich mit über 1380000 eingetragenen *sociétés civiles* die zweitverbreiteste Gesellschaftsform nach der SARL. Davon stellt allerdings allein die *société civile immobilière*, SCI, die sich u.a. für den Kauf und die Verwaltung von Immobilien besonders gut eignet, über 75% aller *sociétés civiles* dar. Hinsichtlich der *Organisation* einer *société civile* besteht ein großer Spielraum an vertragsautonomer Gestaltung. Nach Art. 1857 CC haften Gesellschafter für Gesellschaftsschulden unbeschränkt, aber nur entsprechend ihrem Gesellschaftsanteil. Die Haftung ist subsidiär und greift erst ein, nachdem der Gläubiger zuvor vergeblich versucht hat, sich bei der Gesellschaft zu befriedigen, Art. 1858 CC.

Speziell geregelte Sonderformen der *société civile* sind in den letzten Jahrzehnten entstanden. Sie betreffen wichtige Teilgebiete der französischen Wirtschaft, wie etwa die Land- und Forstwirtschaft sowie das Immobilien- und Bauwesen. Hervorzuheben ist auch die *société civile professionnelle* als Organisationsform der freien Berufe, die im Gesetz Nr. 66-879 geregelt und für jeden Berufstypus durch eine Verordnung ergänzt ist. Als Besonderheit gegenüber der allgemeinen Regelung des CC sieht Art. 15 hier eine gesamtschuldnerische Haftung der Gesellschafter vor.

155. Personenhandelsgesellschaften – SNC und SCS

Société en nom collectif, SNC, und *société en commandite simple*, SCS, die im 2. Buch des CCom mit jeweils 16 und 12 Artikeln stiefmütterlich geregelt sind, entsprechen im Wesentlichen der deutschen OHG und KG, abgesehen von der Erlangung der vollen Rechtspersönlichkeit durch die Eintragung. Gesellschafter können natürliche und juristische Personen sein. Als Besonderheit ist bei der SNC zu erwähnen, dass nicht nur Gesellschafter, sondern auch außenstehende Dritte Geschäftsführer und Vertreter sein können. Für Gesellschaftsschulden haften alle Gesellschafter unbeschränkt und gesamtschuldnerisch, doch muss der Gläubiger zuvor die SNC in Verzug setzen, Art. L 221-1 CCom. Für die SCS gelten bei Fehlen besonderer Vorschriften die Regeln über die SNC. Kommanditisten sind von der Geschäftsführung ausgeschlossen. Mischt sich ein Kommanditist trotzdem in die Geschäftsführung ein, dann haftet er nach Art. L 222-6 CCom persönlich und unbeschränkt.

156. Gesellschaft mit beschränkter Haftung, *société à responsabilité limitée* (SARL/EURL)

Die SARL wurde in Frankreich 1925 nach dem Vorbild der GmbH eingeführt. Ungünstige steuerliche und sozialrechtliche Vorschriften für den mehrheitlich beteiligten Geschäftsführer haben ihre Verbreitung früher zugunsten einer größeren Zahl von AGs gehemmt. Infolge des Wegfalls dieser Regelungen ist ihre Bedeutung in den letzten Jahren explosionsartig gestiegen: die SARL stellte Ende 2009 über 50% sämtlicher Gesellschaften in Frankreich. Mit ca. 1,8 Million SARL ist sie die populärste Gesellschaftsform der klein- und mittelständischen Unternehmen bzw. der Handwerker und Landwirte, die selbst nicht als Kaufleute auftreten wollen bzw. können. In der Praxis bedienen sich zahlreiche kleinere Familiengesellschaften dieser Rechtsform.

Seit der Vorauflage wurde das Recht der SARL mehrfach[33] geändert, ohne allerdings das Wesen und die Funktion dieser Gesellschaftsform dadurch grundlegend zu ändern. Die SARL wird weiterhin in der französischen Lehre als Kapitalgesellschaft mit ausgeprägtem *intuitu personae* beschrieben. Tatsächlich zeigt sich im Vergleich zum deutschen Recht ein starker personenbezogener Charakter z.B. in der Beschränkung der Anteilszession: An Dritte, die keine Mitgesellschafter sind, ist diese zwingend nur unter Zustimmung der Gesellschafterversammlung mit einfacher Stimm- und Kapitalmehrheit möglich, wobei der Gesellschaftsvertrag eine größere Mehrheit vorsehen kann, Art. L 223-14 CCom. Ferner ist die maximale Gesellschafterzahl auf 100 begrenzt; wird diese Zahl überschritten, so muss die SARL innerhalb von einem Jahr liquidiert werden, falls sie nicht bis dahin in eine andere Gesellschaftsform – z.B. in eine SA – umgewandelt wurde, Art. L 223-3 CCom.

Bei der Gründung müssen Sacheinlagen vollständig, Bareinlagen nur zu einem Fünftel erbracht werden; der Restbetrag wird auf Anforderung der Geschäftsführung fällig – spätestens bis zu 5 Jahre nach Registereintrag, Art. L 223-7 CCom. Das Stammkapital ist in gleich große Geschäftsanteile mit einem im Gesellschaftsvertrag frei bestimmbaren Nennbetrag aufgeteilt. 2003 hat der Gesetzgeber das Erfordernis eines Mindestkapitals, das schon ohnehin beson-

33 Etwa 2001 (loi NRE), 2003 (Gesetz Nr. 2003-721), 2004 (ordonnance Nr. 2004-274 und Gesetz Nr. 2004-1443), 2005 (Gesetze Nr. 2005-882 und 2005-845), 2008 (LME) und 2010 (Gesetz Nr. 2010-658).

ders niedrig war (7500 Euro) abgeschafft und somit die Gründung von „1 Euro"-SARL ermöglicht.

Die Gesellschaft wird durch einen oder mehrere *Geschäftsführer*, *gérants*, verwaltet, die durch Mehrheitsbeschluss jederzeit abberufen werden können, wobei jedoch bei Fehlen eines wichtigen Grundes, *juste motif*, ein Schadensersatzanspruch für den abberufenen Geschäftsführer in Betracht kommt. Die Geschäftsführer *vertreten* die Gesellschaft im oben geschilderten Umfang[34] gegenüber Dritten. Dabei ist zu beachten, dass im Unterschied zum deutschen Recht unter mehreren Geschäftsführern jeder von ihnen zwingend Einzelvertretungsmacht hat, Art. L 223-18 Abs. 7 CCom. Bei Verletzung der ihnen nach Gesetz oder Gesellschaftsstatuten obliegenden Pflichten und fehlerhafter Verwaltung haften sie der Gesellschaft sowie den persönlich geschädigten Gesellschaftern oder Dritten auf Schadensersatz.

Weiteres Organ ist die *Gesellschafterversammlung*, die weniger formalisiert ist als die Hauptversammlung der SA. Von der Feststellung des Jahresbeschlusses abgesehen kann sie durch schriftliche Konsultation ersetzt werden oder seit der LME, falls der Gesellschaftsvertrag es vorsieht, in Form von Videokonferenzen oder mittels entsprechender Telekommunikationsmittel abgehalten werden, Art. L 223-27 CCom. Die Stimmrechte der Gesellschafter entsprechen zwingend ihrem Anteil am Stammkapital, Art. L 223-28 CCom. Mehrheitserfordernisse in der *Gesellschafterversammlung* richten sich nach dem Gegenstand der Beschlussfassung, wobei einfache Beschlüsse grundsätzlich einer Kapitalmehrheit von 50% bedürfen, welche sich nach dem bestehenden Stammkapital berechnet, Art. L 223-29 CCom. Kontrollaufgabe nimmt regelmäßig ein *commissaire aux comptes* wahr, Art. L 223-35 CCom, während der Jahresabschluss größerer SARL, Art. R 223-27 i.V.m. R 221-5 CCom, einer externen Rechnungsprüfung unterliegt.

Nach langer Diskussion wurde 1985 die Einmann-SARL, die sog. EURL, zugelassen. Neben dem Ziel der Haftungsbeschränkung, welche angesichts der Bankenpraxis nicht wirklich erreicht wurde, verfolgte der französische Gesetzgeber hier zwei weitere Absichten: die Verbesserung des Rechnungswesens der kleinen Handels- und Handwerksunternehmen sowie die Ausschaltung von Strohmanngründungen.[35] Bei der EURL hat der Einmann-Gesellschafter, der eine natürliche oder eine juristische Person sein kann, alle Befugnisse der Gesellschafterversammlung. Anders als die Einmann-SAS, sog. SASU,[36] ist die EURL für Konzernstrukturen allerdings nicht immer geeignet, denn der einzige Gesellschafter einer EURL darf beispielweise nicht eine andere EURL sein, Art. L 223-5 CCom.

34 Siehe hierzu oben Nr. 152.
35 Hierzu *Sonnenberger/Dammann*, III 266.
36 Siehe hierzu unten Nr. 158.

157. Aktiengesellschaft, *société par actions – société anonyme*

Das französische Recht kennt verschiedene Formen der *société par actions*: Das Grundmodell ist die *société anonyme*, SA. Auf dieser baut die Regelung der besonderen Formen, der *société en commandite par actions*, SCA, und der *société par actions simplifiée*, SAS, auf, die nachfolgend gesondert zu erörtern sind.[37] Die europäische Aktiengesellschaft, SE, welche auf die EG-VO 2157/2001 und die Richtlinie 2001/86/EG zurückzuführen ist, wurde durch das Gesetz Nr. 2005-842 eingeführt und ist in Art. L 229-1 bis 229-15 CCom und Art. L 2351-1 ff. CTrav geregelt.[38]

Die SA hat sich in Frankreich aus den *compagnies royales* des *Ancien Régime* entwickelt und war bereits im Napoleonischen Code de Commerce geregelt. Ihre wesentliche Bedeutung als Sammelbecken für das private Sparaufkommen erlangte sie im 19. Jahrhundert. Sie erlaubte die Entwicklung der modernen Großunternehmen und erwies sich damit als das „*merveilleux instrument juridique du capitalisme moderne*".[39] Wie die Zahl von etwa 113 500 SA Ende 2009 zeigt, ist sie allerdings anders als die deutsche AG nicht nur Organisationsform der Großindustrie, sondern auch vieler kleiner und mittelständischer (Familien-)Unternehmen, die wirtschafts- und steuerpolitisch als PME bezeichnet werden, *petites et moyennes entreprises*. Diese differenzierte volkswirtschaftliche Bedeutung spiegelt sich im Gesetz durch die Unterscheidung zwischen der einfachen, nicht börsennotierten SA mit einem Mindestkapital von 37 000 Euro und der Publikumsgesellschaft, deren Mindestkapital 225 000 Euro beträgt, wieder. Für die Publikumsgesellschaften gelten zum Schutz der Anleger besondere Publizitätsvorschriften und sie unterstehen einer besonderen aufsichtsrechtlichen Überwachung durch die *Autorité des Marchés Financiers*. Ein Großteil dieser Sonderregeln gehört zum Kapitalmarktrecht und wird dort erörtert.[40] Unverkennbar ist jedoch die Tendenz, dass die einfache SA durch die immer beliebtere SAS als andere *société par actions* mittelfristig verdrängt wird. Jetzt schon hat die Zahl der SAS die der SA deutlich überholt.[41] In Zukunft könnte die SA dann nur noch für Publikumsgesellschaften die obligatorische Gesellschaftsform werden.[42] Dennoch zeigt der ständige gesetzliche Reformprozess der SA aus den letzten Jahren, wie wichtig diese Gesellschaftsform für den französischen Gesetzgeber bleibt.[43]

---

37 Siehe hierzu unten Nr. 158.

38 Hierzu *Sonnenberger/Dammann*, III 240 ff.

39 *Ripert*, Les aspects juridiques du capitalisme moderne, 2. Aufl., Paris 1951, Nr. 46.

40 Siehe hierzu unten Nr. 159.

41 Siehe hierzu unten Nr. 158.

42 Hierzu *Sonnenberger/Dammann*, III 164.

43 Seit der Vorauflage wurde die SA in den folgenden Jahren reformiert: etwa 2001 (loi NRE), 2003 (Gesetz Nr. 2003-721), 2004 (ordonnance Nr. 2004-604), 2005 (Gesetz Nr. 2005-842), 2007 (Gesetz Nr. 2007-1223) und 2008 (LME).

Allgemein gilt für die SA eine Mindestzahl von sieben Aktionären. Das aus *Geld- und Sacheinlagen*, z.B. einzubringenden Unternehmen, Patenten, bestehende Kapital muss voll gezeichnet sein. Sacheinlagen, die einer externen Bewertungsprüfung durch einen *commissaire aux apports* unterliegen, sind sofort zu erbringen, bei Geldeinlagen ist eine Mindestbarzahlung von 50% erforderlich. Bei der Publikumsgesellschaft entscheidet nach Zeichnung der Aktien und Leistung der Einlagen die *Gründerversammlung* über die Annahme der Statuten und ernennt die ersten Gesellschaftsorgane.

Hinsichtlich ihrer *Organisation* ist die SA durch eine hierarchisierte Struktur gekennzeichnet, innerhalb derer den einzelnen Organen gesetzlich *zwingend* festgelegte Aufgaben und Befugnisse zukommen.[44] Die Gründer einer SA können zwischen *zwei Organisationsschemata* wählen: entweder dem klassischen, monistischen Modell mit Verwaltungsrat, *conseil d'administration*, und Generaldirektion oder dem modernen, dualistischen Modell mit Vorstand, *directoire*, und Aufsichtsrat, *conseil de surveillance*. Letzteres ist vom deutschen Recht inspiriert, ohne allerdings mit diesem in jeder Hinsicht übereinzustimmen. Nur die wenigsten SA sind nach dem zweiten Modell organisiert, darunter allerdings bedeutende notierte Gesellschaften aus dem CAC 40[45] wie PSA Peugeot Citroën, Air Liquide oder Vivendi. Aufgrund seiner erheblich größeren praktischen Bedeutung wird im Folgenden nur das klassische Modell näher erörtert.

In diesem besteht der *Verwaltungsrat* aus 3 bis 18 Mitgliedern, Art. L 225-17 CCom. Die Mitglieder werden von der Hauptversammlung für eine Dauer von höchstens 6 Jahren gewählt und können jederzeit und ohne Grund (ad nutum) abberufen werden, Art. L 225-18 CCom. Seit dem Gesetz Nr. 2011-103 müssen Verwaltungsräte börsennotierter Aktiengesellschaften und anderer Groß-AGs eine Frauenquote von mindestens 40% innerhalb der nächsten 6 Jahre erreichen. Verwaltungsratsmitglieder können auch juristische Personen sein, wobei diese stets durch den gleichen *représentant permanent* vertreten werden müssen. Das traditionelle Erfordernis, wonach Mitglieder des Verwaltungsrates Aktionäre sein bzw. mindestens eine Aktie der Gesellschaft halten mussten, ist – vorbehaltlich abweichender Regelung in den Statuten – mit der LME entfallen, Art. L 225-25 CCom. In der Vorauflage wurde auch auf die Doppelstellung des Präsidenten des Verwaltungsrats als *Président-Directeur-Général*, kurz „PDG" genannt, hingewiesen, der zugleich Vorsitzender des Verwaltungsrats und Spitze des Managements war. Dadurch gewann der PDG in der Praxis eine große Machtfülle und konnte sich weitgehend der Kontrolle durch den Verwaltungsrat entziehen. Die loi NRE hat die Kompetenzen der Leitungsorgane – *conseil d'administration* und Generaldirektion – neu gefasst und eine institutionelle

---

44 Ständige Rechtsprechung seit Cass.Civ. vom 4.6.1946, sog. „arrêt Motte", JCP 1947 II 3518.

45 Leitindex der 40 führenden französischen Aktiengesellschaften, die an der Pariser Börse gehandelt werden.

Trennung der Geschäftsführung und ihrer Kontrolle angestrebt. Seit dieser Reform legt der *conseil d'administration* die grundsätzliche Ausrichtung der Aktivitäten der Gesellschaft fest, Art. L 225-35 CCom. Ihm obliegt es, alle notwendigen Kontroll- und Überwachungsmaßnahmen zu treffen. Er *kann* sich jederzeit mit allen Angelegenheiten der Gesellschaft befassen und entsprechende Entscheidungen treffen. Bei einigen schwerwiegenden Geschäften *muss* der Verwaltungsrat eingeschaltet werden und seine vorherige Zustimmung erteilen, wie etwa bei Bürgschaftserklärungen und anderen Garantieversprechen der Gesellschaft, Art. L 225-35 Abs. 4 CCom, sowie bei den sog. *conventions réglementées*, Art. L 225.38 ff. CCom. Der Verwaltungsrat ist beschlussfähig, wenn mindestens die Hälfte seiner Mitglieder anwesend ist; Entscheidungen werden grundsätzlich mehrheitlich getroffen. Verwaltungsratssitzungen können in Form einer Videokonferenz abgehalten werden, jedoch nicht für wichtige Beschlüsse der Gesellschaft, Art. L 225-37 Abs. 3 CCom. Der Verwaltungsrat wählt seinen Präsidenten, Art. L 225-47 CCom, sowie einen Generaldirektor, *directeur général*, welcher nicht Mitglied des Verwaltungsrats sein muss. Die Geschäftsführung einer SA liegt in eigener Verantwortung in den Händen des *directeur général*; er ist jederzeit umfassend befugt, für die Gesellschaft tätig zu werden.[46] Seit der NRE-Reform steht der französische Verwaltungsrat also zwischen Vorstand und Aufsichtsrat nach deutschem Recht und nähert sich hier dem deutschen Vorbild.[47] Allerdings mit einer in der Praxis nicht ungewohnten Ausnahme: Der französische Gesetzgeber hat die funktionale Trennung der Tätigkeiten des Präsidenten des Verwaltungsrats und des *directeur général* nicht konsequent abgeschlossen, da er eine Kumulierung des Verwaltungsratsvorsitzes mit der Stellung des *directeur général* nicht ausgeschlossen hat, Art. L 225-51-1 CCom. Insbesondere bei den einfachen SA ist das Fortbestehen der „Doppelstellung“ des PDG keine Seltenheit.

Beschlussorgan der Aktionäre ist die Hauptversammlung, *assemblée générale*, Art. L 225-96 ff. CCom. Nach dem Gesetz ist zu unterscheiden: Der außerordentlichen Hauptversammlung, die bei erster Einberufung ein Quorum von mindestens 1/4 der stimmberechtigten Aktien voraussetzt und mit einer Mehrheit von 2/3 der abgegebenen Stimmen entscheidet, obliegt die Beschlussfassung über alle Satzungsänderungen, u. a. Kapitalveränderungen und Sitzverlegung. Die Beschlussfähigkeit der ordentlichen Hauptversammlung, die bei der ersten Einberufung ein Quorum von 20% voraussetzt, entscheidet mit absoluter Mehrheit vor allem über Jahresabschluss, Entlastung der Verwaltung sowie Gewinnverteilung und bestimmt den Verwaltungsrat bzw. Aufsichtsrat. Im Zu-

46 Zur Unterstützung des *directeur général* und auf dessen Vorschlag kann der Verwaltungsrat maximal fünf *directeurs généraux délégués* ernennen, deren Aufgabenbereich und Umfang der Befugnisse vom Verwaltungsrat in Abstimmung mit dem *directeur général* festgelegt werden, wobei die *directeurs généraux délégués* – genauso wie der *directeur général* – die Gesellschaft in allen Angelegenheiten vertreten (Art. L 225-56, II Abs. 2 CCom).

47 So *Sonnenberger/Dammann*, III 211.

sammenhang der NRE-Novelle, welche die Regeln des corporate governance, *gouvernement d'entreprise*, ins französische Recht einführte, wurden die Rechte der Aktionäre in vieler Hinsicht gestärkt. Insbesondere dem Informationsrecht und der Kontrollbefugnis der Aktionäre widmet der CCom besondere Aufmerksamkeit. Grundsätzlich hat jeder stimmberechtigte Aktionär ein Recht auf Teilnahme an der Hauptversammlung und darf sein Stimmrecht ausüben. Die Statuten können auch eine Videokonferenz oder die Beteiligung von Aktionären per Internet organisieren. Unzulässig ist eine Vollmacht an Nichtaktionäre, z. B. an Banken, ein Aktionär kann nur einen anderen Aktionär bzw. seinen Ehegatten bevollmächtigen, Art. L 225-106 CCom.[48]

Ausführlich sind in den Art. L 225-127 ff. CCom die *Kapitaländerungen* geregelt. Die *Kapitalerhöhung* vollzieht sich durch Zufluss neuen Kapitals in Form von Bar- oder Sacheinlagen oder durch Umwandlung von Reserven und hat die Ausgabe neuer Aktien oder die Erhöhung des Nominalbetrags der bisherigen Aktien zur Folge. Die Altaktionäre verfügen über ein bevorzugtes Bezugsrecht, *droit préférentiel de souscription*, das jedoch ausgeschlossen werden kann, Art. L 225-132 CCom. Die Entscheidungsbefugnis über sowie die Durchführung einer Kapitalerhöhung liegt grundsätzlich bei der außerordentlichen Generalversammlung. Diese kann ihre Befugnis und die damit verbundene Durchführung an den Verwaltungsrat delegieren, wenn diese Ermächtigung zeitlich und vom Umfang her begrenzt ist, Art. L 225-129 ff. CCom. Die *Kapitalherabsetzung* geschieht entsprechend durch Minderung des Nominalwertes oder der Zahl der Aktien. Außerdem lässt das Gesetz Rückzahlungen auf Aktien zu, *amortissement*, die sich aber nicht unmittelbar auf das Gesellschaftskapital auswirken. Zeichnung und Erwerb eigener Aktien durch die SA sind nur eingeschränkt möglich.

Durch die *ordonnances* Nr. 2004-604 und 2009-15 wurden die Regelungen des Wert(papier)rechts modernisiert und liberalisiert. Unter dem Begriff *valeurs mobilières* werden alle Wertrechte zusammengefasst, die je nach Kategorie dem Inhaber direkt oder indirekt gleiche Rechte auf einen Anteil am Kapital oder ein allgemeines Forderungsrecht auf das Vermögen der Gesellschaft verleihen.[49] Der CCom unterscheidet nun zwischen Aktien, *actions*, Vorzugsaktien, *actions de préférence*, Teilhaberscheinen, *titres participatifs*, und Schuldverschreibungen, *obligations*.[50] Obwohl Wertrechte seit 1983 entmaterialisiert sind, sieht das Gesetz weiterhin vor, dass *Aktien* auf den Inhaber oder den Namen lauten können. Während Inhaberaktien traditionell nur von börsennotierten Gesellschaften ausgegeben werden durften, ermöglicht nun Art.

48 Bei Publikumsgesellschaften normiert Art. L 225-107-1 CCom eine Ausnahme, allerdings nur für Aktionäre mit Sitz im Ausland.

49 Hierzu *Sonnenberger/Dammann*, III 171.

50 Die bis zur Reform von 2004 ausgegebenen *certificats d'investissement*, *actions de priorités* und *actions à dividende prioritaires sans droit de vote* laufen aus. An ihre Stelle tritt die neugeschaffene Möglichkeit der Ausgabe der *actions de préférence*.

L 211-4 CMF. auch der einfachen SA Inhaberaktien auszugeben, sofern die Statuten dies vorsehen. Die *Aktien* sind je nach der Einlage (Geld, Sachwerte) *Bar- oder Apportaktien*. Baraktien sind bis zur vollen Einzahlung Namensaktien. Obwohl alle Aktien im Prinzip gleiche Rechte verleihen, wurde das Gleichheitsprinzip mit der Zulassung der *actions de préférence* vom Gesetzgeber durchbrochen, Art. L 228-11 CCom. Nach Eintragung der Gesellschaft sind Aktien gemäß Art. L 228-10 CCom *grundsätzlich frei veräußerlich*. Inwieweit dieser Grundsatz durch die Statuten oder andere Vereinbarungen beschränkt werden kann, ist in Randbereichen äußerst umstritten. Zulässig ist es etwa, in den Statuten von einfachen, nicht börsennotierten SA die Veräußerung von Aktien von der Zustimmung der Gesellschaft abhängig zu machen, *clause d'agrément*, gemäß Art. L 228-23 ff. CCom, oder ein Vorkaufsrecht zugunsten bestimmter Aktionäre vorzusehen, *clause de préemption*. Schuldverschreibungen darf eine Gesellschaft erst zwei Jahre nach ihrer Gründung ausgeben, vorausgesetzt dass das Kapital voll eingezahlt ist *oder*, falls die Gesellschaft noch keine zwei von der Hauptversammlung verabschiedeten Bilanzen vorweisen kann, dass die Aktiva und Passiva der Bilanz von gerichtlich bestellten Wirtschaftsprüfern begutachtet werden. Die Inhaber von Obligationen bilden nach Art. L 228-46 CCom eine mit Rechtspersönlichkeit ausgestattete Gemeinschaft, sog. *masse*. Organe sind eine Versammlung und ein oder mehrere Vertreter, welche die Belange der Gemeinschaft gegenüber der ausgebenden Gesellschaft wahrnehmen.

158. Die weiteren *sociétés par actions* – SCA und SAS/SASU

Als ursprünglich bedeutsamste Form der *société par actions* ist zunächst die *société en commandite par actions*, *SCA*, zu nennen, die in etwa der KGaA entspricht. In der Folge eines Gesetzes von 1867, die auch der SA die freie Gründung erlaubte, war die SCA zunächst fast in Vergessenheit geraten. In jüngster Zeit hat sie eine gewisse Renaissance erlebt, da sich in ihr der Zugang zum Kapitalmarkt mit der Kontrolle durch eine Gruppe von Gesellschaftern, z.B. der Gründerfamilie, etwa bei Michelin, verbinden lässt und ihre Struktur Schutz gegen feindliche Übernahmen bietet.

Durch das Gesetz Nr. 94-1 wurde die *société par actions simplifiée*, SAS, eingeführt, die nunmehr in Art. L 227-1 bis L 227-19 CCom geregelt ist. Die SAS war ursprünglich lediglich als Instrument der Kooperation zwischen Großunternehmen konzipiert. Mit dem Gesetz Nr. 99-587 wurde sie überraschend zu einer vereinfachten Aktiengesellschaft umgestaltet, die nunmehr sogar durch eine einzelne natürliche oder juristische Person gegründet werden kann, sog. Einmann-SAS oder kurz „SASU“. Bei der SAS spricht das Gesetz nicht von *actionnaires*, sondern von Gesellschaftern, *associés*, und betont damit den personenbezogenen Charakter dieser Gesellschaftsform. Soweit nichts Abweichendes bestimmt ist, gelten die Regeln über die SA. Die innere Organisation wird vom Gesetz jedoch ausdrücklich der Regelung durch die Gesellschafter überlassen. Zwingend vorgeschrieben ist lediglich die Bestellung eines Präsidenten. Zur Sicherung einer festen Aktionärsstruktur sind auch vertragliche Beschränkungen der freien Veräußerlichkeit der Aktien nach Art. L 227-13 CCom weitgehend zulässig. Im Gegenzug zur Vertragsfreiheit und zum *intuitu-personae*-Charakter kann die SAS allerdings keine Publikumsgesellschaft sein, Art. L 227-2 CCom. Die LME hat zur weiteren Vereinfachung der SAS beigetragen, wie etwa mit dem Wegfall des bislang vorgesehenen Mindestkapitals in Höhe von 37000 Euro, Art. L 227-2 CCom, oder – bei Vorliegen gewisser Voraussetzungen – der Pflicht zur Bestellung eines Abschlussprüfers, Art. L 227-9-1 CCom. Innerhalb von fünfzehn Jahren hat sich die SAS im französischen Wirtschaftsleben ohne Weiteres durchgesetzt. Mit über 139000 SAS Ende 2009 ist sie nun die beliebteste *société par actions* und die drittbeliebteste Gesellschaftsform in Frankreich.

159. Kapitalmarktrecht

Eine bemerkenswerte Entwicklungslinie im Wirtschaftsrecht, die sich seit einigen Jahren deutlich verstärkt hat, liegt in einer Verschiebung des Akzents vom bisherigen Sonderrecht für börsennotierte Publikumsgesellschaften auf die Behandlung dieser Vorschriften im Kontext eines allgemeinen Kapitalmarktrechts. Diese Tendenz lässt sich seit einiger Zeit in der Literatur ablesen, welche die Thematik noch zur Zeit der Vorauflage überwiegend als gesellschaftsrechtliches Sonderthema, nämlich als Recht der Publikums(aktien-)gesellschaft, und in den übrigen Teilen als „Börsenrecht“ behandelt hat, während in der jüngsten Zeit die Systematisierung als Kapital- bzw. Finanzmarktrecht, *droit des marchés de capitaux bzw. des marchés financiers* oder gar Finanzrecht, *droit financier*, überwiegt.[51] Diesem Wandel in Terminologie und Einordnung in der Literatur entspricht institutionell die im Jahr 2003 erfolgte Zusammenfassung der Börsenkommission, *Commission des opérations de bourse*, COB, mit den weiteren Finanzmarktaufsichtsbehörden, v.a. dem *Conseil des marchés financiers*, zu einer einheitlichen Finanzmarktaufsichtsbehörde, *Autorité des Marchés Financiers*, AMF. Kodifikatorisch hat der im Jahr 2000 zusammengestellte CMF das Bankrecht v.a. mit dem institutionellen Kapitalmarktrecht zusammengefasst, während allerdings Vorschriften mit kapitalmarktrechtlichem Gehalt auch im (Kapital-)Gesellschaftsrecht des CCom verblieben sind. In jüngster Zeit hat die Gesetzgebung schließlich den Focus der Systematisierung der Materie auf den aus dem EU-Recht stammenden Begriff der Finanzinstrumente, *instruments financiers*, und seine Unterkategorie der *titres financiers* verlagert, die nunmehr als systematische Ausgangspunkte

51 Vgl. hierzu den Literaturspiegel vor Nr. 152. Zum Wandel des Begriffs und der Systematisierung s. etwa *Bonneau/Drummond* Nr. 34 f.

fixiert wurden und insoweit an die Stelle der bislang gesellschaftsrechtlich verwurzelten Kategorie der Wertrechte, *valeurs mobilières*, treten. Standen bislang Letztere und die sie emittierenden (Publikums-)Aktiengesellschaften im Vordergrund, stellen sie heute nur noch eine Unterkategorie der Finanzinstrumente bzw. Finanztitel dar, deren Emission und Handel der Regelungsgegenstand eines allgemeinen Kapitalmarktrechts sein sollen.

Die zentrale *Institution* des Kapitalmarktrechts ist die Finanzmarktaufsicht AMF. Sie ist eine unabhängige *autorité administrative*,[52] die mit eigener Rechtspersönlichkeit ausgestattet ist. Ihre Missionen sind nach Art. L 621-1 CMF der Schutz der investierten Gelder und die Überwachung der Funktionsfähigkeit der Märkte, insbesondere deren Integrität und Transparenz. Zur Erfüllung dieser Aufgaben stehen ihr umfassende Befugnisse zu. Sie kann zunächst neben Empfehlungen unmittelbar wirkende individuell-konkrete Regelungen treffen, etwa bei Verstößen gegen das Verbot von Insidergeschäften, *délit d'initiés* oder gegen die Regeln der Kapitalmarktpublizität *injonctions* aussprechen und Geldbußen verhängen.[53] Im Rahmen der Untersuchung und Verfolgung derartiger Verstöße hat die AMF die Befugnis zur Durchführung von Kontrollen und Untersuchungen, *enquêtes*, die sehr weit reichen, Art. L 621-9 ff. CMF. Der AMF steht ferner eine Klagebefugnis vor den Zivilgerichten zu, während Strafverfahren nur nach Abgabe des Vorgangs durch die Staatsanwaltschaft eingeleitet werden können. Die größte Bedeutung für das Kapitalmarkt- und mittelbar auch für das Gesellschaftsrecht hat jedoch die autonome Rechtsetzungsbefugnis der AMF. Das *Règlement général de l'AMF*, RG AMF, das an die Stelle der entsprechenden *règlements* der ursprünglichen Einzelaufsichtsbehörden getreten ist, ist – wie zuvor bereits das *règlement* der COB – neben dem CMF eine zentrale Quelle des Kapitalmarktrechts und enthält insbesondere die relevanten Bestimmungen für öffentliche Übernahmeangebote.[54]

Begriff und Funktion der *Märkte*, über deren Funktionsweise die AMF wachen soll, haben sich innerhalb des letzten Jahrzehnts – auch im europäischen Kontext – grundlegend verändert. Die traditionellen Börsen, deren Betreibergesellschaft sich mit den Börsengesellschaften von Amsterdam und Brüssel zunächst zur Euronext NV und zwischenzeitlich ferner mit der New Yorker NYSE zusammengeschlossen hat, betreiben heute anstelle der früheren Unterscheidung von *Premier*, *Second* und *Nouveau Marché sowie marché des EDR* einen einzigen *geregelten Markt, Eurolist*. Mit dem clearing, *compensation*, ist die Tochtergesellschaft LCH.clearnet betraut. Dieser Markt stellt aber heute nur noch einen unter vielen Märkten dar, wenn auch den bei weitem wichtigs-

52 Oben Nr. 52.

53 Gegen die Einzelmaßnahmen der AMF ist der ordentliche Rechtsweg eröffnet, Art. L 621-30 CMF.

54 Zur Einordnung in das französische Normensystem oben Nr. 4.

ten. Jeder zugelassene Marktbetreiber, *entreprise de marché*, kann mit entsprechender Genehmigung weitere Märkte schaffen, die einem der Prüfung durch die AMF unterworfenen Regelwerk unterliegen und damit zu geregelten Märkten, *marchés reglémentés*, werden. Zum zweiten treten neben die geregelten Märkte seit Umsetzung der entsprechenden EG-Richtlinie im Jahr 2007[55] die „privaten“ Handelssysteme (MIF), so dass sich die „Märkte“ zunehmend von der Fixierung auf bestimmte Räume oder auch eine Betreibergesellschaft entfernen. Demgegenüber sind auch diese „nicht reglementierten“ Märkte nach Art. L 424-1 Abs. 2 CMF ähnlichen Zulassungsregeln unterworfen, wie soeben für die geregelten Märkte beschrieben. Die *Akteure* auf den einen wie auf den anderen Märkten sind die sog. PSI, *prestataires de services d'investissement*, die über eine entsprechende Zulassung, *agrément*, verfügen müssen und typischerweise – jedoch seit 2006 nicht mehr im Rahmen einer Monopolstellung – als Intermediäre die Börsengeschäfte abwickeln. Sie können auch Betreiber eines nicht reglementierten Handelssystems sein.

Was den *Regelungsgegenstand* des Kapitalmarktrechts betrifft, hat der französische Gesetzgeber, wie bereits einleitend angesprochen, im Jahr 2009[56] eine Neusystematisierung vorgenommen. Der aus dem EU-Recht stammende und auch bisher schon in Art. L 211-1 CMF enthaltene Begriff der Finanzinstrumente, *instruments financiers*, wurde in der Neufassung der Vorschrift nunmehr als zentrale Kategorie fixiert, welche die beiden Unterkategorien der Finanztitel, *titres financiers*, und der Finanzkontrakte, *contrats financiers*,[57] umfasst. Die *titres financiers* kennzeichnen sich durch ihren Ursprung in einer Emission, ihre Eintragung in einem zentralen Depotkonto und ihre Übertragbarkeit durch Überweisung; genannt werden Beteiligungsrechte an Aktiengesellschaften, also insbesondere Aktien und auf diesen basierende Titel wie Bezugsrechte, handelbare Schuldtitel, v.a. Anleihen und Anteile an Beteiligungsfonds, *organismes de placement collectif*. Die Einführung der (Unter-) Kategorie der *titres financiers* hat es dem Gesetzgeber erlaubt, in den Art. L 211-2 ff. CMF einen „Allgemeinen Teil“ des Rechts der Finanztitel, betreffend deren Emission, Eintragung und Übertragung zu formulieren, dem sodann Einzelkapitel mit speziellen Vorschriften über „Kapitaltitel“, insbesondere Aktien, Art. L 212-1 ff., Schuldtitel, namentlich Anleihen von Unternehmen und des Staates, Art. L 213-1 ff., und von diversen *placements collectifs* emittierte Titel in Art. L 214-1 ff. folgen. Für die bisher neben der kapitalmarktrechtlichen Terminologie stehende Kategorie der Wertpapiere oder besser *Wertrechte*, *valeurs mobilières*, wird in Art. L 228-1 CCom definitorisch klargestellt, dass es sich um eine Unterkategorie der *titres financiers* handelt,

55 Ordonnance Nr. 2007-544 v. 12.4.2007 zur Umsetzung der „MIF“-Richtlinie 2004/39/EG vom 21.4.2004, ABl. EG Nr. L 145/1 v. 30.4.2004.

56 Ordonnance Nr. 2009-15 vom 8.1.2009, die aufgrund einer Ermächtigung in der LME erging.

57 Es handelt sich hierbei um die in der vorgenannten Richtlinie und durch Verordnung für das nationale Recht genannten derivativen Finanzinstrumente.

nämlich um solche, die ihren Inhabern gleiche Rechte nach ihrer Klasse einräumen, *qui confèrent des droits identiques par catégorie*.[58] Eine entscheidende Bedeutung kommt der Klassifizierung als *valeur mobilière* allerdings derzeit nicht zu.[59]

Die kapitalmarktrechtlichen *Publizitätspflichten*, die bei der *Emission von Finanzinstrumenten* in Form einer Prospektpflicht bestehen, leiteten sich bisher aus einer aus dem französischen Gesellschaftsrechtsgesetz von 1966 stammenden, am börsennotierten Status der emittierenden Gesellschaft anknüpfenden Definition des *appel public à l'épargne* ab, in etwa: „öffentliche Mittelaufnahme". Auch diese Definition wurde im Zuge der jüngsten Reformen in Art. L 411-1 CMF vom Status des Emittenten und zugleich vom Status der Börse bzw. des geregelten Marktes gelöst und in der Form verallgemeinert, dass die entsprechenden Pflichten nunmehr mit Zulassung eines Finanzinstruments an einem geregelten Markt oder mit jedweder öffentlichen Emission oder Veräußerung eines Finanzinstruments „in der Öffentlichkeit" entstehen, gleich welcher Wege oder Intermediäre sich der Emittent dabei bedient. Demgegenüber knüpfen die *Pflichten zur laufenden Berichterstattung* notwendigerweise weiterhin am Statut der *Zulassung des Emittenten* an einem geregelten Markt an. Es handelt sich einerseits um bestimmte Berichtspflichten gegenüber der AMF, namentlich zur Führung und Kommunikation eines Insiderverzeichnisses, Art. L 621-18-4 CMF, und andererseits um die Pflichten zur periodischen Berichterstattung an den Kapitalmarkt, Art. L 451-1-1 ff. CMF und zur adhoc-Publizität, Art. 223-2, 621-1 RG AMF. An Letzteren knüpfen die Tatbestände der Marktmanipulation und des Insiderhandels an, die nach Art. 611-1 ff. RG AMF gegenüber den Unternehmen als *manquements* mit Verwaltungsbuße belegt werden können und zugleich Straftatbestände der individuellen Verantwortlichen darstellen, Art. L 465-1 f. CMF. Diese Pflichten sind, nachdem sie auf der Umsetzung der einschlägigen europäischen Richtlinien beruhen, denjenigen nach WpHG grundsätzlich vergleichbar.[60]

Gewisse Besonderheiten bestehen demgegenüber im Bereich der *speziellen Kapitalmarktinformation bei Beteiligungen und Übernahmen*[61] fort. Dies gilt zunächst für die *Meldepflichten*, auch wenn sich deren Regelung in Deutschland und Frankreich v.a. hinsichtlich der Schwellenwerte in den letzten Jahren angenähert hat. Meldepflichtig ist in Frankreich nach Art. L 233-7

58 Gemeint ist damit ein durch den Emissionsvertrag vermittelter Bruchteil am Kapital des Emittenten bzw. am Beteiligungskapital oder am Betrag der emittierten Forderung; die gegenüber der alten Definition des Art. 211-2 CMF noch abstraktere Formulierung soll die Erfassung aller Formen klarstellen; vgl. etwa *Bonneau/Drummond* Nr. 82.

59 Vgl. *Bonneau/Drummond* Nr. 82.

60 S. i. E. *Bonneau/Drummond* Nr. 430 ff.

61 Speziell zu diesem Bereich in deutscher Sprache *Sonnenberger/Dammann*, III 185 ff. und ausführlich *von Rüden* (vor Nr. 152).

CCom[62] das Über- oder Unterschreiten einer Beteiligung von 5%, 10%, 15%, 20%, 25%, 30%, einem Drittel, der Hälfte, zwei Dritteln, 90% und 95% des Grundkapitals oder der Stimmrechte einer notierten Zielgesellschaft, sei es durch einen Investor allein oder in abgestimmtem Verhalten, *action de concert*, Art. L 233-10 CCom. Die Meldepflicht besteht gegenüber der Zielgesellschaft, deren Statuten zwischen 0,5% und 5% auch zusätzliche Schwellenwerte vorsehen können, sowie gegenüber der AMF. Die Überschreitung der Schwellen zwischen 10% und 25% verpflichtet zusätzlich zur Abgabe einer Erklärung über die in den nächsten sechs Monaten in dieser Hinsicht bestehenden Absichten. Eine im Rahmen von Übernahmegerüchten um Danone entstandene und deshalb auch als „amendement Danone" bezeichnete Besonderheit besteht in zusätzlichen Auskunftspflichten des Bieters hinsichtlich der verfolgten Ziele gegenüber der AMF unter den Voraussetzungen von Art. L 433-1 V. i.V.m. Art. 223-32 RG AMF.

Die Regeln über *öffentliche Kauf-, Tausch- und Rückkaufangebote*, *offres publiques d'achat, d'échange und de retrait*, OPA, OPE und OPR, finden sich zwischen ihrer Herkunft aus dem Gesellschaftsrecht und der im Vordringen befindlichen Systematik teils im CCom, teils in Art. L 433-1ff. CMF und in Art. 231-1ff. RG AMF geregelt. Die Regelung im CCom, Art. L 233-32ff. betrifft insbesondere die Abwehrmaßnahmen der Zielgesellschaft einschließlich der Möglichkeit der Vorratsbeschlussfassung, während die Regelung im CMF die Grundsätze der Gleichbehandlung und der Transparenz der Angebote ausformuliert. Die Einzelheiten der Verfahren sind jeweils im RG AMF geregelt, insbesondere auch die Voraussetzungen und Modalitäten eines *Pflichtangebots*, welches nunmehr beim Überschreiten einer Schwelle von 30% (früher einem Drittel) des Kapitals der Zielgesellschaft zu erfolgen hat. Eine ähnliche Pflicht trifft nach französischem Recht auch einen Aktionär, der seine Beteiligung zu einem Mehrheitspaket ausbaut. Dieser hat den Minderheitsaktionären die Möglichkeit zu eröffnen, binnen zehn Tagen zu gleichen Bedingungen an ihn zu verkaufen, sog. *garanties de cours*. Schließlich kann auch die *offre publique de retrait* für beide Seiten zwingend werden, wenn beim Überschreiten einer Beteiligung von 95% entweder ein Minderheitsaktionär oder der Mehrheitsaktionär (squeeze-out) dies bei der AMF beantragt, Art. L 433-4 CMF.

160. Genossenschaftsgesellschaft, *société coopérative*

Die Genossenschaften sind in Frankreich weit verbreitet. Im Unterschied zum deutschen Recht haben sie keine eigenständige Rechtsform. Es handelt sich um genossenschaftliche Gesellschaften, *sociétés coopératives*, die entweder in

62 In diesem Bereich sind, wie einleitend bemerkt, zahlreiche Regelungen mit kapitalmarktrechtlichem Gehalt im CCom verblieben. Offenbar um der Systematik Rechnung zu tragen, ist die Vorschrift in Art. L 451-2 CMF nochmals wörtlich wiedergegeben.

Form einer Kapitalgesellschaft als SARL bzw. SA oder einer *société civile* organisiert sind. Es gelten daher grundsätzlich die allgemeinen Regeln für diese Gesellschaftsformen, sofern sich nicht aus dem Statut der *société coopérative* Besonderheiten ergeben. Hierunter ist zunächst die Möglichkeit zu nennen, zwecks des erleichterten Ein- und Ausstiegs von Mitgliedern ein variables Kapital zu haben. Weitere besondere Regeln für alle *sociétés coopératives* finden sich im Gesetz Nr. 47-1775. Betont wird u.a. die demokratische Organisation und die Gleichheit aller Genossen, die z.B. im Prinzip des gleichen, vom Anteil am Gesellschaftskapital unabhängigen Stimmrechts zum Ausdruck kommt: „*un homme, une voix*". Das allgemeine Statut wird ergänzt durch Spezialregelungen für besondere Typen von Genossenschaften, z.B. für Produktions-, Kredit- und Verbrauchergenossenschaften. Durch das Gesetz Nr. 2008-649 wurde die Europäische Genossenschaft, sog. *société coopérative européenne*, welche auf die EG-VO 1435/2003 und die Richtlinie 2003/72/EG zurückzuführen ist, ins französische Recht umgesetzt und in Art. 26-1 ff. des Gesetzes von 1947 eingefügt.

161. Wirtschaftliche Interessengemeinschaft, *groupement d'intérêt économique* (GIE)

Bei den durch *ordonnance* Nr. 67-821 geschaffenen wirtschaftlichen Interessenvereinigungen handelt es sich um eine „Erfindung" des französischen Gesetzgebers, die Vorbild für die durch VO 2137/85/EWG auf europäischer Ebene eingeführten EWIV war. Das in Art. L 251-1 ff. CCom geregelte GIE ist eine verselbstständigte Kooperationsform zwischen Unternehmen, die mit eigener Rechtspersönlichkeit ausgestattet ist und der Verbesserung der wirtschaftlichen Tätigkeit ihrer Mitglieder dient. Es stellt daher neben Gesellschaft und Verein[63] eine dritte Art juristischer Person des Privatrechts dar. Von der Gesellschaft unterscheidet es sich dadurch, dass seine Tätigkeit nicht notwendigerweise auf eigene Gewinnerzielung gerichtet ist. Da seit 1978 auch die Erzielung von Einsparungen Zweck einer Gesellschaft sein kann, ist die Unterscheidung heute weniger deutlich und die Bedeutung des GIE geringer geworden. Nach wie vor eignet es sich jedoch für die Zusammenarbeit von Unternehmen, die ihre wirtschaftliche Selbstständigkeit behalten wollen,[64] obwohl das GIE in letzter Zeit von der SAS verdrängt wurde.[65] An einem GIE können sich natürliche wie juristische Personen beteiligen. Die Gestaltung der Statuten ist weitgehend privatautonom. Ein GIE kann mit oder ohne eigenes Kapital gegründet werden. Für Verbindlichkeiten haften die Mitglieder stets persönlich und unbeschränkt.

---

63 Oben Nr. 97.

64 Prominente Beispiele sind *Carte bancaire*, *PMU* oder – als EWIV – der Fernsehsender *ARTE*.

65 Ursprünglich als GIE organisiert, ist *Airbus* nun in Form einer SAS tätig.

§ 3 Wirtschaftseigentum und gewerbliche Rechte

Literatur: Zu verweisen ist zunächst auf die zu Beginn des Kapitels genannten Lehrbücher und Abhandlungen zum Handels- und Wirtschaftsrecht. Zu nennen sind zusätzlich folgende Werke speziell zum Wirtschaftseigentum und gewerblichen Rechten: *Gaumont-Prat*, Droit de la propriété industrielle, Paris 2009; *Koch*, Der Fonds de commerce, Frankfurt am Main u.a. 1996; *Passa*, Droit de la propriété industrielle, Bd. 1 – Marques et autres signes distinctifs, Dessins et modèles, 2. Aufl., Paris 2009; *Pollaud-Dulian*, La propriété industrielle, Paris 2010; *Schmidt-Szalewski*, Droit de la propriété industrielle, 7. Aufl., Paris 2009; *Vivant* (Hrsg.), Les grands arrêts de la propriété intellectuelle, Paris 2003.

162. Der *fonds de commerce* als Rechtsgut

Während sich das Handelsunternehmen im deutschen Recht bisher nicht als verselbstständigter Gegenstand des Rechtsverkehrs etabliert hat, spielt hierfür die umfangreich geregelte Institution des *fonds de commerce* in Frankreich seit über hundert Jahren eine wichtige Rolle. Mit diesem Begriff bezeichnet das französische Recht eine Gesamtheit von Elementen, die der Anziehung und Entwicklung eines Kundenstamms, *clientèle*, gewidmet ist. Zu den Bestandteilen gehören u.a. die beweglichen, nicht hingegen die unbeweglichen, Gegenstände des Betriebsvermögens, der Handelsname, *nom commercial*,[66] das Firmenzeichen, *enseigne*, das Geschäftsraummietrecht, *droit au bail*, sowie Schutzrechte, Lizenzen und Konzessionen. Die Bedeutung dieser einzelnen Bestandteile variiert von Fall zu Fall; die *clientèle* gehört hingegen zum Wesen des *fonds*, d.h. sie ist stets zwingende Voraussetzung seiner Existenz. Festzuhalten ist, dass die Rechtsprechung der Cour de cassation über den eigenständigen Charakter der *clientèle* rein kasuistisch ist. Der *fonds de commerce* hat keine Rechtspersönlichkeit und ist auch kein Sondervermögen mit eigenen Aktiva und Passiva. Er wird aber in seiner Gesamtheit als eine bewegliche unkörperliche „Sache“ behandelt, die Teil des Vermögens eines Kaufmanns ist.

Sein besonderer Status, der in mehreren Gesetzen umrissen war, die das Sonderrecht der Geschäftsraummiete (décret-loi vom 30.9.1953) sowie die Veräußerung (Gesetze vom 17.3.1909 und vom 29.6.1935), Verpfändung und Verpachtung (Gesetz vom 20.3.1956) eines *fonds de commerce* behandelten, ist nunmehr in Art. L 141-1 ff. CCom kodifiziert.

Da die örtliche Lage eines Geschäftes die Kundschaft und damit den Wert des *fonds* beeinflusst, ist seit 1926 die Geschäftsraummiete, *bail commercial*, weitgehend zwingenden Sondervorschriften unterworfen. Rechtsgrundlage ist heu-

66 Der *nom commercial* entspricht nicht der deutschen Firma.

te Art. L 145-1 ff. CCom, dessen Schutzbereich über die hauptsächlich angesprochenen Handwerks- und Handelsunternehmen hinausgeht und z. B. auch Schulanstalten und kommunale Regieunternehmen erfasst, und zuletzt auch freie Berufe. Der besondere Schutz des *bail commercial* führt gegenüber dem Mietrecht des CC zu einer gewissen Verdinglichung der mietrechtlichen Rechtsstellung des Unternehmers. Im Schrifttum wird sogar von *propriété commerciale* gesprochen. Zum einen wird die Dauerhaftigkeit der Geschäftsraummiete gewährleistet, indem die Mindestdauer des Mietverhältnisses auf grundsätzlich neun Jahre festgelegt ist, Art. L 145-4 CCom. Zentral ist der Anspruch des Mieters auf Erneuerung des Vertrages, Art. L 145-8 CCom: im Falle seiner Verweigerung muss der Vermieter den Schaden ersetzen, den der Mieter infolge Verlustes des Geschäftslokals erleidet. Ausnahmen gelten bei Verschulden des Mieters und Eigenbedarf des Vermieters. Auch kann die Abtretbarkeit des *bail commercial* im Rahmen der Veräußerung des *fonds* durch den Mieter nicht vertraglich ausgeschlossen werden. Schließlich sind nach Art. L 145-47 bis L 145-55 CCom in einem gewissen Maß Änderungen der Nutzung des Geschäftsraums zulässig, sog. *déspécialisation.*

Hinsichtlich der Veräußerung des *fonds*, *cession* oder *vente de fonds de commerce*, werden die Regeln des allgemeinen Kaufrechts des CC und des CCom durch die Spezialvorschriften der Art. L 141-1 ff. CCom ergänzt. Danach können alle Bestandteile des *fonds* als Einheit veräußert werden. Die Sondervorschriften dienen der Wahrung der Interessen der beteiligten Parteien und potentieller Gläubiger: Für den Vertragsschluss sieht Art. L 141-1 CCom zum Schutz des Käufers Schriftform mit einer Reihe von Pflichtangaben vor, die zuletzt 2005 und 2008 zeitgemäß etwas vereinfacht wurden, z. B. über Umsatz und Gewinne der letzten drei Geschäftsjahre sowie über die auf dem *fonds* lastenden Sicherungsrechte. Zum Schutz der Gläubiger vor dem Entzug etwaiger Haftungsobjekte besteht Publizitätspflicht durch öffentliche Bekanntmachung des Verkaufs nach Art. L 141-12 CCom und der Möglichkeit, Einspruch, *opposition*, gegen die Auszahlung des Kaufpreises zu erheben. Der Verkäufer ist durch ein Privileg gesichert und kann bei Zahlungsschwierigkeiten des Käufers Vertragsauflösung verlangen. Im Rahmen der Veräußerung gehen die Schulden nicht auf den Erwerber über; auch die eingegangenen Verträge werden nur insoweit übernommen, als das Gesetz dies vorschreibt, z. B. bei Arbeitsverträgen, Art. L 1224-1 CTrav, oder erlaubt, z. B. für den *bail commercial*.

Das Unternehmenspfand, *nantissement de fonds de commerce*, nach Art. L 142-1 CCom, ist ein der Hypothek ähnliches Registerpfandrecht. Mit der Einführung von Registerpfandrechten im französischen Zivilrecht durch die *ordonnance* vom 23.3.2006 erscheinen viele Aspekte dieser seit 1909 weitgehend unveränderten, ausführlichen Regelung nicht mehr zeitgemäß, sogar anachronistisch. Aufgrund der relativ schwachen Rechtsstellung des Pfandgläubigers in der Insolvenz hat es zudem nur noch beschränkte wirtschaftliche

Bedeutung. Je nach Parteivereinbarung umfasst es die körperlichen und ideellen Bestandteile des Unternehmens. Seine wirksame Bestellung setzt einen notariell beurkundeten oder privatschriftlichen registrierten Vertrag sowie die Eintragung in ein beim Handelsgericht geführtes Pfandregister voraus. Der Pfandgläubiger genießt besonderen Schutz gegen Veränderungen des Unternehmensbestandes, z.B. Sitzverlegung oder Auflösung eines Mietverhältnisses über Geschäftsräume. Ein Verkauf des Unternehmens berührt das Pfandrecht nicht.

Die Unternehmenspacht, *location-gérance* oder *gérance libre*, führt zur Trennung von Eigentum am *fonds de commerce* und seiner Nutzung durch den *locataire-gérant*. In den frühen 50er Jahren war sie beliebtes Spekulationsobjekt und wurde deshalb 1956 umfassend geregelt, heute in Art. L 144-1 ff. CCom. In jüngster Zeit steht allerdings die Bekämpfung von Spekulationen nicht mehr im Mittelpunkt des Interesses des Gesetzgebers, sondern vielmehr die Förderung dieses juristischen Instruments. Als anschauliches Beispiel für diese Kehrtwendung ist auf Art. L 144-3 CCom a.F. hinzuweisen, welcher auf die Verhinderung spekulativer Geschäfte abzielend die *location-gérance* nur zuließ, wenn der Verpächter mindestens sieben Jahre als Kaufmann tätig war. Diese Einschränkung wurde durch die *ordonnance* Nr. 2004-274 ersatzlos gestrichen; als Sperrfrist bleibt hier nur noch die Bedingung, wonach der Verpächter den zu verpachtenden *fonds* zwei Jahre lang selbst geführt haben muss. Der *locataire-gérant* führt das Geschäft auf eigene Rechnung und ist selbst Kaufmann; er muss folglich ins Handelsregister eingetragen werden. Die Publizitätsvorschriften sind streng und durch Haftungsnormen abgesichert. So haftet nach Art. L 144-7 CCom der Verpächter gesamtschuldnerisch mit dem Pächter für alle von diesem vor und bis sechs Monate nach Veröffentlichung des Vertrages begründeten Verbindlichkeiten. Von den *locataires-gérants* sind die verschiedenen Formen der abhängigen und halbabhängigen *gérants* zu unterscheiden, deren Statut arbeits- oder mandatsrechtlicher Art ist.

163. Gewerbliche Rechte als *propriété industrielle*

Mit dem Begriff *propriété industrielle* werden in Frankreich die gewerblichen Ausschluss- und Verwertungsrechte umschrieben, vor allem Patente, Marken sowie Geschmacksmuster. Die jeweiligen Einzelgesetze wurden durch Gesetz Nr. 92-597 mit dem Urheberrecht, *propriété littéraire et artistique*, in einem Gesetzbuch für das gesamte geistige Eigentum, *Code de la propriété intellectuelle* (CPI), zusammengefasst. Es handelt sich lediglich um eine Zusammenstellung des bis dahin geltenden Rechts in einem legislativen Teil und seine Ergänzung durch Ausführungsbestimmungen, décret Nr. 95-385. Der CPI enthält nur die nationalen Vorschriften, die durch Regelung der EU, v.a. die VO 40/94/EG über die Gemeinschaftsmarke, sowie durch ein dichtes Netz internationaler Konventionen überlagert werden. Für Letztere sind vor allem zu nennen: die Pariser Verbandsübereinkunft zum Schutz gewerblichen Eigentums vom 20.3.1883 und das TRIPS-Abkommen vom 15.4.1994; speziell für Patente der Vertrag von Washington vom 19.6.1970, der Patentzusammenarbeitsvertrag (PCT), der Patentrechtsvertrag (PLT) vom 2. Juni 2000, und das Europäische Patentübereinkommen (EPÜ 2000); für die Marke das Madrider Arrangement vom 15.4.1891. Ein französischer Berechtigter kann sich grundsätzlich auch innerstaatlich auf die Vorschriften dieser Konventionen berufen, wenn sie günstiger sind als das interne Recht.

Der CPI sieht, abgesehen von organisatorischen Vorschriften, keinen „allgemeinen Teil" für alle gewerblichen Schutzrechte vor, sondern hat es bei der jeweiligen Einzelregelung belassen. Den Rechten ist gemeinsam, dass sie gegenüber jedermann bestehen und ihrem Inhaber eine ausschließliche Verwertungsbefugnis einräumen. Gegen ihre Verletzung, *contrefaçon*, sind sie zivilrechtlich durch Schadensersatz- und Unterlassungsansprüche abgesichert; am Ende des jeweiligen Abschnitts enthält der Code ferner Strafvorschriften.

Auch wenn sie keine Nutzungsmonopole und folglich keine Ausschlussrechte begründen, sind die im CConsom geregelten Ursprungsbezeichnungen, *appellations d'origine*, mit der Thematik der *propriété industrielle* eng verwandt. Sie sind für verschiedenste Produkte meist landwirtschaftlicher oder handwerklicher Art in Frankreich von sehr großer wirtschaftlicher Bedeutung. Ursprungsbezeichnungen geben nicht nur den Ursprung eines Produkts an, sondern indizieren unmittelbar oder in Verbindung mit anderen Merkmalen zugleich Aussagen zumindest über die Qualität.

Nach Art. L 611-10 ff. CPI können Erfindungen patentiert werden, wenn sie neu sind, auf erfinderischer Tätigkeit beruhen und einer gewerblichen Nutzung zugänglich sind. Sie dürfen ferner nicht gegen den *ordre public* oder gegen die guten Sitten verstoßen. Handelt es sich um eine Arbeitnehmererfindung, so ist nach Art. L 611-7 zu unterscheiden, ob sie als Diensterfindung, *invention de mission*, dem Arbeitgeber oder als *invention hors mission* dem Arbeitnehmer zusteht. Auf die Anmeldung des Patents beim *Institut National de la Propriété Industrielle, INPI*, folgt ein eingeschränktes Prüfungsverfahren. Das erteilte Patent gibt dem Erfinder ein auf zwanzig Jahre beschränktes Ausschließungsrecht. Daneben kennt das französische Recht das Gebrauchszertifikat, *certificat d'utilité* nach Art. L 611-2 Nr. 2 CPI, das mit sechs Jahren eine geringere Schutzdauer vorsieht, für das aber anders als beim deutschen Gebrauchsmuster die gleichen Schutzvoraussetzungen wie für das Patent gelten. Übertragung und Lizenzierung des Patents sind durch Art. L 613-8 ff. CPI geregelt; bei fehlender Auswertung des Patents durch den Berechtigten kann die Ausbeutung durch Zwangslizenz nach Art. L 613-11 Dritten überlassen werden. Das Patentverletzungsverfahren ist nach Art. L 615-1 CPI grundsätzlich ein Zivilverfahren; die *contrefaçon* kann jedoch nach Art. L 615-14 auch als Vergehen vor dem *tribunal correctionnel* verfolgt werden, das zugleich über etwaige deliktsrechtliche Ansprüche des Patentinhabers mitentscheiden kann.

§ 4 Handelsverträge und kaufmännische Kredit- und Zahlungsmittel

Literatur: Zu verweisen ist zunächst auf die zu Beginn des Kapitels genannten Lehrbücher und Abhandlungen zum Handels- und Wirtschaftsrecht. Zu nennen sind zusätzlich folgende Werke speziell zum Thema Handelsverträge und kaufmännische Kredit- und Zahlungsmittel: *Behard-Touchais/Virassamy*, Les contrats de la distribution, Paris 1999; *Ferrier*, Droit de la distribution, 5. Aufl., Paris 2009; *Gavalda/Stoufflet*, Instruments de paiement et de crédit: effets de commerce, chèque, carte de paiement, transfert de fonds, 7. Aufl., Paris 2009; *Jeantin/Le Cannu/Granier/Routier*, Instruments de paiement et de crédit, Titrisation, 8. Aufl., Paris 2010; *Le Tourneau*, Les contrats de franchisage, 2. Aufl., Paris 2007; *Le Tourneau/Zoia*, Les contrats de concession: Distribution sélective, concession exclusive, distribution automobile, droit interne et communautaire, 2. Aufl., Paris 2010; *Licari*, La protection du distributeur intégré en droit français et allemand, Paris 2002; *Nammour*, Instruments de paiement et de crédit, Bruxelles 2009; *Virassamy*, Les contrats de dépendance, Paris 1986.

164. Die wichtigsten Handelsverträge

Von der Tätigkeit des Unternehmens her lassen sich die wichtigsten Handelsverträge unterscheiden in solche, durch die das Handelsunternehmen in direkten Kontakt mit seinen Kunden tritt, in Verträge, die der Vermittlung und dem Vertrieb der Unternehmensprodukte dienen, und schließlich in Finanzierungs- und Kreditsicherungsgeschäfte.

Innerhalb der ersten Kategorie sind vor allem der Handelskauf und die verschiedenen Transportverträge zu nennen. Über den *Handelskauf, vente commerciale*,[67] den Art. L 110-1 CCom als Vertrag definiert, durch den ein Wiederverkäufer einkauft, und zu dem außerdem als *actes de commerce par accessoire* alle Kaufverträge rechnen, die ein Kaufmann im Rahmen seines Handelsgewerbes abschließt, enthält der CCom keine spezielle Vorschrift mehr. Es sind folglich die allgemeinen für *actes de commerce* geltenden Vorschriften[68] und im Übrigen der CC anzuwenden, wobei jedoch ggf. die Existenz von Handelsbräuchen zu berücksichtigen ist. Als Beispiel ist die *réfac-*

67 Ausführlich dazu *Sonnenberger/Dammann*, VI 1 ff.

68 Oben Nr. 146.

tion, d.h. die Herabsetzung des Kaufpreises im Falle von Schlechtlieferung zu nennen. Die *kaufmännischen Traditionspapiere* ermöglichen vom CC-Kauf abweichende Erfüllungsformen der Lieferpflicht. Weiter hat der Handel infolge dispositiven Charakters der meisten Kaufvorschriften des CC zahlreiche *Sondertypen* des Handelskaufs entwickelt. Sie entstanden aus Privatkodifikationen der Verbände oder gesammelten Handelsbräuchen. Dies gilt namentlich für die auch in Deutschland bekannten CAF-, CIF-, FOB- oder FAS-Käufe oder den sog. Kettenkauf. Bei Letzterem durchläuft die Ware nicht alle Stufen des Zwischenhandels, sondern wird vom Erzeuger sofort an den Kleinhändler gegen Zahlung des Kaufpreises geliefert. Die Zwischenhändler erhalten bei der Endabrechnung nur die Handelsspanne.

Zum Verständnis des französischen Rechts des *Gütertransports* ist es unerlässlich, die internen und grenzüberschreitenden Transporte zu unterscheiden. Eine begrüßenswerte Neuerung bringt die *ordonnance* Nr. 2010-1307, welche viele verstreute Bestimmungen des Transportrechts – darunter des Gütertransports – in den neu geschaffenen *Code des transports*, CTransp, überführt. Der CTransp ist am 1.12.2010 in Kraft getreten. Von den internen Transporten wird der *Eisenbahntransport* fast ausschließlich von der 1982 in eine Anstalt des öffentlichen Rechts, *établissement public industriel et commercial*, umgewandelten S.N.C.F. betrieben, die trotz wiederholten Drucks der Europäischen Kommission bisher nicht privatisiert wurde. Hier gelten feste Tarife und Frachtbedingungen. Auf die *Luftfracht* finden Art. L 6422-1 ff. CTransp Anwendung, die bisher in Art. L 321-1 ff. Code de l'aviation civile beheimatet waren, während Art. L 5422-1 ff. CTransp die Vorschriften des mehrfach geänderten Gesetzes Nr. 66-420 über das Recht des *Fluss- und Seetransports von Gütern* kodifizieren.

Die Grundform des Frachtvertrages, die in Art. L 133-1 ff. CCom geregelt ist, betrifft zwar den *Gütertransport zu Lande*, ist aber auf die anderen Frachtverträge u.U. subsidiär anzuwenden, Art. L 133-5 CCom, zuletzt geändert durch Art. 4 der ordonnance Nr. 2010-1307. Das französische Recht ging ursprünglich vom Vorrang der Privatautonomie aus, die durch allgemeine Frachttarife und -bedingungen lange erheblich eingeschränkt war. Im Zuge der europäischen Liberalisierung des Transportsektors wurden diese Einschränkungen 1988 beseitigt. Die Verträge können heute frei gestaltet werden, wobei die Grenzen der Art. L 321-1 ff. CTransp zu beachten sind. Vertragspartner des *Frachtvertrages* sind Absender, *expéditeur*, und Transporteur. Der Adressat hat jedoch eigene vertragliche Ansprüche, wenn der Vertrag zu seinen Gunsten abgeschlossen wurde. Bei Einlieferung des Frachtgutes stellt der Transporteur als Beweismittel einen Frachtbrief, *lettre de voiture*, oder ein *récépissé* und eine *feuille de route* aus. Der Frachtvertrag begründet für den Transporteur eine verschuldensunabhängige, unabdingbare Haftung, wenn das Frachtgut untergeht, beschädigt oder verspätet geliefert wird; die Haftung kann lediglich der Höhe nach beschränkt werden. Umgekehrt kann der Transporteur bis zur

Bezahlung die Auslieferung der Ware verweigern und ein Privileg[69] nach Art. L 133-7 CCom geltend machen.

Im CCom sind Hilfspersonen, die Geschäfte eines Kaufmanns vermitteln bzw. Abschlüsse vorbereiten oder durchführen, nur teilweise geregelt. Art. L 131-1 ff. CCom befassen sich mit dem Makler; Art. L 132-1 ff. CCom mit dem Kommissionär und Art. L 134-1 ff. mit dem Handelsvertreter. Darüber hinaus spielen weitere moderne Vertriebsformen eine wichtige Rolle. Die verschiedenen Verträge über die Geschäftsvermittlung und Vertriebsverträge im engeren Sinne werden häufig unter dem Begriff des *droit de la distribution* zusammengefasst.

Die *Geschäftsvermittlung* ist in Frankreich entsprechend den Bedürfnissen der Industrie zunehmend Aufgabe der *Handelsvertreter* geworden. Die Entwicklung verlief trotz unterschiedlicher Ausgangspositionen ähnlich wie in Deutschland und hat heute in den auf der europäischen Richtlinie Nr. 86/653/EWG beruhenden Art. L 134-1 ff. CCom einen vorläufigen Abschluss gefunden. Subsidiär kann es zur Anwendung der Art. 1984 ff. CC kommen. Handelsvertreter ist – unabhängig von einer Registrierung –, wer als unabhängiger Gewerbetreibender ständig damit beauftragt ist, im Namen und für Rechnung eines Unternehmens Kauf-, Miet- oder Dienstleistungsverträge zu vermitteln und ggf. abzuschließen, ohne im Rahmen eines Dienstvertrages tätig zu sein. Durch das Merkmal der Unabhängigkeit und den Ausschluss der Qualifikation als Dienstvertrag unterscheidet er sich von dem – im deutschen Recht in dieser Art unbekannten – angestellten Handelsvertreter, *voyageur, représentant* und *placier*, sog. *V.R.P.*, dessen Rechtsstellung sich ohne Rücksicht darauf, wie die Parteien den Vertrag bezeichnet haben, nach Arbeitsrecht bemisst, Art. L 7313-1 ff. CTrav. Der selbstständige Handelsvertreter ist nach ständiger Rechtsprechung kein Kaufmann, sondern übt eine *profession civile* aus. Das Rechtsverhältnis zwischen dem Unternehmer und dem Handelsvertreter ist ein besonderes Auftragsverhältnis, *mandat d'interêt commun*, Art. L 134-4 Abs. 1 CCom, was zur Folge hat, dass der nach Auftragsrecht des CC an sich jederzeit mögliche Widerruf nicht zulässig ist. Möglich ist lediglich eine Kündigung unter Einhaltung bestimmter Fristen; die außerordentliche Kündigung ist anders als im deutschen Recht nur bei schwerem Verschulden, *faute grave*, des Handelsvertreters möglich. Die ordentliche Vertragsbeendigung löst nach Art. L 134-12 CCom einen Anspruch auf Ausgleichsentschädigung aus.

Typische Vertriebsverträge sind der Konzessions- und der Franchisevertrag, die *contrats d'adhésion*[70] sind. Für den Abschluss derartiger Verträge ist Art. L 330-3 CCom zu beachten. Er normiert für alle im gemeinsamen Interesse abgeschlossenen Verträge, in denen einer Vertragspartei unter Auflage von Exklusiv- oder Quasiexklusivverpflichtungen ein Handelsname, eine Marke

69 Zur Natur der Privilegien unten Nr. 192.
70 Zum Begriff oben Nr. 99.

oder ein Firmenzeichen zur Verfügung gestellt wird, eine *vorvertragliche Aufklärungspflicht.* Hierzu gehören u.a. Informationen über die gesamten Erfahrungen im bestehenden Vertriebsnetz, eine Analyse der Marktsituation, die wirtschaftlichen Perspektiven für den Geschäftspartner sowie Einzelheiten über die Gestaltung des Vertrages, bezüglich der Kündigung, Auflösung, etc. Alle diese Informationen müssen dem Vertragspartner schriftlich mindestens 20 Tage vor Vertragsabschluss bzw. Leistung der Einstandszahlung übermittelt werden.

Der *Konzessionsvertrag*, der seiner Struktur nach zum Kauf, seiner Zielsetzung nach zum Vertrieb gehört, ist gesetzlich nicht geregelt. Ein Gesetz vom 14.10.1943, heute in Art. L 330-1 f. CCom kodifiziert, bestimmt jedoch, dass ein Konzessionsvertrag mit Ausschließlichkeitsklausel nicht länger als 10 Jahre gilt. Für die Warenhersteller sind Konzessionsverträge ein geeignetes Mittel zum Aufbau des Vertriebsnetzes ohne eigenes Personal. Gegen Zusicherung einer Gegenleistung, meist des Alleinvertriebes, verpflichten sich die Händler, während der Dauer des Vertrages ausschließlich oder im Sortiment das Produkt des Herstellers zu vertreiben. Der Vertrieb erfolgt aber allein auf Händlerrisiko: Es handelt sich folglich um einen *Rahmenvertrag*, der in seiner Durchführung den Abschluss von einzelnen Kaufverträgen zur Folge hat. Dieser Rahmenvertrag legt zugleich eine Reihe von Pflichten fest, z.B. Abnahmemengen, Lagerhaltung, Kundendienst.

Ein sehr heikles Problem bei Händlerverträgen ist die Preisklausel gewesen, insbesondere wenn sich der Händler im Rahmenvertrag verpflichtet hat, ausschließlich Waren vom Hersteller oder Zwischenhändler zu beziehen. Ein solcher Vertrag war nur dann gültig, wenn der Preis der Einzellieferungen schon beim Abschluss des Rahmenvertrags bestimmt oder objektiv bestimmbar war. Die Rechtsprechung beruhte ursprünglich auf Art. 1591 CC; ab 1978 wurde Art. 1129 CC herangezogen. Diese rigide Haltung ist aber in der Grundsatzentscheidung der Assemblée plénière de la Cour de cassation vom 1.12.1995 aufgegeben worden:[71] Der Preis muss nicht mehr im Rahmenvertrag bestimmt sein, sondern es genügt, wenn die Preisbestimmung später den Ausführungsverträgen überlassen wird; der Missbrauch bei der Preisbestimmung führt nur noch zu Kündigung oder Schadensersatzansprüchen.

Immer häufiger kommt es vor, dass einem Konzessionär zugleich Vertriebssysteme und die Marke des Herstellers zur Verfügung gestellt werden. Der Vertrag nimmt dann Züge des *contrat de franchise* an, der dadurch gekennzeichnet ist, dass einem Kaufmann das gesamte Know-how der Vermarktung von Produkten oder Dienstleistungen einer Branche zur Verfügung gestellt wird. Die Zulässigkeit bestimmter Vertragsklauseln und von Alleinvertriebsverträgen ist besonders im Lichte des Kartellrechts zu überprüfen.

---

71 Bull Nr. 7, dazu *Witz/Wolter*, ZEuP 1996, 648 ff.

Wie in Deutschland veranlassen *Finanzierungsgründe* zahlreiche Unternehmen, höherwertige Ausrüstung nicht mehr zu kaufen, sondern zu leasen. Der *Leasingvertrag*, *crédit-bail*, tauchte in Frankreich zu Beginn der 60er Jahre auf. Er wurde zunächst vor allem für den Nutzungserwerb beweglicher Sachen verwendet, erwies sich später auch bei Immobilien als interessanter Geschäftstypus und wird seit einigen Jahren ebenfalls zum Erwerb eines *fonds de commerce*[72] verwendet. Leasingvertrage sind *Kreditgeschäfte* und damit Bankgeschäfte i. S. des Art. L 311-1 CMF; das gewerbliche Leasing ist daher Kreditinstituten, *établissements de crédit*, vorbehalten.[73] Gesetzliche Regelung hat der Leasingvertrag ursprünglich im Gesetz Nr. 66-455 erfahren, heute in Art. L 313-7 ff. CMF. Das 1972 eingeführte *Publizitätsverfahren* ist in Art. L 313-10 CMF geregelt. Schließlich ist die besonders starke Rechtsstellung des Leasinggebers als Eigentümer im Insolvenzverfahren zu erwähnen.

Seit dem Gesetz Nr. 81-1, sog. loi „Dailly", die in Art. L 313-23 ff. CMF kodifiziert ist, wurde den Unternehmen ein Instrument zu einer *einfachen Veräußerung von Kundenforderungen gegen Kreditgewährung* zur Verfügung gestellt, das nicht nur Zwischen-, sondern auch Vorfinanzierung ermöglicht: eine formalisierte, an Order stellbare Forderungsliste, *bordereau de créances*, durch deren Übertragung Forderungen zediert werden können. Obgleich diese Abtretung verschiedene Zwecke verfolgen kann, handelt es sich um die erste ausdrückliche Anerkennung einer Sicherungsabtretung durch den französischen Gesetzgeber.[74]

165. Die handelsrechtlichen Effekten- und Warenpapiere

Den Bedürfnissen des Handels entsprechend sieht das französische Recht verschiedene Papiere vor, die relativ kurzfristig fällige Geld- oder Warenforderungen verkörpern und, da sie entweder auf den Inhaber oder an Order lauten, umlauffähig sind. Sie sind deshalb sowohl als *Zahlungs-* als auch als *Kreditinstrumente* geeignet. Novationswirkung haben die Effektenpapiere hinsichtlich der zugrundeliegenden Forderung nicht. Sie schließen aber praktisch Einwände aus einer Unwirksamkeit der *cause* aus. Ihre wichtigste Funktion ist die erleichterte Form der Übertragung der verbrieften Forderung, da die Übertragung des Papiers durch Indossament oder einfache Übergabe die Forderungsabtretung und besonders das bisweilen umständliche Verfahren nach Art. 1690 CC[75] ersetzt.

Auf die Leistung von Waren sind *Lagerschein, Frachtbrief* und *Ladeschein* gerichtet. Nach Art. L 522-24 ff. CCom betreffend die Lagerhäuser kann der

72 Oben Nr. 162.

73 S. hierzu i. E. unten Nr. 183.

74 S. hierzu auch oben Nr. 100, unten Nr. 192.

75 Oben Nr. 100.

vom Lagerhalter über die eingelagerte Ware auszustellende Lagerschein, *récépissé*, auf den Namen des Einlagerers oder an Order lauten. Im letzteren Fall kann er durch Indossament übertragen werden. Der Verkäufer der Ware erfüllt damit seine Lieferpflicht, und der Käufer erhält das Recht, ohne Weiteres über die Gegenstände zu verfügen. Mit dem *récépissé* ist ein sog. *warrant* verbunden, der die Verpfändung der eingelagerten Ware ermöglicht. *Récépissé* und *warrant* können gemeinsam oder getrennt übertragen werden.

Die wichtigsten auf Zahlung gerichteten Papiere sind *Wechsel*, *lettre de change*, und *Scheck*, *chèque*. Der kaufmännische Verpflichtungsschein, *billet à ordre*, nach Art. L 512-1 CCom spielt eine untergeordnete Rolle. Während der Wechsel überwiegend zum Kredit- und Kreditsicherungsmittel geworden ist, dient der Scheck ausschließlich dem Zahlungsverkehr. Ihre jeweiligen Rechtsgrundlagen, Art. L 511-1 ff. CCom und Art. L 131-1 CMF, beruhen auf den Genfer Konventionen von 1930 und 1931 und entsprechen daher weitgehend dem deutschen Recht. In Einzelfragen ist aber Vorsicht geboten, da der französische Gesetzgeber einige Vorbehalte gemacht hat und sich aus unterschiedlicher Gesetzesauslegung Abweichungen ergeben. So wird die Wechselbürgschaft, *aval*, in Art. L 511-21 Abs. 6 CCom anders verstanden als nach Art. 31 Abs. 4 des deutschen Wechselgesetzes. Die Wirksamkeit von Gefälligkeitsakzepten ist im Verhältnis Aussteller-Akzeptant von der causa-Lehre des allgemeinen Vertragsrechts[76] beeinflusst. Ferner müssen Aussteller und Indossatare nicht mehr eigenhändig unterschreiben, Art. L 511-1 und L 511-8 CCom. Im Zusammenhang mit der Verbreitung der Informatik bei Bankdienstleistungen ist 1973 die sog. *lettre de change relevée, L.C.R.*, eingeführt worden, bei der sich der effektive Umlauf erübrigt und durch elektronische Übermittlung ersetzt ist.

Die Verwendung des Schecks im Zahlungsverkehr ist teilweise zwingend. Gewerbetreibende sind beispielsweise bei bestimmten Geschäften verpflichtet, Zahlung per Scheck oder Überweisung zu bewirken, wenn der Betrag 3 000 Euro überschreitet, Art. L 112-6 i.V.m. Art. D.112-3 CMF. Seit 1991 hat die Ausgabe ungedeckter Schecks keine strafrechtlichen, sondern nur noch bankrechtliche Konsequenzen. Im Verkehr mit Privatpersonen wird der Scheck als Zahlungsmittel heute oft von *Zahlungs-* bzw. *Kreditkarten*, *cartes de paiement* oder *de crédit*, verdrängt.[77]

§ 5 Wettbewerbsrecht

Literatur: Zu verweisen ist zunächst auf die zu Beginn des Kapitels genannten Lehrbücher und Abhandlungen zum Handels- und Wirtschaftsrecht, die jeweils

76 Oben Nr. 99.

77 S. zu diesen unten Nr. 188.

auch das Wettbewerbsrecht behandeln (darunter in deutscher Sprache *Sonnenberger/Dammann*, Kap. IV § 3). Zu nennen sind zusätzlich folgende Werke speziell zum Wettbewerbsrecht (wegen der zahlreichen Änderungen der jüngsten Zeit werden hier nur die aktuellsten genannt): *Decocq/Decocq*, Droit de la concurrence: droit interne et droit de l'Union Européenne, 4. Aufl., 2010; *Mainguy/Respaud/Depincé*, Droit de la concurrence, 2010; *Malaurie-Vignal*, Droit de la concurrence interne et européen, 5. Aufl., 2011. Zu nennen ist ferner das auf Deutsch erschienene – aber nicht mehr in allen Bereichen auf dem letzten Stand befindliche – Werk von *Vogel*, Französisches Wettbewerbs- und Kartellrecht, 2003. Auf die in deutscher Sprache erschienenen Darstellungen einzelner Aspekte bzw. von Reformgesetzgebung wird in den Fußnoten verwiesen.

166. Entwicklung, Systematik und Rechtsquellen

Ein eigenständiges Wettbewerbsrecht hat sich in Frankreich nur etappenweise und überwiegend erst in jüngerer Zeit entwickelt. Ansätze waren ein 1953 ergangenes Verbot von Kartellen; 1977 wurde ferner eine Wettbewerbskommission mit beratender Funktion geschaffen und eine Kontrolle von Unternehmenszusammenschlüssen eingeführt. Angesichts der Konzentrationsprozesse vor allem im Einzelhandel, umgangssprachlich „*grande distribution*", und der Entstehung neuer Vertriebssysteme erwies sich spätestens in den 80er Jahren die bis dahin geltende Rechtslage als unzureichend und nicht mehr zeitgemäß.

Die notwendig gewordene grundlegende Reform wurde im Jahr 1986 mit der *ordonnance* Nr. 86-1243 *relative à la liberté des prix et de la concurrence* nebst Verordnung Nr. 86-1309 unternommen, welche die Materie vereinheitlichten und umfassend reformierten, dabei entpönalisierten und zugleich an das EG-Recht anglichen.[78] Mit der Reform vollzog sich ein Wandel hin zu einer marktwirtschaftlichen Orientierung und zu einem Rückzug des bis dahin ausgeprägten staatlichen Interventionismus. Aufgehoben wurde die in der Nachkriegszeit geschaffene staatliche Preiskontrolle, die Preisbildung sollte vielmehr ausdrücklich dem „*jeu de la concurrence*", Art. 1 der *ordonnance*, überlassen bleiben. Von zentraler Bedeutung war ferner die Schaffung eines unabhängigen Wettbewerbsrates, *Conseil de la concurrence*, dem die verbliebenen Entscheidungsbefugnisse des Staates im Bereich der Wettbewerbsbeschränkungen übertragen wurden.

Die Entwicklung seit der großen Reform ist von der Zielsetzung des „Schutzes kleiner und mittlerer Unternehmen" geprägt, umgangssprachlich PME, wobei es in erster Linie darum geht, die in Frankreich stark ausgeprägte Einkaufsmacht der großen Handelskonzerne gegenüber den Herstellern und Lieferanten einerseits und dem Kleinhandel andererseits zu regulieren. So wurden im Jahr 1996 durch die sog. *loi Galland* die liberalen Bestimmungen der ordon-

78 Hierzu in deutscher Sprache *Bach*, Reform des französischen Wettbewerbsrechts, RIW 1987, 419 ff.; *Lob*, Das neue französische Recht der Wettbewerbsbeschränkungen, RIW 1988, 92 ff.

nance von 1986 teilweise mit dieser Zielsetzung novelliert,[79] was allerdings zu Preissteigerungen zu Lasten der Verbraucher führte und daher in der Folge verbreitet als Fehlschlag bewertet wurde. Mit der Loi NRE[80] wurde dann im Jahr 2001 versucht, das gleiche Ziel mit einem erhöhten Maß an regulatorischer Aufsicht zu erreichen, namentlich durch eine Stärkung der Rolle des *Conseil de la Concurrence*. Im Jahr 2005 wurde schließlich mit der *loi Dutreuil* v. 2.8.2005 ein weiterer Versuch unternommen, die Macht der Handelskonzerne mit den Mitteln des Wettbewerbsrechts zu beschränken.

Die jüngste Entwicklung steht unter einem veränderten Vorzeichen, indem der Nutzen eines starken Wettbewerbs für die Verbraucher wieder stärker betont wird. Ein erstes Reformgesetz mit dieser Zielrichtung, die *„loi Chatel*“, wurde am 3.1.2008 verabschiedet; grundlegende Änderungen in Richtung einer Liberalisierung enthält die loi LME.[81] Insbesondere wurde mit diesem Gesetz das generelle Verbot abgeschafft, Lieferanten bzw. Abnehmern gegenüber „diskriminierende“, d.h. ungleiche Preiskonditionen zu vereinbaren. Damit wird der direkte handelsordnungsrechtliche Eingriff stark zurückgedrängt und auf eine Missbrauchskontrolle reduziert, was für das französische Wettbewerbsrecht eine „kleine Revolution“ darstellt.[82] Der *Conseil de la Concurrence* wurde umbenannt in *Autorité de la Concurrence*, und hat eine erneute Ausweitung seiner Befugnisse erfahren. Insbesondere ist er nunmehr auch in der Konzentrationskontrolle, in der die Entscheidungskompetenz bisher im Unterschied zu Deutschland im Wesentlichen beim Wirtschaftsminister lag, von einem hauptsächlich beratenden zu dem grundsätzlich entscheidenden Organ geworden.

Der *Anwendungsbereich des Wettbewerbsrechts* wird heute in Art. L 410-1 CCom definiert und umfasst danach sämtliche Produktions-, Vertriebs- und Dienstleistungsaktivitäten einschließlich derjenigen der juristischen Personen des öffentlichen Rechts, insbesondere im Rahmen vertraglicher Übertragung gemeindienstlicher Aufgaben.

Die ursprünglichen systematischen Unterschiede zwischen deutschem und französischem Wettbewerbsrecht haben sich seit der ordonnance von 1986 abgeschwächt, da nunmehr zwischen *Vorschriften über wettbewerbsbeschränkendes Verhalten* – gegen den Wettbewerb als solchen gerichtet – und solchen über *wettbewerbsstörendes Verhalten* – gegen einzelne Marktteilnehmer gerichtet – unterschieden wird. Unterschiede bestanden insofern fort, als das Wettbewerbsrecht in Frankreich in engem Zusammenhang mit dem *Konsumentenschutz* gesehen und beides teilweise als zusammengehörig behandelt

79 Hierzu in deutscher Sprache *Vogel/Vogel*, Die französische Wettbewerbsnovelle vom 1.7.1996 und die aktuellen Entwicklungen in der Rechtsprechung, RIW 1998, 597 ff.

80 Oben Nr. 145.

81 Oben Nr. 145.

82 Ähnlich auch *Laurin/Kuntze-Kaufhold*, RIW 2008, 222, 226.

wird bzw. wurde, bevor eine Tendenz zur Verselbstständigung des Konsumentenschutzrechts einsetzte.

Diese Tendenz hat ihren gesetzestechnischen Niederschlag gefunden, als im Jahr 1993 alle Vorschriften mit verbraucherschützender Zielrichtung – auch diejenigen der ordonnance von 1986 – im neu geschaffenen CConsom zusammengefasst wurden.[83] Unterschieden wurde dabei gegenüber dem verbleibenden Wettbewerbsrecht nach dem *Schutzzweck*, d.h. danach, ob eine Vorschrift eher den unmittelbaren Schutz *des Endverbrauchers* im Auge hat oder denjenigen *anderer Marktteilnehmer* und der Allgemeinheit und sich der Konsumentenschutz eher als Reflex darstellt. Diese Abgrenzung ist freilich nicht in allen Fällen überzeugend und stringent durchzuhalten, so dass sich auch im CConsom Vorschriften finden, die durchaus einen wettbewerbsrechtlichen Gehalt haben.

Das „eigentliche" Wettbewerbsrecht der ordonnance 1986 wurde im Jahr 2000 in den CCom überführt. Die Vorschriften über wettbewerbsbeschränkendes Verhalten, *pratiques anticoncurrentielles*, die auf den Erhalt des Wettbewerbs als solchen gerichtet sind, finden sich nunmehr in den Art. L 420-1 ff. CCom, während die Vorschriften über wettbewerbsstörendes Verhalten gegen einzelne Marktteilnehmer im CCom ein eigenes Kapitel unter dem Titel „*pratiques restrictives de concurrence*" erhalten haben, Art. L 442-1 ff. CCom. Wie in allen EU-Staaten ist jedoch im Recht der Wettbewerbsbeschränkungen die wesentliche Rechtsquelle heute natürlich nicht mehr das nationale Recht, sondern das EU-Recht. Die maßgeblichen EU-Verordnungen sind hier nicht näher zu erörtern, ebenso wenig das Zusammenspiel zwischen EU-Recht und nationalem Recht, das naturgemäß keine wesentlichen Unterschiede zur Rechtslage in Deutschland aufweist.[84]

167. Recht gegen Wettbewerbsbeschränkungen

Zentrale Institution des Rechts der Wettbewerbsbeschränkungen ist die Wettbewerbsbehörde, *Autorité de la Concurrence*, deren Organisation und Zuständigkeiten in Art. L 461-1 ff. CCom geregelt sind. Sie besteht aus einem Präsidenten und 16 weiteren Mitgliedern, von denen sich sechs aus der Richterschaft und die übrigen aus verschiedenen Bereichen der Wirtschaft rekrutieren. Unter ihren Zuständigkeiten, Art. L 462-1 ff. CCom, finden sich untersuchende Funktionen insbesondere bei der *Kontrolle von Zusammenschlüssen*, bei der die *Autorité de la Concurrence* seit 2008 nicht mehr nur veröffentlichte

83 S. dazu in deutscher Sprache *Witz/Wolter*, Das neue französische Verbrauchergesetzbuch, ZEuP 1995, 35 ff.

84 Dazu allgemein oben Nr. 4 und Nr. 45 sowie im hiesigen Kontext *Sonnenberger/Dammann*, IV 108 ff.

Stellungnahmen (avis) abgibt, sondern zu dem – vorbehaltlich der Ministererlaubnis – grundsätzlich entscheidenden Organ aufgestiegen ist.

Die zweite, bisher wichtigste Funktion der *Autorité* liegt in der *Zuständigkeit für das Kartell- und Missbrauchsverfahren*. In diesem kontradiktorischen Verfahren, Art. L 463-1 CCom, waren ihr bzw. ihrem Vorgänger, dem *Conseil de la Concurrence*, auch bisher schon Entscheidungsbefugnisse zugewiesen: Sie kann Verhaltensverbote, *injonctions*, aussprechen, Verwaltungsbußen, *sanctions*, verhängen und einstweilige Anordnungen, *mesures conservatoires*, treffen. Zur Anrufung berechtigt sind neben den betroffenen Unternehmen der Wirtschaftsminister und verschiedene Organisationen. Die *Autorité* kann aber auch von Amts wegen tätig werden. Die Entscheidung ergeht nach einem Untersuchungsverfahren, in welchem Beschwerdeführer und -gegner jeweils Stellung nehmen, und einer nichtöffentlichen mündlichen Verhandlung, Art. L 463-1 ff. CCom.

Als Berufungsinstanz gegen die Entscheidungen der *Autorité* ist seit dem Gesetz Nr. 87-499 die *Cour d'Appel Paris* zuständig, was als Zeichen der Zugehörigkeit zur ordentlichen Gerichtsbarkeit gewertet werden könnte. Allerdings handelt es sich bei dem Rechtsmittel nicht um einen *appel* im Sinne der zivilen Prozessordnung, sondern um einen *recours en annulation ou en réformation*, Art. L 464-8 CCom, also ein dem verwaltungsgerichtlichen Verfahren entlehntes Rechtsmittel. Hier manifestiert sich eine Zwitterstellung, die der Evolution der ursprünglich verwaltungsrechtlich geprägten Materie hin zu einer mehr zivilistischen Betrachtung des Wettbewerbsrechts geschuldet ist. Mit der jüngsten Änderung der Benennung und der Zuweisung von Entscheidungskompetenzen in der Konzentrationskontrolle ist die *Autorité* insoweit dem deutschen Bundeskartellamt stärker vergleichbar als zuvor.

Unter dem Kernbegriff des Wettbewerbsbeschränkungsrechts, den *wettbewerbsbeschränkenden Verhaltensweisen*, *pratiques anticoncurentielles*, werden in der französischen Systematik *Kartelle* und der *Missbrauch einer marktbeherrschenden Stellung* zusammengefasst, Art. L 420-1 bis 420-7 CCom. Art. L 420-1 CCom verbietet – ohne diesen Begriff selbst zu verwenden – als *Kartelle, ententes*, alle abgestimmten Handlungen, Vereinbarungen sowie ausdrückliche und stillschweigende Abreden, die eine Behinderung, Einschränkung oder Verfälschung des Wettbewerbs zum Gegenstand haben oder zur Folge haben können. Als Beispiel von Wettbewerbsbeeinträchtigungen normiert Art. L 420-1 CCom u.a. Beschränkungen des Marktzutritts, Behinderungen der Preisbildung am freien Markt oder die Aufteilung von Märkten. Auf die Rechtsform der entente kommt es nicht an; ihr Effekt muss nach heute herrschender Praxis spürbar sein, um verboten zu sein, *effets suffisamment sensibles*.[85]

85 *Vogel* Nr. 128.

Art. L 420-2 CCom verbietet die *missbräuchliche Ausnutzung einer beherrschenden Marktstellung, abus d'une position dominante*, durch ein Unternehmen oder eine Unternehmensgruppe. In Anlehnung an das deutsche Recht ist außerdem die missbräuchliche Ausnutzung eines Zustandes wirtschaftlicher Abhängigkeit eines Abnehmers oder Lieferanten untersagt. Das zusätzliche Erfordernis, dass diesem keine Ausweichmöglichkeit, *solution équivalente*, zur Verfügung stehen darf, wurde durch die loi NRE gestrichen, wird aber offenbar gleichwohl von der Praxis aufrechterhalten.[86] Als missbräuchliche Praktiken kommen etwa die Verkaufsverweigerung oder Diskriminierungs- und Koppelungsgeschäfte in Betracht sowie der Abbruch von Geschäftsbeziehungen aufgrund einer Weigerung eines Marktteilnehmers, sich ungerechtfertigten wirtschaftlichen Bedingungen zu beugen. Die *loi Galland* von 1996 hat diesen Vorschriften einen weiteren Verbotstatbestand hinzugefügt: Art. L 420-5 CCom verbietet es Unternehmen generell, durch Verwendung missbräuchlich niedriger Preise gegenüber dem Endverbraucher ein anderes Unternehmen oder dessen Produkt vom Markt zu verdrängen oder ihm den Marktzutritt zu erschweren.

Art. L 420-4 Abs. 1 CCom sieht *Ausnahmen von den Verbotstatbeständen* der *entente* und *des abus d'une position dominante* vor, nicht aber vom zuletzt dargestellten Verbot missbräuchlicher Niedrigpreise, wenn die entsprechende Praxis durch Gesetz oder Verordnung freigestellt ist (Ziff. 1) oder wenn sie die Entwicklung des wirtschaftlichen Fortschritts sichert, insbesondere Arbeitsplätze schafft oder erhält, und der Verbraucher am entstandenen Nutzen teilhat (Ziff. 2). Dabei darf der Wettbewerb jedoch nicht völlig ausgeschaltet werden und es dürfen lediglich solche Beschränkungen eintreten, die für die Erzielung des Fortschritts zwingend erforderlich sind. Für die Voraussetzungen der zweiten Alternative erstellt die *Autorité de la Concurrence* einen *bilan économique*, wobei sie über einen großen Beurteilungsspielraum verfügt.

Im Bereich der *Kontrolle von Konzentrationsvorgängen* hatte der *Conseil de la Concurrence* lediglich beratende Funktion, während der *Autorité de la Concurrence* nunmehr zusätzlich zu den Untersuchungsfunktionen auch die grundsätzliche Entscheidungskompetenz zugewiesen ist. Der Wirtschaftsminister, der bisher die Entscheidung selbst traf, kann die Entscheidung durch eine ministerielle Erlaubnis aufheben. Materiell erfassen die nationalen Vorschriften über die Konzentrationskontrolle nach mehreren Erweiterungen im Wesentlichen alle Wirtschaftssektoren mit Ausnahme des – speziell geregelten – Medienbereichs; der Kontrolle unterliegen auch die öffentlich-rechtlichen Unternehmen. Ein der Kontrolle unterliegender Tatbestand wird nach Art. L 430-1 CCom außer durch den klassischen Zusammenschluss auch durch den Erwerb der direkten oder indirekten Kontrolle eines Unternehmens oder von Teilen

86 *Vogel* Nr. 154 f.

eines Unternehmens sowie durch die Bildung eines Gemeinschaftsunternehmens verwirklicht.

Wie bereits oben angesprochen, ist der Anwendungsbereich des nationalen französischen Rechts der Konzentrationskontrolle heute praktisch auf einen engen Bereich beschränkt, da seine Anwendung die Nichtanwendbarkeit der EG-Fusionskontrollverordnung Nr. 139-2004 vom 20.1.2004 voraussetzt. Auf der anderen Seite muss die in Art. L 430-2 CCom normierte Eingriffsschwelle erreicht werden, d.h. es müssen die am Zusammenschluss beteiligten Unternehmen einen Weltumsatz von 150 Mio. Euro vor Steuern und mindestens zwei Unternehmen in Frankreich jeweils einen Gesamtumsatz von 50 Mio. Euro vor Steuern überschreiten, damit die Art. L 430-3 ff. CCom zur Anwendung kommen.

Oberhalb der dargestellten Schwellen besteht seit der loi NRE aus dem Jahr 2001 eine Anzeigepflicht, deren Versäumnis empfindliche, nunmehr von der *Autorité de la Concurrence* zu verhängende Geldstrafen zur Folge haben kann, Art. L 430-8 CCom. Das sich an die Anmeldung anschließende, in Art. L 430-5 CCom geregelte Verfahren soll grundsätzlich binnen einer Frist von 25 Tagen ab Eingang der vollständigen Anzeige zu einer ersten Entscheidung der *Autorité de la Concurrence* führen. Binnen dieser Frist besteht für das anmeldende Unternehmen bereits Gelegenheit, Maßnahmen vorzuschlagen, die wettbewerbsbeschränkende Effekte mildern, um Bedenken im Hinblick auf wettbewerbswidrige Auswirkungen auszuräumen; die Prüfung wird in diesem Fall um 15 Tage verlängert. Nach Verstreichen wird das Verfahren entweder durch eine für den Anmeldenden positive Entscheidung der *Autorité de la Concurrence* abgeschlossen, indem die Nichtanwendbarkeit der Vorschriften über die Konzentrationskontrolle festgestellt oder der Zusammenschluss erlaubt wird, was auch vermutet wird, wenn innerhalb der Frist keine Entscheidung ergangen ist.

Stellt die *Autorité de la Concurrence* hingegen ernsthafte Bedenken hinsichtlich einer Beeinträchtigung des Wettbewerbs fest, so mündet das Verfahren in eine zweite, ausführliche Prüfung, bei der nach in Art. L 430-6 CCom niedergelegten Bewertungskriterien geprüft wird, ob der Zusammenschluss eine marktbeherrschende Stellung bzw. Nachfragemacht schafft oder verstärkt. Diese vertiefte Prüfung kann auch der Wirtschaftsminister verlangen, dem die *Autorité de la Concurrence* jedes Verfahren anzuzeigen hat. Für diese Verfahrensphase wird weitgehend auf die bereits dargestellten Verfahrensregeln der Missbrauchskontrolle nach den Art. L 463-2 ff. CCom verwiesen; Art. L 430-7 CCom schafft aber nochmals Gelegenheit für die Parteien, im Verhandlungswege Zugeständnisse anzubieten, um die Bedenken auszuräumen. Binnen 60 Tagen nach Einleitung des Verfahrens kann die *Autorité de la Concurrence* schließlich den Zusammenschluss durch begründete Entscheidung verbieten oder ihn unter Auflagen an die Parteien genehmigen, andernfalls gilt er als erlaubt. Im Falle eines Verbots kann der Wirtschaftsminister den Zusammenschluss nach Art. L 430-7-1 CCom gleichwohl erlauben, wenn er im Interesse der Allgemeinheit liegt. Als Gründe hierfür werden insbesondere die industrielle Entwicklung, die Stärkung der Wettbewerbsfähigkeit im internationalen Wettbewerb sowie Schaffung und Erhalt von Arbeitsplätzen genannt.

168. Recht gegen den unlauteren Wettbewerb

Anders als in Deutschland gibt es in Frankreich kein Gesetz, das sich umfassend mit unlauteren Wettbewerbspraktiken befasst. Mit der *ordonnance* von 1986 wurde in ihrem Titel IV, „*De la transparence et des pratiques restrictives*", eine Reihe von Tatbeständen über dem Transparenzgebot widersprechende und beschränkende Praktiken eingeführt, die nach deutscher Systematik jedenfalls z.T. Tatbestände unlauteren Wettbewerbsverhaltens verwirklichen. Neben diesen in der Folge in den CCom überführten und durch die loi NRE teilweise modifizierten Vorschriften enthält, wie einleitend dargestellt, auch der CConsom Vorschriften, die nach deutschem Verständnis unlauteres Wettbewerbsverhalten verbieten. Daneben treten vereinzelte Spezialregulierungen und schließlich der von der Rechtsprechung entwickelte deliktische Schutz gegen unlauteren Wettbewerb, so dass sich die Materie aus deutscher Perspektive als etwas unübersichtlich darstellt.[87]

Unter den im CCom geregelten Tatbeständen sind zunächst die *Transparenzvorschriften*, die vor allem diskriminierende Bedingungen gegenüber Abnehmern bekämpfen sollen, in einem eigenen Kapitel zusammengefasst, Art. L 441-1 bis 441-7 CCom. Zu nennen sind insbesondere die Verpflichtung zur Preisauszeichnung und zu Hinweisen auf besonders belastende Vertragsbedingungen, Art. L 441-1 CCom, die strafbewehrte Pflicht zur Erstellung einer Rechnung einschließlich der Regelung ihres notwendigen Inhalts, Art. L 441-3 CCom, und die Verpflichtung, auf Anfrage eines Wiederverkäufers die Lieferbedingungen und die Preisstaffelung einschließlich der Rabatte, Abschläge oder Rückvergütungen mitzuteilen, Art. L 441-6 CCom.

Die sog. *pratiques restrictives* sind per se verboten; ihre Nichtbeachtung wird seit der loi Galland im Jahr 1996 wesentlich schärfer sanktioniert. Unter diese Beschränkungen fällt etwa die Preisbindung der zweiten Hand, „*prix imposés*", nach Art. L 442-5 CCom und bestimmte, in Art. L 442-6 CCom aufgeführte rechtsmissbräuchliche Geschäftspraktiken, zu denen der schon im Schuldvertragsrecht bei der c.i.c. angesprochene missbräuchliche Abbruch einer Handelsbeziehung gehört, Art. L 442-6-1 Nr. 5 CCom, und bis vor kurzem, wie bereits oben erwähnt, auch die preisliche Ungleichbehandlung zwischen Handelspartnern zählte. Hervorzuheben ist ferner das bußgeldbewehrte Verbot des

87 Vgl. für einen ausführlicheren Überblick aus deutscher Perspektive *Sonnenberger/Dammann*, IV 134ff.

Verkaufs unter Einstandspreis, *revente à perte*, Art. L 442-2 CCom. Hier wirkte es sich über lange Zeit zum Nachteil des Verbrauchers aus, dass sich in Frankreich als Reaktion auf die vergleichsweise rigiden Preisvorschriften sog. *marges arrières* eingebürgert hatten, d.h. die Vereinbarung oder auch bloße Deklarierung von Vergütungen für Dienstleistungen als versteckte Rabatte. Nachdem der ausgewiesene Preis, unterhalb dessen Betrag nicht verkauft werden darf, nicht dem realen wirtschaftlichen Preis für den Einkäufer entsprach, wurde zunächst versucht, diese Vorteile in die Berechnungsgrundlage mit einzubeziehen. Mit dem oben dargestellten Wegfall des Verbots preislicher Ungleichbehandlung dürfte das Phänomen der *marges arrières* zukünftig jedoch ohnehin zurückgehen oder sogar verschwinden.[88]

Unter den in den CConsom eingefügten *Konsumentenschutzvorschriften mit wettbewerbsrechtlichem Gehalt* sind das Verbot von Lieferverweigerungen und Koppelungsgeschäften gegenüber dem Endverbraucher nach Art. L 122-1 oder das Verbot unentgeltlicher Zugaben, *primes*, bei Leistungen an den Verbraucher zu erwähnen, Art. L 121-35. Besonders deutlich zeigt sich die Verschränkung von Wettbewerbs- und Konsumentenschutzrecht etwa an dem in Art. L 121-1 CConsom enthaltenen Verbot irreführender Werbung.

Da das Gesetz nicht jedes unlautere Verhalten erfasst, hat die Rechtsprechung, gestützt auf den deliktsrechtlichen Art. 1382f. CC die sog. *action en concurrence déloyale* entwickelt. Nach der Art des schädigenden Verhaltens werden je nach Zählweise *vier bzw. fünf Tatbestandsgruppen* unterschieden. Zunächst ist die *Herabsetzung* der Person oder der Produkte eines Konkurrenten, *dénigrement*, zu nennen. Vergleichende Werbung ist allerdings seit 1992 gesetzlich zugelassen, soweit in sachlicher Weise eine oder mehrere Eigenschaften eines Produkts verglichen werden, Art. L 121-8f. CConsom, so dass – nur – in diesem Rahmen eine *concurrence déloyale* ausscheidet. Zweitens macht sich haftbar, wer pflichtwidrig eine *Verwechslungsgefahr*, *confusion*, herbeiführt, was auch durch Nachahmung, *imitation*, eines Produkts geschehen kann. Unlauter ist ferner ein Verhalten, das auf Störung, *désorganisation*, gerichtet ist, entweder auf die *Störung der Betriebsorganisation eines Konkurrenten*, *désorganisation de l'entreprise du concurrent*, z.B. durch sittenwidrige Abwerbung eines Angestellten oder Betriebsspionage, oder auf eine *Störung des betreffenden Marktes*, *désorganisation du marché*. Als jüngste Fallgruppe ist schließlich nunmehr die *parasitäre Ausbeutung eines fremden Rufs*, *parasitisme*, anerkannt.[89]

Die *action en concurrence déloyale* kann außer auf die genannten Tatbestände auch auf die Verletzung eines der gesetzlich normierten Verbote unlauteren Wettbewerbs gestützt werden. Es müssen die allgemeinen Voraussetzungen deliktischer Haftung erfüllt sein, die jedoch durch den Schutzzweck des Kon-

88 S. hierzu *Laurin/Kuntze-Kaufhold*, RIW 2008, 222, 224; *Klein*, RIW 2008, 770, 772.
89 Grundlegend Cass.Com. v. 30.1.2001, RIW 2002, 871 Anm. *Großerichter/Rageade*.

kurrentenschutzes eine besondere Ausprägung erfahren haben. Der Schaden wird traditionell im Verlust von Kundschaft eines *fonds de commerce* gesehen; die Rechtsprechung stellt geringe Anforderungen an den Nachweis des Kausalzusammenhangs. Außer Schadensersatz kann im Ergebnis auch die Unterlassung der fraglichen Handlung verlangt werden, wofür das Verfahren des einstweiligen Rechtsschutzes nach Art. 809, 873 CPrC eine besondere Bedeutung erlangt.[90] Im Fall der Verletzung der gesetzlich normierten Tatbestände des Art. 442-6 CCom steht schließlich außer der allgemeinen *action en concurrence déloyale* eine besondere zivilrechtliche Schadensersatzklage zur Verfügung, für welche in Art. L 442-6 III Abs. 1 CCom eine Klagebefugnis bzw. gesetzliche Prozessstandschaft der Staatsanwaltschaft, des Wirtschaftsministers und des Präsidenten der Wettbewerbsbehörde vorgesehen ist.

§ 6 Unternehmenssanierung und handelsrechtliche Schuldenregulierung

Literatur: Zu verweisen ist zunächst auf die zu Beginn des Kapitels genannten Lehrbücher und Abhandlungen zum Handels- und Wirtschaftsrecht, die teilweise auch das Recht der *entreprises en difficulté* behandeln (insb. das Werk von *Ripert/Roblot/Germain/Vogel/Delebecque* und in deutscher Sprache *Sonnenberger/Dammann*, Kap. VIII), sowie auf die Kommentierung im Münchener Kommentar Insolvenzordnung-*Niggemann*, Bd. 3, 2. Aufl., 2008, Länderbericht Frankreich auf S. 1425 ff. Zu nennen sind zusätzlich folgende Werke speziell zum Recht der *entreprises en difficulté* (wegen der zahlreichen Änderungen werden hier nur jüngere genannt): *Jaquemont*, Droit des entreprises en difficulté, 6. Aufl., 2009 und Aktualisierung 2011; *Jeantin/Le Cannu*, Droit commercial, Entreprises en difficulté, 7. Aufl., 2007; *Pérochon/Bonhomme*, Entreprises en difficulté. Instruments de crédit et de paiement, 8. Aufl., 2009; *Roussel-Galle*, Réforme du droit des entreprises en difficulté, 2. Aufl., 2007; *Saint-Alary-Houin*, Droit des entreprises en difficulté, 6. Aufl., 2009. Auf die in deutscher Sprache erschienenen Darstellungen einzelner Aspekte bzw. der Reformgesetzgebung wird in den Fußnoten verwiesen.

169. Entwicklung des Insolvenzrechts zum Recht der Unternehmenssanierung und Schuldenregulierung

Aus rechtsvergleichender Sicht hat das Recht der handelsrechtlichen Schuldenregulierung in Frankreich eine bemerkenswerte Entwicklung erfahren. Der CCom in seiner ursprünglichen Fassung sah im Falle finanzieller Schwierigkeiten eines Schuldners eine *organisierte Schuldenregulierung*, sog. *faillite*,

90 Unten Nr. 205.

vor, die auf Kaufleute beschränkt war und abweichend von der Einzelvollstreckung in das Vermögen von Privatleuten das Gleichbehandlungsinteresse der Gläubiger berücksichtigen sollte. Der Sinn und Zweck der *faillite* bestand bis einschließlich der Regelung in einem Dekret von 1955 in der Befriedigung der Gläubiger und in der Sanktionierung des verschuldeten Konkurses durch zwangsweise Liquidation des Vermögens des betroffenen Kaufmanns. Hauptsächlich das persönliche Verhalten des Kaufmanns und nicht die Überlebenschancen seines Unternehmens waren für die Wahl des Richters zwischen einer rigorosen *faillite* und einem milderen *règlement judiciaire* entscheidend.

Einer ersten umfassenden Reform im Jahr 1967 lag bereits eine grundsätzlich veränderte Vorstellung zugrunde: Zum einen enthielt sie Präventivmaßnahmen in Form eines Sanierungsverfahrens, zum anderen wurde nunmehr zwischen dem Schicksal des Unternehmens als Vermögensobjekt und dem Schicksal des Kaufmanns selbst im Rahmen des Vergleichs- und Konkursverfahrens unterschieden. Aus der *faillite* entstand damit ein sog. *droit des entreprises en difficulté*.

Diese neuere Betrachtungsweise der Materie kam noch deutlicher in der Reform des gesamten Insolvenzrechts 1984/1985 zum Ausdruck. Eingeleitet wurde diese durch Gesetz Nr. 84-148 über die Prävention wirtschaftlicher Schwierigkeiten der Unternehmen und den freiwilligen außergerichtlichen Vergleich. Kernstück der Reform war das Gesetz Nr. 85-98 über die Sanierung und gerichtliche Liquidation der Unternehmen, die einen markanten Bruch mit dem bisherigen Insolvenzrecht bedeutete: Erklärtes Ziel des Verfahrens war nunmehr die *Rettung notleidender Unternehmen*. Als vorrangigen Zweck des Insolvenzverfahrens formulierte der Gesetzgeber, dass es die Geschäftstätigkeit und die Arbeitsplätze des betroffenen Unternehmens retten und seine Passiva bereinigen solle. Den wirtschafts- und sozialpolitischen Zielen des Gesetzgebers waren die Interessen der Gläubiger eindeutig untergeordnet. Lediglich der Fiskus ging relativ unangetastet aus der Reform hervor. Rechtliche Gewinner waren die Arbeitnehmer.

In der Folge zeigte sich, dass die Reformgesetze von 1984/85 den Erwartungen nicht gerecht werden konnten. Zum einen führte die rechtliche Benachteiligung der Gläubiger zu einer Gefährdung der Kreditgewährung für die Unternehmen. Mit einer ersten Reform durch das Gesetz Nr. 94-475 wurden die Rechte der Gläubiger vor allem im Fall der Liquidation oder Veräußerung des Unternehmens gestärkt, ohne jedoch das Gesamtkonzept und das vorrangige Ziel der Rettung des Unternehmens aufzugeben, was ein gewisses Spannungsverhältnis erzeugte.[91] Die zweite und hauptsächliche Enttäuschung der Reform lag jedoch darin, dass ihr erklärtes Ziel der Sanierung und Fortführung in weniger als 10% der Fälle erreicht wurde, was sich auch durch die Reform 1994

91 S. zu dieser Reform in deutscher Sprache *Dammann*, Das neue französische Insolvenzrecht, ZIP 1996, 300; *Böckenhoff*, RIW 1994, 1053.

nicht veränderte. Vor diesem Hintergrund wurde das Insolvenzrecht durch das Gesetz Nr. 2005-845, das am 1.1.2006 in Kraft getreten ist, nochmals einschneidend reformiert. Der Akzent wurde nunmehr auf die Prävention wirtschaftlicher Schwierigkeiten durch insolvenzrechtliche Vorverfahren gelegt. Die bereits vor der Reform von 2005 vorhandenen Verfahren vor Eintritt des Insolvenzfalls – das Reformgesetz hat mit der *procédure de sauvegarde* ein weiteres eingeführt – hatten sich in der Praxis seit 1984 bewährt, zumal auch die Gläubiger aufgrund der für sie nachteiligen Situation im eigentlichen Insolvenzverfahren ein solches eher zu vermeiden versuchten. Nach ersten positiven Erfahrungen hat der Gesetzgeber mit einer ordonnance vom 18.12.2008 mit dem Ziel, die Verfahren noch effizienter zu gestalten, erneut Klarstellungen und Randkorrekturen vorgenommen.[92]

170. Anwendungsbereich, Rechtsquellen und Überblick über die Verfahren

Der Anwendungsbereich des „echten“ Insolvenzrechts als Kollektivverfahren erstreckt sich neben Kaufleuten und juristischen Personen auf Handwerker, Landwirte und seit der Reform von 2005 auch auf Freiberufler. Die einleitend dargestellte differenzierte Behandlung der Insolvenz im Handelsrecht und bürgerlichen Recht hat sich damit im Grundsatz erhalten, aber insoweit verändert, als die „bürgerliche“ Insolvenz im Wesentlichen auf die Verbraucherinsolvenz reduziert ist. Das 1989 eingeführte Sanierungsverfahren für Privatschulden, welches an dieser Stelle nicht näher zu behandeln ist,[93] findet sich denn auch heute – von der historisch begründeten Spezialregelung für das Elsass abgesehen[94] – im Art. L 330-1 ff. CConsom.

Das hier zu behandelnde „unternehmerische“ Insolvenzrecht wurde im Zuge der Neukodifikation in die Art. L 610-1 ff. CCom überführt, die heute die zentrale Rechtsquelle darstellen. Außerhalb des CCom ist lediglich auf die Möglichkeit eines gerichtlichen Schuldenmoratoriums nach Art. 1244-1 ff. CC hinzuweisen. Das Europarecht deckt in Form der EuInsVO die grenzüberschreitenden Aspekte weitgehend ab, hat aber für das materielle französische Insolvenzrecht nur insoweit Bedeutung, als es nur bestimmte der nachfolgend darzustellenden Verfahren erfasst und damit die Auswahl für ein französisches Sekundärverfahren beschränkt.[95]

92 Hierzu in deutscher Sprache *Dammann*, Die Erfolgsrezepte französischer vorinsolvenzlicher Sanierungsverfahren, NZI 2009, 502 ff.

93 S. dazu unten Nr. 207.

94 Die sog. „*faillite civile*“ für im Elsass ansässige natürliche Personen ist in Art. L 670-1 ff. CCom geregelt.

95 S. hierzu näher *Sonnenberger/Dammann*, VIII 5.

Inhaltlich lässt sich das französische Insolvenzrecht seit den Reformen der jüngeren Zeit nach den verschiedenen Phasen wirtschaftlicher Schwierigkeiten gliedern. Von dem Reformgesetz von 1984 sind die Regelungen über die *Prävention wirtschaftlicher Schwierigkeiten* verblieben, welche die Früherkennung von Schwächesymptomen befördern sollen. Das ebenfalls mit diesem Gesetz eingeführte *règlement amiable* ist nach der jüngsten Reform in veränderter Form als Schlichtungsverfahren, *conciliation*, eines von den drei mit der jüngsten Reform in den Vordergrund gerückten *insolvenzrechtlichen Vorverfahren*, die für wirtschaftlich gefährdete Unternehmen oder bei Eintritt der Zahlungsunfähigkeit zur Verfügung stehen. Neben der conciliation steht weiterhin das ursprünglich von der Rechtsprechung entwickelte *mandat ad hoc* zur Verfügung; hinzu gekommen ist durch das Gesetz von 2005 als formalisiertes präventives Insolvenzverfahren die *procédure de sauvegarde*. Mit Eintritt der Zahlungsunfähigkeit kommt es regelmäßig zum eigentlichen Insolvenzverfahren, *redressement judiciaire*, das entweder zur Fortführung oder zur Liquidation des Unternehmens führt, unter die heute auch der Fall der Veräußerung des Unternehmens fällt. Auf die verschiedenen Stufen wird nachfolgend im Einzelnen eingegangen.

171. Prävention wirtschaftlicher Schwierigkeiten

Dem Auftreten schwerwiegender Finanzierungsprobleme in einem Unternehmen geht erfahrungsgemäß eine längere Phase voraus, in der mehr oder weniger deutliche Schwächesymptome sichtbar werden. Damit derartige Symptome frühzeitig erkannt werden, wurden durch das Reformgesetz von 1984 Änderungen der Rechnungslegung und der Abschlussprüfung sowie bei größeren Gesellschaften zusätzliche Berichtspflichten eingeführt. Diese z. T. schon im Gesellschaftsrecht erwähnten[96] Regelungen, insbesondere über die Vorausplanung, *documents prévisionnels*, sollen der *Verbesserung der Information innerhalb des Unternehmens* dienen. Ergänzend hierzu wurde ein *Vorwarnverfahren, procédure d'alerte*, eingeführt, das sich grundsätzlich unternehmensintern abspielt. Es zieht noch keine unmittelbaren rechtlichen Konsequenzen nach sich, sondern soll den zuständigen Organen lediglich eine Hilfe bei der Findung der gebotenen Entscheidungen sein. Entbehrlich wird das Vorwarnverfahren bei Einleitung eines der nachfolgend darzustellenden Vorverfahren, Art. L 234-4 CCom.

Ausgelöst wird das Verfahren durch den Wirtschaftsprüfer oder den Betriebsrat mittels Anfragen an die Geschäftsleitung. Führen diese nicht zu einem befriedigenden Ergebnis, muss der Verwaltungs- bzw. Aufsichtsrat einberufen werden; der Betriebsrat und der Präsident des zuständigen Handelsgerichts werden hiervon in Kenntnis gesetzt. Am Ende steht die Einschaltung der Ge-

96 Oben Nr. 153.

sellschafterversammlungen und ggf., falls keine Abhilfe geschaffen wird, die erneute Unterrichtung des Präsidenten des Handelsgerichts. Bei kleineren Gesellschaften sieht Art. L 611-2 CCom ein gerichtliches Vorwarnverfahren vor, in welchem der Präsident des zuständigen Handelsgerichts die Geschäftsführer von Unternehmen, deren Existenz gefährdet ist, zur Stellungnahme vorladen und darauf dringen kann, dass ein Sanierungskonzept ins Auge gefasst wird. Außer einem Informationsrecht des Gerichts auch gegenüber Wirtschaftsprüfern, Arbeitnehmervertretern und Behörden sind an die Vorladung jedoch keine unmittelbaren rechtlichen Konsequenzen geknüpft.

172. Insolvenzrechtliche Vorverfahren

Das französische Insolvenzrecht stellt nach seinen jüngsten Reformen drei oben angesprochene insolvenzrechtliche Vorverfahren zur Verfügung. Ihnen ist gemeinsam, dass sie bei einem drohenden Insolvenzfall das eigentliche Insolvenzverfahren vermeiden und eine Sanierung und Fortführung des Unternehmens ermöglichen sollen. Sie unterscheiden sich insbesondere nach dem Grad der Öffentlichkeit und Formalisierung und dem damit einhergehenden Grad an Rechtssicherheit.

Das *mandat ad hoc* ist ein ursprünglich von der Rechtsprechung entwickeltes Verfahren, welches vor Eintritt der Zahlungsunfähigkeit auf Antrag des gefährdeten Schuldners eingeleitet wird. Gemäß Art. L 611-3 CCom bestellt der Präsident des zuständigen Handelsgerichts den *mandataire ad hoc*, um zur Vermeidung eines Insolvenzverfahrens einen Vergleich mit den Gläubigern zu erzielen. Dauer des Mandats und Aufgabenbereich werden durch das Gericht im Einzelfall festgelegt; auch im Übrigen ist das Verfahren flexibel und wenig formalisiert. Wird ein Vergleich erzielt, wird dieser nicht durch das Gericht bestätigt und bleibt damit – ebenso wie das Verfahren selbst – strikt vertraulich. Wegen dieser Vorzüge erfreut sich das Verfahren großer Beliebtheit und einer hohen Erfolgsquote. Der „Pferdefuß“ des *mandat ad hoc* liegt für die Gläubiger darin, dass sie mangels gerichtlicher Bestätigung des Vergleichs keine abschließende Rechtssicherheit erlangen: Die getätigten Geschäfte bzw. getroffenen Vereinbarungen können im Fall einer doch noch erfolgenden Insolvenz gemäß Art. L 632-1 f. CCom annulliert werden, wenn das Insolvenzgericht zu der Überzeugung kommt, dass im Zeitpunkt des Abschlusses des Vergleichs bereits Zahlungsunfähigkeit gegeben war.

Die ebenfalls freiwillige *conciliation*[97] unterscheidet sich vom *mandat ad hoc* hauptsächlich durch die Möglichkeit, den erreichten Vergleich durch das Gericht bestätigen zu lassen. In der Praxis werden daher beide Verfahren häufig in der Weise kombiniert, dass ein erfolgreiches *mandat ad hoc* durch eine *con-*

97 Ausführlich zur *conciliation* in deutscher Sprache *Dammann*, NZI 2009, 502, 503 ff.

ciliation mit gerichtlicher Bestätigung des erzielten Vergleichs abgeschlossen wird. Das Verfahren kann nach Art. L 611-4 CCom auf Antrag des Schuldners eröffnet werden, wenn sich rechtliche, finanzielle oder wirtschaftliche Schwierigkeiten abzeichnen, aber auch dann, wenn Zahlungsunfähigkeit bereits – seit höchstens 45 Tagen – besteht. Für die Geschäftsleiter des Schuldners ist die Einleitung einer *conciliation* bei Ungewissheit über die Zahlungsfähigkeit daher schon deshalb attraktiv, weil sie eine persönliche Haftung wegen Insolvenzverschleppung ausschließt, ohne zur sofortigen Einleitung eines förmlichen und öffentlichen Insolvenzverfahrens zu zwingen.

Anders als beim *mandat ad hoc* ist im Verfahren der *conciliation* die vorherige Anhörung des Betriebsrats erforderlich. Das Verfahren dauert vier, mit Verlängerung fünf Monate, binnen derer durch einen Gläubiger kein Insolvenzantrag gestellt werden kann. Der vom Präsidenten des Handelsgerichts bestellte Schlichter versucht regelmäßig, bei den an den Verhandlungen beteiligten Gläubigern einen Zahlungsaufschub zu bewirken. Das Gesetz sieht jedoch keine förmliche gerichtliche Anordnung der Aussetzung von Rechtsverfolgungs- und Vollstreckungsmaßnahmen vor; eine solche Wirkung hat erst – beschränkt auf seine Parteien – der abgeschlossene Vergleich. Wird ein Vergleich erreicht, so kann dieser einfach bestätigt werden, *constatation*, und bleibt damit vertraulich. Alternativ kann der Vergleich durch den Schuldner dem Gericht zur offiziellen Feststellung vorgelegt werden, *homologation*. Nur in letzterem Fall kann der Vergleich nicht mehr für nichtig erklärt werden. Dementsprechend überprüft das Gericht aber in einem öffentlichen Verfahren, dass der Schuldner zahlungsunfähig ist, der Vergleich keine Rechte Dritter verletzt und durch ihn ein dauerhaftes Fortbestehen des Unternehmens gesichert ist. Es handelt sich nunmehr um eine echte Gerichtsentscheidung, deren Wirkung allerdings grundsätzlich auf die Parteien des Vergleichs beschränkt ist.[98] Allerdings kann das Gericht Befriedigungsvorrechte zugunsten von unterzeichnenden Gläubigern anordnen, die dem gefährdeten Unternehmen neue finanzielle Mittel zuführen, man spricht vom *privilège de new money.*

Die durch die Reform 2005 als dritte Möglichkeit neu geschaffene *procédure de sauvegarde* ist in Abgrenzung zu den vorstehend geschilderten freiwilligen Prozeduren eine Art vorgezogenes „echtes" Insolvenzverfahren mit Fortsetzung des Unternehmens. Es wurde durch das US-amerikanische „Chapter 11-Verfahren" inspiriert und hat sich diesem durch die Änderungen 2008 noch weiter angenähert. In mehreren prominenten Verfahren, betreffend die Eurotunnel S.A. und die bekannte Tageszeitung Libération, konnte ein derartiges Verfahren bereits erfolgreich abgeschlossen werden.

Eingeleitet wird das Verfahren auf Antrag des Schuldners durch eine Entscheidung des Insolvenzgerichts nach Anhörung u. a. der Arbeitnehmervertreter und

98 Die Möglichkeit des Gerichts, Stundungen gegenüber nicht beteiligten Gläubigern auszusprechen, ist durch die Reform 2008 wieder abgeschafft worden, Art. L 611-8 CCom.

ggf. Einholung von Auskünften und Sachverständigengutachten. Während der Schuldner ursprünglich „drohende Zahlungsunfähigkeit“ darlegen musste, wurde die Einleitungsschwelle nunmehr auf „Schwierigkeiten, die der Schuldner nicht bewältigen kann“, *difficultés qu'il n'est pas en mesure de surmonter*, Art. L 620-1 CCom, reduziert, wobei die Rechtsprechung allein auf die betroffene Gesellschaft abstellt und mögliche Hilfen von Konzerngesellschaften außer Acht lässt. Zuständig ist das Handelsgericht, soweit Kaufleute und Handwerker betroffen sind, andernfalls das TGI. Das *Eröffnungsurteil*, sog. *jugement d'ouverture*, benennt den verfahrensleitenden Richter, *juge-commissaire*, der eine außerordentlich starke Stellung hat und nicht nur in rechtlichen, sondern auch in wirtschaftlichen Fragen häufig nach Ermessen entscheidet; ferner einen Verwalter, *administrateur*, und einen *Gläubigervertreter*, *mandataire judiciaire*. Seit der Reform 2008 hat der Schuldner hinsichtlich des Verwalters ein Vorschlagsrecht. Die Arbeitnehmer sind ebenfalls durch einen Vertreter beteiligt, den sie selbst wählen. Ferner muss der *juge-commissaire* auf Antrag der Gläubiger einen oder mehrere (maximal fünf) von ihnen als *contrôleurs* bestellen, die beratende Funktion haben; sie unterstützen den Gläubigervertreter und wirken bei der Kontrolle der Unternehmensverwaltung mit. Bei größeren Unternehmen werden binnen 30 Tagen nach Veröffentlichung des Eröffnungsurteils schließlich zwei Gläubigerausschüsse, *comités de créanciers*, einberufen.

Das Eröffnungsurteil wird öffentlich bekannt gemacht und leitet eine *Beobachtungsphase* ein, die bis zu sechs Monaten dauert und einmalig um den gleichen Zeitraum verlängert werden kann. Während dieser Zeit sind gemäß Art. L 622-21 CCom alle Klagen auf Zahlung oder Auflösung von Verträgen wegen ausstehender Zahlungen gesperrt. Die Leitungsorgane des Unternehmens führen dieses grundsätzlich in eigener Verantwortung fort, allerdings beschränkt durch die Befugnisse des *administrateur* bzw. des Gerichts. So kann der Schuldner z.B. neue Verträge abschließen, darf aber ohne Genehmigung des Gerichts auf Altverträge keine Zahlungen mehr leisten. Über die weitere Durchführung von Altverträgen, die beide Seiten zum Zeitpunkt des Eröffnungsurteils noch nicht erfüllt haben, sog. *contrats en cours*, hat der *administrateur* zu entscheiden: Er darf die Fortführung dieser Verträge verlangen und die geschuldeten Leistungen erbringen, ohne an Fristen gebunden zu sein. Der Vertrag gilt automatisch als gekündigt, wenn der *administrateur* binnen einer Frist von regelmäßig einem Monat keine Entscheidung gefällt hat. Arbeitsverträge werden grundsätzlich automatisch fortgesetzt, Kündigungen sind nach Art. L 631-17 CCom vom *juge-commissaire* zu genehmigen, wenn sie unausweichlich sind, und können grundsätzlich vor den Arbeitsgerichten nicht angefochten werden.

Während der Beobachtungsphase soll eine Sozial- und Wirtschaftsbilanz erstellt werden und der Schuldner einen Sanierungsplan zur Fortsetzung des Unternehmens, *plan de sauvegarde*, ausarbeiten, der binnen zwei Monaten nach ihrer Einberufung den Gläubigerausschüssen unterbreitet wird. Wesentliche

Entscheidungen obliegen jedoch allein dem Insolvenzgericht: Dieses kann nach Art. L 622-10 CCom während der Beobachtungsphase bei Eintritt der Zahlungsunfähigkeit die *procédure de sauvegarde* jederzeit in ein reguläres Insolvenzverfahren umwandeln oder auch die Teilschließung oder Liquidation des Unternehmens anordnen, wenn die Voraussetzungen des Art. L 640-1 CCom vorliegen. Billigen die Gläubigerausschüsse den Plan mit der erforderlichen Zwei-Drittel-Mehrheit, seit der Reform 2008 nur der abstimmenden Gläubiger, so prüft das Insolvenzgericht, ob die Interessen aller Gläubiger gewahrt werden, und entscheidet, ob der Planentwurf ernsthafte Aussicht auf Erfolg bietet, Art. L 626-1 CCom. Der vom Gericht gebilligte Plan kann nach Art. L 626-27 CCom auf Antrag aufgehoben werden, wenn der Schuldner seinen Verpflichtungen nicht nachkommt oder Zahlungsunfähigkeit eintritt; letzterenfalls wird das Unternehmen liquidiert.

173. Ordentliches Insolvenzverfahren, *redressement judiciaire*

Der Insolvenzfall tritt im französischen Recht gem. Art. L 631-1 CCom mit der Zahlungseinstellung, *cessation des paiements*, ein. Der Begriff ist definiert als Unmöglichkeit, mit den verfügbaren Aktiva die fälligen Schulden zu bezahlen, *impossibilité de faire face au passif exigible avec son actif disponible*, wobei nach der 2008 eingefügten Klarstellung Kreditreserven und Moratorien zu berücksichtigen sind. Der Begiff meint also Zahlungsunfähigkeit. Ein der bilanziellen Überschuldung vergleichbarer Tatbestand existiert hingegen nicht. Sofern kein Schlichtungsverfahren läuft, ist der Schuldner verpflichtet, binnen 45 Tagen nach Eintritt dieses Zustands einen Antrag auf Einleitung eines Insolvenzverfahrens, *redressement judiciaire*, zu stellen; das Verfahren kann aber auch auf Antrag eines Gläubigers, der Staatsanwaltschaft oder von Amts wegen durch das Gericht eingeleitet werden, Art. L 631-4 f. CCom.

Das Eröffnungsurteil bestimmt den Zeitpunkt der Zahlungseinstellung, der nicht mit dem Tag der Entscheidung übereinstimmen muss. Im Zwischenzeitraum, sog. *période suspecte*, erfolgte Zahlungen bzw. Rechtshandlungen können für nichtig erklärt werden, Art. L 632-1 ff. CCom. Im übrigen kann für das Eröffnungsurteil, die darin benannten Organe und die Regelungen zur Beobachtungsphase, die sich auch im Rahmen des *redressement judiciaire* regelmäßig an das Eröffnungsurteil anschließt, grundsätzlich auf das zur *procédure de sauvegarde* Gesagte verwiesen werden. Ein wesentlicher Unterschied liegt darin, dass der Verwalter anstelle der bisherigen Leitungsorgane die Führung des Unternehmens übernehmen kann. Entscheidet das Gericht zugunsten einer Sanierung, so können ferner innerhalb des *plan de redressement* – anders als durch den Sanierungsplan der *procédure de sauvegarde* – Entlassungen von Mitarbeitern unter vereinfachten Bedingungen erfolgen.[99]

99 S. hierzu weiterführend *Sonnenberger/Dammann*, VIII 52.

Ist ein *redressement* offensichtlich unmöglich, so beschließt das Gericht nach Art. L 640-1 CCom die *Liquidation* des Unternehmens, zu der nach heutiger Systematik auch die Veräußerung zählt. Diese Entscheidung kann in jedem Stadium des Verfahrens ergehen. Der Schuldner verliert mit dem Liquidationsbeschluss jegliche Verfügungsbefugnis, er ist *dessaisi*. Zugleich werden grundsätzlich alle Forderungen fällig. Abwicklung und Verteilung des Erlöses auf die Gläubiger liegt in Händen des *liquidateur*, zu dem im Fall eines vorangegangenen Sanierungsverfahrens regelmäßig der bisherige Gläubigervertreter ernannt wird, Art. L 641-1 Abs. 3 CCom. Binnen 15 Tagen nach Eröffnung der *liquidation* sind etwaige Kündigungen der Arbeitnehmer auszusprechen, es sei denn, das Unternehmen wird – was ausnahmsweise, insbesondere zur Vorbereitung einer Veräußerung zulässig ist – vorläufig fortgeführt. Für die Entlassungen gelten erleichterte Bedingungen.[100] Sodann werden entweder die einzelnen Vermögenswerte veräußert, wofür bei kleinen Insolvenzen ein vereinfachtes Verfahren eingeführt wurde, Art. L 644-1 ff. CCom. Oder es kommt zur Veräußerung von Unternehmensteilen oder auch des Unternehmens als Ganzem, was in Art. L 642-1 ff. CCom heute als Unterfall der Liquidation geregelt ist. Hierzu sind Angebote abzugeben, deren Inhalt – z.B. zu übernehmende Aktiva, Kaufpreis und vor allem die Perspektiven für die Übernahme bzw. den Erhalt von Arbeitsplätzen – in Art. L 642-2 Abs. 2 CCom geregelt ist. Der Zuschlag erfolgt durch Beschluss des Gerichts, das bei der Ausübung seines recht weiten Ermessens vor allem den Erhalt einer möglichst großen Zahl von Arbeitsplätzen im Auge haben wird. Die Entscheidung ist Rechtsmitteln zugänglich.[101] Der Erwerber erwirbt das Unternehmen grundsätzlich forderungsfrei, wobei aber bestimmte Sicherheiten nach Art. L 642-12 Abs. 4 CCom bestehen bleiben und mit übergehen können.

Die *Stellung der Gläubiger* ist sehr komplex, so dass hier nur einzelne Aspekte hervorgehoben werden können. Sie bilden an sich keine organisierte Gläubigergemeinschaft, was sich wegen ihrer dargestellten institutionalisierten Vertretungen, insbesondere durch den *mandataire judiciaire*, auf ihre Interessenwahrnehmung nicht entscheidend auswirkt. Infolge der bereits erwähnten Verbote individueller Rechtsverfolgung und von Zahlungen des Schuldners können die Forderungen nur im Insolvenzverfahren geltend gemacht werden, was voraussetzt, dass sie binnen einer grundsätzlich zweimonatigen Frist, Art. L 622-24 CCom, beim Gläubigervertreter angemeldet werden. Die Fristversäumnis hat grundsätzlich den Ausschluss von der Verteilung, *forclusion*, zur Folge. Die Stellung der Gläubiger wird ferner dadurch geprägt, dass ihre Forderungen nicht durch das Eröffnungsurteil, sondern erst durch einen Liquidationsbeschluss fällig werden, was bis dahin regelmäßig auch einer Realisierung der Sicherheiten entgegensteht.

---

100 S. weiterführend *Sonnenberger/Dammann*, VIII 54.

101 S. zu den Einzelheiten *Sonnenberger/Dammann*, VIII 57 ff.

Was die Verteilung betrifft, gilt der Grundsatz der Gleichheit aller Gläubiger, der jedoch durch zahlreiche Befriedigungsvorrechte durchbrochen ist. Zu unterscheiden ist zwischen den vor dem Eröffnungsurteil entstandenen und vom Schuldner noch nicht erfüllten Forderungen, sog. Insolvenzforderungen, und solchen, die nach Einleitung des Verfahrens aufgrund der Fortführung des Unternehmens während der Beobachtungs- und Liquidationsphase regulär entstanden sind. Letztere sind unter den Voraussetzungen der Art. L 622-17 bzw. L 641-13 CCom vor Insolvenzforderungen zu befriedigen; dieser Vorrang gilt aber seit der Reform von 1994 nicht mehr gegenüber dinglich gesicherten Insolvenzforderungen im Fall einer Liquidation. Hierunter fallen neben dem Eigentumsvorbehalt und der Sicherungszession mittels *bordereau Dailly* nunmehr auch die treuhänderische Rechtsübertragung, *fiducie*, wobei die einzelnen Sicherheiten jedoch teilweise Unterschiede aufweisen. Insoweit ist auf das Kreditsicherungsrecht zu verweisen.[102] Auch die Stellung des Leasinggebers ist dadurch privilegiert, dass es sich beim Leasingvertrag um einen *contrat en cours* handelt und das Leasinggut bei Auflösung des Vertrags ausgesondert wird. Besondere Regeln gelten schließlich für Lohn- und Gehaltsforderungen. Ihre sofortige und vorrangige Zahlung ist insbesondere durch Privilegien[103] sichergestellt und bis zu einer bestimmten Höhe durch eine Gehaltsausfallversicherung der *Association nationale pur la gestion du régime d'assurance des salariés* (*AGS*) abgesichert, die im Leistungsfall wiederum die Privilegien der versicherten Ansprüche genießt. Die Regelungen sind im einzelnen sehr ausdifferenziert; zu unterscheiden ist zwischen einem summenmäßig begrenzten „Superprivileg", das absoluten Vorrang genießt, und einem „einfachen" Privileg hinsichtlich der Restansprüche, das immerhin z. B. Hypothekengläubigern vorgeht.[104]

Zu erwähnen sind schließlich besondere Haftungsregelungen des französischen Rechts, die im Insolvenzfall eingreifen können. Zum einen kommt eine *Haftung von Gläubigern wegen fahrlässiger Kreditgewährung* in Betracht. Dieser Haftungsanspruch gehört zum Vermögen des Schuldners und wird vom Gläubigervertreter geltend gemacht.[105] Was die *Mitglieder von Leitungsorganen* einer in Insolvenz geratenen Gesellschaft betrifft, so kann zunächst durch das Gericht ihre Absetzung angeordnet werden. Die vormals strenge Haftung von de-iure- oder de-facto-Organen für Gesellschaftsschulden ist jedoch durch die Reform des Jahres 2005 stark gemildert worden. Die bis zur Reform bestehende Möglichkeit, diese Organe bei *faute de gestion* in Anspruch zu nehmen, falls das Gesellschaftsvermögen zur Schuldentilgung nicht ausreicht, sog. *action en comblement de l'insuffisance de l'actif*, die teilweise auch heute noch

102 S. unten Nr. 192.

103 Zum Begriff der Privilegien allgemein oben Nr. 114, unten Nr. 192.

104 S. hierzu i. E. *Sonnenberger/Dammann*, VIII 72 f.

105 S. zum neuen Tatbestand des Art. L 650-1 CCom auch noch unten Nr. 195 und weiterführend *Sonnenberger/Dammann*, VIII 18 ff.

so genannt wird, ist seitdem nur noch im Fall der Aufhebung eines *plan de sauvegarde* bzw. eines *redressement judiciaire* oder im Fall der *liquidation* möglich. Gänzlich abgeschafft wurde durch die Reform die Regel, dass gegen diese Organe und gegen unbeschränkt für Gesellschaftsschulden haftende Gesellschafter ein Anschlussverfahren eingeleitet wird. Unberührt bleiben freilich bestimmte zivil- und strafrechtliche Sanktionen nach Art. 653-1, 654-1 ff., die aufgrund einer verschuldeten Insolvenz bzw. Insolvenzverschleppung verhängt werden können.[106]

§ 7 Arbeits- und Sozialrecht

Literatur: Aufgrund der zahlreichen Änderungen im französischen Arbeitsrecht in jüngster Zeit und der in 2008 erfolgten vollständigen Neusystematisierung und -nummerierung des Code du Travail werden nur aktuelle Werke angegeben; hinsichtlich der älteren Literatur sowohl in französischer wie in deutscher Sprache wird auf die Vorauflage verwiesen. *Coeuret/Gauriau/Miné*, Droit du Travail, 2. Aufl., 2009; *Dockès*, Droit du Travail, 2. Aufl., 2009; *Favennec-Héry/Verkindt*, Droit du Travail, 2. Aufl., 2009; Lamy Social 2010 (bearb. von *Dupays/Girodroux*); *Mazeaud*, Droit du Travail, 6. Aufl., 2008; *Pélissier/Auzero/Dockès*, Droit du Travail, 25. Aufl., 2010; *Sonnenberger/Dammann*, Kap. V; *Verdier/Coeuret/Souriac*, Droit du Travail, 2 Bde., 15. Aufl., 2009. Auf die in deutscher Sprache erschienenen Darstellungen der jüngsten Reformen und einzelner Aspekte wird in den Fußnoten verwiesen.

174. Überblick über die Entwicklung

Das Arbeitsrecht, *droit du travail*, teilweise zusammen mit Teilen des Sozialrechts auch als *droit social* bezeichnet, hat sich in Frankreich wie in Deutschland aus dem Dienstvertragsrecht entwickelt, das nach dem CC ursprünglich ganz dem Grundsatz der privatautonomen Gestaltung durch die individuellen Vertragsparteien verpflichtet war. Mit dem Entstehen unabhängiger Gewerkschaften in der zweiten Hälfte des 19. Jh. begann das klassische Arbeitsrecht zunächst hinter kollektiven Regelungen zurückzutreten. In der Folge gab auch der Staat seine neutrale Stellung auf und gestaltete zwischen 1910 und 1927 selbst das Recht der Arbeitsverhältnisse in einem seither mehrfach verbesserten und durch Sondergesetze ergänzten, 1973 vollständig neu gefassten und erst jüngst 2008 nochmals neu systematisierten und entsprechend „umnummerierten" *Code du Travail* (CTrav). Schutz und Mitspracherechte der Arbeitnehmer wurden nach dem zweiten Weltkrieg schrittweise ausgebaut, zunächst 1945 und 1946 mit Gesetzen über die *comités d'entreprise* und *délégués du personnel* als kollektive Organe der Arbeitnehmerschaft. 1968 wurde im Gefolge der Pariser

106 S. hierzu näher *Sonnenberger/Dammann*, VIII 90 ff.

Unruhen die Ausübung der Gewerkschaftsrechte in den Betrieben auf eine neue Grundlage gestellt. Große Bedeutung hat die 1973 eingeführte *staatliche Arbeitsaufsicht*, deren erhebliche Eingriffsbefugnisse durch besondere Arbeitsinspektoren, *inspecteurs du travail*, ausgeübt werden. Nach dem Wahlsieg der Sozialisten wurden 1982 durch die sog. *lois Auroux* das Meinungsäußerungsrecht der Arbeitnehmer in den Unternehmen, das Kollektivvertragsrecht und das Disziplinarrecht des Arbeitgebers erheblich modifiziert.

Aus der Gesetzgebung der jüngeren Zeit sind von fortdauernder Bedeutung vor allem die Reformen der 1986 an die Macht gelangten bürgerlichen Regierung, durch welche insbesondere die Kündigung von Arbeitnehmern aus wirtschaftlichen Gründen erleichtert und von der zuvor erforderlichen behördlichen Kontrolle befreit wurde, ferner sind seither die Möglichkeiten des Abschlusses befristeter Arbeitsverhältnisse und der Gestaltungsspielraum der Tarifparteien z.B. hinsichtlich der wöchentlichen Arbeitszeit erweitert. Die nachfolgende sozialistische Regierung setzte im Jahr 1988 Gegengewichte durch Regelungen mit dem Ziel, Arbeitnehmerüberlassungs- und Zeitverträge zurückzudrängen und die soziale Absicherung von Arbeitnehmern bei Arbeitsplatzverlust zu stärken.[107] Gescheitert sind die Versuche der seit 2002 amtierenden bürgerlichen Regierungen, durch die Einführung besonderer Arbeitsvertragstypen mit erleichterten Möglichkeiten der Beendigung Anreize für mehr Beschäftigung zu setzen. Das Projekt eines *contrat première embauche*, *CPE*, wurde nach anhaltenden Protesten zurückgenommen; der erst 2005 eingeführte *contrat nouvelle embauche*, *CNE*, wurde von der Rechtsprechung als unzulässig eingestuft und aufgrund dessen kürzlich wieder abgeschafft.[108] Geblieben sind hingegen die durch ein Gesetz vom 4.5.2004 geschaffenen Reformen des Kollektivvertragsrechts. U.a. mit einer teilweisen Aufgabe des Günstigkeitsprinzips wurden durch dieses Gesetz die Handlungsspielräume der Sozialpartner vor allem auf Unternehmensebene entscheidend erweitert und zugleich durch Einführung des Majoritätsprinzip auf eine verbesserte Legimationsgrundlage gestellt.[109]

Nachdem Staatspräsident *Sarkozy* im Wahlkampf die Modernisierung der französischen Wirtschaft auf seine Fahnen geschrieben hatte, sind seit dem Jahr 2008 mehrere Gesetzesprojekte auf den Weg gebracht worden, die z.T. wesentliche Veränderungen mit sich bringen. Einschneidend für den französischen Gewerkschaftssektor ist das „Gesetz zur Erneuerung der sozialen Demokratie“ vom 20.8.2008, welches mit dem bisherigen System der quasi-

---

107 Zu diesen Reformen *Sonnenberger/Dammann*, RIW 1988, 350 ff.

108 Cass.Soc. v. 1.7.2008, D 2008, 1986 Anm. *Maillard* qualifizierte die auf dieser Grundlage geschlossenen Arbeitsverträge wegen Verstoßes des Gesetzes gegen Art. 4 der Konvention 158 der Internationalen Arbeitsorganisation ILO vom 22.6.1982 als gewöhnliche unbefristete Arbeitsverhältnisse. Durch das Gesetz zur Modernisierung des Arbeitsmarkts v. 25.6.2008 wurde diese Vertragsform aus dem CTrav gestrichen.

109 S. zu dieser Reform in deutscher Sprache *Zumfelde*, NZA 2004, 836.

gesetzlichen Festlegung repräsentativer Gewerkschaften bricht.[110] Das „Gesetz zur Modernisierung des Arbeitsmarkts“ vom 25.6.2008 bringt gesetzliche Regelungen der Probezeit und des Aufhebungsvertrages sowie eine probeweise erweiterte Möglichkeit der Zweckbefristung.[111]

Der teilweise erwartete „große Wurf“ im Sinne einer grundsätzlichen Reform des französischen Arbeitsrechts ist freilich bislang ausgeblieben. Die Entwicklung lässt sich eher als Wellenbewegung beschreiben, deren Achse zwar in Richtung Liberalisierung bzw. Flexibilisierung zeigt. Zugleich ist aber aufgrund der Tendenz, die Reformen der jeweiligen Vorgängerregierung in diesem politisch heiklen Gebiet wegen zu erwartender Widerstände nominell unangetastet zu lassen und sie statt dessen inhaltlich auszuhöhlen oder an anderer Stelle aufzuwiegen, eine stetige Zunahme der Komplexität des Arbeitsrechts zu verzeichnen. Ein Musterbeispiel hierfür ist die Regelung der wöchentlichen Arbeitszeit. Sie wurde durch die kontroversen sog. *lois Aubry* vom 13.6.1998 ab 2000 bzw. 2002 mit Lohnausgleich auf 35 Stunden verkürzt. In ihrem Bemühen, die dadurch entstehenden Belastungen durch eine flexiblere Verteilung der Arbeitszeit auf das Kalenderjahr und eine Subventionierung des Lohnausgleichs aufzufangen, geriet bereits diese Regelung in ihrer Gesamtheit sehr komplex. Nachdem es die nachfolgenden bürgerlichen Regierungen zunächst nicht gewagt hatten, die Regelung anzutasten, versuchte die nunmehr amtierende Regierung im Rahmen mehrerer Gesetze aus dem Jahr 2008, ihr getreu des Wahlkampfmottos des heutigen Präsidenten *Sarkozy* „travailler plus, pour gagner plus“ eine neue Richtung zu geben. Diese Reform ließ die 35-stündige Wochenarbeitszeit nominell bestehen; die Arbeitszeit kann aber mit der Folge eines komplizierten Ausgleichs der Überstunden im Rahmen von zusätzlichen Erholungszeiten oder durch einen probeweise eingeführten „Rückkauf“ – d.h. Ausgleich in Geld – freiwillig erhöht werden. Das hieraus resultierende Regelwerk ist in seiner Gesamtheit kaum mehr überschaubar.[112]

Aus Sicht eines deutschen Juristen ist das Lavieren der Regierung und des Parlaments bisweilen überraschend. Es wird jedoch erklärbar, wenn man die jüngere Geschichte der teilweise heftigen Streikaktionen betrachtet, die sich keineswegs nur gegen die Arbeitgeber, sondern auch gegen den Gesetzgeber richten.[113] Es ist deshalb auch völlig offen, ob Ermittlungen der *Cour des Comptes* und eine Berichtsvorlage in der Nationalversammlung Ende 2011, die das Finanzgebahren der Gewerkschaften und großer *comités d'entreprise* in die öffentliche Kritik gebracht haben, Gesetzesreformen auslösen.

---

110 Hierzu unten Nr. 177 und i.E. *Zumfelde/Remy*, Sarkozy's Gesetz zur Erneuerung der sozialen Demokratie, NZA 2009, 186 ff.

111 S. hierzu i.E. *Zumfelde/Remy*, „Modernisierung des Arbeitsmarkts“, NZA 2008, 1226 ff.; *Nitzsche*, Neueste Entwicklungen im französischen Arbeitsrecht, FA 2009, 37 ff.; s.a. *Klein*, RIW 2008, 770, 772 f.

112 Vgl. hierzu i.E. *Le Goff*, Das neue Recht der Arbeitszeitregelung in Frankreich, RIW 2009, 777 ff.

113 Zum Streikrecht gegen arbeits- und sozialrechtliche Gesetzesvorhaben unten Nr. 179.

175. Rechtsquellen

Unter den *Rechtsquellen des Arbeitsrechts* sind an erster Stelle die vor allem in der Präambel der Verfassung von 1946[114] enthaltenen Grundsätze mit *Verfassungsrang* zu nennen, etwa die Koalitionsfreiheit und das Streikrecht. Sie wirken über die Gesetzgebung und Rechtsprechung, teilweise aber auch unmittelbar auf die privatrechtlichen Beziehungen zwischen Arbeitgeber und Arbeitnehmer ein. Weitere übergesetzliche Normen, insbesondere betreffend die Gleichbehandlung von Mann und Frau im Arbeitsleben, sind *gemeinschafts- bzw. unionsrechtlichen* Ursprungs. Überwiegend ist das französische Arbeitsrecht jedoch *nationales Gesetzesrecht*, das seit 1973 nahezu vollständig im CTrav kodifiziert ist. Der CTrav wurde im Jahr 2008 vollständig neu systematisiert. Er ist nunmehr im legislativen wie im regulatorischen Teil in acht Teile, *parties*, gegliedert, von denen der erste das Individualarbeits(vertrags-)recht und der zweite das kollektive Arbeitsrecht umfasst. Die weiteren Teile betreffen die Arbeitsbedingungen hinsichtlich Dauer und Bezahlung (dritter Teil) und Gesundheit und Sicherheit (vierter Teil), Arbeits(platz-)förderung (fünfter Teil), Weiterbildung (sechster Teil), besondere Arbeitsverhältnisse (siebter Teil) und schließlich Arbeitsaufsicht (achter Teil). Die Bestimmungen wurden 2008 nicht nur neu systematisiert, sondern auch „umnummeriert", wobei die erste Stelle der vierstelligen Artikelnummer denjenigen Teil bezeichnet, dem die Vorschrift angehört.

Die Rolle der Rechtsprechung als Rechtsquelle ist entsprechend der höheren gesetzlichen Regelungsdichte deutlich geringer als in Deutschland. Unterhalb des Gesetzesrechts stehen die *Kollektivvereinbarungen*, die beruflichen und betrieblichen Übungen, *usages*, und die einseitig vom Arbeitgeber erlassene Betriebsordnung, *règlement intérieur.* Die verschiedenen Rechtsquellen[115] wirken in Form einer *Normenhierarchie* auf den *individuellen Arbeitsvertrag* ein. Zwischen allen Ebenen gilt *grundsätzlich das Günstigkeitsprinzip, principe de faveur:* In der Regel kann die jeweils untere von der nächsthöheren nur zugunsten des Arbeitnehmers abweichen. Durch eine Reform im Jahr 2004 hat das Prinzip jedoch insoweit eine Einschränkung erfahren, als Kollektivverträge auf Unternehmensebene in einem bestimmten Rahmen von übergeordneten Kollektivvereinbarungen und sogar vom Gesetz abweichen können.

176. Individualarbeitsrecht

Die Anwendbarkeit des Arbeitsrechts wird grundsätzlich durch die zusammenhängenden Begriffe des *Arbeitnehmers* und des *Arbeitsvertrags* bestimmt. Nach der von Rechtsprechung und Lehre entwickelten Definition verpflichtet

---

114 Oben Nr. 39.
115 Zur Rechtsquellenlehre allgemein oben Nr. 4.

sich in einem Arbeitsvertrag der Arbeitnehmer, für den Arbeitgeber eine *persönliche Arbeitsleistung* gegen *Entgelt* in einem *Unterordnungsverhältnis*, *lien de subordination*, zu erbringen. Letzeres Merkmal beinhaltet die Weisungsgebundenheit des Arbeitnehmers und seine Abhängigkeit von der Gestaltung der Arbeitsbedingungen durch den Arbeitgeber, durch die sich der Arbeitsvertrag vom Dienstvertrag unterscheidet. Allgemeine Vorschriften über den Arbeitsvertrag und seine Abgrenzung finden sich in den Art. L 1221-1 ff. CTrav; subsidiär ist das Dienstvertragsrecht des CC anwendbar, das jedoch angesichts der detaillierten Regelung des CTrav nicht sehr bedeutsam ist.

Traditionell werden mit Arbeitern, Angestellten und den unter der Bezeichnung *cadres* zusammengefassten mittleren und leitenden Angestellten *drei Gruppen von Arbeitnehmern* und von Arbeitsverhältnissen unterschieden. Während die Abgrenzung zwischen den ersten beiden in neuerer Zeit immer bedeutungsloser geworden ist, gelten für letztere häufig besondere gesetzliche und kollektivvertragliche Bestimmungen. Leitungsorgane von Gesellschaften sind grundsätzlich keine Arbeitnehmer.[116] Spezielle Vorschriften bestehen ferner für eine Reihe von *besonderen Formen* des Arbeitsvertrages. Traditionell ist dies z.B. der Fall für *Lehrverträge*, *contrats d'apprentissage*, nach Art. L 6221-1 ff. CTrav, für *Heimarbeit*, travail à domicile, nach Art. L 7411-1 ff. CTrav, und den abhängigen *Handelsvertreter, voyageur-représentant-placier* (VRP) nach Art. L 7311-1 ff. CTrav.[117] Hinzu kommen „moderne" Formen bzw. Modalitäten wie das Leiharbeitsverhältnis, *travail temporaire*, welches in Art. L 1251-1 ff. CTrav geregelt ist, sowie befristete und Teilzeitarbeitsverträge. Wie einleitend[118] erwähnt, wurden weitere spezielle Formen zur Erst- bzw. Wiedereingliederung (CPE bzw. CNE) letztlich nicht eingeführt bzw. bereits wieder abgeschafft. Im Folgenden werden nur die Grundzüge des „normalen" unbefristeten Arbeitsvertrages dargestellt.

Der *Abschluss eines Arbeitsvertrages* erfordert nach Art. 1108 CC eine rechtsgeschäftliche Einigung,[119] die grundsätzlich *formfrei* ist; die meisten Sonderarten wie der befristete und der Teilzeitarbeitsvertrag können jedoch wirksam nur schriftlich vereinbart werden. Ausländer benötigen, sofern sie nicht als Angehörige eines EU-Staats Anspruch auf einen besonderen Aufenthaltstitel haben, zum gültigen Vertragsabschluss eine Aufenthalts- und Arbeitsgenehmigung, die zwischenzeitlich in einem einheitlichen Titel („carte de séjour") zusammengefasst ist. In der *Auswahl seiner Mitarbeiter* ist der Arbeitgeber grundsätzlich frei; Unternehmen mit mehr als 20 Arbeitnehmern müssen jedoch eine bestimmte Anzahl bevorrechtigter Personen, z.B. Kriegsbeschädigte und Behinderte, einstellen. Bei der Einstellung darf der Arbeitgeber nicht ge-

116 S. näher *Sonnenberger/Dammann*, III 256, V 29.
117 Zum selbstständigen *agent commercial* oben Nr. 20.
118 Oben Nr. 174.
119 Zu den allgemeinen Anforderungen an den *consentément* oben Nr. 99.

gen das *Verbot der Diskriminierung* vor allem wegen des Geschlechts, der Rasse, des Glaubens, der politischen Überzeugung oder der Zugehörigkeit zu einer Gewerkschaft verstoßen, Art. L 1132-1 ff. CTrav. Nach Art. L 1142-1 Abs. 2 CTrav darf die Einstellung ferner nicht wegen Schwangerschaft abgelehnt werden, so dass auch diesbezügliche Nachfragen unzulässig sind und die Frau nicht zur Auskunft darüber verpflichtet ist. *Mängel beim Vertragsschluss* sind nach den allgemeinen Regeln zu beurteilen. Abweichend von diesen führt jedoch die – absolute wie relative – Nichtigkeit[120] wie im deutschen Recht nicht zum rückwirkenden Wegfall des Arbeitsvertrages, so dass die bereits eingetretenen Wirkungen bestehen bleiben.

Im Arbeitsvertrag wird in der Regel eine *Probezeit*, *période d'essai*, vereinbart, die seit der jüngsten Reform 2008 auch im CTrav geregelt ist und gestaffelt je nach Qualifikation zwischen zwei und vier Monaten betragen und aufgrund eines Branchentarifvertrags maximal einmal um die gleiche Zeit verlängert werden darf. In dieser ist das allgemeine Kündigungsrecht nach Art. L 1231-1 Abs. 2 CTrav nicht anwendbar; die Rechtsprechung behält sich allerdings eine Überprüfung der Kündigung etwa auf Verstöße gegen das Diskriminierungsverbot oder Einhaltung bestimmter (Disziplinar-)Verfahrensregeln vor.[121] Sowohl rechtlich als auch faktisch ist der Regelfall der *unbefristete* Arbeitsvertrag; eine Befristung ist nur in den vom Gesetz aufgezählten Ausnahmefällen auf 18, ausnahmsweise 24 Monate zulässig. Die Reform von 2008 hat daneben für fünf Jahre auf Probe die Möglichkeit eingeführt, mit gehobenen Angestellten und Ingenieuren einen auf 18 bis 36 Monate zweckbefristeten Arbeitsvertrag zur Realisierung einer bestimmten Aufgabe abzuschließen, wenn dies kollektivvertraglich zugelassen wird.[122]

Der Arbeitsvertrag *verpflichtet den Arbeitnehmer* zu *persönlicher Arbeitsleistung*. Wie er diese zu erbringen hat, wird – unter Beachtung der höherrangigen Bestimmungen – im Rahmen der *Direktionsbefugnis* grundsätzlich einseitig vom *Arbeitgeber* festgelegt. Seit 1982 bestimmt der CTrav, heute in Art. L 1311-1 ff., dass bestimmte Aspekte der Direktionsbefugnis, vor allem betriebliche Hygiene-, Sicherheits- und Disziplinarvorschriften, in Betrieben mit mehr als 20 Arbeitnehmern durch einseitigen Akt des Arbeitgebers in einer *Betriebsordnung, règlement intérieur*, fixiert werden müssen. Bei der Erfüllung seiner Aufgaben schuldet der Arbeitnehmer *Treue* und *berufstypische Sorgfalt*. Er darf also z.B. nicht für Dritte tätig werden oder Betriebsgeheimnisse weitergeben. Für Vertragsverletzungen haftet er nach den Vorschriften des CC. Im Verhältnis zum Arbeitgeber ist die Haftung für Schäden im Rahmen der Arbeitsleistung jedoch auf den Fall *vorsätzlicher oder grob fahrlässi-*

120 Oben Nr. 99.
121 Lamy Social Nr. 546; s. a. *Zumfelde/Remy* NZA 2008, 1226, 1227.
122 S. zu den Einzelheiten *Zumfelde/Remy* NZA 2008, 1226, 1227.

ger Verursachung *beschränkt.*[123] Nach der jüngeren Rechtsprechung ist auch die Haftung im Außenverhältnis gegenüber dem geschädigten Dritten beschränkt.[124]

Drei *Hauptpflichten* kennzeichnen die Stellung *des Arbeitgebers*: Beschäftigungs-, Fürsorge- und Lohnpflicht. Gesetzlich sehr weitgehend konkretisiert ist der *zeitliche Rahmen der Beschäftigung*. Die wöchentliche Arbeitszeit beträgt nach der jüngsten Reform immer noch nominell 35 Stunden. Es können aber Überstunden geleistet werden, die allerdings bestimmte Schwellen an Arbeitsstunden am Tag, in der Woche, innerhalb eines Zeitraums von zwölf Wochen und innerhalb eines Jahres sowie die zulässige Gesamtdauer eines Arbeitstages nicht überschreiten dürfen. Wurden die Überstunden mit – ggf. stillschweigender – Genehmigung des Arbeitgebers geleistet, so sind sie durch einen Gehaltszuschlag oder durch Freizeitausgleich zu vergüten, wobei dies nach der jüngsten Reform durch eine teilweise Befreiung der Zusatzvergütung von den Sozialabgaben subventioniert wird und ferner probeweise die Möglichkeit eingeführt wurde, dass der Arbeitgeber Erholungszeiten zurückkauft. Da zahlreiche der dargestellten und weiteren Staffelungen und Varianten zudem von tarifvertraglicher Vereinbarung abhängen bzw. durch eine solche modifiziert werden können, ist das System derart komplex, dass Zweifel an seiner Dauerhaftigkeit angebracht sind.[125]

Die *Fürsorgepflicht* erstreckt sich auf die Gesundheit, Sicherheit und Würde und in gewissem Umfang auf den Schutz von Sachen der Arbeitnehmer. Das Privatleben des Arbeitnehmers hat der Arbeitgeber nach den allgemeinen Regeln des Persönlichkeitsschutzes zu achten.[126] Besonders die Vorschriften über den Gesundheitsschutz und die Sicherheit, deren Einhaltung die staatliche Arbeitsaufsicht überwacht, gehen sehr ins Detail und sind regelmäßig strafbewehrt. Ihre Verletzung kann auch zum Schadensersatz wegen Vertragsverletzung führen, soweit nicht wie im Regelfall sozialrechtlicher Ersatz für Arbeitsunfälle eingreift. Art. L 1226-10 ff. CTrav sehen nach einem Arbeitsunfall Maßnahmen im Interesse einer bestmöglichen Weiterbeschäftigung des Arbeitnehmers vor. An *Erholungsurlaub* sind nach Art. L 3141-3 CTrav 2,5 Werktage pro Monat, also für ein volles Jahr 30 Werktage zu gewähren, was – da der CTRav von der Sechs-Tage-Woche ausgeht – fünf Wochen gesetzlichen Urlaubs entspricht.

Die Pflicht zur *Zahlung des Arbeitsentgelts*, *salaire*, ist das Gegenstück zur Arbeitspflicht. Infolge der synallagmatischen Verknüpfung entfällt sie grundsätzlich, soweit keine Arbeit geleistet wurde, vor allem in den Fällen, die in

123 Cass.Soc. v. 27.11.1958, D 1959 J 20.

124 Oben Nr. 105.

125 Vgl. zu den Einzelheiten *Le Goff*, RIW 2009, 777 ff., der ebenfalls die außerordentliche Komplexität beanstandet.

126 Oben Nr. 96.

Frankreich als *Aussetzung des Vertrages, suspension du contrat*, behandelt werden. Neben dem Streik[127] gehört dazu der Urlaub, die krankheitsbedingte Nichtarbeit und die Zeit des Mutterschutzes. Beim Urlaub wird das Entgelt durch eine Urlaubsentschädigung ersetzt; in den letztgenannten Fällen ist der Arbeitnehmer hingegen vorbehaltlich tarifvertraglicher Lohngarantieklauseln auf Ansprüche gegen die Sozialversicherung, *Sécurité sociale*, verwiesen. Ausnahmsweise bleibt die Pflicht zur Entgeltzahlung bestehen; nach der Rechtsprechung z. B. dann, wenn eine zeitweilige Nichtarbeit auf Gründe zurückzuführen ist, die zum Unternehmerrisiko gehören. *Höhe und nähere Gestaltung* des Arbeitsentgelts sind grundsätzlich der einzel- und tarifvertraglichen Regelung überlassen; es ist jedoch der Grundsatz der Lohngleichheit zwischen Mann und Frau nach Art. L 1142-1 CTrav zu beachten. Ferner gibt es einen *dynamisierten gesetzlichen Mindestlohn, Salaire Minimum Interprofessionnel de Croissance, SMIC*, der laufend dem nationalen Konsumkostenindex anzupassen ist. Meist wird er durch Tarifverträge überschritten. *Besonderheiten der Lohnforderung* bestehen in ihrer Sicherung durch Privilegien und einen besonderen Versicherungsschutz im Insolvenzfall.[128] Der Arbeitgeber kann ferner gegen den Lohnanspruch des Arbeitnehmers in der Regel nicht aufrechnen.

Die *Beendigung des Arbeitsvertrages* erfolgt bei befristeten Verträgen i. d. R. mit Zeitablauf. Unbefristete Verträge können durch den Arbeitnehmer oder Arbeitgeber ordentlich oder außerordentlich gekündigt werden, ferner ist nunmehr der einvernehmliche Auflösungsvertrag ausdrücklich durch den Gesetzgeber anerkannt worden:

Die *ordentliche Kündigung seitens des Arbeitnehmers*, *démission*, ist unter Einhaltung gesetzlicher und kollektivvertraglicher Fristen und Formen jederzeit ohne Angaben von Gründen möglich. Für den Fall, dass der Arbeitgeber seinen Verpflichtungen nicht nachkommt, hat sich zwischenzeitlich anstelle oder während der – nur für den Arbeitnehmer möglichen – gerichtlichen Auflösungsklage nach Art. 1184 CC die Auflösung durch einseitige Erklärung des Arbeitnehmers, sog. *prise d'acte*, eingebürgert, die im Rahmen ihrer etwa nachfolgenden gerichtlichen Überprüfung entweder als *démission* oder als Entlassung durch den Arbeitgeber mit den entsprechenden negativen Folgen für diesen qualifiziert wird.

Eine *Kündigung seitens des Arbeitgebers* wird als *licenciement*, Entlassung, bezeichnet, und erfordert stets einen tatsächlichen und ernsthaften Grund, *cause réelle et sérieuse*. Dieser kann in der Person des Arbeitnehmers liegen, *licenciement pour motif personnel*. Weit wichtiger ist freilich die Kündigung aus wirtschaftlichem Grund, *licenciement pour cause économique*. Ein solcher anzuerkennender wirtschaftlicher Grund liegt nach Art. L 1233-3 CTrav in

127 Zur Lohnfortzahlungspflicht bei Streik unten Nr. 179.
128 Oben Nr. 173.

dem Wegfall bzw. der Umwandlung eines Arbeitsplatzes oder der Veränderung eines substantiellen Teils des Arbeitsvertrages, die vom Arbeitnehmer abgelehnt wurde, insbesondere infolge wirtschaftlicher Schwierigkeiten oder des technischen Fortschritts. Aus der allgemeinen Loyalitätspflicht folgerte die Rechtsprechung die zwischenzeitlich in Art. L 1233-4 ff. CTrav kodifizierte Verpflichtung des Arbeitgebers, dem Arbeitnehmer vor einer Entlassung aus wirtschaftlichem Grund eine etwa vorhandene freie Position im Konzern anzubieten, *obligation de reclassement*. Die ordentliche Kündigung seitens des Arbeitgebers ist an bestimmte Kündigungsfristen, *préavis*, nach Art. L 1234-1 CTrav gebunden und setzt die Durchführung eines förmlichen Verfahrens nach Art. L 1233-8 ff. CTrav voraus, welches je nach Art des Kündigungsgrundes und innerhalb der Kündigung aus wirtschaftlichen Gründen nach der Anzahl der gekündigten Arbeitnehmer variiert. Insbesondere sind bei Massenkündigungen zusätzliche weitere Schritte wie die Konsultation mit den Vertretern der Belegschaft erforderlich.[129]

Bei einer ordentlichen Kündigung des Arbeitnehmers entsteht ein gesetzlicher Entschädigungsanspruch nach Art. L 1234-9 ff. CTrav, der nach Art. R 1234-2 CTrav mindestens 20% der Bruttomonatsvergütung des Arbeitnehmers pro Beschäftigungsjahr beträgt und nach der jüngsten Reform bereits ab einjähriger Betriebszugehörigkeit anfällt. Er entfällt bei einer wirksamen *fristlosen Kündigung durch den Arbeitgeber*, die bei schwerwiegendem Fehlverhalten des Arbeitnehmers, *faute grave*, möglich ist. Umgekehrt kommen z.T. beträchtliche Schadensersatzansprüche des Arbeitnehmers in Betracht, wenn das Fehlen eines *motif réel et sérieux* festgestellt wird.

Die einvernehmliche Beendigung des Arbeitsvertrages durch einen *Aufhebungsvertrag*, *accord de rupture*, war bislang bereits von der Rechtsprechung unter der Voraussetzung anerkannt, dass dieser nicht zu einer Schlechterstellung des Arbeitnehmers gegenüber einer Kündigung führen darf. Diese Möglichkeit ist seit der jüngsten Reform zur Schaffung größerer Rechtssicherheit gesetzlich festgeschrieben worden. Nach ihrem Abschluss ist die Vereinbarung binnen 15 Tagen widerruflich, binnen weiteren 15 Tagen wird ihre Freiwilligkeit und Rechtmäßigkeit arbeitsbehördlich überprüft. Eine gerichtliche Kontrolle ist aber dadurch nicht ausgeschlossen.

Keinen Beendigungstatbestand stellt in Frankreich das Erreichen des Rentenalters dar,[130] ebenso wenig berührt ein Übergang, insbesondere die Veräußerung des Unternehmens, den Bestand eines Arbeitsvertrages. Für diesen Fall sieht vielmehr Art. L 1224-1 CTrav den Eintritt des neuen Arbeitgebers in das Arbeitsverhältnis kraft Gesetzes vor. Die Auseinandersetzungen um die Auslegung dieser praktisch eminent wichtigen Vorschrift werden zwischenzeitlich durch die auch § 613a BGB zugrunde liegende EG-Richtlinie 2001/23 vom

129 S. unten Nr. 180.

130 S. näher *Sonnenberger/Dammann*, V 80.

13.3.2001 und die Rechtsprechung des EuGH überlagert.[131] Auf das Schicksal der Arbeitsverhältnisse bei Insolvenz und Durchführung eines entsprechenden (Vor-)Verfahrens wurde bereits oben eingegangen.[132]

177. Grundlagen des kollektiven Arbeitsrechts

Das kollektive Arbeitsrecht findet sich nunmehr im zweiten Teil des „neuen" CTrav zusammengefasst. Die wesentlichen Akteure des kollektiven Arbeitsrechts auf überbetrieblicher Ebene sind *Gewerkschaften* und *Arbeitgeberverbände*, die unter dem Oberbegriff der *syndicats professionels* im ersten Buch dieses zweiten Teils geregelt sind. Die Arbeitgeber sind vor allem im MEDEF, dem *Mouvement des entreprises de France, ehemals CNPF – Conseil National du Patronat Français*, organisiert.

Das *Gewerkschaftswesen* hat sich in Frankreich in der zweiten Hälfte des 19. Jh. entwickelt. Nach der Aufhebung des Verbots der Vereinigung von Arbeitnehmern und kollektiver Kampfmaßnahmen im Jahr 1864 wurde 1884 die Gründung von Gewerkschaften ausdrücklich erlaubt. Die Geschichte der französischen Gewerkschaften ist von einigen großen Vereinigungen geprägt, die trotz des Grundsatzes der politischen Neutralität der Gewerkschaften überwiegend eine deutliche politische Orientierung aufweisen. Sie haben sich im Laufe ihrer Entwicklung mehrmals aufgespalten und teilweise wiedervereinigt. Die in der jüngeren Vergangenheit wichtigsten Organisationen mit nationaler Bedeutung sind die CGT (*Conféderation Général du Travail*), die FO (*Force Ouvrière*), die CFDT (*Confédération Française Démocratique du Travail*) und die CFTC (*Confédération Française des Travailleurs Chrétiens*) zu nennen. Hinzu kommt die CGC (*Confédération Générale des Cadres*), eine Gewerkschaft der mittleren und höheren Angestellten. Der gewerkschaftliche Organisationsgrad ist traditionell relativ niedrig; infolge der in Frankreich besonders schweren Krise des Gewerkschaftswesens in jüngerer Zeit bewegt er sich heute unterhalb der Marke von 10%. Es ist nicht auszuschließen, dass gerade hier ein Grund für die Militanz und Aggressivität mancher Gewerkschaften liegt.

Die verfassungsmäßig garantierte *Koalitionsfreiheit* wird in den Art. L 2141-1 ff. CTrav präzisiert. Es besteht absolute Freiheit, einer Gewerkschaft beizutreten. Art. L 2141-5 CTrav verbietet den Arbeitgebern jegliche Benachteiligung eines Arbeitnehmers wegen seiner Gewerkschaftszugehörigkeit. Der CTrav enthält aber auch Garantien der negativen Koalitionsfreiheit.

Die Gewerkschaften haben die *Aufgabe*, die materiellen und ideellen Belange ihrer Mitglieder wahrzunehmen. Zu diesem Zweck besitzen sie eigene *Rechts-*

131 Zu den spezifisch durch die nationale französische Regelung aufgeworfenen Anwendungsfragen s. näher *Sonnenberger/Dammann*, V 34 ff.

132 S. oben Nr. 172, 173.

persönlichkeit und ein eigenes *Klagerecht.*[133] Art. L 2231-1 CTrav überträgt den Syndikaten das *Tarifmonopol.* Daneben sind sie befugt, im Interesse ihrer Mitglieder kulturelle und soziale Einrichtungen, z.B. Erholungsstätten, Konsumgenossenschaften und Unterstützungskassen zu schaffen oder zu fördern. Während früher gewerkschaftliche Tätigkeit im Unternehmen nicht geduldet werden musste, ist sie heute vom Arbeitgeber weitgehend zu respektieren, Zuwiderhandlungen sind sogar mit Strafe bedroht.

Hervorzuheben ist die *besondere Stellung* der sog. *repräsentativen Vereinigungen.* Ihr besonderer Status zeigt sich im Tarifvertragsrecht und – für die Gewerkschaften – in einer bevorrechtigten Stellung im Rahmen der betrieblichen Mitsprache.[134] Bis vor kurzem galten die oben genannten Gewerkschaftsorganisationen aufgrund einer unwiderleglichen Vermutung stets als repräsentativ, während andere Gewerkschaften ihre Repräsentativität aufgrund ihres Mitgliederbestands und diverser weiterer Kriterien nachweisen mussten. Seit dem einleitend angesprochenen „Gesetz zur Erneuerung der sozialen Demokratie" von 2008 ist jedwede Vermutung beseitigt und die Repräsentativität muss in jedem Fall festgestellt werden, wobei es entscheidend auf den Anklang, die *audience*, bei den Wahlen zu den Arbeitnehmer-Vertretungen in den Unternehmen ankommt. Unterhalb der Repräsentativität, die eine bestimmte Schwelle an *audience* voraussetzt, gibt es nunmehr einen „intermediären" Gewerkschaftsstatus, der z.B. zur Gründung einer Gewerkschaftssektion im Unternehmen berechtigt, um durch Teilnahme an den Wahlen in den Kreis der repräsentativen Gewerkschaften aufzurücken.

178. Kollektivvereinbarungen

Kollektivvereinbarungen sind Vereinbarungen zwischen repräsentativen Arbeitnehmerverbänden und Arbeitgebern oder Arbeitgeberverbänden über Arbeitsbedingungen. Sie wurden 1919 zunächst noch unter Beachtung der *relativité dés contrats*[135] anerkannt; ihre Regelung wurde in der Folge mit der Tendenz einer Verstärkung der Rolle der Tarifparteien im Arbeitsrecht ständig ausgebaut. Eine bedeutende Erweiterung der Handlungsspielräume der Sozialpartner brachte zuletzt die angesprochene Reform durch das Gesetz vom 4.5.2004, welches u.a. das Günstigkeitsprinzip eingeschränkt hat.[136] Rechtsgrundlagen sind heute die Art. L 2221-1ff., R 2231-1ff. CTrav. Sie sind für praktisch alle privatwirtschaftlichen Tätigkeitsbereiche und auch für das Personal öffentlicher Unternehmen relevant, soweit diese nicht kraft Gesetzes einem Sonderstatut unterliegen.

---

133 Oben Nr. 97.
134 Unten Nr. 180.
135 Oben 100.
136 Oben Nr. 174.

Das französische Recht kennt mit dem Tarifvertrag, *convention collective*, und dem Kollektivübereinkommen, *accord collectif*, zwei Formen von Kollektivvereinbarungen. Der Unterschied erschöpft sich jedoch im Wesentlichen darin, dass der Tarifvertrag die Gesamtheit der Beschäftigungsbedingungen umfasst, während der *accord collectif* nur einzelne Gegenstände wie Vergütung oder Arbeitszeit regelt. Eine Kollektivvereinbarung kann in räumlicher Hinsicht auf nationaler, regionaler oder örtlicher Ebene geschlossen werden. Sachlich ist zu unterscheiden zwischen der branchenübergreifenden Kollektivvereinbarung, *accord interprofessionnel*, der Branchenkollektivvereinbarung, *accord de branche*, und den Vereinbarungen auf Unternehmens- oder Betriebsebene, *convention* oder *accord d'entreprise* oder *d'établissement*. Zahlreiche Kollektivvereinbarungen können online abgerufen werden.[137]

Die letztgenannte Unterscheidung war nach der Reform von 2004 im Hinblick auf unterschiedliche Mehrheitserfordernisse je nach Reichweite der Kollektivvereinbarung von Bedeutung. Diese Unterschiede sind durch das „Gesetz zur Erneuerung der sozialen Demokratie“ von 2008 beseitigt worden: Das bereits mit der Reform von 2004 als Grundsatz eingeführte Mehrheitsprinzip wurde dergestalt verallgemeinert, dass zur Gültigkeit von Tarifvereinbarungen nunmehr allgemein erforderlich ist, dass sie auf Arbeitnehmerseite von einer oder mehreren repräsentativen Gewerkschaften unterzeichnet wurden, die mindestens 30% der bei den Arbeitnehmervertretungswahlen abgegebenen Stimmen erreicht haben, und außerdem die repräsentativen Gewerkschaften, die bei denselben Wahlen die Mehrheit der abgegebenen Stimmen auf sich vereinigen konnten, kein Veto einlegen. Besondere Verfahrensvorschriften gelten für den Fall, dass in einem Unternehmen keine Gewerkschaftsdelegierten vorhanden sind. Im Übrigen ist für den wirksamen Abschluss der Kollektivvereinbarung Schriftform erforderlich, sie tritt nach Hinterlegung bei der zuständigen Arbeitsdirektion in Kraft. Kollektivvereinbarungen können auf unbestimmte Zeit oder bis zu höchstens fünf Jahren befristet geschlossen werden, Art. L 2222-4 CTrav.

Die *Wirkung* von Kollektivvereinbarungen erstreckt sich über die Parteien und deren Mitglieder hinaus auf die übrigen Arbeitnehmer des tarifgebundenen Betriebs. Sie können ferner hinsichtlich anderer Arbeitgeber unter bestimmten Voraussetzungen vom Arbeitsminister nach Art. L 2261-15 ff. CTrav innerhalb des von ihnen vorgesehenen Anwendungsbereichs für *allgemeinverbindlich* erklärt werden, sog. *procédure d'extension*. Unter bestimmten Voraussetzungen können ihre Wirkungen räumlich oder auf andere Branchen ausgedehnt werden, *élargissement*.

Inhaltlich können die Kollektivvereinbarungen hinsichtlich der Arbeitsbedingungen von den gesetzlichen Vorschriften regelmäßig zugunsten der Arbeit-

137 http://ladocumentation.fr.

nehmer abweichen. Seit der Reform von 2004 ist dieses Günstigkeitsprinzip allerdings in der Weise eingeschränkt, dass die Sozialpartner auch den Spielraum haben, zu Ungunsten des Arbeitnehmers vom Gesetz abzuweichen, soweit das Gesetz nicht zwingend ist, Art. L 2251-1 CTrav. Innerhalb der Kollektivvereinbarungen galt bis zur Reform von 2004 eine hierarchische Überordnung der Branchen- vor den Unternehmenskollektivvereinbarungen, die mit der Reform von 2004 für neue Kollektivverträge weitgehend beseitigt wurde. Kollektivvereinbarungen auf Unternehmensebene können nunmehr von übergeordneten Kollektivvereinbarungen und auch von gesetzlichen Bestimmungen zu Ungunsten der Arbeitnehmer abweichen, es sei denn, die Branchenkollektivverträge sehen einen Ausschluss derartiger Abweichungen vor oder es handelt sich um Kernbereiche arbeitsrechtlicher Schutzbestimmungen wie z.B. die Regelung gesetzlicher Mindestlöhne. Zentrale Bedeutung haben die Vereinbarungen auf Unternehmensebene, wie bereits einleitend angesprochen, auch bei der Arbeitszeitregelung, so dass ihnen zwischenzeitlich größte praktische Bedeutung zukommt.

Während der Laufzeit von Kollektivvereinbarungen besteht keine allgemeine *Friedenspflicht*, es kann aber vertraglich die Beachtung eines *Schlichtungsverfahrens* vereinbart werden, wie es in Art. L 2522-1 ff. CTrav fakultativ normiert ist. Die Reform von 1982 hat auch während der Laufzeit des Vertrages *Verhandlungspflichten* der Vertragspartner eingeführt, Art. L 2241-1 ff. CTrav. Die Liste der zu verhandelnden Themen wurde insbesondere durch die loi Borloo vom 18.1.2005 auf zahlreiche Themen, insbesondere die Arbeitsplatzlage im Unternehmen, ausgeweitet.

179. Kollektive Auseinandersetzungen

Wichtigstes *Kampfmittel* der Arbeitnehmer ist der *Streik*. Das Recht auf Streik ist sowohl verfassungsrechtlich[138] wie einfachgesetzlich in Art. L 2511-1 ff. CTrav abgesichert und steht allen Arbeitnehmern zu. Im öffentlichen Sektor gelten Sonderregeln, die vom vollständigen Streikausschluss z.B. für Polizeibeamte, Soldaten und Richter über die beschränkte Zulassung bis zu lediglich verfahrensmäßigen Sonderanforderungen reichen, Art. L 2512-1 ff. CTrav. Der Streik wird in Frankreich – gerade im öffentlichen Sektor – wesentlich häufiger eingesetzt als in Deutschland. Stimulierend wirken die Konkurrenz der unabhängig operierenden Gewerkschaften, ein immer noch ausgeprägtes Klassenbewusstsein weiter Kreise der französischen Arbeiterschaft und nicht zuletzt eine vergleichsweise großzügige Rechtsprechung.[139]

Diese hat für *die legitime Ausübung des Streikrechts*, das der CTrav in Gegensatz zu seiner sonstigen Regelungsdichte weitgehend ungeregelt lässt, Voraus-

138 Oben Nr. 39.
139 Siehe auch schon oben Nr. 174.

setzungen entwickelt, bei deren Nichtvorliegen die Kampfmaßnahme nicht den Charakter eines (legitimen) Streiks aufweist oder als rechtsmissbräuchliche Ausübung des Streikrechts anzusehen ist. Danach kennzeichnet sich der zulässige Streik durch eine *kollektive Arbeitsniederlegung* zur *Durchsetzung arbeitsrechtlicher Ziele, revendications professionnelles*. Das Erfordernis der *kollektiven Ausübung* schließt nur Einzelmaßnahmen aus; da Träger des Streikrechts aber nach französischem Verständnis der einzelne Arbeitnehmer ist, besteht kein Streikmonopol der Gewerkschaften. Es genügt ferner, dass ein bestimmter Teil des Personals die Arbeit niederlegt, es sich also um einen Teilstreik handelt. Die Arbeit muss aber *tatsächlich niedergelegt* werden, so dass ein *Bummelstreik* unzulässig ist. Der Streik muss *arbeitsrechtliche Ziele* verfolgen, was politische Streiks grundsätzlich ausschließt, in der konkreten Abgrenzung jedoch großzügig gehandhabt wird. So wurden Solidaritätsstreiks, bei denen sich Arbeitnehmer einer allgemeinen arbeitsrechtlichen Forderung anschließen, ebenso als zulässig angesehen wie Streiks gegen arbeits- und sozialrechtliche Vorhaben des Gesetzgebers. Auch die *verfahrensmäßigen Anforderungen* an den Streik sind gering.[140] So ist die vorherige Durchführung eines Schlichtungsverfahrens in der Privatwirtschaft nicht erforderlich. Die Arbeitnehmer müssen vor dem Beginn eines Streiks zwar ihre Forderungen präzisieren, aber nicht deren Ablehnung durch den Arbeitgeber abwarten. Bei der *Durchführung des Streiks* dürfen andere Arbeitnehmer von den Streikwilligen nicht durch Gewalt, Drohung oder Täuschung zur Teilnahme veranlasst werden.

Die Arbeitsverhältnisse werden durch einen Streik nicht aufgelöst; die aus ihnen resultierenden Pflichten der streikenden Arbeitnehmer und des Arbeitgebers sind jedoch grundsätzlich *suspendiert. Arbeitswillige Arbeitnehmer* behalten dagegen ihren Lohnanspruch, solange der Streik für den Arbeitgeber nicht eine *situation contraignante* darstellt, d.h. für ihn unvermeidbar war, oder die Aufrechterhaltung des Betriebs infolge des Streiks in unzumutbarer Weise erschwert bzw. aus Sicherheitsgründen ausgeschlossen ist. Die Teilnahme an einem legitimen Streik darf nach Art. L 2511-1 Abs. 2 CTrav weder zu Diskriminierung gegenüber anderen Arbeitnehmern führen noch in irgendeiner Form sanktioniert werden. Eine wegen Streiks ausgesprochene *Kündigung* ist daher nichtig, wenn sich der Streikende nicht ein schwerwiegendes Fehlverhalten, *faute lourde*, hat zuschulden kommen lassen. Ein solches Fehlverhalten liegt stets vor, wenn anlässlich eines Streiks Gewalttaten gegen Personen oder Sachen begangen werden, wobei dadurch aber nicht notwendig der gesamte Streik an sich illegal wird. Ein schwerwiegendes Fehlverhalten wird auch in Betriebsbesetzungen jedenfalls dann gesehen, wenn der Betrieb außerhalb der Arbeitszeit besetzt wird und die Arbeitswilligen an der Arbeit gehindert werden. Entsprechendes gilt für Betriebsblockaden, die de facto allerdings

140 Zum Fehlen einer kollektivrechtlichen Friedenspflicht soeben Nr. 178.

sogar dann zeitweilig hingenommen werden und sanktionslos bleiben, wenn dadurch die Versorgung der Allgemeinheit gefährdet wird, z.B. Blockade der Erdölraffinerien im Herbst 2010. Liegt eine faute lourde vor, können außer den angesprochenen Sanktionen außerdem *Schadensersatzpflichten* entstehen, bei deren Annahme die Rechtsprechung jedoch zurückhaltend ist. Auch Gewerkschaften können sich schadensersatzpflichtig machen, wenn durch den Streik eine von ihnen eingegangene kollektivvertragliche Pflicht verletzt wurde.

Wesentlich reservierter als den Streik beurteilt man in Frankreich *Arbeitskampfmaßnahmen der Unternehmer*, besonders die *Aussperrung* (lock-out). Die französische Rechtsprechung geht nicht vom Grundsatz der Waffengleichheit aus, sondern betrachtet die Aussperrung als dem Streikrecht der Arbeitnehmer widersprechende und damit grundsätzlich unzulässige Maßnahme. Gerechtfertigt ist sie ausnahmsweise unter den gleichen Voraussetzungen, die den Arbeitgeber von der Zahlung des Entgelts gegenüber arbeitswilligen Arbeitnehmern entbinden, d.h. wenn der Arbeitgeber durch die Umstände zur Schließung des Betriebs oder Unternehmens *gezwungen* ist, *situation contraignante*, die zum *Chômage technique* führt. Allein in diesem Fall ist die Aussperrung auch für den Arbeitgeber wirtschaftlich sinnvoll, da anderenfalls den Arbeitswilligen das Entgelt fortzuzahlen ist.

180. Betriebliche Mitbestimmung

Von einer „Mitbestimmung" der Arbeitnehmer auf betrieblicher Ebene kann außerhalb des öffentlichen Sektors nur in einem weiteren Sinne gesprochen werden, insbesondere ist die unternehmerische Mitbestimmung nach deutschem Modell zwar lebhaft diskutiert, letztlich aber 1983/1986 nur für Staatsunternehmen eingeführt worden. Da zu diesem Zeitpunkt allerdings große Teile der französischen (Groß-)Unternehmenslandschaft verstaatlicht waren und die Mitbestimmung bei der Reprivatisierung beibehalten wurde, ist die echte Mitbestimmung, *cogestion*, gleichwohl in bedeutenden Unternehmen anzutreffen. Ferner gibt es zahlreiche Maßnahmen, die eine Beteiligung der Arbeitnehmer am Kapital von Unternehmen fördern.[141]

Was die Wahrnehmung der Interessen der Belegschaft im Betrieb außerhalb der unternehmerischen Mitbestimmung betrifft, ist diese auf eine Vielzahl von Institutionen verteilt, die mit zahlreichen Konsultativ- und Informationsrechten ausgestattet sind, auf den meisten Gebieten aber keine Entscheidungsbefugnisse haben. Allgemeine Organe sind die seit der Zeit der Volksfront (1936-38) vorgesehenen *Belegschaftsdelegierten, délégués du personnel*, sowie seit 1945 der *Unternehmensausschuss, comité d'entreprise.* Daneben ist der 1982 mit eigenen Befugnissen ausgestattete Ausschuss für Hygiene, Si-

141 S. hierzu näher *Sonnenberger/Dammann*, III 69 ff.

cherheit und Arbeitsbedingungen, *comité d'hygiène, de sécurité et des conditions de travail*, zu nennen. Ferner hat jede repräsentative Gewerkschaft im Unternehmen das Recht auf Repräsentanz in Gestalt von *sections syndicales*, die in Betrieben mit mindestens 50 Arbeitnehmern Gewerkschaftsvertreter, *délégués syndicaux*, als Sprecher gegenüber der Unternehmensleitung bestimmen. Seit dem Gesetz zur Erneuerung der sozialen Demokratie müssen diese jedoch bestimmte Zustimmungsquoren bei den Arbeitnehmervertreter-Wahlen erreichen.

Die zentrale Rolle nimmt in Betrieben mit mindestens 50 Arbeitnehmern das nach Art. L 2321-1 ff. CTrav mit eigener Rechtspersönlichkeit ausgestattete *comité d'entreprise* ein. Besteht ein Unternehmen aus mehreren getrennten Betrieben, so ist bei entsprechender Beschäftigungszahl in jedem von diesen ein *comité d'établissement* zu bilden; für Konzerne ist seit 1982 ein *comité de groupe* vorgesehen. Bei Kleinbetrieben mit bis zu 200 Beschäftigten besteht die Möglichkeit, die Funktionen des *comité d'entreprise* durch die Belegschaftsdelegierten, dann *délégation unique du personnel* genannt, ausüben zu lassen. Die *comités* setzen sich zusammen aus dem Arbeitgeber, der den Vorsitz führt, und 3 bis 15 Arbeitnehmervertretern, die von den verschiedenen Belegschaftsgruppen für zwei Jahre gewählt werden. Bei der Wahl haben die repräsentativen Gewerkschaften im ersten Wahlgang das Aufstellungsmonopol; sie bestimmen ferner einen Repräsentanten, der mit beratender Stimme an den Sitzungen teilnimmt.

Im Wesentlichen ist das comité d'entreprise *Dialogorgan* mit zahlreichen *Informations- und Konsultativrechten.* Für den Arbeitgeber bestehen zahlreiche, in Art. L 2323-1 ff. CTrav geregelte *Berichtspflichten*, u.a. über die Struktur und Konzernbildungen des Unternehmens und in regelmäßigen Abständen über die Entwicklung der Geschäftstätigkeit und der Beschäftigung; ferner hat er nach Art. L 2323-68 ff. CTrav eine Sozialbilanz zu erstellen. *Konsultationspflicht* besteht etwa bei Kündigungen aus wirtschaftlichem Grund und wichtigen unternehmerischen Entscheidungen, ferner auch im Insolvenzverfahren.[142] Unternehmen mit mehr als 300 Beschäftigten sind seit dem Jahr 2005 – in seither bereits wieder mehrfach modifizierter Form – zu weiteren regelmäßigen Informationen über die Strategie des Unternehmens im Hinblick auf die voraussichtliche Entwicklung der Beschäftigung sowie Personalentwicklungsmaßnahmen verpflichtet, Art. L 2323-50 ff. CTrav. Positive *Entscheidungsbefugnisse* hat das *comité d'entreprise* in diesen zentralen Punkten indes nicht; solche bestehen im Wesentlichen nur hinsichtlich sozialer und kultureller Aktivitäten.

Belegschaftsdelegierte sind in allen Betrieben zu wählen, die mindestens elf Beschäftigte haben. Sie haben nach Art. L 2311-1 CTrav die Aufgabe, die ar-

142 Oben Nr. 172, 173.

beitsrechtlichen Belange der Belegschaft zu wahren und dem Arbeitgeber Beschwerden vorzutragen. Da sie in ständiger Verbindung mit dem staatlichen Arbeitsinspektor als Organ der staatlichen Aufsichtsverwaltung stehen, haben die *délégués du personnel* bedeutenden Einfluss darauf, dass der Arbeitgeber die gesetzlichen Arbeitsbedingungen beachtet und die notwendigen Maßnahmen zum Schutz der Gesundheit der Arbeitnehmer trifft. Die Belegschaftsdelegierten fungieren ferner als Ersatzorgan und übernehmen bei Fehlen oder Karenz des *comité d'entreprise* nach Art. L 2323-13 ff. CTrav einen Teil von dessen Aufgaben, wenn nicht ohnehin von der oben geschilderten Möglichkeit einer Ersetzung des *comité d'entreprise* durch eine *délégation unique du personnel* Gebrauch gemacht wurde. Auch die Aufgaben des *comité d'hygiène, de sécurité et des conditions de travail* werden ersatzweise von den Belegschaftsdelegierten wahrgenommen, Art. L 2323-16 CTrav.

181. Soziale Sicherung

Der Grundsatz einer sozialen Absicherung genießt Verfassungsrang, seit er in Art. 11 der Präambel der Verfassung von 1946 aufgenommen wurde. Ein System der sozialen Sicherung wurde in Frankreich aber anders als in Deutschland nicht durch eine geschlossene Gesetzgebung eingeführt, sondern hat sich seit der Jahrhundertwende nach und nach entwickelt. Es beruht daher auf einer Vielzahl verschiedener Schutzsysteme für verschiedene Bereiche, in denen zum Teil Versicherungsschutz durch staatliche Leistungen ergänzt wird, zum Teil umgekehrt eine staatliche Grundsicherung durch private Systeme flankiert oder ergänzt wird. Die beiden wesentlichen, auch von der Kodifikation her getrennten Bereiche sind die Arbeitslosenversicherung bzw. -unterstützung einerseits und der Bereich der allgemeinen Sozialversicherung andererseits. Während der erste Bereich im Kontext dieses Kapitels steht, kann auf den zweiten Bereich hier nur ein grober Ausblick gegeben werden.

Die *soziale Sicherung im Fall der Arbeitslosigkeit* ist in Frankreich ein vom übrigen System der sozialen Sicherung getrennter Bereich, der auch nicht im Code de la sécurité sociale (CSS), sondern im CTrav geregelt ist, Art. L 5421-1 ff. Seit 1984 existiert ein zweigleisiges System, in dem eine sozialversicherungsrechtliche, paritätisch finanzierte Sicherung durch staatliche Solidarleistungen ergänzt wird. Zuständig sind unabhängig vom Charakter der Leistung die paritätisch organisierten *Associations pour l'emploi dans l'industrie et le commerce* (*ASSEDIC*), die der nationalen Dachorganisation *UNEDIC* unterstehen. Voraussetzung von Leistungen ist der unfreiwillige Verlust des Arbeitsplatzes durch Kündigung oder andere Gründe, darunter nunmehr auch im Falle eines Auflösungsvertrages unter den Voraussetzungen des Art. L 1237-11 CTrav.

Hat der Arbeitnehmer ein gewisses Alter überschritten und für eine bestimmte Mindestzeit Beiträge geleistet, so greift zunächst die paritätisch von Beiträgen der Arbeitnehmer und Arbeitgeber finanzierte *Arbeitslosenversicherung*, *assurance chômage*, nach Art. L 5422-1 ff. CTrav ein. Ergänzt wird die gesetzliche Regelung durch kollektivvertragliche Vereinbarungen; beides zusammen wird als *régime d'assurance chômage* bezeichnet. Die Leistungen setzen sich aus einem absoluten Betrag und einem bestimmten Prozentsatz des bisherigen Gehalts zusammen und sinken über den Zeitraum der Zahlung allmählich ab. Die Dauer der Leistungen bemisst sich nach der Dauer der Beitragszahlung bis zu einer Höchstgrenze, die in den letzten Jahren von fünf auf zwei bis drei Jahre, Letzteres für Arbeitnehmer über 50, abgesenkt wurde.

Für nicht oder nicht mehr leistungsberechtigte Arbeitnehmer kommen nach Art. L 5423-1 ff. CTrav verschiedene Leistungen in Betracht, die durch einen staatlich finanzierten *nationalen Solidaritätsfonds* erbracht werden. Es handelt sich um je nach Situation unterschiedlich bezeichnete Arbeitlosenhilfen, die in Form eines fixen Tagessatzes ausbezahlt werden.

Die Rechtsgrundlagen der *allgemeinen Sozialversicherung* sind seit 1956 im Wesentlichen im CSS zusammengefasst. Die „allgemeine" Sozialversicherung, *régime général*, erfasst die meisten abhängig Beschäftigten – in Frankreich für die meisten Bereiche auch die Beamten – und ihre Angehörigen und damit rund 80% der Bevölkerung. Sie ruht organisatorisch auf nationaler Ebene auf drei öffentlich-rechtlich organisierten Versicherungskassen, der *Caisse nationale d'assurance maladie des travailleurs salariés* für die Kranken- und Unfallversicherung, der *Caisse nationale d'assurance-vieillesse des travailleurs salariés* für die Rentenversicherung und der *Caisse nationale des allocations familiales* für Familienversorgungsleistungen. Unterhalb der nationalen Ebene sind bestehen lokale und regionale Kassen, die privatrechtlich organisiert sind. Neben dem *regime général* bestehen eine Vielzahl von Sonder-Sozialversicherungsorganisationen bzw. -regelungen etwa für Selbstständige, *régime social des indépendants*, und Landwirte, aber auch für kleinere Berufsgruppen wie Angehörige des Militärs, der Handelsmarine oder Bergleute. Hinzu kommen Leistungsträger für bestimmte Bereiche wie etwa Versorgungswerke bzw. Pensionskassen für Ärzte, Anwälte oder Notare, oder auch für Angehörige bestimmter öffentlicher Institutionen oder Unternehmen z.B. Parlamentarier, Banque de France, SNCF.

Die Leistungen der Sozialversicherung decken zunächst die auch in Deutschland versicherten großen Bereiche der Krankheits- und Unfallkosten sowie der Altersrente ab. In der Kranken- und Unfallversicherung werden Kostenersatz und Krankengeld geleistet. Im Regelfall ist eine Selbstbeteiligung vorgesehen, die meist durch freiwillige Zusatzversicherungen auf Gegenseitigkeit, sog. *mutuelles*, aufgefangen wird. Auch im Bereich der Altersrente, die nach der jüngst beschlossenen Reform künftig ab einem Alter von 62 statt wie bisher ab 60 Jahren bezahlt werden soll, haben die *mutuelles* und andere private Versorgungsleistungen, die hauptsächlich auf tarifvertraglicher Grundlage bezahlt werden, sog. *système bis*, erhebliche Bedeutung. Neben diesen beiden Hauptbereichen sind Leistungen aus der Sozialversicherung auch etwa für Berufsunfähigkeit und frühzeitige Invalidität, Mutterschaftskosten oder den Todesfall vorgesehen. Hier und vor allem bei den sehr differenzierten Familienversorgungsleistungen, die Kindergeld, Ausbildungsbeihilfen, Wohngeld oder auch Mehraufwendungen für Behinderte umfassen, geht der Anwendungsbereich der französischen Sozialversicherung über das deutsche System hinaus.

Finanziert wird dieses System grundsätzlich durch Beiträge der Arbeitnehmer und sonstigen Personen, auf die das System ausgedehnt wurde – wie z.B. Beamte – und deren Arbeitgeber. Im Unterschied zu Deutschland ist der Arbeitgeberanteil höher als derjenige der Arbeitnehmer; zudem werden die Leistungen der Familienversorgung von den Arbeitgebern und Selbstständigen allein finanziert. Auch der Staat trägt einen Anteil an der Finanzierung, indem gesundheitsrelevante Steuern wie etwa die Tabaksteuer dem System zugeführt werden. Die Berechnung und Einziehung der Beitragszahlungen ist für die verschiedenen Zweige der Sozialversicherung gemeinsam unter dem Dach der *Unions de Recouvrement des Cotisations de Sécurité Sociale et d'Allocations Familiales* (URSSAF) konzentriert, die auch den Unternehmen als einheitliche Abwicklungsadresse zur Verfügung steht.

Fünftes Kapitel:

Bank- und Kreditsicherungsrecht

Literatur zum Bankrecht einschließlich der Bankgeschäfte und Bankenhaftung (§§ 1, 2 und 4): *Bonneau*, Droit bancaire, 8. Aufl., 2009; *Dekeuwer-Défossez*, Droit bancaire, 9. Aufl., 2007; *Dekeuwer-Défossez/Moreil*, Droit bancaire, 10. Aufl., 2010; *Gavalda/Stoufflet*, Droit bancaire, 8. Aufl., 2010; *Morel-Maroger/Gérard/Decocq*, Droit bancaire, 2011; *Sonnenberger/Dammann*, Kap. VII.

Zum Kreditsicherungsrecht (§ 3): *Ancel*, Droit des sûretés, 5. Aufl., 2008; *Barthez/Houtcieff*, Les sûretés personnelles, 2010; *Cabrillac/Cabrillac/Pétel/Mouly*, Droit des sûretés, 8. Aufl., 2010; *Malaurie/Aynès/Crocq*, Les sûretés, la publicité foncière, 4. Aufl., 2009; *Mestre/Putman/Billiau*, Bd. 1: Droit commun des sûretés réelles; Bd. 2: Droit spécial des sûreté réelles, 1996; *Legeais*, Sûretés et garanties du crédit, 8. Aufl., 2011; *Piedelièvre*, Les sûretés, 2008; *Seube*, Droit des sûretés, 5. Aufl., 2010; *Simler*, Cautionnement, garanties autonomes, garanties indemnitaires, 4. Aufl., 2009; *Simler/Delebecque*, Les sûretés, la publicité foncière, 5. Aufl., 2009; *Sonnenberger/Dammann*, Kap. VII, VIII.

§ 1 Begriff und Grundlagen des Bankrechts

182. Entwicklung und Rechtsquellen

Wie in Deutschland wurde die Tätigkeit der Banken auch im französischen Recht im Ursprung als ein Teil des Handelsrechts angesehen. Dieser rein zivilistischen Betrachtung der Materie entsprach die Abwesenheit spezifischer Regulierungen des Bankensektors bis in das 20. Jahrhundert hinein. Erst in den 30er Jahren wurden erstmals einzelne Teilbereiche geregelt und mit Gesetzen vom 13. und 14.6.1941 ein Statut der Banken und der Finanzinstitute festgelegt. Auf diese beiden und ein weiteres Gesetz vom 2.12.1945, mit dem zugleich eine erste Welle von Verstaatlichungen im Bankensektor einherging, blieb die Regulierung im Wesentlichen bis zum Ende der 70er Jahre beschränkt. Die 80er Jahre mit der Ära Mitterand waren zum einen geprägt durch die Verstaatlichung eines Großteils des Bankensektors im Jahr 1982, die jedoch ab 1986 sukzessive rückgängig gemacht wurde und in der heutigen Bankenlandschaft kaum mehr Spuren hinterlassen hat. Von bleibender Bedeutung war hingegen ein Gesetz vom 24.1.1984, mit dem das Recht der Banken, insbesondere deren Statut und Aufsicht, erstmals umfassend kodifiziert und systematisiert wurde. Dieses Gesetz wurde im Jahr 2000 mit weiteren Vorschriften, darunter insbesondere einem Gesetz vom 2.7.1996 über Investmentgesellschaften und die entsprechenden Dienstleistungen, in inhaltlich unveränderter Form zum *Code Monétaire et Financier* (CMF) zusammengefügt. Trotz einer großen Zahl von späteren Reform- und Einzelgesetzen,[1] die Teilbereiche des CMF modifiziert oder, wie sogleich darzustellen, der Kategorie des Kreditinstituts neue Kategorien an die Seite gestellt haben, kann man noch heute die *loi bancaire* von 1984 als das Grundgesetz des Bankrechts bezeichnen.

Dies bedeutet allerdings nicht, dass es sich um die einzige wesentliche Quelle des Bankrechts handeln würde. In den Quellen spiegelt sich vielmehr weiterhin – wie auch im deutschen Recht – die Eigenart des Bankrechts als Zusammenfassung von zivil- und verwaltungsrechtlichen Normen, deren Gemeinsamkeit in ihrem Bezug zur Tätigkeit der Kreditinstitute liegt. Quellentechnisch ist diese Zusammenfassung in Frankreich mit der Kodifikation im CMF weiter fortgeschritten als in Deutschland: Der CMF enthält zunächst – wenn man von den übergeordneten EU-rechtlichen Quellen absieht, die ebenso das deutsche Bankrecht überlagern und daher hier keiner gesonderten Erwähnung bedürfen – alle wesentlichen öffentlich-rechtlich geprägten gesetzlichen Grundlagen des Bankrechts, betreffend das Statut der Kreditinstitute, ihre Zulassung und Aufsicht.[2] Bereits einige dieser Normen strahlen – etwa was die Normierung grundlegender Pflichten gegenüber den Kunden wie die Verschwiegenheitspflicht betrifft – auf das Zivilrecht aus. Der CMF enthält aber darüber hinaus auch dem Zivilrecht zuzuordnende Vorschriften über einzelne Bankgeschäfte wie etwa den *crédit-bail* oder das Scheckrecht. Die meisten und wesentlichen Bankverträge finden ihre rechtliche Grundlegung allerdings – wie auch im deutschen Recht – weiterhin im bürgerlichen Recht, so sind insbesondere der Kredit und die meisten Kreditsicherheiten weiterhin im CC geregelt. Gerade der Bereich des Kredits ist zudem von verbraucherschützenden Vorschriften überlagert, die im CConsom angesiedelt sind. Auch dem Handelsrecht kommt weiter Bedeutung zu; so finden sich im CCom Vorschriften über die *effets de commerce* hinsichtlich der Handelsgeschäfte, zu denen nach Art. L 110-1 Nr. 7 CCom u.a. auch die *opérations de banque* zählen. Schließlich sind die *usages bancaires* zu nennen, die als ungeschriebene Verhaltensregeln vor allem für die Rechtsbeziehungen von Banken untereinander von Bedeutung sind.[3]

183. Regelungsbereich des Bankrechts: Bankgeschäfte, Kreditinstitute und verwandte Kategorien

Gegenstand und Regelungsbereich des Bankrechts in Frankreich werden im Grundsatz durch zwei Kernbegriffe bestimmt: Die ihm unterliegenden Akteure sind die *Kreditinstitute*, *établissements de crédit*. Diese sind in Art. L 511-1

1 Vgl. die Aufstellung bei *Bonneau* Nr. 9.

2 Wichtig sind in diesem Bereich auch die Rechtsquellen unterhalb der Gesetzesebene, insbesondere die heute vom Wirtschaftsminister erlassenen *règlements*; vgl. hierzu *Bonneau* Nr. 10.

3 Vgl. *Bonneau* Nr. 12.

CMF definiert als juristische Personen, die in Ausübung ihres Gewerbes regelmäßig *Bankgeschäfte* betreiben, *opérations de banque*. Die Verknüpfung von Akteur und Aktivitäten ist wechselseitig: Es dürfen Bankgeschäfte als regelmäßige Tätigkeit grundsätzlich nur von Kreditinstituten betrieben werden, Art. L 511-5 CMF; die Kreditinstitute sind beschränkt darin, Nicht-Bankgeschäfte, *activités non-bancaires*, zu betreiben, Art. L 511-3 CMF. Die Stringenz dieser Abgrenzung hat freilich der dynamischen Entwicklung des Finanzsektors nicht standhalten können, so dass sich neben dem Begriff des Kreditinstituts andere Kategorien etabliert haben, die jeweils in Teilbereichen Regelungen des Bankrechts unterworfen sind.

Die unten in § 2 noch näher zu behandelnden *Bankgeschäfte* sind in Art. L 311-1 CMF aufgezählt; zu ihnen rechnen die Entgegennahme von Mitteln Dritter, *reception de fonds du public*, Kreditgeschäfte, *opérations de crédit*, und Bereitstellung und Verwaltung von Zahlungsmitteln. Die *reception de fonds du public* ist in Art. L 312-2 CMF näher bestimmt und umfasst insbesondere das Einlagengeschäft, nicht hingegen die Mittelaufbringung von Gesellschaften durch ihre Anteilseigner. Zu den *opérations de crédit* gehört neben der Darlehensvergabe auch die Stellung von Sicherheiten wie Bürgschaften und Garantien sowie Leasing, Factoring und Diskont. Die typischerweise mit Bankgeschäften verbundenen Tätigkeiten, *opérations connexes*, Art. L 311-2 CMF, wie Beratung bei Vermögensanlage und Transaktionen sowie Handelstätigkeiten, können von den Kreditinstituten uneingeschränkt ausgeübt werden, während andere Tätigkeiten wie z.B. die Eingehung von Unternehmensbeteiligungen reguliert sind, Art. 511-2 CMF. Die *activités non-bancaires* dürfen generell nicht regelmäßig betrieben werden und keinen bedeutenden Anteil am Umsatz darstellen. Welche Geschäfte hierunter fallen, wird im Gesetz nicht näher definiert und kann daher nur negativ gegen die Bankgeschäfte und damit verbundenen Tätigkeiten abgegrenzt werden.

Auf der Gegenseite besteht für Bankgeschäfte gemäß Art. L 511-5 CMF grundsätzlich ein *Bankenmonopol*, das wie erwähnt zwischenzeitlich vielfache Einschränkungen erfahren hat. Es gibt zunächst einige in Art. L 511-6f. CMF geregelte Ausnahmen wie z.B. die Kreditgewährung innerhalb eines Verbundes von Gesellschaften. Generell vom Bankenmonopol befreit sind neben den öffentlichen Institutionen auf dem Bankensektor (Schatzamt, *Banque de France* und *Caisse des dépôts et consignations* die Versicherungen und die Investmentgesellschaften, *entreprises d'investissement*. Letztere entfalten neben den Banken Investment-Tätigkeit von der Vermögensverwaltung bis hin zum Börsengang und Eigenhandel, Art. L 321-1 CMF, und dürfen in diesem Zusammenhang auch Bankgeschäfte betreiben. Zusammen mit den Banken unterliegen sie daher einer einheitlichen Aufsicht und sind einigen gemeinsamen Regelungen wie etwa der Verschwiegenheitspflicht nach Art. L 511-33 CMF unterworfen.

Daneben treten weitere Akteure, deren Tätigkeit auf dem Finanzsektor eine Anwendung von Teilbereichen des Bankrechts und damit die Entwicklung weiterer Kategorien neben derjenigen des Kreditinstituts bedingt hat. Zunächst sind dies die Holdinggesellschaften, die selbst keine Bankgeschäfte betreiben, sondern Kreditinstitute und/oder Investmentgesellschaften halten, sog. *compagnie financière* nach Art. L 517-1 CMF, bzw. nunmehr – im Zuge der zeitweiligen Tendenz zur Schaffung integrierter Finanzkonzerne – als sog. *compagnie financière holding mixte* auch Töchter aus dem Versicherungssektor kontrollieren dürfen, Art. L 517-4 CMF. Daneben wurde zur Umsetzung der unionsrechtlichen Niederlassungs- und Dienstleistungsfreiheit der Begriff des *établissement financier* wiederbelebt.[4] Es handelt sich hierbei nach Art. L 511-21 Nr. 4 CMF um Unternehmen, die in ihrem Heimatstaat nicht als Kreditinstitut zugelassen sind, und bestimmte Tätigkeiten bzw. Dienstleistungen im Bereich des Investments oder des Zahlungsverkehrs erbringen oder entsprechende Beteiligungen halten. Befindet sich ihr Sitz in einem anderen EU-Staat, dürfen sie im Hinblick auf die genannten Grundfreiheiten auch Bankgeschäfte tätigen. Die jüngste Kategorie ist schließlich diejenige des *établissement de paiement*, welches Dienstleistungen auf dem Gebiet des Zahlungsverkehrs, aber auch damit zusammenhängende Tätigkeiten wie Kreditgewährung erbringen darf. Es unterliegt im Gegenzug aber auch mit Kreditinstituten und Investmentgesellschaften der einheitlichen Bankenaufsicht.

184. Gliederung des Bankensektors

Unter den Kreditinstituten unterscheidet der CMF in Art. L 511-9 im Hinblick auf die Tätigkeitsbereiche und die erforderliche Zulassung fünf verschiedene Kategorien: Neben dem gesetzlichen Regeltypus der *Universalbank* sind zunächst die *banques à caractère coopératif ou mutualiste* zu nennen, die besonderen Statuten unterliegen, Art. L 512-1 ff. CMF. Es handelt sich um Institute mit genossenschaftlicher oder auf Gegenseitigkeit ausgerichteter Struktur, die insbesondere auf lokaler Ebene und für bestimmte Berufsgruppen eine sehr wichtige Rolle spielen und auf nationaler Ebene durch ein Zentralinstitut vertreten werden. Zu diesem Teilsektor zählen insbesondere die Organisationen des Crédit Agricole und des Crédit Mutuel sowie die Netzwerke der Volksbanken, *banques populaires* und der *caisses d'épargne et de prévoyance*. Wenn Letztere häufig mit der Bezeichnung „Sparkassen" übersetzt werden, darf dies nicht darüber hinwegtäuschen, dass sie anders als die deutschen Sparkassen dem genossenschaftlichen Sektor zuzuordnen sind und mit den Volksbanken eine gemeinsame nationale Vertretung haben. Von einer öffentlichen Zielsetzung geprägt und weitgehend öffentlich finanziert sind hingegen die *Caisses*

4 Dieser hatte bereits in einem Gesetz aus dem Jahr 1941 existiert, bezeichnete dort aber Finanzunternehmen, die keine Einlagen von Privaten entgegennehmen durften, vgl. *Bonneau* Nr. 304.

de crédit municipal als dritter Teilsektor. Es handelt sich um autonome kommunale Institute, die seit 1992 auch nicht mehr über ein nationales Zentralorgan verfügen; ihr Auftrag liegt in erster Linie in der Kreditvergabe an Bedienstete der öffentlichen Hand. Der vierte Teilsektor ist derjenige der *sociétés financières*, deren *agrément* nur bestimmte Bankgeschäfte wie Factoring, Leasing oder Dienstleistungen auf dem Gebiet der Zahlungsmittel umfasst. Die *institutions financières spécialisées* schließlich als fünfter Teilbereich sind ebenfalls auf bestimmte Aktivitäten beschränkt, mit denen sie jedoch im Rahmen eines öffentlichen (Förder-)Auftrags, *mission de service public*, betraut sind.

Hinzu treten außerhalb der genannten Kategorien die öffentlichen Institutionen mit Sonderstatus, nämlich das staatliche Schatzamt, *Trésor public*, die *Caisse des dépôts et consignations*, die Beteiligungen an Finanzinstituten hält und Infrastrukturprojekte finanziert, und schließlich die Nationalbank, die *Banque de France*. Diese bereits im Jahr 1800 geschaffene Institution ist seit mehreren Reformen in den 90er Jahren von der Regierung unabhängig; ihre Funktionen liegen heute – nachdem die Kompetenz auf dem Gebiet der Währungs- und Geldpolitik auf die Europäische Zentralbank übergegangen ist – vor allem in der Verwaltung der Devisen- und Goldreserven und in der Sammlung von Informationen auf nationaler Ebene in Zentralregistern, z.B. über Unregelmäßigkeiten und Zahlungsstörungen. Sie ist ferner als Bank für den Staat tätig, verwaltet also die Konten des Staates und emittiert und verwaltet die öffentlichen Schuldpapiere.

Der französische Bankensektor hat in den letzten Jahrzehnten zahlreiche und z.T. tiefgreifende Veränderungen erfahren. Wie in Deutschland ist ein Konzentrationsprozess zu verzeichnen, der in Frankreich zusätzlich von einer Annäherung der Sektoren mit Sonderstatus an die privat organisierten Universalbanken begleitet ist. Deutlichstes Beispiel hierfür ist der Crédit Agricole, dessen Zentralinstitut nach der Übernahme des Crédit Lyonnais zu einer im Euro-Stoxx 50 enthaltenen universellen Bank mit internationaler Bedeutung geworden ist. Auch für das kürzlich geschaffene gemeinsame Zentralinstitut der Volksbanken und Sparkassen deutet sich eine Entwicklung in dieser Richtung an. Schließlich ist, ermöglicht durch ein Gesetz aus dem Jahr 2005, außerhalb der genannten Kategorien auch noch die Post auf dem Bankensektor tätig geworden und könnte eine ähnliche Entwicklung erfahren. Auf der anderen Seite hat sich die öffentliche Hand aus dem Bankensektor zurückgezogen; von der Verstaatlichung im Jahr 1982 haben sich nur winzige Reste erhalten. Die Finanzmarktkrise hat freilich den Staat jedenfalls als Refinanzierungsgaranten der Banken wieder auf den Plan gerufen,[5] was auch regulatorisch einen Wendepunkt bedeuten könnte.

---

5 S. hierzu sogleich Nr. 186 a.E.

185. Bankenregulierung und -aufsicht

Für die Regulierung des Bankensektors unterhalb der Gesetzesebene ist nach Art. L 611-1 ff. CMF der Wirtschaftsminister zuständig, dem dabei beratende Organe zur Seite stehen. Zu nennen sind insbesondere zum einen das *Comité consultatif du secteur financier*, CCSF, nach Art. L 614-1CMF, bestehend aus Vertretern des Bank- und Versicherungsgewerbes einerseits und der Kunden andererseits, und zum anderen das *Comité consultatif de la législation et de la règlementation financière*, CCLRF, nach Art. L 614-2 CMF, bestehend aus 14 Mitgliedern unter Vorsitz des Wirtschaftsministers.

Die exekutiven Funktionen der Bankenzulassung und -aufsicht sind in Frankreich im Jahr 2010 einschneidend reformiert und dabei zentralisiert worden. Waren diese bislang in Zulassung und andere Einzelfallentscheidungen einerseits und Überwachung der Geschäftstätigkeit der Banken und ihrer Finanzlage im Sinne der allgemeinen Bankaufsicht andererseits auf selbstständige Behörden, *Comité des établissements de crédit et des entreprises d'investissement*, CECEI, und *Commission Bancaire*, aufgeteilt, wurde nunmehr unter Zusammenlegung mit der Versicherungsaufsicht eine einheitliche Kontroll- und Aufsichtsbehörde für den Finanzsektor geschaffen, die *Autorité de contrôle prudentiel*, ACP, Art. L 612-1 ff. CMF. Es tritt damit neben die AMF,[6] welche die Märkte beaufsichtigt, eine zweite zentrale Instanz, die unter dem Eindruck der Finanzmarktkrise eine umfassende Aufsicht und Kontrolle der Akteure gewährleisten soll. Neben der Zusammenlegung beinhaltet die Reform auch verstärkte Befugnisse der Behörde und nicht zuletzt eine Aufstockung der personellen Ausstattung.

Die neue Behörde setzt sich zusammen aus dem Gouverneur der Banque de France als Vorsitzendem, den Präsidenten der Börsenaufsicht AMF, der Bilanzierungsbehörde, je einem Richter des *Conseil d'État* und der *Cour de Cassation*, einem Mitglied des Rechnungshofs sowie insgesamt elf weiteren Mitgliedern, die von verschiedenen Stellen aufgrund ihrer beruflichen Erfahrung oder ihrer Expertise im Finanz- und Versicherungswesen ernannt werden. Es handelt sich wie bei der AMF um eine unabhängige *autorité administrative*.[7]

Anstelle des CECEI obliegt nunmehr der ACP zum einen der Erlass der nach dem CMF vorgesehenen Entscheidungen im Einzelfall im Wege des Verwaltungsakts. Die wichtigste dieser Entscheidungen ist diejenige über die Zulassung zur Tätigkeit als Bank oder Investmentgesellschaft, *agrément*. Art. L 511-9 ff. regeln das Verfahren und die Zulassungsvoraussetzungen insbesondere hinsichtlich Rechtspersönlichkeit und Kapitalausstattung des Instituts sowie Qualifikation der Leitungsorgane. Das *agrément* wird nicht in genereller Form erteilt, sondern spezifiziert die Kategorie und damit den zugelassenen Tätig-

---

6 Oben Nr. 159.
7 Oben Nr. 52.

keitsbereich des Instituts. Bei einem Zusammenschluss von Unternehmen, die der Kontrolle der ACP unterliegen, gibt diese nach L 612-22 CMF im Genehmigungsverfahren vor der *Autorité de la concurrence* eine Stellungnahme, *avis*, ab.

Das Haupttätigkeitsfeld der ACP ist die Überwachung der Geschäftstätigkeit der Banken und Versicherungen sowie ihrer Finanzlage im Sinne der *allgemeinen Bank- und Versicherungsaufsicht*. Was die Bankaufsicht angeht, hat die ACP insoweit die Zuständigkeiten der *Commission Bancaire* übernommen. Die Kontrolle wird zum einen durch regelmäßige Informationen bzw. Berichte vor allem über relevante Kennzahlen und die interne Organisation ausgeübt, welche die ACP bei den Kreditinstituten anfordert. Art. L 612-24 überlässt der ACP weitgehenden Spielraum hinsichtlich der Anforderungen an diese Berichte und gewährt ein umfassendes Einsichtsrecht. Wie in Deutschland die BAFin führt die ACP ferner bei den Kreditinstituten Prüfungen vor Ort durch. Art. L 612-30 ff. CMF eröffnen ein breites Spektrum an verwaltungspolizeilichen Maßnahmen, um festgestellte Missstände zu beseitigen. Wird eine Gefährdung der Zahlungsfähigkeit festgestellt, können nach Art. L 612-33 f. CMF spezielle Schutzmaßnahmen von besonderer Beaufsichtigung über die Sicherung von Aktiva bis hin zur Anordnung einer vorläufigen Verwaltung ergriffen werden. Die ACP übt auch eine disziplinare Strafgewalt aus und kann in diesem Rahmen nach Durchführung eines Disziplinarverfahrens gem. Art. L 612-38 ff. CMF Strafen bis hin zum Entzug, *radiation*, des *agrément* verhängen.

§ 2 Bankgeschäfte

Die nachfolgende Darstellung der einzelnen Bankgeschäfte orientiert sich an der französischen Systematik und stellt daher diejenigen Geschäfte, die in Art. L 311-1 CMF als die prägenden Bankgeschäfte definiert werden, in den Vordergrund. Während für diese charakteristischen Bankgeschäfte, soweit im Rahmen dieses Überblicks möglich, auch das vertragsrechtliche Grundgerüst erläutert werden soll, muss sich die Darstellung für andere Bankgeschäfte, die nach französischem Verständnis nur Annex der Banktätigkeit sind, auf einen Kurzüberblick beschränken.

186. Kreditgeschäfte

Der wichtigste Teilbereich der Bankgeschäfte sind die Kreditgeschäfte, deren Begriff in Art. L 313-1 CMF in einem umfassenden Sinne legal definiert wird als Geschäfte, bei denen einem Kreditnehmer gegen Entgelt entweder Geld zur Verfügung gestellt oder aber für ihn gegenüber einem Dritten eine Verbindlichkeit eingegangen wird. Neben dem Darlehen, *crédit*, und modernen Finanzierungsformen wie Leasing, Art. L 313-1 Abs. 2 CMF, oder Factoring umfasst der Begriff damit auch die entgeltliche Stellung von Sicherheiten wie Bürgschaften oder Garantien, was in der Literatur zu unterschiedlichen Zuordnungen und Kategorisierungen führt. Systematische Schwierigkeiten bereitet auch die Abgrenzung zwischen Kredit- und Sicherungsgeschäften. Instrumente, die – wie klassisch der Wechsel, aber z.B. auch das Factoring – sowohl Kredit- wie Sicherungsfunktionen einnehmen können, werden teilweise als gesonderte Kategorie der Kreditgeschäfte, *financement-crédit*, dargestellt. Gegenüber den gesellschaftsrechtlichen Gewinn- und Verlustgemeinschaften wird der Kredit durch das zinsförmige Entgelt und vor allem die unbedingte Rückzahlungsverpflichtung abgegrenzt; bei Einmischung in die Geschäftsführung kann aber insbesondere Banken eine Haftung als Quasi-Gesellschafter drohen.[8]

Unter den *einzelnen Kreditarten* ist zunächst als Grundtypus das *Darlehen* zu nennen.[9] Die grundsätzlichen Regelungen für das Darlehen finden sich im CC; je nachdem, ob es sich um Verbraucherdarlehen oder Darlehen gegenüber Kaufleuten und Unternehmen handelt, treten aber weitere Regelungen im CConsom im ersten bzw. im CCom und im CMF im zweiten Fall hinzu. In der Literatur wird häufig nach der Laufzeit zwischen kurz-, mittel- oder langfristigen Darlehen unterschieden, wobei aus dieser Unterscheidung letztlich wenig bedeutsame Konsequenzen gezogen werden.

Bedeutsamer sind bestimmte Unterarten des Kredits, die sich in der Praxis wegen Besonderheiten in der Funktion oder Begründung als eigenständige Figuren herausgebildet haben. In die erste Kategorie gehört insbesondere der Diskont, *escompte*, dessen kreditierende Funktion in der sofortigen Gutschrift der diskontierenden, d.h. ein Handelspapier erwerbenden Bank besteht. Ob es sich überhaupt um ein – durch die Indossierung des Wechsels gesichertes – Darlehen handelt oder um einen Kauf, ist allerdings umstritten. Die früher große Bedeutung insbesondere des Wechseldiskonts hat in jüngerer Zeit stark nachgelassen, woran wohl auch die zwischenzeitlich bestehende Möglichkeit, den schwerfälligen effektiven Umlaufs des Wechsels durch elektronische Übermittlung zu ersetzen, *lettre de change rélevé*, nichts mehr ändern wird.

Nach Besonderheiten der *Begründung* haben sich weitere Unterarten des Kredits verselbstständigt. Grundsätzlich ist der Kreditvertrag im CC als Realvertrag angelegt, der erst mit Übergabe des Geldbetrages zustande kommt. Gegenüber Kaufleuten handelt es sich allerdings um einen Konsensualvertrag.[10]

---

8 Vgl. Cass.Com. vom 24.9.2003, D 2004, 1305. Zur Situation in der Insolvenz oben Nr. 173 a.E.
9 S. hierzu bereits oben Nr. 102.
10 Cass.Civ. vom 28.3.2000, JCP 2000 II 10296 Anm. *Sainte-Rose*. S. auch allgemein bereits oben Nr. 99.

Als gesonderte Form haben sich in der Praxis die Krediteröffnungsverträge, *ouvertures de crédit*, etabliert. Hierunter werden Vereinbarungen über eine (Überziehungs-)Kreditlinie, auch *facilité de caisse* oder *ligne de crédit* genannt, verstanden, die auch durch Duldung zustande kommen können. Rechtstechnisch werden diese Vereinbarungen als *promesse de prêt*, d.h. einseitiges Versprechen des Kreditgebers, qualifiziert, dessen Inanspruchnahme durch den Kreditnehmer dann den Kreditvertrag zustande bringt. Als *avance*, Kassenkredit, wird die bloße Tolerierung einer Überziehung im Rahmen einer bestehenden Kontoverbindung bezeichnet.

Hinsichtlich der Vertragspflichten ergeben sich gegenüber dem CC einige Besonderheiten. Während das Darlehen des CC auch unentgeltlich sein kann, ist das Kreditgeschäft im Sinne der Legaldefinition des Art. L 313-1CMF durch die Vereinbarung eines Entgelts bestimmt. Der Zins kann grundsätzlich frei vereinbart werden; in Verbraucherkreditverträgen darf allerdings gemäß Art. L 313-3 CConsom der Zins höchstens ein Drittel über dem durchschnittlich im vorangegangenen Trimester für vergleichbare Kredite angewandten Durchschnittszins liegen, der von der Banque de France ermittelt und im Journal Officiel veröffentlicht wird. Hierbei ist der Effektivzins, *taux effectif global*, TEG, maßgeblich, der gemäß Art. L 313-1f. CConsom unter Einschluss aller Kreditnebenkosten zu berechnen und in allen kreditvertraglichen Schriftstücken auszuweisen ist. Das Verbot wucherischer Zinsen ist strafrechtlich sanktioniert, Art. L 313-5 CConsom, während sich die zivilrechtliche Folge in der Anwendung des gesetzlichen Zinssatzes, *taux légal*, erschöpft. Dieser greift auch ein, wenn der TEG nicht ausgewiesen oder gar keine konkrete Zinshöhe vereinbart wurde. Der *taux légal* wird nach Art. L 313-2 CMF jährlich je nach den Kapitalmarktkosten durch Dekret festgesetzt. Gemäß Art. 1154 CC gilt das Verbot des Zinseszinses. Neben dem Entgelt können den Kreditnehmer weitere Pflichten treffen, insbesondere werden bei komplexeren Unternehmens- oder Projektfinanzierungen gemäß dem heute üblichen internationalen Standard häufig bestimmte Verpflichtungen des Kreditnehmers zur Einhaltung bestimmter Maßzahlen bei Bilanz oder Cash-flow aufgenommen. Auf Seiten des Kreditgebers bestehen neben der Hauptpflicht der Auszahlung der Darlehensmittel bestimmte Nebenpflichten, auf die im Rahmen der Bankenhaftung noch näher eingegangen wird.[11]

Die *Beendigung des Kredits* ist unterschiedlich geregelt je nachdem, ob es sich beim Kreditnehmer um eine Privatperson handelt oder um ein Unternehmen. Im ersten Fall richtet sich die Kündigung nach dem allgemeinen Vertragsrecht des CC, d.h. die Kündigung ist bei unbefristeten Verträgen – ggf. unter Einhaltung einer angemessenen Kündigungsfrist – möglich, während über einen bestimmten Zeitraum geschlossene Verträge nur bei einem Fehlverhalten des Kunden gemäß Art. 1184 CC klageweise aufgehoben oder unter zusätzlichen

11 Unten Nr. 195.

besonderen Voraussetzungen durch einseitige Erklärung beendet werden können. Gegenüber Unternehmen gilt Art. L 313-12 CMF, der die Kündigung von Darlehen mit unbestimmter Laufzeit grundsätzlich an die Einhaltung einer Frist von 60 Tagen bindet. Die in Abs. 2 der Vorschrift geregelten Ausnahmen, die eine sofortige Kündigung ermöglichen – endgültige Zerrüttung der Vermögensverhältnisse einerseits und Zerstörung der Vertrauensbasis durch schwerwiegendes Fehlverhalten des Kunden andererseits –, werden zugleich als Kündigungsgründe für Darlehen mit fester Laufzeit angesehen. Die Kündigung kann ferner – insbesondere im Hinblick auf die Einhaltung der oben erwähnten Verpflichtungen zur Einhaltung bestimmter Kennzahlen – vertraglich ermöglicht werden.

Verhältnismäßig große Aufmerksamkeit genießt im französischen Schrifttum die Frage der *Refinanzierung der Kreditinstitute*, *mobilisation des crédits*, der auch zahlreiche Vorschriften des CMF gewidmet sind. Die klassisch gängige Form der Refinanzierung, die Rediskontierung von Kundenwechseln durch die Banque de France zu einem festen Rediskontsatz, hat mit der Entwicklung des Kapitalmarkts ihre Bedeutung eingebüßt und wurde 1994 durch die Banque de France eingestellt. Eine der an ihre Stelle getretenen Transaktionsformen sind die in Art. L 211-27 ff. CMF geregelten *Pensionsgeschäfte*, *opérations de pension*, bei denen ein Refinanzierungskredit bei einer anderen Bank durch die *Hinterlegung von Forderungen*, meist Anleihen, besichert wird. Sehr ähnlich ist die besicherte Refinanzierung mittels des unten noch im Einzelnen darzustellenden *bordereau Dailly*, das Forderungen des Kreditnehmers gegen dessen Schuldner verkörpert[12]: Die refinanzierungsbedürftige Bank kann die von ihr nach außen gewährten Kredite entweder selbst auf diese Weise verkörpern und den von ihr ausgestellten Titel zur Besicherung einer Refinanzierung einsetzen oder das von ihrem Schuldner erhaltene *bordereau* an die refinanzierende Bank weiterübertragen bzw. für diese besonders verwahren.

Wie allgemein im internationalen Bankenmarkt hat auch in Frankreich – nicht zuletzt im Hinblick auf die im Rahmen von „Basel II" vorgeschriebenen Bilanzrelationen – die klassische Form der Refinanzierung zugunsten des *Verkaufs von Forderungen*, *titrisation de créances*, an Boden verloren. Dies geschieht regelmäßig im Rahmen der in Art. L 214-42-1 ff. CMF geregelten Schaffung von sog. *organismes de titrisation*, meist in Form eines sog. *fonds commun de créances (FCC)*, eines Zweckvehikels ohne eigene Rechtspersönlichkeit,[13] an welches die Forderungen übertragen werden. Der FCC muss nach Art. L 214-44 CMF von international anerkannten Ratingagenturen bewertet werden und emittiert seinerseits Wertpapiere, die den Investoren eine Miteigentümerstellung an den erworbenen Forderungen vermitteln, Art. L 214-43 CMF, während das übertragende Kreditinstitut gegenüber den Schuld-

12 Unten Nr. 192.
13 Oben Nr. 97.

nern weiterhin die Forderungen verwaltet und für den FCC einzieht. Diesc und ähnliche Formen der Refinanzierung beherrschen mittlerweile auch die Refinanzierung von Hypothekendarlehen, die bis zum Jahr 1999 einem Monopol des *Crédit Foncier de France* unterworfen waren. Seit der Aufhebung dieses Monopols regeln Art. L 515-13 ff. CMF für die Refinanzierung von durch erstrangige Hypotheken besicherten Darlehen die Schaffung von Zweckgesellschaften, *sociétés de crédit foncier*, die sich durch Emission von sog. *obligations foncières* am Markt refinanzieren.

Während der Finanzkrise hat der französische Staat durch ein Gesetz vom 16.10.2008 eine Notfall-Finanzierung der Kreditinstitute sichergestellt.[14] Mit dem Gesetz wurden – neben der Schaffung einer Rechtsgrundlage für die während der akuten Phase der Krise ad hoc bereitgestellten Soforthilfen – eine „Finanzierungsgesellschaft der französischen Wirtschaft“, *Société de Financement de l'Économie Française*, SFEF, und eine „Staatliche Beteiligungsgesellschaft“, *Société de Prise de Participation de l'Etat*, SPPE, geschaffen, die gefährdeten Finanzinstituten Kredite gewähren (SFEF) bzw. Eigenkapital zur Verfügung stellen (SPPE) können und sich selbst jeweils durch Begebung staatlich garantierter Schuldtitel refinanzieren. Bei Gefahr in Verzug kann der französische Staat nach dem Gesetz ausnahmsweise auch direkt für von den Kreditinstituten begebene Titel garantieren.

187. Einlagengeschäft und Bankkonten

Im Rahmen der zweiten Kategorie der in Art. L 311-1 CMF aufgeführten Bankgeschäfte, der Entgegennahme von Mitteln Dritter, *reception de fonds du public*, wird im französischen Schrifttum neben dem Einlagengeschäft vor allem das damit zusammenhängende Kontowesen erörtert.

Die *Einlage*, *dépôt*, wird vom CMF an mehreren Stellen als Regelungsgegenstand behandelt, so dass in ihr teilweise ein eigenständig zu qualifizierendes Rechtsverhältnis gesehen wird.[15] Charakteristisch ist nach allgemeiner Auffassung jedenfalls, dass durch die Einlage von Geld eine Forderung des Kunden gegen die Bank auf Rückgabe (nur) der eingelegten Summe Geldes begründet wird. Je nach Dauer oder besonderen Bedingungen werden Sicht-, Termin- und diverse Formen von *Spareinlagen* unterschieden, *dépôt à vue*, *dépôt à terme*, *comptes d'epargne*, *comptes sur livret*. Art. L 213-1 CMF sieht als besondere Form auch die Verkörperung von Einlagen durch handelbare Forderungstitel vor. Das traditionelle Verbot der Verzinsung von Sichteinlagen wurde im Jahr 2005 wegen Verstoßes gegen das EG-Recht aufgehoben, so dass die Vereinbarung eines (Zins-)Entgelts möglich ist. Für die Absicherung der Einlagen

14 S. hierzu i. E. *Dammann/Samol*, RIW 2009, 57 ff.

15 Vgl. zu den unterschiedlichen Einordnungen etwa den Überblick bei *Dekeuwer-Defossez* S. 34 f.

besteht ein Einlagensicherungsfonds, *fonds de garantie des dépôts*, dem alle Banken angehören müssen, Art. L 312-4 ff. CMF.

Das *Kontowesen* ist durch die beiden traditionell unterschiedenen Arten von Konten, das *compte de dépôt* und das *compte courant*, geprägt. Die Unterscheidung beider Formen ist nicht sehr trennscharf und vor allem durch die traditionelle Handhabung geprägt, dass Ersteres für Privatpersonen und grundsätzlich nur als Habenkonto geführt wird, während Letzteres dem kaufmännischen Verkehr dient und hier auch eine kreditierende Funktion wahrnimmt. Entsprechende zwingende rechtliche Vorgaben bestehen indes nicht; gesetzlich vorgegeben ist lediglich die *Schriftform des Vertrages zur Eröffnung eines compte de dépôt* durch eine nicht gewerblich handelnde Person, Art. L 312-1-1 CMF. Art. L 312-1 CMF statuiert ferner einen Anspruch jeder natürlichen Person, sich im Fall der Ablehnung der Eröffnung eines Kontos durch eine Bank an die Banque de France zu wenden, die ein Kreditinstitut zur Eröffnung eines Kontos mit elementaren Funktionen anweist.

Das *Kontokorrent*, *compte courant*, hat anders als in Deutschland keine gesetzliche Regelung gefunden, ist aber als traditionell im kaufmännischen Verkehr etablierte – häufig auch mündlich oder stillschweigend geschlossene – Abrede der Verrechnung wechselseitiger Forderungen allgemein anerkannt. Die Abrede wird dadurch charakterisiert, dass sie zwingend Forderungen bzw. Verbindlichkeiten *beider* Parteien innerhalb ihrer Geschäftsbeziehung erfassen muss, *réciprocité*. Für die Einstellung in das *compte courant*, sog. *remise*, müssen diese bestimmt, unstreitig und unbedingt sein, während die Fälligkeit für die Einstellung entbehrlich und lediglich für die Verrechnungswirkung erforderlich ist. Für diese Verrechnungswirkung werden unterschiedliche dogmatische Konstruktionen wie etwa eine sukzessive Novation oder ein Zahlungseffekt sui generis vertreten; weitgehend unumstritten ist aber die Wirkung selbst, nämlich dass die Einzelforderungen mit Zahlungswirkung zu einer einheitlichen vorläufigen Saldoforderung verschmelzen, ohne dass es irgendwelcher weiterer Erklärungen oder einer Aufrechnungslage bedürfte. Diese Verschmelzung hat insoweit eine weitergehend *novierende Wirkung* als im deutschen Recht, als im Hinblick auf die Untrennbarkeit, *indivisibilité*, der *Saldoforderung* anders als nach § 356 HGB die für die Einzelforderungen bestellten Sicherheiten grundsätzlich untergehen, während bestimmte Einwendungen bestehen bleiben sollen.[16] Über die Saldoforderung kann grundsätzlich verfügt werden, sie unterliegt mit einer ähnlichen Wirkung wie nach § 357 HGB auch der Pfändung durch Gläubiger des Gläubigers der Saldoforderung. Soweit eine Bank im Rahmen des Kontokorrents einen Überziehungskredit gewährt, greift die oben[17] geschilderte Pflicht zur Ausweisung des voraussichtlichen Effektivzin-

16 Vgl. zu Einzelheiten insb. in der Insolvenz *Sonnenberger/Dammann*, VII 35.
17 Oben Nr. 186.

ses ein. Die Zinsforderung geht in den vorläufigen Saldo ein, ist mit dessen Erstellung gezahlt und wird damit – insoweit anerkanntermaßen entgegen dem Zinseszinsverbots des Art. 1154 CC[18] ausnahmsweise zulässig – ihrerseits verzinst.

Auf das *compte de dépôt* werden die meisten der soeben beschriebenen Regeln analog angewendet. Die Unterschiede liegen im Wesentlichen darin, dass beim *compte de dépôt* nicht zwingend von beiden Seiten Forderungen eingebracht werden (müssen), die Forderungen dafür aber bereits für die Eintragung fällig sein müssen. Die Verrechnung in einen provisorischen Saldo findet in gleicher Weise statt, allerdings mit dem wichtigen Unterschied, dass für die Verrechnung mit einer Forderung der Bank eine Aufrechnungslage gefordert wird.

188. Verwaltung von Zahlungsmitteln

Unter die *Zahlungsmittel*, deren *Verwaltung* die dritte Kategorie von prägenden Bankgeschäften darstellt, fallen nach Art. L 311-3 CMF alle Instrumente, welche die Übermittlung von Geldern ermöglichen, unabhängig von ihrer technischen Ausgestaltung. Umfasst sind damit neben der Ausgabe von Schecks die Ausgabe jeglicher *Bank- und Kreditkarten* sowie der *Überweisungsverkehr* und „*elektronisches Geld*".

Auf das kaufmännische Scheckrecht wurde bereits an anderer Stelle eingegangen.[19] Für den Zahlungsverkehr unter Privaten, insbesondere Zahlungen an Handwerker, Landwirte, kleinere Kaufleute, hat der *Scheck* in Gestalt des *chèque barré* zwar in Frankreich noch immer eine größere Bedeutung als in Deutschland. Seine Bedeutung als Zahlungsmittel ist aber auch in Frankreich stark im Schwinden, seit Zahlungs- und Kreditkarten immer mehr den Zahlungsverkehr bestimmen. Es sei daher für den Scheck lediglich auf die detaillierte gesetzliche Regelung in Art. L 131-1 ff. CMF hingewiesen. Hinsichtlich der Karten als Zahlungsmittel werden reine *Bankkarten*, *cartes de retrait*, und *Zahlungskarten*, *cartes de paiement*, sowie *Kreditkarten*, *cartes de crédit*, unterschieden. Die namensgebende kreditierende Funktion, die in der zeitlichen Verschiebung zwischen Zahlung und Abrechnung bzw. Abbuchung beim Kunden liegt, ist bislang weitgehend von gesetzlichen Regelungen frei, wenn der dadurch bewirkte Zahlungsaufschub unter drei Monaten liegt, andernfalls kommt das Verbraucherkreditrecht zur Anwendung.

Für die Zahlungssysteme außerhalb von Scheck und Wechsel hat der Gesetzgeber jüngst in Art. L 133-1 ff. CMF gemeinsame Bestimmungen für Zahlungsvorgänge, *opérations de paiement*, eingeführt bzw. systematisiert. Da-

18 Oben Nr. 101.
19 Oben Nr. 165.

nach ist für einen autorisierten Zahlungsvorgang die Zustimmung des Zahlenden erforderlich, deren Form frei vereinbart werden kann und die nach Zugang beim Angewiesenen grundsätzlich unwiderruflich ist, Art. L 133-8 CMF. Eine nicht autorisierte Buchung, d. h. ein Missbrauch des Zahlungsmittels ohne Abhandenkommen der Karte, fällt bereits seit 2001 kraft Gesetzes in den Risikobereich der Bank bzw. des kartenausgebenden Unternehmens; sie ist dem Kunden nach Art. L 133-18 CMF umgehend wieder gutzuschreiben. Bei Verlust oder Diebstahl der Karte trägt der Kunde den Schaden bis zu einem Betrag von 150 Euro; oberhalb dieses Betrags bleibt der Kunde schadlos, wenn ihm nicht ein eigener Missbrauch des Zahlungsmittels oder ein mindestens grob fahrlässiger Verstoß gegen seine in Art. L 133-17 CMF statuierten Mitwirkungs- und Meldepflichten nachgewiesen werden kann, Art. L 133-19 CMF. Demgegenüber schuldet die Bank bei autorisierten Zahlungsvorgängen nur die auftragsgemäße Ausführung, so dass Fehler bei der Eingabe der Identifikation des Empfängers grundsätzlich zu Lasten des Aufraggebers gehen. Was die Leistungszeit angeht, darf zwischen Auftrag und Ausführung grundsätzlich nur ein Werktag liegen, Art. L 133-13 CMF, Wertstellungen haben grundsätzlich taggleich zu erfolgen.

189. Mit Bankgeschäften verbundene Tätigkeiten, *opérations connexes*

Eine Reihe von wichtigen Geschäften und damit verbundenen Vertragsverhältnissen, die im Bankgeschäft tatsächlich eine große Rolle spielen, sind nach Art. L 311-2 CMF nicht für dieses prägend und unterliegen folglich auch nicht dem Bankenmonopol. Unter diesen sog. *opérations connexes* sollen daher hier die wichtigsten lediglich erwähnt werden: Es handelt sich zum einen um die *Handelstätigkeiten der Banken im Bereich von Wertpapieren und Devisen*, des Weiteren um die *Dienstleistungen in Vermögensangelegenheiten*, d. h. Vermögensverwaltung, Anlageberatung und -vermittlung. Bei den Letzteren ist vor allem die Frage der Haftung von Interesse, die noch unten zu erörtern ist.[20] Auch bestimmte Bereiche der dem Investmentbanking zuzuordnenden Tätigkeiten zählen zu dieser Kategorie, namentlich die Beratung bei Unternehmenszusammenschlüssen, während andere Teilbereiche wie die eigene Beteiligung an anderen Unternehmen, wie bereits oben[21] ausgeführt, für Banken besonderen Regelungen unterliegen. Schließlich fallen auch einige durchaus typische Schalter- bzw. Filialdienstleistungen in diese Kategorie, etwa der Devisenwechsel oder Verwaltung von Schließfächern.

---

20 Unten Nr. 196.
21 Oben Nr. 183.

§ 3 Kreditsicherheiten

190. Allgemeines

Das Recht der Kreditsicherheiten wurde durch ordonnance vom 23. Juni 2006 neu im vierten Buch des Code civil kodifiziert, Art. 2484 ff. CC. Der Schwerpunkt liegt also nach wie vor im Zivilrecht. Darüber hinaus sind ergänzende Regelungen verstreut vor allem im CCom, im CMF und im CConsom zu finden. Die Sicherungsinstrumente lassen sich in *Personal- und Realsicherheiten* gliedern. Nach deutscher Systematik sind sie Gegenstand des besonderen Schuldrechts und des Sachenrechts. Die Gründe für das französische Konzept, insbesondere soweit es sich um *sûretés réelles* handelt, sind im Sachenrecht bereits dargestellt worden. Das Gleiche gilt für den Wandel der Sicherungsinstrumente und der Sicherungsfunktion.[22] Dort wurde auch erläutert, weshalb die Darstellung der aktuellen Regelung der französischen Systematik folgt und von einer Anpassung an deutsche Systemvorstellungen absieht. Die Personal- und Realsicherheiten des französischen Rechts entstehen durch Vereinbarung oder sichern bestimmte Gläubiger kraft Gesetzes.

Neben der Bürgschaft als der ursprünglichen *Personalsicherheit* im Code civil von 1804 haben sich weitere Personalsicherheiten etabliert. Art. 2287-1 CC führt die Bürgschaft, die selbstständige Garantie und die *lettre d'intention* als schuldrechtliche Personalsicherheiten auf. Daneben werden auch Instrumente des allgemeinen Zivilrechts als schuldrechtliche Sicherheiten eingesetzt. Hauptmotor für die Entwicklung anderer Personalsicherheiten neben der Bürgschaft ist das enge Korsett der Akzessorietät und die zunehmende Einengung des Bürgschaftsrechts durch Schuldnerschutzvorschriften.

Neben den Personalsicherheiten bietet das französische Kreditsicherungsrecht eine Vielzahl von Instrumenten, die den *Kreditgeber dinglich sichern*. Sie lassen sich grob in vier Gruppen unterteilen: Befriedigungsvorrechte, *privilèges*, Pfandrechte, d.h. *hypothèque*, *gage* und *nantissement*, die Nutzung des Eigentums als Sicherungsrecht sowie in einem weiteren Sinn einige Spielarten der *action directe* und sogar die Aufrechnung.[23] So kann man bei der *action directe* des Subunternehmers[24] gegen den Bauherrn aufgrund der Forderung des Gene-

---

22 Oben Nr. 114 sowie den Hinweis in Nr. 102 zur Bürgschaft.

23 Zur Aufrechnung konnexer Forderungen, *compensation des dettes connexes*, siehe *Sonnenberger/Dammann*, VII 121 f. und VIII 81: Die Aufrechnung kann als Sicherungsinstrument dann eingesetzt werden, wenn der Sicherungsnehmer (die Bank) auch Schulden bei dem Sicherungsgeber (dem Kunden) hat. Da die Aufrechnung konnexer Forderungen (die einen gemeinsamen Ursprung in einem Vertrag haben) auch dann möglich ist, wenn sie erst nach Insolvenzeröffnung fällig werden oder entstehen (Art. L 622-7 CCom), wird auch die Aufrechnung angesichts der Schwäche der weiteren Sicherheiten im Insolvenzfall mit in die Absicherungsstrategie einbezogen.

24 Oben Nr. 91, 99, 100.

ralhauptunternehmers gegen diesen von einer Sicherungsfunktion sprechen, die infolge Art. 13-1 des Subunternehmergesetzes einer dinglichen Sicherung vergleichbar ist.

191. Personalsicherheiten

Die *Bürgschaft*, *cautionnement*, ist in den Art. 2288 ff. CC geregelt. Unter einer Bürgschaft wird ein einseitig verpflichtender Vertrag verstanden, in dem sich der Bürge gegenüber dem Gläubiger zur Begleichung der Schuld des Hauptschuldners für den Fall verpflichtet, dass der Hauptschuldner nicht leistet.[25] Das Bürgschaftsrecht bildet keine einheitliche Regelungsmaterie, sondern ist durch zahlreiche Sonderregelungen überlagert, die immer wieder neu ein Gleichgewicht zwischen einem effektiven Sicherungsinstrument für den Einsatz im Handelsverkehr und im Bankensektor und dem Schutz des Bürgen, insbesondere des Verbrauchers, suchen. Neben der Regelung im CC finden sich wichtige Ergänzungen insbesondere im CCom, im CConsom und im CMF.

Für die Praxis spielt gerade die *Handelsbürgschaft* eine bedeutende Rolle. Eine Handelsbürgschaft liegt vor, wenn der Bürgschaftsvertrag selbst nach seiner Form oder seiner Natur ein *acte de commerce*[26] ist, er mit einem Handelsgeschäft verbunden ist oder der Bürge ein Eigeninteresse an dem abzusichernden Geschäft hat. Die Besonderheit der Handelsbürgschaft liegt darin, dass mehrere Bürgen gesamtschuldnerisch haften, *solidarité de droit*, und die Bürgschaft vor den Handelsgerichten einzuklagen ist. Daneben gilt die Beweisform des Art. 1326 CC nicht, wenn der Bürge selbst Kaufmann ist, Art. L 110-3 CCom.

Bankbürgschaften, *garanties financières*, hat die Rechtsprechung bisher meist als die noch unten zu behandelnde selbstständige Garantie, *garantie autonome*, qualifiziert. Bankbürgschaften zur Sicherung des Gläubigers im Fall des Ausbleibens der versprochenen Leistung werden insbesondere im Exporthandel oder bei Großprojekten vertraglich vereinbart. Der Gesetzgeber verpflichtet daneben auch einige Schuldner, Sicherheiten für den Fall der Insolvenz zu stellen. Das gilt etwa für einige Bauunternehmer, die ihren Kunden gegenüber eine Sicherheit für den Fall zu stellen haben, dass sie die Arbeiten an der Immobilie nicht wie geschuldet abschließen können[27] und für bestimmte Berufsgruppen, die Vermögen ihrer Kunden treuhänderisch verwalten, zur Sicherung des Rückzahlungsanspruchs des Kunden.[28] Hintergrund der Qualifikation als

25 Vgl. *Malaurie/Aynès/Crocq* Nr. 101.

26 Oben Nr. 146.

27 Z. B. Art. L 231-6 Code de l'habitation oder Art. R 315-34 Code de l'urbanisme.

28 Cass.Plén. vom 4.6.1999, JCP 1999 II 10152 Anm. *Béhar-Touchais*.

selbstständige Garantie ist, dass die Rechtsprechung ein Erlöschen der Bürgschaft annahm, wenn der Gläubiger die gesicherte Forderung in der Insolvenz des Hauptschuldners nicht angemeldet hat und damit die Hauptforderung wegfiel. Da die selbstständige Garantie im Unterschied zur Bürgschaft nicht akzessorisch ist, bleibt dagegen dem gesicherten Gläubiger der Anspruch gegen die garantierende Bank erhalten. Nachdem der Gesetzgeber klargestellt hat, dass auch die Bürgschaft in diesem Fall nicht erlischt, ist der Grund für die Qualifikation als selbstständige Garantie entfallen.[29] Es bleibt abzuwarten, ob die Rechtsprechung ihre Position beibehalten wird. Im Schrifttum wird ein bunter Strauß an Meinungen vertreten, der von der Qualifizierung als Bürgschaft auf erstes Anfordern, selbstständiger Garantie bis hin zum Versicherungsvertrag oder zur action directe reicht.[30]

Die Bürgschaft ist ein *einseitig verpflichtender Vertrag*. Damit findet die *Beweisformvorschrift* des Art. 1326 CC[31] Anwendung, wonach der sich Verpflichtende selbst die Höhe der Verpflichtung in Ziffern und Buchstaben ausschreiben und die Erklärung unterzeichnen muss, sog. *mention manuscrite*, auch wenn seit einer Reform aus dem Jahr 2000 nicht mehr die handschriftliche Eintragung erforderlich ist. Dabei handelt es sich um Beweisformen: Der Bürgschaftsvertrag kann nur durch ein Schriftstück in der Form des Art. 1326 CC bewiesen werden. Ein unvollständiger Bürgschaftsvertrag ohne die von Art. 1326 CC geforderten Angaben kann als *commencement de preuve par écrit* gewertet werden, so dass für den Beweis der Höhe der Bürgenpflicht alle Beweismittel zulässig sind.[32] Bei den Anforderungen unterscheidet die Rechtsprechung nach der Erfahrenheit des Bürgen: je unerfahrener der Bürge, desto deutlicher muss sich der Umfang aus dem Schriftstück ergeben. Für Handelsbürgschaften von Kaufleuten gilt die Beweisform des Art. 1326 CC nicht, Art. L 110-3 CCom.[33] Zusätzlich bestimmt Art. 2292 CC, dass die Erklärung, mit der sich der Bürge zur Bürgschaft verpflichtet, ausdrücklich abgegeben werden muss. Der Gesetzgeber hat daneben *Formerfordernisse* zum Schutz besonders schwach eingestufter Bürgen eingeführt, deren Verletzung zur Unwirksamkeit der Bürgschaft führt. Der wichtigste Fall sind Bürgschaften natürlicher Personen, die sich gegenüber einem *créancier professionel* verbür-

---

29 Siehe jetzt Art. L 622-24 CCom und dazu unten Fn. 59.

30 Siehe dazu näher *Legeais* Nr. 89 f.

31 Oben Nr. 99.

32 Nachdem die *Cour de Cassation* zunächst in den Art. 1326, 2292 CC Wirksamkeitserfordernisse gesehen hatte, ist sie inzwischen zu der herkömmlichen Einstufung als Beweisform zurückgekehrt, vgl. *Medina*, Formalisme et consentement dans le contrat de cautionnement, D. 2002 chr 2787.

33 Entgegen dem sonst das Handels- vom allgemeinen Zivilrecht abgrenzenden objektiven System (oben Nr. 146), ist hier auch die subjektive Kaufmannseigenschaft entscheidend, so dass auch eine Handelsbürgschaft, die von einem Nichtkaufmann abgeschlossen wird, der Beweisform des Art. 1326 CC unterliegt.

gen, Art. L 341-2 CConsom. *Créancier professionel* ist jeder, der im Rahmen seiner beruflichen Tätigkeit zum Gläubiger wird.[34]

Der Bürge kann den Bürgschaftsvertrag wegen Irrtums über die Solvenz des Hauptschuldners als *erreur sur la substance*[35] bei Abschluss[36] der Bürgschaft anfechten, *action en nullité*,[37] wenn er seine Verpflichtung von der Zahlungsfähigkeit zu diesem Zeitpunkt abhängig gemacht hat.[38] Eine Anfechtung wegen Täuschung durch den Hauptschuldner scheidet grundsätzlich aus, da Art. 1116 CC eine Täuschung durch den Vertragspartner fordert und das der Hauptschuldner nicht ist. Dagegen sind die Beispiele der action en nullité wegen Täuschung durch den Gläubiger zahlreich. Entscheidend ist, ob den Gläubiger eine Aufklärungspflicht trifft. So wird etwa eine Pflicht der Bank angenommen, den Bürgen über die desolate Finanzsituation des Hauptschuldners aufzuklären.[39]

Einschränkungen zur Bürgschaftsübernahme ergeben sich für *Gesellschaften* aus dem Spezialitätsprinzip. Bürgschaften können nur im Rahmen ihres Zwecks abgeschlossen werden. Für Handelsgesellschaften gilt zwar der Grundsatz, dass Dritte sich die Begrenzung der Vertretungsmacht der Organe durch den Gesellschaftszweck nur dann entgegenhalten lassen müssen, wenn sie davon Kenntnis hätten haben müssen. Für Bürgschaften gelten aber zahlreiche Sonderregelungen: Bürgschaften von Kapitalgesellschaften für die Mitglieder ihrer Organe und deren nahe Angehörige sind grundsätzlich ausgeschlossen.[40] Bürgschaften von Aktiengesellschaften für Dritte bedürfen der vorherigen Genehmigung durch den Verwaltungsrat oder den Aufsichtsrat, Art. L 225-35 Abs. 4 CCom.

Neben einer bestehenden Forderung kann sich der Bürge auch für *künftige Forderungen* verbürgen. Zur Einhaltung von Art. 1326 CC genügt, dass der Kreis der abgesicherten künftigen Forderungen eindeutig festgehalten wird. Hat der Bürge seine Verpflichtung nicht zeitlich eingegrenzt, so dass nicht nur innerhalb eines bestimmten Zeitraums entstehende Forderungen abgedeckt werden, kann er die Bürgschaft jederzeit einseitig kündigen, *résiliation unilatérale*. Die Rechtsprechung hat in einer Vielzahl von Entscheidungen Auslegungsre-

---

34 Daneben sind Wirksamkeitsformvorschriften für Bürgschaften für Forderungen aus Verbraucherdarlehen und Immobiliarkrediten vorgesehen, Art. L 312-7 und L 312-8 CConsom: Zusätzlich muss den Bürgen nach *notification* des Angebots zum Kreditvertrag eine zehntägige Überlegungsfrist eingeräumt werden.

35 Oben Nr. 99.

36 Die künftige Entwicklung der Zahlungsfähigkeit stellt keinen *erreur sur la substance* dar, Cass. Civ. vom 13.11.1990, vgl. *Bandrac* RTD civ. 1991, 149.

37 Oben Nr. 99 a. E.

38 Cass.Civ. vom 5.2.2009, berichtet von *Simler* JCP 2009 I 150 n° 2.

39 Cass.Civ. vom 13.5.2003, D. 2003, 2308 Anm. *Avena-Robardet*. Zu den Verhaltenspflichten im Bankrecht unten Nr. 193 ff.

40 Z. B. Art. L 225-43, L 225-91 CCom für Aktiengesellschaften.

geln für stillschweigende Bedingungen und Befristungen ausgearbeitet. So bürgen die Erben des Bürgen nicht für weitere Forderungen nach dem Tode des Bürgen.[41] Vertragsklauseln, wonach die Erben weiter als Bürgen für nach dem Tode entstehende Forderungen einzustehen haben, sind als *pacte sur succession future*[42] unwirksam.[43] Dagegen führt die Abberufung eines Bürgen als Geschäftsführer einer Gesellschaft nicht dazu, dass er nicht mehr für die danach entstehenden Forderungen der Gesellschaft bürgt, es sei denn, dies wurde ausdrücklich vereinbart. Mit Eintritt der Bedingung, Ablauf der Frist oder mit Kündigung bürgt der Bürge weiterhin für die bis dahin entstandenen Forderungen.

Für die *Verpflichtung des Bürgen* gilt der Grundsatz der *Akzessorietät*.[44] Die Bürgschaftsschuld ist damit erst fällig, wenn die Hauptschuld fällig ist. Abweichungen vom Grundsatz der Akzessorietät gelten gemäß Art. 2316 CC für den vom Gläubiger dem Hauptschuldner eingeräumten Zahlungsaufschub. Der Bürge kann sich auf diesen Zahlungsaufschub berufen, muss es aber nicht. Fürchtet er eine weitere Verschlechterung der Zahlungsfähigkeit des Hauptschuldners, darf er seinerseits gegen den Hauptschuldner auf Zahlung an den Gläubiger vorgehen. Er darf auch selbst an den Gläubiger leisten und sofort beim Hauptschuldner Rückgriff nehmen. Die Rechtsprechung nimmt zudem an, dass die Kündigung eines Darlehens wegen Rückzahlungsverzugs und die folgende sofortige Fälligkeit der Rückzahlung nicht gegenüber dem Bürgen wirken.[45] Die Bürgenschuld bestimmt sich auch im Umfang grundsätzlich nach der Hauptschuld. Zinsen und Schadensersatzforderungen wegen Nichterfüllung sind umfasst, Art. 2293 CC, sog. *accessoires* der Hauptschuld. Während die Hauptschuld die Obergrenze der Bürgenschuld bildet, Art. 2290 Abs. 1 CC, steht es den Parteien der Bürgschaft frei, diese auf einen bestimmten Betrag zu deckeln, *cautionnement limité*. Mit dem Erlöschen der Hauptschuld erlischt auch die Bürgenschuld, Art. 2289 Abs. 1 CC. Das gilt bei Erfüllung, Aufrechnung, Art. 1294 Abs. 1 CC, Leistung an Erfüllungs Statt, Art. 2315 CC, *dation en paiement*,[46] und nach Art. 1287 Abs. 1 CC für den Forderungserlass.[47] Der Bürge ist ebenso befreit, wenn die Hauptschuld

---

41 Cass.Com. vom 29.6.1982, D. 1982 J 360 Anm. *Mouly*.

42 Oben Nr. 137.

43 Cass.Com. vom 13.1.1987, D. 2007 somm. 453 Anm. *Aynès*.

44 Bei Abtretung der gesicherten Forderung geht auch die Sicherung durch die Bürgschaft mit über, Art. 1692 CC.

45 Cass.Civ. vom 30.10.1984, Bull.Civ. I n° 290.

46 Hier wird der Bürge sogar dann befreit, wenn die Leistung an Erfüllungs Statt nicht zur Befriedigung des Gläubigers führt.

47 Die Chambre de commerce der Cour de Cassation hat dagegen in einer umstrittenen Entscheidung angenommen, dass der bloße Verzicht auf die Geltendmachung der Forderung gegen den Hauptschuldner, *rénonciation à poursuivre*, nicht auch für den Bürgen wirke, Cass.Com. vom 22.5.2007, D. 2007, 1999 Anm. *Deshayes*; *Simler* JCP 2007 I 212, n° 8.

nichtig ist und die Hauptforderung durch Novation untergeht, Art. 1281 Abs. 2 CC.[48]

Dem Bürgen stehen alle *Einreden des Hauptschuldners* zu, soweit sie in der Hauptschuld selbst ihre Ursache haben und nicht nur in der Person des Hauptschuldners wurzeln, Art. 2313 CC. Die Einrede der Vernichtbarkeit der Hauptforderung ist als solche nicht vorgesehen. Soweit die Hauptschuld einen Mangel hat, der zur *nullité absolue* führt, kann der Bürge wie jeder interessierte Dritte auch die Nichtigkeitsklage erheben. Nach der Rechtsprechung gilt das auch für die Fälle der *nullité relative*. Die Nichtigkeitsklage stellt danach eine der Hauptforderung innewohnende Einrede dar, die der Bürge so lange geltend machen kann, solange der Hauptschuldner das anfechtbare Rechtsgeschäft nicht bestätigt hat, *confirmation*.[49, 50] Das gilt nach einer Entscheidung der Cour de Cassation nicht für die nullité relative wegen Täuschung des Hauptschuldners.[51] Dem Bürgen steht außerdem die *Einrede der Vorausklage* zu, *bénéfice de discussion*, Art. 2299 CC. Er hat aber gemäß Art. 2300 CC dem Gläubiger pfändbares Vermögen des Hauptschuldners anzuzeigen und die Kosten der Zwangsvollstreckung vorzuschießen. Bei einer Handelsbürgschaft scheidet die Einrede der Vorausklage aus, da sie sich nach französischer Lehre nicht mit der solidarischen Haftung verträgt: der Bürge haftet nicht nachrangig, sondern mit dem Hauptschuldner auf gleicher Ebene.

Mehrere Bürgen haften grundsätzlich nur *als Teilschuldner*, *bénéfice de division*, Art. 2303 CC, es sei denn, etwas anderes wird vereinbart, Art. 1202 CC.[52] Bei der Handelsbürgschaft gilt dagegen die gesamtschuldnerische Haftung als Regelfall. Bei gesamtschuldnerischer Haftung hat sowohl die Mahnung als auch die Unterbrechung der Verjährung Gesamtwirkung. Erlischt die Schuld eines Bürgen durch Erfüllung, Erfüllungssurrogat wie Aufrechnung oder durch Erlass, verringert sich die Schuld der übrigen um den Haftungsanteil des Bürgen im Innenverhältnis, vgl. Art. 1287 Abs. 3, 1285 Abs. 2 CC für den Erlass. Hat einer von mehreren Bürgen an den Gläubiger gezahlt, kann er sich gemäß Art. 2310 Abs. 1 CC an die Mitbürgen wenden und von jedem den Betrag einfordern, der seinem Anteil nach der internen Haftungsverteilung unter den Bürgen entspricht.

Obgleich die Bürgschaft ein einseitig verpflichtender Vertrag ist, haben der Gesetzgeber und die Rechtsprechung auch *Verhaltenspflichten des Gläubigers* bei und nach Vertragsschluss begründet. Spezialgesetzlich sind mehrere Infor-

---

48 Oben Nr. 100.

49 Siehe zu den Begriffen *nullité absolue*, *nullité relative* und *confirmation* oben Nr. 99.

50 Cass.Civ. vom 20.12.1998, D. 1989 J 166 Anm. *Aynès*.

51 Cass.Ch.mixte vom 8.6.2007, D. 2007, 2201 Anm. *Houtcieff*; JCP 2007 II 10138 Anm. *Simler*.

52 Bei der Bürgschaft für eine gewerbliche Forderung des Gläubigers gegen einen natürlichen Bürgen bedarf die Vereinbarung der gesamtschuldnerischen Haftung zu ihrer Wirksamkeit der Einhaltung der Form des Art. L 341-3 CConsom und der Vereinbarung einer Haftungsobergrenze, Art. L 341-5 CConsom.

mationspflichten nach Abschluss des Bürgschaftsvertrags normiert.[53] Der Gläubiger hat den Bürgen jährlich über die Veränderungen der gesicherten Hauptforderung aufzuklären. Verstößt der Gläubiger gegen diese Pflicht, haftet der Bürge nicht für die seit der letzten Information angefallenen Zinsen oder Schadensersatzforderungen. Einen besonderen Erlöschensgrund der Bürgschaftsschuld wegen Pflichtverletzung des Gläubigers sieht Art. 2314 CC vor. Danach ist der Bürge dann nicht zur Zahlung verpflichtet, wenn der Gläubiger pflichtwidrig Sicherungen, *droits préférentiels*, seiner Forderung wie Hypotheken oder Pfandrechte gegen den Hauptschuldner verliert und dem Bürgen dadurch ein Schaden entsteht. Die Sicherungsrechte müssen bereits vor Abschluss des Bürgschaftsvertrags bestanden haben. Ein Schaden für den Bürgen entsteht nur dann, wenn das Sicherungsrecht, das wegfällt, auch tatsächlich einbringlich gewesen wäre.

Über Art. 2314 CC hinaus hat sich eine umfassende Rechtsprechung zur allgemeinen Haftung des Gläubigers gegenüber dem Bürgen wegen Verletzung von Informations- und Aufklärungspflichten ergeben. Solche Pflichten können sich aus dem Gesetz ergeben, so die genannten Informationspflichten, oder als Treuepflichten im Bürgschaftsvertrag ihren Grund finden, Art. 1134 CC. In den letzten Jahren hat die *Cour de Cassation* insbesondere eine auf dem *Verhältnismäßigkeitsgrundsatz*, *principe de proportionnalité*, fußende Pflicht der Gläubiger geschaffen, keine im Verhältnis zu den Ressourcen des Bürgen übermäßigen Bürgschaften abzuschließen.[54] Die Einzelheiten der Aufklärungspflichten werden aufgrund ihres praktischen Schwerpunkts gesondert im Zusammenhang mit der Bankenhaftung[55] dargestellt. Folge ihrer Verletzung ist zivilrechtliche Schadensersatzhaftung, *responsabilité civile*.[56] Für Bürgschaften natürlicher Personen für Forderungen gewerblicher Gläubiger sieht Art. L 341-4 CConsom einen Verstoß gegen das Verhältnismäßigkeitsprinzip bei Vertragsschluss als Einwendung vor.

Hat der Bürge den Gläubiger befriedigt, steht ihm ein *doppelter Rückgriff* gegen den Hauptschuldner offen, soweit der Bürge nicht auf das Rückgriffsrecht verzichtet oder es verloren hat. Zum einen gewährt Art. 2305 CC einen *Rückgriffsanspruch aus eigenem Recht*, zum anderen sieht Art. 2306 CC einen Rückgriff kraft *subrogation*[57] aus übergegangenem Recht vor. Der Bürge ver-

---

53 Siehe Art. L 313-22 CMF; Art. L 313-9 CConsom; Art. 2293 Abs. 2 CC und Art. L 341-1 CConsom; Art. 47-II des Gesetzes du 11 février 1994 (sog. Loi Madelin); Art. 341-6 CConsom.

54 Für Verbraucherdarlehen ist der Verhältnismäßigkeitsgrundsatz in Art. L 313-10 CConsom normiert.

55 Unten Nr. 196.

56 Prozessual kann die Aufrechnung nicht nur durch Widerklage, *demande reconventionnelle*, sondern auch als Verteidigungsmittel, *défense au fond*, geltend gemacht werden, Cass.Ch.mixte vom 21.2.2003, JCP 2003 II 10103 Anm. *Boucard*; D. 2003 J 829 Anm. *Avena-Robardet*; *Simler* JCP 2003 I 176, n. 6.

57 Oben Nr. 100.

liert das Rückgriffsrecht, wenn der Hauptschuldner trotz Zahlung des Bürgen gutgläubig an den Gläubiger leistet. Das Rückgriffsrecht ist auch ausgeschlossen, wenn der Bürge gezahlt hat, ohne vom Gläubiger belangt worden zu sein und ohne ihm zustehende Einreden geltend gemacht zu haben, Art. 2308 CC. Art. 2309 CC sieht auch Rückgriffsmöglichkeiten vor Zahlung an den Gläubiger vor, z.B. wenn die Zahlungsunfähigkeit des Hauptschuldners droht, Art. 2309 Nr. 2 CC. Dann kann der Bürge Sicherungsmaßnahmen, *mesures de sauvegarde*, gegen den Hauptschuldner durchsetzen, wie etwa die Hinterlegung der geschuldeten Hauptforderung oder einen dinglichen Arrest, *saisie conservatoire*.

Die Bürgschaft ist nach wie vor die verbreitetste *sûreté personnelle*. Daneben kommt wie eingangs erwähnt die *selbstständige Garantie*, *garantie autonome*, als weitere persönliche Absicherung des Gläubigers vor. Nach Art. 2321 Abs. 1 CC handelt es sich bei einer selbstständigen Garantie um eine Verpflichtung zur *Zahlung auf erstes Anfordern* oder zu anderen vereinbarten Bedingungen an einen Begünstigten, die der Garant in Anbetracht einer Verpflichtung eines Dritten übernimmt. Der Gesetzgeber hat eine lückenhafte Regelung für diesen von der Praxis geschaffenen Sicherungsvertrag normiert. Der Vorteil der *garantie autonome* im Unterschied zur Bürgschaft liegt darin, dass es sich um ein *nicht akzessorisches Sicherungsmittel* handelt. Der Begünstigte kann regelmäßig auf erstes Anfordern Zahlung verlangen. Der Verpflichtete kann die Einwendungen des Hauptschuldners nicht erheben, Art. 2321 Abs. 3 CC. Eine Ausnahme gilt nur bei fraudulösem Handeln oder offensichtlich missbräuchlicher Inanspruchnahme durch den Begünstigten, *fraude, abus manifeste*, Art. 2321 Abs. 2 CC.[58] Die Garantie besteht auch dann weiter, wenn die gesicherte Hauptforderung untergegangen ist. Bei der Abgrenzung zur Bürgschaft stellt die Rechtsprechung darauf ab, ob die Garantieforderung unabhängig von der Hauptforderung geltend gemacht werden kann. Ist die Autonomie nicht eindeutig vereinbart, wird die Vereinbarung als Bürgschaft ausgelegt.[59] Als einseitig verpflichtender Vertrag unterliegt auch die *garantie autonome* der Beweisformvorschrift des Art. 1326 CC. Da es sich in der Praxis um ein Instrument im kaufmännischen Verkehr handelt, spielt diese Vorschrift jedoch keine Rolle. Sondervorschriften schließen den Rückgriff auf eine selbstständige Garantie wegen ihrer Gefährlichkeit für bestimmte Geschäfte aus: So verbietet Art. L. 313-10-1 CConsom die Vereinbarung einer selbstständigen Garantie beim Abschluss eines Verbraucherdarlehens.[60] Hat der Verpflichtete an den Begünstigten gezahlt, ergibt sich sein *Rückgriffsan-*

58 Allgemein zur *fraude* oben Nr. 4, 100, zum *abus* oben Nr. 91.

59 Cass.Com. vom 15.6.1999, Bull.Civ. IV, n° 126. Zur Qualifikation von Bankbürgschaften als selbstständige Garantie siehe oben in dieser Nr. bei Fn. 29.

60 Eine weitere Beschränkung enthält z. B. Art. 22-1-1 des Gesetzes vom 6. Juli 1989: Eine selbstständige Garantie anstelle einer Mietkaution darf im Betrag nicht zwei Monatsmieten überschreiten.

spruch gegen den Hauptschuldner nach der Rechtsprechung aus Art. 1251 Nr. 3 CC, *subrogation légale*.[61]

Als dritte *sûreté personnelle* nennt Art. 2287-1 CC die *Patronatserklärung*, *lettre d'intention*. Nach der gesetzlichen Definition des Art. 2322 CC verpflichtet sich der Schuldner einer Patronatserklärung dazu, einen Dritten bei der Erfüllung seiner Verpflichtung gegenüber dem Gläubiger zu unterstützen. Die Unterstützung kann in einem positiven Tun oder einem Unterlassen liegen, *obligation de faire* oder *de ne pas faire*. Soweit es sich um rechtlich verbindliche Erklärungen und nicht ein bloßes *engagement d'honneur* handelt, schuldet der Erklärende bei der Nichterfüllung seiner Unterstützungsschuld Schadensersatz.[62] Wann Nichterfüllung vorliegt, hängt vom Umfang seiner Pflicht ab. Ist der Erklärende zu einer *obligation de résultat*,[63] also zum Erfolg seiner Unterstützung bei Leistung des Dritten verpflichtet, haftet er, wenn der Dritte seine Schuld nicht erfüllt. Ist der Erklärende lediglich zur Unterstützung im Rahmen seiner Möglichkeiten, zu einer *obligation de moyens*, verpflichtet, schuldet er nur dann Schadensersatz, wenn neben der Nichtzahlung durch den Dritten auch nachgewiesen wird, dass der Erklärende sein Möglichstes nicht geleistet hat.[64] Die *lettre d'intention* ist nicht akzessorisch: Der Erklärende verpflichtet sich nicht, für den Dritten einzuspringen, sondern er verpflichtet sich zu einer eigenen Leistung. Entsprechend sieht die Rechtsprechung in der Erklärung der Muttergesellschaft, bei Nichtleistung anstelle ihrer Tochter zu leisten, eine Bürgschaft.[65] Als Handlungsverpflichtung unterliegt die *lettre d'intention* nicht der Beweisform des Art. 1326 CC. Die bürgschaftsrechtlichen Schutzvorschriften wie die Informationspflichten gelten nicht. Soweit es sich um eine *obligation de résultat* handelt, wendet die *Cour de Cassation* aber die aktienrechtliche Genehmigungspflicht durch den Verwaltungs- oder Aufsichtsrat den Art. L 225-35 CCom analog an.[66]

Obgleich nicht in Art. 2287-1 CC als Personalsicherheiten aufgeführt, kommen auch andere Geschäftstypen als solche in Betracht. Das gilt zunächst für den *engagement de codébiteur solidaire adjoint*, *gesamtschuldnerische Mitschuldübernahme*.[67] Zur Sicherung einer Forderung eines Schuldners kann sich ein Dritter als gesamtschuldnerischer Mitschuldner vertraglich verpflichten. Soweit es sich nicht um ein Handelsgeschäft handelt, muss die gesamt-

61 Cass.Com. vom 9.5.1990, Bull.Civ. IV, n° 146. Zur *subrogation légale* oben Nr. 100.

62 Eine *obligation de faire* oder *de ne pas faire* führt bei Nichterfüllung zu Schadensersatz, Art. 1142 CC.

63 Oben Nr. 101.

64 Die Abgrenzung zwischen *obligation de résultat* und *obligation de moyens* erfolgt nach der Formulierung der *lettre d'intention*, vgl. dazu *Sonnenberger/Dammann*, VII 99.

65 Cass.Com. vom 21.12.1987, JCP 1988 II 21113 Anm. *Montanier*.

66 Cass.Com. vom 26.1.1999, D. 1999 J 577 Anm. *Aynès*.

67 *Sonnenberger/Dammann*, VII 96; *Martin*, L'engagement de codébiteur solidaire adjoint, RTD com. 1994, 49.

schuldnerische Haftung ausdrücklich vereinbart werden, Art. 1202 CC. Der Mitschuldner haftet unabhängig von der Verpflichtung des Dritten und kann auch nicht die diesem zustehenden Einreden geltend machen, Art. 1208 Abs. 2 CC. Die Bürgschaftsregeln sind nicht anwendbar. Hat der Mitschuldner an den Gläubiger gezahlt, kann er sich an die anderen Mitschuldner wenden und den jeweiligen Anteil fordern, Art. 1213, 1214 CC. Haben alle Mitschuldner ein Eigeninteresse an der Erfüllung, sind sie untereinander zu gleichen Teilen verpflichtet, es sei denn, sie treffen eine abweichende Vereinbarung. Ist der Mitschuldner nicht selbst an der Erfüllung der Schuld interessiert, kann er den gesamten Betrag zurückfordern, Art. 1216 CC.

Beim *Schuldbeitritt*[68] nach Art. 1275 CC, *délégation imparfaite*[69] wird ein Dritter, *délégué*, angewiesen, die Schuld des Hauptschuldners, *délégant*, an den Gläubiger, *délégataire*, zu erfüllen. Meist ist der Dritte dem Hauptschuldner bereits zur Leistung verpflichtet, so dass es sich um eine Anweisung zur Leistung an einen Dritten handelt. Es ist aber auch möglich, dass eine *délégation imparfaite* auch ohne vorherige rechtliche Beziehung von Hauptschuldner und Drittem eingegangen wird. Entscheidend für die Nutzung des Instruments zu Sicherungszwecken ist, dass es sich um eine dreiseitige vertragliche Absprache handelt, die den *délégué* gegenüber dem *délégataire* zur Leistung verpflichtet. Im Unterschied zum Schuldnerwechsel, *délégation parfaite*, erhält der *délégataire* einen weiteren Schuldner, der weder die Einreden aus dem Verhältnis zum *délégant* noch die dem *délégant* gegen die Hauptschuld zustehenden Einreden einwenden kann. Die *délégation imparfaite* ist formfrei. Der Übergang zur selbstständigen Garantie ist fließend, eine Abgrenzung oft schwierig.

Auch die Übernahme der *Garantie für die Handlung eines anderen* durch *porte-fort* Vereinbarung nach Art. 1120 CC[70] lässt sich zu Sicherungszwecken einsetzen, obgleich sie an sich nicht als Erfüllungsgarantie gedacht ist. Während Art. 1119 CC klarstellt, dass eine in eigenem Namen geschlossene Vereinbarung keine Verpflichtung eines Dritten erzeugen kann, bleibt die Verpflichtung möglich, diesen zur Selbstverpflichtung zu bewegen, *porte-fort*. Nach der Rechtsprechung ist nach dem konkreten Inhalt der Verpflichtung zu unterscheiden: Verpflichtet der Schuldner sich, den Dritten zur Eingehung der Verpflichtung zu bewegen, ist die Verpflichtung mit Bestätigung des Rechtsgeschäfts, *ratification*, durch den Dritten erfüllt, *porte-fort de ratification*. Gelingt das nicht, hat der Schuldner Schadensersatz zu leisten. Der *porte-fort de ratification* kommt damit in seiner dogmatischen Konstruktion einer Patronatserklärung nahe. Verpflichtet sich der Schuldner dagegen, anstelle des Drit-

---

68 Oben Nr. 100 a. E.

69 *Sonnenberger/Dammann*, VII 97; *Terré/Simler/Lequette*, Droit civil, Les obligations, 10. Aufl. 2009, Nr. 1442 ff.; *Lachièze*, La délégation-sûreté, D. 2006 chr 234.

70 Oben Nr. 100, 102.

ten an den Gläubiger zu leisten, wenn der Dritte die Verpflichtung nicht eingeht und erfüllt, *porte-fort d'exécution*, kann darin eine falsch bezeichnete Bürgschaft liegen.[71]

Ein wichtiges Thema betrifft die Stellung der *Personalsicherheiten in der Insolvenz des Hauptschuldners*. Den dogmatischen Hebel für Auswirkungen der Insolvenz des Hauptschuldners auf die Einstandsverpflichtung des Bürgen bildet die Akzessorietät. Erleichterungen, die dem Hauptschuldner insolvenzrechtlich gewährt werden, könnten dabei auf den Bürgen durchschlagen. Kämen alle insolvenzrechtlichen Erleichterungen auch den Personalsicherungsgebern zugute, wäre aber der Wert der Personalsicherheiten erheblich eingeschränkt. Der Gesetzgeber hat eine Vielzahl von Einzelregelungen erlassen und lässt nur im Einzelfall zu, dass sich auch Bürgen oder Garanten auf die insolvenzrechtlichen Einschränkungen der Geltendmachung der Forderung gegen den Hauptschuldner berufen dürfen. Dabei differenziert er zwischen den einzelnen Spielarten des Insolvenzverfahrens und begünstigt natürliche Sicherungsgeber, um gerade auch Organmitglieder, die zugleich Sicherungsgeber sind, nicht von einem Insolvenzantrag abzuhalten. Zum Schutz natürlicher Sicherungsgeber werden nicht akzessorische Sicherheiten der Bürgschaft gleichgestellt. Im freiwilligen insolvenzrechtlichen Vorverfahren muss der Gläubiger Zahlungsaufschüben oder einem Schuldenerlass zustimmen. Geschieht das im Schlichtungsverfahren, *procédure de conciliation*, können sich auch die Personalsicherungsgeber darauf berufen, Art. L 611-10 Abs. 3 S. 2 CCom. Etwas anderes scheint im freiwilligen Privatinsolvenzverfahren zu gelten, *règlement amiable d'un particulier*. Personalsicherungsgeber können trotz Zahlungsaufschub oder Erlass zugunsten des Hauptschuldners weiter in Anspruch genommen werden[72] und auch in voller Höhe beim Schuldner Rückgriff nehmen.[73]Auf den dem Hauptschuldner in der *procédure de sauvegarde* im Sanierungsplan gewährten Zahlungsaufschub können sich die genannten Personalsicherungsnehmer berufen, Art. L 626-11 CCom, auf im ordentlichen Insolvenzverfahren gewährten Zahlungsaufschub dagegen nicht, Art. L 631-20 CCom. Mit Eröffnungsurteil wird die Verzinsung der Hauptschuld grundsätzlich unterbrochen. Die Bürgen, Mitschuldner und aufgrund einer selbstständigen Garantie Haftende können sich darauf berufen, wenn sie natürliche Personen sind, Art. L 622-28 Abs. 1 S. 2 CCom. In der *procédure de sauvegarde* und dem *redressement judiciaire*[74] ist die individuelle Rechtsverfolgung des Hauptschuldnervermögens unzulässig. Die Bürgen dürfen sich darauf im Verhältnis zum Gläubiger grundsätzlich aber nicht berufen. Natür-

71 Cass.Com. vom 13.12.2005, JCP 2006 II 10021 Anm. *Simler*.

72 Cass.Civ. vom 13.11.1996, D. 1997 J 141 m. concl. *Sainte-Rose* und Anm. *Moussa* für den Erlass; Cass.Civ. vom 3.3.1998, *Crocq* RTD civ. 1998, 423. Siehe zu dieser Frage und der Kritik im Schrifttum *Legeais* Nr. 252.

73 *Legeais* Nr. 252.

74 Oben Nr. 172 (*procédure de sauvegarde*) und 173 (*redressement judiciaire*).

liche Personen, die als Bürge, Mitschuldner oder aufgrund einer selbstständigen Garantie haften, gewährt Art. L 622-28 Abs. 2 CCom eine aufschiebende Einrede[75] bis zur Billigung eines Sanierungsplans oder der eigentlichen Liquidation. Auch danach kann ihnen gerichtlich Zahlungsaufschub bis zu zwei Jahren gewährt werden. Sicherungsmaßnahmen, *mesures conservatoires*, bleiben dagegen möglich, Art. L 622-28 Abs. 3 CCom. Im ordentlichen Insolvenzverfahren müssen die Forderungen angemeldet werden. Versäumt der Gläubiger die Anmeldung, ist er von der Verteilung ausgeschlossen, Art. L 622-24 CCom. Seine Forderung erlischt aber nicht, so dass er auch akzessorische Personalsicherheiten weiter geltend machen kann. Die Nichtanmeldung kann im Einzelfall aber eine Pflichtverletzung i.S. des Art. 2314 CC darstellen, was zum Erlöschen der Bürgenschuld führt.

192. Dingliche Sicherungsrechte: Realsicherheiten

Zuerst sind *Befriedigungsvorrechte*, *privilèges*, zu nennen, die dem Begünstigten im Fall der Verwertung in Einzel- oder Gesamtvollstreckung den vorrangigen Zugriff vor anderen Gläubigern sichern. Sie stehen bestimmten Gläubigern zu und folgen ipso iure aus der Art der gesicherten Forderung. Das Befriedigungsvorrecht kann an einem einzelnen Gegenstand, *privilège spécial*, oder am Gesamtvermögen oder am gesamten Mobiliar- oder Immobiliarvermögen, *privilège général*, bestehen. Am *Gesamtvermögen* bestehen die Befriedigungsvorrechte zur Sicherung von Rechtsverfolgungskosten, *frais de justice*, Lohn- und Gehaltsforderungen der letzten sechs Monate einschließlich bestimmter Nebenforderungen von Arbeitnehmern wie Kündigungsentschädigungen, Art. 2331 Nr. 4 und 2375 Nr. 2 CC, sowie der Forderungen der Gläubiger des Insolvenzschuldners, die nach der Eröffnung einer *procédure collective* entstanden sind, Art. L 622-17 und L 641-13 CCom.[76] Art. L 611-11 CCom enthält ein Privileg zugunsten der neu während eines der eigentlichen *procédure collective* vorangehenden Schlichtungsverfahrens, *période de conciliation*,[77] hinzutretenden Gläubiger. Dabei ist zunächst das Mobiliarvermögen betroffen. Das Immobiliarvermögen wird nur herangezogen, soweit das Mobiliarvermögen zur Befriedigung nicht ausreicht, Art. 2376 CC. Am gesamten *Mobiliarvermögen* bestehen gemäß Art. 2331 CC Befriedigungsvorrechte zugunsten der Gläubiger der Beerdigungskosten, der Kosten der zeitlich letzten Krankheit sowie der Kosten des Lebensunterhalts, z.B. Heizkosten, Bekleidung, usw., während des vorausgegangenen Jahres. Art. 2327 CC eröffnet dem Staat Befriedigungsvorrechte am Mobiliarvermögen für seine Forderun-

75 Art. L. 622-28 Abs. 2 CCom wird nur beachtet, wenn die Einrede erhoben wird, Cass.Ch.mixte vom 16.11.2007, D. 2008, 2112 Anm. *Crocq*.

76 Die Rangfolge der Gläubiger i.S. des Art. L 622-17 CCom wird in Art. L 622-17 Abs. III und L 641-13 Abs. III CCom bestimmt.

77 Zur *période de conciliation* oben Nr. 172.

gen. Er hat von dieser Möglichkeit im Steuer- und Sozialrecht umfangreich Gebrauch gemacht.[78] Zur Insolvenzfestigkeit des Mobiliarvermögensprivilegs des Staates ist die Registrierung erforderlich.[79] An *bestimmten Mobilien* bestehen *privilèges mobiliers spéciaux*, die einzeln in Art. 2332 CC aufgeführt sind, wie z. B. das privilège des Vermieters oder das privilège des Verkäufers. Für Immobilien findet sich das Pendant in Art. 2374 CC, *privilèges immobiliers spéciaux*.

Die Schwäche der Befriedigungsvorrechte ist, dass sie allein in der Vollstreckung wirken und *kein Folgerecht, droit de suite*, gewähren. Damit greift das privilège nicht ein, solange einer der Gläubiger ein Zurückbehaltungsrecht geltend machen kann und es folglich nicht zur Verwertung kommt. Der Schuldner darf bis zur Einleitung von Vollstreckungsmaßnahmen weiterhin frei über die betroffenen Gegenstände verfügen. Verliert der Schuldner damit das Eigentum an dem Gegenstand, auf den der Begünstigte bevorrechtigt zugreifen darf, fällt auch das *privilège* weg und setzt sich nur an Surrogaten fort, soweit sie ins Vermögen des Schuldners gelangen.[80] Damit stechen Gläubiger, die über Sicherungseigentum verfügen, Inhaber eines Befriedigungsvorrechts aus. Das Gleiche gilt, wenn Pfandrechtsinhaber zur Befriedigung das Pfandgut an Zahlungs statt übertragen erhalten. Diese Schwäche sucht eine Pflichtlohnausfallversicherung für die Arbeitnehmerlohnforderungen zu lindern, die von der *Association nationale pour la gestion du régime d'assurance des salariés – AGS*, Art. L 3253-6 ff. CTrav, verwaltet wird.[81]

Außerhalb eines Insolvenzverfahrens geben Art. 2331 ff. CC die *Rangfolge der einzelnen Privilegien* vor. Der Rang der Spezialprivilegien ergibt sich aus Art. 2332-3 CC. Sie haben im Grundsatz Vorrang vor den Generalprivilegien, Art. 2332-1 CC, müssen aber den Generalprivilegien der Rechtsverfolgungskosten und der staatlichen Schatzkammer, *Trésor*, für Steuerschulden weichen.[82] Weiter gilt die Reihenfolge des Art. 2331 CC. Im Insolvenzverfahren springt für einen Teil ihrer Forderungen Arbeitnehmern ein sog. *superprivilège* zur Seite, Art. L 3253-2 CTrav. Die Arbeitnehmer sind damit an erster Stelle abgesichert. Dann folgen gemäß Art. L 611-11, L 622-17, L 641-13 CCom die Gläubiger, die erst im Vorfeld oder im Insolvenzverfahren hinzugetreten sind, dann die nicht vom Superprivileg begünstigten Arbeitnehmer und anschließend reihen sich das Privileg der Rechtsverfolgungskosten, die Befriedungsvorrechte der Staatskasse, *trésor public*, sowie die übrigen Spezial- und Generalprivilegien ein.

---

78 Z. B. Art. 1920 CGI für indirekte Steuern oder Art. L 234-4 CSS.

79 Art. L 243-5 Abs. 2 CSS für die Forderungen der *Caisse sociale*.

80 Art. L 121-13 Abs. 1 CAss für Versicherungsentschädigungen.

81 Vgl. dazu *Sonnenberger/Dammann*, VIII 73.

82 *Legeais* Nr. 701.

Das *Pfandrecht an beweglichen Vermögenswerten*, auch an einer Gesamtheit, kann als *gage* an körperlichen Gegenständen und als *nantissement* an Immaterialgüterrechten bestellt werden, Art. 2333 ff., 2355 ff. CC.

Der *gage* begründet das Recht des Gläubigers, sich aus den verpfändeten Sachen durch gerichtliche Veräußerung oder Zuweisung zu befriedigen. Handelt es sich um Gattungssachen, so kann eine Substitution eintreten. Eine der wichtigsten Neuerungen der Reform des Kreditsicherungsrechts aus dem Jahr 2006 betrifft die Bestellung. Nach Art. 2336 CC ist eine schriftliche Vereinbarung erforderlich, die Pfandsache und gesicherte Forderung genau angibt. Der gage ist demnach ein *streng akzessorisches Sicherungsrecht*. Dritten kann er entgegengehalten werden, wenn die Sache entweder dem Gläubiger oder einem betrauten Dritten, *tièrcement*, übergeben wurde oder in ein vom Handelsgericht geführtes Register eingetragen ist, Art. 2338 CC, Dekret vom 23.12.2006.[83] *Besitzübergabe ist folglich kein Gültigkeitserfordernis mehr*, sondern *nur für die Drittwirkung erforderlich*. Man kann den gage folglich nicht mehr als Besitzpfand bezeichnen. Die Registrierung schließt im Übrigen gutgläubigen Erwerb Dritter vom Schuldner aus, Art. 2276 CC[84] ist nicht anwendbar. Der für Verbindlichkeiten aus dem Geschäftsbetrieb von einem Kaufmann bestellte gage unterliegt als Handelspfand einzelnen Sonderregelungen nach Art. L 521-1 CCom. Insbesondere ist er formfrei. Ursprünglich als Spezialpfand außerhalb des CC geschaffen, wird nunmehr das Kfz-Pfandrecht seit 2006 in Art. 2351 CC dem normalen Pfand an körperlichen Sachen gleichgestellt, mit zwei Besonderheiten. Wirksamkeit gegenüber Dritten erlangt es nicht durch Registrierung beim Handelsgericht, sondern durch Erklärung gegenüber der zuständigen Behörde, die darüber eine Bestätigung ausstellt. Kraft dieser Bestätigung wird der Gläubiger fiktiv als Besitzer des Kfz angesehen, so dass ihm ein Dritten entgegenzuhaltendes Zurückbehaltungsrecht wie einem Pfandrechtsgläubier im Besitz des Pfands zusteht.

Pfandrechtsgläubiger, die im Besitz des Pfands sind, nehmen mit dem *droit de retention* eine starke Stellung ein. Sie können auch in der Einzelvollstreckung und in der Beobachtungsphase des Insolvenzverfahrens, *période d'observation*, den Gegenstand zurückbehalten und müssen ihn nur gegen Zahlung der gesicherten Forderung herausgeben, Art. L 622-7 CCom. Erst wenn es zur Liquidation kommt, *liquidation judiciaire*, muss der Pfandrechtsgläubiger den Verkauf der Sache zulassen, Art. L 642-25 CCom. Sein Zurückbehaltungsrecht am Erlös setzt sich jedoch fort. Geht der Gegenstand im Rahmen eines *plan de continuation* oder eines *plan de cession*[85] auf einen anderen über, kann der Pfandrechtsgläubiger sein Zurückbehaltungsrecht gegen den neuen Eigentü-

83 Nr. 2006-1804. Die Eintragung ermöglicht mehrere sukzessive Pfandbestellungen, der Rang richtet sich nach der Folge der Eintragungen, Art. 2340 CC.

84 Oben Nr. 109.

85 Dazu oben Nr. 173.

mer geltend machen und den Gegenstand erst gegen vollständige Befriedigung herausgeben. Das seit 2008 auch den nichtbesitzenden Pfandrechtsgläubigern gewährte Zurückbehaltungsrecht, Art. 2286 Nr. 4 CC, wird durch Art. L 622-7 Abs. 1 Unterabsatz 2 CCom jedoch für das Insolvenzverfahren eingeschränkt. Während einer *procédure de sauvegarde* und das *redressement judiciaire* kann es nicht ausgeübt werden.[86] Eine aktiv durch den Pfandrechtsgläubiger betriebene Verwertung ist nur möglich, wenn das Zurückbehaltungsrecht aufgegeben wird. Der Nachteil der Verwertung durch Verkauf ist, dass der Pfandrechtsgläubiger sich den Erlös mit anderen Gläubigern teilen muss und er möglicherweise leer ausgeht, wenn aufgrund ihres Befriedigungsvorrechts vorrangige Gläubiger die Summe zur Befriedigung ihrer Forderungen aufbrauchen. Dagegen schützt die zweite Art der Verwertung, die gerichtliche Zuweisung des Pfandguts an Zahlungs statt, Art. 2347 CC. Verfallsvereinbarungen, *pacte commissoire*,[87] sind nach Art. 2348 CC für den *gage* zulässig, wirken aber im Insolvenzverfahren nicht, Art. L 622-7, L 631-14 Abs. 17, L 641-3 CCom.

Die Reform von 2006 hat einige *Spezialpfandrechte vor allem handelsrechtlicher Natur*[88] aufrechterhalten, Art. 2354 CC. Die traditionellste Art ist die Verpfändung eingelagerter Sachen mittels Lagerpfandschein, der ein durch Indossament übertragbares Repräsentationspapier ist, Art. L 522-24 ff. CCom. Später kamen Spezialpfandscheine hinzu, z. B. *warrant agricole* und *warrant hotelier*. Daneben gibt es Spezialpfandrechte durch Registrierung, z. B. an Warenlagern, Art. L 527-1 CCom, und an Betriebsausrüstungen, Art. L 525 ff. CCom. Schließlich kann man hier auch die Mobiliarhypotheken an Wasser- und Luftfahrzeugen einordnen, die Art. 2399 CC unberührt lässt. Es handelt sich um Pfandrechte durch Registrierung, die stark den Hypotheken als *sûretés immobilières* angenähert sind.

Im Sinn deutscher Terminologie handelt es sich beim *nantissement* cum grano salis um *Pfandrechte an Rechten*. Wie im deutschen Recht sind *meubles incorporels* sehr unterschiedliche Vermögensobjekte. Im Mittelpunkt der Art. 2355 ff. CC steht das Pfandrecht an Forderungen. Handelt es sich um Wertpapiere, sind die Vorschriften über den *gage an meubles corporels* maßgeblich, Art. 2355 Abs. 5 CC. Bei den anderen Rechten, die nur beiläufig behandelt sind, müssen teilweise Spezialvorschriften beachtet werden, etwa des Patent- und Urheberrechts, z. B. Art. L 132-34 CPI für Software-Programme, *des fonds de commerce*,[89] des Gesellschaftsrechts, z. B. Art. 1866 CC für die

---

86 *Aynès*, Précisions sur le sort du gage sans dépossession en cours de procédure collective, JCP 2009 I 119. Die Rechtsstellung der besitzlosen Pfandrechtsgläubiger gleicht insoweit der Rechtsstellung des unten zu behandelnden Sicherungseigentümers mittels *fiducie*, wenn der Sicherungsgegenstand dem Schuldner zur wirtschaftlichen Nutzung überlassen wird.

87 Zum *pacte commissoire Sonnenberger/Dammann*, VII 113.

88 Näher *Sonnenberger/Dammann*, VII.112 ff.

89 Zum Bedeutungsverlust dieses *nantissement* oben Nr. 162.

Anteile an Zivilgesellschaften, des Versicherungsrechts, z.B. Art. L 132-10 CAss für Versicherungspolicen. Im Übrigen verweist Art. 2355 Abs. 5 CC auf die Vorschriften über den *gage*. Das bedeutet z.B. für den *nantissement* an einem GmbH-Anteil,[90] dass neben der Verpfändungsvereinbarung Registrierung für die *opposabilité aux tiers* erforderlich wird. Das *nantissement* einer Forderung wird nur interessant, wenn nicht eine Sicherungsabtretung durch *bordereau Dailly* erfolgt.[91] Art. 2356 ff. CC sind teilweise in Anlehnung an diesen vereinfacht worden. Die Bestellung erfolgt durch schriftliche Vereinbarung, die genaue Angaben über die gesicherte und die zu sichernde Forderung sowie das Datum der Bestellung enthalten muss. Auch künftige Forderungen und Saldoforderungen aus laufender Rechnung können verpfändet werden. Die Pfandbestellung kann Dritten ohne weitere Publizität entgegengehalten werden. Sie muss lediglich dem Schuldner mitgeteilt werden, der andernfalls weiterhin befreiend an den Gläubiger leisten kann. Art. 2363 ff. CC regeln ausführlich die Rechte des Pfandgläubigers. Unberührt von Art. 2355 ff. CC bleibt das in Art. L 142-1 ff. CCom geregelte Unternehmenspfandrecht. Unberührt bleibt auch ein seit der Entmaterialisierung der Finanztitel (Aktien, Schuldverschreibungen, Fondsanteile, Ansprüche aus Finanztermingeschäften und ähnlichem) eingeführtes, in Art. L 211-20 CMF geregeltes Pfandrecht an Finanztitelkonten, *comptes-titres*, die von besonderen Einrichtungen verwaltet werden. Dieses Pfandrecht spielt in der modernen Finanzwirtschaft eine wichtige Rolle. Es kommt durch Zugang der Verpfändungserklärung bei der kontenführenden Einrichtung zustande, hat entsprechend der Kontenentwicklung wechselnden Inhalt, *assiette*, und begründet bis zur Pfandreife eine Sperrbefugnis des Pfandgläubigers.

Kernbegriff des Rechts der *Immobiliarsicherheiten* ist die *Hypothek*. Zwar gibt es nach den oben zitierten Art. 2374 f. CC daneben auch General- und Spezialprivilegien z.B. für Forderungen aus Grundstückskaufverträgen, Finanzierungsdarlehen, Bau- und Architektenverträgen und Erbteilungsverträgen. Für die *opposabilité* gegenüber Dritten müssen sie aber wie Hypotheken publiziert werden und unterliegen dann im Wesentlichen den gleichen Regeln. Eine wichtige Sondervorschrift ist Art. 2386 CC über den Rang eingetragener Privilegien. Zu erwähnen ist daneben noch das Immobiliarpfandrecht, *gage immobilier*, das früher als *antichrèse* bekannt war und in den Art. 2387 ff. CC geregelt ist.

Die Hypothek ist nach Art. 2293 CC ein eintragungsbedürftiges Sicherungsinstrument an *immeubles*, wozu auch Wohnungseigentum, Erbbaurechte u.Ä. gehören. Sie entsteht *kraft Gesetzes, durch richterliche Anordnung oder Vereinbarung*. Die wichtigsten gesetzlichen Hypotheken benennt Art. 2400 CC,

90 *Sonnenberger/Dammann*, VII.120.

91 Oben Nr. 140. Zu den Besonderheiten dieser Art der Forderungsabtretung gegenüber der Zession nach dem CC oben Nr. 100.

z. B. die Ehegattenhypothek nach Art. 2402 ff. CC und die aus Leistungsurteilen resultierende Hypothek nach Art. 2412 CC, der häufig eine auf Antrag vom Gericht angeordnete rangwahrende *Sicherungshypothek* als *mesure conservatoire* nach Art. 77 des Gesetzes vom 9.7.1991[92] vorausgeht. Die wichtigste Hypothek ist die vertragliche. Der Rang mehrerer Hypotheken wird durch die Eintragungsfolge bestimmt, Art. 2425 CC. Die Hypothek setzt eine Forderung voraus, ist also akzessorisch, gewährt ein Folgerecht, Art. 2393 Abs. 3, 2461 CC, und ein sehr detailliert geregeltes Recht des Gläubigers auf vorzugsweise Befriedigung aus dem Erlös des mit gerichtlicher Ermächtigung veräußerten oder zwangsversteigerten Grundstücks bzw. aus dessen gerichtlicher Zuweisung, *attribution judiciaire*, Art. 2458 CC. Stattdessen kann im Falle einer Vertragshypothek bereits bei der Bestellung vereinbart werden, dass die Immobilie bei Pfandreife ins Eigentum des Gläubigers übergeht, Art. 2459 CC. Für die Hypothek gilt sinngemäß das für den *gage* ausgeführte: Auch hier sichert an sich nur die Verwertung über die gerichtliche Zuweisung des Grundstücks an Zahlungs statt, Art. 2458 CC, den Vorrang vor privilegierten Gläubigern. Allerdings sind die insolvenzrechtlichen Vorschriften hierfür noch nicht angeglichen, so dass sich der Hypothekengläubiger in einer *procédure collective* doch den anderen aufgrund ihres Befriedigungsvorrechts vorrangigen Gläubigern stellen muss.[93]

Die *Vertragshypothek* wird nach Art. 2416 CC durch notariellen Vertrag zwischen dem Eigentümer des *immeuble* und dem Gläubiger bestellt. Er muss vorbehaltlich Art. 2417 CC von einem französischen Notar beurkundet sein. Der Vertrag muss das Grundstück, den gesicherten Betrag und den Grund der gesicherten Forderung bezeichnen, die auch eine künftige sein kann. Die wichtigste Neuerung der Reform von 2006 enthält Art. 3422 CC, der die *hypothèque rechargeable* eingeführt hat. Danach ist es möglich, dass der Vertrag ausdrücklich vorbehält, dass die Hypothek mit Erlöschen der Forderung nicht entfällt, sondern der Sicherung einer anderen Forderung des gleichen oder eines anderen Gläubigers dienen soll. Die entsprechende Vereinbarung mit dem Neugläubiger bedarf ebenfalls notarieller Beurkundung und Publizierung. Sie hat rangwahrende Wirkung. Im Ergebnis besteht zwischen Befriedigung der erstgesicherten Forderung und der Nachfolge der neuen Forderung eine Situation, die der forderungsentkleideten Eigentümerhypothek des deutschen Rechts ähnelt.

92 Gesetz Nr. 91-650.

93 Vgl. *Crocq*, La réforme du droit des procédures collectives et le droit des sûretés, D. 2006, 1306. Ob das zu einer Wiederbelebung des *gage immobilier* führen wird, der dem Pfandrechtsgläubiger ein Zurückbehaltungsrecht gewährt, ist zu bezweifeln. Der Gesetzgeber hat zwar in Art. 2390 CC ausdrücklich anerkannt, dass eine Kombination des Immobiliarpfandrechts mit einer Rückvermietung an den Pfandgeber zulässig ist. Allerdings fällt in diesem Fall nach der Rechtsprechung der Cour de Cassation mit der Rückgabe des Besitzes auch das Zurückbehaltungsrecht wieder weg, was der Konstruktion viel von ihrem Charme für den Sicherungsnehmer nimmt, *Sonnenberger/Dammann*, VIII 85.

Da der *Bestellungsvertrag Dritten ohne Publizierung nicht entgegengehalten werden kann*, stellt er vorher im Verhältnis zu diesen eigentlich nur einen Titel für die Hypothek dar. Ist sie erfolgt, so bewirkt sie eine zeitlich begrenzte *opposabilité* gegenüber Dritten. Bis zur Reform von 2006 war der Zeitraum relativ kurz und starr. Die zeitliche Begrenzung wurde zwar beibehalten, die Dauer wird aber nunmehr grundsätzlich in den Grenzen gesetzlicher Höchstdauer, in der Regel 50 Jahre, vertraglich festgelegt, Art. 2434 CC. Sie kann erneuert werden, andernfalls ist die Hypothek zu löschen, *radiation*. Ein deutscher Gläubiger, für den die zeitliche Begrenzung fremd ist, muss sich auch nach der Reform über die Dauer der Eintragung im Einzelfall informieren, da sonst das Risiko eines Verlustes der Sicherung besteht.

Da Hypotheken, von Art. 2422 CC abgesehen, streng forderungsgebunden sind, erlöschen sie mit dem Untergang der Forderung. Sie erlöschen weiterhin insbesondere im Wege eines eigentümlichen Bereinigungsverfahrens, *purge*, durch Verzicht des Gläubigers, bei Konsolidation, Grundstücksersitzung des Schuldners oder Ablösung seitens eines Erwerbers, Art. 2488 CC, und sind dann nach Art. 2440 CC im Hypothekenregister zu löschen.

Eigentumsvorbehalt und Sicherungseigentum haben 2006 bzw. 2009 im Vierten Buch des CC als *propriété retenue ou cedée à titre de garantie* ihren Platz in Art. 2367 und 2488-1 CC erhalten. Der *Eigentumsvorbehalt*, *réserve de propriété*, der aus praktischen Gründen nur bei beweglichen Sachen eine Rolle spielt, ist an sich nichts Neues. Die Reform von 2006 hat aber offene Fragen geklärt. Meist ergibt er sich aus einer Klausel eines Kaufvertrages. Da diese das Konsensprinzip[94] des CC einschränkt, ist eine schriftliche Erklärung des Verkäufers erforderlich. Art. 2368 CC wird so verstanden, dass das konkludente Einverständnis des Käufers genügt. Bei Handelsbeziehungen genügt die Einigung in einer Rahmenvereinbarung, Art. L 624-16 Abs. 2 CCom. Die *réserve de propriété* begründet ein akzessorisches Sicherungsrecht, Art. 2367 Abs. 2 CC, das mit Abtretung der Forderung, z.B. im Rahmen einer Refinanzierung, auf den Zessionar übergeht. Der Eigentumsvorbehalt bewirkt, dass der Verkäufer Eigentümer bleibt, so dass er vorbehaltlich anderweitiger Vereinbarung das Risiko des Untergangs der Sache trägt.[95] Deshalb steht ihm auch ein etwaiger Entschädigungsanspruch gegen einen Schadensversicherer zu. Als Inhaber eines bloßen Sicherungsrechts hat der Verkäufer aber nicht mehr die vollen Eigentümerrechte.[96] Er kann die Sache nur herausverlangen, verwerten und sich aus dem Erlös befriedigen, wenn und soweit der Erwerber vereinbarungswidrig nicht leistet, Art. 2371 CC. Die *réserve de propriété* bezieht sich auf die gekaufte Sache selbst. Besondere Vorschriften enthalten Art. 2369f. CC für Gattungssachen und für den Fall der Verbindung sowie

94 Oben Nr. 103, 109.
95 Oben Nr. 103.
96 Zum Fehlen eines Anwartschaftsrechts des Käufers oben Nr. 91.

Art. 2372 CC für die Folgen einer Weiterveräußerung. Die Berufung auf eine *réserve de propriété* im Einzelvollstreckungsverfahren gegen den Käufer war schon immer möglich. Im Insolvenzverfahren ist das Herausgabeverlangen an die Fristen des Art. L 624-9 CCom gebunden, soweit der Eigentumsvorbehalt nicht publiziert wurde. Zudem ist Art. L 624-16 Abs. 2 CCom zu beachten, wonach die *clause de réserve de propriété* vor oder zeitgleich mit der Lieferung schriftlich vereinbart werden muss, soll der Eigentumsvorbehalt insolvenzfest gemacht werden. Wurde die Vorbehaltssache weiterveräußert, sieht Art. L 624-18 CCom Ersatzaussonderung des Erlöses vor. Als akzessorisches Recht erlischt die *réserve de propriété* mit Erfüllung der gesicherten Forderung. Sie erlischt ferner, wenn ein Dritter, der gutgläubig ein Recht am Vorbehaltsgut und Besitz daran erwirbt, sich auf Art. 2276 CC berufen kann.[97]

Die *Wiederentdeckung der Übertragung eines Rechts als Sicherheit* begann 1981 mit der Zulassung einer *cession de créance à titre de garantie*, jedoch nur, soweit es sich um Abtretungen von Geschäftsforderungen juristischer Personen oder Einzelunternehmen an Kreditinstitute durch den schon zitierten *bordereau Dailly* handelte. Der Zessionar einer *cession Dailly* hat in der Insolvenz eine starke Stellung.[98] Die Forderungen sind nicht mehr Teil des Vermögens des Zedenten. Das gilt selbst, wenn die Abtretung während der période suspecte[99] abgeschlossen wird. Entscheidend ist, dass das auf dem Forderungsverzeichnis angegebene Datum der Übertragung vor dem Eröffnungsbeschluss liegt. Ob die Forderung vor oder nach Eröffnung des Insolvenzverfahrens fällig wird oder entsteht, spielt keine Rolle.[100] Soweit der Schuldner noch nicht befreiend an den Zedenten geleistet hat, kann der Zessionar die Forderungen einziehen. Die Entwicklung setzte sich 2005 mit der Zulassung der Sicherungsübertragung von Finanztiteln fort, *cession de titres à titre de garantie*, Art. L 211-8 CMF.[101] Im allgemeinen Zivilrecht scheiterte die Sicherungsabtretung an Art. 1690 CC und wurde noch 2006 vom Kassationshof verworfen.[102]

Die skizzierte Entwicklung hatte aber zur Folge, dass der Damm gegen eine Übertragung eines Rechts als Sicherheit, insbesondere des Eigentums, gebrochen war. Die vertragsrechtlichen Voraussetzungen dafür waren seit 2007 mit der Einführung einer treuhänderischen Übertragung beliebiger Rechte, vor allem des Eigentums, aber auch von Forderungen, durch den im Vertragsrecht schon erläuterten *fiducie-Vertrag*[103] geschaffen. Es fehlte noch die ausdrückliche Bestätigung, dass dieser Vertrag *zur Schaffung von Sicherungseigentum*,

97 Oben Nr. 108.

98 Siehe zum Folgenden *Sonnenberger/Dammann*, VIII 75.

99 Oben Nr. 171.

100 Com. 7.12.2004, D. 2005 J 230 Anm. *Larroumet*.

101 Umsetzung der europäischen Richtlinie 2002/47/EG vom 6.6.2002.

102 Cass.Civ. vom 19.12.2006, JCP 2007 II 10067 Anm. *Legeais*.

103 Oben Nr. 102.

propriété à titre de garantie, genutzt werden kann. Diese Bestätigung erfolgte durch Gesetz vom 30.1.2009 für *meubles* und *immeubles*, das Art. 2372-1 Abs. 1 und 2488 Abs. 1 in den CC einfügte. Gleichzeitig wurde die Ausgestaltung des Sicherungseigentums gesetzlich festgelegt. Dabei muss man sich freihalten von der deutschen Vorstellung, dass es nur um körperliche Sachen geht. Infolge der Verweisung auf die Art. 2011 ff. CC enthalten die neuen Vorschriften nur wenig über den Übertragungsvertrag. Es genügt der Hinweis, dass der Vertrag schriftlich ist, jedoch im Fall von registrierungsbedürftigen *immeubles* notariell beurkundet werden muss. Eine in Art. 2019 CC geforderte Registrierung in einem nationalen Register hat keine zivilrechtliche konstitutive Bedeutung. Die inhaltlich zwingenden Anforderungen ergeben sich aus Art. 2018 i.V.m. Art. 2372-2, 2482-2 CC. Dazu gehören insbesondere die genaue Bezeichnung der zu sichernden Forderung und der Wert des Sicherungsgutes. Wie die Hypothek so kann auch Sicherungseigentum in der Weise vereinbart werden, dass es bei Erlöschen der gesicherten Forderung nicht beendet, sondern der Sicherung einer anderen Forderung gewidmet wird, Art. 2372-5, 2488-5 CC. Bis zum Eintritt des Sicherungsfalles hat der *fiduciaire* die sich aus dem *fiducie*-Vertrag ergebenden Rechte. Das Sicherungsgut ist abgesondertes Sondervermögen. Tritt der Sicherungsfall ein, so wird der *fiduciaire* Volleigentümer bzw. muss er das Eigentum auf den Gläubiger übertragen, wenn das ein Dritter ist. Gegebenenfalls erfolgt eine Ausgleichszahlung an den Sicherungsgeber, Art. 2373-2 f., 2483-2 f. CC. Tritt der Sicherungsfall nicht ein, erfolgt entsprechend dem Vertrag Rückübereignung. Die Höchstlaufzeit einer *fiducie* beträgt 30 Jahre. Eine Schwäche der Sicherungsfunktion der *fiducie* ergibt sich aus dem Fehlen einer allgemeinen Regelung, wonach das Eigentum Dritten entgegengehalten werden kann. Da bewegliche Sachen in der Regel beim Sicherungsgeber verbleiben, kann ein gutgläubiger Erwerber sich auf Art. 2076 CC berufen.[104] Anders verhält es sich bei Immobilien wegen der Immobiliarpublizität.[105] Für Forderungen ergibt sich die *opposabilité* gegenüber Dritten aus Art. 2018-2 CC. Dagegen ist die Stellung des Sicherungseigentums im Insolvenzverfahren gesetzlich geklärt. Von einer Insolvenz des *fiduciaire* bleibt es unberührt, da es ein vom Verfahren nicht erfasstes Sondervermögen bildet. Handelt es sich um die Insolvenz des Sicherungsgebers, so hat eine sehr stark differenzierende Regelung versucht, den Interessen des Sicherungsgebers, des Sicherungsnehmers und Dritter je nachdem gerecht zu werden, ob ein Sanierungs- oder Liquidationsverfahren stattfindet. Die Stellung des Sicherungsnehmers bei der Sicherungstreuhand, *fiducie-sûreté*, ist in der Insolvenz des Sicherungsgebers schwächer als die eines Zessionars nach Sicherungsabtretung mittels *cession Dailly*. Zum einen kann eine während der *période suspecte*[106] abgeschlossene *fiducie* nach Eröffnung des Insolvenzver-

104 Oben Nr. 108.
105 Oben Nr. 112.
106 Oben Nr. 171.

fahrens nach Art. L. 632-1 Nr. 9 CCom angefochten werden. Zum anderen ist die Stellung des Sicherungsnehmers durch *ordonnance* vom 8. Dezember 2008 für den Fall eingeschränkt worden, dass die Vermögenswerte nach Absprache dem Sicherungsgeber zur wirtschaftlichen Nutzung überlassen werden, *convention de mise à disposition*. Der Sicherungsnehmer kann die Werte nach Eröffnung des Insolvenzverfahrens dann nicht herausverlangen. Die *convention de mise à disposition* wird als laufender Vertrag, *contrat en cours*,[107] behandelt, so dass der Insolvenzverwalter über die Fortsetzung entscheidet. In der Liquidation, *liquidation judiciaire*, hat die fiducie auch bei wirtschaftlicher Nutzung der Vermögenswerte durch den Schuldners wieder ihre volle Wirkung und der Sicherungsnehmer kann die Gegenstände herausverlangen. Das Nutzungsrecht kann nicht im Rahmen einer Unternehmensübertragung, *plan de cession*, ohne Zustimmung des Sicherungsnehmers übertragen werden, Art. L 642-7 CCom. Wie weit die *fiducie-sûreté* die herkömmlichen Sicherungsrechte verdrängen kann, bleibt abzuwarten.[108]

§ 4 Verhaltenspflichten der Banken und Bankenhaftung

193. *Obligations professionnelles* als systematischer Ausgangspunkt der Bankenhaftung

Das französische und das deutsche System der Bankenhaftung weisen die Gemeinsamkeit auf, dass beide von der Rechtsprechung in Form einer zunächst kasuistischen Rechtsfortbildung aus allgemeinen Haftungsgrundsätzen herausgebildet wurden. Dabei geht die jeweilige Entwicklung jedoch von einem unterschiedlichen systematischen Ansatzpunkt aus: Während sich die deutsche Rechtsprechung an den unterschiedlichen Rechtsverhältnissen orientiert und je nach Eingehung eines Beratungs-, Vermittlungs- oder Auskunftsvertrages oder dem bloßen Bestehen von Nebenpflichten etwa beim Darlehensverhältnis unterschiedliche Pflichteninhalte und eine unterschiedliche Pflichtendichte unterscheidet, liegt der Ausgangspunkt des französischen Systems gleichsam umgekehrt in der Herausbildung bestimmter Verhaltenspflichten, *obligations professionnelles* oder *devoirs professionnels*, die grundsätzlich beim Handeln von Banken quer durch alle Vertragsverhältnisse oder sogar unabhängig von ihnen bestehen.

Die Verletzung einer derartigen Verhaltenspflicht stellt eine *faute professionnelle* dar, die grundsätzlich gegenüber einem Vertragspartner eine vertragli-

107 Oben Nr. 173.

108 Erste Einschätzung von *Dammann/Robinet*, CDrE 2009, 35 ff.

che[109] wie auch gegenüber Dritten eine deliktische Haftung begründet. Die dadurch eröffnete Haftung für Vermögensschäden auch von Dritten zwingt zu einer grundlegenden Unterscheidung der *devoirs professionnels* in solche, die einen Schutz der Bankkunden bezwecken und damit haftungsbegründend sein können und solche, die allein im Interesse der Allgemeinheit bestehen. Für Letztere, zu denen z.B. die Bestimmungen zur Bekämpfung der Geldwäsche gehören, hat die *Cour de Cassation* im Jahr 2004 entschieden, dass ihre Verletzung keine deliktische Haftung gegenüber Dritten, die hierdurch einen Schaden erlitten haben, eröffnet.[110] Die verbleibenden Verhaltenspflichten mit Schutzfunktion gegenüber dem einzelnen Bankkunden vermitteln demgegenüber auch Drittschutz in der Weise, dass neben der vertraglichen Haftungsgrundlage des Kunden selbst auch die deliktische Haftung gegenüber einem geschädigten Dritten begründet wird, weil der *faute*-Maßstab der Gleiche ist.[111] Zu diesen Dritten können etwa Bürgen zählen, die für das Darlehen des geschädigten Hauptschuldners gebürgt haben, oder andere Gläubiger eines durch eine vorwerfbare Kreditvergabe insolvent gewordenen Schuldners.

Wie bereits erwähnt, bestehen die *obligations professionnelles* grundsätzlich generell beim Handeln von Banken und damit unabhängig vom konkret vorliegenden Vertragsverhältnis. Gleichwohl lässt sich feststellen, dass sich ein charakteristisches Haftungssystem im Wesentlichen in der Rechtsprechung zum Darlehensverhältnis herausgebildet hat und von dort aus auf andere Rechtsverhältnisse mit sich dabei ggf. ergebenden Modifikationen übertragen wird. Die nachfolgende Darstellung orientiert sich an dieser Genese, indem zunächst in Kürze diejenigen Verhaltenspflichten dargestellt werden, die bei jeglichem Bankhandeln zum Tragen kommen können. Sodann wird auf die spezifischen Verhaltenspflichten und das sich daraus ergebende Haftungssystem beim Darlehensverhältnis eingegangen und schließlich auf die wichtigsten Modifikationen oder Besonderheiten bei anderen Bankgeschäften.

194. Allgemeine Verhaltenspflichten

Unter denjenigen Verhaltenspflichten, deren Auftreten und etwaige Verletzung vom konkreten Rechtsverhältnis oder Bankgeschäft vollständig losgelöst sind, sind zunächst die bereits erwähnten Pflichten zu erwähnen, die allein im Interesse der Allgemeinheit bestehen und daher nicht haftungsbegründend sind. Neben rein öffentlich-rechtlichen Pflichten zählen hierzu insbesondere die praktisch bedeutsamen Pflichten, die sich aus den Bestimmungen zur Geldwäsche nach den Art. L 561-1 ff. CMF ergeben. Danach hat sich die Bank zunächst über die Identität der Kunden zu informieren; zu melden sind insbeson-

109 Ansprüche aus Vertrag und Delikt können nicht kumuliert werden, oben Nr. 98.
110 Cass.Com. vom 28.4.2004, D 2006, Pan 119 Anm. *Martin/Synvet*.
111 Cass.Plén. vom 6.10.2006, D 2006, 2825 Anm. *Viney*.

dere Verdachtsmomente bei Transaktionen, die auf Geldwäsche, Finanzierung von Terrorismus oder andere Delikte, die mit einer Freiheitsstrafe von mindestens einem Jahr belegt sind, hindeuten, Art. L 561-5, 561-15 ff. CMF. Eine etwaige Haftung der meldenden Bank ist gesetzlich auf den Staat verlagert, Art. L 561-22CMF.

Allgemeine Verhaltenspflichten, die nicht nur im allgemeinen Interesse bestehen und daher haftungsbegründend sein können, betreffen zunächst *Auskünfte*. Einerseits dürfen erteilte Auskünfte nicht falsch sein, andererseits ist das Bankgeheimnis, *secret professionnel*, zu wahren, welches in Art. L 511-33 CMF verankert und gemäß Art. L 571-4 CMF i.V.m. Art. 226-13 f. CPén strafrechtlich sanktioniert ist. Das Bankgeheimnis steht Auskünften im Zivilprozess entgegen, weicht aber den meisten öffentlich-rechtlichen Verpflichtungen der Banken und kann auch in Kollision mit einer Pflicht zur Erteilung von Auskünften geraten. Eine Haftung für Schäden aus der Verletzung des Bankgeheimnisses kommt in Betracht, Verurteilungen sind jedoch eher selten zu beobachten.

195. Verhaltenspflichten und Bankenhaftung bei Kreditgeschäften

Im Kreditgeschäft sind die Ausgangspunkte der französischen wie jeder anderen von der Privatautonomie bestimmten Rechtsordnung der Grundsatz der freien Kreditgewährung auf Seiten des Kreditgebers und derjenige der eigenen Verantwortung des Kreditnehmers für die gewinn- oder verlustbringende Verwendung des Kredits auf der anderen Seite. Der erste Grundsatz gilt nahezu uneingeschränkt; eine Haftung für eine rechtswidrige Kreditverweigerung, *réfus de crédit*, kommt nur bei einer Kreditzusage oder mindestens Schaffung eines konkreten Vertrauenstatbestandes, dass ein Kredit gewährt würde, in Betracht.[112] Der zweite Grundsatz wird unter anderem auch gefolgert aus – und zugleich flankiert von – dem weiteren Grundsatz der Nichteinmischung des Kreditgebers in die Angelegenheiten des Kreditnehmers, *principe de non-ingérence* oder *de non-immixtion*. Dem stehen allerdings Überwachungs- bzw. Informationspflichten, *devoirs de vigilance* und *devoirs d'information*, gegenüber, die ineinander übergehen und teilweise auch als einheitliche Pflicht dargestellt werden. Kraft dieser Pflichten ist die Bank gehalten, Informationen über die finanzielle Situation des Kreditnehmers wie über das zu finanzierende Projekt einzuholen.

Die für die Bankenhaftung entscheidende Frage, ob und unter welchen Umständen diese Informationspflichten in haftungsbegründende Pflichten gegenüber dem Kreditkunden oder auch gegenüber Dritten münden und welchen In-

112 Vgl. *Bonneau* Nr. 738.

halt diese Pflichten dann haben, war seit den 90er Jahren – ähnlich wie in Deutschland, wo diese Frage vor allem im Hinblick auf fehlgeschlagene Immobilienfinanzierungen heftig diskutiert wurde – umstritten und Gegenstand einer divergierenden Rechtsprechung verschiedener Kammern der Cour de Cassation. Während die erste Zivilkammer sogar eine Pflicht zur Beratung bei Abschluss eines Kreditvertrages gegenüber Privatpersonen befürwortete, lehnte die Handelskammer eine solche strikt ab.[113] Der Konflikt wurde durch einen von der ersten Zivilkammer entwickelten und sodann auch von der Handelskammer aufgenommenen Kompromiss beigelegt, nach dem zwischen aufgeklärten bzw. geschäftserfahrenen Kunden, *clients avertis*, und unkundigen, *clients profanes*, zu differenzieren ist.[114] Für diese Abgrenzung sind alle Kriterien wie Alter, Vermögenshintergrund, Ausbildung und vor allem geschäftliche Erfahrung einzubeziehen, regelmäßig werden aber wohl nicht kaufmännisch oder vergleichbar tätige Verbraucher als *clients profanes* einzustufen sein.

Gegenüber *clients avertis* kommt eine Haftung der Bank nur dann in Betracht, wenn die Bank über einen vom Kreditnehmer zu beweisenden Wissensvorsprung verfügte, etwa von negativen Umständen des zu finanzierenden Projekts wusste, die der Kunde nicht kannte. Dagegen besteht gegenüber *clients profanes* grundsätzlich eine Pflicht, vor einem gefährlichen Kredit zu warnen, *devoir de mise en garde*, wobei es meist um Fälle finanzieller Überforderung geht. Grundsätzlich hat es mit einer Warnpflicht sein Bewenden, allerdings geht die Rechtsprechung zuweilen auch weiter und hat etwa bei der Koppelung einer Berufsunfähigkeitsversicherung an einen Kredit eine Pflicht zur Aufklärung, *obligation d'éclairer*, bejaht. In Einzelfällen wurde noch weiter gegangen und letztlich der Sache nach doch eine Beratungspflicht angenommen bzw. im Extremfall sogar gefordert, dass einem derartigen Kunden, der sich mit dem gewünschten Kredit eindeutig überfordert, ein solcher verweigert werden muss.[115] Die Haftung der Bank ist allerdings ausgeschlossen, wenn der Kunde ihr wesentliche Informationen vorenthalten hat.

Die haftungsauslösenden Nebenpflichten beim Darlehen hängen damit nach der französischen Rechtsprechung stark von der Person des Kreditnehmers ab, während die allgemeine Geschäftserfahrung nach deutscher Rechtsprechung zwar im Rahmen der Aufklärungsbedürftigkeit ebenfalls geprüft wird, aber praktisch nur eine vergleichsweise geringe Rolle spielt. Gegenüber geschäftserfahrenen Kunden erweist sich das französische Recht als strikter als das deutsche, während bei unerfahrenen Kunden ein in Deutschland so nicht be-

---

113 Vgl. Cass.Civ. vom 27.6.1995, JCP E 1996, 772 Anm. *Legeais* einerseits und Cass.Com. vom 11.5.1999, JCP E 1999, 1730 Anm. *Legeais* andererseits.

114 Zunächst Urteilsserie der ersten Zivilkammer vom 12.7.2005, JCP G II 10140 Anm. *Gourio* = D 2005, 2276 Anm. *Delpech*; sodann Cass.Com. vom 3.5.2006 D 2006 1445 Anm. *Delpech*.

115 S. die Beispiele bei *Sonnenberger/Dammann*, VII 73.

kannter Schutz vor finanzieller Überforderung durch eigene Kreditaufnahme besteht. Dabei ist noch zusätzlich zu beachten, dass wiederum auch Dritte, etwa Bürgen, die Verletzung der bestehenden Verhaltenspflichten geltend machen und daraus Ansprüche ableiten können.[116]

Besondere Formen der Haftung bei der Kreditvergabe kennt das französische Recht auch in Bezug auf die Insolvenz des Kreditkunden. Seit den 70er Jahren hatte die Rechtsprechung einen Haftungstatbestand der missbräuchlichen Stützung eines Kreditkunden, *soutien abusif*, entwickelt, der schrittweise verengt und zuletzt nur noch bejaht wurde, wenn die Kreditvergabe entweder eine ruinöse Kreditpolitik des Unternehmens unterstützt oder ein im Grunde insolvenzreifes Unternehmen künstlich über Wasser gehalten hat. Der Gesetzgeber hat diesen Tatbestand im Jahr 2005 durch Einführung des neuen Art. L 650-1 CCom weiter begrenzt und zugleich modifiziert: Er greift zum einen nur noch ein bei *fraude* oder Einmischung in die Geschäftsführung des Kreditnehmers, führt aber zum anderen eine Haftung wegen Übersicherung ein, *garanties disproportionnées*. Es handelt sich nicht um einen speziell bankrechtlichen, sondern vielmehr um einen insolvenzrechtlichen Tatbestand,[117] der aber meist Banken betrifft. Das Gleiche gilt für die insolvenzrechtliche Haftung nach Art. L 651-2 CCom, *action en comblement de l'insuffisance d'actif*, wegen faktischer Geschäftsführung, *gestion de fait*.[118]

Schließlich kann die Beendigung des Kreditverhältnisses Haftungsansprüche auslösen, wenn die Kündigung eines Kredits unrechtmäßig oder rechtsmissbräuchlich erfolgt. Die Rechtsfolgen liegen in diesem Fall in der Verurteilung zur Gewährung der zu Unrecht zurückgeforderten Kreditmittel und Ersatz der aus der Kündigung resultierenden Schäden.

196. Verhaltenspflichten und Bankenhaftung bei anderen Rechtsverhältnissen zwischen Bank und Kunden

Sehr eng mit dem Haftungssystem beim Kredit verwoben ist dasjenige der Bürgschaft, und zwar in zweierlei Hinsicht: Zum einen kann, wie soeben beim Kredit angesprochen, auch der Bürge als Dritter aus der Verletzung einer Verhaltenspflicht gegenüber dem Hauptschuldner eine (deliktische) Haftung der Bank ableiten. Zum zweiten besteht auch gegenüber dem Bürgen eine eigene Warnpflicht, v.a. vor einer krassen Überforderung, wobei die gleiche Unterscheidung zwischen geschäftserfahrenen und unkundigen Bürgen gilt. Hinzu tritt für den Bürgen die kreditsicherungsrechtliche Pflicht der Bank, bei Freigabe und Verwertung anderer Sicherheiten Rücksicht auf die Belange des Bür-

116 *Bonneau* Nr. 737.

117 S. daher auch oben Nr. 173 a. E. und zu den Einzelheiten *Sonnenberger/Dammann*, VIII 20 ff.

118 S. auch hierzu oben Nr. 173 a. E. und zu den Einzelheiten *Sonnenberger/Dammann*, VIII 88.

gen zu nehmen. Über die gesetzlich geregelten Fälle von Art. 2314 CC hinaus wird dies als allgemeiner *devoir de bonne foi et de loyauté* gegenüber dem Bürgen aus Art. 1134 CC abgeleitet.

Im *Zahlungsverkehr* beschränken sich die potentiell haftungsbegründenden Pflichten[119] im Wesentlichen darauf, dass ein übernommener Auftrag pünktlich auszuführen und auf seine Voraussetzungen hin, insbesondere die Echtheit z.B. der Unterschrift, zu prüfen ist. Auch im Zahlungsverkehr wirkt sich der Grundsatz der Nichteinmischung in die Angelegenheiten des Kunden begrenzend aus und führt etwa dazu, dass bei einer gefälschten Unterschrift nur gehaftet wird, wenn die Fälschung für einen sorgfältigen Bankmitarbeiter aus sich heraus erkennbar war, während weitergehende Nachforschungen, jedenfalls dem Kunden bzw. einem geschädigten Dritten gegenüber, nicht geschuldet sind. Weitere Pflichten, Verdachtsmomenten auf einen illegalen Hintergrund von Transaktionen nachzugehen, bestehen zwar im Hinblick auf Geldwäschebestimmungen, ihre Verletzung ist jedoch, wie bereits oben ausgeführt, gegenüber Kunden und Dritten nicht haftungsbegründend.[120]

Ein eigenständiges Haftungssystem hat sich für den Bereich der *Geldanlage* herausgebildet, wenn auch in einer weit weniger ausgeprägten Form und anhand einer – jedenfalls ausweislich eines Vergleichs der veröffentlichten Rechtsprechung – weit geringeren Zahl an gerichtlichen Auseinandersetzungen als dies in den letzten Jahren in Deutschland zu beobachten war. Hier wird das „traditionelle“, von der Rechtsprechung aus allgemeinen Verhaltenspflichten entwickelte Haftungssystem nunmehr durch aus dem EU-Recht stammende Pflichten und Kategorien überlagert, die in Deutschland in § 31 WpHG verankert sind. Grundsätzlich beschränkt sich die Pflicht der Bank beim Angebot von Investments sowohl nach der bisherigen Rechtsprechung wie nach dem CMF auf die richtige und vollständige Information über das Produkt, ähnlich wie dies in Deutschland für die Anlagevermittlung angenommen wird. Die Steigerung zu einer Warnpflicht über besondere Risiken, *devoir de mise en garde*, wurde von der Rechtsprechung einerseits wiederum an der bekannten Unterscheidung zwischen einem *investisseur averti* und einem *investisseur profane* angeknüpft, zum anderen am spekulativen Charakter des angebotenen Produkts. Bei der Annahme eines spekulativen Charakters hat sich die französische Rechtsprechung allerdings bislang zurückhaltend gezeigt und diesen etwa bei einem Zinsswap nicht angenommen.[121] Das Verhältnis dieser Regeln zu der auf das EU-Recht zurückgehenden Unterscheidung des CMF zwischen qualifizierten und „gewöhnlichen“ Investoren, Art. L 411-2 Abs. 2 CMF, und der in Art. L 533-13 CMF statuierten Pflicht, das Anlageprofil des Kunden zu

119 S. zur Regelung der Pflichten an sich und zur Haftung beim Missbrauch von Zahlungsmitteln bereits oben Nr. 188.

120 Oben Nr. 193 und 194.

121 Cass.Com. vom 19.6.2007, D 2007, 1952.

erforschen, ist noch nicht geklärt. Nachdem gemäß Abs. 2 der letztgenannten Vorschrift eine Warnpflicht besteht, wenn das angebotene bzw. nachgefragte Produkt nicht zum Anlageprofil des Kunden passt, wird zum einen diese Pflicht auch gegenüber einem investisseur averti bestehen müssen, sofern dieser nicht zugleich qualifizierter Investor ist, und zum anderen die Warnpflicht in der Sache einer Beratungspflicht angenähert, die von der französischen Rechtsprechung – anders als in Deutschland, wo die Annahme eines Beratungsverhältnisses beim Angebot einer Anlage durch die Bank die Regel ist – bislang nur unter besonderen Umständen angenommen wurde. Bei echter *Vermögensverwaltung* durch die Bank sind deren Pflichten wie im deutschen Recht auf eine bestmögliche Verwaltung im Rahmen der vereinbarten Ziele und Beschränkungen reduziert.

Sechstes Kapitel:

Zivilrechtspflege

Literatur: *Brenner*, Voies d'exécution, 5. Aufl., Paris 2009; *Brenner/Fricero* (Hrsg.), La nouvelle procédure d'appel, Paris 2010; *Cadiet/Jeuland*, Droit judiciaire privé, 6. Aufl., Paris 2009; *Cadiet/Canivet* (Hrsg.), De la commémoration d'un Code à l'autre: 200 ans de procédure civile en France – 1806-1976-2006, Paris 2006; *Couchez/Lagarde*, Procédure civile, 16. Aufl., Paris 2010; *Couchez*, Voies d'exécution, 10. Aufl., Paris 2010; *Cour de cassation* (Hrsg.), Le nouveau Code de procédure civile: vingt ans après, Paris 1998; *Ferrand*, Cassation française et Révision allemande, Paris, 1993; *dies.*, Justizentlastung in Frankreich, ZZPInt 1997, 43 ff.; *dies.*, Contraintes et évolutions en procédure civile française, ZZPInt. 9 (2004), 39 ff.; *dies.*, L'évolution récente de l'appel civil en droit français, ZZPInt 14 (2009), 43 ff.; *dies.*, Der französische Zivilprozess im Lichte von Art. 6 Abs. 1 EMRK, Festschrift D. Henrich, 2000, 133 ff.; *Foyer/Puigelier* (Hrsg.), Le nouveau code de procédure civile (1975–2005), Paris 2006; *Fradin/Croze/Morel*, Procédure civile, Manuel pédagogique et pratique, Paris 2008; *Fricero*, Procédure civile, 6. Aufl., Paris 2010; *dies.*, Les institutions judiciaires, 3. Aufl., Paris 2010; *dies.*, Procédures civiles d'exécution, 2. Aufl., Paris 2010; *Guinchard (*Hrsg.), Droit et pratique de la procédure civile 2011–2012; *Guinchard* (Hrsg.), Droit processuel, 6. Aufl., Paris 2011; *Guinchard/Chainais/Ferrand*, Procédure civile, 30. Aufl., Paris 2010; *dies.*, Procédure civile, Hypercours Dalloz, 2. Aufl., Paris 2011; *Guinchard/Montagnier/Varinard/Debard*, Institutions juridictionnelles, 10. Aufl., Paris 2009; *Héron/Le Bars*, Droit judiciaire privé, 4. Aufl., Paris, 2010; *Hoonakker*, Procédures civiles d'exécution, Paris 2010; *Leborgne*, Voies d'exécution et procédure de distribution, Paris 2009; Les chiffres-clés de la justice, Ministère de la Justice et des Libertés, 2010; *Martiny*, Nichtstreitige Verfahren in Frankreich, München, 1976; *Le Ninivin*, La juridiction gracieuse dans le nouveau code de procédure civile, Paris, 1984; *Perrot/Théry*, Procédures civiles d'exécution, 2. Aufl., Paris 2005; *Robin*, Procédures civiles d'exécution, 4. Aufl., Paris 2010; *Salati*, Présentation de la loi du 28 mars 2011 de modernisation des professions judiciaires ou juridiques et certaines professions réglementées, Droit et Procédures 2011, 110; *Sonnenberger*, Prinzipien des neuen französischen Zivilverfahrensrechts, Festschrift 30 Jahre Münchener Juristische Gesellschaft, München 1996, S. 63 ff.; *Sonnenberger/Dammann* (oben Nr. 5), Kapitel Schiedsgerichtsbarkeit; *Traichel*, Die Reform des französischen Zwangsvollstreckungsrechts, Bielefeld, 1995; *Strickler*, Procédure civile, Orléans 2010; *Vogl*, Das neue französische Schiedsrecht, RIW 2011, 359 ff.; *Weber*, Die Verdrängung des Hauptsacheverfahrens durch den einstweiligen Rechtsschutz in Frankreich, Bonn 1993; *Zwickel*, Bürgernahe Ziviljustiz – Die französische *juridiction de proximité* aus deutscher Sicht, 2010. Weitere Nachweise bei *Ferid/Sonnenberger*, Bd. 1.1., (oben vor Nr. 87) 1 A 40 ff. (Zivilrecht und Zivilrechtspflege).

§ 1 Einleitung

197. Einleitung

Das französische Verfahrensrecht wurde im Zuge der napoleonischen Rechtsreformen im Code de procédure civile von 1806 geregelt. Spätestens seit Beginn des 20. Jahrhunderts erwies sich die ursprüngliche Regelung jedoch den aktuellen Anforderungen als nicht mehr gewachsen. Die Verfahren waren allzu formalistisch, infolge reinen Parteibetriebs langwierig und verursachten unverhältnismäßige Kosten. Mehrere Reformversuche wurden unternommen.[1] Nach Teilreformen einzelner Bereiche kam eine generelle Erneuerung des Zivilverfahrensrechts um 1935 in Gang und gewann mit der Verfassung von 1958, die die Normsetzungskompetenz auf dem Gebiet des Verfahrensrechts hauptsächlich der Regierung zuordnet, an Nachdruck und Geschwindigkeit.[2] Während nämlich zuvor das von Rechtsanwälten dominierte Parlament keiner Reform auf dem Gebiet des Verfahrensrechts zustimmen wollte, ermöglichte diese verfassungsrechtliche Neuerung die angesichts des damaligen Zustands des französischen Verfahrensrechts dringende grundlegende Reform des Zivilverfahrensrechts, da die Regierung durch Verordnung, *décret*, legiferiert. Nach einer Übergangsphase in den Jahren 1967–1971 erfolgte die Neuregelung des Zivilverfahrensrechts schrittweise durch mehrere Verordnungen, die 1975[3] als allerdings noch unvollständiger *Nouveau Code de procédure civile* kodifiziert wurden.[4] Inzwischen sind weitere Bereiche novelliert worden.[5] Der *Nouveau Code de procédure civile*, der bis 2008 so hieß, weil einige Teile des alten Code de procédure civile noch galten, wurde 2008 zum *Code de procédure civile* umbenannt, als der alte Code aufgehoben wurde.[6]

Der *Code de procédure civile* umfasst nunmehr sechs Bücher: 1. Allgemeine Bestimmungen, die für alle Gerichte gelten; 2. besondere Bestimmungen für die einzelnen Gerichte; 3. besondere Bestimmungen für einzelne Rechtsgebiete – insbesondere Personenstands-, Ehe-, Kindschafts-, Vormundschafts-, Ehegüterrechts-, und Nachlasssachen sowie auch bestimmte sachenrechtliche und

---

1 S. *Wijffels*, French Civil Procedure (1806–1975), in: *van Rhee* (Hrsg.), European Traditions in Civil Procedure, Antwerpen-Oxford 2005, S. 25 (41 ff.).

2 Zu den verfassungsrechtlichen Grundlagen der Justiz oben Nr. 29, zum Verordnungsrecht der Regierung Nr. 24, 27.

3 Verordnung Nr. 75-1123. S. *Cadiet,* The New French Code of Civil Procedure (1975), in: *van Rhee* (Hrsg.), European Traditions in Civil Procedure, Antwerpen-Oxford 2005, S. 49 ff.

4 Zitierweise NCPrC; solange der alte Code noch teilweise anzuwenden war.

5 S. für die Zeitperiode 1975 bis 1. Juli 2010 die sehr zahlreichen Dekrete, zusammengestellt in: Code de procédure civile Dalloz 2011, S. 3020 ff.

6 Gesetz Nr. 2007-1787 vom 20. Dezember 2007 (Art. 26-II et III). Dieser Code wird hier folglich als CPrC zitiert.

schuldrechtliche Klagen, wobei dem europäischen Mahnverfahren[7] sowie dem europäischen Bagatellverfahren,[8] *procédure européenne de règlement des petits litiges*, Sondervorschriften gewidmet sind;[9] 4. die Schiedsgerichtsbarkeit, die vor kurzem durch die Verordnung Nr. 2011-48 vom 13. Januar 2011 reformiert worden ist; 5. die Zwangsvollstreckung, doch ist das Buch bis heute ein Leertitel, denn einschlägig sind das mehrfach abgeänderte Vollstreckungsgesetz Nr. 91-650 samt Ausführungsdekret Nr. 92-755 sowie für die Immobiliar-Vollstreckung die *Ordonnance* Nr. 2006-461 vom 21. April 2006, Art. 2090 ff. CC, und die inzwischen auch abgeänderte Verordmung Nr. 2006-936 vom 27. Juli 2006. Dieses 5. Buch soll durch einen bei Manuskriptabschluss noch nicht vorliegenden *Code de l'exécution* ersetzt werden, der als *Ordonnance* der Regierung ergehen soll; 6. Sonderbestimmungen für bestimmte Überseegebiete (Mayotte, Wallis und Futuna).

Hinzu kommen das Gerichtsverfassungsgesetz, *Code de l'organisation judiciaire*, COrgJud, der in den Ausgaben des *Code de procédure civile* bei Dalloz und Litec als Anhang zu finden ist sowie zahlreiche weitere Spezialgesetze, z.B. Gesetz Nr. 91-647 über Prozesskostenhilfe, *aide juridique*, und dessen Ausführungsverordnung Nr. 91-1266 vom 19. Dezember 1991, Art. L 127-1 ff. CAss über Rechtsschutzversicherung, Gesetz Nr. 71-1130 vom 31. Dezember 1971 sowie Verordnung Nr. 91-1197 vom 27. November 1991 betreffend den Anwaltsberuf, Verordnung Nr. 78-381 vom 20. März 1978 über die Schlichter, *conciliateurs de justice*. Auch Bestimmungen über das Berufsrecht und die Funktionen anderer Träger der Rechtspflege können in den Anhängen zum CPrC, *Annexes*, gefunden werden. Die inzwischen zahlreichen den Gerichtsstand sowie andere Aspekte des Zivilverfahrensrechts behandelnden europäischen Verordnungen befinden sich ebenfalls in einem Anhang. Das Gleiche gilt für die Sondergesetze und -dekrete betreffend die Zwangsvollstreckung.

In den letzten zwanzig Jahren ist der CPrC mehrfach novelliert worden, allerdings nur teilweise, ohne dass eine große Justizreform mit Weitblick erreicht werden konnte. Die beschränkten Reformen haben z.B. ein Ausleseverfahren vor der *Cour de cassation* und die Integration von Schlichtungs- bzw. Mediationsphasen, sog. MARC: *modes alternatifs de règlement des conflits*, in den Zivilprozess eingeführt bzw. außerhalb des Prozesses gefördert, das erstinstanzliche Verfahren mit einer wichtigeren Rolle des *juge de la mise en état* als vorbereitender Richter novelliert und das Berufungsverfahren im Sinne einer Straffung durch kürzere Fristen und strengere Sanktionen beträchtlich geändert. Fast alle Reformen zielten darauf ab, die Bestimmungen des CPrC

---

7 Verordnung (EG) Nr. 1896/2006 vom 12. Dezember 2006 zur Einführung eines Europäischen Mahnverfahrens.

8 Verordnung (EG) Nr. 861/2007 vom 11. Juli 2007 zur Einführung eines Europäischen Verfahrens für geringfügige Forderungen.

9 Art. 1382 ff. und 1424-1 ff. CPrC.

den praktischen Bedürfnissen anzupassen,[10] wobei die Regierung immer mehr einer Managementlogik folgt, die zum Teil kritisiert werden kann. Außerdem ist die Qualität der neuen Dekrete nicht immer die beste; auch der Einbau neuer Bestimmungen in den CPrC ist nicht immer überlegt.[11] Es wurde sogar behauptet, dass nur noch eine „*logique des flux*" vom Justizministerium verfolgt werde. Immer mehr tendieren sowohl die Regierung als auch die höchstrichterliche Rechtsprechung dahin, den Parteien mehr prozessuale Lasten aufzubürden und die Aufgabe des Zivilrichters zu erleichtern.[12]

Einige Zahlen:[13] Was die Zivilgerichte angeht, gibt es eine *Cour de cassation*, 35 *Cours d'appel* als Berufungsgerichte, 179 *Tribunaux de grande instance*, Landgerichte, 305 *Tribunaux d'instance*, Amtsgerichte, 136 *Tribunaux de commerce*, Handelsgerichte, 210 *Conseils de prud'hommes*, Arbeitsgerichte und 115 *Tribunaux des affaires de sécurité sociale*, Sozialgerichte. All diese Gerichte gehören zum *ordre judiciaire*, der etwa der deutschen ordentlichen Gerichtsbarkeit samt Arbeitsgerichtsbarkeit und Teil der Sozialgerichtsbarkeit entspricht. 2009 wurden von den französischen Zivilgerichten 2642823 Entscheidungen gefällt, davon 279 028 im beschleunigten Verfahren, *référés*.

§ 2 Organisation der Zivilrechtspflege

198. Die Gerichte

Die Gerichtsverfassung Frankreichs findet ihre Grundlage in der Verfassung vom 4. Oktober 1958, die die Zuständigkeit zur Normsetzung zwischen Parlament und Regierung aufgeteilt hat.[14] Nur das Parlament darf einen neuen Gerichtszweig, *ordre de juridiction*, schaffen, den Rechtsstatus der *magistrats*, d.h. der Richter und Mitglieder der Staatsanwaltschaft, ändern oder das Strafverfahren regeln. Dagegen ist die Regierung zuständig, durch Verordnung das Zivilverfahrensrecht zu regeln. Die 1958 eingeführte Gerichtsverfassung hatte sehr lange Bestand, was problematisch war, da sich die Bevölkerungs- sowie Wirtschaftsverhältnisse seitdem geändert hatten und neue Massenstreitigkeiten entstanden waren. Auch eine moderne wirtschaftliche Analyse der Zivilrechts-

10 S. *Guinchard*, Petit à petit, l'effectivité du droit à un juge s'effrite, Mélanges J. Boré, Paris 2007, S. 287.

11 S. *Cadiet*, The New French Code of Civil Procedure (1975), in: *van Rhee* (Hrsg.), European Traditions in Civil Procedure, Antwerpen-Oxford 2005, S. 64.

12 *D'Ambra/Boucon*, Le décret n°2009-1524 du 9 décembre 2009 réformant la procédure d'appel et la gestion des flux de contentieux judiciaire, D. 2010, S. 1093 ff. [1098].

13 S. Les chiffres-clés de la justice, Ministère de la Justice et des Libertés, 2010, S. 4.

14 Oben Nr. 24.

pflege und deren Funktionieren sowie neue Leistungskriterien, die sich durch die Arbeiten der CEPEJ, *Commission européenne pour l'efficacité de la justice*, im Rahmen des Europarats durchgesetzt haben, zwangen Frankreich zu einer bedeutenden Reform der *carte judiciaire*. So wurden 2008 durch Verordnung die Zahl und der Zuschnitt der örtlichen Zuständigkeiten der *Tribunaux d'instance* und der *Tribunaux de commerce* reformiert: Die Verordnung Nr. 2008-145 vom 15. Februar 2008 listet 178 *Tribunaux d'instance* und 23 *Tribunaux de grande instance* auf, die 2010 geschlossen wurden. Die Verordnung Nr. 2008-146 vom 15. Februar 2008 betrifft die Handelsgerichte. Auch 63 Arbeitsgerichte sind geschlossen worden. Verschiedene andere Verordnungen haben die Zuständigkeit der Zivilgerichte etwas reformiert und zum Teil für bestimmte Gebiete nur ein einziges Gericht bzw. ein Gericht pro große Region für zuständig erklärt. Die Zivilgerichte haben nach französischem Recht über Zivilsachen im engen Sinne, aber auch über Handels-, Arbeits-, Sozialsachen sowie über Pachtverträge zu entscheiden, also Angelegenheiten, die weder Straf- noch Verwaltungssachen sind.

Eine Darstellung der ordentlichen Zivilgerichtsbarkeit hat vom *Tribunal de grande instance*, TGI,[15] Art. L 211-1 ff., R 211-1 ff. COrgJud, auszugehen, das in jedem Departement mindestens einmal besteht und dem grundsätzlich Allzuständigkeit zukommt; daher wird vom TGI als einziger *juridiction de droit commun* in Zivilsachen gesprochen. Die anderen Zivilgerichte sind sog. *juridictions d'exception*, die erstinstanzlich nur zuständig sind, wenn eine gesetzliche Bestimmung bzw. eine Verordnung ihnen die Zuständigkeit zuweist, während das TGI in allen Sachen zuständig ist, für die kein anderes Zivilgericht ausdrücklich die Zuständigkeit erhalten hat.[16] Außer in vermögensrechtlichen Streitigkeiten, soweit sie nicht dem *Tribunal d'instance*, TI, zugewiesen sind, ist das TGI vor allem auch für Familiensachen, darunter für Scheidungs-, Kindschafts- und Unterhaltssachen, zuständig. Es ist ausschließlich mit Berufsrichtern besetzt, die entweder als Kammer[17] mit drei Richtern oder als Einzelrichter, *juge unique*, entscheiden. Die Funktion von Einzelrichtern nehmen Richter wahr, die eine entsprechende Delegation des Präsidenten des TGI erhalten haben. Einzelrichter für Spezialbereiche sind insbesondere der *juge aux affaires familiales*, JAF, Familienrichter, und der *juge de l'exécution*, JEX, Vollstreckungsrichter. Entscheidet die Kammer von drei Richtern, *formation collégiale*, so fungiert der *juge unique* zur näheren Aufklärung und Vorbereitung des Prozessstoffes als *juge de la mise en état*. Der Trend zum Einzelrichter ist unverkennbar, geht allerdings nicht so weit wie in Deutschland seit dem ZPO-Reformgesetz vom 27. Juli 2001. Im allgemeinen Verfahren können die

15 In Strafsachen: *Tribunal correctionnel*.

16 Art. L 211-3 COrgJud.

17 Art. L 212-1 COrgJud.

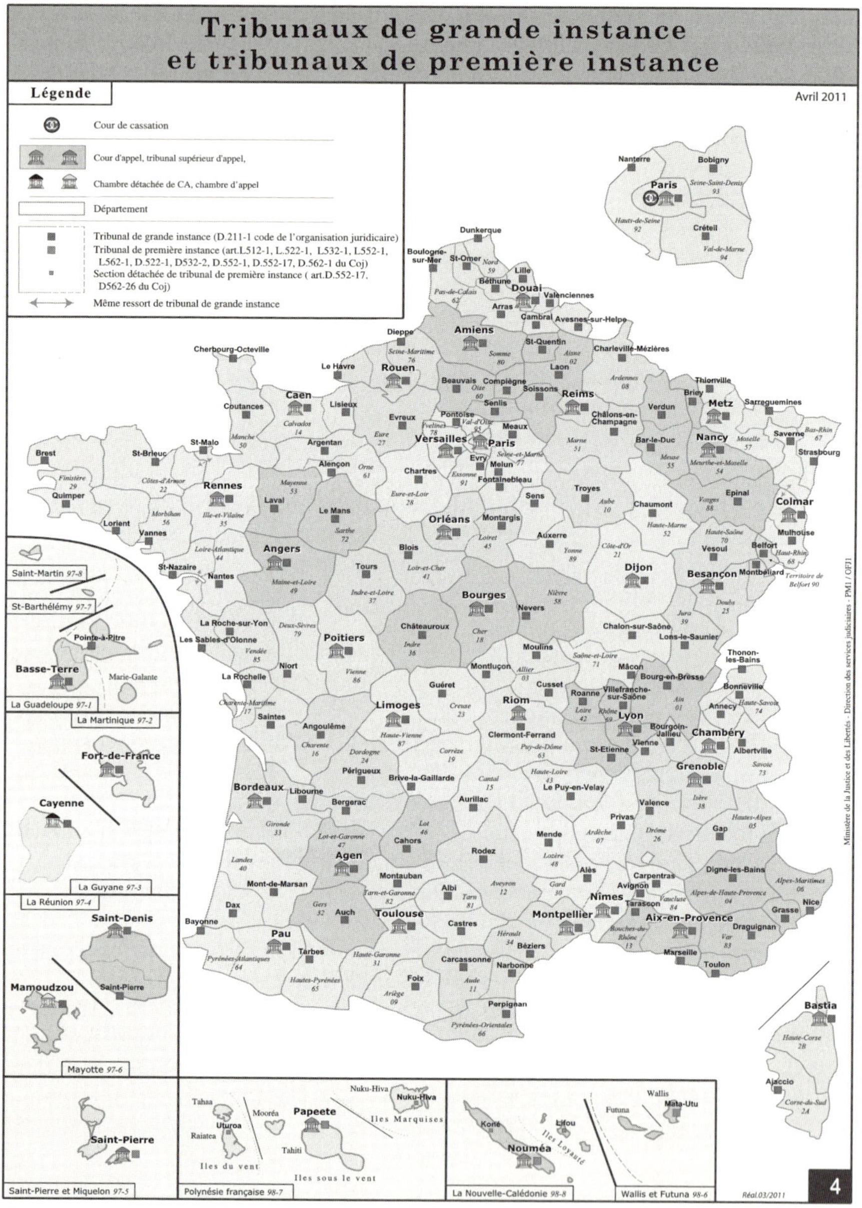

Charte Judiciaire Frankreichs

Quelle: Les chiffres-clés de la Justice, Ministère de la Justice et des Libertés (Stand: 1.4.2011)

Parteien jedoch verlangen, dass der Rechtsstreit vor die Kammer gebracht wird.[18]

Der *Präsident des Gerichts* nimmt neben der Gerichtsverwaltung ebenfalls wichtige jurisdiktionelle Funktionen wahr, insbesondere im Eilverfahren, *procédure d'urgence*. Er selbst oder ein delegierter Richter können *ordonnances de référé* oder *ordonnances sur requête* erlassen, die bisweilen streitbeilegenden Charakter haben, wenn keine Partei in der Hauptsache ein Gericht anruft. Eine *ordonnance de référé* ist eine im Rahmen eines Eilverfahrens nach Ladung der Gegenpartei, also unter Beachtung des rechtlichen Gehörs, *principe du contradictoire*, erlassene Entscheidung, die sofort vorläufig vollstreckbar ist, während eine *ordonnance sur requête* ohne vorherige Ladung der Gegenpartei *ex parte* und Beachtung des *principe du contradictoire* gefällt wird. Die Gegenpartei kann aber gegen die erlassene Entscheidung Rechtsmittel einlegen. Vor dem TGI besteht grundsätzlich Anwaltszwang, Art. 751 CPrC. Es gibt jedoch Ausnahmen von dieser Regel.

Die Zuständigkeit des TGI ist vor allem durch die dem TI und der *Juridiction de proximité* vorbehaltenen Materien begrenzt. Grundsätzlich ist das TGI für alle persönlichen und vermögensrechtlichen Streitigkeiten über 10000 Euro, *compétence générale*, sowie kraft *compétence exclusive* für spezielle Rechtsgebiete zuständig, z.B. Personenstandswesen (Ehe, Kindschaft u.a.), Nachlass-, Immobiliensachen, Insolvenzverfahren, bei denen der Schuldner kein Kaufmann bzw. Handwerker ist, Geschäftsraummiete, *baux commerciaux*, usw.[19] Bei diesen Sondermaterien ist das TGI unabhängig vom Streitwert ausschließlich zuständig. Wenn der Streitwert 4000 Euro nicht übersteigt, kann gegen die erstinstanzliche Entscheidung keine Berufung eingelegt werden, sondern nur ein *pourvoi en cassation*, Kassationsbeschwerde. Wenn dagegen der Streitwert 4000 Euro übersteigt, ist Berufung beim TGI statthaft. In Frankreich hängt die Statthaftigkeit der Berufung nicht von dem Wert des Beschwerdegegenstandes (vgl. § 511 ZPO) ab, sondern von dem vom Kläger festgesetzten Streitwert. 2009 betrug die Durchschnittsdauer eines Verfahrens vor den TGI 7,1 Monate.[20]

Seit kurzem haben einige TGI die ausschließliche Zuständigkeit für bestimmte Sachen, z.B. Adoption, Anerkennung eines im Ausland erlassenen Adoptionsbeschlusses, Art. D 211-10-1 COrgJud, Patente, Urheberrechte, Geschmacksmuster, Markenzeichen[21] usw., Art. D 211-5 ff. COrgJud. Es wird von „*concentration des contentieux*" gesprochen, die zu einer besseren und effektiveren Spezialisierung der Richter beitragen soll.

18 Art. L 212-2 COrgJud.

19 Art. R. 211-4 COrgJud.

20 Les chiffres-clés de la justice, Ministère de la Justice et des Libertés, 2010, S. 11.

21 S. insb. Art. D 211-6-1 COrgJud, der nur neun TGI die Zuständigkeit für solche Streitigkeiten zuweist.

Die *örtliche Zuständigkeit* des TGI unterliegt grundsätzlich den allgemeinen Regeln des CPrC, s. Art. 42 und 43 CPrC. So ist grundsätzlich das TGI zuständig, in dessen Zuständigkeitsbezirk der Beklagte seinen Wohnsitz bzw. Aufenthalt hat. Jedoch bestehen zahlreiche Ausnahmen. Manchmal wird dem Kläger eine Option gewährt: Er kann entweder das Gericht des Wohnsitzes des Beklagten oder z.B. in Vertragssachen das Gericht der tatsächlichen Lieferung der Sache bzw. der Erbringung der Dienstleistung, in Deliktssachen das Gericht des Handlungsorts bzw. des Schadensortes anrufen, Art. 46 CPrC. Manchmal legt der CPrC eine ausschließliche örtliche Zuständigkeit fest, z.B. bei einer Immobilienstreitigkeit, *action réelle immobilière*, die Zuständigkeit des TGI, in dessen Bezirk die Immobilie liegt, oder bei Nachlasssachen das TGI, in dessen Bezirk der Nachlass eröffnet wurde, *lieu d'ouverture de la succession*.

Das *Tribunal d'instance*, TI, Art. L 221-1 ff., D 221-1 ff. COrgJud, gehört zu den *juridictions civiles d'exception*.[22] Es ist der Nachfolger des Friedensrichters, der von der französischen Revolution geschaffen wurde. Grundsätzlich besteht in jedem Arrondissement als Untergliederung eines Departements ein TI. Es ist aber an die kürzliche Schließung einer Reihe von TI zu erinnern. Das TI ist sachlich vorbehaltlich einer Spezialregelung für vermögensrechtliche Streitigkeiten mit einem Wert über 4000 Euro bis 10000 Euro, Art. L 221-4 COrgJud, und daneben kraft zahlreicher Einzelzuweisungen unabhängig vom Streitwert zuständig, z.B. für Streitigkeiten aus Verbraucherkreditverträgen, Art. L 312-36 CConsom, und Mietverträgen über Wohnraum, für die Beitreibung von Unterhalt, für Besitzstreitigkeiten und einige Vollstreckungsangelegenheiten namentlich Einkommenspfändung bei dem Arbeitgeber des Schuldners. Dazu kommen wichtige Zuständigkeiten im Bereich der freiwilligen Gerichtsbarkeit, *juridiction gracieuse*, insbesondere als Vormundschaftsgericht für Volljährige, *juge des tutelles*, Art. L 221-9 COrgJud. Ein oder mehrere Richter beim TI entscheiden als Vormundschaftsrichter.

Das *Tribunal d'instance* entscheidet stets durch einen Einzelrichter, Art. L 222-1 COrgJud, der – im Rahmen der sachlichen Zuständigkeit des Gerichts – auch für Maßnahmen des vorläufigen Rechtsschutzes zuständig ist. Vor dem TI müssen die Parteien nicht durch einen Anwalt vertreten sein, sondern können selbst agieren, Art. 827 CPrC. Sie können aber auch einen Anwalt oder eine andere Person, insbesondere den Ehegatten, den Lebenspartner eines PACS,[23] bestimmte Verwandte sowie Personen, die ausschließlich zu ihrem persönlichen Dienst bzw. dem ihres Unternehmens stehen, beauftragen Art. 828 CPrC. Grundsätzlich ist das TI örtlich zuständig, in dessen Bezirk der Beklagte seinen Wohnsitz bzw. seinen Aufenthalt hat. Es gibt jedoch zahlreiche Ausnahmen, die dem CPrC zu entnehmen sind.

---

22 Wenn es in Strafsachen entscheidet, wird das TI *Tribunal de police* genannt.
23 Oben Nr. 122.

Der zuständige Richter muss zunächst versuchen, eine gütliche Einigung zwischen den Parteien zu erreichen. Der Kläger kann den *juge d'instance* um einen Gütetermin, *tentative préalable de conciliation*, bitten. Der Einigungsversuch wird entweder vom Richter selbst oder von einem mit dem Einverständnis beider Parteien bestellten Schlichter, *conciliateur de justice*,[24] geführt. Eine Einigung wird in einem Protokoll, *procès-verbal de conciliation*, festgehalten, das die Kraft eines Vollstreckungstitels, *titre exécutoire*, hat. Wenn keine gütliche Einigung erzielt wird, entscheidet der Richter. Der Kläger kann es aber vorziehen, das TI durch eine *assignation à toutes fins* anzurufen, die Ladung und Klageerhebung zugleich ist. Das bedeutet, dass bei Fehlschlagen des Einigungsversuchs der Kläger eine Gerichtsentscheidung direkt beantragt.

Vor dem TI ist das Verfahren mündlich, *procédure orale*. Die Parteien müssen in der mündlichen Verhandlung ihre Anträge detailliert stellen, da Schriftsätze nicht berücksichtigt werden, wenn ihr Inhalt nicht mündlich wiederholt wird. Dies birgt Gefahren und Unsicherheit in sich, so dass die Regierung vor kurzem durch Verordnung Nr. 2010-1165 vom 1. Oktober 2010 „*relatif à la conciliation et à la procédure orale en matière civile, commerciale et sociale*“[25] den Richter ermächtigt hat, auf Antrag einer Partei diese von ihrer Präsenzpflicht zu befreien. In diesem Fall wird der Inhalt des Schriftsatzes der Partei berücksichtigt. 2009 betrug die Durchschnittsdauer eines Verfahrens vor dem TI 5,4 Monate.[26]

Das Gesetz Nr. 2002-1138 vom 9. September 2002 hat die *juridiction de proximité* geschaffen, Art. L 231-1 COrgJud, die in erster Instanz entscheidet.[27] Es muss mindestens eine *juridiction de proximité* in jedem Bezirk einer *cour d'appel* geben. Es bestehen zurzeit 305 *juridictions de proximité*.

Unter „*proximité*“ wird Bürgernähe verstanden, die durch zwei Elemente gewährleistet werden soll: 1. den Richter, der eine Privatperson sein muss, die für eine beschränkte Dauer unter bestimmten Rechtsberufsangehörigen wie Rechtsanwälten, Polizeikommissaren, Universitätsdozenten und ähnlichen Personen zum *juge temporaire* ernannt wird; 2. die Streitnähe, da der *juge de proximité* nur über Zivilsachen mit geringem Streitwert entscheiden kann. Die für die TI maßgeblichen Verfahrensregeln gelten auch für die *juridiction de proximité*. Der *juge de proximité* entscheidet immer als Einzelrichter, Art. L 232-1 COrgJud. Das Gesetz Nr. 2003-153 vom 26. Februar 2003 legt im Einzelnen die Voraussetzungen für die Ernennung zum *juge de proximité* fest.

---

24 Die Rechtsstellung des *conciliateur de justice* wird im Dekret Nr. 78-381 vom 20. März 1978 geregelt. Es sind meistens ehemalige Richter bzw. Rechtsanwälte, die die Tätigkeit unentgeltlich ausüben.

25 JO vom 3. Oktober 2010.

26 Les chiffres-clés de la justice, Ministère de la Justice et des Libertés, 2010, S. 11.

27 S. *CERCRID*, Les juridictions et juges de proximité – Leur rôle en matière d'accès à la justice et des petits litiges civils, JCP 2009, I, 106; *Véricel*, Les juridictions et juges de proximité – Leur rôle concret en matière d'accès à la justice des petits litiges civils – Rapport final, 2008.

In Zivilsachen ist die *juridiction de proximité* zuständig für vermögensrechtliche Streitigkeiten bis 4000 Euro. Unter denselben Streitwertschranken ist sie für Mahnverfahren zuständig, Art. 1406 CPrC. Wenn die Sache eine ernsthafte rechtliche Schwierigkeit aufweist, die die Anwendung einer Rechtsnorm oder die Auslegung eines die Parteien bindenden Vertrags betrifft, kann der *juge de proximité* auf Antrag der Parteien oder von Amts wegen nach Anhörung der Parteien den Rechtsstreit dem TI zur Entscheidung vorlegen, das dann als *juge de proximité* das Urteil fällt, Art. L 231-5 COrgJud. Der *juge de proximité* muss auch alle Einreden der fehlenden Zuständigkeit dem TI zur Entscheidung weiterleiten.

2008 hat sich der Bericht Guinchard[28] für eine Streichung der *juridiction de proximité* ausgesprochen, da das Bestehen von drei Zivilgerichten erster Instanz die französische Gerichtsverfassung unnötig komplex und unleserlich mache. Die *juges de proximité* dagegen sollten aufrechterhalten werden und dem TGI zugeordnet werden; sie würden mehr Zuständigkeiten in Strafsachen und viel weniger in Zivilsachen bekommen. Eine entsprechende Gesetzesvorlage wird zur Zeit vom Parlament beraten.[29]

Neben den TGI, TI und juridictions de proximité kennt der *ordre judiciaire Spezialgerichte*: *Tribunal de commerce, Conseil de prud'hommes, juridictions de sécurité sociale* und *Tribunal paritaire des baux ruraux*. Diese Gerichte sind für besondere Gebiete zuständig, die kurz erläutert werden müssen. Sie besitzen in der ersten Instanz ausschließliche Zuständigkeiten im Bereich der ihnen zugewiesenen Materien.

Laut *Ordonnance* vom 8. Juni 2006 muss die Regelung betreffend das *Handelsgericht*, *Tribunal de commerce*, im Code de commerce enthalten sein, nunmehr Art. L 721-1 ff. und R 721-1 ff. CCom. Allerdings finden die allgemeinen Vorschriften des 1. Buches des CPrC auch auf diese Gerichte Anwendung, Art. L 721-1 CCom. Das *Tribunal de commerce* geht aus der weitgehend autonomen kaufmännischen Ausnahmegerichtsbarkeit des *Ancien Régime* hervor. Es entscheidet insbesondere in Streitigkeiten zwischen Kaufleuten oder betreffend Handelsgesellschaften sowie allgemein in Streitigkeiten aus Handelsgeschäften, Art. L 721-3 CCom. Außerdem ist es für Sanierungs- und Insolvenzverfahren zuständig, *sauvegarde, redressement et liquidation judiciaires*.[30] Ein Nationaler Rat der Handelsgerichte, *Conseil national des tribunaux de commerce*, wurde durch Verordnung Nr. 2005-1201 vom 23. September 2005 geschaffen, Art. R 721-7 ff. CCom, um den Aus- und Fortbildungsbedarf der Handelsrichter und die Modalitäten dieser Aus- bzw. Fortbildung festzulegen, Ethik-

28 L'ambition raisonnée d'une justice apaisée, Rapport au garde des sceaux, Paris 2008.

29 Gesetzentwurf *relatif à la répartition des contentieux et à l'allègement de certaines procédures juridictionnelles*, der vom *Sénat* an die *Assemblée nationale* am 15. April 2011 weitergeleitet worden ist. Das Thema ist insgesamt sehr umstritten.

30 Oben Nr. 170 ff.

und Standesrechtgrundsätze auszuarbeiten und auf das effektive Funktionieren der Handelsgerichte hinzuwirken.

Sitz und Bezirk des Handelsgerichts wird durch Dekret bestimmt; der Bezirk entspricht nicht notwendig einem Verwaltungsbezirk bzw. dem Bezirk des TGI. Vielmehr gilt als Kriterium für die Schaffung eines *Tribunal de commerce* der Umfang der Handelstätigkeit in der Region, so dass bestimmte Gebiete über kein solches Gericht verfügen. In diesem Fall werden die Handelsstreitigkeiten vom TGI entschieden, Art. L 721-2 CCom. Es bestehen zurzeit 185 Handelsgerichte. 2009 betrug die Durchschnittsdauer eines Verfahrens vor den Handelsgerichten 5,5 Monate.[31]

Die Besonderheit des *Tribunal de commerce* besteht darin, dass es aus gewählten ehrenamtlichen Richtern besteht, die nicht notwendig Juristen sein müssen und das Richteramt unentgeltlich ausüben. Es gibt in Frankreich ca. 3 300 Handelsrichter, die *juges consulaires*, die nach einem komplexen, aus zwei Stufen bestehenden Wahlverfahren gewählt werden. Ein Handelsrichter wird zunächst auf zwei Jahre gewählt; dann kann er für vier Jahre wiedergewählt werden, Art. L722-6 CCom. Der Handelsrichter leistet einen Amtseid, Art. L 722-7 CCom, und muss sowohl an einer Ausbildung als auch an regelmäßigen Fortbildungen teilnehmen. Der CCom enthält Bestimmungen betreffend Standesrecht und Disziplinarverfahren.

Das *Tribunal de commerce* entscheidet nach Vorbereitung durch den *juge rapporteur* in einem erheblich entformalisierten Verfahren, sog. *procédure orale*, ein mündliches Verfahren ähnlich wie beim TI, durch Kammern zu je drei *juges consulaires*, Art. 853 ff. CPrC. Anwaltszwang besteht nicht. Für Eilverfahren ist ähnlich wie beim TGI der Präsident des Gerichts zuständig. Das mündliche Verfahren verlangt von den Parteien, dass sie in der mündlichen Verhandlung ihre Anträge detailliert stellen, da Schriftsätze nicht berücksichtigt werden, wenn ihr Inhalt nicht mündlich wiederholt wird. Die Regierung hat jedoch vor kurzem durch die Verordnung Nr. 2010-1165 vom 1. Oktober 2010[32] den Richter ermächtigt, eine Partei auf ihren Antrag hin von der Pflicht zum Erscheinen in der mündlichen Verhandlung zu befreien; in diesem Fall wird der Inhalt des Schriftsatzes der Partei berücksichtigt. Dies gilt auch vor der *juridiction de proximité* sowie vor dem *conseil de prud'hommes*, vor denen das Verfahren ebenfalls mündlich ist.

Vor zehn Jahren wurde eine Reform in Betracht gezogen, deren Hauptzielrichtung eine stärkere juristische Professionalisierung der Richter war. Es sollten Berufsrichter vorgesehen werden, sog. *mixité*, die es gegenwärtig schon – deutschen Ursprungs – in den Kammern für Handelssachen der TGI in Elsaß-Mosel gibt. Dies scheiterte insbesondere an den Kosten einer solchen Reform,

---

31 Les chiffres-clés de la justice, Ministère de la Justice et des Libertés, 2010, S. 11.

32 Vorstehend beim TI.

aber auch an dem Widerstand der ehrenamtlichen Handelsrichter, die mit Streik drohten.

Über Streitigkeiten zwischen Arbeitgebern und Arbeitnehmern auf dem Gebiet des Individualarbeitsrechts[33] befinden *Arbeitsgerichte*, *conseils de prud'hommes*, Art. L 1411-1 ff. und R 1412-1 ff. CTrav, die aus einem Gericht hervorgegangen sind, das in Lyon unter dem *Ancien régime* bestand. Zurzeit gibt es in Frankreich 210 *conseils de prud'hommes.* Dieses Gericht besteht aus meistens fünf *sections*, die auf einem Gebiet spezialisiert sind, z.B. Industrie, Landwirtschaft, Handelsdienste. Es ist ausschließlich mit Laienrichtern besetzt, die je zur Hälfte von Arbeitgebern und Arbeitnehmern gestellt werden. Bewerber müssen insbesondere die französische Staatsangehörigkeit besitzen und mindestens 21 Jahre alt sein. Einzelheiten der Wahl regeln Art. L 1441-1 ff. und R 1441-1 ff. CTrav.

Jede Sektion besteht aus einem *bureau de conciliation* und aus einem *bureau de jugement*. Das *bureau de conciliation* (ein Arbeitgeber- und ein Arbeitnehmerrichter) soll im nichtöffentlichen Schlichtungsverfahren auf eine gütliche Einigung der Parteien hinwirken, kann jedoch bei Nichteinigung auch – z.B. durch Beweissicherung oder Anordnung anderer geeigneter Maßnahmen – der Vorbereitung einer streitigen Entscheidung dienen. Diese ergeht nach öffentlicher Verhandlung vor dem *bureau de jugement* (zwei Arbeitgeber-, zwei Arbeitnehmerrichter).

Kommt angesichts dieser paritätischen Besetzung eine Entscheidung mangels Stimmenmehrheit in der Kammer nicht zustande, wird der Rechtsstreit unter dem Vorsitz eines Richters des TI, sog. *juge départiteur*, in erneuter Sitzung innerhalb eines Monats entschieden. Für Maßnahmen vorläufigen Rechtsschutzes ist bei den Arbeitsgerichten ein besonderer Spruchkörper für alle Sektionen zuständig. Es besteht kein Anwaltszwang. Das Verfahren ist mündlich, kann allerdings unter bestimmten Voraussetzungen seit Dekret Nr. 2010-1165 vom 1. Oktober 2010 wie beim Handelsgericht und beim TI schriftlich geführt werden. Örtlich zuständig ist das Arbeitsgericht, in dessen Bezirk sich das Unternehmen, in dem die Arbeit verrichtet wird, befindet. Wenn die Arbeit an keinem besonderen Ort bzw. am Wohnsitz des Arbeitnehmers verrichtet wird, ist das Gericht des Wohnsitzes des Arbeitnehmers zuständig. Es besteht jedoch eine Zuständigkeitsoption zugunsten des Arbeitnehmers, Art. R 1412-1 CTrav. Eine Gerichtsstandsvereinbarung im Arbeitsvertrag ist nichtig. 2009 betrug die Durchschnittsdauer eines Verfahrens vor dem Arbeitsgericht 9,9 Monate.[34]

33 Zur Regelung von kollektiven Arbeitskonflikten, die dem TGI zugewiesen sind, s. kurze Zusammenstellung bei *Guinchard/Montagnier/Varinard/Debard*, Institutions juridictionnelles, 10. Aufl., Paris 2009, Rn. 494.

34 Les chiffres-clés de la justice, Ministère de la Justice et des Libertés, 2010, S. 11.

Die *Juridiction de sécurité sociale*, *Sozialgericht*, entscheiden über zwei Sorten von Streitigkeiten: Die rechtlichen Angelegenheiten zwischen den Sozialversicherungskassen und den Berechtigten (Versicherungsbeiträge, Leistungen usw.) und die rein technischen Fragen (Berufsunfähigkeit, Behinderungsgrad usw). Über Erstere befindet das *Tribunal des affaires de sécurité sociale*, während Letztere in die Zuständigkeit des *Tribunal du contentieux de l'incapacité* und der *Cour nationale de l'incapacité et de la tarification de l'assurance des accidents du travail* fallen, Art. L 142-1 ff. und R 142-lff. CSS sowie Art. L 143-2 ff. und R 143-1 ff. CSS. Das *Tribunal des affaires de sécurité sociale* kann über mehrere Abteilungen verfügen. Um die Garantie des fairen Verfahrens laut Art. 6 Abs. 1 EMRK zu sichern, wurden durch Dekret Nr. 2003-614 vom 3. Juli 2003 die Zusammensetzung und das Funktionieren des Gerichts verbessert. Der Spruchkörper folgt dem *système de l'échevinage*, d.h. er besteht sowohl aus einem Berufsrichter, der den Vorsitz innehat, als auch aus zwei Laienrichtern als Beisitzern, einem als Vertreter der Angestellten und der Arbeitgeber und Selbstständigen, Art. L 142-4 f. CSS, die das Amt unentgeltlich ausüben.[35]

Als weiteres Sondergericht ist das *Tribunal paritaire des baux ruraux* in *landwirtschaftlichen Pachtangelegenheiten* zu nennen, Art. L 491-1 CRur. Es besteht ein solches Gericht am Sitz jedes TI. Das Gericht wird nach dem *système de l'échevinage* zusammengestellt: Den Vorsitz hat ein Berufsrichter des TI inne; vier Beisitzer, zwei Verpächter, zwei Pächter, kommen hinzu, die für sechs Jahre gewählt werden. Das *Tribunal paritaire des baux ruraux* kann in Sektionen aufgeteilt werden, Art. L 492-1 CRur. Im Gegensatz zu den anderen Zivilgerichten ist es kein Dauergericht, *juridiction permanente*; es hält vielmehr Sitzungen ab, *sessions*, wenn Sachen zu entscheiden sind. Örtlich zuständig ist das Gericht, in dessen Bezirk sich die Immobilie befindet, die Gegenstand der Pacht ist. Der Präsident des Gerichts ist zuständig, im Rahmen des einstweiligen Rechtsschutzes *ordonnances de référé* und *ordonnances sur requête* zu erlassen. Vor dem Gericht besteht kein Anwaltszwang.

Für alle bisher behandelten Zivilgerichte gilt, daß die Urteile erster Instanz vollstreckbar sind, wenn gegen sie kein ordentliches Rechtsmittel mehr eingelegt werden kann. Ordentliche Rechtsmittel sind Berufung, *appel*, und bei einem Versäumnisurteil, *jugement par défaut*, Widerspruch, *opposition.* Eine Gnadenfrist, *délai de grâce*,[36] kann jedoch eingeräumt werden. Im Urteil kann vorläufige Vollstreckbarkeit, *exécution provisoire*, angeordnet werden, Art. 514 ff. CPrC, gegebenenfalls gegen Sicherheitsleistung. Die vorläufige Vollstreckbarkeit ist manchmal sogar *de droit*, also automatisch, ohne dass der Richter sie anordnen müsste: z.B. die *ordonnances de référé*, d.h. die nach kontradiktorischem Verfahren erlassene einstweilige Verfügung.

35 S. jedoch Art. R 142-8 CSS, der bestimmte Entschädigungen vorsieht.

36 Art. 510 ff. CPrC, Art. 1244-1 CC.

Im *zweiten Rechtszug*, der *Berufungsinstanz*, in dem die Streitsachen nochmals und ohne Bindung an Ergebnisse des erstinstanzlichen Verfahrens einer Sach- und Rechtsprüfung unterzogen werden, sind praktisch ausschließlich die *Cours d'appel* zuständig, CA, Art. L 311-1 ff. und R 311-1 ff. COrgJud. Es gibt in Frankreich 35 *Cours d'appel*, deren Bezirk zwei bis vier Departements abdeckt.[37] Abgesehen von wenigen Ausnahmen ergibt sich bei den CA eine Konzentration aller zweitinstanzlichen Verfahren, unabhängig davon, vor welchem Gericht des ersten Rechtszuges sie begonnen wurden.[38] Lediglich durch Verteilung auf die verschiedenen Kammern, *chambres*, ergibt sich erneut eine gewisse Spezialisierung. Z.B. werden die Berufungen gegen Entscheidungen der *conseils de prud'hommes* der *chambre sociale* der CA zugewiesen. Die Berufungssumme, *taux du ressort*, in Vermögenssachen beträgt 4000 Euro; bis 4000 Euro Streitwert wird das Urteil *en premier et dernier ressort* gefällt, so dass es nur Gegenstand eines *pourvoi en cassation* sein kann. In nichtvermögensrechtlichen Streitigkeiten oder in Fällen, in denen der Wert des Antrags unbestimmt ist, kann grundsätzlich immer Berufung eingelegt werden. Es besteht zwar kein Recht auf Berufung, jedoch wird die *règle du double degré de juridiction* als wichtiger Grundsatz angesehen, der überall gilt, wenn der Gesetzgeber nicht ausdrücklich die Berufung ausgeschlossen hat.

Die CA sind ausschließlich mit Berufsrichtern, *conseillers*, besetzt, die in gewöhnlicher Besetzung als Kammer zu drei Richtern entscheiden, *audience ordinaire*. Ausnahmsweise wird nach Zurückverweisung einer Sache durch die Cour de Cassation in *audience solennelle* in der Besetzung von vier Richtern, die zwei unterschiedlichen Kammern der *Cour* angehören unter dem Vorsitz des Gerichtspräsidenten, des *Premier Président* der CA entschieden, Art. L 312-2 und R 312-9 COrgJud. Der *Premier Président* hat eine Anzahl wichtiger jurisdiktionneller Befugnisse. So kann er im Rahmen von Art. 525 ff. CPrC die vorläufige Vollstreckung erstinstanzlicher Urteile anordnen; er kann auch eine in erster Instanz angeordnete oder gesetzliche vorläufige Vollstreckbarkeit unter den engen Voraussetzungen von Art. 524 CPrC einstellen. Er entscheidet über Maßnahmen einstweiligen Rechtsschutzes im Berufungsverfahren. Mit der Entscheidung des Berufungsgerichts ist der grundsätzlich zweistufige Rechtsweg erschöpft und der Rechtsstreit entschieden. Die Urteile sind daher ohne Sicherheitsleistung und ohne besonderen Ausspruch vollstreckbar. Daran ändert auch eine Kassationsbeschwerde, *pourvoi en cassation*, nichts, da der Kassationshof nicht als dritte Instanz verstanden wird.

---

37 Die CA Paris verfügt über eine ausschließliche Zuständigkeit in ganz Frankreich für bestimmte Sachen, z.B. die Berufungen gegen Entscheidungen einer *Autorité administrative indépendante* (dazu oben Nr. 52).

38 Die Berufungsquote gegen Entscheidungen der TGI beträgt 13,6%, gegen Entscheidungen der TI 3,6%, gegen Entscheidungen der *conseils de prud'hommes* 60,7% und gegen Entscheidungen der Handelsgerichte 13,4%, s. Les chiffres-clés de la justice, Ministère de la Justice et des Libertés, 2010, S. 13.

Bei der CA besteht meistens Anwaltszwang, ausgenommen in Sondersachen z.B. Arbeitsstreitigkeiten. Im Normalfall müssen die Parteien einen *avoué* bestellen, Art. 899 CPrC. Dies gilt aber nur, wenn das Verfahren vor der *Cour d'appel „avec représentation obligatoire*" abläuft, Art. 900ff. CPrC. In bestimmten Sachen z.B. Arbeits- und Sozialversicherungsstreitigkeiten dagegen findet das Verfahren „*sans représentation obligatoire*" statt, Art. 931ff. CPrC. Allerdings werden die *avoués* ab dem 1. Januar 2012 abgeschafft werden, Gesetz Nr. 2011-94 vom 25. Januar 2011 *portant réforme de la représentation devant la cour d'appel*, und durch die Rechtsanwälte ersetzt. Es ist fraglich, ob diese Reform sich bewähren wird, da das Berufungsverfahren sehr speziell ist und die *avoués* es gut beherrschten. Die Verordnung Nr. 2009-1524 vom 9. Dezember 2009, *relatif à la procédure d'appel avec représentation obligatoire en matière civile*, ergänzt durch Verordnung Nr. 2010-1647 vom 28. Dezember 2010, hat neue sehr strikte Verfahrens- und Fristregeln eingeführt, die dazu dienen sollen, die Berufungsinstanz zu straffen und die Arbeit der Berufungsrichter zu erleichtern. Die Berufungsinstanz soll weiterhin eine *voie d'achèvement du procès* bleiben, weshalb neue Angriffs- und Verteidigungsmittel sowie neue Beweise sehr liberal zugelassen werden. Jedoch soll das Verfahren überschaubar bleiben und eine Entscheidung innerhalb angemessener Zeit ergehen. 2009 betrug die Durchschnittsdauer eines Verfahrens vor der CA 11,5 Monate.[39] Am 31. Dezember 2009 hatten die CA noch 219 072 Zivilsachen zu entscheiden.

Das *oberste Zivilgericht* ist als *Rechtsprüfungsinstanz* die *Cour de cassation*, Art. L 411-1ff. und R. 411-1ff. COrgJud, die ihren Sitz in Paris hat.[40] Seit dem Gesetz vom 27.11.–1.12.1790 kontrolliert sie die *Rechtsanwendung* der Untergerichte und gewährleistet so die Gesetzmäßigkeit der Rechtsprechung[41] und die Rechtseinheit.[42] In letzter Hinsicht werden ihre Befugnisse zwar vom Grundsatz der Gewaltenteilung begrenzt: Nach Art. 5 CC darf sie keine allgemeingültigen Rechtssätze erlassen, sog. *prohibition des arrêts de règlement*. Diese Vorschrift hindert das Gericht aber nicht, durch Gesetzesinterpretation und Lückenfüllung in erheblichem Umfang rechtsfortbildend tätig zu werden,[43] auch wenn im Gegensatz zum deutschen Recht das Gesetz der *Cour de casastion* eine Rechtsfortbildungsaufgabe nicht ausdrücklich zuerkennt. Ein ursprünglich von einem strengeren Verständnis des Gewaltenteilungsprinzips getragenes Interpretationsverbot und die Pflicht, in Zweifelsfragen das damals

39 Les chiffres-clés de la justice, Ministère de la Justice et des Libertés, 2010, S. 11.

40 Art. L 411-1 COrgJud: *«Il y a, pour toute la République, une Cour de cassation»*.

41 Art. 604 CPrC: *«Le pourvoi en cassation tend à faire censurer par la Cour de cassation la nonconformité d'un jugement qu'il attaque aux règles de droit»*.

42 S. *Billiau*, Quel rôle pour la Cour de cassation au XXIème siècle?, *Mélanges J. Normand*, Litec, 2003, S. 31; *Boré/Boré*, La cassation en matière civile, 4. Aufl., Paris, 2008; *Boré/de Salve de Bruneton*, Quelques idées sur le pourvoi en cassation, D. 2005, 180.

43 Zur Stellung der Rechtsprechung in der französischen Rechtsquellenlehre oben Nr. 4.

allein für die Auslegung des von ihm verabschiedeten Gesetzes zuständige Parlament einzuschalten, *référé législatif*, wurde schon im frühen 19. Jh aufgehoben. Die *Cour de cassation* macht regelmäßig in ihrem Jahresbericht[44] Gesetzesänderungsvorschläge, denen zum Teil von der Regierung bzw. vom Parlament Folge geleistet wird.

Seit 1991 kann der Cour de cassation eine Rechtsfrage zur *Vorabstellungnahme* von einem Zivilgericht vorgelegt werden, *saisine pour avis*,[45] Art. 1031 ff. CPrC, L 441-1 ff. und R 441-1 COrgJud. Das Höchste Gericht muss innerhalb von drei Monaten seine Stellungnahme abgeben, um den ausgesetzten Prozess nicht zu sehr zu verzögern. Die Stellungnahme des Kassationshofs bindet das vorlegende Gericht nicht, Art. L 441-3 COrgJud. Diese Vorabstellungnahme der *Cour de cassation* verstärkt ihre Hauptrolle, die Einheit der Gesetzesauslegung durch die Untergerichte zu sichern. Darüber hinaus erlaubt die *saisine pour avis*, die Zahl der Kassationsbeschwerden ein wenig zu reduzieren, da eine schwierige Rechtsfrage, z. B. die Auslegung einer neuen Gesetzesbestimmung, frühzeitig beantwortet wird, so dass der Tatrichter die Rechtsprechung der *Cour de cassation* berücksichtigen kann und den Parteien dann davon abgeraten wird, ein *pourvoi en cassation* einzulegen.

Am 1. März 2010 ist in Frankreich das Gesetz betreffend die *Question prioritaire de constitutionnalité* in Kraft getreten,[46] die es ermöglicht, in einem zivilrechtlichen Verfahren sich ergebende Fragen der Vereinbarkeit einer anzuwendenden Bestimmung mit den von der Verfassung gewährleisteten Rechten und Freiheiten dem Conseil Constitutionnel vorzulegen. Das angerufene Gericht kann die Frage an den Kassationshof weiterleiten, der die Frage dem Verfassungsrat vorlegt. 2010 hat der Kassationshof 232 Vorlagen in Zivilsachen erhalten; von diesen hat er 23 an den *Conseil constitutionnel* weitergeleitet.[47] Im Übrigen wird hierzu auf das Verfassungsrecht verwiesen.[48]

Die *Cour de cassation* setzt sich aus fünf Zivilkammern, drei *chambres civiles*, einer *chambre commerciale et financière* und einer *chambre sociale* sowie einer Kammer für Strafsachen, *chambre criminelle*, zusammen, wobei Letztere teilweise erheblich auf einzelne Bereiche des bürgerlichen Rechts einwirkt, insbesondere über Adhäsionsprozesse auf das Recht der unerlaubten Handlungen.[49] Drei der Zivilkammern sind allgemein mit Zivil- und Zivilprozessrecht, die vierte mit Handels- und Finanzrecht und die fünfte mit Arbeits- und Sozialrecht befasst.

---

44 S. zuletzt Rapp. Cass. 2010, Webseite der Cour de cassation www.courdecassation.fr.

45 Es muss sich um eine neue, eine ernsthafte Schwierigkeit aufweisende Rechtsfrage handeln, die sich in zahlreichen Streitigkeiten stellen kann, Art. L 441-1 COrgJud.

46 S. oben Nr. 34.

47 S. Rapp. Cass. 2010, oben Fn. 44.

48 Oben Nr. 34.

49 Oben Nr. 105.

Die Kammern entscheiden grundsätzlich in der Besetzung von fünf Richtern, *hauts conseillers à la Cour de cassation*,[50] soweit nicht eine *formation restreinte* von drei Richtern zu entscheiden hat. Wenn die Parteien ihre Schriftsätze, *mémoires*, geschickt haben, wird die Sache zunächst von einer *formation restreinte* von drei Richtern geprüft, Art. L 431-1 COrgJud, die über wichtige Befugnisse verfügt: Sie kann die Annahme der Kassationsbeschwerde verweigern, wenn sie unzulässig ist oder auf keinem seriösen Kassationsgrund beruht, *non-admission*, aber auch über den *pourvoi* entscheiden, wenn die Lösung klar ist. Die Sache kann auch an den normalen Spruchkörper von fünf Richtern zugewiesen werden, *formation ordinaire*, Art. R 431-5 COrgJud. Die *formation ordinaire* wird durch die *formation restreinte*, den *Premier Président*, den Senatsvorsitzenden oder auf Antrag des obersten Staatsanwalts, *Procureur général*, bzw. einer Partei angerufen. Seit 1989 kann der *Premier Président* die Absetzung einer Kassationsbeschwerde anordnen, wenn der Beschwerdeführer das rechtskräftige Urteil der CA nicht ausgeführt hat, Art. 1009-1 CPrC.[51] Von dieser Möglichkeit wird nicht selten Gebrauch gemacht, eine *réinscription* des *pourvoi* nach Ausführung des Berufungsurteils ist jedoch möglich. Der EGMR hat zwar die von Art. 1009-1 CPrC verfolgten Ziele für „*légitimes*" erklärt, jedoch Frankreich wegen Verletzung von Art. 6 Abs. 1 EMRK verurteilt, weil die *Cour de cassation* die offensichtlich übermäßigen Konsequenzen, *conséquences manifestement excessives*, der Urteilsausführung für den Rechtsmittelkläger verkannt habe.[52] Die *Cour de cassation* geht nunmehr davon aus, dass gegenüber dem Kassationskläger, dem Prozesskostenhilfe zugebilligt worden ist, vermutet wird, die Urteilsausführung bringe für ihn offensichtlich übermäßige Konsequenzen mit sich.[53] Der EGMR hat in einer weiteren Entscheidung aus dem Jahre 2003[54] hinzugefügt, dass folgende Kriterien verwendet werden müssen, um die Absetzung der Kassationsbeschwerde aufgrund von Art. 1009-1 CPrC als Verletzung des Rechts auf Zugang zu Gericht einzustufen: Die wirtschaftlichen Verhältnisse des Rechtsmittelklägers, die Höhe der Verurteilung, die Effektivität der Prüfung durch den

---

50 Darüber hinaus können jüngere Richter für einige Jahre zur *Cour de cassation* abgeordnet werden; es sind die *conseillers référendaires*, die nun mit beratender Stimme an den Beratungen teilnehmen, wenn sie über die Sache Bericht erstattet haben.

51 2010 sind 974 Absetzungen der Kassationsbeschwerde aufgrund von Art. 1009-1 CPrC vom *Premier Président* des Kassationshofes ausgesprochen worden, s. Rapp. Cass. 2010, oben Fn. 44.

52 EGMR vom 14. Nov. 2000, Annoni di Gussola, Desbordes und Omer gegen Frankreich, D. 2001, 1061 Anm. Fricero; vom 31. Juli 2001, Mortier gegen Frankreich, Europe Nov. 2001, Nr. 342 Anm. *Lechevallier*.

53 S. *Canivet*, Économie de la justice et procès équitable JCP 2001, I, 361, Rn. 10. S. auch *Hugon*, Le contrôle par la CourEDH du retrait des pourvois du rôle de la Cour de cassation, D. 2001, 3369.

54 EGMR vom 25. Sept. 2003, Bayle gegen Frankreich und Pages gegen Frankreich, D. 2003, 2605 und D. 2004, 988 Anm. *Fricero*.

Premier Président des Kassationshofs im Hinblick auf die Möglichkeit der Urteilsausführung.

Die *Cour de cassation* kann auch in einer erweiterten Zusammensetzung entscheiden. Eine *gemischte Kammer, chambre mixte*,[55] ist zuständig für mehrere Kammern berührende Grundsatzfragen, bei Entscheidungswidersprüchen zwischen zwei Kammern, bei Stimmengleichheit innerhalb einer Kammer und in sonstigen Fällen auf Antrag der Staatsanwaltschaft beim Kassationshof. Die gemischte Kammer setzt sich unter dem Vorsitz der Präsidenten des Kassationshofs aus den Präsidenten, den dienstältesten sowie zwei weiteren Richtern von mindestens drei Kammern zusammen, Art. L 421-4 COrgJud.

Die Vollversammlung des Kassationshofes, *Assemblée plénière*,[56] kann angerufen werden, wenn die Rechtssache grundsätzliche Bedeutung hat, *question de principe*, insbesondere bei Divergenzen zwischen den Tatrichtern bzw. zwischen den Tatrichtern und dem Kassationshof. Die Anrufung der *Assemblée plénière*, deren Aufgabe darin besteht, die Rechtsprechungsdivergenzen zu beheben, muss in diesem Fall nicht zwingend erfolgen. Sie ist dagegen obligatorisch, wenn ein Urteil von dem Kassationshof kassiert, die Sache an ein Berufungsgericht zurückverwiesen worden ist und gegen die nach Kassation ergangene neue Berufungsentscheidung eine neue, auf dieselben Gründe wie die erste Kassationsbeschwerde gestützte Kassationsbeschwerde eingelegt wird. Dies bedeutet nämlich, dass das zweite Berufungsgericht die Rechtsprechung der *Cour de cassation* bewusst ignoriert und sich darüber hinweggesetzt hat, es sich somit um eine Divergenz zwischen Tatrichtern und *Cour de cassation* handelt. Die *Assemblée plénière* setzt sich nicht aus allen Richtern zusammen, sondern unter dem Vorsitz des *Premier Président* aus den Kammerpräsidenten, den dienstältesten und einem weiteren Richter aller sechs Kammern, also insgesamt 19 Mitgliedern.[57]

Die *Cour de cassation* kann angerufen werden, wenn eine Partei eine Berufungsentscheidung bzw., wenn die Berufung nicht statthaft ist, ein erstinstanzliches Urteil angreift. Nur *décisions rendues en dernier ressort*, d.h. Entscheidungen, gegen die kein ordentliches Rechtsmittel statthaft ist, können Gegenstand einer *pourvoi en cassation* sein. Trotz seines außerordentlichen Charakters, *voie de recours extraordinaire*, ist die Kassationsbeschwerde ein beliebter Rechtsbehelf. 2010 sind in Zivilsachen 20353 neue Kassationsbeschwerden eingelegt worden. 2010 betrug die Durchschnittsdauer des Kassati-

---

55 2010 wurden 2, 2009 2, 2008 3, 2007 14 und 2006 12 Entscheidungen durch eine *chambre mixte* gefällt.

56 2010 wurden 3, 2009 7, 2008 3, 2007 14 und 2006 18 Entscheidungen durch eine *Assemblée plénière* gefällt.

57 Im Gegensatz zum Großen Zivilsenat und den Großen Vereinigten Senaten des deutschen BGH entscheiden die *chambre mixte* und die *Assemblée plénière* ganz über die Kassationsbeschwerde und nicht nur über die ihnen vorgelegte Rechtsfrage.

onsverfahrens 378 Tage. Eine erneute Sachverhaltsprüfung gehört grundsätzlich nicht zu den Aufgaben der *Cour de cassation*, sie ist auf die Prüfung der vorgelegten Urteile *in rechtlicher Hinsicht* beschränkt: Entweder sie bestätigt die Entscheidung oder sie stellt eine Rechtsverletzung fest. Im letzteren Fall kann die *Cour de cassation* grundsätzlich nicht selbst entscheiden, sondern nur das angefochtene Urteil kassieren und an das letztinstanzliche Untergericht oder an ein anderes Gericht derselben Instanz zurückverweisen. Die Sache wird dann auf der Ebene der CA in sachlicher und rechtlicher Hinsicht völlig neu verhandelt. Eine Bindung an früher festgestellte Tatsachen oder an die Rechtsansicht des Kassationshofes besteht zunächst nicht. Wird gegen die Entscheidung der CA als *cour de renvoi* erneut Kassationsbeschwerde eingelegt, so kommt die Sache vor die *Assemblée plénière*. Wird in dieser zweiten Kassationsinstanz erneut derselbe Rechtsfehler moniert und die Sache erneut zurückverwiesen, dann ist die CA für die nun fällige endgültige Entscheidung zwar nicht in tatsächlicher, aber in rechtlicher Hinsicht an die Auffassung der *Cour de cassation* gebunden. Für besonders eilbedürftige Rechtsfragen von grundsätzlicher Bedeutung ist es schließlich möglich, das geschilderte langwierige Verfahren abzukürzen und bereits die erste Kassationsbeschwerde vor die *Assemblée plénière* zu bringen. Statt nach Kassation zurückzuverweisen, kann die *Cour de cassation* in der Sache selbst entscheiden, *cassation sans renvoi*, Art. 627 CPrC und L 411-3 Abs. 3 COrgJud,[58] wenn der von den Tatrichtern festgestellte und gewürdigte Sachverhalt dem Kassationshof die direkte Anwendung der angebrachten Rechtsnorm ermöglicht.[59] Es handelt sich hier im Gegensatz zu § 563 Abs. 3 ZPO nur um eine Kann-Vorschrift, so dass die Kammern des Kassationshofs dabei eine unterschiedliche Praxis haben können, was im Hinblick auf das Gleichheitsgebot doch sehr fraglich ist. 2010 sind 474 *cassations sans renvoi*, also 2% der gesamten Entscheidungen, 4062 *cassations avec renvoi*, mit Zurückverweisung, also 20% der gefällten Entscheidungen, und 4886 Zurückweisungsurteile, *arrêts de rejet*, 25% aller gefällten Entscheidungen, ausgesprochen worden.[60]

199. Die Träger der Rechtspflege

Traditionell liegt die Rechtspflege in Frankreich in den Händen einer besonderen Beamtenschaft, des *corps judiciaire*. Eine Ausnahme bilden lediglich die Laienrichter an Spezialgerichten, namentlich die *magistrats consulaires* und die *conseillers prud'hommes* an den Handels- und Arbeitsgerichten sowie die

58 S. *Perdriau*, Usage actuel de la cassation sans renvoi, JCP 2001, I, 334; *Fabre*, La cassation sans renvoi en matière civile, JCP 2001, I, 347.

59 Die *Cour de cassation* kassiert ebenfalls, ohne zurückzuverweisen, wenn nicht in der Sache entschieden werden muss, z.B. weil die französischen Gerichte unzuständig sind, s. Art. L 411-3 Abs. 1 COrgJud.

60 Eine Geschäftsstatistik enthalten die Rapp. Cass., oben Fn. 44.

Beisitzer anderer Spezialgerichte und an der *juridiction de proximité*. Der Zugang zum *corps judiciaire* setzt heute regelmäßig ein *rechtswissenschaftliches Studium* an einer Universität voraus. Dieses gliedert sich im französischen System in ein dreijähriges Grundstudium, das mit einer *Licence* abschließt, und ein Vertiefungsstudium, *Master*, von grundsätzlich zwei Jahren, wobei es möglich ist, das Studium nach dem *Master I* abzuschließen, der an die Stelle der früheren maîtrise getreten ist. Je nach Berufsziel kann der Student nach dem *Master I* entweder das Universitätsstudium mit praktisch-beruflicher, *Master II professionnel*, oder mit wissenschaftlicher, *Master II recherche*, Zielrichtung fortsetzen. Nach dem Universitätsstudium beginnt eine der beruflichen Spezialausbildungen. Ein Seiteneinstieg ist möglich, findet aber eher selten statt.

Für das Berufsziel Justiz als ordentlicher *magistrat* ist zunächst nach erfolgreichem Abschluss eines mindestens vierjährigen Studiums[61] ein Rekrutierungswettbewerb, *concours*, mit hohen Anforderungen zu bestehen. Nach erfolgreichem Abschluss kann der Absolvent als *auditeur de justice* in den Justizdienst eintreten. Er absolviert zunächst eine an der Justizlaufbahn orientierte Ausbildung an der *École Nationale de la Magistrature (ENM)* in Bordeaux, die in der Regel etwa zwei Jahre[62] dauert und theoretische Phasen sowie Praktika in verschiedenen berufsspezifischen Verwendungen umfasst. Er wird dann entsprechend Art. 1 ordonnance Nr. 58-1270 vom 22.12.1958 als Richter, *magistrat du* siège, oder Staatsanwalt, *magistrat du parquet*,[63] übernommen. Dieser Karriereeinstieg ist aus der Sicht des Idealbildes des Richters heute heftiger Kritik ausgesetzt,[64] insbesondere nach dem Outreau-Skandal,[65] einer Strafsache, in der ein junger Untersuchungsrichter falschen Anklagen Folge geleistet und zahlreiche unschuldige Personen in Untersuchungshaft gebracht hat. Nach diesem Skandal wurde eine Kommission einberufen mit der Aufgabe, die Verfahrens- und menschlichen Fehler zu analysieren und Vorschläge zu unterbreiten.

---

61 Es muss nicht unbedingt ein französisches Diplom, sondern kann ein Diplom aus einem anderen EU-Mitgliedstaat sein, wenn die Äquivalenz von einem französischen Ausschuss anerkannt wird. Es kann sich sogar um ein in einem *Institut d'Études politiques* bzw. bei einer *École normale supérieure* erlangtes Diplom handeln. Überraschenderweise wird ein Rechtsdiplom nicht ausdrücklich verlangt. Jedoch bestehen die Prüfungen hauptsächlich aus juristischen Aufgaben.

62 Seit 2007 muss der *auditeur de justice* ein sechsmonatiges Praktikum bei einem Anwalt machen, damit er den Anwaltsberuf besser kennt.

63 Die Staatsanwaltschaft wird *ministère public* oder *parquet* genannt. Deren Mitglieder sind die *substituts au procureur*, der *procureur de la République* (vor dem TGI) und der *procureur général* (bei der *cour d'appel* sowie bei der *Cour de cassation*, die auch *avocats généraux* hat).

64 *Guinchard/Montagnier/Varinard/Debard*, Institutions juridictionnelles, 10. Aufl., Paris 2009; Rn. 124; *Fauchon/Gautier*, Recrutement et formation des magistrats de carrière – Le souci d'une plus grande diversité de carrière, Annonces de la Seine, 4. Febr. 2008.

65 S. *Le Monde* v. 8. Febr. 2006; *Garapon/Salas*, Les nouvelles sorcières de Salem – Leçons d'Outreau, Paris 2006.

Ein von der Regelausbildung unabhängiger Seiteneinstieg ist nach mehrjähriger juristischer Berufsausübung als *avocat*, Universitätsprofessor, Beamter und sonstiger beruflicher Tätigkeit[66] und Bestehen eines *concours* möglich. Einzelheiten regelt die Ordonnance aus dem Jahre 1958, die 2007 teilweise novelliert wurde. Die ausgewählten Bewerber werden direkt in das *corps judiciaire* integriert, ohne vorher *auditeur de justice* zu werden. Für Rechtsanwälte, *avoués*, *greffiers en chef*, Juraprofessoren ist auf Art. 23 ff. der *ordonnance* von 1958[67] zu verweisen. Insgesamt ist der Wille klar erkennbar, die Rekrutierungsbasis zu erweitern und ältere, erfahrenere Bewerber als *magistrats* einzustellen. Es werden immer mehr Wege, *voies*, des Zugangs zum Beruf des Richters bzw. Staatsanwalts geöffnet, auch um Einfluss auf die Alterspyramide auszuüben. Der *magistrat* wird vom Staatspräsidenten durch Dekret ernannt und wählt i.d.R. nach Ende der Ausbildung an der ENM seine Stelle als Richter oder Staatsanwalt unter den veröffentlichten Posten. Dabei wird der Rang des *auditeur* bei der Endprüfung berücksichtigt.

2009 hatte Frankreich 8200 *magistrats*.[68] Die Zahl weiblicher *magistrats* nimmt immer mehr zu und beträgt nunmehr ca. 60 %. Neben den ordentlichen *magistrats* können seit Beginn der 90er Jahre zur Beseitigung von Engpässen zusätzlich *magistrats temporaires* eingestellt werden. Der *Conseil constitutionnel* hat dafür allerdings im Interesse der Unabhängigkeit der Justiz Schranken gesetzt;[69] er verlangt insbesondere, dass die Bewerber juristische Kenntnisse haben, und dass der *Conseil de la magistrature*[70] überprüft, ob sie für die Ausübung der Rechtsprechungsaufgaben geeignet sind. Der Verfassungsrat überprüft auch, ob die die Einstellungen von Richtern auf Zeit[71] zulassenden Gesetze den Grundsatz der Unabhängigkeit des Richters achten.

Die Rechte und Pflichten des *corps judiciaire* sind in der mehrfach verbesserten *ordonnance* Nr. 58-1270 vom 22. Dezember 1958 geregelt. Für beide Gruppen der *magistrats* gelten zunächst gemeinsame Vorschriften: Ein *magistrat* unterliegt der Residenzpflicht am Dienstort und hat in seiner politischen Betätigung die durch sein Amt gebotene Zurückhaltung zu wahren. Er darf

66 Das Gleiche gilt für Doktoren des Rechts unter bestimmten Voraussetzungen sowie für Personen, die nach Erwerb der *maîtrise* mindestens drei Jahre lang eine Unterrichts- bzw. Forschungstätigkeit an einer Hochschule ausgeübt haben, und die ein *diplôme d'études supérieures* in einem Rechtsfach besitzen.

67 Diese Bewerber müssen meistens ein *stage probatoire* bei Gericht absolvieren, können allerdings im Ausnahmefall von dieser Pflicht befreit werden.

68 Die Laienrichter werden bei dieser Statistik nicht berücksichtigt.

69 CConst 92-305 DC vom 21.2.1992; 94-355 DC vom 10.1.1995, Justices 1996-3, S. 331 mit Anm. *Drago*; 2003-466 DC vom 20.2.2003.

70 Oben Nr. 29.

71 Z. B. als Richter bzw. Staatsanwalt *en service extraordinaire* bei der Cour de cassation für 5 Jahre, Art. 40-1 ff. Ordonnance vom 22. Dez. 1958; oder zwecks Aufrechterhaltung der Rechtsprechungsaufgaben von *magistrats*, die die Altersgrenze erreicht haben, oder die *juges de proximité*, die nur 7 Jahre ohne mögliche Verlängerung im Amt bleiben.

keine öffentlichen Ämter, Parlamentsmandate oder weitere Berufe[72] ausüben. Wissenschaftliche oder künstlerische Betätigung ist frei, Art. 8 *ordonnance* von 1958. Lehrtätigkeit bedarf der Zustimmung des Gerichtspräsidenten. Seit dem Gesetz Nr. 2001-539 vom 15. Juni 2001 darf ein *magistrat* nicht mehr als Schiedsrichter tätig sein, Art. 8 Abs. 2 *ordonnance* von 1958. Bei mangelhaftem Funktionieren der Justiz in schwerwiegenden Fällen, *faute lourde, déni de justice*, haftet der Staat dem Geschädigten, Art. L 141-1 COrgJud.[73] Der Begriff der *faute lourde* wird in weitem Sinn verstanden:[74] Darunter fällt jeder durch Tatsachen charakterisierte Mangel, der die Unfähigkeit des *service public de la justice* belegt, seine Aufgabe zu erfüllen. Nach Art. 11-1 der *ordonnance* 1958 gilt Gleiches für persönliches Fehlverhalten, *faute personnelle*. Der Staat kann Rückgriff nehmen, wenn das Versagen der Justiz auf persönlichem Fehlverhalten eines Richters beruht. Darüber hinaus kann persönliches Fehlverhalten des Richters zu einem Disziplinarverfahren[75] führen. Seit der *loi organique* Nr. 2010-830 vom 22. Juli 2010 kann der zuständige *Conseil supérieur de la magistrature (CSM)* von einem Rechtssuchenden direkt angerufen werden.[76] Eine *commission d'admission des requêtes* überprüft den Antrag, der erst gestellt werden kann, wenn der betroffene *magistrat* nicht mehr mit dem Verfahren befasst ist. Für die Laienrichter bei den Handels- und Arbeitsgerichten bzw. bei der *juridiction de proximité*, gelten dagegen die Regeln der *prise à partie*, die in außergewöhnlichen Situationen, Arglist, Betrug, schweres Verschulden, *déni de justice*, nach Art. L 141-3 COrgJud zur Staatshaftung mit möglichem Regress führen. Eine Angleichung an die für Berufsrichter maßgeblichen Regeln ist in Vorbereitung.

In ihrem Wirkungskreis sind – unbeschadet der Möglichkeit des einzelnen *magistrat*, im Laufe seiner Karriere zeitweise dem einen, zeitweise dem anderen *corps* anzugehören – Richterschaft und Staatsanwaltschaft *unabhängig* voneinander. Die Richter haben das Rechtsprechungsmonopol, die Staatsanwälte nehmen das Staatsinteresse wahr. Staatsanwaltschaften sind bei den TGI, den

---

72 Sie dürfen z.B. nicht zusätzlich Notar, Rechtsanwalt, *avoué* oder Gerichtsvollzieher sein, s. Art. 9-1 *ordonnance* 1958.

73 Art. L 141-1 COrgJud: *L'État est tenu de réparer le dommage causé par le fonctionnement défectueux du service de la justice. Sauf dispositions particulières, cette responsabilité n'est engagée que par une faute lourde ou par un déni de justice.*

74 Cass.Ass.Plén. vom 23.2.2001, Bull.Ass.Plén. Nr. 5.

75 Zu den möglichen Disziplinarsanktionen, s. Art. 45 *ordonnance* 1958. Das Disziplinargericht ist für die Richter (*magistrats du siège*) der *Conseil supérieur de la magistrature* (*CSM*), der unter dem Vorsitz des *Premier Président* der *Cour de cassation* nach einem Verfahren entscheidet, in dem der betroffene Richter grundsätzlich persönlich anwesend sein muss, s. Art. 65 Verfassung vom 4. Okt. 1958. Die Entscheidung des CSM erlangt Rechtskraft. Sie muss mit Gründen versehen sein und vom Justizminister beachtet werden, der sie ausführen lassen muss. Bei Disziplinarverfahren gegen ein Mitglied der Staatsanwaltschaft ist ebenfalls der CSM (in einer anderen Besetzung) zuständig, allerdings nur als Gremium mit beratender Stimme. Sein „*avis*" über das Bestehen einer *faute* und die vorgeschlagene Disziplinarstrafe bindet den Justizminister nicht.

76 S. Art. 50-3 *ordonnance* 1958.

CA und dem Kassationshof errichtet. Ihre Aufgaben reichen deutlich weiter als in Deutschland, da die Staatsanwaltschaft zum Teil von sich aus nicht nur ein Straf-, sondern auch ein Zivilverfahren in Gang setzen und sich im öffentlichen Interesse grundsätzlich fast jedem Verfahren anschließen kann, Art. 421 ff. CPrC. Im Falle eines Anschlusses beeinflusst die Staatsanwaltschaft die Entscheidung durch ihre Stellungnahmen oft maßgeblich. Vor allem die Schlussanträge der Staatsanwälte bei der *Cour de cassation* haben wegen ihres oft hohen wissenschaftlichen Niveaus erhebliche Bedeutung und haben häufig zu einer Änderung der Rechtsprechung des Kassationshofes beigetragen.

Die Richter als *juges du siège* sind unversetzbar, *inamovibles.* Sie können nicht ohne ihre Einwilligung versetzt werden, auch wenn es sich um eine Beförderung handelt. Die Regel zielt darauf ab, die Unabhängigkeit des Richters zu sichern, denn sie sollen eine unabhängige Rechtsprechung verwirklichen. Sie sind deshalb auch nicht weisungsgebunden. Staatsanwälte dagegen verfügen nicht über diese Garantie; sie sind auch nicht unabhängig, sondern unterliegen als Vertreter des Allgemeininteresses kraft *subordination* hiérarchique[77] direkt den Anweisungen der Vorgesetzten und des Justizministers, *garde des sceaux.* Sie können auch versetzt werden. Allerdings gilt: *à l'audience la parole est libre.*

Der beamtenrechtliche Status der Richter und Staatsanwälte ist wegen der unterschiedlichen Aufgaben jeweils besonders geordnet. Sowohl Richter als auch Staatsanwälte sind Karrierebeamte, die Karrierestufen wurden aber für die Richter mit der *loi organique* Nr. 2001-539 vom 25. Juni 2001 reduziert. Seit 1992 hängt der Aufstieg von einer Evaluation ab, die mit dem *magistrat* diskutiert werden muss, Art. 12-1 *ordonnance* 1958, und von seiner Platzierung auf einer Aufstiegsliste, *tableau d'avancement.* Der CSM ist – abgesehen von den höchsten Ämtern bei der Staatsanwaltschaft – in das Verfahren eingeschaltet und hat teilweise Vorschlagsrecht.

200. Hilfsorgane der Rechtspflege

Neben dem *corps judiciaire* stehen die Hilfsorgane der Rechtspflege, *auxiliaires de justice.* Auch ihre Stellung ist in der Tradition verankert und weicht teilweise erheblich vom deutschen Recht ab. An erster Stelle sind die *Rechtsanwälte, avocats*, zu nennen. Am 1.1.2009 waren in Frankreich 50 314 *avocats* zugelassen; im Januar 2000 waren es noch 36 445.[78] Zwischen 2000 und 2009 ist ein Zuwachs von 38,1 % zu verzeichnen. Die Zahl der *avocats* in

77 Art. 5 *ordonnance* 1958.

78 Zum Verhältnis zur Einwohnerzahl s. Regards sur la démographie des avocats, obervatoire du Conseil National des Barreaux, 2010, S. 38. Zum Verhältnis der Geschlechter s. ebd., S. 42. Seit 2009 überwiegen leicht die Frauen.

Frankreich ist aber erheblich niedriger als in Deutschland, was sich dadurch erklärt, dass eine Zulassungsprüfung erforderlich ist, um an einer spezifischen Ausbildung in einer Anwaltsschule teilzunehmen. Der Anwaltsberuf wird im mehrfach reformierten[79] Gesetz Nr. 71-1130 vom 31. Dezember 1971 und dessen Ausführungsdekret Nr. 91-1197 vom 27. November 1991 geregelt.

Voraussetzung für den Beruf des Rechtsanwalts ist i.d.R. ein vierjähriges mit dem *MasterI*-Diplom erfolgreich abgeschlossenes rechtswissenschaftliches Studium. Eine Aufnahmeprüfung oder ein für gleichwertig erklärtes Diplom über ein Aufbaustudium eröffnet sodann den Zugang zu einer *École des avocats*, die in 18-Monate langer theoretischer und praktischer Ausbildung auf den Erwerb des *Certificat d'Aptitude à la Profession d'Avocat* (CAPA) vorbereitet. Auf Standesrecht und Berufsethik wird bei der Ausbildung in der Anwaltsschule ein besonderer Wert gelegt. Nach Erwerb des CAPA wird der *avocat* vom *Conseil de l'ordre* bei der Rechtsanwaltskammer zugelassen. Nach zwei weiteren Jahren als *avocat stagiaire* erfolgt die endgültige Zulassung mit allen Rechten und Pflichten in Form der Eintragung in die Rechtsanwaltsliste, *grand tableau*. Von dem normalen Ausbildungsgang gibt es verschiedene Ausnahmen. Insbesondere gilt das für Juristen mit besonderer Qualifikation, was dazu geführt hat, dass zahlreiche Universitätsprofessoren in den *grand tableau* eingetragen sind, und für Anwälte aus EU-Staaten nach einer Eignungsprüfung. Die Führung der Bezeichnung „*avocat*" und einer fachanwaltlichen Spezialisierung ist gesetzlich geschützt.

Standesmäßig sind die Rechtsanwälte in *Anwaltskammern*, *barreaux*, unter Vorsitz eines *bâtonnier* zusammengeschlossen. Es gibt pro TGI-Bezirk einen *barreau*. Die Tätigkeit und die Zusammenschlüsse der *avocats* sind aber nicht auf den Bereich des jeweiligen *barreau* beschränkt. Der *barreau* ist eine juristische Person, besitzt Rechtsfähigkeit, Vermögen und eine eigene Geschäftsordnung, das *règlement intérieur*. Die Kammern wachen über die Einhaltung des Standesrechts, Art. 154ff. Dekret Nr. 91-1197. Sie sanktionierten Verstöße durch Disziplinarentscheidungen des *Conseil de l'ordre*, der aus gewählten Mitgliedern besteht und zahlreiche Befugnisse hat. Seit dem Gesetz Nr. 2004-130 vom 11. Februar 2004 ist für Disziplinarsachen ein *conseil de discipline* zuständig, der bei jeder *cour d'appel* eingerichtet worden ist. Er besteht aus Mitgliedern der *conseils de l'ordre*, die sich im Bezirk der CA befinden, Art. 22-1 Gesetz vom 31. Dezember 1971.[80] Die Anwälte genießen eine gewisse Immunität für Äußerungen vor Gericht sowie die Unverletzlichkeit ihrer Kanzlei. Ihr Honorar, das weitgehend frei ausgehandelt werden kann –

---

79 Insbesondere durch Gesetz Nr. 90-1259 vom 31.12.1990, das die Berufe *avocat* und *conseiller juridique* zusammengeschlossen hat, durch Gesetz Nr. 2004-130 vom 11.2.2004 *relative aux professions judiciaires et* juridiques und zuletzt durch Gesetz Nr. 2011-331 vom 28.3.2011 *de modernisation des professions judiciaires ou juridiques et certaines professions réglementées*.

80 Das Disziplinarverfahren vor dem *conseil de discipline* wird entweder vom *procureur général* der CA oder vom *bâtonnier* eingeleitet.

es besteht in Frankreich kein offizieller Tarif wie in Deutschland nach dem Rechtsanwaltsvergütungsgesetz – ist in einem besonderen Verfahren durchzusetzen.

Der *bâtonnier* wird von der Generalversammlung der Rechtsanwälte aus den zugelassenen *avocats* für zwei Jahre gewählt. Er vertritt den *Ordre*, führt den Vorsitz des *Conseil de l'ordre* sowie der Generalversammlung, überprüft die Beanstandungen Dritter gegen einen *avocat* und bemüht sich, bei Streit zwischen Anwälten zu schlichten, Art. 21 Gesetz vom 31. Dezember 1971.[81] Es besteht außerdem ein *Conseil National des Barreaux (CNB)*, dessen Aufgabe insbesondere darin besteht, gegenüber dem Staatsapparat den Beruf zu vertreten und die Berufsregeln und -bräuche,[82] sowie die Fortbildungsprogramme zu harmonisieren. Er ist auch zuständig für die Zulassung ausländischer Anwälte.

Der Anwalt ist freiberuflich tätig. Die *Ausübung des Anwaltberufs* hat sich seit 1970 erheblich gewandelt. Neben dem einzelnen selbstständig tätigen Anwalt findet man heute Sozietäten in Form von Vereinigungen, *associations*[83] oder Personengesellschaften, *sociétés civiles professionnelles*, und zunehmend auch Kapitalgesellschaften, Dekret Nr. 93-492 vom 25. März 1993, vor allem in Gestalt der *société pour l'exercice d'une profession libérale (SEL)*, die z.B. eine Anwalts-SARL (SELARL), aber auch eine SA (SELAFA), eine Kommanditgesellschaft auf Aktien (SELCA) oder eine *société en participation* (SEP) sein kann.[84] Seit kurzem kann der Anwaltsberuf sogar in der Form einer EIRL[85] ausgeübt werden. Der Beruf kann ferner im Rahmen eines Mitarbeitervertrags, als *avocat collaborateur*, oder eines Arbeitsvertrages, *avocat salarié*, ausgeübt werden. Das aktuelle Berufsbild des *avocat* nach dem Gesetz Nr. 71-1130 ist

---

81 Seit Gesetz Nr. 2011-331 vom 28.3.2011 kann der *bâtonnier* diese Schlichtungsaufgabe ehemaligen *bâtonniers* sowie Mitgliedern und ehemaligen Mitgliedern des *Conseil de l'ordre* delegieren. Die Stelle eines *vice-bâtonnier* ist ebenfalls geschaffen worden. Er soll gleichzeitig wie der *bâtonnier* gewählt werden und ihn bei seinen Aufgaben, die immer zahlreicher werden, entlasten.

82 Dies geschieht durch Normativakte, die im JO veröffentlicht werden. So wurde z. B. das *Règlement Intérieur National (RIN)* vom CNB angenommen, das die Grundsätze des Anwaltsberufs, die Modalitäten der Anwaltstätigkeit (Tätigkeitsgebiet, Werbung, Arbeitsverhältnis, Strukturen…) näher definiert.

83 S. Art. 124 ff. Dekret v. 27.11.1991.

84 S. Gesetz Nr. 66-879 vom 29.11.1966 *relative aux sociétés civiles professionnelles* und Gesetz Nr. 90-1258 vom 31.12.1990 *relative à l'exercice sous forme de sociétés des professions libérales réglementées*, die durch Gesetz Nr. 2011-331 vom 28.3.2011 reformiert worden sind, insb. um die schwere Haftung der Gesellschafter bei der SCP und der SEP im Hinblick auf die Gesellschaftsschulden zu mildern und um eine *interprofessionnalité capitalistique* bei den *sociétés de participations financières de professions libérales* einzuführen (d. h., es können zwischen natürlichen und juristischen Personen, die Freiberufe – Anwalt, Gerichtsvollzieher, *commissaire priseur*, Notar, Wirschaftsprüfer… – ausüben, Gesellschaften gegründet werden, die sich finanziell durch Aktien bzw. Geschäftsanteile an *sociétés d'exercice* von zwei oder mehr dieser Berufe beteiligen).

85 Oben Nr. 151.

aus der Zusammenführung der früheren *avocats* als Streithelfer, der *avoués* als Parteienvertreter bei derm TGI, der *agréés* bei den Handelsgerichten und der *conseils juridiques* als Berater hervorgegangen. *Avocats* sind nunmehr ganz allgemein Rechtsberater. Mit diesem Wandel dürfte zusammenhängen, dass eine gewisse Werbung nicht mehr unzulässig ist, Art. 161 Dekret Nr. 91-1197. Die *avocats* vertreten und unterstützen häufig ihre Mandanten in Verfahren vor den erstinstanzlichen Gerichten und außergerichtlich und können Insolvenzverwalter sein. Sie können ferner unter bestimmten Voraussetzungen eine Treuhändertätigkeit ausüben[86] und seit Gesetz Nr. 2011-331 vom 28. März 2011 sogar Beauftragte von Sportlern sein, *mandataires de sportifs*. Oft stehen sie ihren Mandanten auch vor der CA bei. Vor dem TGI, bei dem Anwaltszwang besteht, haben die *avocats* das Vertretungsmonopol. Dagegen konnten bisher nur die *avoués* die Parteien bei der CA *vertreten*. Ab dem 1. Januar 2012 werden die *avoúes* durch das Gesetz Nr. 2011-94 vom 25. Januar 2011 *portant réforme de la représentation devant la cour d'appel* abgeschafft und durch die Rechtsanwälte ersetzt, die dann ihre Mandanten ebenfalls vor dem Berufungsgericht vertreten werden.

Seit einigen Jahren wird eine *Modernisierung des Anwaltsberufs* gefördert. Zwei jüngere Gesetze verfolgen dieses Ziel: Das Gesetz Nr. 2010-1609 vom 22. Dezember 2010 *relative à l'exécution des décisions de justice, aux conditions d'exercice de certaines professions réglementées et aux experts judiciaires* schafft z.B. als Variante der Mediation eine neue *procédure de négociation assistée par avocat*,[87] die teilweise auf dem nordamerikanischen *collaborative law* beruht und dem Aufschwung der gütlichen Einigung, *règlement amiable*, dienen soll. Durch die für eine bestimmte Dauer abgeschlossene *convention de procédure participative*, die im Fall eines schon vorhandenen Streits über frei verfügbare Rechte[88] vor Anrufung eines staatlichen Gerichts oder eines Schiedsgerichts geschlossen werden kann, vereinbaren die Parteien, dass sie zusammen *de bonne foi* mit dem Beistand eines oder mehrerer Anwälte[89] auf eine gütliche Einigung hinwirken wollen. Solange die Vereinbarung besteht, darf keine Partei eine gerichtliche Klage einbringen, Art. 2065 CC,[90] es sei denn, eine der Parteien führt die *convention* nicht aus. Wenn die Parteien teilweise oder vollständig eine gütliche Einigung erzielen, können sie beim Gericht eine *homologation* ihres Vergleichs beantragen, der damit vollstreckbaren Charakter erhält, Art. 2066 CC.

86 Zum *avocat* als *fiduciaire* oben Nr. 92.

87 S. Art. 2062 CC.

88 Art. 2067 CC gestattet jedoch auch eine *convention de procédure participative* in Scheidungssachen.

89 Art. 2064 CC.

90 Im Einklang mit EG-Richtlinie 2008/52 v. 21.5.2008 wird die Verjährung durch Abschluss einer *convention de procédure participative* gehemmt, s. Art. 2238 CC. Das Gleiche gilt, wenn die Parteien nach Eintritt eines Streits beschließen, eine *médiation* bzw. *conciliation* (Schlichtung) zu versuchen.

Das Gesetz Nr. 2011-331 vom 28. März 2011 *de modernisation des professions judiciaires ou juridiques et certaines professions réglementées* hat bestimmte Vorschläge des *Rapport Darrois*[91] verwirklicht. So wurde der *acte contresigné par avocat* geschaffen. Die Unterschrift des Rechtsanwalts auf der Urkunde zusammen mit der der Parteien soll sicherstellen, dass die Parteien juristisch beraten worden sind und die Beweiskraft der Schrift und Unterschrift der Parteien stärken. Durch seine Unterschrift, *contreseing*, bestätigt der Anwalt, dass er die von ihm beratene Partei (bzw. Parteien) über die Rechtsfolgen der Urkunde informiert hat, Art. 66-3-1 des Gesetz Nr. 71-1130; der *acte contresigné «fait pleine foi de l'écriture et de la signature»* der Parteien, so dass durch das Sonderverfahren der Feststellung einer Urkundenfälschung, der *procédure de faux*, wohl nur der Inhalt der Urkunde, also Fälschung, Streichung bestimmter Zeilen usw., in Frage gestellt werden könnte, Art. 66-3-2. In den meisten Fällen soll auch die Unterschrift des Anwalts den z.B. bei der Bürgschaft einer natürlichen Person gesetzlich verlangten handschriftlichen Vermerk desjenigen, der sich verpflichtet, ersetzen, Art. 66-3.3. Das Gesetz vereinfacht ebenfalls die Spezialisierung der *avocats*: Die 1990 eingeführten Fachanwaltschaften, *spécialités*, hatten keinen großen Erfolg.[92] Die bis jetzt verlangte theoretische Prüfung wird durch eine tatsächliche Kontrolle der Kompetenz des Anwalts in dem Fachgebiet ersetzt. Um den französischen Kanzleien die Möglichkeit zu eröffnen, sich im Ausland niederzulassen, wurde ihnen gestattet, in einem anderen EU-Mitgliedstaat tätige Anwälte als Gesellschafter aufzunehmen.

Neben den Anwälten sind verschiedene *officiers ministériels* zu nennen. Der *officier ministériel* ist eine Privatperson, die nicht freiberuflich ist, sondern kraft Regierungszulassung ein öffentliches Amt ausübt. Der ausgeübte Beruf unterliegt einem *monopole*. Es handelt sich um die Gerichtsvollzieher, *huissiers de justice*, die bisherigen *avoués près la cour d'appel*, die *avocats à la Cour de cassation et au Conseil d'État*, die Urkundsbeamten beim Handelsgericht, *greffiers du Tribunal de commerce*, und um die Notare, *notaires*. Der Staat entscheidet über die Amtsstellen, *office*. Bestimmte Voraussetzungen müssen vom Bewerber erfüllt werden, insbesondere französische Staatsangehörigkeit, keine Vorstrafen, Universitätsabschluss, Berufsausbildung. Jeder dieser Berufe wird in Kammern auf Departements-, Regions- und Landesebene gegliedert. Die Kammern wachen über die Einhaltung der Berufsregeln, kontrollieren die Amtsführung und vertreten den Stand gegenüber dem Staatsapparat.

---

91 S. www.justice.gouv.fr/art_pix/rap_com_darrois_20090408.pdf.

92 Im Jahre 2010 hatten von ca. 52 000 zugelassenen *avocats* nur ca. 11 000 *mentions de spécialisation*. Bisher konnte eine solche *mention de spécialisation* unter zwei Voraussetzungen erworben werden: 1. stetige Berufsausübung seit mindestens 4 Jahren in dem Spezialgebiet und 2. Bestehen einer mündlichen Fachprüfung.

Die Aufgaben der Gerichtsvollzieher, *huissiers de justice*, sind in der *ordonnance* Nr. 45-2592 vom 2. November 1945 näher bestimmt. Es sind *officiers ministériels*, die für die Zustellung, *signification*, von verschiedenen gerichtlichen und außergerichtlichen Schriftstücken ausschließlich zuständig sind. Sie sind auch Vollstreckungsorgane und können gerichtlich oder außergerichtlich mit gewissen Tatsachenfeststellungen, *constats*, beauftragt werden. Diese Feststellungen können dann als Beweismittel unter der Voraussetzung verwendet werden, dass sie zwischen den Parteien kontradiktorisch diskutiert werden können. Die Gerichtsvollzieher können auch ohne Vollstreckungstitel Forderungen eintreiben, *recouvrement amiable*. Für diese Tätigkeit haben sie allerdings kein Monopol. Die örtliche Zuständigkeit des *huissier de justice* erstreckt sich auf den TGI-Bezirk seines Sitzes. Da der *huissier* für die meisten Zwangsvollstreckungsmaßnahmen mit Ausnahme von Immobiliarvollstreckung und Arbeitseinkommenspfändung ausschließlich zuständig ist,[93] ist er verpflichtet, auf Antrag tätig zu werden, *tenu de prêter son concours*, Art. 18 Gesetz Nr. 91-650 vom 9. Juli 1991, es sei denn, die beantragte Maßnahme erscheint unzulässig bzw. unverhältnismäßig. Im Falle einer Vollstreckungsschwierigkeit kann der Gerichtsvollzieher den Vollstreckungsrichter, *juge de l'exécution, JEX*, anrufen.

Der Zugang zum Gerichtsvollzieherberuf setzt die französische Staatsangehörigkeit voraus. Der Bewerber muss ein *Master1*-Diplom des Rechts oder ein äquivalentes Diplom erworben, ein zweijähriges Berufspraktikum absolviert und eine berufliche Prüfung bestanden haben, Art. 1 ff. Dekret Nr. 75-770 vom 14. August 1975. Er wird vom Justizminister als *titulaire d'un office* ernannt und kann seinen Beruf allein oder in einer Gerichtsvollziehervereinigung (*association)* bzw. in einer *société civile professionnelle* ausüben.

Die *Avocats aux conseils*, Rechtsanwälte an der Cour de cassation und dem Conseil d'État, nehmen bei den obersten Gerichtshöfen die Funktionen der *avocats* bzw. *avoués* wahr. Sie sind besondere, im „*Ordre des avocats au Conseil d'État et à la Cour de cassation*“ organisierte *officiers ministériels* mit dem Monopol, die Parteien vor dem Kassationshof und dem Conseil d'État zu vertreten. Ausschließlich sie dürfen in der mündlichen Verhandlung im Namen der Parteien das Wort ergreifen und plädieren. Grundsätzlich besteht Anwaltszwang vor den beiden höchsten Gerichtshöfen, allerdings sind einige Ausnahmen durch Gesetz vorgesehen.

Die Anzahl der *offices ministériels* als Anwalt bei Kassationshof und Conseil d'État ist auf 60 beschränkt,[94] der Justizminister kann jedoch zusätzliche Stellen schaffen, wenn die *bonne administration de la justice* es verlangt, Art. 3 *ordonnance* vom 10. September 1817 in der Fassung von Dekret Nr. 2009-452 vom 22. April 2009. Der Bewerber muss u. a. die französische Staatsangehö-

93 Art. 18 Gesetz Nr. 91-650 vom 9.7.1991 *portant réforme de procédures civiles d'exécution.*

94 Die Ausübung des Berufs in einer *société civile professionnelle* ist gestattet.

rigkeit oder die eines EU-Mitgliedstaates besitzen, ein *Master I*-Diplom des Rechts erworben, eine Sonderausbildung absolviert und eine Eignungsprüfung bestanden haben. Außerdem muss er mindestens ein Jahr lang als Rechtsanwalt tätig gewesen sein. Er wird vom Justizminister ernannt. Die *avocats aux conseils* unterliegen der Ordnungsgewalt des *ordre*. Disziplinarverfahren gegen einen *avocat aux conseils* finden dagegen vor dem *Conseil de l'ordre des avocats* statt, der entweder vom Vize-Präsidenten des *Conseil d'État*, vom *Procureur général* beim Kassationshof oder vom Präsidenten des *Ordre des avocats* angerufen wird. Gegen dessen Entscheidung kann ein Rechtsmittel vor dem *Conseil d'État* oder vor der *Cour de cassation* eingelegt werden.

Da die Parteien bei der CA bis 1. Januar 2012 von *avoués* vertreten wurden, bestand auch nach der Reform von 1971 der Stand der *avoués* fort, die nicht freiberuflich, sondern kraft öffentlichen Amts als ausschließliche Prozessvertreter vor den Berufungsgerichten fungierten. Die Interessenvertretung des Rechtssuchenden wurde insofern in geteilter Form wahrgenommen, als der *avocat* Unterstützung beim Rechts- und Sachvortrag und bei der Vorbereitung des Verfahrens, also *assistance*, leistete, der *avoué* dagegen die Parteien vertrat, *représentation*. Zum 1. Januar 2012 wird das Amt des *avoué* abgeschafft, Gesetz Nr. 2011-94 vom 25. Januar 2011, und ihre Aufgabe als Parteienvertreter vor den CA den Rechtsanwälten anvertraut. Die ehemaligen *avoués* können Rechtsanwalt werden und erhalten eine Entschädigung[95] für den Verlust ihres *office ministériel*. Es bleibt abzuwarten, ob sich diese Reform bewährt, da die *avoués* sehr gute Rechtstechniker waren, die sowohl das Berufungsverfahren als auch die Richter bei der CA kannten und dadurch sehr effektiv ihre Aufgaben wahrnehmen konnten.

Weitere Amtsträger im Rechtspflegebereich sind die *Notare*, *notaires*, deren Statut die *ordonnance* Nr. 45-2590 vom 2. November 1945 und die Verordnung Nr. 67-868 vom 2. Oktober 1967 regeln.[96] Der Notarberuf ist sehr alt, seine Regeln wurden mehrfach abgeändert. Den Notaren obliegt insbesondere das öffentliche Beurkundungswesen, z. B. von Verträgen, Testamenten, Schenkungen, Eheverträgen. Sie üben auch Funktionen der freiwilligen Gerichtsbarkeit aus, z. B. bei der Nachlassabwicklung und werden rechtsberatend etwa in Vermögensangelegenheiten tätig. Das Gesetz verlangt eine notarielle Beurkundung für Rechtsgeschäfte, die besonders schwerwiegende Folgen mit sich bringen, denn die Anwesenheit des Notars bringt für die Parteien höhere Garantien.[97] Zur Vornahme der Publizitätsformalitäten bei der Immobilienübertragung,[98]

95 S. Art. 13 Gesetz Nr. 2011-94 vom 25.1.2011 und Verordnung Nr. 2011-419 vom 18.4.2011.

96 Die bislang geforderte französische Staatsanghörigkeit (Art. 3 der Verordnung Nr. 73609 vom 5. Juli 1973) ist nach einem jüngst ergangenen Urteil des EuGH vom 24.5.2011 (Rs. C-50/08 – Kommisssion/Frankreich) mit der Niederlassungsfreiheit (Art. 49 AEUV) unvereinbar.

97 Z. B. muss ein Ehegüterstandswechsel (*changement de régime matrimonial*, Nr. 118) durch notarielle Beurkundung erfolgen, Art. 1397 CC.

98 Oben Nr. 99, 122.

muss z.B. eine notarielle Urkunde vorliegen; dieser Grundsatz, der schon in einem Dekret aus dem Jahre 1955 festgelegt wurde, wurde durch das bereits erwähnte Gesetz Nr. 2011-331 *de modernisation des professions judiciaires ou juridiques et certaines professions réglementées* im Code civil verankert. Durch dieses Gesetz wurde den Notaren eine zusätzliche Zuständigkeit eingeräumt: Sie können die *PACS*-Verträge[99] registrieren, die sie selbst beurkundet haben, Art. 515-3, Abs. 5 CC. Bisher wurde die Eintragung vom Urkundbeamten des *Tribunal d'instance* vorgenommen, allerdings hatte der *Bericht Guinchard*[100] über die *répartition des contentieux* 2008 vorgeschlagen, dass die Zivilgerichte von Tätigkeiten, die nichts mit deren Rechsprechungsaufgaben zu tun haben, zugunsten von Notaren, Gerichtsvollziehern usw. entlastet werden sollten. Der Bericht hatte sich allerdings gegen die *déjudiciarisation* der einvernehmlichen Scheidung und die Zuweisung dieser Tätigkeit an den Notar ausgesprochen. Der Notar ist selten vor Gericht tätig. Jedoch kann der Familienrichter in einem Scheidungsverfahren im Rahmen der vorläufigen Maßnahmen einen Notar mit dem Auftrag bestellen, einen Gütestandsliquidierungsentwurf auszuarbeiten, Art. 255 CC. Der Notar unterliegt einer Amtshaftung.

Die *Greffiers des tribunaux de commerce, Urkundsbeamte bei den Handelsgerichten*, sind laut Art. L 741-1 CCom *officiers publics et ministériels*, während die *greffiers* der anderen Zivilgerichte seit 1965 Beamte sind.[101] Der *greffier* ist bei den Gerichtsverhandlungen, *audience*, anwesend und führt Protokoll. Er ist ein wichtiger Mitarbeiter des Gerichtspräsidenten, der Verwaltungsaufgaben ausführt, die Verhandlungen sowie die Einteilung der Handelsrichter plant, den Haushalt vorbereitet und die dem Gericht zugestandenen Mittel verwaltet. Er leitet die Geschäftsstelle, wacht über die Führung der Register, formatiert die von den Richtern gefällten und begründeten Entscheidungen, fertigt Abschriften und verschiedene Urkunden und nimmt die gesetzlich vorgeschriebenen Formalitäten vor. Als Entgelt für seine Tätigkeit bekommt er von den Parteien Gebühren, sog. *émoluments*. Hinsichtlich der Disziplinarverfahren gegen einen *greffier du tribunal de commerce* ist auf Art. L 743-1 ff. CCom zu verweisen.

Eine wichtige Rolle spielen die Gerichtsexperten, *experts judiciaires*. Da viele Streitigkeiten komplex sind und technische Fachkenntnisse voraussetzen, die der Richter nicht immer besitzt, werden immer öfter Sachverständigengutachten, *expertises*, bestellt, Art. 232 ff. und 263 ff. CPrC. Das Gutachten bindet zwar den Richter nicht, wird jedoch meistens einen großen Einfluss haben, da der Richter es anordnet, wenn er selbst mit den technischen Aspekten des

99 Oben Nr. 122.

100 L'ambition raisonnée d'une justice apaisée, Rapport Guinchard, 2008, s. http://lesrapports.ladocumentationfrancaise.fr/BRP/084000392/0000.pdf.

101 Art. L 123-1 ff. COrgJud. Die Aufgaben entsprechen im Wesentlichen denen der *greffiers des tribunaux des commerce*.

Streits nicht vertraut ist. Der Sachverständige muß kompetent und unparteiisch sein. Er ist ein Spezialist, der meistens auf der bei den CA oder bei der *Cour de* cassation geführten Expertenliste steht, *liste des experts judiciaires*. Der Richter kann jedoch auch einen Sachverständigen bestellen, der nicht auf einer solchen Liste steht; darüber hinaus kann ein Sachverständiger auch von einer Privatperson um eine *expertise amiable* gebeten werden, die später eventuell in einem Prozess als Beweismittel unter der Voraussetzung verwendet werden kann, dass sie Gegenstand eines *débat contradictoire* zwischen den Parteien gewesen ist.

Für die Aufnahme in die bei den CA bzw. beim Kassationshof geführten Expertenlisten muss der Bewerber lang genug einen Beruf bzw. eine Tätigkeit ausgeübt haben, die mit seinem Spezialgebiet als Experte zusammenhängen. Altersgrenze ist 70 Jahre. Es bestehen bestimmte Inkompatibilitäten. Der Sachverständige kann nach einem förmlichen Verfahren nur in *eine* CA-Liste eingetragen werden.[102] Die Eintragung in die Liste gilt zunächst für zwei Jahre, kann allerdings danach wieder für fünf Jahre wiederholt werden. Alle fünf Jahre muss dann der Sachverständige die Erneuerung der Eintragung beantragen. Der Sachverständige muss verschiedenen Pflichten nachkommen und Verfahrensgrundsätze beachten, insbesondere das *principe contradictoire*, d.h. er muss vor bestimmten Maßnahmen wie z.B. Sichtung einer Immobilie die Parteien laden und ihre Fragen und Bemerkungen beantworten. Der Sachverständige kann wegen Besorgnis der Befangenheit abgelehnt werden, *récusation*, Art. 234 CPrC.

Als weitere Gruppe sind die Schlichter, *conciliateurs de justice*, zu erwähnnen. Der Richter kann in einem anhängigen Verfahren eine einvernehmliche Klärung der Streitfrage herbeiführen, Art. 21, 127ff., 829ff. CPrC, *mission de conciliation*. Manchmal obliegt ihm dies sogar. Der Tätigkeitsbereich der *conciliateurs de justice* gemäß Dekret Nr. 78-381 vom 20. März 1978 liegt im Vorfeld gerichtlicher Auseinandersetzungen, soweit sie nicht vom Gericht in das Verfahren einbezogen werden. Es handelt sich um ehrenamtlich tätige angesehene Persönlichkeiten, die – z.B. aufgrund früherer Berufstätigkeit als Richter – geeignet erscheinen, in einem einfachen, kaum formalisierten Verfahren kleinere Streitigkeiten über frei verfügbare Rechte einer einvernehmlichen Beilegung zuzuführen. Das französische Verfahrensrecht sieht öfter den Versuch einer *conciliation* als Vorbedingung für ein Streitverfahren vor z.B. vor dem TI oder dem *conseil de prud'hommes*, allerdings nicht so allgemein wie in § 278 Abs. 2 ZPO seit der Reform vom 27. Juli 2001. Auch kann der Richter in einem anhängigen Verfahren den Versuch einer Streitschlichtung anordnen, *médiation*.

102 Zur Unvereinbarkeit verschiedener französischer, die experts judiciaires betreffenden Vorschriften mit der europäischen Dienstleistungsfreiheit (Art. 49 AEUV) siehe EuGH, verb. Rs. C-372/09 und C-337/09 vom 17.3.2011 – Peñarroja.

Die gesetzlichen Voraussetzungen der Bestellung als *conciliateur de justice* sind ziemlich streng. Der *conciliateur* wird zunächst für ein Jahr auf Vorschlag des Richters beim TI durch *ordonnance* des Premier Président der CA ernannt; dann können Verlängerungen von jeweils zwei Jahren erfolgen. Jährlich muss der *conciliateur* dem *Premier Président*, dem *procureur général* bei der CA sowie dem *juge d'instance* einen Tätigkeitsbericht vorlegen.

Der *conciliateur* kann entweder im Rahmen einer *conciliation extrajudiciaire* oder durch eine *conciliation déléguée* tätig werden. Im ersteren Fall wird er formlos von Privatpersonen angerufen und kann Personen anhören, wenn dies für die Lösung des Streites nützlich erscheint. Er ist der Geheimnispflicht, *obligation de secret*, unterworfen. Wenn die Parteien zu keiner gütlichen Einigung, *accord amiable*, kommen, können sie das zuständige Gericht anrufen. Wenn sie sich einigen können, wird vom *conciliateur de justice* ein Protokoll, *constat d'accord*, in drei Exemplaren erstellt, das von ihm und von den Parteien unterschrieben wird. Äußern die Parteien ihren dahingehenden Willen in dem *constat d'accord*, so kann beim TI beantragt werden, dass ihm vollstreckbarer Charakter, *force exécutoire*, verliehen wird, Art. 9 Dekret vom 20. März 1978.

Bei der *conciliation déléguée* wird der conciliateur vom Richter bestellt. Scheitert hier der Einigungsversuch, wird das Verfahren vor dem Gericht fortgesetzt. Wenn die Parteien dagegen zu einer gütlichen Einigung kommen, sendet der *conciliateur* den *constat d'accord* an den Richter, der ihn homologiert und damit Vollstreckbarkeit verleiht.

Das Gesetz Nr. 95-125 vom 8. Februar 1995 und die Ausführungsverordnung Nr. 96-652 vom 22. Juli 2006 haben die gerichtliche Mediation in Zivilsachen unter Leitung eines *Mediators, médiateur*, geregelt. Damals wurde ein Titel VI bis in den CPrC eingefügt, der sich mit Mediation befasst, Art. 131-1 ff. Der mit einer Streitigkeit befasste Richter kann mit Einverständnis der Parteien eine dritte Person als *médiateur* mit der Aufgabe bestellen, die Parteien anzuhören und ihnen zu helfen, eine Lösung ihres Streites zu finden. Der CPrC stellt einen Katalog von Voraussetzungen für die Bestellung zum Mediator auf, Art. 131-4 f. CPrC. Der Mediator ist insbesondere zur Geheimhaltung und Vertraulichkeit verpflichtet. Das Verfahren ruht während der Mediationsphase, die grundsätzlich drei Monate nicht überschreiten kann, Art. 131-3 CPrC.[103] In dem die Mediation anordnenden Beschluss setzt der Richter das Datum fest, an dem die Sache wieder vor Gericht verhandelt werden soll, Art. 131-6 CPrC. Der Mediator informiert den Richter über den Ausgang der Mediation. Wenn die Parteien zu einer Einigung gekommen sind, homologiert der Richter auf Antrag den Vergleich, Art. 131-12 CPrC, der damit vollstreckbaren Charakter erlangt. Wenn keine Einigung erzielt werden konnte, wird das Gerichtsverfah-

103 Der Richter kann sie aber auf Antrag des Mediators für wiederum höchstens drei Monate verlängern.

ren fortgesetzt. Art. 2238 CC, der aus der Verjährungsreform durch Gesetz Nr. 2008-561 vom 18. Juni 2008[104] stammt, bestimmt ganz allgemein, dass die Verjährung von dem Tag an gehemmt wird, an dem die Parteien nach Eintreten eines Streites beschließen, zu *médiation* bzw. *conciliation* zu greifen; bei fehlender schriftlicher Vereinbarung von dem Tag der ersten Mediationssitzung.[105] Die Mediation kann auch außergerichtlich stattfinden, *médiation conventionnelle*.

Bei Manuskriptschluss hatte Frankreich die EG-Richtlinie Nr. 2008/52 vom 21. Mai 2008 über bestimmte Aspekte der Mediation noch nicht umgesetzt.[106] Allerdings sind die meisten französischen Gesetzesbestimmungen schon im Einklang mit der Richtlinie, insbesondere was die Hemmung der Verjährung oder die Möglichkeit betrifft, der aus der Mediation hervorgegangenen schriftlichen Einigung vollstreckbaren Charakter verleihen zu können.

Mediation und allgemein die *modes alternatifs de règlement des litiges* (MARC) wie z.B. Schlichtung werden immer mehr vom Staat gefördert, der darin eine Entlastung der Justiz und der Gerichte sieht. Ein Gesetzentwurf *relatif à la répartition des contentieux et à l'allègement de certaines procédures juridictionnelles*, der vom Sénat an die Assemblée nationale am 15. April 2011 im beschleunigten Gesetzgebungsverfahren weitergeleitet worden ist, sieht sogar vor, dass probeweise innerhalb von drei Jahren bei bestimmten TGI ein Antrag eines Elternteils betreffend die in einer Gerichtsentscheidung bzw. in einer gerichtlich genehmigten schriftlichen Vereinbarung festgelegten Modalitäten der elterlichen Sorge grundsätzlich erst gestellt werden kann, wenn vorher eine Familienmediation stattgefunden hat.

Hilfspersonen der Rechtspflege, denen die Verwaltung oder Liquidierung eines Vermögens obliegt, sind die im Insolvenzverfahren eines Unternehmens besonders wichtigen *administrateurs judiciaires* und *mandataires liquidateurs*.[107]

104 Oben Nr. 100.

105 Die Verjährungsfrist läuft für mindestens zwei Monate wieder von dem Zeitpunkt an, in dem eine Partei bzw. beide oder der Mediator erklärt haben, dass die Mediation beendet ist, Art. 2238 Abs. 2 CC.

106 Laut der Richtlinie muss die Umsetzung bis 21. Mai 2011 stattgefunden haben. Eine Umsetzung ist in Vorbereitung und das Gesetzgebungsverfahren fortgeschritten. Zum Entwurf D 2010, 2154. Die neue Regelung soll flexibel sein und der Parteiautonomie möglichst viel Raum lassen.

107 Oben Nr. 172, 173.

§ 3 Verfahrensrecht

201. Die Grundsätze des ordentlichen streitigen Verfahrens

Grundform in der streitigen Gerichtsbarkeit, *juridiction contentieuse*, ist der ordentliche Zivilprozess, für den sich teils aus der Konzeption, teils aus ausdrücklichen Bestimmungen des CPrC, etwa Art. 1,[108] 4 Abs. 1,[109] einige bedeutende Verfahrensprinzipien ergeben. Der CPrC enthält in seinen Art. 1 bis 22 *principes directeurs du procès civil*, die besonders wichtig sind.

An erster Stelle sind zu nennen das *principe d'initiative* und das *principe dispositif*: Die Disposition über den Rechtsstreit liegt weitgehend in den Händen der Parteien, *principe d'initiative*, Art. 1 CPrC. Außer in wenigen gesetzlich bestimmten Fällen können nur die Parteien eine zivilrechtliche Klage erheben und sie z. B. durch Verzicht oder Anerkenntnis beenden. Grundsätzlich darf der Zivilrichter nicht von Amts wegen tätig werden, *pas de saisine d'office*. Laut Art. 2 CPrC beherrschen die Parteien das Verfahren unter Beachtung der ihnen obliegenden Pflichten. Jedoch hat der Zivilrichter die Aufgabe, auf einen ordentlichen Verlauf des Verfahrens hinzuwirken, *le juge veille au bon déroulement de l'instance*. Er kann den Parteien Fristen setzen sowie die notwendigen Maßnahmen, z. B. eine Untersuchungsmaßnahme, anordnen. Der vorbereitende Zivilrichter, *juge de la mise en état*, hat seit verschiedenen jüngeren Reformgesetzen immer mehr Zuständigkeiten. Der Prozessbetrieb liegt also nicht nur in den Händen der Parteien, denn der Richter muss darauf achten, dass das Verfahren nicht unnötig verzögert wird und durch Fristsetzung dahin wirken, dass die Parteien zügig ihre Schriftsätze wechseln und die notwendigen Prozesshandlungen vornehmen. Der Streitstoff, *matière litigieuse*, umfasst die Prozesselemente, über die entschieden werden muss. Er scheint sowohl den Streitgegenstand als auch den Sachverhalt zu beinhalten. Die Parteien verfügen über den Streitgegenstand, *objet du litige*: Laut *principe dispositif* sind die Parteien frei, ihrem Streit den Gegenstand zu geben, den sie gemeinsam durch ihre Schriftsätze definieren. Art. 4 CPrC legt fest, dass der Streitgegenstand durch die jeweiligen Ansprüche der Parteien bestimmt wird. Der Zivilrichter kann weder *ultra* noch *infra petita* entscheiden, Art. 5 CPrC,[110] denn er muss sich an den von den Parteien bestimmten Streitgegenstand halten, *principe de l'indisponibilité de l'objet du litige*.

In der Vergangenheit ergaben sich die jeweiligen Aufgaben des Richters und der Parteien aus den römischen Rechtssprichwörtern „*Da mihi factum, tibi dabo jus*“ und „*Jura novit curia*“. Sie bedeuteten, dass die Parteien dem Gericht nur die Tatsachen liefern mussten, während der Richter über das anwend-

---

108 *Seules les parties introduisent l'instance, hors le cas où la loi en dispose autrement.*

109 *L'objet du litige est déterminé par les prétentions respectives des parties.*

110 *Le juge doit se prononcer sur tout ce qui est demandé et seulement sur ce qui est demandé.*

bare Recht entscheiden sollte. Das gilt im französischen Zivilprozess nicht mehr uneingeschränkt: Zwar obliegt dem Richter im Endeffekt die Gesetzmäßigkeitskontrolle, jedoch beeinflussen die Parteien diese immer mehr.[111] Die Parteien müssen die relevanten Fakten vorbringen, *alléguer les faits*, Art. 6 CPrC, und beweisen, Art. 9 CPrC: *il incombe à chaque partie de prouver conformément à la loi les faits nécessaires au succès de sa prétention*. Der Richter muss sich an den von den Parteien bestimmten Sachverhalt, die *faits du débat*, halten. So darf er seine Entscheidung nicht auf Tatsachen stützen, die nicht *dans le débat* sind, Art. 7, Abs. 1 CPrC. Er kann nur auf die Bestimmung des Sachverhalts Einfluss ausüben, indem er von den Parteien verlangen kann, dass sie Tatsachenerklärungen liefern, Art. 8 CPrC. Dies ist allerdings eine einfache Möglichkeit bzw. Befugnis, *simple faculté*, für den Richter, nie eine Pflicht und die Parteien dürfen sich durchaus weigern, neue Fakten zu bringen. So wird *le cercle des faits du débats* von den Parteien gezogen[112] und der Richter darf nicht darüber hinausgehen. Im *cercle* selbst verfügt er jedoch bei der Berücksichtigung der Fakten[113] über eine große Freiheit und beim Faktenbeweis über bestimmte Befugnisse.[114] Das *principe dispositif* bedeutet zwar, dass die Parteien über den Streitgegenstand und die *faits du litige* verfügen. *A contrario* können sie über das Recht nicht frei verfügen. Der Richter muss nämlich *statuer en droit*, Art. 12, Abs. 1 CPrC: *le juge tranche le litige conformément aux règles de droit qui lui sont applicables*.

Auch wenn die Schriftsätze der Parteien meistens[115] rechtliches Vorbringen, *moyens de droit*, enthalten, ist der Richter nicht daran gebunden. Er muss vielmehr überprüfen, ob die Tatbestandsmerkmale der vorgebrachten Rechtsnorm gegeben sind. Laut CPrC muss der Zivilrichter die Fakten subsumieren bzw. anders subsumieren als die Parteien, wenn die von den Parteien vorgenommene Subsumtion falsch ist.[116] Er muss danach ebenfalls von Amts wegen,

---

111 *Guinchard/Ferrand/Chainais*, Hypercours Procédure civile, Paris 2010, S. 281, Nr. 1.

112 *Guinchard/Ferrand/Chainais*, Hypercours Procédure civile, Paris 2010, S. 290, Nr. 42.

113 Z. B. kann er von den Parteien eingebrachte Tatsachen berücksichtigen, auch wenn die Ansprüche nicht spezifisch auf sie gestützt sind, Art. 7, Abs. 2 CPrC *parmi les éléments du débat, le juge peut prendre en considération même les faits que les parties n'auraient pas spécialement invoqués au soutien de leurs prétentions*. Der bekannte französische Prozessualist *Motulsky* sprach von *faits adventices*.

114 Der Zivilrichter kann von Amts wegen Beweismaßnahmen, *mesures d'instruction*, anordnen. Er kann auch von einer Partei bzw. von den Parteien verlangen, dass sie sich an Beweismaßnahmen beteiligen, Art. 11, Abs. 1 CPrC.

115 Seit 1998 verlangt Art. 56, Abs. 2 CPrC, dass die Klageschrift, *assignation*, das Vorbringen des Klägers *en fait et en droit* angibt. Beim TGI und der CA wird darüber hinaus ausdrücklich vom CPrC gefordert, dass in den Schriftsätzen der Parteien ihre Ansprüche rechtlich subsumiert werden.

116 Z. B. haben die Parteien den Vertrag als Kauf bezeichnet, der Richter entscheidet jedoch, es ist ein Darlehen, oder ein von den Parteien als faktische Gesellschaft, *société créée de fait*, bezeichnetes Rechtsverhältnis wird vom Richter als stille Gesellschaft, *société en participation*, subsumiert.

d'office, auch Rechtsgrundlagen anwenden, die die Parteien nicht geltend gemacht haben. Eine wichtige Entscheidung der *Assemblée plénière* des Kassationshofes vom 21. Dezember 2007[117] hat insoweit allerdings eine Unterscheidung zwischen einer *requalification* der streitigen Fakten und Rechtsgeschäfte als Subsumtionskorrektur und dem *changement de dénomination de la demande* bzw. *changement de fondement juridique de la demande* als Änderung der Rechtsgrundlage des Anspruchs gemacht: Der Zivilrichter sei verpflichtet, bei falscher Subsumtion der Parteien eine *requalification* vorzunehmen, während er zwar die Möglichkeit, jedoch nicht die Pflicht habe, die Rechtsgrundlage, auf die die Klage gestützt ist, zu ändern.[118]

Das Plenum des Kassationshofs hat entschieden, dass Artikel 12 CPrC den Richter zwar verpflichte, die zur Unterstützung ihrer Ansprüche von den Parteien vorgebrachten Fakten und Geschäfte richtig zu subsumieren, dieser Gesetzestext ihn abgesehen von Sonderregeln[119] aber nicht verpflichte, die Bezeichnung, *dénomination*, bzw. die Rechtsgrundlage ihrer Ansprüche zu ändern. Die im Urteil vorgenommene Unterscheidung ist umso fraglicher, als beide Tätigkeiten zur *requalification* gehören oder mindestens ähnlich sind. Die Auffassung der *Assemblée plénière* verstößt gegen den Wortlaut von Artikel 12 und die bisherige Rechtsprechung des ersten Senats der *Cour de cassation*. Auch in Frankreich gilt der Grundsatz *jura novit curia*. Der Sachverhalt ist Sache der Parteien, das Recht Sache des Richters. Wenn das kontroverse *Cesareo*-Urteil aus dem Jahre 2006 fingiert, dass alles Vorbringen, das die Parteien zur Unterstützung ihres Anspruchs hätten geltend machen *können*, durch die Rechtskraft in einem neuen Prozess präkludiert wird,[120] dann konnte erwar-

117 BICC 15. April 2008, mit Bericht *Loriferne* und Stellungnahme *De Gouttes*; D. 2008, 1102 Anm. *Deshayes*.

118 In der Streitsache hatte der Kläger seinen Anspruch auf Sachmängelhaftung gestützt, Art. 1641 Code civil; seine Klage wurde abgewiesen, ohne dass der Richter sich die Mühe gemacht hätte zu überprüfen, ob nicht eine Falschlieferung, *défaut de conformité*, vorlag, vgl. dazu oben Nr. 103. Der Kläger legte eine Kassationsbeschwerde ein und rügte die Nichtbeachtung von Artikel 12 CPrC durch die Berufungsrichter.

119 S. z. B. Art. L 141-4 CConsom, der den Richter verpflichtet, alle Bestimmungen dieses Codes von Amts wegen anzuwenden. Diese Vorschrift zielt auf die Beachtung des *ordre public de protection* zugunsten der Verbraucher.

120 In einer bedeutenden Entscheidung vom 7.7.2006 (*arrêt Cesareo)*, Bull.Civ. 2006, Ass.Plén. Nr. 8; JCP 2007 II. 10 070 Anm. *Wiederkehr*; D. 2006, 2135 Anm. *Weiller* änderte der Kassationshof seine Rechtsprechung, die bisher einen eher engen, dem Artikel 1351 Code civil getreuen Begriff der Rechtskraft, *autorité de chose jugée*, annahm. Nunmehr stellt er fest, dass „es dem Kläger obliegt, in der die erste Klage betreffenden Instanz alles Vorbringen (*moyens*), das die Klage begründen können, geltend zu machen". In dem konkreten Fall ging es um einen Erben, der vor dem Versterben seiner Eltern bei ihnen unentgeltlich mitgearbeitet hatte. Nach Eröffnung des Erbfalles hatte er von seinem Bruder (dem Miterben) eine Summe als aufgeschobene Lohnzahlung, *créance de salaire différé*, eingeklagt. Die Klage wurde abgewiesen. In einem zweiten Prozess hatte der Kläger erneut dieselbe Summe verlangt, aber diesmal aufgrund einer grundlosen Bereicherung des Bruders. Das CA Agen entschied, dass die Rechtskraft dem Anspruch entgegenstehe, was vom Kläger in der Revisionsinstanz dahin kritisiert wurde, dass

tet werden, dass der Richter – wie im deutschen Recht – alle möglicherweise auf den Sachverhalt anwendbaren Rechtsnormen genau überprüft. Obwohl die ganz herrschende Lehre[121] in Frankreich sich für eine strikte Beachtung des Artikels 12 CPrC ausgesprochen hat, schränkt die *Assemblée plénière* in gesetzeswidriger Weise die richterlichen Aufgaben ein. Die Begründung dafür kann dem Bericht von Richter Loriferne und der Stellungnahme von Staatsanwalt de Gouttes entnommen werden: Es ist die Befürchtung, dass der Staat zu oft haften würde, wenn der Richter es versäumt hatte, die richtige Rechtsnorm von Amts wegen anzuwenden! Dem Richter nur *ein Recht*, eine *faculté*, zu geben und nicht eine Pflicht aufzuerlegen, die richtige Rechtsnorm auf den Sachverhalt anzuwenden, öffnet breit die Tür zur Willkür, die das deutsche Bundesverfassungsgericht inbesondere im prozessualen Bereich streng sanktioniert. Es ist nicht zu verstehen, warum die *Cour de cassation* sich auf diesen dogmatisch unvertretbaren Holzweg begeben hat, der die prozessuale Stellung der Parteien erschwert. – Ausnahmsweise kann der Richter von beiden Parteien beauftragt werden, einem Streit über freiverfügbare Rechte ohne Rücksicht auf das Recht als *amiable compositeur* zu entscheiden, d.h. nach Billigkeit, Art. 12, Abs. 4 CPrC.

Ein weiterer sehr bedeutender Verfahrensgrundsatz ist das *principe de la contradiction*, das Teil der *droits de la défense*[122] ist: Das Verfahren ist kontradiktorisch, *contradictoire*, Art. 14 ff. CPrC, und geht von der Freiheit in Angriff und Verteidigung aus. Das *principe contradictoire* garantiert einerseits das Recht des Beklagten, vor dem Ergehen einer Gerichtsentscheidung geladen und gehört zu werden, Art. 14 CPrC. Wenn ausnahmsweise eine einstweilige Verfügung ohne vorherige Ladung des Gegners erlassen werden soll, *procédure sur requête*, wird das *contradictoire* nachträglich durch Eröffnung eines Rechtsmittels gewährleistet. Andererseits garantiert das Prinzip die Pflicht der Parteien, sich gegenseitig die Schriftsätze und Beweisstücke mitzuteilen, *obligation de communication*, Art. 15 CPrC, damit jede Partei in der Lage ist, ihre Verteidigung vorzubereiten, *organiser sa défense*. Der Richter muss in jeder Lage des Verfahrens darauf achten, dass die Parteien das *principe de la contra-*

die Rechtskraft nur bei gleichem Rechtsgrund, *cause*, einer neuerlichen Klage entgegenstehe, was erfordere, dass die hintereinander eingereichten Klagen auf dieselbe Gesetzesbestimmung bzw. auf denselben Grundsatz gestützt werden. In dem konkreten Fall war zwar derselbe Betrag eingeklagt worden, allerdings nicht aufgrund desselben Gesetzestextes, so dass die Rechtsgründe unterschiedlich waren. 1994 hatte der Kassationshof diese Sichtweise bestätigt. 2006 dagegen entschied er, dass den Kläger eine Konzentrationspflicht treffe: er solle in der die erste Klage betreffende Instanz alle möglichen *moyens* geltend machen, die er für angebracht halte, um die Klage zu begründen. Es wurde dem Kläger untersagt, die Gleichheit der Rechtsgründe der beiden Klagen abzustreiten, in dem er sich auf einen Klagegrund berief, den er unterlassen hatte, rechtszeitig, *en temps utile*, geltend zu machen.

121 S. schon *Motulsky*, La cause de la demande dans la délimitation de l'office du juge, D. 1964. 235.

122 Oben Nr. 40.

diction respektieren und darf seine Entscheidung nicht auf Vorbringen und Dokumente stützen, über die die Parteien sich nicht kontradiktorisch äußern konnten, Art. 16, Abs. 2 CPrC. Die Pflicht des Richters, selbst den Grundsatz der *contradiction* zu beachten, Art. 16, Abs. 1 CPrC, beinhaltet, dass er z. B. den Parteien mitteilen muss, ob er die Entscheidung von Amts wegen auf ein nicht geltend gemachtes *moyen de droit* stützen will, und ihnen Gelegenheit zur Äußerung geben muss. Es bestehen allerdings verschiedene Ausnahmen vom Grundsatz der *contradiction.*[123] In der mündlichen Verhandlung verfügt auch jede Partei bzw. deren Anwalt über das Recht, sich zu äußern und zum Schluss zu plädieren.

Prinzip der Öffentlichkeit des Verfahrens, publicité des débats: Es wird *streitig* und *mündlich* verhandelt. Das Verfahren ist *öffentlich*, nur kraft gesetzlicher Spezialregelung z. B. in Familiensachen nicht öffentlich, *en chambre du conseil*. Auch das Urteil wird öffentlich verkündet, *prononcé du jugement en audience publique*.

Principe de coopération und Principe de loyauté und *principe de direction*: Diese Grundsätze galten schon vor der Reform des CPrC, so dass sich auf den ersten Blick durch diese nicht viel geändert hat. Ein Ziel der Reform war es aber, die Schwächen des alten Prozesses zu beseitigen, und dazu gehörten wesentlich die Schwerfälligkeit und oft überlange Verfahrensdauer. Die einschlägigen Verfahrensgrundsätze wurden daher zurückgeschnitten und die *Rolle des Richters* entsprechend aufgewertet. Zwar ist er nach wie vor nicht Herr des Verfahrens, spielt aber nun – insbesondere in der Gestalt des *juge de la mise en état* – eine so *aktive Rolle*, z. B. beim Zusammentragen der Fakten, bei der Beweisaufnahme und bei der Steuerung des gesamten Verfahrensablaufs durch Fristsetzungen, Art. 3, 7 Abs. 2, 8, 134, 763 CPrC, dass man sogar von der Einführung der *Direktionsmaxime* als neues Verfahrensprinzip spricht und das *principe de coopération* zwischen dem Richter und den Parteien betont.[124] Dazu kommt als weiterer neuer Grundsatz die *Loyalitätsmaxime*, *principe de loyauté*,[125] die Mitwirkungspflichten der Parteien begründet, z. B. Art. 11 CPrC und *abus de droit* unterbindet. Letzterem dient die Möglichkeit, Bußgeld, *amende*, zu verhängen, Art. 32-1 CPrC.

202. Klagearten und Klagevoraussetzungen

Abweichend vom deutschen Recht unterscheidet der CPrC nach der Natur des streitigen Rechts zwischen *dinglichen, persönlichen und gemischten Klagen*, nach dem Gegenstand des Verfahrens zwischen *Immobiliar- und Mobiliarkla-*

---

123 S. *Guinchard/Ferrand/Chainais*, Hypercours Procédure civile, 2009, S. 326 f., Nr. 52 ff.
124 S. *Cadiet/Jeuland*, Droit judiciaire privé, 6. Aufl., Paris 2009, Nr. 518 ff.
125 *Boursier*, Le principe de loyauté en droit processuel, Paris 2002.

gen und bei den Immobiliarklagen zwischen *petitorischen und possessorischen Klagen.*[126] Außerhalb dieser traditionellen Einteilung stehen die nichtvermögensrechtlichen Klagen, *actions extrapatrimoniales*, besonders die Statusklagen. Sie werden als persönliche Klagen behandelt, soweit nicht spezielle Vorschriften bestehen. Das klassische Einteilungsschema hat eingeschränkt Bedeutung, da verschiedene Vorschriften nur für einzelne Klagearten gelten. Außer Betracht bleiben hier die Statusverfahren, die im dritten Buch in Art. 1038 ff. CPrC eine weitgehende Sonderegelung gefunden haben.

Eine Klage kann nur erheben, wer ein *Rechtsschutzinteresse*, *intérêt légitime*, und *Klagebefugnis*, *qualité pour agir*, besitzt, Art. 31 CPrC. Es gilt der Grundsatz *Nul ne plaide par procureur*, der verlangt, dass alle Prozessschriftsätze den Namen des Vertretenen angeben müssen, was im Hinblick auf *class actions*, *recours collectifs, actions de groupe*, durchaus Schwierigkeiten bereiten kann, so dass bisher in Frankreich solche Klagen grundsätzlich nicht zulässig sind. Im Hinblick auf Rechtsschutzinteresse und Klagebefugnis ergeben sich Abgrenzungsprobleme vor allem bei Klagen von Personengruppen. Ein *intérêt personnel et direct* wird für die Gewerkschaften, *syndicats*, allgemein bejaht, wenn sie die kollektiven Interessen ihrer Berufsgruppe vor Gericht verfechten,[127] hingegen für Vereine, *associations*, regelmäßig nur dann, wenn im Einzelfall ausdrückliche gesetzliche Bestimmungen vorliegen.[128] Allerdings wird solchen Verbänden verschiedentlich auch das Recht eingeräumt, im Interesse von Einzelpersonen zu klagen.[129] Rechtsschutzinteresse ist auch für einen *Dritten* anerkannt, der durch *action oblique*[130] Rechte und Ansprüche seines Schuldners einklagt. Dritte, die ein Interesse an einem Streitgegenstand haben, können sich darüber hinaus durch *freiwillige Intervention*, *intervention volontaire*, in einen Rechtsstreit einschalten. Umgekehrt kann eine Partei Dritte auch durch *Streitverkündung*, *intervention forcée*, in ein Verfahren hineinziehen, z.B. kann der Beklagte seiner Versicherung den Streit verkünden.

---

126 Zur Bedeutung für den sachenrechtlichen Eigentums- und Besitzschutz oben Nr. 113.

127 Seit Cassation Chambre réunies vom 5.4.1913, DP 1914, 1, 65. Vgl. auch Art. L 2132-3 CTrav. Vgl. oben Nr. 97.

128 Für Vereine auf dem Gebiet des Verbraucherschutzes s. Art. L 421-1 ff., *action civile*, und Art. L 421-6 CConsom, *action en cessation d'agissements illicites*. Laut Art. L 421-1 CConsom können die bei der *préfecture* eingetragenen Vereine, deren ausdrücklicher Gegenstand die Verteidigung der Verbraucherinteressen ist und die zu diesem Zweck eine Genehmigung, *agrément*, erhalten haben, vor Gericht die Rechte der *partie civile* betreffend Fakten, die dem Verbraucherkollektivinteresse direkt oder indirekt Schaden zufügen, ausüben. Vgl. allgemein oben Nr. 97.

129 Art. L 422-1 ff. CConsom, *action en représentation conjointe*, wenn mindestens zwei Verbraucher den Verein damit beauftragen, sie gerichtlich zu vertreten.

130 Oben Nr. 91, 100.

203. Verfahren vor dem TGI

Das normale erstinstanzliche Verfahren vor dem TGI, Art. 750 ff. CPrC, beginnt damit, dass der Kläger dem Beklagten eine *Klageschrift*, *assignation*,[131] durch einen Gerichtsvollzieher[132] zustellen lässt, die als Mindestinhalt den Beklagten, den Gegenstand und die Begründung der Klage *en fait et en droit*, Art. 56 CPrC, samt Erläuterung der Beweismittel, den Klägervertreter und das Gericht angeben muss. Die Schriftstücke, *pièces*, auf denen die Klage beruht, müssen ebenfalls in einem Anhang, *bordereau*, aufgelistet sein. Der Beklagte muss darüber informiert werden, dass bei Nichterscheinen eine Gerichtsentscheidung gegen ihn auf der ausschließlichen Grundlage der von seinem Gegner vorgebrachten Elemente gefällt werden kann. Außerdem enthält die Klageschrift die Aufforderung, innerhalb von fünfzehn Tagen einen bei dem bezeichneten Gericht zugelassenen *avocat* zu bestellen, Art. 755 CPrC, womit zugleich der Zustellungsort festgelegt ist. Die Zustellung an den Gegner geschieht durch Gerichtsvollzieher ohne Mitwirkung des Gerichts. Dieses wird erst eingeschaltet, wenn eine Partei innerhalb von vier Monaten, Art. 757 CPrC, ein Exemplar der Klageschrift bei der Geschäftsstelle einreicht, so dass sie auf die Prozessrolle, die *rôle du tribunal*, gesetzt werden kann. Damit, also durch *placement de l'assignation*, und nicht schon mit der Zustellung der *assignation* ist laut Rechtsprechung die Rechtshängigkeit begründet.[133] Der Gerichtspräsident bestimmt dann die für den Rechtsstreit zuständige Kammer bzw. den Einzelrichter, *juge unique*, und beraumt Termin zur mündlichen Verhandlung an.

Bis zu diesem Termin reichen die Parteien die bis dahin gewechselten Schriftsätze, *conclusions*,[134] ein. Seit der Verordnung Nr. 98-1123 vom 28. Dezember 1993 sind die Parteien verpflichtet, sog. *conclusions récapitulatives* zu verfassen, d.h. sie müssen in ihren letzten Schriftsätzen alle ihre Ansprüche sowie Rechts- und Tatargumente zusammenfassen; andernfalls wird unwiderlegbar vermutet, dass die Partei sie aufgegeben hat, so dass das Gericht nur aufgrund des Inhalts der *conclusions récapitulatives* entscheidet, Art. 753 CPrC. Diese neuere Regelung zielt darauf ab, die Arbeit der Richter bei komplizierten Fällen und zahlreichen Schriftsätzen der Parteien zu erleichtern.

In der mündlichen Verhandlung vor dem Vorsitzenden der Kammer wird mit den Anwälten die Sach- und Rechtslage sowie der Stand des Verfahrens erör-

---

131 In Ausnahmefällen kann ein gemeinsamer Antrag, *requête conjointe*, von den Parteien bei der Geschäftsstelle abgegeben werden oder das TGI durch einfachen Antrag, *requête simple*, bzw. Erklärung bei der Geschäftsstelle, *déclaration*, angerufen werden, Art. 750 CPrC.

132 Oben Nr. 200.

133 Cass.Civ. vom 10.12.1985, Rev.trim.dr.civ. 1985, 634 mit Anm. *Perrot*. Es bestehen jedoch einige Ausnahmen, s. *Cadiet/Jeuland*, Droit judiciaire privé, 6. Aufl., Paris 2009, Nr. 556.

134 Die *conclusions* müssen die Ansprüche, *prétentions*, der Parteien sowie die *moyens en fait et en droit*, auf denen sie gestützt sind, beinhalten.

tert. Von der Entscheidungsreife hängt nun der weitere Verfahrensgang ab. Sieht sie der Kammervorsitzende als bereits gegeben an, verweist er die Angelegenheit unmittelbar zur öffentlichen Verhandlung vor die Kammer, *renvoi à l'audience*. Andernfalls wird das Verfahren innerhalb der Kammer dem *juge de la mise en état*, JME, zur Herbeiführung der Entscheidungsreife übertragen, Art. 763 ff. CPrC. In dieser Phase des Prozesses leitet der Einzelrichter das Verfahren selbstständig. Er entscheidet über Verfahrenshindernisse, kann Fristen setzen, Art. 764 CPrC, die Parteien zu Stellungnahmen und Ergänzung der *conclusions*, zur Aufklärung von Einzelfragen und gegebenenfalls sogar zu einer Streitverkündung auffordern, Art. 768-1 CPrC, von Amts wegen Beweise erheben, Art. 771 Nr. 5 CPrC, und die Parteien vernehmen, *comparution personnelle des parties*, Art. 184 ff. und Art. 767 CPrC, und Gutachten, *expertise*, anordnen, aber auch die gütliche Beilegung des Rechtsstreits durch Vergleich, *transaction*, versuchen, Art. 768 CPrC, und dann dem Vergleich durch *homologation* vollstreckbaren Charakter verleihen. Seine *Entscheidungsbefugnisse* umfassen neben prozessleitenden Anordnungen auch unselbstständige Zwischenentscheidungen in der Sache, z. B. über vorläufige Maßnahmen oder Vorschüsse.

Der *juge de la mise en état* hat seit den jüngeren Zivilprozessreformen aus den Jahren 2004 und 2005 immer weiterreichende Befugnisse erhalten. Seine Aufgabe besteht darin, auf den loyalen Ablauf, *déroulement loyal*, des Verfahrens und auf die Pünktlichkeit der Parteien bei dem Schriftsatz- und Urkundenwechsel zu achten, Art. 763, Abs. 2 CPrC. Seit einigen Jahren kann er sogar mit Einverständnis der Anwälte ein *calendrier de la mise en état* erstellen, Art. 764 Abs. 3, d. h. er erstellt nach Anhörung der Anwälte der Parteien den Verfahrenskalender, die Anzahl der Schriftsätze, den Termin für den Schriftsatzwechsel zwischen den Anwälten, die Anhörung, den Termin der mündlichen Verhandlung usw. Die im *calendrier de la mise en état* festgelegten Fristen können nur bei schwerwiegendem Grund verlängert werden. Der *juge de la mise en état* ist, solange er mit der Sache befasst ist, ausschließlich zuständig über Prozesseinreden und zur Beendigung des Verfahrens führende Zwischenstreite, *incidents mettant fin à l'instance*, zu entscheiden, einen Vorschuss und alle möglichen vorläufigen bzw. einstweiligen Maßnahmen sowie Beweismaßnahmen anzuordnen, Art. 771 CPrC. Grundsätzlich kann erst zusammen mit der Entscheidung in der Sache gegen eine *ordonnance* des JME Rechtsmittel eingelegt werden. Es bestehen jedoch verschiedene Ausnahmen, insbesondere wenn die Entscheidung des JME zur Beendigung des Verfahrens führt, Art. 776 CPrC.

Der JME schließt die Untersuchungsphase ab, *clôture de l'instruction*, wenn er den Rechtsstreit für entscheidungsreif hält. Damit sind weitere Schriftsätze der Parteien nicht mehr zulässig, *irrecevables*. Der Richter kann auch missbräuchlich spät vorgelegte Schriftsätze zurückweisen und damit einer Verzögerungstaktik und einem nicht loyalen Verhalten entgegenwirken. Das Verfahren kommt nun zur öffentlichen Verhandlung, *audience publique*, vor die Kammer. Nach Berichterstattung durch den Einzelrichter folgen die Plädoyers der Anwälte und eines gegebenenfalls teilnehmenden Staatsanwalts, eventuell ergänzt durch Fragen oder Anmerkungen des Vorsitzenden der Kammer. Anschließend fällt das Gericht aufgrund und in den Grenzen zusammenfassender *conclusions* nach Art. 753 Abs. 2 CPrC seine Entscheidung aufgrund nichtöffentlicher Beratung, *délibéré*, mit einfacher Stimmenmehrheit. Für die Feststellung streitiger Tatsachen kommt es dabei ausschließlich auf die in freier Beweiswürdigung gewonnene Überzeugung des Gerichts an, wobei der Richter allerdings den Inhalt der Beweisstücke nicht entstellen darf, *dénaturer*. Bei *dénaturation* besteht die Möglichkeit einer Kassationsbeschwerde, wenn kein anderes Rechtsmittel zulässig ist.

Das *Endurteil, jugement définitif*, wird sofort oder zu einem späteren Zeitpunkt verkündet, Art. 450 ff. CPrC, und anschließend auf die Initiative einer, meistens der obsiegenden Partei durch den Gerichtsvollzieher zugestellt, Art. 675 ff. CPrC. Die Zustellung ist Voraussetzung der Vollstreckung, Art. 503 CPrC,[135] und für die Rechtsmittelfrist bedeutsam. Das französische Recht unterscheidet nicht zwischen Beschluss und Urteil, sondern zwischen *jugement, ordonnance* und *arrêt*. *Jugement* ist eine Entscheidung erster Instanz; *ordonnance* ist eine in der ersten bzw. in der Berufungsinstanz erlassene Entscheidung eines Einzelrichters, z.B. des Familienrichters oder des Gerichtspräsidenten im Rahmen des vorläufigen Rechtsschutzes, *référé, requête*.[136] *Arrêt* ist eine in der Berufungs- oder in der Kassationsinstanz ergangene Entscheidung. Die gerichtliche Entscheidung entwickelt unter gewissen Voraussetzungen[137] eine *autorité de chose jugée*, Rechtskraft,[138] die dazu führt, dass die Parteien zwar die statthaften Rechtsmittel einlegen können, jedoch nicht denselben Streit[139] wieder vor ein Gericht erster Instanz bringen dürfen. Wenn gegen die Entscheidung kein ordentliches Rechtsmittel (mehr) statthaft ist, erhält sie *force de chose jugée*. Wenn weder ordentliche noch außerordent-

135 Es sei denn, die unterliegende Partei führt freiwillig die Entscheidung aus.

136 Unten Nr. 205.

137 Insb. im Hinblick auf die Natur der Gerichtsentscheidung, s. *Codiet/Jeuland*, Droit judiciaire privé, 6. Aufl. 2009, Nr. 728 ff. Alle Endurteile, *jugements définitifs*, haben *autorité de chose jugée*, andere Entscheidungen aber auch.

138 Nur die Urteilsformel, *dispositif*, erwächst in Rechtskraft, nicht dagegen die Urteilsbegründung, *motifs*, auch nicht, wenn sie über einen Teil des Streites entscheiden und irrigerweise nicht im Tenor übernommen worden sind, *sog. motifs décisoires*, s. Cass.Ass.Plén. vom 13.3.2009, JCP 2009, II, 10077 mit Anm. *Serinet*.

139 Art. 1351 CC stellt drei Voraussetzungen auf, um die Einrede der *autorité de chose jugée* zu begründen: dieselben Parteien, derselbe Streitgegenstand, *objet*, und derselbe Rechtsgrund, *cause*. Durch eine Rechtsprechungsänderung, Cass.Ass.Plén. vom 7.7.2006, JCP 2007, II, 10070 mit Anm. *Wiederkehr*, hat der Kassationshof den Umfang der *chose jugée* in erheblichem Maße erweitert, indem er die dritte Voraussetzung, also die *cause*, mit dem Streitgegenstand verschmolzen hat, s. *Guinchard/Ferrand/Chainais*. Hypercours Procédure civile, IV-Nr. 21.

liche Rechtsmittel (mehr) zulässig sind, wird die Gerichtsentscheidung *irrévocable.*

Versäumnisurteile, *jugement par défaut*, gegen den Kläger wegen Nichterscheinens, *défaut de comparution*, kommen nur in seltenen Fällen vor, spielen aber eine größere Rolle gegenüber dem Beklagten. Stellt dieser sich trotz ordnungsgemäßer Klageerhebung dem Verfahren nicht innerhalb der gesetzlich bestimmten Frist, so kann gegen ihn ein Versäumnisurteil erlassen werden, Art. 471 ff. CPrC. Dabei ist zu unterscheiden: Ein Versäumnisurteil im engeren Sinne kann nur ergehen, wenn gegen die Entscheidung Berufung nicht statthaft ist und die Klage dem Beklagten nicht persönlich zugestellt worden ist. Dem Säumigen steht als Rechtsbehelf der *Einspruch*, *opposition*, nach Art. 476 CPrC zu. Ist jedoch gegen die Entscheidung Berufung zulässig oder wurde die Klage dem Beklagten persönlich zugestellt, ergeht ein als streitig fingiertes Urteil, *jugement réputé contradictoire*, das nur mit den üblichen Rechtsmitteln und nicht mit Einspruch angegriffen werden kann, Art. 477 CPrC. Ein als streitig fingiertes Urteil kann auch dann ergehen – sowohl gegen den Kläger als gegen den Beklagten –, wenn die Parteien zwar im Termin erscheinen, aber die eine oder die andere die Vornahme von Prozesshandlungen verweigert bzw. nicht innerhalb der gesetzten Frist vornimmt, Art. 469 CPrC. Die aufgrund Versäumnis ergangenen Urteile müssen i.d.R. innerhalb von sechs Monaten zugestellt werden, sonst gelten sie als nicht ergangen, *non avenu*, Art. 478 CPrC.

Die *Kosten des Verfahrens* werden grundsätzlich der unterlegenen Partei auferlegt, Art. 695 ff. CPrC. Allerdings verbleibt ein i.d.R. nicht unwesentlicher Teil der eigenen Rechtsanwaltskosten zu Lasten des Obsiegenden, *frais irrépétibles*. Die gesetzliche Regelung des Art. 700 CPrC lässt dem Gericht einen gewissen Spielraum zur Vermeidung unbilliger Ergebnisse: Es kann die unterlegene Partei dazu verurteilen, der Gegenpartei eine bestimmte Summe zu zahlen, um die Anwaltskosten zumindest teilweise auszugleichen. Dabei muss der Richter Billigkeitsgrundsätze und die wirtschaftlichen Verhältnisse der unterlegenen Partei berücksichtigen. Eine bedürftige Partei kann vor und während des Hauptsacheverfahrens *aide juridique* bzw. *aide juridictionnelle*, Prozesskostenhilfe, in Gestalt von Gerichts- und Beistandskostenhilfe beantragen, Gesetz Nr. 91-647 vom 10. Juli 1991.

204. Mündliches Verfahren vor dem TI und der *juridiction de proximité*

Bei kleineren Streitsachen, die entweder vor das TI oder vor die *juridiction de proximité* gehören,[140] wird ein *vereinfachtes, mündliches Verfahren*, *procédure*

140 Oben Nr. 198.

orale, nach Art. 827 ff. CPrC angewendet. Der streitigen Verhandlung kann auf Antrag bzw. aufgrund gesetzlicher Bestimmung ein Vergleichsversuch, *tentative préalable de conciliation*, des Richters oder eines Schlichters, *conciliateur de justice*, vorausgehen. Antrag und Klage können verbunden werden, *assignation à toutes fins*, so dass zunächst ein Einigungsversuch geführt wird und beim Scheitern die Sache direkt an das Gericht verwiesen wird. Das Verfahren ist von äußeren Formalitäten weitgehend frei. Die *procédure orale* ist allerdings nicht immer risikolos, denn die Parteien, die nicht notwendig durch einen Anwalt vertreten sind, müssen in der mündlichen Verhandlung alle ihre Ansprüche, die meistens schon schriftlich erklärt worden sind, ausdrücklich wiederholen, sonst darf das Gericht nicht darüber befinden. Durch Dekret Nr. 2010-1165 vom 1. Oktober 2010 „*relatif à la conciliation et à la procédure orale en matière civile, commerciale et sociale*"[141] wurde daher der Richter ermächtigt, auf Antrag einer Partei diese von ihrer Pflicht zum Erscheinen zu befreien; in diesem Fall wird der Inhalt des Schriftsatzes der Partei berücksichtigt.

205. Vorläufiger Rechtsschutz

Von großer praktischer Bedeutung können im Einzelfall die *beschleunigten Verfahren zur Erlangung von vorläufigem Rechtsschutz* sein, *procédure de référé, procédure sur requête*, mit denen nicht nur die einstweilige Sicherung eines Zustandes, *mesure conservatoire*, sondern auch die vorsorgliche Beweiserhebung, *mesure d'instruction in futurum, référé probatoire*, unabhängig von einem Hauptsacheverfahren und sogar Vorschuss auf den Hauptsacheanspruch erreicht werden können, Art. 145, 808 ff. CPrC. Zu unterscheiden ist zwischen dem Verfahren nach Art. 484 ff. CPrC, das zur *ordonnance de référé* führt und in dem der Antragsgegner, wenn auch innerhalb verkürzter Fristen, Gelegenheit zur Anhörung und Verteidigung erhält, *procédure contradictoire*, und dem einseitigen Verfahren, *procédure unilatérale, non contradictoire*, nach Art. 493 ff. CPrC, in dem lediglich aufgrund des Vortrags des Antragstellers, ohne jede Mitwirkung oder Benachrichtigung des Gegners, eine *ordonnance sur requête* ergehen kann. Beide Arten einstweiliger Anordnungen können unverzüglich vollstreckt werden, gegebenenfalls sogar ohne vorherige Zustellung an den Antragsgegner. Sie erwachsen nicht in Rechtskraft *au principal*, Art. 488 für die *ordonnance de référé.* Eine Überleitung in das streitige Hauptverfahren ist auf Antrag in einfacher Form nach Art. 811 CPrC möglich, wenn die Sache eilig ist. Zuständig für den Erlass solcher *ordonnances de référé* bzw. *sur requête* ist grundsätzlich der Gerichtspräsident. Es kommt nicht selten vor, dass eine *ordonnance de référé* einen Streit endgültig beendet, da die Parteien oft kein Hauptsacheverfahren mehr einleiten.[142] So kommt es zu einer

141 JO vom 3.10.2010.

142 Zum sachrechtlichen Aspekt des Schutzes subjektiver Rechte oben Nr. 91.

schnellen gerichtlichen Lösung der Streitigkeit, die das *référé*-Verfahren in Frankreich sehr beliebt macht. Allerdings ist ein solches Verfahren nicht immer statthaft, es müssen vielmehr gesetzlich bestimmte Voraussetzungen erfüllt sein.

206. Mahnverfahren

Zur Durchsetzung von betragsmäßig bestimmten Geldforderungen, insbesondere aus Verträgen und *bordereaux de créances*, sehen Art. 1405 ff. CPrC als vereinfachtes und kostengünstiges *Mahnverfahren* die *procédure d'injonction de payer* vor, von der verbreitet Gebrauch gemacht wird. Der Gläubiger beantragt häufig mit Hilfe eines Formulars und unter Vorlage von Unterlagen, die den Anspruch stützen, beim TI[143] oder – je nach Art der Forderung – beim *Tribunal de commerce* den Erlass eines Mahnbescheids. Zuständig ist das Gericht am Wohnsitz des Schuldners. Im Gegensatz zum deutschen Recht und zur EG-Verordnung Nr. 1896/2006 vom 12. Dezember 2006 über das Europäische Mahnverfahren verlangt der CPrC, dass der Richter die Begründetheit des Antrags überprüft. Ergeht der Mahnbescheid, muss ihn der Gläubiger innerhalb von sechs Monaten dem Schuldner zustellen lassen. Legt dieser dann nicht binnen eines Monats *Widerpruch* ein, kann der Gläubiger den Mahnbescheid innerhalb eines weiteren Monats bei der Geschäftsstelle des Gerichts für vollstreckbar erklären lassen. In diesem Fall hat der Mahnbescheid alle Wirkungen eines streitig ergangenen Urteils. Legt der Schuldner Widerspruch ein, so unterbleibt die Vollstreckbarerklärung und es wird zum streitigen Verfahren vor dem Ausgangsgericht bzw. dem sachlich zuständigen Gericht übergegangen.

207. Die Rechtsmittel

Während gegen gerichtliche Verwaltungsakte eine *action en annulation* möglich ist, können Urteile, *jugements*, – selbst im Fall der Nichtigkeit – nach der ausdrücklichen Bestimmung des Art. 460 CPrC, wonach *la nullité d'un jugement ne peut être demandée que par les voies de recours prévues par la loi*, nur mit den prozessualen Rechtsmitteln, *voies de recours*, Art. 526 ff. CPrC, angegriffen werden. Art. 527 unterscheidet ordentliche und außerordentliche Rechtsmittel, *voies de recours ordinaires et extraordinaires*. Zu den ersteren gehören Berufung, *appel*, und Einspruch, *opposition*. Außerordentliche Rechtsmittel unterscheiden sich von ordentlichen Rechtsmitteln vor allem darin, dass sie die Vollstreckbarkeit in der Regel nicht suspendieren. Zu ihnen zählen die Kassationsbeschwerde, *pourvoi en cassation*, die Wiederaufnahme-

143 Ein Gesetzentwurf *relatif à la répartition des contentieux et à l'allègement de certaines procédures juridictionnelles* sieht vor, dass auch vor dem TGI ein Mahnverfahren eingeführt werden soll.

klage, *recours en révision*, und der Drittwiderspruch, *tierce opposition*. Für alle Rechtmittel gemeinsam sind gewisse Einzelheiten des Fristlaufs geregelt, Art. 528 ff. CPfC: Rechtsmittelfristen werden ab Zustellung des Urteils gerechnet, wobei im Falle von Vormundschaft oder Pflegschaft die Zustellung an den Vormund oder Pfleger erfolgt sein muss. Der Fristlauf wird durch Änderungen in der Geschäftsfähigkeit oder Tod des Unterlegenen unterbrochen. Die Frist kann nach Art. 528-1 CPrC ohne Zustellung ablaufen, wenn das Urteil innerhalb von zwei Jahren ab seiner Verkündung nicht zugestellt worden ist.

Die Parteien können *gegen* sie beschwerende *Urteile der ersten Instanz bei der* CA *Berufung* einlegen, *interjeter appel*, gleichgültig, ob es sich um Urteile des TGI, des TI oder eines Sondergerichts handelt, z. B. des Arbeits- oder Handelsgerichts. Vor der CA besteht in der Regel die Pflicht, einen *avoué*, ab dem 1. Januar 2012 einen Anwalt,[144] zu bestellen. Berufungsfähig sind Teil- und Endurteile, *jugement définitif*, und einstweilige Anordnungen, nicht dagegen bloße Zwischenurteile, *jugement avant dire droit*. Bei vermögensrechtlichen Entscheidungen beläuft sich die Berufungssumme auf 4000 Euro Streitwert. Wenn der Streitwert 4000 Euro übersteigt bzw. wenn der Anspruch unbeziffert ist, ist Berufung zulässig; bei nichtvermögensrechtlichen Streitigkeiten ist ebenfalls Berufung statthaft. Wenn der Streitwert 4000 Euro nicht übersteigt, kann keine Berufung eingelegt werden; jedoch kann die beschwerte Partei eine Kassationsbeschwerde erheben.

Der *appel* hat *Suspensiveffekt*, er verhindert den Eintritt der Rechtskraft des angegriffenen erstinstanzlichen Urteils und damit seine Vollstreckung. War dieses allerdings für vorläufig vollstreckbar erklärt worden, so bleibt es dabei. Nach Art. 524 CPrC kommt aber eine gerichtliche Einstellung der Vollstreckung oder die Anordnung einer Sicherheitsleistung in Betracht. Der *Premier Président* der CA stellt die vom erstinstanzlichen Gericht angeordnete sofortige Vollstreckung ein, wenn die vorläufige Vollstreckbarkeit, *exécution provisoire*, durch Gesetz untersagt ist, z. B. in Statussachen, oder wenn sie zu offensichtlich übermäßigen Folgen, *conséquences manifestement excessives*, führen kann. Er kann auch eine gesetzlich vorgesehene Vollstreckung, *exécution provisoire de droit*, z. B. für die *ordonnances de référé* bei offensichtlichem Verstoß gegen das *principe contradictoire*[145] bzw. gegen Art. 12 CPrC einstellen, wenn die Vollstreckung offensichtlich übermäßige Folgen mit sich bringen könnte, Art. 524 Abs. 3 CPrC. Umgekehrt kann die Vollstreckung, die in erster Instanz nicht gewährt bzw. nicht beantragt worden war, in der Berufungsinstanz beim *Premier Président* der CA oder beim *conseiller de la mise en état* beantragt werden. Seit der Verordnung Nr. 2005-1678 vom 28. Dezember 2005 kann darüber hinaus die CA auf Antrag des Berufungsgegners und nach

144 Oben Nr. 200.
145 Oben Nr. 202.

Gewähr rechtlichen Gehörs die Sache von der Gerichtsrolle streichen, *radiation du rôle de l'affaire*, wenn die Vollstreckung des erstinstanzlichen Urteils gesetzlich vorgesehen oder gerichtlich angeordnet war und der Berufungskläger dennoch das Urteil nicht ausgeführt hat. Die Streichung darf allerdings nicht erfolgen, wenn die Vollstreckung offensichtlich übermäßige Folgen mit sich bringen könnte oder wenn der Berufungskläger nicht in der Lage ist, das Urteil auszuführen, z.B. weil er die notwendigen finanziellen Mittel nicht hat, Art. 526 CPrC. Die Sache kann bei Nachweis der effektiven Ausführung der Entscheidung bei der CA wieder eingetragen werden. Diese Bestimmung war Gegenstand heftiger Kritik, denn sie kann den Zugang zur Berufung sperren und verstößt gegen Art. 6 Abs. 1 EMRK.[146]

Im Berufungsverfahren findet eine neuerliche Sach- und Rechtsprüfung statt, sog. *Devolutiveffekt*, Art. 561 CPrC. Sie erstreckt sich nur auf die Beschwerdepunke, doch kann der Berufungskläger die Berufung auf das Urteil insgesamt erstrecken. Gleiches ergibt sich bei Unteilbarkeit des Streitgegenstandes, Art. 562 CPrC. Auch der Gegner kann durch Anschlussberufung, *appel incident*, eine umfänglichere Prüfung erzwingen. Darüber hinaus kann das Berufungsgericht unter bestimmten Voraussetzungen auch den Rechtsstreit zur Neuentscheidung in Gänze an sich ziehen, *évocation*. Die *évocation* kann insbesondere stattfinden, wenn gegen ein eine Ermittlungsmaßnahme anordnendes oder gegen ein über eine Prozesseinrede entscheidendes und zum Verfahrensende führendes Urteil Berufung eingelegt wird, Art. 568 CPrC. Hier *kann* die CA, obwohl das erstintanzliche Urteil nicht in der Sache, *au fond*, entschieden hat, beschließen, die in erster Instanz nicht entschiedenen Fragen an sich zu ziehen, wenn sie es für *de bonne justice* hält, der Streitsache eventuell nach Anordnung einer Ermittlungsmaßnahme eine endgültige Lösung zu geben.

Neue Ansprüche, *prétentions*, können in der Berufungsinstanz nur geltend gemacht werden, soweit sie die bisherigen ergänzen oder sich aus ihnen ergeben, Art. 564 ff. CPrC,[147] auch wenn sie sich auf dieselbe Rechtsgrundlage stützen. Neuer Sachvortrag und neue Beweismittel zur Begründung der bisherigen Anträge sind dagegen unbegrenzt möglich, Art. 563 CPrC, ebenso Widerklagen, *demandes reconventionnelles*, Art. 567, soweit sie überhaupt zulässig sind. Um dieses breite Spektrum der Berufungsinstanz zu bezeichnen, wird der Ausdruch *appel, voie d'achèvement du litige* verwendet. Allerdings muss seit der Verordnung Nr. 2009-1524 vom 9. Dezember 2008 das Berufungsgericht nun von Amts wegen neue Ansprüche für unzulässig erklären, Art. 564 CPrC, was bisher nicht der Fall war.

---

146 EGMR vom 31.3.2011, Nr. 34658/07, Chatellier/France: Die Streichung der Sache «*a constitué en l'espèce une mesure disproportionnée au regard des buts visés et que l'accès effectif du requérant à ce tribunal s'en est trouvé entravé*».

147 So können neue Ansprüche geltend gemacht werden, wenn sie Aufrechnung, *compensation*, beantragen oder Gegenansprüche bekämpfen oder darauf abzielen, eine Entscheidung über neue Fakten herbeizuführen.

Das *Berufungsverfahren* nach Art. 899 ff. CPrC orientiert sich weitgehend an den für das erstinstanzliche Verfahren vor dem TGI maßgeblichen Vorschriften. Allerdings sind vor kurzem insbesondere durch Verordnung Nr. 2009-1524 vom 9. Dezember 2009 *relatif à la procédure d'appel avec représentation obligatoire en matière civile*, ergänzt durch Verordnung Nr. 2010-1647 vom 28. Dezember 2010[148] strengere Fristen gesetzt worden. Von den Parteien wird auch eine bessere und präzisere Struktur ihrer Schriftsätze verlangt, um die Arbeit der Berufungsrichter zu erleichtern. Die Befugnisse des vorbereitenden Ermittlungsrichters, *conseiller de la mise en état*, sind erweitert worden. Die neue Verordnung findet nur auf das Berufungsverfahren mit obligatorischer Vertretung,[149] *procédure d'appel avec représentation obligatoire*, Anwendung. Die Berufungsfrist beträgt nach Art. 538 CPrC einen Monat bzw. 15 Tage für freiwillige Verfahren.[150] Der Berufungsbeklagte, *intimé*, muss nun innerhalb von zwei Monaten ab Zustellung der Berufungsklageschrift seine Anträge in einem Schriftsatz stellen und eventuell eine Anschlußberufung einlegen; bei Nichteinhaltung der Frist ist der Schriftsatz bzw. die Anschlußberufung unzulässig, *irrecevable*, Art. 909 CPrC. Der Berufungskläger muss seinen die *conclusions* enthaltenden Schriftsatz innerhalb von drei Monaten ab der Berufungserklärung, *déclaration d'appel*, einreichen; die Sanktion ist sehr streng: von Amts wegen zu erklärende *caducité, also* Hinfälligkeit der Berufungserklärung, Art. 908 CPrC. Seit dem 1. September 2011 müssen die Berufungserklärungen sowie die Bestellungsakte des obligatorischen Vertreters, *acte de constitution d'avoué/d'avocat*, der CA elektronisch zugeschickt werden. Ab dem 1. Januar 2013 soll das ganze Berufungsverfahren elektronisch abgewickelt werden, Art. 830-1 CPrC.

Kein *appel*, sondern *Einspruch, opposition* nach Art. 571 ff. CPrC, ist *gegen Versäumnisurteile* i.e.S., Art. 473, Abs. 1 CPrC, gegeben und spielt daher gegenwärtig in der Praxis kaum eine Rolle. Er kann vom Säumigen innerhalb eines Monats beim judex a quo eingelegt werden. Wird der Einspruch nicht als unzulässig verworfen, so wird das ursprüngliche Verfahren vor dem damit befassten Gericht fortgesetzt. Sowohl die Verwerfung des Einspruchs als auch seine Zurückweisung als unbegründet führen zur Bestätigung des Versäumnisurteils, das dadurch in Rechtskraft erwächst. Ergeht dagegen ein abweichendes kontradiktorisches Urteil, so erledigt sich das Versäumnisurteil. Gegen das nunmehr vorliegende Urteil ist Berufung nach den allgemeinen Regeln möglich. Gegen Versäumnisurteile i.w.S., die als streitig ergangene Urteile gelten, also die schon erwähnten *jugements réputés contradictoires*, Art. 473, Abs. 2 CPrC, ist von vornherein nur Berufung gegeben.[151]

148 Dazu schon die im Bericht *Magendie II* (*Qualité et célérité de la justice devant la cour d'appel*, Doc. fr., 2008) enthaltenen Vorschläge.

149 Oben Nr. 200.

150 Unten Nr. 209.

151 S. oben Nr. 201.

Der dem deutschen Recht fremde *Drittwiderspruch, tierce opposition*, Art. 582 ff. CPrC soll prozessfremden Dritten Schutz gegen nachteilige Auswirkungen eines Urteils gewähren, da die Relativität der Rechtskraft einen solchen nicht immer bietet. Der Drittwiderspruch ergänzt so die Drittintervention in einem laufenden Verfahren. Berechtigt ist nur, wer ein Interesse hat, das Urteil zu beseitigen, Art. 583 CPrC, und weder Partei in dem Verfahren noch vertreten gewesen ist. Ist innerhalb einer sehr großzügigen Frist von 30 Jahren ab Urteilsverkündung, teilweise sogar ohne zeitliche Schranke, Art. 586 CPrC, wirksam Drittwiderspruch erhoben, so wird der Prozess in den Beschwerdepunkten erneut vor der ersten Instanz anhängig. Dagegen wird auch insoweit vor der nächsthöheren Instanz entschieden, wenn der Drittwiderspruch an ein ohnehin erhobenes Rechtsmittel anschließt, über das in zweiter Instanz zu entscheiden ist. Obsiegt der Dritte, werden die ihm nachteiligen Bestimmungen des Urteils ihm gegenüber aufgehoben. Sie behalten dagegen im Verhältnis der eigentlichen Parteien des Rechtsstreits zueinander Wirkung, soweit diese nicht zwingend einheitlich ist. Der Kassationshof rechtfertigt teilweise die Eröffnung des Drittwirderspruchs mit dem Art. 6 Abs. 1 EMRK entnommenen Recht auf faires Verfahren, *droit à un procès équitable*.[152]

Die *Wiederaufnahmeklage, recours en révision* nach Art. 593 ff. CPrC erlaubt unter engen Voraussetzungen, z.B. nach Prozessbetrug oder Hinterziehung von Beweismitteln durch die obsiegende Partei, Art. 595 CPrC, das erneute Aufgreifen eines rechtskräftig abgeschlossenen Prozesses. Die Klage ist innerhalb von zwei Monaten nach Kenntnis des Wiederaufnahmegrundes durch eine der Parteien des Ausgangsverfahrens zu erheben. Ihre Bedeutung in der Praxis ist gering.[153] Das Rechtmittel wird vor den *juge a quo* gebracht und muss der Staatsanwaltschaft mitgeteilt werden. Der *recours en révision* hat keinen Suspensiveffekt. Er entwickelt dagegen einen Devolutiveffekt, denn die Rechtskraft des angegriffenen Urteils wird in Frage gestellt und es wird wieder *en fait et en droit* entschieden. Wenn das Rechtsmittelgericht die Wiederaufnahmeklage für zulässig hält, entscheidet es in der Sache; es kann auch zunächst eine Untersuchungsmaßnahme anordnen. Das neue Urteil tritt an die Stelle des alten, das „zurückgenommen" wird, *rétracté*.

Die *Kassationsbeschwerde zur Cour de Cassation, pourvoi en cassation*, nach Art. 604 ff. CPrC zielt auf die rechtliche Überprüfung letztinstanzieller Teil- und Endurteile, *jugements rendus en dernier ressort*, d.h. von Urteilen, gegen die kein ordentliches Rechtsmittel – mehr – statthaft ist, Art. 605 f. CPrC. Antragsberechtigt sind zunächst innerhalb von zwei Monaten ab Urteilszustellung die Prozessparteien, Art. 612 CPrC. Aber auch die Staatsanwaltschaft kann nach Art. 17 f. des Gesetzes Nr. 67-523 ein Kassationsverfahren beantragen.

152 Z. B. Cass.Civ. vom 23.2.2005, Bull.Civ. III, Nr. 41.

153 Jedoch ein jüngeres Beispiel, Cass.Civ. vom 4.11.2010, Procédures 2011, Nr. 18 Anm. *Douchy-Oudot*.

Eine Kassationsbeschwerde kann vom *Procureur général de la Cour de cassation*, dem Obersten Staatsanwalt, in zwei Fällen eingelegt werden. Erstens im Gesetzesinteresse, *dans l'intérêt de la loi*,[154] wenn eine Gerichtsentscheidung von den Parteien nicht mit einer Kassationsbeschwerde angefochten worden ist, obwohl Letztere statthaft war. Es muss keine Frist beachtet werden. Wenn das Gesetz verletzt worden ist, kassiert der Kassationshof die Entscheidung, ohne dass jedoch diese Aufhebung gegenüber den Parteien eine Wirkung entfalten würde. Es wird von *cassation platonique* gesprochen, denn sie hat nur theoretische Wirkung einer Feststellung des Gesetzesverstoßes. Zweitens muss der *Procureur général* auf ausdrückliche Anweisung des Justizministers eine Kassationsbeschwerde einlegen, um einen *excès de pouvoir*,[155] Zuständigkeitsüberschreitung, feststellen zu lassen und die Aufhebung der angefochtenen Entscheidung herbeiführen. Es muss ebenfalls keine Frist beachtet werden. Im Gegensatz zum ersten Fall wirkt die Aufhebung der Entscheidung durch den Kassationshof gegenüber allen, so dass die Parteien von dem Verfahren Kenntnis erhalten müssen und ihnen rechtliches Gehör zu verschaffen ist.

Grundsätzlich kann jede Rechtsverletzung, *violation de la loi*, eine Kassationsbeschwerde begründen; Art. 604 CPrC spricht von *non conformité du jugement aux règles de droit*. Der Kassationshof hat in der Praxis Kassationsgründe entwickelt, die *cas d'ouverture à cassation* genannt werden[156] und die alle auf eine Gesetzesverletzung hinauslaufen. Die Kassationsgründe sind Gesetzesverletzungen, *violation de la loi*, Amtsüberschreitung, *excès de pouvoir*, nicht geheilte Kompetenzüberschreitung, *incompétence*, nicht geheilte und noch angreifbare Formfehler des Verfahrens oder des Urteils, *inobservation des formes*, fehlende oder mangelhafte Begründung des Urteils, *défaut de motifs, vice de motivation*, Widerspruch zu anderen Urteilen in gleicher Sache gegenüber den gleichen Parteien, *contrariété de jugements*, Fortfall der rechtlichen Grundlage, *perte de fondement juridique*. Als Amtsüberschreitung gilt z.B. eine Verurteilung, ohne die betroffene Partei zu hören; als mangelhafte Begründung fehlendes Eingehen auf den Parteivortrag, *défaut de réponse à conclusions*, die sog. entstellende Auslegung eines Schriftstücks, *dénaturation*, oder eine widersprüchliche Begründung des angegriffenen Urteils, *motifs contradictoires*. Die Staatsanwaltschaft kann einem *pourvoi en cassation* nur auf Gesetzesverletzungen und Amtsüberschreitung stützen.

Das Verfahren vor der *Cour de Cassation* ist vorwiegend schriftlich, es hat weder Devolutiv- noch Suspensiveffekt. Damit wird weder die Streitsache als solche vor die *Cour de Cassation* gebracht noch die Vollstreckung des Urteils der CA eingeschränkt. Neuer Parteivortrag ist nur ausnahmsweise, Art. 619

154 Art. 17 Gesetz Nr. 67-523 vom 3.7.1967.

155 Art. 18 Gesetz Nr. 67-523 vom 3.7.1967.

156 S. auch Art. 978 CPrC: Ein Kassationsvorbringen, *moyen de cassation*, bzw. ein *élément de moyen* darf nur einen Kassationsgrund beinhalten, sonst ist es unzulässig.

CPrC,[157] neue Anträge sind in keinem Fall zulässig. Der Kassationshof weist entweder die Kassationsbeschwerde ab, *rejet*, oder kassiert die angefochtene Entscheidung, *cassation*. Hat die Cour ein Urteil auf Antrag des Staatsanwalts *dans l'intérêt de la loi* wegen Gesetzesverletzung kassiert, so behält es unter den Prozessparteien seine Wirkung. In den übrigen Fällen versetzt die Aufhebung des Urteils die Parteien in die vor seinem Erlass bestehende Lage: Das Verfahren wird i. d. R. an eine andere CA oder an dieselbe CA[158] in anderer Besetzung zurückverwiesen, so dass der Ausgang ihres Rechtsstreits davon abhängt, ob das Urteil in der neu eröffneten tatrichterlichen Instanz wiederholt wird. Je nach dem Ausgang des Verfahrens können bereits durchgeführte Vollstreckungsakte Erstattungsansprüche auslösen. Die *Cour de cassation* kann[159] das Urteil aufheben, ohne zurückzuverweisen, *cassation sans renvoi*, Art. 627 CPrC, Art. L 411-3 COrgJud,[160] wenn die Aufhebung nicht zu einer erneuten Entscheidung in der Sache selbst führt z. B. weil die französischen Gerichte unzuständig sind oder wenn die Aufhebung des Urteils wegen Rechtsverletzung bei Anwendung des Gesetzes auf das festgestellte Sachverhältnis erfolgt und die Sache ohne neue Tatsachenfeststellung zur Endentscheidung reif ist. Wenn nach Aufhebung eine Zurückverweisung erfolgt, ist das Berufungsgericht nicht verpflichtet, die rechtliche Beurteilung, die der Aufhebung zugrunde gelegt ist, auch seiner Entscheidung zugrunde zu legen. Eine Ausnahme besteht nur, wenn die Aufhebung von der *assemblée plénière* des Kassationshofes ausgesprochen worden ist. Wenn allerdings nach Aufhebung eines ersten Berufungsurteils das vom zweiten Berufungsgericht nach Zurückverweisung erlassene Urteil mit dem selben Rechtsvorbringen vor dem Kassationshof wiederum angefochten wird, muss die *assemblée plénière* angerufen werden, deren Entscheidung bei Aufhebung und Zurückverweisung das dritte Berufungsgericht bindet. Das ist der Fall, wenn das zweite Berufungsgericht der Rechtsprechung der *Cour de cassation* nicht folgt, sondern Widerstand leistet und deshalb so entscheidet wie das erste Berufungsgericht, dessen Entscheidung aufgehoben worden ist. Durch diesen Mechanismus will das französische Recht einen Dialog zwischen Kassationshof und Untergerichten ermöglichen. Nicht selten übernimmt die *Cour de cassation* im Rahmen einer Änderung ihrer Rechtsprechung, *revirement de jurisprudence*, die von den Tatrichtern geförderte Rechtsauslegung bzw. -fortbildung.

---

157 Neuer Parteivortrag ist nur zulässig, wenn es sich um *moyens de pur droit* oder um *moyens nés de la décision attaquée* handelt.

158 Wenn die angegriffene Entscheidung von einem erstinstanzlichen Gericht erlassen wurde und gegen sie die Berufung nicht statthaft war (z. B. *juridiction de proximité*, TI), wird nach *cassation* die Sache an dasselbe oder an ein anderes erstinstanzliches Gericht zurückverwiesen.

159 Im Gegensatz zu § 563 Abs. 3 ZPO, der dies zwingend vorsieht.

160 2009 waren unter den Entscheidungen des Kassationshofs 25 % Zurückweisungsurteile, 19 % Aufhebungsurteile mit Zurückverweisung und nur 2 % *cassations sans renvoi*.

207

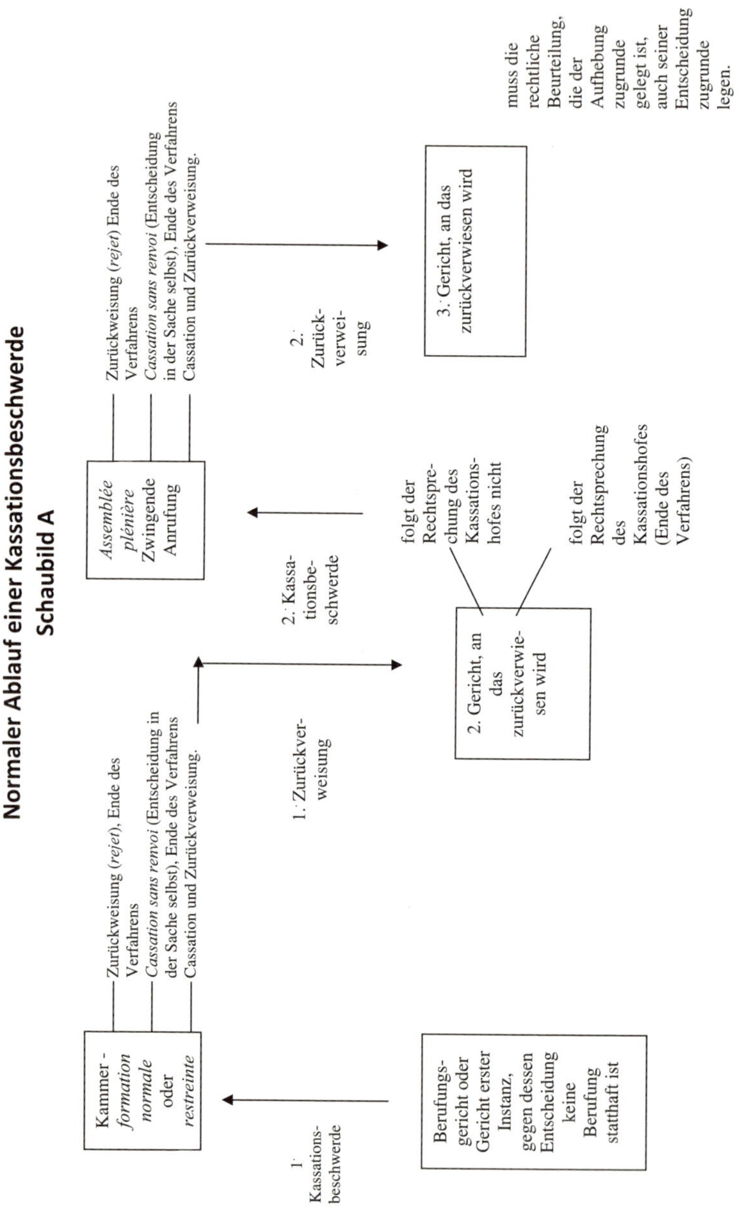

Quelle: *Guinchard/Montagnier/Varinard/Debard*, Institutions juridictionnelles, 10. Aufl., Paris 2009, S. 699 f.

Komplexer Ablauf einer Kassationsbeschwerde

Schaubild B

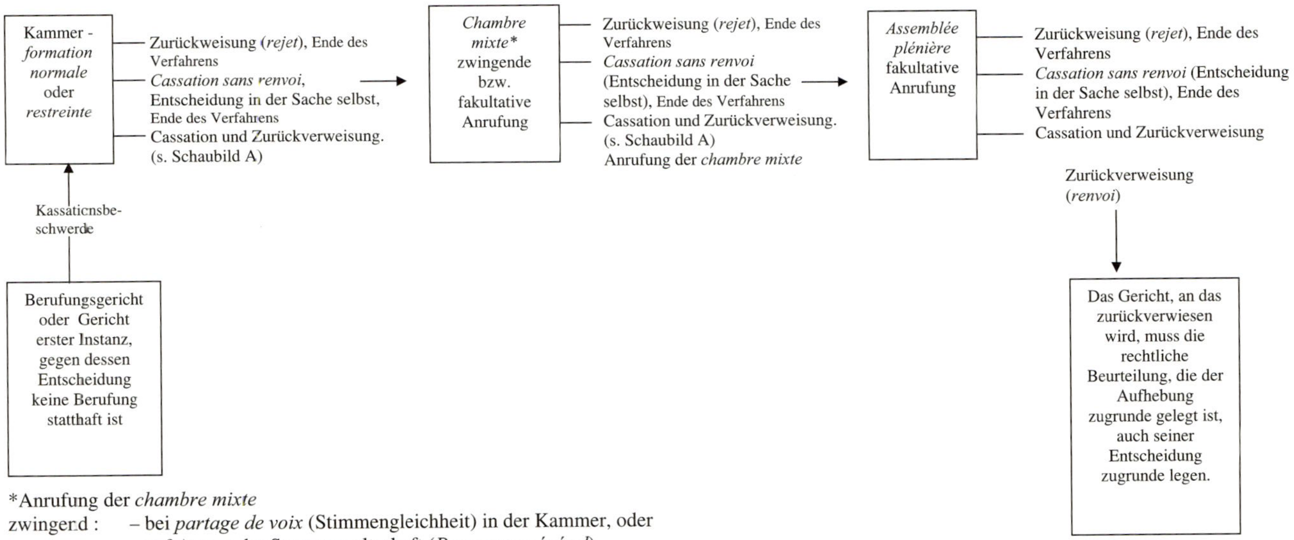

*Anrufung der *chambre mixte*

zwingend : – bei *partage de voix* (Stimmengleichheit) in der Kammer, oder
– auf Antrag der Staatsanwaltschaft (*Procureur général*)

fakultativ : – Divergenz zwischen Kammern des Kassationshofes oder
– Divergenz zwischen dem Kassationshof und Untergerichten

Klassifizierung der Rechtsmittel

Ordentliche Rechtsmittel (*voies de recours ordinaires*)	**Außerordentliche Rechtsmittel** (*voies de recours extraordinaires*)
Appel (Berufung): Rechtsmittel gegen ein kontradiktorisch ergangenes oder als kontradiktorisch fingiertes Urteil *Opposition* (Einspruch): Rechtsmittel gegen ein Versäumnisurteil	*Pourvoi en cassation* (Kassationsbeschwerde): Rechtsmittel gegen letztinstanzliche Urteile, das auf die ganze bzw. teilweise Aufhebung des Urteils wegen Gesetzesverletzung abzielt *Recours en révision* (Wiederaufnahmeklage): Rechtsmittel gegen ein rechtskräftiges Urteil, meistens wegen Prozessbetrugs. *Tierce opposition* (Drittwiderspruch): Von einem Dritten eingelegtes Rechtsmittel gegen ein ihn beschwerendes Urteil
Gegenstand: – *Voie de rétractation* (Widerruf des Urteils) = *opposition*-Einspruch (Art. 571 CPrC) – *Voie de réformation ou d'annulation* (Abänderung bzw. Aufhebung) = *appel*-Berufung (Art. 542 CPrC) Beide Rechtsmittel haben Devolutiveffekt	*Gegenstand:* – *Dévolution* = 1. *tierce opposition*, Drittwiderspruch: *rétractation ou réformation* (Widerruf oder Abänderung) (Art. 582, CPrC) 2. *recours en révision*, Wiederaufnahmeklage: *rétractation*, Widerruf (Art. 593, CPrC) – *Annulation* (Aufhebung) = *pourvoi en cassation*, Kassationsbeschwerde
Wirkungen: Suspensiveffekt (Ausnahme: vorläufige Vollstreckbarkeit, *exécution provisoire*)	Wirkungen: kein Suspensiveffekt (jedoch einige seltene Ausnahmen, z. B. bei Statusklagen)

208. Die Zwangsvollstreckung

Die Zwangsvollstreckung, die bis zur Reform von 1991 im Wesentlichen im ACPrC (*Ancien Code de procédure civile)* geregelt war, sollte nach dem Plan des Gesetzgebers im fünften Buch des reformierten CPrC Platz finden. Dazu ist es jedoch nicht gekommen und wird es wohl auch nicht mehr kommen. Im CPrC findet man daher im ersten Buch nur in Art. 500 ff. allgemeine Vorschriften über die Vollstreckung von Urteilen. Im Übrigen blieb es zunächst beim ACPrC. Seit Beginn der 70er Jahre haben sich jedoch erhebliche Neuerungen ergeben. Durch das Gesetz Nr. 91-960 vom 9. Juli 1991 und die Verordnung Nr. 92-755 vom 31. Juli 1992 wurden weitere allgemeine Vorschriften normiert und die Vollstreckung in bewegliches Vermögen reformiert. Art. 673 ff. ACPrC befassten sich dann nur noch mit der Vollstreckung in Immobilien. 2006 wurden sie durch die Reform des Immobiliarzwangsvollstreckungsrechts 2006 aufgehoben, *Ordonnance* Nr. 2006-641 vom 21. April 2006 und Verordnung Nr. 2006-936 vom 27. Juli 2006,[161] die am 1. Januar 2007 in Kraft getreten sind. Diese *Ordonnance*, die Titel XIX des Code civil über die *saisie et de la distribution du prix de vente de* l'immeuble, Art. 2190 bis 2216 CC, neu gefasst hat, ihre Ausführungsverordnungen und die Reform von 1991/92 bilden den Kern des Vollstreckungsrechts. Bis Ende 2011 sollen alle allgemeinen und Sonderbestimmungen des Zwangsvollstreckungsrechts in einem *Code de l'exécution* zusammengestellt werden.

Neben den oben erwähnten Gesetzen und Verordnungen bestehen *Sondergesetze* bzw. -bestimmungen, die insbesondere einige besonders sensible Bereiche wie z.B. die Eintreibung von *Unterhaltsforderungen* regeln. Nachdem zunächst das Gesetz Nr. 73-5 vom 3. Januar 1973 die unmittelbare Überweisung, *paiement direct des pensions alimentaires*, der Forderungen des Schuldners gegen einen Drittschuldner an den Unterhaltsgläubiger geschaffen hat, wurde durch das Gesetz Nr. 75-618 vom 11. Juli 1975 die öffentliche Beitreibung rechtskräftig festgestellter Unterhaltsansprüche durch Einschaltung des Fiskus ermöglicht, *procédure de recouvrement public des pensions alimentaires*. Besondere Regelungen über die Pfändung von *Arbeitseinkommen* enthalten Art. L 3252-1 ff., R 3252-1 ff. CTrav, die sowohl Pfändung als auch mögliche Abtretung eines Teils des Arbeitseinkommens des Schuldners vorsehen.

Als *Privatkonkurs* ist verschiedentlich das Verfahren zur Regelung der Verpflichtungen überschuldeter Privatpersonen nach der mehrfach überarbeiteten[162] *loi Neiertz* Nr. 89-1010 vom 31. Dezember 1989 *relative à la prévention et au règlement des difficultés liées au surendettement des particuliers et des familles* bezeichnet worden, deren abgeänderte Bestimmungen nun im CConsom enthalten sind, Art. L 330-1 ff. Tatsächlich handelt es sich um ein Verfahren, in dem unter Aussetzung der normalen Vollstreckung dem gutwilligen und an sich zahlungsbereiten, jedoch in Schwierigkeit geratenen Schuldner die Chance eingeräumt wird, aufgrund einer Vergleichsempfehlung der *commission de surendettement des particuliers*[163] bei der Banque de France mit Zustimmung der Gläubiger entsprechend einem *plan conventionnel de redressement* seine Schulden zu bereinigen. Wenn die *commission* den Antrag des Schuldners für zulässig erklärt, führt diese Entscheidung zur Hemmung und zum Verbot der gegen den Schuldner eingeleiteten Zwangsvollstreckungsmaßnahmen. Das gilt jedoch nicht, wenn es sich um eine Unterhaltsschuld handelt, Art. L 331-3-1 CConsom. Scheitert der Vergleich, so kann die *commission de*

161 Ergänzt durch Verordnung Nr. 2006-1808 vom 23.12.2006 und Verordnung. 2009-160 vom 12.2.2009.

162 Zuletzt geändert durch Gesetz Nr. 2010-737 vom 1.7.2010 „*portant réforme du crédit à la consommation*".

163 Zur Zusammensetzung dieser Kommission, s. Art. L 331-1 CConsom.

surendettement nach Gewähr rechtlichen Gehörs verschiedene Maßnahmen anordnen, Art. L 331-7 CConsom, und andere schwerwiegendere vorschlagen, Art. L 331-7-1. Wenn die Vorschläge der Kommission nicht beanstandet worden sind,[164] verleiht ihnen der Vollstreckungsrichter vollstreckbaren Charakter, Art. L 332-1 CConsom. Dieses Verfahren setzt voraus, dass das Einkommen bzw. das Vermögen des Schuldners solche *mesures de traitement* gestatten, Art. L 330-6 CConsom. Eine Vollstreckung kann sich erübrigen, wenn der Schuldner infolge der ihm eingeräumten Erleichterungen[165] seinen Verpflichtungen nachkommt. Nicht selten schließt sich freilich ein Vollstreckungsverfahren an.

Wenn sich der Schuldner dagegen in einer unheilbaren Situation, *situation irrémédiablement compromise*, befindet und daher solche Maßnahmen keine Anwendung finden können, kann die *commission* nach Art. L 330-1 Abs. 3 CConsom entweder einen *rétablissement personnel sans liquidation judiciaire* empfehlen, wenn der Schuldner nur den zum Leben notwendigen Hausrat oder für die Ausübung seiner beruflichen Tätigkeit unerlässliche Sachen besitzt, oder mit dem Einverständnis des Schuldners beim Vollstreckungsrichter einen *rétablissement personnel avec liquidation judiciaire*, also eine Restschuldbefreiung mit Liquidierung beantragen, wenn die Voraussetzungen für eine Schuldenbereinigung ohne gerichtliche Liquidierung nicht gegeben sind. Durch den *rétablissement personnel* werden alle nicht beruflichen Schulden des Schuldners gelöscht.

Voraussetzung der Zwangsvollstreckung ist ein mindestens vorläufig vollstreckbarer Titel, insbesondere ein Urteil, für vollstreckbar erklärte französische und ausländische Schiedssprüche und ausländische Gerichtsentscheidungen, gegen die kein mit Suspensiveffekt verbundenes Rechtsmittel zulässig ist, ein gerichtlich durch *procès-verbal de conciliation signé par le juge et les parties* beurkundeter und auch ein privatschriftlich nach Art. 1441-4 CPrC für vollstreckbar erklärter Vergleich, *transaction ayant force exécutoire*, eine notarielle Urkunde, *acte notarié revêtu de la formule exécutoire*, über einen bestimmten und fälligen Anspruch, *créance liquide et exigible*, der vom Gerichtsvollzieher erstellte Titel bei Nichtbezahlung eines Schecks sowie die von den juristischen Personen öffentlichen Rechts erstellten Vollstreckungstitel. Art. 3 des Gesetz Nr. 91-960 vom 9. Juli 1991 beinhaltet eine abschließende Liste der Vollstreckungstitel, *titres exécutoires*. Soweit eine Zustellung erforderlich ist, muss der Titel zugestellt sein. Außerdem muss der Titel eine Vollstreckungsklausel enthalten, *formule exécutoire*. Es gilt folglich grundsätzlich wie in Deutschland: Titel, Klausel, Zustellung.

164 Art. L 332-2 CConsom.

165 Zu erinnern ist ferner an die Einrichtung von Stundung und Ratenzahlung nach Art. 1244-1 CC, *délai de grâce*, oben Nr. 90, die eine bereits begonnene Vollstreckung suspendiert.

Möglicher *Gegenstand der Vollstreckung* ist grundsätzlich das gesamte Schuldnervermögen, Art. 2284, 2285 CC, das „*le gage commun de ses créanciers*" ist.[166] Außer den Pfändungsgrenzen für Arbeitseinkommen nach dem schon erwähnten CTrav ergeben sich aber verschiedentlich Pfändungsschranken aus Spezialgesetzen und vor allem aus Art. 14 des Gesetzes Nr. 91-650 vom 9. Juli 1991, Art. 39 ff. der Verordnung Nr. 92-755 vom 31. Juli 1992. Darüber hinaus wurde in den letzten Jahren der Schutz des Einzelunternehmers, *entrepreneur individuel*, erheblich erweitert: Hierzu ist auf das vierte Kapitel zu verweisen[167] und lediglich noch festzuhalten, dass mit der Schaffung der EIRL als besonderes Zweckvermögen der Zugriff auf das Vermögen des Einzelunternehmens wesentlich eingeschränkt worden ist.

Vollstreckungshandlungen i. e. S. kann je nach den Umständen mit oder ohne Genehmigung des Vollstreckungsrichters eine *mesure conservatoire* nach Art. 67 ff. des Gesetzes Nr. 91-960 vorausgehen, die der Erhaltung des Schuldnervermögens als mögliches Zugriffsobjekt des Gläubigers dient. Voraussetzung ist, dass der Gläubiger eine Forderung glaubhaft macht und die Beitreibung gefährdet ist. Die *mesure conservatoire* ist also auch ohne Vollstreckungstitel möglich, verfällt aber, wenn dieser nicht herbeigeführt wird,[168] Art. 70. Als Sicherungsmaßnahmen kommen in Betracht: Sicherungspfändung beweglicher Güter und Forderungen, *saisie conservatoire*, Anordnung einer *sûreté judiciaire*, z. B. einer Sicherungshypothek an einem Grundstück und die Sicherung von Herausgabeansprüchen, *saisie-revendication*.

Wer in Frankreich einen Titel vollstrecken will, muss einige Aspekte beachten, die gewisse Überraschungen bergen. Schwierigkeiten kann es bereiten, den Schuldner aufzufinden, denn es gibt kein Einwohnermeldeamt. Es gibt ferner keine Möglichkeit, den Schuldner zur eidesstattlichen Versicherung seiner Vermögensverhältnisse zu zwingen. Art. 38 ff. des Gesetzes Nr. 91-650 sehen aber Informationshilfen vor, die seit 1991 erheblich verbessert worden sind. Urprünglich konnte der Gerichtsvollzieher, der einen Vollstreckungstitel hatte, den Schuldner bzw. dessen Arbeitgeber oder dessen Bankkonten aber nicht ausfindig machen konnte, die Staatsanwaltschaft einschalten, die Zugang zu den öffentlichen Registern und zu den in den Händen von juristischen Personen öffentlichen Rechts sich befindenden Informationen hat. Seit dem Gesetz Nr. 2004-130 vom 11. Februar 2004 hat nun der Gerichtsvollzieher, der einen Vollstreckungstitel vollstrecken will, die Möglichkeit, direkt bei der Finanzverwaltung Informationen über die Bankkonten des Schuldners zu erlangen. Die Verwaltung darf sich nicht auf das Amtsgeheimnis berufen. Darüber hi-

166 Vgl. schon oben Nr. 114.

167 Oben Nr. 151.

168 So wird gesetzlich verlangt, dass der Gläubiger die vom Vollstreckungsrichter angeordnete Sicherungsmaßnahme innerhalb von drei Monaten ab Erlass der gerichtlichen Anordnung ausführt und dass er innerhalb eines Monats nach dieser Ausführung das zuständige Gericht anruft, um einen Vollstreckungstitel zu erlangen.

naus kann der Gerichtsvollzieher seit dem Gesetz Nr. 2010-1609 vom 22. Dezember 2010 auch von den Staats-, Regions-, Departement- oder Gemeindeverwaltungsbehörden sowie von anderen Staatseinrichtungen Informationen ausschließlich über die Adresse des Schuldners, den Namen und die Adresse seines Arbeitgebers und sogar die Zusammenstellung seines Immobilienvermögens beantragen, wenn sie für die Ausführung eines Vollstreckungstitels notwendig sind, Art. 39 des Gesetzes Nr. 91-650. Somit entfällt die Einschaltung der Staatsanwaltschaft, die sich nicht sonderlich bewährt hatte.

Der *Unverletzlichkeit der Wohnung*[169] wird relativ hoher Stellenwert eingeräumt, Art. 20f., 51 Gesetz Nr. 91-650, so dass der Fall eintreten kann, dass der Gläubiger sich auf Pfändungen außerhalb der Wohnung beschränken muss, insbesondere wenn die Forderung 535 Euro nicht überschreitet. Es kann notwendig werden, dass die Polizei eingeschaltet werden muss, z.B. um Widerstand des Schuldners zu brechen, *concours de la force publique*, insbesondere bei Zwangsräumung, *expulsion*, Art. 16f. Gesetz Nr. 91-650,[170] Art. 50 Dekret Nr. 92-755. Verweigert der zuständige Präfekt die beantragte Maßnahme,[171] so kann die Vollstreckung scheitern und nur noch Schadensersatz in Betracht kommen. Der Staat ist zum Schadensersatz verpflichtet, sowohl wenn der Präfekt ohne triftigen Grund die Hilfe der Polizei verweigert – dann handelt es sich um eine Haftung für *faute* –, als auch bei Vorliegen schwerwiegender Gründe, z.B. Gefahr eines Aufstandes, wenn das Gerichtsurteil jahrelang nicht vollstreckt werden konnte. Im letzteren Fall handelt es sich um Haftung ohne Verschulden wegen *rupture d'égalité devant les charges publiques*.[172]

Regelmäßiges Vollstreckungsorgan auch für Sicherungsmaßnahmen, *mesures conservatoires*, ist der *huissier de justice*,[173] der zwar ein hoheitliches Amt wahrnimmt, aber im Auftrag des Gläubigers als dessen *mandataire* nach Art. 1991 ff. CC[174] und infolgedessen diesem nach Vertragsrecht haftet. Neben dem *huissier* spielt die Staatsanwaltschaft eine wichtige Rolle, denn nach Art. 11 des Gesetzes Nr. 91-650 wacht sie über die Vollstreckung. In bestimmten gesetzlich bestimmten Fällen muss sie sogar die Vollstreckung von Amts wegen betreiben, Art. 12 des Gesetzes Nr. 91-650. Soweit im Rahmen einer Vollstreckung richterliche Entscheidungen erforderlich werden, ist der beim TGI oder TI angesiedelte *juge de l'exécution* zuständig. Es handelt sich, von wenigen Ausnahmen abgesehen, z.B. bei der Lohnpfändung beim Arbeitgeber, um eine umfassende und ausschließliche Zuständigkeit für alle Fragen,

169 Zur privaten Wohnung als Faktor der *vie privée* oben Nr. 96; zum verfassungsrechtlichen Schutz oben Nr. 37.

170 *L'État est tenu de prêter son concours à l'exécution des jugements et des autres titres exécutoires. Le refus de l'État de prêter son concours ouvre droit à réparation.*

171 Vgl. auch oben Nr. 80 zum verwaltungsrechtlichen Eilrechtsschutz in einem solchen Fall.

172 Siehe auch oben Nr. 85.

173 Oben Nr. 200.

174 Oben Nr. 102.

die sich bezüglich des Titels ergeben, sowie für alle Streitigkeiten, die anlässlich der Vollstreckung entstehen, also im deutschen Sinn Vollstreckungserinnerung, Vollstreckungsabwehr, Drittwiderspruch,[175] die in Deutschland teilweise in die Zuständigkeit des Prozessgerichts fallen, Art. L 213-6 COrgJud. Der *juge de l'exécution* ist sowohl für Fragen der Mobiliar- als auch der Immobiliarvollstreckung zuständig. Er entscheidet nach Art. 34 der Verordnung Nr. 92-755 auf Antrag des Gerichtsvollziehers auch über Schwierigkeiten der Vollstreckung. Er kann Beugestrafen, *astreintes*, verhängen, soweit das nicht bereits das Prozessgericht getan hat, Art. 33 des Gesetzes Nr. 91-650. Die umfassende Zuständigkeit ist nur in den ausdrücklich angeordneten Fällen durchbrochen, z.B. Art. L 3252-5, R 3252-7 CTrav für die Vollstreckung in Arbeitseinkommen.

Der Vollstreckungsrichter entscheidet in einem vereinfachten, im Kern mündlichen Verfahren, ohne Anwaltszwang. Die Entscheidung unterliegt dem *appel*, der aber grundsätzlich keine aufschiebende Wirkung hat, Art. 30 der Verordnung Nr. 92-755; jedoch kann der Betroffene die Einstellung der Vollstreckung, *sursis à exécution*, beantragen. Missbräuchliche Beantragung einer Einstellung der Vollstreckung zwecks Vollstreckungsverzögerung kann mit einem Bußgeld bis zu 1 500 Euro geahndet werden, Art. 31, letzter Absatz der Verordnung Nr. 92-755. Neben dem normalen Verfahren ist ein vorläufiges Verfahren zur Regelung einstweiliger Maßnahmen durch *ordonnance sur requête*[176] möglich.

Nach der Reform von 1991[177] gibt es sieben Hauptformen der Mobiliar-Vollstreckung. Die *saisie-attribution*, *Pfändung einer Geldforderung*[178] des Vollstreckungsschuldners gegen einen Dritten, die zwischen der in Deutschland bekannten Überweisung an Zahlungs Statt und der Einziehung steht, im Ergebnis allerdings stets Forderungsübergang bewirkt. Diese Pfändung ist heute die wohl praktisch bedeutendste, zusammen mit der Einkommenspfändung, der *saisie des rémunérations du travail*, direkt beim Arbeitgeber. Allerdings wurden im Laufe der Jahre verschiedene Schutzmechanismen zugunsten des Schuldners entwickelt, der z.B. bei *saisie-attribution* automatisch über einen pfändungsfreien Betrag, sog. *RSA bancaire*,[179] verfügt, der zurzeit ca. 466 Euro beträgt.[180]

---

175 Einen Eigentumsvorbehalt macht der Verkäufer gegenüber einer *saisie-vente* beim Käufer durch action en distraction nach Art. 128 des Gesetzes Nr. 91-650 geltend. Näher *Menne*, Die Sicherung des Warenlieferanten durch den Eigentumsvorbehalt im französischen Recht, Heidelberg 1998, S. 113 ff.

176 Oben Nr. 155.

177 Mit Rücksicht auf die umfassende Arbeit von *Traicher* (Schrifttum vor Nr. 197) wird auf eine Darstellung der Grundzüge verzichtet.

178 Für Unterhaltsforderungen bestehen allerdings Sondergesetze: Gesetz Nr. 73-5 vom 2.1.1973 (*procédure de paiement direct*) und Gesetz Nr. 75-618 vom 11.7.1975 (*recouvrement public des pensions alimentaires*), die dem Unterhaltsgläubiger einen besonderen Schutz bieten.

179 S. *Hoonakker*, Procédures civiles d'exécution, Orléans 2010, Nr. 341 f.

180 Art. 46 der Verordnung Nr. 92-755.

Bei der *saisie-attribution* gilt der Prioritätsgrundsatz, so dass der zuerst pfändende Gläubiger vor den anderen bezahlt wird, auch wenn nach der ersten Pfändung eine Sonderpfändungsschrift des Fiskus, *avis à tiers détenteur*, zugestellt worden ist.

Die *saisie-vente beweglicher Sachen*, die allerdings für Forderungen bis 535 Euro nach Art. 51 des Gesetzes Nr. 91-650, Art. 82 der Verordnung Nr. 92-755 nur subsidiär erfolgt, wenn Sachen in der Wohnung des Schuldners gepfändet werden sollen. Sie setzt außerdem den Ablauf einer Zahlungsfrist voraus, die mit förmlicher Zahlungsaufforderung beginnt, dem *commandement de payer*. Die Sachen können sich bei einem Dritten befinden. Die Verwertung kann durch freihändigen Verkauf, *vente amiable,*[181] oder durch amtliche Versteigerung erfolgen.

Die *saisie par immobilisation du véhicule* erfolgt durch Anbringung von Bremszangen oder Reifenkrallen an einem *Fahrzeug*, die dieses unbeweglich machen, Art. 170 ff. der Verordnung Nr. 92-755. Diese Art Vollstreckungsmaßnahme ist neben der *saisie-vente* möglich.

Die *saisie des droits d'associé et valeurs mobilières*, also von Gesellschafterrechten und *Wertpapieren* erfolgt nach Art. 178 ff. der Verordnung Nr. 92-755. Während die Pfändung von Aktien, die zum Börsenhandel zugelassen sind, keine Schwierigkeit bereitet, hat sich dagegen die Pfändung von *parts sociales*, d.h. Gesellschafterrechten, insbesondere bei reinen Personengesellschaften und bei der *SARL*[182] nicht bewährt, zunächst weil die Gesellschaftssatzung oft die Genehmigung des Ersteigerers duch die Gesellschafterversammlung verlangt, aber auch weil Personengesellschaften oft familiären Charakter haben und die Versteigerung der Anteile keinen Dritten interessiert.

Eine Pfändung mit der Folge der *Ersetzung von Handlungen*, z.B. einer Willenserklärung entsprechend § 894 ZPO, gibt es nicht. Hier kann durch Verhängung einer Geldbuße nur eine Beugestrafe, *astreinte*, verhängt werden. Die *saisie-appréhension* dient zur *Durchsetzung von Ansprüchen auf Lieferung und Herausgabe*, Art. 56 ff. des Gesetzes Nr. 91-650. Die im Mietrecht bedeutsame *expulsion zur Durchsetzung eines Räumungsanspruchs*, Art. 61 ff., unterliegt sozialpolitisch motivierten Einschränkungen und scheitert bisweilen an der Verweigerung des oben erwähnten *concours de la force publique*.

181 Art. 107 der Verordnung Nr. 92-755. Der Schuldner hat einen Monat, um einen Erwerber zu finden. Wenn ihm ein Kaufangebot gemacht wird, leitet er es an den Gerichtsvollzieher, der die pfändenden Gläubiger davon in Kenntnis setzt. Die Gläubiger müssen innerhalb von 15 Tagen Stellung nehmen; wenn sie keine Stellungnahme abgeben, gilt das Kaufangebot als von ihnen gebilligt, Art. 108 der Verordnung Nr. 92-755.

182 Oben Nr. 156.

Die *Reform der Vollstreckung in Immobilien* und in diesen zugerechnete bewegliche Sachen ist 2006 durch *ordonnance* Nr. 2006-641 vom 21. April 2006[183] und Verordnung Nr. 2006-936 vom 27. Juli 2006 verwirklicht worden. Der Vollstreckungsrichter ist ebenfalls zuständig. Es handelt sich hier mehr um eine Verbesserung der bisher geltenden Regeln als um eine Revolution. Das gerichtliche Verfahren findet vor dem TGI statt; es besteht Anwaltszwang. Das bedeutsamste Novum ist die neue Zuständigkeit des Vollstreckungsrichters als Einzelrichter. Darüber hinaus sieht die Reform kürzere Fristen vor. Wie vorher kann sich die Vollstreckung gegen den Eigentümer richten, gleichgültig, ob er Schuldner ist oder das Grundstück für fremde Schuld haftet z. B. wegen einer Hypothek, desgleichen gegen Dritte, die Besitz an dem Grundstück haben. Zunächst wird eine förmliche Zahlungsaufforderung, *commandement de payer*, dem Schuldner bzw. dem Dritten, der das Grundstück in seinem Besitz hat, zugestellt und nach Zustellung im Immobiliarregister publiziert.[184] Gegenüber dem *saisi*, dem Pfändungsschuldner, entwickelt die Immobiliarpfändung ihre Wirkungen ab Zustellung der Zahlungsaufforderung und nicht mehr, wie vorher, ab deren Publikation. Die Verfügungsbefugnis des Eigentümers über sein Grundstück endet, seine Nutzungs- und Verwaltungsrechte werden im Sinne der Werterhaltung empfindlich eingeschränkt. Gegenüber Dritten entfaltet dagegen die Pfändung ihre Wirkung erst ab Publikation im Immobilienregister.

Es werden dann verschiedene vorbereitende Maßnahmen getroffen: Erstellung eines das Grundstück beschreibendes Protokolls, *procès-verbal de description de l'immeuble;* Anberaumung eines Orientierungstermins, *audience d'orientation*, zu dem der Schuldner sowie die eingetragenen Gläubiger geladen werden und in dem entschieden wird, ob es sich um einen freihändigen Verkauf, *vente amiable*, oder um eine Versteigerung handeln wird.[185] Gegen das *jugement d'orientation*, einer Entscheidung des Vollstreckungsrichters, kann innerhalb von 15 Tagen ab Zustellung Berufung eingelegt werden. Der ehemalige *cahier des charges* wird durch einen vom Anwalt des klagenden pfändenden Gläubigers erstellten *cahier des conditions de vente*, ein die Verkaufsbedingungen, insbesondere das Mindesgebot – *mise à prix* - enthaltendes Dokument, ersetzt, das den Verkauf des Grundstücks vorbereitet, in der Geschäftsstelle des Gerichts hinterlegt und den Betroffenen, z. B. Eigentümer, Hypothekar usw. zugestellt wird. Verschiedene Gläubiger[186] müssen dann ihre Forderungen anmelden, *déclaration de créances.* Wenn kein freihändiger Verkauf vom Schuldner

183 Art. 2190 ff. CC.

184 Oben Nr. 112.

185 In der *audicence d'orientation* muss der Vollstreckungsrichter überprüfen, ob die Voraussetzungen der Art. 2191 und 2193 CC, insbesondere Vorhandensein eines Vollstreckungstitels, Pfändbarkeit der Immobilien, vorliegen und auf Antrag des Schuldners einer *vente amiable* zustimmen, wenn die gesetzlichen Anforderungen erfüllt sind. Wenn der freihandige Verkauf gerichtlich zugelassen wird, muss ein Mindestpreis in der Entscheidung festgelegt werden.

186 S. *Hoonakker*, Procédures civiles d'exécution, Orléans 2010, Nr. 619 f.

beantragt bzw. gerichtlich gestattet oder nicht innerhalb der gerichtlich festgesetzten Fristen und Bedingungen vorgenommen wurde, findet der Verkauf durch Zuschlag in öffentlicher Versteigerung statt, *vente aux enchères publiques*, nach Art. 2204 CC. Das Zuschlagserteilungsurteil, *jugement d'adjudication*, stellt fest, wer Ersteigerer und damit neuer Eigentümer ist.[187] Der Erwerber, *adjudicataire*, erhält dadurch lastenfreies Eigentum, die Belastungen werden durch den Kaufpreis abgelöst.

Die *Verteilung des Erlöses* aus der Zwangsvollstreckung erfolgt in der letzten Phase des Immobiliarvollstreckungsverfahrens, *procédure de distribution du prix*, Art. 2214 bis 2216 CC. Diese Phase ist zunächst außergerichtlich, *amiable*; nur bei Unstimmigkeit zwischen den Gläubigern wird sie gerichtlich weitergeführt. Der Anwalt der klagenden Pfändungsgläubiger erstellt ein *projet de distribution*, der ausdrücklich bzw. stillschweigend von den anderen Gläubigern angenommen werden kann. Der Verteilungsentwurf wird dann vom Vollstreckungsrichter homologiert, was ihm vollstreckbaren Charakter verleiht. Bei Unstimmigkeit zwischen den Gläubigern wird der Vollstreckungsrichter angerufen, der ein *jugement de distribution* erlässt, gegen das Berufung mit aufschiebender Wirkung eingelegt werden kann.

Bei der Verwertung beweglicher Sachen durch *saisie-vente* findet eine *distribution des deniers* statt: Der Erlös wird unter den Vollstreckungsgläubigern im Verhältnis ihrer Forderungen anteilmäßig, *au marc le franc*, verteilt.[188] Soweit der Erlös nicht zur Auszahlung aller Gläubiger ausreicht, werden zunächst die privilegierten Ansprüche[189] in vollem Umfang, anschließend die übrigen Forderungen aus dem Rest zu gleicher Quote befriedigt. Voraussetzung ist lediglich, dass sich die Gläubiger rechtzeitig mittels *opposition* der Zwangsvollstreckung angeschlossen haben. Bei der *saisie-attribution* dagegen gilt das *privilège du premier saisissant*, also des Vorrangs des ersten Pfändungsgläubigers, Art. 43 des Gesetzes Nr. 91-650. Bei der Verteilung beschlagnahmten Arbeiteinkommens hat der Unterhaltsgläubiger Vorrang, dann folgt der Fiskus; die anderen Vollstreckungsgläubiger sind gleichrangig. Eine Vorrangstellung einzelner Vollstreckungsgläubiger durch ein Pfändungspfandrecht wie nach § 804 ZPO ist dem französischen Recht unbekannt.

209. Die freiwillige Gerichtsbarkeit, *procédure gracieuse*

Im französischen Verfahrensrecht sind streitige und freiwillige Gerichtsbarkeit nicht klar zu trennen. Das heisst nicht, dass die freiwillige Gerichtsbarkeit un-

---

187 Allerdings kann jeder Interessent innerhalb von 10 Tagen eine Übergebotserklärung, *déclaration de surenchère*, abgeben und einen um mindestens 10 % höheren Kaufpreis anbieten. Es findet dann eine neue Versteigerung statt, s. Art. 94 ff. der Verordnung Nr. 2006-936.

188 Art. 283 ff. der Verordnung Nr. 92-755.

189 Vgl. etwa oben Nr. 137.

bekannt wäre. Den Begriff *juridiction gracieuse* verwendet seit der Reform des CPrC auch der Gesetzgeber, Art. 25 ff. CPrC. Allerdings ist man sich bewusst, dass unter dieser Bezeichnung unterschiedliche Tätigkeiten der Gerichte zusammengefasst werden, die kaum einheitlichen Regeln folgen. Beispiele sind etwa die Erklärung der Emanzipation eines Minderjährigen, nach Art. 413-2 CC, richterliche Bestätigung eines Wechsels des Güterstandes in bestimmten Fällen, *homologation d'un changement de régime matrimonial*, Art. 1397, Abs. 4 und 5 CC, Vormundschaftsaufsicht, Art. 416 CC, Anordnung einer gerichtlichen Schutzmaßnahme, *mesure judiciaire de protection*, wie Vormundschaft oder Pflegschaft, Art. 428 ff. CC, Ehescheidung auf gemeinsamen Antrag, *divorce par consentement mutuel*, Art. 1088 CPrC, Besitzeinweisung des testamentarisch eingesetzten Universallegatars, Art. 1008 CC, Adoptionsentscheidung, Art. 353 CC und 1167 CPrC, wo es ausdrücklich heißt: „*l'action aux fins d'adoption relève de la matière gracieuse*", oder noch der Erlass der im Rahmen des einstweiligen Rechtsschutzes schon erwähnten *ordonnances sur requête*. Schon aus diesen Beispielen wird erkennbar, dass die französische *juridiction gracieuse* und die deutsche freiwillige Gerichtsbarkeit nicht ohne Weiteres gleichzusetzen sind. Dies wird noch deutlicher, wenn man berücksichtigt, dass nicht wenige Bereiche, die in Deutschland freiwillige Gerichtsbarkeit sind, in Frankreich nicht zur *juridiction gracieuse* gehören, z.B. das deutsche Grundbuchverfahren einerseits, die französische Immobiliarpublizität andererseits. Umgekehrt rechnet in Frankreich manches zum streitigen Statusverfahren, was in Deutschen im Verfahren der freiwilligen Gerichtsbarkeit zu entscheiden ist. Hinzukommt, dass verschiedentlich Notare Aufgaben wahrnehmen, die in Deutschland Angelegenheiten der freiwilligen Gerichtsbarkeit sind, z.B. häufig Nachlassangelegenheiten. Da es keine systematische Erfassung der *juridiction gracieuse* gibt, fehlt auch ein dem deutschen FamFG entsprechendes Gesetz und gelten teilweise die Vorschriften der streitigen Gerichtsbarkeit z.B. ausdrücklich Art. 587, Abs. 3 CPrC betreffend das Drittwiderspruchsverfahren gegen ein *jugement rendu en matière gracieuse*. Immerhin nimmt aber die *juridiction gracieuse* im CPrC breiten Raum ein, auch wenn es sich größtenteils um verstreute Einzelbestimmungen handelt.

Allen Fällen ist gemeinsam, dass es keinen Streit über ein Recht gibt, aber trotzdem durch gesetzliche Vorschrift die Mitwirkung eines Richters zur Gestaltung einer Rechtslage vorgeschrieben ist. Die *matière gracieuse* wird in Art. 25 CPrC durch zwei Kriterien gekennzeichnet: Fehlen eines Streitgegners, *absence de litige*, und gesetzliches Gebot, dass der Antrag aufgrund der Natur der Sache bzw. der *qualité* des Antragstellers der richterlichen Kontrolle unterworfen wird. Es geht also nicht um die Entscheidung über einen Streit zwischen zwei Parteien, sondern um einen freiwilligen, einseitigen oder gemeinsamen Antrag, *requête*, und nicht Klage, *action en justice*. Die *procédure* gracieuse unterliegt zum Teil Sonderregeln und nicht alle Verfahrensgrundsätze des streitigen Verfahrens[190] sind auf sie anwendbar. So findet das freiwillige Verfahren, das mit einem in der Geschäftsstelle des Gerichts abgegebenen Antrag, *requête*, Art. 60 CPrC,[191] und nicht mit einer Klageschrift, *assignation*, beginnt, regelmäßig in nichtöffentlicher Verhandlung[192] statt, *en chambre du* conseil, Art. 434, 436 CPrC. Der Staatsanwalt nimmt grundsätzlich an den Verhandlungen teil, Art. 800 CPrC. Der Richter hat meistens umfassende Befugnisse zur Aufklärung des Sachverhalts, ist nicht an den Tatsachenvortrag der Partei bzw. der Parteien gebunden Art. 26, 27 CPrC und kann Dritte von Amts wegen beiladen Art. 332, Abs. 2 CPrC. Man kann daher von *Amtsermittlungsgrundsatz* sprechen. Das *principe contradictoire* gilt nur eingeschränkt, da der Richter ohne vorherige Verhandlung, *débats*, zu entscheiden befugt ist, Art. 28 CPrC Der Schutz betroffener Dritter ist durch Informationsrechte, Art. 29 CPrC, eine mögliche Zustellung des Urteils an sie, Art. 454 CPrC, und eigene Rechtsmittelbefugnis gewährleistet, Art. 546, Abs. 2 für die Berufung, Art. 583, Abs. 3 CPrC für den Drittwiderspruch.

Die Entscheidungen der *juridiction gracieuse* werden als Urteile, *jugements*, bezeichnet, sind aber nicht streitentscheidend und besitzen deshalb keine materielle Rechtskraft. Daher kann laut Rechtsprechung[193] der erstbefasste Richter, z.B. wenn neue Umstände, *circonstances nouvelles*, auftauchen, die Angelegenheit erneut aufgreifen und seine Entscheidung modifizieren oder zurückziehen. Das Fehlen materieller Rechtskraft hat lange Zeit am Charakter der Entscheidungen der *juridiction gracieuse* als richterliche Urteile, *actes juridictionnels*, zweifeln lassen. Man hielt sie zum Teil eher für Akte ähnlich den *actes administratifs*, so dass sie wie diese durch eine *action en nullité* zu beseitigen seien. Diese Frage ist heute im Wesentlichen entschieden, da Art. 543, 546 Abs. 2 und 610 CPrC *appel, tierce-opposition* und sogar Kassationsbeschwerde[194] vorsehen.[195] Dies bedeutet, dass sie wie sonstige Gerichtsurteile und nicht wie Verwaltungsakte zu behandeln sind. Daher wäre es auch logisch, den *jugements gracieux* Rechtskraft anzuerkennen, da durch die Eröffnung eines Rechtsmittels gegen seine Entscheidung der erstinstanzliche Richter mit der Sache nicht mehr befasst, *dessaisi*, ist. Allerdings scheint die Rechtsprechung seit Ende des 19. Jahrhunderts materielle Rechtskraft der *décision en matière gracieuse* abzulehnen.[196] Diese Ansicht wurde freilich im Hinblick auf die *homologation* einer endgültigen Vereinbarung betreffend die

190 Oben Nr. 202.

191 Oder sogar beim TI möglicherweise durch mündliche Erklärung, *déclaration verbale*, Art. 62 CPrC.

192 Auch das Urteil wird nicht öffentlich verkündet.

193 Cass.Civ. vom 25.10.1905, DP 1906, 1, 337 Anm. *Planiol.*

194 Art. 610 CPrC: *En matière gracieuse, le pourvoi est recevable même en l'absence d'adversaire.*

195 Oben Nr. 207.

196 S. oben noch vor einigen Jahren Cass.Civ. I, 6.4.1994, Bull.Civ. I, Nr. 141.

Wirkungen einer Ehescheidung auf gemeinsamen Antrag etwas modifiziert.[197] Obgleich das *jugement gracieux* ganz klar ein *acte juridictionnel* ist und Gegenstand von grundsätzlich denselben Rechtsmitteln wie ein streitiges Urteil sein kann, bleibt das freiwillige Verfahren spezifisch gegenüber dem streitigen Verfahren.

210. Die Schiedsgerichtsbarkeit, *juridiction arbitrale*

Das französische Recht unterscheidet die *clause compromissoire*, durch die sich die Partner verpflichten, einen künftigen Rechtsstreit durch ein Schiedsgericht, *tribunal arbitral*, entscheiden zu lassen, und den *compromis*, durch den sie sich in einem gegebenen Streit einem Schiedsgericht unterwerfen, Art. 1442 CPrC. Die Zulässigkeit der *clause compromissoire* ist seit dem Gesetz Nr. 2001-420 vom 15. Mai 2001 grundsätzlich auf die Verträge beschränkt, die *à raison d'une activité professionnelle*, im Rahmen einer beruflichen Tätigkeit abgeschlossen worden sind, Art. 2061 CC, für Verbraucherverträge Art. R 132-2 CConsom[198] und für Kaufleute Art. L 721-3 Abs. 2 CCom, der in Handelssachen die grundsätzliche Zulässigkeit der *clause compromissoire* bejaht. Der *compromis* ist dagegen auch unter Privaten in den Grenzen der Art. 2059 f. CC zulässig, allerdings müssen die Rechte frei verfügbar sein. Die Schiedsgerichtsbarkeit hat vor kurzem durch die Verordnung Nr. 2011-48 vom 13. Januar 2011 *portant réforme de l'arbitrage* eine Reform erfahren, die darauf abzielt, Frankreich als Schiedsort attraktiver zu machen. Das Reformdekret modernisiert das nationale und das internationale Schiedsrecht, liberalisiert die Regeln betreffend den *compromis*, die Vollstreckung, *exequatur*, und die Zustellung der Schiedssprüche. Es wird bei den prozessualen Vorschriften nicht mehr wie vorher zwischen *clause compromissoire*, Art. 1442 ff. alte Fassung, und *compromis*, Art. 1447 ff. alte Fassung, unterschieden. Beide werden nun unter dem Titel *convention d'arbitrage* zusammen behandelt und geregelt. Die Parteien können sogar während eines schon vor einem staatlichen Gericht eingeleiteten Verfahrens eine Schiedsvereinbarung abschließen, Art. 1446 CPrC. Es wird gesetzlich bestätigt, dass die Gültigkeit der Schiedsvereinbarung von der des Hauptgeschäfts unabhängig ist, Art. 1447 CPrC. Die Befugnisse des Schiedsgerichts, *tribunal arbitral*, werden durch die Verordnung Nr. 2011-48 erweitert. So kann es nun einstweilige Maßnahmen, *mesures provisoires et conservatoires*, anordnen, ausgenommen Si-

---

197 Cass.Civ. vom 25.11.1999, JCP 2000. II. 10 338 Anm. *Guedj*.

198 Art. R 132-2 CConsom stellt die Vermutung auf, dass eine Klausel, die den Zugang des Verbrauchers zum Gericht oder zu einem Rechtsmittel sperrt bzw. erschwert, insb. indem sie den Verbraucher zwingt, ein Schiedsgericht anzurufen, missbräuchlich ist.

cherungspfändungen und gerichtliche Sicherheiten.[199] Die Rolle des staatlichen Gerichts als *juge d'appui*[200] des Schiedsverfahrens wird bestätigt, z.B. Art. 1454 CPrC, die Regeln betreffend die möglichen Rechtsmittel gegen einen Schiedsspruch werden näher präzisiert und klar gestellt.

Buch IV des CPrC umfasst zwei Titel. Der erste Titel[201] regelt das *inländische Schiedsverfahren*, *arbitrage interne*, während der zweite Titel sich mit dem internationalen Schiedsverfahren, *arbitrage international*,[202] befasst. Für das nationale Schiedsverfahren muss die Schiedsvereinbarung schriftlich verfasst sein, kann sich jedoch auch aus einem Schriftwechsel bzw. aus einem Dokument ergeben, auf das sich die Hauptvereinbarung bezieht, Art. 1443 CPrC. Sie schließt die Zuständigkeit der staatlichen Gerichte aus, Art. 1448 CPrC; das angerufene staatliche Gericht muss von Amts wegen seine Unzuständigkeit feststellen. Das französische Recht, insbesondere die Rechtsprechung, ist sehr wohlwollend gegenüber dem Schiedsgerichtswesen. Das Verfahren wird von den Parteien bzw. von den Schiedsrichtern[203] selbst festgelegt, Art. 1464 CPrC. Abgesehen von den allgemeinen Verfahrensgrundsätzen brauchen sie sich nicht an das staatliche Prozessrecht zu halten. In der Sache selbst sind sie zur Rechtsanwendung verpflichtet, sofern sie nicht als *amiables compositeurs* bestellt sind, Art. 1478 CPrC. In diesem Fall entscheiden sie nach Billigkeit, *équité*. Auf jeden Fall ist der Schiedsspruch zu begründen, Art. 1482 CPrC. Er erlangt Rechtskraft und kann auf Antrag vom TGI für vollstreckbar erklärt werden, *procédure d'exequatur*. Die Verordnung Nr. 2011-48 vom 13. Januar 2011 hat die Vorschriften betreffend die Zulässigkeit von Rechtsmitteln dahin reformiert, dass nun die Berufung gegen den Schiedsspruch in der Regel nicht statthaft ist, es sei denn, die Parteien haben etwas anderes vereinbart, Art. 1489 CPrC. Dagegen ist ein Nichtigkeitsrechtsbehelf, *recours en annulation*, immer gegeben, wenn die Berufung nicht zulässig ist, Art. 1491. Er kann sich nur auf sechs in Art. 1492 CPrC abschließend aufgelistete Gründe beziehen, zu denen insbesondere fehlende Zuständigkeit bzw. fehlerhafte Besetzung des Schiedsgerichts, fehlende Begründung des Schiedsspruchs, Verletzung des *principe contradictoire* oder Verstoß gegen den *ordre public* gehören. Berufung bzw. *recours en annulation* werden vor die CA gebracht, in deren Bezirk der Schiedsspruch erlassen worden ist, Art. 1494 CPrC.

---

199 Das Prinzip der *compétence-compétence*, das von der Rechtsprechung geschaffen wurde, wird nun ausdrücklich in Art. 1465 CPrC verankert: Das Schiedsgericht ist ausschließlich zuständig, um über seine Erkenntnisbefugnis, *pouvoir juridictionnel*, zu befinden.

200 Diese Funktion nimmt der Präsident des TGI wahr.

201 Art. 1442 bis 1503 CPrC.

202 Art. 1504 bis 1527 CPrC.

203 Es können ein einziger Schiedsrichter oder drei bestellt werden, es gilt die Regel der Ungeradheit, *imparité*.

Art. 1504ff. CPrC enthalten besondere Vorschriften über das *internationale Schiedsverfahren*,[204] Art. 1514ff. CPrC über die Anerkennung und Vollstreckung ausländischer oder internationaler Schiedssprüche und die Rechtsmittel dagegen. Bei internationalen Schiedsvereinbarungen ist die Form frei, Art. 1507 CPrC. Gegen einen in Frankreich erlassenen internationalen Schiedsspruch ist keine Berufung zulässig, Art. 1518 CPrC, sondern nur ein *recours en annulation* wegen der in Art. 1520 CPrC abschließend aufgelisteten Gründe. Die französischen Bestimmungen des CPrC betreffend Anerkennung und Vollstreckung werden durch internationale Abkommen überlagert bzw. ergänzt.

204 Art. 1504 CPrC: «*Est international l'arbitrage qui met en cause des intérêts du commerce international*». Zur Bindung des Schiedgerichts an das IPR oben Nr. 89.

Stichwortregister

Die Zahlen beziehen sich auf die arabischen Textziffern

Z